JN175068

SOCIAL WORK
AN EMPOWERING PROFESSION

ソーシャルワーク

人々をエンパワメントする専門職

ブレンダ・デュボワ／カーラ・K・マイリー◉著

北島英治◉監訳　上田洋介◉訳

明石書店

CSWE のコア・コンピテンシーと プラクティス行動を習得しよう

　ソーシャルワーク教育協議会（CSWE）は、ソーシャルワーク・スクール進学の認定基準のひとつとして、10 のコア・コンピテンシー（核となる専門的力量）を設定しています。

　コア・コンピテンシーは、学生が必ず身につけなければならない知識、スキル、プラクティス行動などで構成されています。本書を読むことが、このコア・コンピテンシー習得の一助となるでしょう。

Social Work: An Empowering Profession, 8th Edition
by BRENDA L. DUBOIS & KARLA KROGSRUD MILEY

CSWE のコア・コンピテンシーと本書で紹介するプラクティス行動の例

コンピテンシー	章
専門職のアイデンティティ	
[プラクティス行動の例]	
専門職、その使命ならびに中核的価値を代表する者としての役割を果たすこと。	1, 2-6, 8-14
ソーシャルワーク専門職の歴史を理解すること。	2, 5, 6, 10-13
専門職全体の発展と、自らの専門職としての行為と成長の強化に取り組むこと。	2, 4-14
クライエントがソーシャルワークのサービスにアクセスできるように、アドボケイトすること。	1, 3-14
内省し、自己の誤りを正すことにより、専門職としての成長を続けること。	5-7, 10-14
専門職の役割と限界に注意を払うこと。	5, 8, 9, 11-14
行動、外見、コミュニケーションにおいて、プロとしてふさわしい態度を示すこと。	1, 4, 5, 8, 9
キャリアの全体を通じて学び続けること。	4, 6, 7, 9, 12
スーパービジョンとコンサルテーションを活用すること。	4, 9
倫理的プラクティス	
[プラクティス行動の例]	
倫理的に行動し、倫理的に意思決定をすること。	1, 5-14
専門職の価値基盤について学び、倫理基準と関連法について理解すること。	1, 4-7, 10-14
専門職の価値に従ったプラクティスができるよう、自身の個人的価値を認識しコントロールすること。	2, 5, 6, 7, 10-14
全米ソーシャルワーカー協会（NASW）の倫理綱領の基準、ならびに、可能であれば、国際ソーシャルワーカー連盟（IFSW）／国際ソーシャルワーク学校連盟（IASSW）の「ソーシャルワークにおける倫理 —— 原理に関する声明（Ethics in Social Work - Statement of Principles）」の基準を適用して、倫理的意思決定を行うこと。	1, 5-10
倫理的な衝突の解決にあたっては、曖昧さに寛容であること。	5, 10-14
原則に基づく意思決定に至るために、倫理的推論のストラテジーを用いること。	5, 11-14
批判的思考	
[プラクティス行動の例]	
論理、科学的研究、合理的判断の原則を理解すること。	5, 7-10
創造性と好奇心により強化された批判的思考を用いること。	6-10
関連情報の統合と情報交換に努めること。	5, 7-14
リサーチ・ベースの知識とプラクティスにより得られた知見などの複数の情報源を区別し、評価し、統合すること。	3, 5, 7-14
アセスメント（事前評価）、プリベンション（予防）、インターベンション（介入）、エバリュエーション（事後評価）の各モデルを分析すること。	1, 3, 12-14
個人、家族、グループ、組織、コミュニティ、同僚と協働する際に、口頭および文章による効果的なコミュニケーションを行うこと。	5, 7-9

※ソーシャルワーク教育協議会（CSWE）の許可のもと改変したところがある。

CSWE のコア・コンピテンシーと本書で紹介するプラクティス行動の例（つづき）

コンピテンシー	章
プラクティスにおけるダイバーシティ	
［プラクティス行動の例］	
ダイバーシティがいかに人間の経験を特徴付け、方向付けるか、そしてアイデンティティ構築においていかに重要であるかを理解すること。	1, 3, 5-14
ダイバーシティの各側面を、年齢、階級、肌の色、文化、障害、民族、性別、性別に関するアイデンティティと表現、移民としての地位、政治的イデオロギー、人種、宗教、性および性的指向といった複数の要素の交差として理解すること。	3, 5-14
他者との差異を原因として、人が人生において抑圧、貧困、周縁化、疎外や、あるいは特権、権力、称賛を経験することを理解すること。	1, 3, 5-8, 10-14
文化構造と価値が、どれほど人を抑圧し、周縁化し、疎外し得るか、あるいはどれだけの特権と権力を生み出し、あるいは強化し得るかを認識すること。	3-14
ダイバースな*集団とのワークにおいて、個人的バイアスや価値を排除するために、十分な自己覚知を得ること。	5-7, 10-14
人生経験の形成における差異の重要性に対する自らの理解を認識し伝えること。	3, 5-8, 11-14
自らを学習者と見なし、情報提供者と連携し、協働すること。	1, 5-9
人権と社会正義	
［プラクティス行動の例］	
社会的地位にかかわらず、あらゆる人が、自由、安全、プライバシー、十分な生活水準、ヘルスケア、教育といった基本的人権を持つことを理解すること。	1-3, 5-14
グローバル規模の抑圧の相互的関連性を認識し、正義に関する理論と、人権と公民権を推進するためのストラテジーについて熟知すること。	1-3, 6-14
組織、機関、社会において社会正義にかなったプラクティスを組み込むことにより、公平に分け隔てなく、基本的人権が行き渡るようにすること。	1-3, 5-14
抑圧と差別の形態とメカニズムを理解すること。	1-3, 5-14
人権と社会的・経済的正義を推進すること。	1-3, 5-14
社会的・経済的正義を推進するプラクティスに従事すること。	1-3, 5-14
リサーチ・ベースのプラクティス	
［プラクティス行動の例］	
リサーチへの情報提供、エビデンス・ベースのインターベンション実施、自身のプラクティスの評価のために、プラクティスの経験を活用すること。プラクティス、政策、ソーシャルサービス提供を改善するためにリサーチの成果を活用すること。	4, 8, 9, 11-14
知識構築のために、定量的および定性的リサーチについて把握し、科学的および倫理的アプローチを理解すること。	8, 9, 14
プラクティスの経験に基づき、科学的研究に対する情報提供を行うこと。	8, 9, 11-14
リサーチのエビデンスをプラクティスの情報源とすること。	8, 9, 11-14

* **訳注** diverse の訳として、一部「ダイバースな」という訳語を用いている。本来、diverse という言葉は、集団や組織を修飾し、その構成員が均質的でなく多様性を持つことを意味するが、近年、集団の中の支配的でない層、すなわち、集団に多様性（ダイバーシティ）をもたらしている構成員を指して用いられる例が見られる。本書でも diverse がこの意味で用いられていると考えられる箇所があり、これについては読者が「ダイバーシティ」との関係を想起しやすくするために、あえて個別の日本語をあてず「ダイバースな」とした。

コンピテンシー	章
人間行動	
［プラクティス行動の例］	
人の一生を通じた行動、人が生活する社会システムの範囲、健康やウェルビーイングの維持あるいは獲得を促進あるいは阻害する社会システムのあり方について、理解すること。	1, 3, 6-9, 11-14
一般教養の理論と知識を応用し、生物学的・社会学的・文化的・心理学的・精神的発達を理解すること。	1, 2, 7, 11
概念的な枠組みを活用し、アセスメント、インターベンション、エバリュエーションの各プロセスを方向付けること。	3, 7-9, 11-14
人と環境を理解するために、知識を批判しつつ応用すること。	1-4, 6-9, 11-14
ポリシー・プラクティス	
［プラクティス行動の例］	
政策がサービス提供に影響を及ぼすこと、および、ソーシャルワーカーが積極的にポリシー・プラクティスに従事していることを理解すること。	1, 3, 4, 6-14
過去と現在における社会政策とソーシャルサービスの構造、サービス提供において政策が果たす役割、政策形成におけるプラクティスの役割について理解すること。	4, 10-14
社会的ウェルビーイングを向上させる政策の分析、形成、推進を行うこと。	1, 5, 6, 10-14
効果的な政策措置を求めて、同業者およびクライエントと協働すること。	3, 4, 6, 10-14
プラクティスのコンテクスト	
［プラクティス行動の例］	
プラクティスのすべてのレベルに関して、常に最新情報を把握し、利用できる豊富な資源を把握し、組織やコミュニティ、社会的コンテクストの変化に積極的に対応すること。	1, 2, 4, 6, 7, 9-14
プラクティスのコンテクストが動的に変化するものであることを認識し、知識とスキルを活用して、これに積極的に対応すること。	4, 6-14
的確なサービスを提供するために、常に、現場や住民の変化、科学やテクノロジーの発展、新たな社会的傾向を把握し、評価し、これらに注意を払うこと。	4, 6, 7, 9-14
ソーシャルサービスの品質向上のために、サービス提供とプラクティスの持続的変革においてリーダーシップを果たすこと。	4, 6, 7, 9, 10

コンピテンシー	章
エンゲージメント、アセスメント、インターベンション、エバリュエーション	
［プラクティス行動の例］	
クライエントの目標達成のために設計されたエビデンス・ベースのインターベンションを特定し、分析し、実行すること。	8, 11-14
リサーチ結果と技術的進歩を活用すること。	8, 9
プログラムの成果とプラクティスの有効性を評価すること。	8, 9
ポリシーとサービスの構築、分析、推進、指導を行うこと。	1-14
社会的・経済的正義を推進すること。	1-14
A) エンゲージメント	
実質的かつ効果的に、個人、家族、グループ、組織、コミュニティとの活動のための準備をすること。	3, 8
共感などの対人スキルを活用すること。	8
ワークの焦点と希望する成果について、相互に合意すること。	8, 9
B) アセスメント	
クライエントに関するデータを収集し、整理し、解釈すること。	7, 8
クライエントのストレングスと限界についてアセスメントを行うこと。	8
インターベンションの目標と目的を、クライエントと相互に合意されたものとすること。	8
適切なインターベンション・ストラテジーを選択すること。	8, 9
C) インターベンション	
組織の目標を達成するための行動を起こすこと。	8, 12
クライエントの潜在的可能性を強化する予防インターベンションを実行すること。	8
クライエントの問題解決を支援すること。	8
クライエントのために、交渉、仲裁、アドボカシーを行うこと。	8
移行と終結をファシリテートすること。	8
D) エバリュエーション	
インターベンションを批判的に分析し、モニタリングし、評価すること。	8, 14

目　次

第**2**部　ソーシャルワークの視座

第3部　ジェネラリスト・ソーシャルワーク

8　エンパワメント・ソーシャルワーク・プラクティス ………… 256

10　ソーシャルワークと社会政策 ———————————————— 329

第4部　プラクティスの現場における今日的課題

11　ソーシャルワークと貧困、ホームレス、失業、刑事司法

12　保健、リハビリテーション、メンタルヘルスにおける　ソーシャルワーク　404

＊訳者による注は、欄外および本文中の〔　〕内に示した。

序　文

　本書には、私たち2人のソーシャルワーク教育者としての経験が融合されています。それぞれが担当するソーシャルワーク入門コースに対応した内容にすべく、協働して執筆に取り組みました。私たち2人は、現在では、ソーシャルワーク・プラクティスについてジェネラリスト的でエコシステム的な姿勢を共有していますが、本書では、私たちの初期の理論的指向の違いが並置されています。すなわち、アイオワ大学スクール・オブ・ソーシャルワークに由来するジェネラリスト的・社会システム的視座と、シカゴ大学スクール・オブ・ソーシャルサービス・アドミニストレーションに由来するソーシャル・グループワークとの違い、公共福祉、学校、医療といったソーシャルワーク・プラクティスの経験の違い、マクロレベルと臨床的プラクティスという私たちの焦点の違いなどです。また本書には、ジェネラリスト・ソーシャルワークのエンパワメントとストレングスの視座というテーマが織り込まれています。

　この第8版では、人権と社会正義を背景として、エンパワメントを基盤とするソーシャルワークと、ストレングス的視座を全面的に取り入れました。コラムのうち、「エンパワメントと社会正義に関する考察」「ダイバーシティと人権に関する考察」では、エンパワメントとダイバーシティを背景として、現代的課題と倫理的問題を強調しました。また、「ソーシャルワーク・プロファイル」と題したコラムでは、さまざまなプラクティス分野におけるソーシャルワークの活動に光を当てています。さらに各章には、学生が専門職としていっそう成長するために獲得が期待されるコンピテンシーと関連した、助言と質問を掲載しています。この新版でもほとんどの章で、「ソーシャルワーク・ハイライト」と題したセクションで、ソーシャルサービス・プログラム、ソーシャルワーカーのプラクティスに関する視座、およびプラクティスの事例を掲載しています。このほか、ソーシャルワーク領域の最近のトレンドである、国際ソーシャルワーク、公衆衛生およびヘルスケア・ソーシャルワーク、軍に関するソーシャルワークと退役軍人の支援、児童福祉サービスと政策、公的扶助、高齢者に対するサービスなどについても加筆しました。人口統計データとその他の統計情報も更新されています。また、主に2010年以降の参考文献から新たに数百の引用を追加することで、最新性を確保しました。

謝　辞

　資料と資源を提供してくれた、ソーシャルワークの現場で働く多くの仲間たちと友人に、そして、常に私たちを支え励ましてくれる家族に感謝します。また、私たちがこの第8版を執筆するにあたり、価値ある批評と示唆を与えてくれたレビュワーの皆さんに感謝しています。セイラム州立大学のトレイシー・ギルモア、ステファン・F・オースチン大学のキャスリーン・ベランガー、ライト州立大学のマイケル・ココニス、ブエナビスタ大学のキャスリン・マッキンリー、ウェスト・テキサス A&M 大学のモー・クエバス、メイン大学プレスクアイル校のキム・アン・パーキンス、ミズーリ大学コロンビア校のタミー・フリーリンがレビューをしてくれました。

　最後に、ピアソン出版のスタッフたちに感謝します。編集責任者のアシュリー・ドッジ、編集プロダクト・マネジャーのカーリー・チェック、プレメディア・グローバル社のプロジェクト・マネジャーであるダグ・ベル、編集アシスタントのニコル・サデス、プロダクション・プロジェクト・マネジャーのマギー・ブロベックは、執筆と出版のさまざまな段階で注意深い助言を与えてくれ、惜しみない協力をしてくれました。

第 1 部

専門職としての
ソーシャルワーク

Linwood J. Albarado, Jr.

ソーシャルワーク

援助の専門職

本章の概要

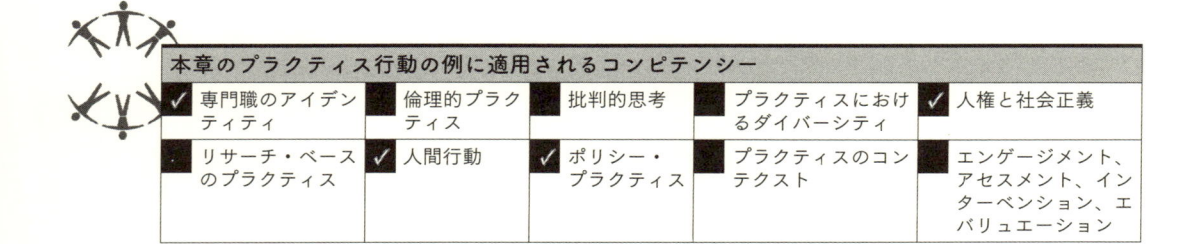

本章のプラクティス行動の例に適用されるコンピテンシー				
✓ 専門職のアイデンティティ	倫理的プラクティス	批判的思考	プラクティスにおけるダイバーシティ	✓ 人権と社会正義
リサーチ・ベースのプラクティス	✓ 人間行動	✓ ポリシー・プラクティス	プラクティスのコンテクスト	エンゲージメント、アセスメント、インターベンション、エバリュエーション

苦しむ人のいない社会を想像してみてほしい。それは、誰もが生活必需品に困ることなく、教育に関する夢や職業についての希望を実現するために十分な資源と機会を得られる社会だろうか。ヘルスケアなど必要な社会的設備に恵まれた、健康で有能な人々の姿が頭に浮かんだだろうか。それはレイシズム（人種差別主義）や差別がなく、文化や民族のダイバーシティが称えられる社会だろうか。社会資源とニーズ、そして個人的資質とニーズが共に適合している社会だろうか。それならば、あなたが思い描いたのはソーシャルワーカーを必要としない社会である。

　人間の社会は完璧ではない。解決を要する社会問題が発生し、充足を要する人的ニーズが生まれる。あなたには、このような社会問題や人的ニーズに関わる現実に対し進んで立ち向かう意志があるだろうか。貧困やホームレス状態と苦闘し、飢えや苦痛に涙する人々が大勢いる世界で、彼らの窮状に心を痛めているだろうか。出産する児童や薬物中毒状態で生まれてくる子どもがいる社会に疑問を覚えるだろうか。医療費が高すぎて病気の治療を受けられない人がいる世の中に怒りを覚えるだろうか。家族や集団内での暴力の蔓延を許さない気持ちがあるだろうか。肌の色や障害だけを理由に個人や組織から差別を受け、潜在能力の発揮やごく普通の生活ができない人々がいるという不公平に、異議を唱える気持ちがあるだろうか。高いクオリティ・オブ・ライフ（QOL）、社会正義および人権が社会のすべての構成員に保障されるよう奮闘する社会づくりに、参加したいと思うだろうか。それならば、ようこそ、ソーシャルワーク専門職へ。

　社会に住むすべての人が、社会が提供する便益を十分に享受すべきである。一方で社会は、住民が潜在能力を十分に発揮してこそ繁栄する。個人的危機、貧困、失業、疾病、不十分な教育により個人の通常の発達段階が阻害されると、個人のウェルビーイングは脅かされる。不公平、差別、人権侵害、その他の形態の社会的不正義の蔓延は、社会のウェルビーイングを阻害する。

　ソーシャルワーカーは、変わりゆく社会の中で生じる生活上の要求と共に、人権を保障する社会正義の要請にも応える。ソーシャルワーカーはプラクティスを通じて、社会構造を脅かす問題に対処し、人と社会のウェルビーイングに否定的影響を与える社会状況を是正する。2000 年に国際ソーシャルワーカー連盟（International Federation of Social Workers, IFSW）により採用され、全米ソーシャルワーカー協会（National Association of Social Workers, NASW）により承認された、ソーシャルワークの新しい国際的定義では以下のように述べられている。

　　ソーシャルワーク専門職は、人間の福利（ウェルビーイング）の増進を目指して、社会の変革を進め、人間関係における問題解決を図り、人びとのエンパワメントと解放を促していく。ソーシャルワークは、人間の

行動と社会システムに関する理論を応用し、人がその環境と相互作用を行う接点に対してインターベンションを行う。人権と社会正義の原理は、ソーシャルワークの拠り所とする基盤である。

（IFSW, 2004, 定義部、第1パラグラフ[*]）

要するに、ソーシャルワーク活動とは、クライエントシステムをエンパワーし、その能力を強化し、社会構造を変革し、人の苦しみを癒し、社会問題を改善するものである。IFSW は「ソーシャルワークのこの全体論的な視点は、普遍的なものであるが、ソーシャルワーク・プラクティスにおける優先順位は、文化的、歴史的、および社会経済的条件の違いにより、国や時代によって異なってくるであろう」とする（実践部、第1段落）。

専門職としてのソーシャルワークは20世紀初頭に起こり、現在では、ウェルビーイングと QOL の向上という社会福祉的義務を負う専門職とされている。すなわち、ソーシャルワークとは、個人的・社会的状況の改善と、個人の苦悩と社会問題の軽減に向けた活動を意味する。ソーシャルワーカーは、人をケアする専門職として、人々のコンピテンスと機能の増進、社会的支援や資源の利用、人間的で配慮に富んだソーシャルサービスの創出、そして社会構造の拡大による全住民への機会の提供の実現のために、人々と協働する。

本章では、ソーシャルワークと社会福祉について学ぶにあたっての指針となるように、以下のような問いを検討する。

- ソーシャルワーカーとは何者か
- 日々のソーシャルワーク活動の中で、ソーシャルワーカーは何をしているのか
- ソーシャルワークの使命と目的は何か
- ソーシャルワークと社会福祉はどう関わるのか
- ソーシャルワークはなぜエンパワメントの専門職とされるのか

これらの問いに答えることで、人権と社会正義の専門職としてのソーシャルワークの枠組みが理解できるようになる。エンパワメント指向のソーシャルワーカーは、この目的達成のために、社会福祉機関を通じて、地域や国内外の現場で社会的・経済的課題に取り組んでいる。

ソーシャルワーカーとは何者か

あなたがソーシャルワークを自らの職業として志したきっかけは何だろうか。ソーシャルワーカーの大部分が、何か意義のあることをしたい、世の中を変えたい、と考えている。あなたの個人的資質のどの部分が、他者

[*] 訳注　以下「ソーシャルワークの定義」については、日本社会福祉士会（IFSW 日本調整団体）の定訳を参考にした（https://www.jacsw.or.jp/01_csw/05_rinrikoryo/）。
なお、IFSW が 2014年に新たに採択した「ソーシャルワークのグローバル定義」は以下の通りである。「ソーシャルワークは、社会変革と社会開発、社会的結束、および人々のエンパワメントと解放を促進する、実践に基づいた専門職であり学問である。社会正義、人権、集団的責任、および多様性尊重の諸原理は、ソーシャルワークの中核をなす。ソーシャルワークの理論、社会科学、人文学、および地域・民族固有の知を基盤として、ソーシャルワークは、生活課題に取り組みウェルビーイングを高めるよう、人々やさまざまな構造に働きかける。この定義は、各国および世界の各地域で展開してもよい。」（日本社会福祉教育学校連盟・社会福祉専門職団体協議会訳 http://www.jassw.jp/topics/pdf/14070301.pdf）

と密接に関わることに適しているだろうか。多くのソーシャルワーカーと同様、あなたにも、専門職として働くためのコンピテンスを高められる個人的資質があるのだ。

人をケアする専門職

　人がソーシャルワークのような援助の専門職に就く理由はさまざまである。多くの人が、他者に対する利他的な関心を動機とする。人々の生活状況を改善し社会正義を推進することにより、世の中を良くしたいと考える人もいる。さらには、かつて自分が受けた支援に恩返しをするためにこの仕事を選ぶ人もいる。このように職業選択の理由はさまざまだが、ソーシャルワーク従事者は他者への思いやりを示すという点においては、ほぼ例外がない。

　ソーシャルワーカーはしばしば、自らをプロの「支援者」と表現する。すなわち、人が資源を利用して問題を解決できるように、危機的状況で力を貸し、ニーズに対する社会的対応を促進することを通じて支援するのだ。彼らは、プロフェッショナルにふさわしいレベルで、必要な知識基盤をマスターし、必須スキルを身につけ、ソーシャルワーク専門職の価値と倫理に従うのである。

　ソーシャルワーク専門職として働く人々の価値指向は似通っている。他者に敬意を払い、そのウェルビーイングに純粋な関心を示す。彼らの他者に対する思いやりある行動は、利他主義、すなわち私欲を排し他者を尊重する姿勢により導かれるものである。さらに、有能なプロの支援者は、変化の可能性と人生全般に対し楽観的である。現実に即した楽観主義こそが、変化のプロセスを動機付ける。何よりも、彼らは社会正義の理想に根ざした未来のビジョンを描いているのだ。

　私たちの個人的資質は他者と効果的に協働するための能力を左右する。中でも重要な個人的資質といえるのが、優しさ、正直さ、誠実さ、寛容、勇気、楽観性、謙虚さ、気遣い、繊細さである。これらは、同僚やクライエントとラポールを築き、人間関係を構築するために不可欠な資質である。

　ソーシャルワーカーは、クライエントや同僚と、パートナーとして協働することを重視する。ソーシャルワーク・プラクティスには、変化の促進が含まれる。これは、他者に対して、あるいは他者のために何かをすることではなく、他者と協働することである。他者をエンパワーする実践者は、違いを尊重し、ダイバーシティを称え、唯一無二の存在であることに価値を見出す。有能なソーシャルワーカーは、信頼でき、責任を持って行動し、健全な判断を示し、結果に対する責任を引き受ける。

> ソーシャルワーク・プラクティスには、変化の促進が含まれる。これは、他者に対して、あるいは他者のために何かをすることではなく、他者と協働することである。

ソーシャルワーカーの仕事とは

　ソーシャルワークに従事していると、多くの異なる現場でさまざまな問題や課題、異なるニーズを持つ人々とワークを行う機会を得る。以下の例が示すように、日々のプラクティスにおけるソーシャルワーカーたちの仕事には、共通の要素と各々で異なる特色ある要素とが混在している。

現場の声

　ジョージ・ジョンストン教授はソーシャルワーク科の卒業生を数人招き、ソーシャルワーク科の入門レベルの学生に向けたパネルディスカッションを開催した。教授は卒業生である実践者たちに、普段取り組んでいるソーシャルワーク活動について紹介するよう依頼した。パネラーとして登壇したソーシャルワーカーは、ジョアニー・デヴロー（ナーシング＆リタイアメントセンター所属）、カレン・オスランド（地方議会に勤務し立法に携わるケースワーカー）、マイク・ニコラス（郡立総合病院のホスピス科勤務のソーシャルワーカー）、そして、マリー・アン・グラント（レイプ被害者危機救済プログラムで働くソーシャルワーカー）である。

　ジョアニー・デヴローはナーシングホームでのプラクティスについて次のように語った。

　「ナーシング＆リタイアメントセンターは、長期ケアのための施設です。現在、200 人以上の入居者を抱えていて、そのほとんどが高齢者です。また、最近センターでは障害のため自立した生活が困難な若い人向けのプログラムを始めました。センターの建物の一部は、アルツハイマー病患者用プログラムのために使われています。
　センター所属のソーシャルワーカーは私を含めて 3 人です。私は主にプログラムに参加している高齢者を担当しています。自分の仕事に関して私が心から気に入っていることの一つが、その多様さです。私はさまざまな活動に従事しています。たとえば、新しい入居者の受け入れや、入居者やその家族との面接、カルテに記載する社会歴の準備、学際的チームによる治療計画レビューへの参加、稼働中のワークショップでのリーダースタッフの育成などです。最近では、アルツハイマー病を患う入居者の家族のためのサポートグループを立ち上げました。私は、グループの計画段階から参加してくれた家族と一緒に、ミーティングの進行役をしています。
　私は専門職同士のコミュニティ活動にも従事しています。ナーシングホームで働くソーシャルワーカーの専門職団体で議長を務め、月に一度

集まり、長期ケアにとって重要な課題について議論しています。議論といっても意見交換するだけではありません。行動に移すための方法を模索しているのです。たとえば、私たちは、公的補助を受けたナーシングホーム入居者の今後について懸念しています。州のプログラムから支払われる金額は、実コストのほんの一部でしかなくて、さらに問題なのは、半年から9ヵ月も遅れての支払いになることです。現在、私たちは本件を緊急の課題として、地域の議員と相談しています。

ジョンストン教授、私には研究室からいただく情報がとても役立っています。私は今、センターで暮らすという意思決定に入居者自身を参加させるための手法の評価に携わっています。私たちは、積極的に意思決定に加わった人ほど、ナーシングホームでより前向きに暮らしていけることを示したいと考えています」

カレン・オスランドは議会での立法ケースワーカーという自身の役割について、次のように語った。

「私はこの学校に入るまで、立法局でソーシャルワーカーが働いていることを知りませんでした。実際、私がこの種の仕事について最初に知ったのは、ちょうど今やっているようなパネルディスカッションに参加したときでした。エレーナ・コンテロスが自身の仕事について話したとき、私はそれに惹きつけられました。そして今、私は彼女の同僚として、立法ケースワーカーをやっているのです。

私の普段の活動の大部分は、有権者に対するアドボカシーです。いろんな政府機関について電話で問い合わせを受けます。私は多くの場合、彼らを地元や地域内の適切な社会資源に紹介することができます。何らかの危機的状況をきっかけに電話をしてくる人が多いのですが、私が見る限り、官僚制度は危機的状況を悪化させることばかりです。応答の技術を用いることで相手を落ち着かせ、自らの状況を明確にさせることで、彼らが何らかの解決策を自ら見出せるように支援することができます。実際、コミュニケーション技術というのは本当に重要で、それはクライエントと話すときでも、迷路のような官僚組織の中で道を探るときでも同じです。

議会の支援を求めてくる人の中には、多くの兵役経験者が含まれます。私は、このような兵役経験者とその家族にサービスを提供する機関連合の連絡係としての役割を果たしています。具体的には、さまざまな機関の代表者との月次ミーティングに参加しています。このミーティングに参加することで、私たちはプログラムとサービスに関する最新情報を得ることができますし、私たちがサービス提供に際して直面する問題の解決策を探すための公開討論の場ともなっています。

私もリサーチ・スキルを活用していますが、ジョアニーとは少しアプローチが違います。エレーナと私は新しい法案を提出するために、その基礎となる情報の収集を頻繁に行っています。現在は、選挙区内における福祉改革の影響に関するリサーチをしています」

　マイク・ニコラスは、郡立総合病院ホスピス科に勤務している。ソーシャルワーカーとしての自身の仕事について次のように話した。

　「パネリストとしてお招きいただき、ありがとうございます。今日は、私自身にとってとても重要なこと、すなわち、医療ソーシャルワーカーとしての私の仕事についてお話しさせていただきます。
　郡立総合病院において、ホスピスケアは、学際的なヘルスケア・プログラムとされています。学際的チームは、医師、看護師、理学療法士、栄養士、聖職者、そしてソーシャルワーカーである私で構成されています。私たちのホスピス・プログラムは、終末期にある患者とその家族に対し、医学的・精神的・社会的・宗教的なサービスを提供しています。プログラムの目的は、人々が家族や友人に囲まれながら生き、そして死ぬという選択ができるようにすることです。プログラムにおいては、ヘルスケアや社会的・心理学的側面からのさまざまな支援が提供されています。
　ホスピス・プログラムのソーシャルワーカーとして、私はさまざまな形で参加者とその家族と関わります。たとえば、彼らが計画にチームメンバーとして参加することがあります。私はカウンセリングサービスを提供し、参加者がサービスを選択する際にコーディネーターの役割を果たします。多くの家族が、患者が亡くなった後も、私たちのプログラムの支援サービスを利用し続けます。私は、ホスピス・グループが資金援助している死別に関するグループの推進役もしています。参加者の死の前後に実施する、悲しみに対処するためのカウンセリングは、私たちのプログラムのとても大切な一部です。
　ホスピスで働く私たちは、エイズの影響の大きさを感じています。私はコミュニティのエイズ対策チームでソーシャルワーク担当代表を務めていて、今は2つのプロジェクトを進めています。1つは、コミュニティ教育です。来月コミュニティセンターで行われるエイズ・メモリアル・キルト展の広告を、皆さんも近く目にされると思います。展示そのものと、これがメディアの注目を集めることにより、コミュニティが抱えるニーズに対する世間の意識が高まることを期待しています。私たちは、ボランティア支援プログラムも立ち上げました。さらに私は、このプログラムへの資金供与の申請の際に添付する人口統計的情報などのデータを収集する委員会のメンバーでもあります。

ホスピスにおいてホリスティック（包括的）なアプローチを実践していると、末期の患者さんの治療に選択肢を提供するために、他の分野の専門家と共に働くことになります。多くの人が私に「死と向き合い続けるのはつらくないですか？」と尋ねます。皆さんも同じことを訊きたいかもしれません。逆説的ですが、死の問題と関わる仕事をすることで、私は、生きることに向き合っています。死にゆく人々が、生きることについて多くを教えてくれるのです。こうして私は、対等な立場での支援という状況で働けることの意義深さに感謝するようになったのです」

　マリー・アン・グラントは、レイプ被害者危機救済ワーカーとしての自身のソーシャルワーク・プラクティスについて、次のように話した。

　「私はレイプ被害者危機救済カウンセリングセンターで働いています。私たちのプログラムは性的暴行の被害者を支援しています。救済プログラムは3つの構成要素で成り立っていて、私はそのすべてに参加しています。1つ目は、被害者自身とその家族や恋人などに対するカウンセリングです。昨年までは、個人に対するカウンセリングサービスのみを実施していましたが、今年からはグループセッションも開始し、その効果を実感しています。
　2つ目の構成要素は、病院や警察署において、あるいは各種法的手続きに関して被害者のアドボカシーを行うことで、これも私の担当領域の一つです。状況に応じてさまざまな形のアドボカシーを実施します。クライエントが医療的処置を受けることや法的措置を受ける際に支援することもよくあります。アドボカシーには、被害者のとり得る選択肢を洗い出して検討することや、被害者が法的手段に訴える際に付き添うことも含まれます。
　プログラムを構成する3つ目の要素は、コミュニティに対する教育です。私は同僚と共に、性犯罪やレイプの発生を予防するためのコミュニティ教育のプログラムを多数提供しています。また、学校や病院、警察職員、その他関係団体に対するプレゼンテーションを行っています。私たちは、地域のアフリカ系米国人、ヒスパニック、アジア系米国人に対してサービスを広げる必要性を感じています。現在、私たちは、諮問委員会とボランティア団体をより幅広い民族を代表するものにしようとしています。私たちはさらに、各種資料をスペイン語に翻訳し、バイリンガルのスタッフを常に利用できるようにする計画を立てているところです。
　書籍などでよく目にするレイプの種類として、デートレイプがあります。私たちのクライエントの中には、顔見知りによるレイプを示唆する人は稀ですが、実際には私たちのプログラムのデータが示すよりも多発

しているのではないかと考えています。現在、私たちは、デートレイプに関する大学の研究に参加しています。プロジェクトの初期段階として、私たちは、デートレイプの事象と要因に焦点を当てたアンケート調査を用いたフィールドテストを実施しています」

ジェネラリスト・ソーシャルワーク

ジョアニー・デヴロー、カレン・オスランド、マイク・ニコラス、マリー・アン・グラントの4人は、それぞれ全く異なる実践現場で働いている（ナーシングホーム、立法局、コミュニティを基盤とするホスピス、そして、レイプ被害者危機救済プログラム）。それぞれの現場が、特徴的なプログラムとサービスを提供し、異なる種類のクライエントを支援し、独自の問題に取り組んでいる。それでも、この4人のソーシャルワーカーから普段の活動についての説明を聴くと、彼らの活動には共通点があることが分かる。彼らは皆、クライエントの問題解決を支援し、教育を提供し、社会政策の形成に影響を及ぼし、個人あるいはグループのクライエントと協働している。全員が地域団体や専門職チームの一員として、自らの専門職的スキルを活用し、地域の社会資源に関する最新の情報を常に把握し、プラクティスの評価とリサーチも行っている。

彼らは「ジェネラリスト」ソーシャルワーカーと呼ばれる専門職の例である。ジェネラリストとして、彼らは、個々の状況が持つ独自の性質に、共通の知識とスキルを用いて対処する。ジェネラリストの実践者は、

> 専門職のアイデンティティ
>
> **[プラクティス行動の例]** 行動、外見、コミュニケーションにおいて、プロとしてふさわしい態度を示すこと。
>
> **[批判的思考の訓練]** 生活のあらゆる側面で、ソーシャルワーカーは、ソーシャルワーク専門職を体現する。ジェネラリスト・ソーシャルワーク・プラクティスの定義は、専門職としてのアイデンティティと振る舞いをどのように特徴付けるか。

個人的問題と共同体的問題の相互作用を認識し、さまざまなヒューマンシステム（社会、コミュニティ、近隣地域、複雑な組織、公的団体、家族、個人）との協働を促すことで、ヒューマンシステムの機能を最大化するための変化を引き起こそうと努力する。すなわち、ジェネラリスト・ソーシャルワーカーはクライエントシステムと、すべてのレベルにおいて直接協働し、クライエントと利用可能な資源とを結び付け、組織に対するインターベンションを行い、資源システムの応答性強化に努め、資源の公平な分配を確保するために正しい社会政策を推進し、ソーシャルワーク・プラクティスのあらゆる側面のリサーチを行う。

(Miley, O'Melia, & DuBois, 2013, pp.7-8)

ジェネラリスト・ソーシャルワーク・プラクティスは、

- ジェネリックなプラクティス・プロセスを活用し、クライエントシス

テムとの協働を組織する

- 複数のシステムレベルで、すなわち、ヒューマンシステム内、システム間、環境システム間で、変革の可能性を見出す
- 社会的環境というコンテクストの中で人間行動を考える
- ダイレクトプラクティスを社会政策やソーシャルワーク・リサーチの活動と統合する

ソーシャルワーカーの目的とは何か

　ジョアニー・デヴロー、カレン・オスランド、マイク・ニコラス、マリー・アン・グラントの4人は、ジェネラリストとしての一般的な視点以上のものを共有している。事実、ソーシャルワークの使命と目的は、彼らの活動にビジョンを与え、専門職の目標に方向性を与えている。彼らがストレングスとニーズの連続体からなるコンテクストにおいて、クライエントと協働して解決策を作り上げる際には、ソーシャルワークの使命と目的が、彼らの活動を正しい方向へと導く。

ソーシャルワークの使命と目的

　全米ソーシャルワーカー協会（NASW, 2008）は、ソーシャルワークを1つにまとめる最も重要な使命あるいは目的を「人のウェルビーイングの強化と、すべての人が基本的な人間的ニーズを満たせるよう支援すること、その中で特に、社会的に脆弱で抑圧された、貧困状態で暮らす人々のニーズと、彼らに対するエンパワメントに特段の注意を払うこと」（p.1）と定義する。ソーシャルワーク教育協議会（CSWE）は、最新の「教育方針と認可基準」（2008）の中で、ソーシャルワークの目的を、人とコミュニティのウェルビーイングを推進することと定義した。さらに「人間と環境の構造、グローバルな視点、人間の尊厳に対する敬意、科学的探究を基礎とした知識に導かれ、ソーシャルワークの目的は、社会的・経済的正義、人権を制約する条件の除去、貧困の撲滅、すべての人のQOLの向上の追求を通じて、実現される」（p.1）と述べている。

　ソーシャルワークの特徴とされるのはその統合的視点である。すなわち、物理的・社会的環境というコンテクストを踏まえて人を見るのである。ソーシャルワーカーは人の機能を強化し、人々に資源や機会を提供する社会構造をより効果的なものに変えることで、その専門職としての使命を果たす。

> ソーシャルワークの特徴とされるのはその統合的視点である。すなわち、物理的・社会的環境というコンテクストを踏まえて人を見るのである。

■ 個人的トラブルと公的問題

　人と社会的環境の両方を重視するソーシャルワークの姿勢は、個人的ト

ラブルと公的問題の相互関係について問題を提起する。C・ライト・ミルズ（C. Wright Mills, 1959）は、個人的トラブルと社会構造に関わる公的問題とを峻別した。その重要な著作である『社会学的想像力』（1959：鈴木広訳、紀伊國屋書店、1995）の中で、ミルズは問題と解決策の位置付けについて批判的見解を提示している。ミルズによれば、個人的トラブルとは、個人の性格や他者との関係の中に存在する。そのため、「それは私的な事柄である。言いかえれば、ある個人が、自分にとって貴重な価値が脅かされていると感じる状態にほかならない」（邦訳書 p.10-11）とされる。一方、ミルズは、問題は機関や社会といった環境の側に生じるものと考え、「問題はまさに公共の事柄である。それは公衆にとって貴重な、なんらかの価値が脅かされている、と感じられる状態である」（p.11）と述べる。ミルズ理論においては、個人的トラブルと公的問題は切り離され、それぞれに対する解決策は異なる領域に焦点を当てたものになる。これに対し、ソーシャルワークにおいては、個人的トラブルと公的問題は相互に影響を与え合うと考える。個人的トラブルの影響が集積したものが公的問題だと考えるのである。同様に、個人は公的問題の余波を自身のトラブルと感じる。さらに、今日の世界においては、個人的トラブルと公的問題のグローバルな側面が、世界中に影響を及ぼす。

ソーシャルワークの目標

　ソーシャルワーク専門職の目標は、包括的な形で示された目的を、より具体的な行動への方向付けとなるように読み替えたものである（図1.1）。ソーシャルワーカーはこれらの目標に導かれ、クライエントに自らのコンピテンスを自覚させ、資源との橋渡しをし、組織と社会機関がより住民のニーズに沿うものとなるように変化を促す（NASW, 1981）。具体的には、ソーシャルワーカーの目標に関連する活動は以下のようなものである。

1. 人の問題解決能力・対処能力、有効に機能するための能力を強化すること

　この目標を達成するために、実践者はクライエントの機能を妨げている障壁を調査する。さらに、クライエントが資源とストレングスを見出し、人生の問題に対処するスキルを強化し、問題解決のための計画を作り、生活と状況に変化をもたらすことができるように支援する。

2. クライエントと必要な資源との橋渡しをすること

　この目標を達成することは、一方では、クライエントが自らの状況に効果的に対処できるように、必要な資源を利用できるよう支援することを意味する。他方では、クライエントの利益を最大化する社会政策

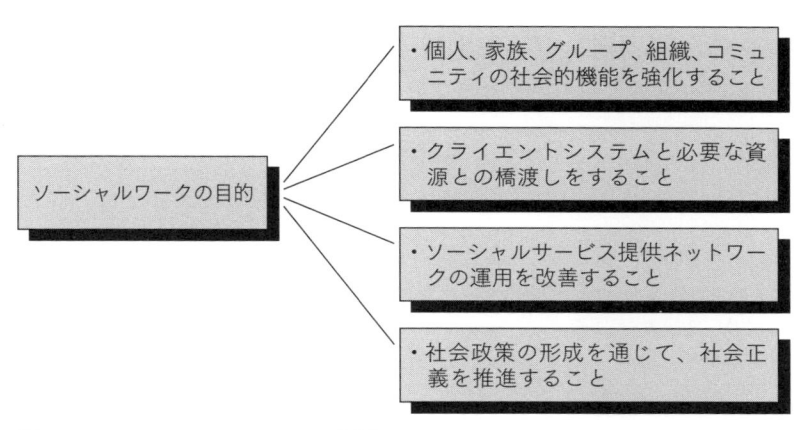

図1.1　ソーシャルワークの目標

やサービスを推進すること、多様なプログラムやサービスを代表する
ヒューマンサービスの専門家同士のコミュニケーションを改善すること、
ソーシャルサービスにおける解決すべきギャップと障壁を特定すること
が含まれる。

3.　ソーシャルサービス提供ネットワークを改善すること

　この目標が意味するのは、ソーシャルワーカーはソーシャルサービス
提供システムを、人道的で受益者が十分な資源とサービスを得られるも
のに改善しなければならないということである。この目標の達成に向け
てソーシャルワーカーは、クライエントを中心に据えた、効果的で効率
的な、かつ説明責任を果たす手段が組み込まれた計画の立案のために提
言を行う。

4.　社会政策の形成を通じて社会正義を推進すること

　社会政策の形成に際し、ソーシャルワーカーは、政策の影響を予測す
るために社会問題を精査する。また、新たな政策を提言し、すでに有効
性を失った政策の廃止を提案する。さらに、ソーシャルワーカーは、包
括的政策から、参加者のニーズを効果的に満たす個々のプログラムや
サービスを導き出す。

　ジョアニー・デヴロー、カレン・オスランド、マイク・ニコラス、マ
リー・アン・グラントの4人がソーシャルワーク科の入門クラスで語った、
プロとしての活動について考えてみてほしい。彼らの活動は、ソーシャル
ワーク専門職の目標をどのように反映しているだろうか。

　ジョアニーのナーシングホームでの仕事は、人の能力開発を促進する活
動を含む。居住者および家族とのカウンセリングは、居住者が施設での生
活に適応できるよう支援することを目指すものである。コミュニティ団体

との提携を通じて、ジョアニーは、ナーシングホームへの出資に関する州の政策と手続きの修正を推進している。

　カレンは立法ソーシャルワーカーとしての仕事について話す中で、クライエントと必要な資源との間の橋渡しをするという役割と、迷路のような官僚機構に翻弄されることなく社会福祉提供サービスを改善する方法を追求するという役割を強調していた。カレンはまた、リサーチ・スキルを活用して、新たな社会政策形成のための基礎情報の収集も行っている。

　マイクはさまざまな形で重要な仕事をしているが、中でも特筆すべきはエイズ対策特別チームにおける活動である。このチームは、コミュニティにおける喫緊の課題に対処するプログラムとサービス形成の方法を探究している。たとえば、コミュニティでのエイズに関する教育、コミュニティからの支援の獲得、コミュニティ内のエイズ感染者に対するサポートネットワークの形成などである。

　最後にマリー・アンは、レイプ被害者危機救済プログラムでの仕事について説明する中で、自らの活動がどのようにソーシャルワーク専門職の目標を反映しているかを明らかにしていた。危機介入は、人生の危機に直面する人を支援することと定義される。レイプ被害者救済プログラムにおいて、マリー・アンはレイプ被害者に対し、個人およびグループでのカウンセリングを実施している。また、病院の救急治療室や、警察署、法廷審問におけるアドボカシーにより、事件後の時間を被害者が乗り切れるよう支援する。マリー・アンは同僚と共に、サービスをより民族に配慮したものにするよう努力している。

ストレングスとニーズ

　ソーシャルワーク専門職の使命と達成目標において、暗黙のテーマになっているのが、人のニーズとストレングスである。人のニーズは、ソーシャルワーク専門職の本質、すなわちソーシャルワーク活動の推進力である。人のストレングスは、ソーシャルワーク・プラクティスの根幹、すなわち解決策構築のためのエネルギー源である。以下でストレングスとニーズの源泉について概観するが、これらはソーシャルワークの、人と物理的・社会的環境との相互作用に焦点を当てるという側面を理解するためのコンテクストを提供するものである。

> 人のストレングスは、ソーシャルワーク・プラクティスの根幹、すなわち解決策構築のためのエネルギー源である。

■ 普遍的・基本的ニーズ

　普遍的・基本的ニーズは、すべての人に共有されるニーズで、物理的・知的・情緒的・社会的・精神的発達に対するニーズがこれにあたる（Brill & Levine, 2005）。**物理的ニーズ**は、衣食住のような基本的生活物資、身体的発達の機会、および最低限必要なヘルスケアを包含するものである。**知**

的発達は、個人の能力に機会が与えられたときに達成される。重要な他者との関係と自己受容は**情緒的発達**を促す。**社会的成長**は、社会化のニーズと他者との有意義な関係構築を意味する。最後に、**精神的成長**の焦点は、日常の経験を超えた目的意識につながる人生の意味を見出すことである。

　専門家はこれら普遍的かつ基本的なニーズについて、いくつかの仮説を立てている（Brill & Levine, 2005）。まず、すべての人は成長と自立に対するニーズと同様に、安全と依存に対するニーズを持つということ。さらに、すべての人は唯一無二の存在で、その人生のあらゆる側面においてコンピテンスを発揮する可能性を持つということ。最後に、人は各成長領域において活発な相互作用をすることで初めて、身体的・知的・情緒的・社会的・精神的成長を実現できる、すなわち他者から孤立した状態では、いかなる面においても成長は望めないということである。

　基本的ニーズがどう充足されるかは人それぞれである。個人のストレングスと環境的資源に恵まれ、最大限に機能できる人もいれば、能力的・環境的制約により欠乏に苦しむ人もいる。

■ 動機的ニーズ

　アブラハム・マズロー（Abraham Maslow, 1970）のいわゆる欲求段階説は、すべての人間行動の根底にある動機的ニーズを表したものである。マズローは、人は根源的・基本的ニーズが満たされて初めて、より高次の成長ニーズの追求を始めることができると主張する。最も基本的なニーズは食料、水、睡眠に対するニーズのような**生理的必要性**に基づくものである。第二段階は、**安全**に対するニーズであり、物理的に安全で精神的に安心できる環境により満たされる。第三段階は、親密かつ充実した人間関係を通じた**帰属意識**と愛情に対するニーズの充足である。第四段階は、**尊重されたいというニーズ**である。成果を認められることにより得られるコンピテンスの自覚と自己価値感がこれにあたる。最後に、階層の頂点に置かれるのが**自己実現**である。自己実現は、自らの最大限の可能性を自覚するプロセスであり、全人類に適用される理論であることが特徴である。マズローの説によれば、欠点とはニーズのことであり、成長は自己実現につながる。

■ 個人的発達

　生物学的・心理的・対人的・社会的・文化的要因は、個人の発達に影響を与える。ソーシャルワーク教育の黎明期のリーダーであるシャルロット・トール（Charlotte Towle）は、1945年に発刊された古典的著作である『コモン・ヒューマン・ニーズ』（小松源助訳、中央法規出版、1990）において、発達的ニーズを理解するための枠組みを提示している。トール（Towle, 1957）によれば、発達的ニーズには、物理的充足、心理的ウェルビーイン

グ、対人関係、精神的成長に関わるニーズが含まれ、これらすべての要素が個人の適応に影響を及ぼす。人生の各発達段階において、複数の発達的ニーズが固有の組み合わせで生起する。これら個々の発達的ニーズが相互作用することにより、発達的成長と適応に寄与する資源が得られる。

■ 生活課題

　人は人生を通じてさまざまな状況により生じる要求に迫られる。要求の中には、予測できるものもあれば、できないものもある。このような生活課題は人が十分に機能し、社会的対人関係を発達させるうえで重要な意味を持つ。生活課題という概念は、「たとえば、家族の中で成長する、学校で学ぶ、社会人になる、結婚して家族を養うといった日常生活や、多くの人が経験する死別、別離、病気、経済的困窮などのトラウマ的状況」に関わるものである（Bartlett, 1970, p.96）。すべての人が生活課題に直面する。方法は人それぞれだが、誰もが生活課題がもたらす困難に対処しなければならない。

■ アイデンティティの確立

　エリクソン（Erikson, 1963）、コールバーグ（Kohlberg, 1973）、レヴィンソン（Levinson, 1978）など、発達理論家の多くが、男性と女性が似通った発達的ニーズを持つことを前提としていた。また一方で、これらの理論家たちは、自律性や独立心、業績などの「男性的」な特質を、正常な発達の基準として用いていた（Gilligan, 1982）。彼らは成熟したアイデンティティを、自律的に働くことや仕事で成果を挙げること、個性化あるいは他者からの自立を果たすことと同視した。これに対し、「対人関係に気を配ることは女性（および男性）にとっての弱点と見なされた」（McGoldrick, 1989, p.203）。

　この考え方は、女性と男性双方にとって有効性を欠くものだった。男性にとっては、対人関係に関するニーズは、男らしさという役割期待の陰に追いやられた。主な男性的特質とは、「大人として不可欠と見なされる性質、すなわち、自律的思考、明確な意思決定、責任ある行動をとる能力である」（Gilligan, 1982, p.17）。ギリガンによれば、発達理論の研究者は女性の発達を男性のライフサイクルの中に女性を位置付ける観点から定義し、女性の経験の独自性については考慮しなかった。

　女性のアイデンティティの発達についてより十全に理解するためには、女性の発達において重要な意味を持つ親密で生産的な対人関係について理解しなければならない。人間関係というコンテクストにおける女性の役割には、養育、ケアの提供、援助がある。女性のアイデンティティは、人間関係というコンテクストにより決まる。女性は他者との関係という網の目の中で、自らを定義するのである。女性にとって、相互依存やアタッチメントは発達ライフサイクルを通じて重要なものである。ギリガンの考え方

は、女性と男性におけるアイデンティティ発達の違いに対する理解を私たちに迫るものである。

■ 文化的ストレングス

　個々の社会に結び付いた価値、慣習、シンボルは文化的伝統を反映し、文化的アイデンティティを規定する。人種的・民族的アイデンティティに関し、多くの人が祖先から受け継いだ文化様式を大切に守っている。民族集団は固有の特徴や慣習、価値やシンボルを共有する。文化的アイデンティティはプライドや尊厳の源泉となり、民族的・人種的集団への帰属意識をもたらす。民族意識や社会的階級、マイノリティ集団としての地位は、ライフサイクルのさまざまなステージにおけるすべての課題に影響を及ぼす。ダイバースな民族集団において、もう一つの文化的要素が、言葉と文化の併存状況による影響である。家族における世代をまたいだ親族間の関わり方や文化的ストレングスは、その民族的起源により異なる。

　文化的ダイバーシティは、民族的・人種的ダイバーシティに留まるものではない。これら以外の文化的集団、たとえば、性別、性的アイデンティティ、宗教、社会経済的地位、能力、所属政党などに基づく集団もストレングスの基盤となる。集団との結び付きの強さやステレオタイプ化に対する反応は、人によりさまざまである。レイシズム（人種差別主義）、セクシズム（性差別主義）、エイジイズム（高齢者差別主義）、エリーティズム（エリート主義）、エイブリズム（障害者差別主義）、ヘテロセクシズム（同性愛差別主義）などのイズムに陥ることは、発達的課題の達成を妨げる可能性がある。

■ 物理的環境

　自然か人工かを問わず、環境とその時間的・空間的配置は、人が自らの可能性をどう捉えるか、どのように目標達成やニーズの充足を実現するかに影響を及ぼす（Germain, 1981; Gitterman & Germain, 2008）。人の物理的環境を構成するものとしては、エコロジカルなニーズ（水・土壌・空気が汚染されていないこと）、生活スペース、住宅、交通機関などがある。人の生存は、環境汚染の抑制、天然資源の保全、地球温暖化による気候問題への対処にかかっている。空間はアイデンティティを決める要因となる。西洋文化においては、住居が過密状態でプライバシーが保たれないことは個人の発達の妨げとなる。文化が異なれば、人と物理的環境との相互作用に対する解釈は異なるものとなる。

　「環境的コンピテンス」はニーズに合致したサービス提供と、自らの力で環境を変えられるという人々の認識から生まれる（Germain, 1981）。物理的環境が、快適で刺激に満ち、かつ安全で守られたものであるとき、環境的コンピテンスは高まる。これに対し、自己意識を衰弱させ、危機感を高

国連と普遍的人権

　国際連合（国連）は、世界平和の維持と、経済的・社会的・文化的・人道的国際問題の解決という広範な目的達成を目指して 1945 年に設立された国際機関である。国連憲章（1945）はその目的の一つを、経済的・社会的・文化的・人道的性質を持つ国際問題の解決と、すべての世界市民の人権と自由を促進するために国家間の協力を実現することと、より具体的に述べている。地球規模での人道的活動と平和維持活動に加え、人権の促進、環境保護、病気の根絶、貧困撲滅のために、国連システム内の 30 を超える関連団体と協働している。国連とその機関は、エイズとの闘い、難民支援、食糧不足の削減のための取り組みを進めている。

　人権の促進と保護に関し、国連はいくつかの国際法案と人権条約を起草した。国際的な拘束力を持つこれらの協定は、全人類が平等であり、奪うことのできない権利を持つことを認める。これは人権保護に関する国際的コンセンサスを反映したものである。人権に関する国際的政策の例には以下のようなものがある。

- 世界人権宣言（1948）
- 人種差別撤廃条約（1965）
- 市民的及び政治的権利に関する国際規約（1966）
- 経済的、社会的及び文化的権利に関する国際規約（1966）
- 女性差別撤廃条約（1979）

- 拷問及び他の残虐な、非人道的な又は品位を傷つける取り扱い又は刑罰に関する条約（1984）
- 子どもの権利条約（1989）
- すべての移住労働者及びその家族の権利の保護に関する国際条約（1990）

　これらの文書は人権の最重要性を宣言し、人権の侵害を強いる制裁を排除するものである。

　このような国際的拘束力を持つ協定は、人のニーズと人権に関する社会間の類似性と、地理的・歴史的条件や社会文化的性質、経済的資源、政治理念、統治機構などの個々の社会に固有の特徴とをあわせて考慮したものである（Tracy, 1990）。たとえば、国連世界人権宣言（1948）は、個人的・市民的・政治的権利について述べている。

- 人の生命、自由、安全に対する権利
- 法の下の平等に関する権利
- 家庭におけるプライバシーと通信の秘密に関する権利
- 移転の自由に関する権利

　世界人権宣言は、家族を社会の基本単位と認識し、それゆえに家族は国家により保護されるべきとする。さらに、思想、良心、信教の自由と、言論・表現の自由を支持する。最後に同宣言は、各個人がコミュニティに対して義務を負う、法の支配と相互尊重を基礎とした社会的・国際的秩序に対する権利を強調している。

め、ライフサイクルにおけるニーズの充足を妨げるような物理的環境であるとき、環境的コンピテンスは減退する。

エンパワメントがソーシャルワークの心なら、社会正義はソーシャルワークの魂である。エンパワメント指向のソーシャルワーカーは、エンパワメントと社会正義に関する抽象的概念を、自らの日々のプラクティスに応用する。エンパワメントと社会正義は共に、ソーシャルワーカーのクライエントに対する見方、関係の築き方、個人と政治的資源の結び付け方に影響を与える。

■ 社会正義と人権

社会正義が広く浸透するのは、社会の全構成員が、等しく社会秩序を共有し、資源と機会を公平に利用できるよう配慮され、市民的自由の恩恵を十分に享受するときである。社会の全構成員が、社会への参加、法による保護、発達の機会、社会秩序に対する責任、社会的便益の利用において、権利を等しく共有することが理想である。実質的には、社会正義とは**イズム**からの自由、すなわち、レイシズム（人種差別主義）、セクシズム（性差別主義）、クラシズム（階級差別主義）、ヘテロセクシズム（同性愛差別主義）、エイジイズム（高齢者差別主義）に見られる、偏見に満ちた態度や差別的な慣行からの自由を意味する。これに対し、社会的不正義とは、社会資源や機会の利用を制限し、経済的・文化的・政治的な社会生活への十分な参加を否定するものである。

人権とは、人であるということ自体の価値により、個人が有する権利である。人権は普遍的であり不可分である。人権は付与されたり奪われたりするものではない。ただ、保護されるか侵害されるかである。人権には、国家からの保護と、QOL を維持するために資源を利用する権利が含まれる。政治的・市民的権利は、第一世代の権利とされ、適正手続き、言論の自由、信教の自由、拷問からの自由などがこれにあたる。社会的・経済的・文化的権利は、第二世代の権利、あるいは QOL に対する権利とされ、ヘルスケア、適切な生活水準、教育、勤労、差別からの自由に対する権利がこれにあたる。第三世代の権利、すなわち連帯の権利とは、環境保護や人道的救済、平和的共存といった世界的課題に関する政府間の連携に対する権利を意味する。

社会問題は、社会が住民を不公平に扱ったり、住民の人権や市民権を侵害した際に発生する。偏見に満ちた態度や差別的慣行、抑圧や一部の市民に対する社会への参加拒否は、人々が社会的機能を十分に発揮するために必要な機会と資源の公平な利用を否定するものである。

■ 世界的相互依存

私たちは相互依存を基盤とするグローバル社会に生きている。そのため、

私たちには、世界規模の問題やニーズに関心を持ち、一つの社会における問題解決が他の社会のウェルビーイングに与える影響について考えることが求められる。食糧不足や経済問題、政治的混乱、自然災害や公害、地球温暖化、および戦争によって生じたニーズは、社会の機能を脅かし、すべての世界市民に影響を及ぼす。

エネルギー資源や食糧調達、医療、科学技術における相互依存には、国家間の協力が必要とされる。戦争の脅威を廃絶して世界の調和と平和を実現するためには、世界市民が文化の多様性を尊重し、さまざまな社会構造の可能性を認識し、世界的状況を視野に入れた社会問題の解決策を構築することが必要である。

ストレングスとニーズの相互作用

すべての人に共通の生物学的・発達的・社会的・文化的ニーズがある一方で、各人が自身の物理的・認知的・心理社会的・文化的発達に応じた、独自の多様なストレングスとニーズを形成する。さらに、社会環境との相互作用が、私たちの生きる力を左右する。通常、私たちは個人的な社会的ニーズを満たすために、生活環境内に存在する資源を活用する。環境側の需要と資源が私たちの要求と一致する程度に応じて、私たちは「適合感と自信」を得る。そしてこの不一致の分だけ、生活に問題が生じることになる。

ソーシャルワークと社会福祉の関係とは

「社会福祉」という言葉を聞いて何をイメージするだろうか。単に公的扶助プログラムと同義という認識だろうか。あるいは、社会機関の一つとして認識しているだろうか。本節では、ソーシャルワークと社会福祉の相互関係を明らかにする。それにより、社会機関というコンテクストにおける社会福祉を定義し、社会福祉の役割を精査し、ソーシャルワーク・プラクティスの現場を概観し、ソーシャルワークと社会の関係を探究する。

社会機関

市民の物理的・経済的・教育的・宗教的・政治的ニーズに対応する社会機関は、人のニーズを満たし、社会問題を解決する。家族、教育、政府、宗教、経済、社会福祉といった社会機関は、社会における個人と集団のニーズとともに進化する（表1.1）。「家族」は、子どもの健康、成長、発

表 1.1　社会機関の機能

社会機関	機能
家族機関	子どもと親、家族と社会の間の、個人の基本的ケアと相互扶助
教育機関	社会化と生産的で社会に積極的に参加できる市民になるための準備
経済機関	資源の割り当てと分配
政治機関	社会の目標と価値の公式な割り当て
宗教機関	究極的関心[*]に対する個人的意味付けと理解の促進
社会福祉機関	社会的機能を獲得し果たすための支援の提供

*訳注：ultimate concern, パウル・ティリッヒによるキリスト教神学における概念。

達を促進し、食事と衣服を与え、世の中でうまく生きていけるよう彼らを社会化する。「教育機関」を通じて、人は公式に知識やスキル、信念や態度、社会規範を身につける。「経済機関」は、物資の供給やサービス提供の手段を提供する。「政治機関」は権力行使と法秩序保護の機構としての役割を果たす。人が究極的関心を理解するための方向付けと意味付けを行うことが「宗教機関」の中心テーマである。最後に、「社会福祉機関」は、すべての人が社会の一員としての生産的役割を獲得したり果たし続けたりするために必要なサービスを、人生のさまざまなタイミングで提供する。

社会福祉機関

社会福祉機関は社会とその構成員の、健康的・教育的・経済的・社会的ウェルビーイングのニーズに対応する。社会福祉機関を「変化を続ける経済的・社会的環境に個人がうまく対処できるように、また社会機関の安定性と発展を確保できるようにするための最前線での支援」と理解する者もある（Romanyshyn & Romanyshyn, 1971, p. 34）。社会が社会福祉機関を通じて、十分に社会参加し、潜在能力を最大限に発揮できる機会を全市民が与えられることが理想である。

社会福祉は個人の「総合的ウェルビーイング」に対するニーズに対処し、人々の普遍的ニーズを満たす。

社会福祉は、医療、人的資源の開発、QOL の向上に直接関わる規定やプロセスを内包する。さらに、個人や家族に対するソーシャルサービスと、社会機関の強化や変革に向けた努力もこれに含まれる。社会福祉は社会システムを維持するだけでなく、変化を続ける社会的現実に適合させる役割も果たす。　　　　　　　　（Romanyshyn & Romanyshyn, 1971, p. 3）

社会福祉の提供には、さまざまな公的・民間ソーシャルサービスが含ま

れる。たとえば、社会福祉システムは家族と子どもに対し、福祉サービス、医療・保健サービス、法的サービス、刑事司法に関わる活動、所得補助を提供する。社会福祉がこれらのサービスを市民の権利として、すべての人とグループが利用できる社会的ユーティリティとして提供する場合もある。あるいは、社会福祉サービスが特別なニーズを満たしたり、特定のグループだけが抱える独自の問題に対処したりする場合もある。

社会福祉の役割

　社会福祉の役割については意見が分かれる。「残余的視点」においては、福祉は、家族や経済、政治構造が破綻した際にのみ発動されるものとされる。この残余的視点は、福祉をサービス提供に向けた一時しのぎの手段や「絆創膏を貼るような手当て」と見なすものとして批判される。他方「制度的視点」からは、社会福祉を現代の産業社会において市民の権利としてのサービスを提供する総合的役割と認識する（Wilensky & Lebeaux, 1965）。米国における制度的社会福祉はその正当性の基礎をウェルビーイングに対する憲法の要請に求めるが、他の団体の正当な役割を侵害するものとして批判される場合が多い。社会福祉の理想は、社会で共有されたニーズを、十分な収入、住居、教育、ヘルスケア、安全などを提供することにより、即座に充足することである。

　社会福祉の受益者は、特定の集団や個人ではない。事実、社会福祉は、全住民に利益をもたらす多様なサービス提供から構成される。社会福祉サービスを、交通や教育といった公共的サービスを提供する社会インフラの不可欠な一部とする見方もある。この視点によれば、社会福祉を含む公共的サービスの利用者は、社会から逸脱した人や、助けを得られない人、汚名を着せられた人というよりは、むしろ権利を有する市民である。

　通常、社会的ニーズは、ソーシャル・プランニングを通じた大規模なインターベンションを必要とする、危機的で複雑な社会問題になって初めて認識される。ソーシャル・プランニングが断片的だったり存在しなかったりすると、解決すべき問題はとてつもなく巨大なものとなる。

　社会福祉機関が全員のニーズを平等に満たすことができない場合、さらなる断片化が生じる。まず、人々のニーズの程度はさまざまである。要求が大きい場合、社会資源が不十分な場合がある。同時に、切迫したニーズはどれか、および、いかにニーズに対処するかを判断する役割を担うのは、地位と権力を持つ者である。権力を持たない者、すなわち社会経済的地位、年齢、性別、性的指向、人種、民族における少数派は、影響力に乏しく、制度的サービス提供に関して隙間に陥ったり障壁を経験したりする場合が多い。皮肉にも、このような隙間や障壁が、ニーズを作り出す構造的要因として理解されるのではなく、制度的構造の欠陥ゆえに個人が汚名を着せ

られ、批判され、非難される場合が多いのである。

　ソーシャルワーカーについては、「貧困状態にある人、社会的弱者、障害のある人、逸脱者、落伍者、依存症患者を支援するという任務を社会から与えられ、同時に、人々を貧困、愚行、ネグレクト、虐待、離婚、非行、犯罪、疎外、発狂の危険から遠ざけるために支援することが義務付けられたプロの援助者」（Siporin, 1975, p. 4）とその概要が説明されてきた。ソーシャルワーク専門職の主要な任務は、権利を奪われ抑圧された人々と協働することである。エンパワメント指向のソーシャルワーカーは、病変を示すラベルを貼るのではなく、ヒューマンシステムのストレングスを重視することで、個人と社会のコンピテンスを向上させるのだ。

ソーシャルワーク・プラクティスの領域

　ソーシャルワーカーは、公共福祉、矯正保護、保健システム、家族に対するサービスといった広範なプラクティス領域で働いている。サービス提供は、プラクティス領域により分類され、さまざまなグループの独自のニーズに応えられるようにデザインされている。ソーシャルワークのクライエントの多くは、経済構造のネガティブな影響を受けた人や、犯罪を犯した人、心身に障害のある人など、社会による拒絶や抑圧を経験した人である。その他、クライエントには、紛争や変化の渦中にある家族や、順風なライフサイクルの軌道から外れた個人などがいる。

　ソーシャルワーカーは児童虐待やネグレクト、ホームレスや貧困、ヘルスケアに関わるニーズ、近隣住民による拒絶やコミュニティによる冷遇、薬物依存、ドメスティック・バイオレンス（以下、DV）などの問題と対峙する。ジェネラリストはコミュニティ組織、近隣グループ、家族、高齢者、非行少年、無職者、慢性的な精神疾患の患者、障害のある人などと協働する。ソーシャルワーカーが提供するサービスの種類はプラクティス領域により分類される。サービスは、具体的な社会問題への取り組み、クライエント集団のニーズへの対応、個々の現場の状況を反映しつつ、プラクティス領域により多数のグループに分けられる。

- **家族に対するサービス**
　ソーシャルワーカーは家族の機能を高めるために支援サービスを提供する。例として、カウンセリング、家族セラピー、家族生活教育がある。
- **児童保護サービス**
　一般に州の児童福祉局により提供され、児童虐待とネグレクトの問題を扱う。児童保護サービス、児童虐待の

ポリシー・プラクティス

［プラクティス行動の例］　政策がサービス提供に影響を及ぼすこと、および、ソーシャルワーカーが積極的にポリシー・プラクティスに従事していることを理解すること。

［批判的思考の訓練］　ソーシャルワーカーは公共政策が社会的便益の種類に影響を及ぼすことを理解し、ポリシー・プラクティスの必要性を認識している。ソーシャルワーク・プラクティスのさまざまな領域において、社会政策がクライエントへのサービスに影響を及ぼす例をいくつか挙げてみよ。

調査と予防およびインターベンション、家族の保護と再統合サービスがここに分類される。

・ヘルスケア

　ヘルスケア分野においては、実践者は病院や養護施設、保健衛生機関、ホスピスプログラムなどの医療現場で働く。リハビリテーション・カウンセリングも行う。

・産業ソーシャルワーク

　通常は、従業員援助プログラムの後援を受け、産業ソーシャルワーカーが、カウンセリング、紹介、教育的サービスを、勤労者とその家族に提供する。職場でのストレスなどの就労に関わる問題から、家族の危機や各種依存症などの個人的な問題までを広く扱う。

・高齢者ソーシャルワーク

　高齢者ソーシャルワークは、高齢者とそのケア提供者に対するサービスを提供する。高齢者に特化した包括的サービスは、一般に高齢者向けサービス機関の担当領域に分類される。これに対し、高齢者に対するサービスが、多角的コミュニティ機関の一機能である場合もある。

・スクールソーシャルワーク

　学校におけるソーシャルワーカーは、進路指導カウンセラーや、学校心理士、教師を含む学際的チームの一員として活動する場合が多い。スクールソーシャルワーク・サービスは、学齢期の子どもやその家族が、学校における教育や行動の問題を解決するために利用することができる。

・刑事司法

　ソーシャルワーカーは、青少年と成人の両方の矯正保護に携わる。執行猶予や仮釈放中の受刑者の監督や、刑務所や少年院でのカウンセリングを行い、さらに、被害者への補償プログラムに携わる。

・案内・紹介サービス

　案内・紹介（Information and Referrals, I&R）スペシャリストは、サービスに関する情報提供や、コミュニティ資源への紹介、コミュニティのアウトリーチ・プログラムの立ち上げにおいて重要な役割を果たす。多数の機関が一連のサービスの一部として、I&R を提供している。

・コミュニティ・オーガナイズ

　コミュニティアクション・プログラムで働くソーシャルワーカーは、コミュニティと近隣地域の開発、ソーシャル・プランニング、ダイレクトアクションの組織化に従事する。オーガナイザーはコミュニティの構成員や有権者層を結集し、改革に向けた行動に向かわせる。

・メンタルヘルス

　ケースマネジメント、セラピー、薬物やアルコール依存の治療、メンタルヘルスに関するアドボカシーなどが、メンタルヘルスの現場で働くソーシャルワーカーの活動の一部である。メンタルヘルスの現場には、

たとえば、コミュニティにおけるメンタルヘルス・センター、州立病院、デイ・トリートメント・プログラム、精神障害のある人の居住施設などがある。

ソーシャルワーカーは、養子縁組や、薬物乱用、プランニング、少年保護観察、病院におけるソーシャルワークなど、1つのプラクティス領域での専門性を伸ばす場合もある。専門領域はプラクティスにおける役割に従い、さらに細分化される。たとえば、ダイレクトサービスの実践者、コミュニティ・オーガナイザー、社会政策アナリスト、里親制度の専門家、家族生活教育の実践者、管理者などである。一方、たとえソーシャルワーカーが専門性を高めたとしても、ジェネラリストとしての広い視野はなお有効である。問題はそのコンテクストに照らして理解されるべきであり、すべてのシステムレベルを考慮したうえで、インターベンションが設計されるべきだからである（表1.2）。

■ 雇用の概要

ソーシャルワーカー専門職は拡大を続けている。職業予測によれば2008年には64万2000人だったソーシャルワーカーは、2020年までに25％増が予測されており、これはほとんどの職業の平均値と比較してはるかに速いペースである（BLS, 2012f）。近年のサービス提供の傾向を見ると、医療や公衆衛生、高齢者サービス、メンタルヘルス、薬物乱用のトリートメント、刑事司法、リハビリテーション、学校関連サービスに関わる求人が増加している。今後増加が予想される分野としては、NGOにおける国際的な取り組みや、政治的ソーシャルワークが挙げられる（Hopps & Lowe, 2008）。近隣地域に根ざした総合サービスセンターは、「ワンストップ・ショップ」〔必要なものが1ヵ所ですべて揃う店〕として、生活保護、就労関連サービス、読み書き教育プログラム、家族を中心としたサービス、少年審判サービス、ヘルスケアなどの、一連のサービスを利用しやすくしている。ソーシャルワーカーは、家族のサービスコンサルタントとして、ケースマネジメントを通じて、これらのサービスへの橋渡し役となる。

ソーシャルワーク、社会福祉、社会

社会福祉的義務を果たすため、ソーシャルワークは、社会と関わるさまざまな役割を担う。これらの役割は、各社会モデルとこれに伴うソーシャルワーク活動の相違を反映するものである。社会問題の性質と、社会が定義する福祉の態様により、ソーシャルワークの役割は決まる。

表 1.2 ソーシャルワーク・プラクティスの領域

領域	サービスの例
家族と子どもに関するサービス	家族保護 家族に対するカウンセリング 里親と養子縁組 デイケア 児童虐待とネグレクトの防止 DV の防止
保健とリハビリテーション	病院でのソーシャルワーク 公衆衛生に関するソーシャルワーク メンタルヘルス・ソーシャルワーク 社会復帰のためのリハビリテーション ホスピスケア
メンタルヘルス	メンタルヘルス・クリニック 薬物・アルコール依存者のためのデイ・トリートメント コミュニティとの融合
案内・紹介	資源に関する情報提供 コミュニティ要覧の発行 ファーストコール・サービス 緊急救助 危機マネジメント
産業ソーシャルワーク	従業員援助プログラム 職務関連ストレスへの対処 配置転換プログラム 定年退職プランニング
青少年と成人の矯正保護	保護観察と仮釈放サービス 警察ソーシャルワーク 拘留施設と訓練所での仕事 刑務所でのソーシャルワーク 抑止プログラム
高齢者関連サービス	在宅サポート レスパイト支援 高齢者のためのデイケア 長期ケア ナーシングホーム・サービス
スクールソーシャルワーク	学校適応カウンセリング 教育テストサービス 家族に対するカウンセリング 行動マネジメント
住居	補助金付き賃貸住宅 ホームレス用シェルター アクセシビリティ・プログラム
所得維持	社会保障プログラム 公的扶助プログラム フードスタンプ*
コミュニティ開発	ソーシャル・プランニング コミュニティ・オーガナイズ 近隣地域の再活性化

* **訳注**：米国の低所得者向け食料費補助制度。

■ 合意モデルと紛争モデル

合意モデルと紛争モデルという２つの社会モデルは、さまざまな社会学的観点や、構造機能主義的観点、紛争理論を反映したものである（Leonard, 1976）。合意モデルあるいは構造機能主義モデルは、社会と構成員の関係における均衡を重視する。このモデルによれば、ソーシャルワークの役割は、紛争と緊張関係を解決し、「逸脱者」とラベリングされた人を社会に適合させ、人と社会環境の相互適応により両者間に調和をもたらすことにある。言い換えれば、ソーシャルワーカーの役割は、社会に混乱を招く住民をコントロールし、機能不全的社会構造を改革することにある。

これに対し、紛争モデルは権力の問題に焦点を当て、社会問題は権力と権威の不均等な配分によって生じると考える。紛争モデルの観点からは、ソーシャルワーカーは不正義との闘争と、抑圧された社会的に脆弱な集団を擁護することにおいて、より直接的な役割を果たす。ここでは、ソーシャルワークの目標は、社会における権力と権威の態様を変革することにある。

■ ソーシャルワークと社会 ── ４つの関係

ソーシャルワークと社会の関係は４つのパターンで理解することができる。

- 社会に代わって社会をコントロールする代理人としてのソーシャルワーク
- 社会の改革者としてのソーシャルワーク
- 社会から切り離されたソーシャルワーク
- 個人と社会の仲介役としてのソーシャルワーク　　　　　　　（Cowger, 1977）

社会の代理人としてのソーシャルワーカーは、社会統制により、クライエントを社会に再適合させる。クライエントはインボランタリーな（すなわち、強制あるいは要求を受けてサービスを探した、あるいは受け入れた）場合が多い。インボランタリーなクライエントの例としては、裁判所の命令を受けた非行少年、仮出所者、その他の更生保護施設に収容された人々が挙げられる。社会の代理人としてのソーシャルワーカーは、社会に代わって、個人の更生のために働く。

ソーシャルワーカーを社会と対立する者、あるいは社会と闘争する者と考える場合、ソーシャルワークの役割は、政治、経済、社会機関の構造を改革することである。この見地に立つ人は、問題は社会構造の歪みに起因すると考える。ソーシャルワーカーは、社会的条件をソーシャルアクションや政治改革のようなストラテジーにより改善することで、問題に対処する。

ソーシャルワークが社会と切り離されていると捉える見方は、ソーシャ

ルワーカーと社会との間に、相互作用的関係はほとんどあるいは全くない
とする。この視点の例として、社会変革よりも個人のトリートメントに焦
点を当てた臨床的ケアがある。社会に対してこのような中立的な立場をと
るなら、ソーシャルワーカーが社会改革や社会変革などのストラテジーを
用いる余地はない。

　最後に、ソーシャルワーカーにクライエントシステムと社会環境の仲介
役という役割を与える見方がある。この視点は社会的機能のコンテクスト
を重視する。ソーシャルワーカーは仲介役として、クライエントシステム
と社会環境の間の仲立ちをする。

　これら4つの立場はソーシャルワークと社会の関係に対する捉え方を異
にし、それぞれがソーシャルワーク・プラクティスに異なる意味を与える。
ソーシャルワークを社会化のための手段と考えれば、社会統制を強調する
ことになる。この場合、公共の利益が個人のニーズに優先することになる。
他方で、社会改革者はしばしば、ソーシャルワーク専門職に社会状況改善
のための行動を強いるが、過激なスタンスは連帯を困難にし、社会変革に
向けた努力の障壁となる。さらに、ソーシャルワーカーの中には、もっぱ
らセラピー的インターベンションに従事し、社会に対し「中立的立場」を
とる者もいるが、この立場はソーシャルワーク専門職に課せられた社会正
義を実現するという義務に反するものと考えられる。仲介者としての役割
は、変化を起こすためにクライエントと協働するエンパワリングなプロセ
スというソーシャルワークの理想に最も近いように思われる。この変化は
個人と環境のどちらにも起こり得るのだ。これらパートナーシップとエン
パワメントの基本原則を理解することで、ソーシャルワークは、社会統制
と社会変革に関するストラテジーの実行方法を変化させることができる。

ソーシャルワークがエンパワメントの専門職とされるのはなぜか

　あなたが変革を起こすことを決意して計画を実行すれば、何が起きるだ
ろうか。そもそも、何があなたに行動を起こすことを決意させたのだろう
か。計画をやり遂げる力があると信じる勇気を何から得たのだろうか。い
かにして個人的な事柄を政治的な事柄に転換したのだろうか。

　もしあなたが、任務が実現不可能であり、自らの行動は世界に対して何
の影響力もないと考え、自分の能力も資質も取るに足らないものと結論付
けるなら、そもそも何かをやろうという気持ちになるだろうか。まず、な
らないだろう。自分を無能で無力だと感じ、八方ふさがりな気分になって
しまうだろう。

　変革を開始するためには、自らの行動には可能性があり、努力は報われ
ると信じることが必要である。行動を起こし、資源を獲得し、自らの資源

を増やすことができると信じなければならない。あなたが物事を前向きに捉えることで、あなたの資源は補完され、あなたの反応はエネルギーに満ちたものになる。このような状況であれば、エンパワメントは生じやすい。人はエンパワメントを経験すると、自己効力感を得、能力に自信を持ち、自らの人生に対する影響力と統制力を感じ、個人内、個人間、組織、コミュニティにおけるエンパワメントに相互的つながりがあることを認識できる。

エンパワメントの定義

エンパワメントには、エンパワーされる過程と、エンパワーされた状態の両方の意味がある。エンパワーされるとは、個人や家族、コミュニティが個人的・対人関係的・社会政治的な力を得ることである（Gutiérrez, 1990, 1994; Parsons, 2008）。このエンパワーのプロセスの結果としてのエンパワメントは、自らの価値や能力を感じたり影響力や統制力に気付いたりする**心の状態**を言う。エンパワメントは、社会構造の修正による**権力の再配置**を指すこともある（Swift, 1984）。エンパワメントには認識という主観的要素と、社会構造の中におけるパワーの源という、より客観的な要素がある。さらにエンパワメントは、個人的事柄に対する精神的支配という意味と、社会政治的領域の事象に対する影響力の行使という意味を持つ。

エンパワメントは個人的であると同時に政治的であり、自己変革という意味と、抑圧の原因となる社会経済的ならびに政治的条件の改革という両方の意味を持つ。個人に対するエンパワメントは、個人の成長と自己評価の向上という成果をもたらす。対人関係的エンパワメントは、抑圧の原因となり個人に害を及ぼす人間関係の修正という結果につながる。政治的エンパワメントは、抑圧に対抗する集団行動の結果である。エンパワメントには、抑圧の本質と社会的・政治的・経済的矛盾に対する批判的理解の育成の意味も含まれる。

ソーシャルワーク専門職が負う社会正義に対する責務に鑑みれば、ソーシャルワーカーは権利を奪われ抑圧された人々に対する擁護者としての責任を負う。エンパワメントは、たとえば、人種、年齢、民族、性別、障害、性的指向を理由として権利を奪われた人々のような、弱い立場にあり社会的に脆弱な集団と協働する際のソーシャルワークのストラテジーであり、同時に目標となる。エンパワメント・ソーシャルワーク・プラクティスとは、クライエントが「自らの内面や他者との関係、また社会的・経済的・政治的環境の中で、力を得ることができるように」支援することである（Lee, 2001, p. 26）。

資源へのアクセス

選択の機会がなくても人はエンパワメントを得られると考えるなら、そこには見せかけのエンパワメントしか生じない（Breton, 1994a, 1994b, 2002）。エンパワメントのためには資源を利用できること、すなわち、人が自らの選択肢を知り、複数の選択肢の中から自らの行動を選択する機会を得られることが重要なのである。「エンパワメントは、多くのコンピテンシーがすでに存在しているか、少なくともニッチと機会があれば獲得可能な状態にあること……［さらに］機能不全に見えるものが、社会構造と資源の欠如によりすでに存在するコンピテンシーが発揮できなくなっていることの結果であることを示している」（Rappaport, 1981, p. 16）。言い換えれば、個人、対人関係、政治構造といった各次元のエンパワメントは相互に関わり合っている。資源の一つを利用することは、他の次元の資源を開発することにつながる。

人権と社会正義

［プラクティス行動の例］ 人権と社会的・経済的正義を推進すること。

［批判的思考の訓練］ ソーシャルワークは社会の良心と呼ばれることが多い。ソーシャルワーカーはどのように社会的・経済的正義を促進し、人権をアドボケイトするのか。

個人、グループ、組織、そしてコミュニティのすべてがエンパワメントを求めて努力し得る。アンダーソン（Anderson, 1992）は次のように述べる。

> エンパワメントの概念は、個人のストレングスとコンピテンシー、自然発生的な相互扶助システム、ソーシャルアクションへ向けた積極的行動、社会政策、社会変革、コミュニティ開発を結び付ける。これは、ジェネラリスト・プラクティスのすべてのレベルに適用可能である。たとえば組織は、政策決定に影響を及ぼすことや、個人が自己コントロール感を感じられるようなコンテクストを提供することを通じて、エンパワーすることができる。コミュニティがエンパワーされるのは、住民がQOL を改善し、コミュニティのニーズに応える場合である。　　　(p.7)

エンパワメントは、人が自らの人生に及ぼす影響力や統制力を増大させることを意味するが、必ずしも、権力闘争や、集団間の権力の移譲を伴うものではない。なぜなら「ある個人や集団の権力を強化することは他の個人や集団の権力を減じることになる、という意味はエンパワメントの定義には一切含まれない」（Swift & Levin, 1987, p. 75）からである。

エンパワメント指向がソーシャルワークにもたらすもの

ソーシャルワーク専門職の価値はエンパワメントとしてのプラクティスの基礎を支えるものである。ソーシャルワークは、人は「周囲からの適切な支援が得られる限り、自らの人生を組み立て、自らの潜在能力を伸ばすことができる、努力する能動的な生命体である」（Maluccio, 1983, p. 136）

思考が行動を決定する

　ソーシャルワークは専門職として、個人的な事柄と政治的な事象の両方に関心を寄せる。そのため、エンパワメント・ソーシャルワークには臨床的プラクティスと、批判的プラクティスの両方がある。臨床的ワークにおいては、ソーシャルワーカーはクライエントが社会で十全に機能を発揮できる構成員になることを阻む障壁を克服できるように努力させる。批判的すなわち政治的なプラクティスにおいては、ソーシャルワーカーは、市民がウェルビーイングのために欠かせない社会資源と機会を得られるよう支援する。社会正義は個人とのワークと、社会的・経済的状況の改善に、同時に焦点を当てるための基礎となる。

　ソーシャルワークのエンパワメントの基礎には多くの前提がある。

- エンパワメントは協働的プロセスであり、クライエントと実践者はパートナーとして共に努力する
- エンパワーするプロセスにおいては、クライエントシステムについて、資源と機会さえ利用可能であれば、コンピテンシーと能力を発揮できると考える
- クライエントは自身が変革の主体であり、変化をもたらすことができると考える
- コンピテンスは、何かをするように命じられるような状況ではなく、人生経験、とりわけ、自己効力感を強化するような経験を通じて、獲得され磨かれる
- いかなる状況においても複数の要因が作用しており、それゆえ、有効な解決策は常に多様なアプローチの形をとる
- 非公式の社会的ネットワークは、ストレスを緩和し、コンピテンスと自己コントロール感を増大させる重要な支えとなる
- 人は自分自身のエンパワメントに参加しなければならない。目標、方法、成果は自らが決めたものでなければならない
- 認識のレベルを高めることはエンパワメントの重要な課題である。変化を起こすためには情報が不可欠である
- エンパワメントには、資源が利用可能であることと、資源を有効に活用する能力が必要である
- エンパワーするプロセスはダイナミックで、相乗効果的で、常に変化を続け、漸進的である
- エンパワメントは、個人的・政治的・社会経済的発展の並列的構造を通じて獲得される

という人間観を採用する。これがライフサイクルの全体を通じた人間の適応能力と成長の機会を重視していることに注目してほしい。この人間観は、個人的・対人的・構造的コンピテンスを増進するために人と社会の力を解放する手段というソーシャルワークの目的に結び付く。

　人はエンパワーされる経験を通じてエンパワメントを得る。ところが、ソーシャルワーカーには、クライエントをエンパワーする方法が書かれたマニュアルがあるわけではない。エンパワメントを得るために配合すべき材料の分量が細かく書かれたレシピも存在しない。エンパワーするプロセスは多面的で多次元的である（Rappaport, 1984, 1987）。精神的－社会的－文化的要因、人、状況、資源、解決方法の順列と組み合わせは無数に存在す

る。個々の状況、登場人物、影響要因の組み合わせは常に異なるため、エンパワメントに至るプロセスは高度に個別化されたものとなり、そのまま他に応用できるものではない。クライエントとソーシャルワーカーは、個々の状況のダイナミクスに合わせたオーダーメイドの解決方法を作り上げる。しかしその一方で、これらのプロセスを特徴付ける要素には以下のような共通項がある。

■ ストレングスへの注目

ストレングスとコンピテンスに注目する姿勢は、欠点や機能不全を重視する姿勢と対照的である。「ストレングス的観点によれば知識とは、万人に共有され、創造的発展を遂げ、個人とコミュニティの成長を強化することができるものでなければならない」（Weick, 1992, p. 24）。ところが、学術文献には、機能的問題、不適応、虐待、無力感といった情報が溢れている。専門家はクライエントの欠点やコンピテンシーの不足、機能不全はいくらでも見つけ出すのに対し、ストレングスに気付くことはできないかのようである。欠点やコンピテンシーの不足、機能不全に注目して問題を理解している限り、援助プロセスが変化を促すことはない。専門家が問題を一方向からのみ定義する場合や、ソーシャルワーカーがクライエントの欠点克服の手段として行動プランを方向付ける場合も同様である。つまり、「この3つの状況がある限り、援助プロセスは、怪我人に絆創膏を貼る応急処置室の域を出られない」のである（Weick et al., 1989, p. 352）。ストレングスに注目することは、個人と環境資源の多次元的性質を考慮することである（Cowger & Snively, 2002; Miley, O'Melia, & DuBois, 2013; Saleebey, 2009）。

ソーシャルワーカーが虐待や無力感のダイナミクスについて考えなければならないのは確かである。しかし、クライエントを、貧しく、困窮した、無力な被害者と見なし、自分では問題解決策を見出すことができないと決めつけることは、変化の妨げとなる。「クライエントをエンパワーし、彼らの被害者としての地位を変化させるためには、私たちが保護者としての地位を手放すことが必要なのである」（Pinderhughes, 1983, p. 337）。

■ クライエントとの協働

エンパワメント指向のソーシャルワーカーはクライエントと協働する。そして、クライエントのストレングスと適応能力、およびクライエントのコンピテンシーと潜在能力に注目する。人の潜在能力を信じることは重要である。なぜなら、エンパワメントは、

人が、現在は未発達で未確定だが、いずれ発現し得る、心理的・物理的・情緒的・社会的・精神的能力を内に秘めているという考え方と結び付いているからである。人が成長を続けウェルビーイングを向上させる

力を持つということは、この力に見合う尊敬を受けるべきことを意味する。この力は現状と将来像の両面において人生を肯定するものである。

（Weick et al., 1989, p. 352）

さらに、エンパワメントは人が自ら変化のプロセスの全体に関わることを前提とする。すなわち、自らの状況を定義することから、目標設定、行動方針の選択、結果の評価に至るすべてである。エンパワメント指向のプラクティスには、実践者とクライエントが対等だという意識が欠かせない（Breton, 1994a, 1994b, 2004）。同様に、ブリッカー＝ジェンキンス（Bricker-Jenkins, 1990）は、クライエント自身こそが最も重視すべき専門家でありコンサルタントであると考えることが、ソーシャルワーク・プラクティスの成長モデルにとって重要であることを強調した。

ソーシャルサービスの提供において、家父長的な文化が根付いた社会においては、クライエントとの協働関係の構築が難しい。この影響に対抗するために、ソーシャルワーカーは、専門家の助言とクライエントの依存を好む力の不均衡に取り組む。具体的には、クライエントの搾取や社会統制の強化につながる専門用語の使用やラベリングを批判し、一体感と協力につながる役割分担法を採用する（Holmes & Saleebey, 1993）。エンパワメントの原則を自らの組織構造やプロセスに適用するヒューマンサービス団体は、クライエントと協働しようとするソーシャルワーカーの取り組みを後押しする（Latting, 2004; Shera & Page, 1995; Turner & Shera, 2005）。

■ 構造的状況に対する批判的省察

ソーシャルワークは、人権と社会正義の専門職である。人間の尊厳と社会正義の中核的価値に応答するために、ソーシャルワーカーは自らのプラクティスに批判的省察を組み込み、考え、行動し、省察するという継続的プロセスに取り組んでいる。すなわち、それはフィードバックを集めて自身の見解と行動を磨くプロセスである。エンパワメント指向のソーシャルワーカーは、資源と機会の利用を制限する社会政治的状況を批判的に精査する。「批判的省察が追求するのは、一部の人間に利益を与え他を抑圧することを促進する支配的な社会的・政治的・構造的状況に疑問を投げかけることである」（Ruch, 2002, p. 205）。批判的省察は、差別、抑圧、その他の人権侵害がもたらした結果を分析することにより、構造的状況や、権力と権威の配分、そして資源と機会の利用の現状に対し疑問を投げかける。現状批判に関して、「人は自らが当然と考えることについて、批判的に精査することはできない」のである（Miley, O'Melia, & DuBois, 2013, p. 90）。

> ソーシャルワークは、人権と社会正義の専門職である。

■ 個人的パワーと政治的パワーの結合

エンパワメントは２つの主なパワーの源泉と結び付く。個人的パワーと

政治的パワーである。個人的パワーとは、自らの人生を支配し、環境に影響を与える力を意味する。政治的パワーとは、システムを変革し、資源を再分配し、機会の構造を明らかにし、社会を再編成するパワーである（Lee, 2001）。

「臨床的」ソーシャルワーク・プラクティスは、個人、家族などのヒューマンシステムの社会的コンピテンスを高めることで、彼らをエンパワーするためのコンテクストを提供する。「ポリシー・プラクティス」すなわち社会政策の形成に参加することは、建設的な社会変革のために政治的力を行使する手段である。臨床的プラクティスと政治的プラクティスの統合により、適応的機能の促進と正しい社会状況の形成に資するダイナミックで相乗的な効果がもたらされる。個人や家族の発達に向けたエンパワメントは、自己充足感を養い、社会や経済の発展のためのエンパワメントはアノミー状態や疎外感を緩和する（Hartman, 1990）。本質的に、エンパワメント指向のソーシャルワークは、単なる問題への適応を目指すものではない。むしろ、エンパワメントはシステムの変革を要求するのである。

展　望

　ソーシャルワークは、社会福祉の領域に複数ある職業の一つに過ぎない。しかしながら、歴史的に見て、ソーシャルワークは、社会福祉の要請を実行に移すという役割においては最も重要な専門職と見なされてきた。一般に社会福祉の広範な領域で働く人をすべてソーシャルワーカーと見なす傾向があるため、ソーシャルワークと他の職業との違いを示すことは容易ではない。このように、ヒューマンサービスに関しては、一般に必要な教育や訓練を受けていない人や、コンピテンスが一定の水準を満たしていない人も、ソーシャルワーカーと見なされる傾向がある。このようなヒューマンサービスを職業とする人々自身も、自らを「ソーシャルワークをやっている」と考えているかもしれない。だが実際には、ソーシャルワークを行うためには、特別な教育を受け、プロとしてソーシャルワーク・プラクティスを行うための基盤となる知識とスキル、価値ベースを獲得していることが必要とされる。

第1章　練習問題

以下の問いは、本章で学んだ知識をテストするものである。

1. 社会福祉プログラムは、家族や、経済的・政治的機関といった一般的社会機関が機能していない場合にのみ発動されるべきと考えるのは、＿＿＿＿＿＿＿的社会福祉観である。
    a. 残余
    b. 代替
    c. 補完
    d. 制度

2. ソーシャルワーカーの中心的役割を社会の代理人と考えるとき、この考え方に最も馴染む現場は以下のうちどれか。
    a. コミュニティ・オーガニゼーション
    b. 刑事司法サービス
    c. 高齢者に対するサービス
    d. 家族に対するカウンセリング

3. 差別や抑圧、人権侵害といった事象の構造的配置を精査するエンパワメント・プラクティスの一面は、＿＿＿＿＿＿＿＿＿＿と呼ばれる。
    a. 個人と社会の結び付きの発見
    b. ストレングスへの注目
    c. 批判的省察
    d. クライエントとの協働

4. サンディーは、家賃の支払いが遅れたためにアパートを追い出され、家族の持ち物を車に詰め込み、地元のキャンプ場で暮らしている。サンディーはキャンプ場の料金、食費、3歳の子どもの保育の費用を支払うには十分な収入を得ているが、住居を持たないことを案じている。この状況では、マズロー理論における動機付けのニーズのうち、どれが支配的か。
    a. 評価へのニーズ
    b. 安全へのニーズ
    c. 身体的ニーズ
    d. 自己実現のニーズ

5. 学生たちが、社会の合意モデルと紛争モデルの違いについて、ソーシャルワークとの関連で議論している。以下のうち、最も紛争モデルに忠実なのはどれか。
    a. 社会統制を行使して秩序を形成する
    b. 社会と構成員の緊張関係を緩和する
    c. 社会に代わって、逸脱者を社会化する
    d. 不正義と闘うことで社会を改革する

6. セシルは、人権と社会変革を推進したいと考え、ソーシャルワークを職業として選択した。このソーシャルワークの側面は＿＿＿＿＿＿＿＿＿＿と呼ばれる。
    a. 臨床的プラクティス
    b. 合意モデル
    c. ポリシー・プラクティス
    d. ストレングス的視座

7. ソーシャルワークの使命と目的を要約せよ。「現場の声」の項に登場した各ソーシャルワーカーが、ソーシャルワークの使命と目的を、日々のプラクティスの中でどのように実現しているかを説明せよ。

North Wind Pictures Archives

進化し続ける専門職

本章の概要

本章のプラクティス行動の例に適用されるコンピテンシー				
✓ 専門職のアイデンティティ	✓ 倫理的プラクティス	■ 批判的思考	■ プラクティスにおけるダイバーシティ	■ 人権と社会正義
■ リサーチ・ベースのプラクティス	■ 人間行動	■ ポリシー・プラクティス	✓ プラクティスのコンテクスト	■ エンゲージメント、アセスメント、インターベンション、エバリュエーション

ソーシャルワークという専門職は、その歴史上変わることなく、困窮した、あるいは権利を奪われた人々に同志として協力することに専心し続けてきた。その一方で、ソーシャルワーカーのクライエントに対する視座、および活動の方向性は変化してきた。権利を奪われた人々について、ソーシャルワーカーの多くが、社会秩序の崩壊や社会的不正義、および社会の変化が生み出した犠牲者と考えてきた。彼らは社会の改革者として、問題の根本原因と対峙し、社会構造を変革し、環境的条件の改善と機会創出のための政策転換や法改正を推進してきた。これに対し、不利な立場にある人々に対して、自己変革を要する無力で自堕落な物乞いのように見なす者もいた。彼らは慈善活動家として、個人のモラルと社会的受容性を改善する方法を適用した。

　本章では、ソーシャルワークという進化し続ける専門職を方向付けてきた、社会の改革と個人の変革に対する考え方を精査する。同時に本章では以下のテーマを扱う。

- ソーシャルワークが専門職として生起する過程を、ソーシャルワークの定義の変化も含めて辿ること
- ソーシャルワークの専門職としての地位の追求、専門職団体の創設、そしてソーシャルワーク教育の発展について、概略を説明すること
- ソーシャルワークに共通の価値、および知識基盤とスキル基盤について説明すること
- ソーシャルワークの信条について詳説すること

　歴史上、ソーシャルワーカーの活動は、明確に、社会正義と市民の権利に焦点を置いたものだった。今日では、ソーシャルワーク専門職は、ソーシャルワークの使命、目的、プラクティスの定義に従い、抑圧された人々の人権とエンパワメントをより明確に強調するようになっている。

ソーシャルワーク専門職の誕生

　ソーシャルワークが専門職的活動として生起したのは19世紀後半である。そのルーツは、初期の社会福祉運動、慈善組織運動、セツルメントハウス運動にある。

初期の社会福祉団体

　米国では19世紀を通じて、社会問題に対処するために多くの社会福祉団体が作られた。ニューヨーク貧困防止協会（1818年）、貧困者状況改善協会（1840年代）、さまざまな児童救済機関、全米社会科学協会（1865年）

などがその例である。プラクティスに関心を持つメンバー数名が、これらの団体を辞めた後、1874年に慈善会議を設立した（この後、1879年に全米慈善矯正会議となる）。これらの組織の多くが書籍や雑誌を刊行し、会員に情報提供を行った。初期の定期刊行物の例として、『レンド・ア・ハンド（*Lend-A-Hand*）』（1886）、『チャリティーズ・レビュー（*Charities Review*）』（1891）、『ソーシャル・ケースワーク（*Social Casework*）』（1920）、『児童福祉（*Child Welfare*）』（1922）、『ソーシャルサービス・レビュー（*Social Service Review*）』（1927）、『公共の福祉（*Public Welfare*）』（1943）がある。

1879年、貧困、犯罪、依存症などの問題に取り組むために、全米慈善矯正会議が創立された。会員は主に公務員と、慈善と矯正に関する州委員会のボランティアで構成され、福祉プログラムの効果的な運営と福祉機関の人道的な改革に関心を寄せていた。

全米慈善矯正会議（National Conference of Charities and Correction）が設立されたのは、ソーシャルワークが専門分野として現れる約30年前のことだが、年次会議の議事録のテーマには、すでにソーシャルワークのルーツが見て取れる。貧困状態にある人、障害のある人、知的障害のある人、そして救貧院、少年院、児童養護施設の孤児たちの救済が、19世紀最後の10年における最大の関心事であった。救貧院は、アメリカにおける貧困救済の基礎機関として「精神障害のある人、貧困状態にある人、知的障害のある人、非嫡出子や被扶養児童、売春婦、未婚の母、そして「何らかの援助がない限り絶望的に貧しい」人々を収容していた」（Van Waters, 1931, p. 4）。この「大いなる発展期」における、被扶養児童と非行少年、精神疾患を抱える人に対するトリートメントのための新たな人道主義的アプローチに導かれ、全米慈善矯正会議の会員は、矯正施設における処遇に対する批判的視点を獲得し、精神障害のある人や貧困状態にある人、被扶養児童やネグレクトされた子ども、犯罪者に対処するための実践的な方法論を開発するに至った。

慈善組織協会（COS）

1877年、ニューヨーク州バッファローにて、S・ハンフリーズ・ガーティーン（S. Humphreys Gurteen）が、最初の米国慈善組織協会（U.S. Charity Organization Society, COS）を設立した。エピスコパル教会の英国人牧師であったガーティーンは、「慈善救済組織化および浮浪者抑制のためのロンドン協会」の活動に感銘を受け、この協会の組織構造を採用することで、バッファローに広がっていた無秩序で混乱した慈善・救済の慣行に対処するよう主張した。ガーティーンは、この無秩序な慣行こそが、貧困を永続化させていると考えたのだ（Lubove, 1965）。米国の東部と中西部地域において、南北戦争後の経済危機に対処するために設立されたCOSの支部は、

わずか数年で25にのぼった。1892年までに、COSの支部の数は全米で92にまで増加した（Brieland, 1995）。

慈善組織運動は主に民間慈善団体を通じたソーシャルサービスの運営を目指すものとなった。COSは地域住民と機関の代表者により構成された近隣地域会議を通じてコミュニティの福祉サービスを組織し（Lubove, 1965）、貧困撲滅のために、貧困状態にある人を調査し登録するという技法を普及させた。そのフィランソロピーを基礎とした科学的な方法は、申請者に対する徹底的な調査と効率的な手続きを基礎とするものだった。

施しを受けることは個人の人格と動機付けを蝕むものだという信念から、「有給の仲介者（ペイド・エージェント）」は「友愛訪問員（フレンドリー・ビジター）」を申請者と定期的に面会させた。友愛訪問員は申請者を勇気付け、モラルの高い人格のモデルとして機能した（Germain & Gitterman, 1980）。慈善団体の職員は、まずは家庭内の資源を活用して家族の状況を改善するように努め、金銭的な救済は最終手段とした（Austin, 1985）。ケースワークの方法が発展するに従い、慈善活動に対する職業的訓練が必須のものと見なされるようになり、訓練された実践者を求める声によって、ボランティアはプロのスタッフに置き換えられることとなった。

COSの影響力あるリーダーだったメアリー・リッチモンド（Mary Richmond, 1861-1928）が慈善の仕事を始めたのは、ボルチモアCOSの職員としてであった。彼女は、1900年にフィラデルフィアCOSの事務局長に任命され、その後、ラッセル・セージ基金で働いた。慈善組織活動の傑出したリーダーとして、リッチモンドは、ソーシャルワーク専門職の方向性を決める役割を果たした。著書『社会診断』（1917：佐藤哲三監訳、杉本一義監修、あいり出版、2012）では、アセスメントの技法を概説し、『ソーシャル・ケースワークとは何か』（1922：小松源助訳、中央法規出版、1991、および『人間の発見と形成—— 人生福祉学の萌芽』杉本一義訳、出版館ブック・クラブ、2007）では、ケースワークの方法を定義した。

COSの記録を読むと、サービスの提供先がおよそ白人家庭に限られていたことが窺える。「まずは白人の貧困問題に集中し、有色人種における問題は将来の課題とするのが賢明というのが、COSのスタッフたちの共通認識だった」（Solomon, 1976, p. 75）。一方で、メンフィスCOSは有色人種慈善団体連盟という黒人の援助者団体を運営し、黒人による理事会を置き、独自の職員採用と資金調達活動を行った。

COSはコミュニティ・オーガナイズ活動にも従事した（Dunham, 1970）。たとえば、貧困問題に協調的に取り組むためのネットワークが構築され、多くのCOSが結核の予防、住居問題への対処、児童労働の削減を目指したコミュニティ運動を立ち上げた。その代表例として、ニューヨークCOSは独自に出版活動を開始し、最初のスクール・オブ・ソーシャルワークを設立し（現在のコロンビア大学スクール・オブ・ソーシャルワーク）、

フィールドリサーチを行っている（Warner, Queen, & Harper, 1930, Dunham, 1970 より引用）。

　COS による個人のニーズへの対応をソーシャル・ケースワークの起源と見なす向きが多い。家族内の人間関係の理解への関心、「ナチュラルサポート・ネットワーク」の活用、個人の責任（すなわち自己決定）の強調、そしてサービス提供についての説明責任への関心は、COS のソーシャルワークに対する不朽の貢献の例である（Leiby, 1984）。

セツルメントハウス運動

　セツルメントハウス運動は、19 世紀後半、ロンドンでサミュエル・バーネットによるトインビーホールの設立を端緒とする。ロンドンの最も荒廃した地域の英国教会の牧師であったバーネットは、教区牧師館の一つを近隣地域コミュニティセンターとした。彼は大学生を集めてセンターに住まわせ、近隣の家族と共に働かせた。

　スタントン・コイトは、トインビーホールでの自身の経験に基づき、米国初のセツルメントハウスであるニューヨーク市隣人ギルドを設立した。コイトはセツルメントハウスの目的について、以下のように述べている。

　　セツルメントが体現する基本理念とは、まず、信仰の有無にかかわらず、男性・女性・児童を問わず、各労働者居住地区ごとに（たとえそれが少数の街区しか持たない小さな地区でも）あらゆる街に住むすべての人が、……一連のクラブに組織されること、そして、このクラブが単独で、あるいは他の近隣地域と連携して、社会の理想として求められる家庭、産業、教育、将来設計、レクリエーションなどに関する改革を自らの手で、あるいは他者を促して実行することである。これは生活共同体的発想による連帯を表現したものである。
　　　　　　　　　　　　　　　　　　　　（Trattner, 1999, p. 170）

　米国中の都市に多くのセツルメントハウスが設立された。たとえば、1889 年、ジェーン・アダムズとエレン・ゲイツ・スターがシカゴに創設したハルハウス、1894 年、グラハム・テイラーが設立したシカゴ・コモンズ、1891 年にロバート・ウッズが創立したボストン・アンドーバーハウス、1893 年にリリアン・ウォルドがニューヨークに創設したヘンリーストリート・セツルメントなどである。

　セツルメントハウス運動は、世紀の変わり目における産業化と都市化の拡大および米国への大量の移民流入による社会の混乱に対応するために、ソーシャル・アドボカシーとソーシャルサービスを結び付けた。運動家た

ちは、人々が暮らす社会の惨状を危惧し、問題を環境面から定義し、人々の社会的・経済的ニーズに対処した（Franklin, 1986）。グループワークと近隣地域オーガニゼーション・ストラテジーを通じて、セツルメントハウス・ワーカーは近隣コミュニティセンターを設立し、市民権に関する講習や成人教育、カウンセリング、レクリエーション、異文化交流、保育をサービスとして提供した。セツルメントハウス・ワーカーは、リサーチと政治的アドボカシーを通じて、児童福祉、賃貸住宅、労働法、公衆の保健と衛生に関わる法制改革を支援した。

セツルメントハウス・ワーカーの多くは、裕福な公共心ある家庭出身の、若い理想主義的な大卒者だった。彼らの多くはボランティアのコミュニティリーダーであり、ソーシャルワークのプロとして雇われていたわけではない。これら善意のボランティアたちは、「セツラー（移住者）」として貧困状態にある人たちの中で共に生活し、善き隣人として、移民の新環境への適応や、貧困状態にある人と労働者階級のQOLの改善のために、支援の提供と機会の創出に尽力した（Germain & Gitterman, 1980）。セツラーにはエディス・アボット、ジェーン・アダムズ、ソフォニスバ・ブレッキンリッジ、メアリー・フォレット、フローレンス・ケリー、ジュリア・ラスロップ、リリアン・ウォルドなど、白人女性が多かった。セツラーたちは社会的大義を推進し人道的法制度を実現したことで米国中に知られる存在となった。1世紀を経てなお、社会改革に対する彼らの貢献は影響力を持ち続けている。1912年に児童局が開設され、ジュリア・ラスロップが連邦政府機関初の女性局長となったが、同局が率いたプログラムは、そのような貢献の一つである。

セツルメントハウス運動の中でも特に注目を集めたジェーン・アダムズ（Jane Adams, 1860-1935）は、その社会行動主義と社会改革により名を馳せた。アダムズは、エレン・スターと共に、シカゴのサウスホルステッド通りの古い邸宅でハルハウスを創始した。セツルメントハウス・プログラムは拡大し、若い女性向け寄宿クラブ、保育所、コミュニティ・キッチン、製本所、そして多数の教育プログラムと芸術振興運動を含むようになった。アダムズは運動家として積極的に発言し、政治改革を通じた社会変革に向けた闘争をリードした。1912年、アダムズは全米慈善矯正会議の代表に女性として初めて選任されたが、第一次世界大戦中の平和主義運動の結果、政治とソーシャルワークのサークルにおける指導的地位を退いた。アダムズは1931年にノーベル平和賞を受賞した（Hoover, 1986; Lundblad, 1995; Quam, 2008）。

セツルメントハウスは黒人が住民の大多数を占める地域でも発展した。セツルメントハウスを設立したアフリカ系米国人のセツルメントワーカーとして、バージニア州ハンプトンのロカスト・ストリート・セツルメントを創設したジェニー・ポーター・バーネット、ジョージア州アトランタに

> セツルメントハウス・ワーカーは、リサーチと政治的アドボカシーを通じて、児童福祉、賃貸住宅、労働法、公衆の保健と衛生に関わる法制改革を支援した。

エンパワメントのルーツ

ソーシャルワークにおけるエンパワメントのルーツは、19世紀後半から20世紀初頭にかけてのセツルメントハウス運動にある。米国では、セツルメントハウス・ワーカーたちは近隣地域に悪影響を与えていたコミュニティの状況を明確に認識していた。この産業化と都市化の時代においては、不十分な保健と衛生、職業上の安全性に対する関心の欠如、悲惨な住宅事情、移民との文化的衝突が問題とされた。セツルメントワーカーは、エンパワメントのストラテジーを用い、近隣住民と協力してこれらの社会状況に対処した。

たとえば、1902年、シカゴでは腸チフスが蔓延し、ハルハウス・セツルメントの地区でも多数の死者が出た。ハルハウスのレジデントと近隣住民は皆、危機に瀕していた。この悲劇の原因を突き止めるため、ハルハウスのレジデントたちは状況を調査し、以下の2つの結論を得た。「1）覆いのない汲み取り式トイレ（1897年に違法になったとされる）が腸チフスの原因であり、感染源はどこにでもいるイエバエであること、2）保健省がきわめて非効率で、腐敗していること」（Breckinridge, 1936, p. 63）。

レジデントたちのリサーチと行動がもたらした変革により、近隣地域の生活環境は改善された。彼らの努力により、新しい配管規則の制定、建築条例の厳格化、衛生検査の実施などの取り組みがもたらされた。その後、保健省に関する疑惑の申し立てに対するシカゴ市民サービス委員会による調査の結果、最終的に、保健省長官に対する問責決議が可決され、衛生局の調査官の多くが起訴されることとなった。

ソーシャルワークは、個人の機能と環境的状況の双方を関心領域とする専門職としての姿を現しつつあった。ジェーン・アダムズは、1910年、全米慈善矯正会議にて「慈善と社会正義」と題した代表演説を行い、以下のように謝辞を述べた。

2つのグループは少しずつ1つになっていきました。両者はいつも互いを疑い、時に罵り合っていました。私たちが慈善派と呼ぶ一方のグループは、伝統的に「貧しい者への情け」に基づき行動し、私たちが急進派と呼ぶもう一方のグループは、世代による違いこそあれ、常に「不正義に対する憎しみ」に駆られていました。

これら2つのグループが、世の中の苦難について認識を広げ、その原因に対する理解を徐々に深化させたことによって、より正義にかなった社会状況を求めた効果的な取り組みを実現するために、今ついに1つになろうとしています。慈善派がこの提携に歩み寄ったのは、彼らが常日頃対処している貧困と犯罪の原因が劣悪な産業的状況にあることを確信したためです。一方、急進派は、世論に対しより効果的にアピールするためには、貧困と犯罪に関する慎重に収集されたデータを活用する必要があることを、時間をかけて受け入れざるを得なかったのです。これはあたかも、慈善派は、個人に対するケアを通じて社会的大義について考えざるを得なくなり、急進派は、現実の人々を見て同情を抱くことで、社会に対する主義主張の見直しを迫られたかのようです。　　　　　　　　　　(p. 1)

セツルメントハウス・ワーカーは、個人の適応と社会改革の両方が必要であることを認識していた。セツルメントハウスで受け継がれてきたメッセージは、環境に変化をもたらし個人の機会を広げるために隣人と「共に努力する」というものだ。このメッセージはエンパワメントを目指すソーシャルワークの姿勢を明確に示したものである。

近隣地域組合を作ったルジーニャ・バーンズ・ホップ、アラバマ州タスキギーのエリザベス・ラッセル・セツルメントの創設者マーガレット・マーレー・ワシントンがいる。アフリカ系米国人における助け合いの伝統について、バーマン゠ロッシとミラー（Berman-Rossi & Miller, 1994）は次のように述べている。

> アフリカ系米国人たちは、彼ら自身の助け合いの伝統から力を得、白人による慈善活動からの組織的疎外と、公的ソーシャルサービス利用が制限されていたことに駆り立てられ、彼らの相互扶助的な協会を活用し、病院、教育プログラム、経済補助、病者・未亡人・孤児への援助、雇用とリハビリテーション・サービス、子どもや高齢者、病者、ホームレスの女性のための住宅プログラムを整備した。 (p. 88)

サラ・フェルナンデス（Sarah Fernandis, 1863-1951）は、ニューヨーク大学でソーシャルワークの修士号を取得した後、米国初の黒人向けセツルメントハウスをワシントンD.C.に、もう一つをロードアイランドに設立した。フェルナンデスは社会福祉活動の仕事を始める以前、ボルチモアの学校で教鞭をとっていた。彼女は、不適切な衛生状態といった社会状況の変革を推進するグループとして、黒人居住地域に女性の協調的市民連盟を創設し、その後、ボルチモア保健省の性病診療所で働いた。そのソーシャルワーク活動の焦点は、ボルチモアの黒人コミュニティの健康状況の改善に置かれていた。

ソーシャルワーク専門職の定義

あらゆる学術文献がさまざまなソーシャルワークの定義を掲載し、個人の援助と社会変革という主題を繰り返した。その中には、人を強調した定義もあれば、人と社会環境の相互作用を包含した定義もあった。これらソーシャルワーク・プラクティスの定義に影響を及ぼした歴史的潮流として、1900年代における方法論としてのソーシャル・ケースワークの発生、1920年代の精神分析に対する注目、1930年代の公共福祉運動、1940年代から50年代にかけてのグループワークとコミュニティ・オーガニゼーションという方法論の採用、1960年代の社会改革運動、1970年代から80年代の社会システム論とエコロジカルな視座の台頭、1990年代におけるエンパワメント、社会正義、国際ソーシャルワークへの注目、そして21世紀にかけての、エビデンス・ベースおよびコンピテンシー・ベースのソーシャルワーク教育がある（表2.1）。

表 2.1　大きな影響力を持った活動と出版物

1915	フレクスナーがソーシャルワーク専門職の地位を評価した。 Flexner, A.（1916）Is social work a profession? In *Proceedings of the National Conference of Charities and Correction*, 1915（pp. 576-590）, Chicago: Hildmann Printing.
1929	ミルフォード会議において、ソーシャルワークのジェネリックな性質について考察された。 American Association of Social Workers (1929) *Social casework: Generic and specific: A report of the Milford Conference* (reprinted 1974). Washington, DC: National Association of Social Workers.
1951	ホリス・テイラー報告で、専門職的プラクティスにおけるソーシャルワークの役割が精査された。 Hollis, E. V., & Taylor, A. L.（1951）*Social work education in the United States*. New York: Columbia University Press.
1957	グリーンウッドがソーシャルワークの専門職性について再考した。 Greenwood, E. (1957) Attributes of a profession. *Social Work*, 2 (3), 45-55.
1958	ソーシャルワーカーたちによりソーシャルワーク・プラクティスが定義された。 Working definition of social work practice (1958). *Social Work*, 3 (2), 5-9.
1961	バートレットがソーシャルワークをプラクティス領域に従い分析した。 Bartlett, H. M.（1961）*Analyzing social work practice by fields*. Silver Spring, MD: National Association of Social Workers.
1969	ソーシャルワーカーたちが一般システム理論をソーシャルワークに応用した。 Hearn, G.（Ed.）(1969b) *The general systems approach: Contributions toward an holistic conception of social work*. New York: Council on Social Work Education.
1970	バートレットがソーシャルワーク・プラクティスの共通基盤を詳説した。 Bartlett, H. M. (1970) *The common base of social work practice*. New York: National Association of Social Workers.
1977	専門家たちがソーシャルワークの目的と目標について精査した。 Special issue on conceptual frameworks（1977）. *Social Work*, 22 (5).
1981	NASW がソーシャルワークの目的に関する暫定的声明を作成した。 Conceptual frameworks II: Second special issue on conceptual frameworks（1981）. *Social Work*, 26 (1).
1999	世界のソーシャルワーク教育者と実践者がエンパワメント・ソーシャルワーク・プラクティスを概念化した。 Shera, W., & Wells, L.（Eds.）(1999) *Empowerment practice in social work: Developing richer conceptual foundations*. Toronto, Ontario: Canadian Scholar's Press.
2000	ソーシャルワークの新しい国際定義。国際ソーシャルワーカー連盟（IFSW, www.ifsw.org）により採択。
2002	ソーシャルワークにおけるエビデンス・ベースのプラクティスが定義された。 Gibbs, L., & Gambrill, E.（2002）Evidence-based practice: Counterarguments to objections. *Research on Social Work Practice*, 12, 452-476.
2008	コンピテンシー・ベースのソーシャルワーク教育がソーシャルワーク教育協議会（CSWE, www.cswe.org）の「教育方針と認可基準（EPAS）」（2008）により採択。

ソーシャル・ケースワーク

　メアリー・リッチモンドはその著書『社会診断』と『ソーシャル・ケースワークとは何か』において、ソーシャル・ケースワークすなわち個人とのワークに関する原則と理論および方法を初めて特定した。「このソーシャル・ケースワーク・プラクティスへの最初の手引き書は、ソーシャルワークが開拓しつつあった、個人と社会の相互作用という領域について考察するものであった」(Watkins, 1983, p. 46)。

　リッチモンドによれば、ソーシャル・ケースワークには4つのプロセスが含まれる。すなわち「個人に対する洞察、社会環境に対する洞察、心から心へ働きかける直接行動、社会環境を介して働きかける間接的行動」(Lubove, 1965, p. 48) の4つである。エディス・アボットが伝えるリッチモンドの言葉は、彼女の考え方を示す興味深いものである。「リッチモンドは、良いソーシャルワーカーとは、溝に落ちた人を見て単純に助けに行く人ではなく、すぐに溝をなくす方法を考え始める人だ、と言ったのです」(Abbott, 1919, p. 313)。リッチモンドは個人の変化を最も重視しながら、個人の機能に対する環境の影響を無視してはいなかったのだ。

　ミルフォード会議報告書 (American Association of Social Workers, 1929) において、ソーシャルワークの将来像に関わる一つの視点が発表された。これは、ソーシャルワークのアイデンティティとして、そのジェネリックな性質を高めていこうとする決意の表明であり (Lubove, 1965)、その過程において個人の適応をより重視するものである。ミルフォード会議報告書はソーシャルワーク専門職教育に対し、障害のある人や逸脱者を社会に適応させるための方法に重点を置くよう促している。

精神分析運動

　このように個人に焦点を当て、個人の怠慢や不適応などの内的要因を考慮する姿勢が、1920年代に流行した精神分析運動にも影響を受けたものであることは間違いない。ジグムント・フロイト (Sigmund Freud) の精神力動論は、社会的機能に影響を及ぼす要因として、環境的条件よりも人の精神内部の力動を重視するものである。トラットナー (Trattner, 1999) は「精神科ケースワーカーは、ひとたび無意識が動機付けに及ぼす影響に気付かされると、人間が理性的であることを前提とする環境決定論では、人間行動における力動的要因を説明することはできないと考えるようになった」(p. 261) と述べる。

　メアリー・クロムウェル・ジャレット (Mary Cromwell Jarrett, 1876-1961) は、専門領域として精神科ソーシャルワークを創始し、精神科ソーシャルワーカー養成カリキュラムを開発し、米国精神科ソーシャルワーカー協

会を設立した。彼女が精神医学を重視したことで、ソーシャルワークの焦点が環境の問題から内面的・個人的苦悩へとシフトした（Edwards, 2008; Hartman, 1986a; Rubin, 2009）。

　個人に対するトリートメントが重視されることになった要因がさらに2つあった。精神衛生運動の高まりと、第一次大戦期における米国赤十字の専門家によるメンタルヘルス・サービスの提供である。精神衛生運動には専門家と一般の人が共に参加し、精神科病院の状況改善を強く求めた。「初期のアドボカシー運動は病院という現場でのケアとトリートメントに世間の注目を集め、これにより病院を基盤としたプログラムが拡大し、専門病院での看護と総合病院における精神科を包含するようになった（Lin, 1995, p. 1,705）。米国赤十字は第一次大戦の退役軍人とその家族のためにケースワーク・サービスを提供し、戦争の精神的後遺症に対処した。この第一次大戦の退役軍人に対するワークは、ソーシャルワーカーによるメンタルヘルス領域開拓に向けた取り組みの代表例である（Austin, 1985）。これらの運動の結果、それまでのリッチモンドが築いたソーシャルワークの診断的基礎は、より個人を重視し、社会改革重視の姿勢を弱める方向へと変化した。

公共福祉運動

　1930年代の公共福祉運動は、社会的機能の社会文化的・政治的・経済的側面を重視したが、これは大恐慌の余波と言うべきものだった。失業と貧困の拡大は、社会問題に構造的原因があることを示唆していた。しかしながら、保守的な精神分析運動の隆盛により個人の不適応と精神的変化という医学モデルが強調され、環境に対するインターベンションという方向性は影が薄くなっていた。

> 1930年代の公共福祉運動は、社会的機能の社会文化的・政治的・経済的側面を重視したが、これは大恐慌の余波というべきものだった。

　ハリー・ホプキンスとフランシス・パーキンスという2人のソーシャルワーカーは、公共福祉運動においてリーダーシップを発揮した。**ハリー・ホプキンス**（Harry Hopkins, 1890-1946）は、アイオワ出身のソーシャルワーカーでセツルメントハウス運動に参加するためにニューヨークに移住し、大恐慌の時代に社会政策の形成において重要な役割を果たした。ホプキンスはニューヨーク州緊急救済局の局長として失業者に対する公的救済制度を設立し、1933年にはフランクリン・ルーズベルト政権による、州と地域の救済活動を補助するためのプログラムに参加、失業対策プログラムの構築をアドボケイトし、1935年社会保障法の制定を実現した（Bremer, 1986）。

　ソーシャルワーカーであると同時に社会改革者でもあった**フランシス・パーキンス**（Frances Perkins, 1880-1965）は、米国初の女性閣僚となった。パーキンスは劣悪な労働環境の改善のために、ニューヨーク州の法制改革を推進した後、ルーズベルト政権で労働長官に任命された。パーキンスは

今こそソーシャルワークの歴史を塗り替えよう

20 世紀の半ばまで、人種分離の慣行と「分離すれども平等」の原則が社会福祉のコンテクストを形成し、ソーシャルワーク・サービス提供モデルの枠組みにまでなっていた。このコンテクストゆえに、ソーシャルワーク専門職の発展の歴史が語られる際、マイノリティのソーシャルワーカーによる貢献はおよそ見過ごされてきた。一般に、マイノリティはソーシャルワーク・サービスの本流から疎外されていたのだ。そのため、市民組織、ソーシャルサービス、慈善活動の並列構造が作られ、マイノリティ層に対しサービスを提供した（Peebles- Wilkins, 1989）。「アフリカ系米国人コミュニティのニーズに対処するための民間の社会機関が、個人と集団のエンパワメントにより設立されたのだ」（Carlton-LaNey & Alexander, 2001, p. 69）。

たとえば、アフリカ系米国人は、黒人コミュニティ内のニーズに対処するために、社会奉仕クラブ、慈善協会、市民組織、自助サービス、福祉サービスといった構造を発展させた。COS のような「黒人の援助者」として機能する組織もあった。その他のダイレクト・ソーシャルワーク・サービスには、ブラック・セツルメントハウス、児童養護施設、寄宿学校、里親活動があった。このような運動の最前線に立つアフリカ系米国人としては、バージニア有色人種女性クラブ連盟の創設者の一人であるジャニー・ポーター・バーネット（1865-1948）、コロンビア特別区に米国初の黒人ソーシャル・セツルメントハウスを創設したサラ・フェルナンデス（1863-1951）、黒人の子どもに対する児童福祉サービスの先駆けであるフレデリカ・ダグラス・スプレーグ・ペリー（1872-1943）がいる。地域レベルと国家レベルの両方を政策のターゲットとした、これらアフリカ系米国人のリーダーたちによる社会福祉をめぐる政治活動

は、ポリシー・プラクティスが統合されて現代的ソーシャルワークが生まれる予兆となるものだった（Carlton-LaNey & Alexander, 2001）。

20 世紀初頭において、アフリカ系米国人の専門家は、ブラック・スクール・オブ・ソーシャルワークや、都市同盟、全米有色人種地位向上協会（NAACP）といった政治団体でリーダーシップを発揮した。レスター・グレンジャー（1896-1976）は、都市同盟において長期にわたりリーダーを務めたことで知られている。闘争的な市民運動家であった W・E・B・デュボイス（1868-1963）は、アトランタ大学の歴史学と経済学の教授であると同時に、NAACP でも 1910 年から 1934 年まで理事を務めた。エドワード・フランクリン・フレイザー（1894-1962）は、黒人家庭に関するリサーチと、ハワード大学でのソーシャルワーク・プログラムにおけるリーダー的役割でその名を知られている。著名な社会活動家であったメアリー・エリーザ・チャーチ・テレル（1863-1954）は、人種間関係と女性の人権についての国際的講演家であり、容赦ない姿勢で人種分離政策に反対するデモを行った。市民権運動のリーダーであったホイットニー・ムーア・ヤング（1921-1971）は、1961 年から 1971 年まで全米都市同盟の事務局長を務め、1969 年には NASW の会長に就任した。

これらのソーシャルワーク教育者とアドボケイトたちが果たしたリーダーシップと貢献は、20 世紀最後の数十年から 21 世紀にかけて、米国の社会政策のコンテクストを改革し軌道修正させた。彼らの尽力により、人権、公民権、マイノリティ集団の市民権は、社会政策上の課題として欠かせないものになった。これらソーシャルワークの歴史における指導者たちの貢献を確認することにより、ソーシャルワーク専門職の発展と市民権運動との関係について、より包括的なイメージを得ることができる。

ニューヨーク州の産業コミッショナーを務め管理者としての経験を積んだ後、ルーズベルト政権の閣僚として、国の社会保障政策立案に中心的役割を果たした。パーキンスが影響力を発揮した結果、母子保健、肢体不自由児、児童福祉サービス、社会復帰リハビリテーション、公衆衛生、被扶養児童補助、視覚障害のある人への援助に関する条項がこの法案に盛り込まれることとなった（Cohen, 1986; Downey, 2009）。

ソーシャル・グループワークとコミュニティ・オーガニゼーション

ソーシャル・グループワークとコミュニティ・オーガニゼーションの方法論は、ソーシャルワークのインターベンション方法として、1940年代から50年代にかけて受容され認知された。両者は共に行動の変革において状況的コンテクストを重視する。グループワークとコミュニティ・オーガニゼーションをソーシャルワークの方法と認めて採用することは、ソーシャルワークの定義をケースワークの枠を超えて拡大するものであり、ソーシャルワーク専門職の重要な転換点となった。

■ グループワーク

グループワークは小集団内の相互作用を、社会変革の手段として活用する。初期のグループワークは、YMCAやYWCA、スカウト運動、近隣センター、セツルメント、ユダヤセンター、救世軍などの組織を通じて実施され、教育的・レクリエーション的・人格形成的な活動に焦点を置いていた。ソーシャル・グループワークの焦点には、エンリッチメント、教育、社会改革が含まれていた。ソーシャルワークの方法として、ソーシャル・グループワークでは、共通の目標達成を目指す協力的グループ活動を行い、その過程における人格的交流を活用した。

グレース・コイル（Grace Coyle, 1892-1962）は、ソーシャル・グループワークの初期におけるリーダーである。ウェルズリー大学を卒業後、ニューヨーク・スクール・オブ・フィランソロピーで資格を得、コロンビア大学で経済学修士号と社会学博士号を取得した。彼女はまずセツルメントハウスで、次にYWCAで働いた後、ケース・ウェスタン・リザーブ大学で教鞭をとった。『組織化された集団におけるソーシャル・プロセス（*Social Process in Organized Groups*）』の出版により、彼女は個人とグループとのワークのための、ソーシャルワークの社会科学的基盤づくりに着手した。コイルは変化を起こすためにグループでの創造的な経験を活用することを強調し、ストレスを受けたグループ・メンバーの参加と民主的コントロールを重視した（Reid, 1986）。

■ コミュニティ・オーガニゼーション

　コミュニティ・オーガニゼーションは、より大きなグループや組織の単位で変化を起こすものである。コミュニティ・オーガニゼーションでは、まさにその本質として、状況や環境に変化を起こし、それが個人のウェルビーイングに影響を及ぼす。たとえば、初期のコミュニティ・オーガニゼーションの取り組みは、第二次世界大戦に起因するコミュニティの問題への対処を目指すものであり、軍人家庭に対するサービス・ネットワークや、母親が労働力不足の補填に駆り出されている家庭のための保育サービスのニーズに応えるものだった。

　コミュニティ・オーガニゼーションの先駆者の一人、**エデュアルド・リンデマン**（Eduard Lindeman, 1885-1953）は、ニューヨーク・スクール・オブ・ソーシャルワークで 1924 年から 1950 年まで教鞭をとった。彼のソーシャルワークに対するビジョンは、精神分析的手法の党派的な諸技術を超えたものであり、ソーシャルワークの社会的コンテクストを重視する哲学を内包するものだった。「リンデマンは、ソーシャルワーカーたちが各陣営に分かれて対立する中で、人間行動と社会問題に対する統合的でホリスティックな、かつ学際的な視点を構築した」（Davenport & Davenport, 1986, p. 500）。

二重の視点

　1950 年代になって、ソーシャルワークの定義は、専門職の歴史の初期に重視されていた個人と社会環境という二重の視点を取り戻し始めた。この視点に対する貢献として、バーサ・ケイピン・レイノルズの着想、ホリス・テイラー報告（Hollis-Taylor report）、『ソーシャルワーク・プラクティスの実用的定義（*Working Definition of Social Work Practice*)』、そしてホリスの「状況の中にある人」という観念がある。

■ レイノルズの貢献

　バーサ・ケイピン・レイノルズ（Bertha Capen Reynolds, 1885-1978）は労働者階級と抑圧された人々に対するソーシャル・アドボケイトとして特筆すべき人物である。レイノルズはソーシャルワークの資格を取得し、上級心理分析の訓練を受けた後、マサチューセッツ州の州立病院に勤務した。一般的医療モデルとそれが明示した専門家による治療という観念に対する彼女の反発は、環境変革を重視し、クライエントのストレングスに敬意を払った彼女の姿勢にはっきりと表れていた。レイノルズは後に国家海事労働組合のプログラムで働き、これは労働組合におけるソーシャルワークのモデルとなった。ソーシャルサービスの運営においてサービス利用者の関与を重視する点が、ソーシャルサービス提供に対する彼女の哲学の特徴で

ある（Freedberg & Goldstein, 1986; Hartman, 1986b）。

　レイノルズはソーシャルワーカーが社会正義と市民権の問題に関心を示す必要性について詳細に記述した。レイノルズ（Reynolds, 1951）はソーシャル・ケースワークについて、「人が自らの肉体的・社会的・精神的現実について精査および理解し、この現実に対処し、あるいはこれを変革するために自己と社会環境の資源を動員できるように」支援することと説明した（p. 131）。彼女は「ソーシャルワーク専門職が全体としての個人、コミュニティ、そして改革に対するコミットメントを見失っていることに悩んでいた」（Goldstein, 1990, p. 34）。変化に対する個人の責任は明白であるが、それでもなお、変化の契機は、個人の側だけでなく環境の側にもあるのである。

■ ホリス・テイラー報告

　ソーシャルワーク教育に関するホリス・テイラー報告（1951）は、ソーシャルワークを、援助活動、社会活動、調整活動と表現した。ソーシャルワークの国際定義に関する国連宣言を拡張する形で、報告書では以下のようにソーシャルワークを説明している。

1. 最低限の社会的・経済的ウェルビーイング獲得を阻害する問題に関し、個人や家族、集団を援助するために設計された「援助」活動である。
2. 個人の利益のために個人としての実践者が行う活動ではなく、政府系あるいは非政府系組織のいずれか一方または両方の主導で行われる、援助を必要としていると考えられるコミュニティ構成員の利益のために定められた「社会」活動である。
3. 不利な状況に置かれた個人、家族、集団が、自らのニーズを充足するために、コミュニティで利用可能なすべての資源を利用できるようにするための「調整」活動である。 (pp.58-59)

■ ソーシャルワーク・プラクティスの実用的定義

　ハリエット・バートレットが議長を務めた全米ソーシャルワーカー協会（NASW）プラクティス委員会が作成した『ソーシャルワーク・プラクティスの実用的定義』においても、この二重の焦点が強調された。

　ソーシャルワークの方法は、個人や集団との関係において、責任ある、自覚的な、かつ訓練された方法で自分自身を活用することである。この関係を通じて、実践者は、個人とその社会環境の相互的影響に常に注意を向けながら、両者の相互作用を促進する。これにより、1）社会環境との関係における個人、2）個人に対し社会環境が与える影響、3）個人

と社会環境の相互作用のそれぞれにおける変化が促進される。　　　（p. 7）

　この定義はこれまで個人のみに向けられていたソーシャルワークの焦点を、個人とグループに拡大するものである。さらに、個人とその環境との相互関係を変革の対象とするという、相互作用的側面についても述べている。

■ ホリスの「状況の中にある人」という視点

　フローレンス・ホリス（Florence Hollis, 1964）は、著名なソーシャルワーク教育者であり、「人、状況、そして両者の相互作用からなる構造」という三者間の相互作用を説明するために「状況の中にある人」という言葉を作った（p. 10）。ホリスの心理社会的方法は、個人の発達と機能を考える際に、外的な社会の構成要素と共に、人の物理的・社会的・心理的現実を重視した（Grinnell, 1973）。ホリスは、ソーシャルワークにおいては「人と社会的状況の両方を重視しなければならない」と述べた（p. 266）。彼女は、インターベンションは第一に個人のレベルで行われるべきとする見解を示し、個人の機能を改善する方法として環境に対するインターベンションに注目した。

社会改革

　1960年代には、ソーシャルワーク専門職にとって、もう一つのターニングポイントがあった。1960年代における混乱は社会機関にさまざまな影響を及ぼしたが、ソーシャルワークと社会福祉も例外ではなかった。この時代の社会運動家であった**ホイットニー・M・ヤング**（Whitney Moore Young, 1921-1971）は、ミネソタ大学でMSW（ソーシャルワーク修士号）を取得後、ミネソタ州都市同盟で専門職としてのキャリアをスタートさせ、全国都市同盟の事務局長在任中に亡くなった。その間、ソーシャルワーク教育者として、ネブラスカ大学とクレイトン大学で教鞭をとり、アトランタ大学スクール・オブ・ソーシャルワークで学部長を務めた。ヤングはさらに、ソーシャルワーク教育のリーダーとして、全米社会福祉会議（1965年）とNASW（1969年）の長を歴任し、模範的な市民権運動により国民的認知を得て、リンドン・ジョンソン大統領より自由勲章を授与された（Peebles-Wilkins, 2008b）。ヤングは全米社会福祉会議で実践者たちに向け、ソーシャルワークは専門職的地位の獲得を求める中で、社会改革への情熱を失ってしまったと述べた。彼は「ソーシャルワーク専門職は、失われてしまった創設者たちの遺産を取り戻すべきだ」と異議を申し立てたのだ（Trattner, 1999, p. 311）。

　1960年代における専門職の活動を精査すると、以下のことが分かる。

ソーシャルワーカーで市民
権運動家であったホイット
ニー・ヤングは、1968年
に自由勲章を授与された。

公共および民間におけるサービスが拡大し洗練
される中で、ソーシャルワーク・サービスは、伝
統的なものから革新的なものまで、急激に増加し
た。ソーシャルワーク専門職が重要な役割を担っ
たプロジェクトや現場の一部として、経済機会法、
社会保障と公共福祉サービスの拡大、家族に対す
るサービスの種類と量の拡大、精神衛生診療所や
デイ・トリートメント・センターの利用可能性の
拡大、コミュニティ活動、貧困対策プログラムな
どがある。 (Goldstein, 1973, p. 47)

　それでもなお、「貧困との闘い」運動は、草の根レベルで社会問題に対
処することを企図した連邦政府のプログラムに端を発するものであり、さ
まざまな点でソーシャルワーク専門職に批判的であり、その方向性におい
て反専門職的だった。政策立案者たちは、伝統的なケースワークとグルー
プワークのアプローチの有効性に疑問を呈した。ソーシャルワーク専門職
は再び、その焦点の見直しを迫られたのである（Brieland, 1995）。

　この難題に解決をもたらしたのは、プロセスと方法論の順序を入れ替え
た者たちだった。彼らは、最初に方法論ありきで、そのうえで状況の中に
ある人を調べるのではなく、まず状況の中にある人を出発点とすべきだと
論じた。すなわち、クライエントの問題、課題、ニーズによって、どのイ
ンターベンション方法を選ぶかを決めるべきだと主張したのである。こう
して、すべてのソーシャルワーク活動のプラクティス基盤となるジェネ
リックな基礎が注目を集めた。ジェネラリスト的視点は、社会システム論
とエコロジカルな視座を重視し、問題指向のソーシャルワーク・プラク
ティスに対する統一的アプローチをもたらした。

エコシステム・アプローチ

　1970年代と1980年代において、ソーシャルワーク専門職は、エコシ
ステム・アプローチの用語を用いたソーシャルワークの定義を受け入れ
た。これらの定義は、メイヤー（Meyer, 1988）のエコシステム・アプロー
チ、ジャーメインとギッターマン（Germain & Gitterman, 1980, 1996）のエコ
ロジカルな生活モデル、マルシオ（Maluccio, 1981）のクライエント・コン
ピテンシーモデルにより具体化されつつあった、エコロジーとシステム理
論の要素を重視するものだった。メイヤーのエコシステムに関するパラダ
イムは人と環境という変数の相互に関わり合う性質を考慮し、環境に対す
るインターベンションをソーシャルワークの代表的ストラテジーとして強
調するものだった。ジャーメイン（Germain, 1979）は、ソーシャルワーク

の「状況の中にある人」というアプローチの相互作用的性質をさらに掘り下げて説明した。マルシオ（Maluccio, 1981）のコンピテンス指向プラクティスは、エコロジカルなコンピテンシー、すなわち、能力とスキル、動機付け、そして人とその物理的・社会的環境間の相互作用が持つ、環境としての性質に焦点を当てる必要性に対処するものだった。

ソーシャルワークの定義の変化

　過去100年の間に、ソーシャルワークの定義は、専門性の進展、理論的視座の変化、およびプラクティスにおける流行を反映し、変化してきた。どの定義も使命と目的に関わる部分は似通っているが、専門職的活動の本質に関する記述の仕方に顕著な違いがある。すべての定義が、社会システムにおける人の相互作用の中で生じる問題、課題、ニーズに焦点を当てるものである。環境をおよそ無視して個人をインターベンションの対象として最優先に考えるのではなく、個人に対するトリートメントと社会改革の両方に注目する二重の焦点を見出そうとする傾向は注目に値する。

　ソーシャルワーカーは伝統的に、個人のクライエントが提示する私的問題に対処してきた。しかし、個人の私的トラブルも、より大きな社会問題のコンテクストの中に置いて考えなければならない。カウンセリングやサイコセラピーのようなインターベンションにより「トリートメント」することで、クライエントの対応力や適応力は強化されるかもしれないが、これにより、個人の状況にのしかかる複雑な社会問題が解決されるわけではない。人々がその可能性を最大化するためには、広範な社会問題、有害な社会的態度、機会や資源に対する制限そのものを是正する必要がある。ソーシャルワーク専門職には、ソーシャルワーカーとして同時に行うべき2つの活動が包含されている。すなわち、人間関係における問題解決と、社会改革へ向けた取り組みの2つである。さらに、最新の概念化においては、国際的な人権と社会正義がソーシャルワーク専門職の本質として強調されている。

専門職としての地位の追求

　ソーシャルワークが本当に専門職と言えるのかという問いは、専門職の定義の変化と並行しながら、およそ1世紀にわたりソーシャルワーカーに突きつけられ続けた。ソーシャルワークの歴史には、初期の開拓者たちによる専門職としての地位獲得、専門職組織の統一、教育標準の作成に向けた組織的努力が示されている。

「ソーシャルワークは専門職か」

1915年、アブラハム・フレクスナー（Abraham Flexner）がソーシャルワークの専門職としての地位を評価した。彼が出した結論は、その後、ソーシャルワーカーに影響を及ぼし続けている。1957年、アーネスト・グリーンウッドは、ソーシャルワークが専門職としての地位を得ていることを確認する基準を適用した。現在においても、ソーシャルワーク専門職は、専門職としての正当性維持に関わる問題に対峙している。

■ フレクスナーによるアセスメント

1915年にボルチモア慈善矯正会議にて行われたフレクスナーの演説「ソーシャルワークは専門職か」は、ソーシャルワークを確立された専門職と見なすための基礎となる論拠の発展過程において、最も重要な出来事であった（Austin, 1983）。専門職教育の著名な専門家であるフレクスナー（1916）は、「専門職のしるし」と彼が呼ぶ6つの属性について述べた。フレクスナーによれば、「専門職に必要なのは、個人の重い責任を伴う知的な運営が行われること、科学と学識から素材を得ていること、この素材が実践的かつ明確な目標にまで高められていること、その技法が教育により伝達可能であること、自己組織化の傾向があること、動機付けにおいて利他性を増していることが必要である」（p. 580）。これらの属性はソーシャルワーク専門職の地位を評価する際の枠組みとなった。

フレクスナーは、「専門職としての自覚」の急速な進展を認め、ソーシャルワークは専門職化の初期段階にあり、ソーシャルワーカーたちの利他的な動機付けと彼らの「善行」への献身を称賛した。しかしながら、彼が導いた結論は、1915年の時点でソーシャルワークはいまだ専門職と見なすことはできない、というものだった。ソーシャルワークは他の専門職間の仲介役であり、真の専門職としての責任あるいは影響力を有していないと結論付けたのである。

ソーシャルワークにおける教育的努力は明らかだが、その目的の具体性が、高度に専門化された体系的な学問分野となるためには不十分だとされた。フレクスナーは、ソーシャルワークはその知識体系、事実、理念を研究室とセミナーから得ているが、目的のもとに体系化された学問分野を基礎として構築されたものとは言えないと判断したのだ。

さらに、当時のソーシャルワーク・プラクティスの特徴であった対象の広範さのため、ソーシャルワークは専門職としての地位に求められる高度な専門的コンピテンシーを欠いているとされた。言い換えれば、フレクスナーは、ソーシャルワークの多様な領域を貫く共通のプラクティス方法を一つも見出せないと判断したのだ。これらの要素を考慮し、フレクスナーは、ソーシャルワークが専門職としての地位を得るに至っていないと結論

付けた。

　フレクスナーが、ソーシャルワークは真の専門職となるための基準を満たしていないと公然と宣言して以来、専門職の地位獲得は最大の関心事となり、熱心な探究が行われた（Greenwood, 1957; Hodson, 1925）。ソーシャルワーカーは、フレクスナーの枠組みをモデルとして用い、これに照らしてソーシャルワークが実際には専門職なのだということを証明する試みを開始した。スクール・オブ・ソーシャルワークの増設、専門教育学校認定機関の設立、教育カリキュラムの標準化、すべてのソーシャルワーカーに対する研修参加の奨励、あらゆる現場に適用できる、包括的性質を持つ単独のソーシャルワーク技法を証明するための会議の開催など、立て続けにさまざまな活動が行われた（Popple, 1985）。プラクティス方法論の構築、ソーシャルワーカー養成教育の拡大、経験主義的ソーシャルワーク知識基盤の充実、専門職団体の統合と結束の強化などにおける確かな進展の後、ソーシャルワーカーたちは事実上、専門職としての地位を獲得していることを強く主張した。

■ グリーンウッドによる再評価

　アーネスト・グリーンウッド（Ernest Greenwood, 1957）の古典的論文「専門職の属性（Attributes of a Profession）」は、ソーシャルワークの専門職的地位の評価におけるもう一つのランドマークである。グリーンウッドが示した評価尺度においては、専門職と非専門職の差異に注目し、以下のような指標により専門職としての地位の有無が判定される。

- 専門職はその基礎となる知識を持ち、プラクティス・スキルを方向付ける系統的な理論体系を構築する。専門職養成教育は知的であると同時に実践的でなければならない
- クライエント‐専門職間の関係における専門職の権威と信頼性は、専門的判断力とコンピテンスの活用を基盤とする
- 専門職は構成員、専門職的プラクティス、教育、業績評価基準を統制し管理するための権限を与えられる。コミュニティが監督権限と専門職の特権を行使する
- 専門職は、明確で体系的な、強制力と拘束力を持つ規制である倫理綱領を持ち、それにより構成員は倫理的行動を迫られる
- 専門職は、公的・民間団体の組織的ネットワーク内の価値、規範、シンボルに従い、これらに則ってその機能を果たしサービスを実現する

　グリーンウッドはこれらの指標を用いてソーシャルワークの専門職としての地位を評価し、ソーシャルワークは確かに専門職であると主張した。さらに、グリーンウッドは、ソーシャルワークが「専門職ヒエラルキーの

最上位に位置する、現在わずかな専門職だけが得ている最高の名声と権威、独占を享受できる」(p. 438) 地位の獲得に向けて努力していると述べた。

■ 現在の専門職的地位

近年、ソーシャルワークの専門職的地位は、グリーンウッドが述べたような、ソーシャルワーク・サービスの提供における「独占」的地位を得ているかを評価することにより、精査されてきた。しかしながら、正当な専門職的権威、構成員の結束、サービス提供における公認された独占権といった要素を含む影響力と統制力の有無を精査するためには、専門職的地位の属性やプロセスに対するアセスメント以上のものが必要だとする主張もある (Lowe et al., 1989)。また、免許制度と規制の拡大により法的にソーシャルワーカーを名乗ることが制限されることに、異議を唱える者もいる。しかし、免許制度により、ソーシャルワーク活動独自の領域、すなわち、専門的に訓練されたソーシャルワーカーのみが提供可能なサービス領域を確保するという重要な課題に対処することはできていない。事実、現在の免許制度への拘泥は、ソーシャルワーク専門職のプラクティスにおける専門領域の定義という課題達成を阻む障壁になっていると主張する者もいる。

専門職団体の台頭

卒業生の就職活動を円滑化するために、1911 年にニューヨーク市で、複数の女子大学により大学間職業案内局という団体が創設された。その部門の一つである全米ソーシャルワーカー交流会は、専門職の基準に強い関心を寄せていたが、その運動が包括的組織である米国ソーシャルワーカー協会 (American Association of Social Workers) の設立へとつながった (Austin, 1983)。専門職協会を作る動きにさらに拍車をかけたのが、ソーシャルワーク教育者たちによる、アカデミックなコミュニティに受け入れられようとする努力だった。「ソーシャルワークが正式な専門職学位課程として認定され、ソーシャルワーク教育者がアカデミーの正式なメンバーとして認められるためには、ソーシャルワークが専門職的地位を確保することが不可欠だったのだ」(p. 361)。新しい専門分野の発生に伴い、さらなる専門職協会が作られた。米国医療ソーシャルワーカー協会 (American Association of Medical Social Workers, 1918)、全米スクールソーシャルワーカー協会 (National Association of School Social Workers, 1919)、米国精神科ソーシャルワーカー協会 (American Association of Psychiatric Social Workers, 1926)、米国精神科グループワーカー協会 (American Association of Group Workers,

専門職のアイデンティティ

[プラクティス行動の例] 専門職、その使命ならびに中核的価値を代表する者としての役割を果たすこと。

[批判的思考の訓練] 一般市民のソーシャルワークに対するイメージを改善するために、NASW は「援助はここから始まる」という教育とメディアにおけるキャンペーンを立ち上げた。一般の人たちに、ソーシャルワーカーやソーシャルワーク専門職に対する肯定的なイメージを持ってもらうために、個人の実践者としてあなたができることは何か。

1926)、コミュニティ・オーガニゼーション研究協会（Association for the Study of Community Organization, 1946）、ソーシャルワーク・リサーチグループ（Social Work Research Group, 1949）などである。

■ 全米ソーシャルワーカー協会

　専門職の統一を追求する中で、さまざまなソーシャルワーク団体が統合され、1955 年に全米ソーシャルワーカー協会（NASW）が形成された。14万 5000 人の会員を抱える NASW は、今や世界最大のソーシャルワーク団体である（NASW, 2011）。NASW の正会員になるためには、ソーシャルワーク教育協議会の認定を受けたソーシャルワーク・プログラムを修了していることが必要である。これらプログラムの学士課程および修士課程に入学した学生も学生会員の資格を得ることができる。NASW の準会員資格は、他のヒューマンサービスの実践者も得ることができる。全国組織以外にも、支部が各州およびコロンビア特別区、ニューヨーク市、プエルトリコ、バージン諸島、グアム、ヨーロッパ（主に軍事基地で働く米国人向け）に置かれている。NASW は会員制協会として、ソーシャルワーク・実践者に支援と資源を提供し、職能開発を支援し、プラクティス基準と倫理綱領を確立し、健全な社会政策とソーシャルワークの人道的理想と価値を促進する。

■ 他の専門職団体

　NASW 以外にも、多くの個別的関心に基づく専門職団体が作られた。たとえば、専門職内の特定集団や、特定の利益、アドボカシーの課題、専門領域などを代表する団体である。その例として、コミュニティ・オーガニゼーションおよびソーシャル・アドミニストレーション協会（Association for Community Organization and Social Administration, ACOSA）、カナダ・ソーシャルワーカー協会（Canadian Association of Social Workers, CASW）、国際ソーシャルワーカー連盟（International Federation of Social Workers, IFSW）、全米黒人ソーシャルワーカー協会（National Association of Black Social Workers, NABSW）、全米司法ソーシャルワーク機構（National Organization of Forensic Social Work, NOFSW）、そしてヘルスケア・ソーシャルワーク・リーダーシップ協会（Society for Social Work Leadership in Health Care, SSWLHC）などがある。 これら専門分野別の専門職団体は、変革と安定の両方に寄与し、さらに専門職のアイデンティティ保持と刷新の主体として重要な役割を果たした。

専門職教育の発展

　慈善組織協会とセツルメントハウスの初期のリーダーは、新しい専門職

家族に対するサービス

　私の中でソーシャルワークへの情熱が大きくなったのは、学部生として「ソーシャルワーク入門講座」を受講したときでした。ソーシャルワークの歴史と、抑圧された人々との関わりの中で社会正義という主題を推進するというソーシャルワーカーの役割に胸を打たれた結果、現在私は実践者となるに至りました。私は「行きすぎた慈善家リベラリスト」なんて思われても平気です。私の心はソーシャルワークと一体で、社会正義と人権はソーシャルワーク専門職の心なのですから。

　私のプラクティスにおける信念は、さまざまな歴史的人物から受け継いだものですが、中でも特別な存在が2人います。ジェーン・アダムズとアブラハム・フレクスナーです。セツルメントハウス運動は、ジェーン・アダムズとその同僚たちが体現したように、ソーシャルワーカーをいわゆる最前線に押し出すことになりました。セツルメントワーカーは、コミュニティ内で隣人たちと共にプラクティスを行いました。私は専門職が発展してきた過程を決して忘れないようにしたいと思っています。実践の中に、常に最前線でのクライエントとの交流を組み込んでいきたいのです。私は、フレクスナーが提起した問題についても考えます。ソーシャルワークは本当に専門職と言えるのか、私たちは自らを専門職として定義するための基準を持っているのかという問いです。私はフレクスナーの問いかけは今も意味あるものだと思うのです。ソーシャルワーク専門職として、私たちは絶えず、自らの専門職としてのアイデンティティの本質と、専門職としての行為がもたらす効果について精査しなければなりません。現在、私たちの職業はクライエント、コミュニティ、そして社会全体に対し、かつてないほど重い説明責任を負っています。

　私は現在、家族に関するサービス機関で、個人と家族へのカウンセリング、初めて薬物乱用犯罪を犯した若者のためのグループのファシリテーション、そして離婚、怒りのコントロール、DVに焦点を当てたグループの運営を行っています。私のクライエントは皆、裁判所の命令によりサービスを受けることになった人たちです。私は日々、自分のクライエントがどのような人物なのかを、より深いレベルで考えなければなりません。彼らは全員がそれぞれの歴史を背負っています。独自の文化的伝統と世界観を持っています。私は偏見を持たず、自分と全く違う価値観や人生経験、文化を持つ人たちを偏見なく受け入れ、かつ敏感に反応できなければなりません。アフリカ系米国人のソーシャルワーカーとして、私は今、自分のソーシャルワーク・プラクティスが、これまで学んできたヨーロッパ中心主義的視点を土台にしていたことを認め、よりアフリカ中心主義的視点を取り込もうとしています。一方で私は、ヨーロッパ中心主義的視点が、黒人と白人のソーシャルワークにおける交流だけでなく、他の多くの場面でも適用されていることに気付いています。私がカウンセリングの仕事において、より高い能力を身につけるためには、さまざまな異なる民族文化についての知識や、ヒスパニック系米国人、アジア系米国人、アメリカ先住民などのさまざまな異なる民族集団との経験を得る必要があります。私は、自分の価値体系をクライエントに押し付けたくないというだけでなく、他の実践者が、自らの行動の責任を取り、自身の行為がなぜ抑圧的あるいは人種差別的と受け止められるかを彼らに理解してもらえるようにする必要があると考えています。

　最後になりますが、機関は、マネージドケア〔ガイドラインに沿って治療する管理医療システム〕の要請や非営利団体への企業経営モデルの導入などによっても、ソーシャルワークの目的の中心を見失わないようにしなければならないと私は思います。児童福祉分野でソーシャルワーカー

としてのプラクティスを始めて以来、私は、支払請求可能時間に関する行政からの締め付け、メンタルヘルスとソーシャルワークのサービスがクライエントの保険の適用範囲外であること、そしてソーシャルワーカーの担当ケース数と作業負荷の急増がサービスの品質と効果に悪影響を及ぼすことに注意を払ってきました。官僚制度や財政的制約がサービス品質の低下の理由であってはなりません。私たちはソーシャルワーカーとして、私たちの存在理由であるクライエントのために献身する、思いやり溢れる援助者でありたいというビジョンを失うことなく、財政面とのバランスを取るという難題に、これからも間違いなく取り組み続けることになるでしょう。

の成功のためには正式な教育が必須であることを理解していた。しかしながら、その焦点を「職業訓練」に置くべきか、大学をベースとした教育に置くべきかについては激しい論争があった（Pumphrey & Pumphrey, 1961）。

　メアリー・リッチモンドは、慈善機関と提携した職業訓練校の設立や、アカデミックな理論よりもプラクティスを重視した訓練プログラムを支持した（Costin, 1983）。最初の訓練プログラムは 1898 年の夏に開始され、当初はニューヨーク慈善組織協会向けの 6 週間コースだったが、1904 年、ニューヨーク・スクール・オブ・フィランソロピー（New York School of Philanthropy）において正式に 1 年間の養成プログラムとして採用された。

　訓練を受けたソーシャルワーカーを求める声に応え、ソーシャルワーク・プログラムは他の都市でも発展した。シカゴではシカゴ・コモンズ・セツルメントハウスのグラハム・テイラーと、ハルハウスのジュリア・ラスロップが初期の教育的取り組みを主導した。シカゴ市民権とフィランソロピー・スクールはシカゴ大学と提携し、スクール・オブ・ソーシャルサービス・アドミニストレーションとなった。この教育ベンチャーは、ソーシャルワーク教育が主要な男女共学の大学組織に組み込まれる先駆けとなった（Costin, 1983）。大学のプログラムでは、理論的理解とプラクティス経験の両方が重視された。

ソーシャルワーク教育協議会 (CSWE)

　教育プログラムには共通の基準が適用されるべきだという認識は、カリキュラムの発展とともに高まった。まず、1919 年に設立された米国ソーシャルワーク学校協会が、カリキュラム政策において指導的役割を果たした（Lowy et al., 1971）。1952 年、大学院レベルの専門職教育を重視していた同協会は、学部生レベルのソーシャルワーク教育を推進していた全米ソーシャル・アドミニストレーション学校協会と合併し、ソーシャルワーク教育協議会（Council on Social Work Education, CSWE）となった。CSWE は当初、修士号認定プログラムを担当していたが、1974 年以降、学部、学

士課程を含むすべてのレベルのソーシャルワーク教育に携わってきた。

CSWE の目的は、質の高いソーシャルワーク教育の推進である。目的達成の手段は、教育プログラムの認可、教育者会議の開催、専門職開発活動の陣頭指揮、教育プログラムに関する特別委員会の設置、機関誌の発行などであった。認可（最低限の基準を満たしていると認定すること）は、サービスの質を保証する手段である。多くの州で、免許や資格取得の受験志望者には、認可を受けたプログラムの単位取得が求められている。さらに、認可を受けた学士課程のソーシャルワーク・プログラムは、修士課程において既得単位として認められる場合も多かった。これは、認可を受けた学部レベルのソーシャルワーク・プログラムでの学習により、プラクティス、ポリシー、リサーチ、人間行動といった専門職の土台となるコア・コンピテンシーが習得できることを認める慣行である。ホリス・テイラー報告（1951）は、一般教養を学ぶことは専門職養成の基礎となり、ソーシャルワークの基礎概念を学ぶことは、ソーシャルワークの上級教育を受けるための土台となり、これらは学部生時代に身につけることができると結論付けた。

現代のソーシャルワーク

NASW と CSWE は共に、ソーシャルワーク専門職の目的と目標を定義し、さまざまなレベルのプラクティスにおいて専門職活動がより適切なものになるよう改善を続けてきた。その一方で、変化には必ず論争が伴う。1970 年に NASW が学部卒のソーシャルワーカーに専門職としての地位を認め、1974 年に CSWE が学士課程プログラムに認可を与えたのは、激しい論争の末の結論だった。事実、NASW の正会員としてソーシャルワーク・プログラムの学士課程の卒業生を受け入れたことに対しては公然と批判がなされ、BSW（ソーシャルワーク学士）ソーシャルワーカーを専門職として認めたことはソーシャルワーク・プラクティスの専門職性を失わせることになるとの非難さえ浴びた。

BSW 課程と BSW ソーシャルワーカーを受け入れるためには、ソーシャルワーク専門職が専門職の職務と活動に階層的区分を設けることと、すべてのソーシャルワーカーが身につけるべきプラクティス・コンピテンシー（知識、スキル、価値）の解明が必要だった。CSWE（2008）は、CSWE の認可を受けた学士課程の卒業生と初年度以降の MSW の学生は、統一的な基礎となる知識、価値、スキルに関するコンピテンシーを身につけているべきとする。このコンピテンシーには、以下のものが含まれる。

1. **専門職としてのアイデンティティと行動**——ソーシャルワーカーになることを選択するにあたって、学生はソーシャルワーカーの文化を

受け入れ、自らの活動や振る舞いを通じて専門職の品位を維持することに専心しなければならない。ソーシャルワーカーの専門職としてのアイデンティティは、個人の発達、進行中の教育、プラクティス経験を通じて進化し続けるプロセスである。

2. **倫理的プラクティス** —— 倫理的意思決定を行うためには、価値と倫理規範をともに考慮しなければならない。価値はプラクティスの土台を支える信念であり、一方、倫理は実践者が「何をすべきか」を選択する際の指針や基準となる。倫理的ジレンマが生じるのは、価値体系が衝突する場合、2つ以上のソーシャルワークの原則が当てはまる場合、ソーシャルワーカーが競合する義務を負う場合、そして倫理規範と法的要請が矛盾する場合である。倫理的立場からのプラクティスは、良いソーシャルワーク・プラクティスの中核である。

3. **批判的思考** —— 批判的思考はソーシャルワーク・プラクティスを思慮深いものにするための基礎であり、熟考－分析－評価という一連のプロセスを内包する。ソーシャルワーカーはソーシャルワークの理論的土台を評価し、具体的な状況で適用可能なスキルを選別し、サービスの優先順位を決める価値や信念体系を精査する。

4. **ダイバーシティ** —— ソーシャルワーカーは、さまざまな年齢、人種、文化的背景、民族的伝統、信仰、性的アイデンティティを持つ人々とプラクティスを行う。ダイバーシティは、差別や周縁化の標的にもなる。これに対し、ソーシャルワーカーはダイバーシティに内在する固有の力があることを認める。ソーシャルワークの実践者はプラクティスのダイナミクスを理解し、多種多様な人々の経験に情緒的に、かつそれゆえ効果的に共感するスキルを用いなければならない。

5. **人権と社会正義** —— ソーシャルワークは、根本的に社会正義と人権の専門職である。社会正義をよく認識できるのは、それが失われた状況、すなわち、抑圧、差別、その他の不公平といった社会的不正義が現前した状況においてである。社会正義の確保と人権保護のために不正義と不公平を撲滅したいという思いが、ソーシャルワーカーを行動へと駆り立てるのだ。

6. **プラクティスの中でのリサーチ** —— リサーチ・スキルをプラクティス・スキルとは別物だと考えるべきではない。ソーシャルワーカーは、リサーチャーあるいは学者として、プラクティスのための情報がプラクティスとリサーチの両方から得られることを認識すべきである。リ

サーチはソーシャルワーク・プラクティスに不可欠なのである。

7. **人間行動**—— 多種多様なプラクティス領域でのワークを通じて、ソーシャルワーク専門職は、人間行動と社会環境に関するさまざまな理論を見出し、これによりインターベンションの方向性を得る。エコシステム的視点は、人間行動の生物学的・心理学的・社会的・文化的・宗教的・政治的・経済的側面と、これに対峙する社会環境に関する理論的視座を構成するための包括的枠組みを与えてくれる。

8. **ポリシー・プラクティス**—— ソーシャルワーカーは、公共政策の領域で重要な役割を担う。まず、ソーシャルワーカーは、市民の権利取得の推進に専心することで、州や国のレベルで社会構造をエンパワーし、社会的機能を強化し、社会正義を確固たるものにすることができるし、また、そうすべきである。次に、ダイレクトサービス・ワーカーは政策立案者である。事実、政策立案はダイレクトサービスの片手間にやるおまけのような仕事ではない。政策は日々のプラクティスの基盤なのだ。ポリシー・プラクティスはソーシャルワークのすべての側面にとって不可欠なのである。

9. **プラクティスのコンテクスト**—— プラクティスとソーシャルサービス提供のコンテクストに関し、コミュニティは、人のニーズにホリスティックに応えられる、包括的かつ組織的なサービス提供システムを持たなければならない。最高のサービス提供システムとは、クライエント主導で、柔軟な財源を持ち、サービスを受けるための資格を拡大し、予防に焦点を置き、社会的ユーティリティとしてサービスを提供することで、人と社会のニーズに応えるものである。

10. **エンゲージメント、アセスメント（事前評価）、インターベンション、エバリュエーション（事後評価）**—— ソーシャルワーカーは、クライエントシステムとのエンゲージメント、ニーズとストレングスのアセスメント、目標達成のためのインターベンション、結果のエバリュエーション、そして、インターベンションの終結といったさまざまなプロセスを辿る。エンゲージメント、アセスメント、インターベンション、エバリュエーションのための知識とスキルは、個人、家族、グループ、組織、コミュニティといったあらゆるレベルのクライエントシステムに応用できる。

ソーシャルワークの共通基盤

　ハリエット・バートレット（Harriet Bartlett, 1970）が提示したプラクティスの共通基盤はジェネラリスト・ソーシャルワーク・プラクティスの概念化に役立った。バートレットがソーシャルワークの中心課題としたのは、人が人生の状況に対処し、社会環境からの要求と折り合っていけるよう援助することだった。バートレットによれば、ソーシャルワーカーが有する方向性は、状況というコンテクストに置かれた個人への関心に基づく特別なものである。この方向性に従い行動することで、ソーシャルワーカーは、専門職の価値に基づき人々に対する態度を決め、知識体系をベースとして人間行動と環境側の反応を理解する。

　ジェネラリスト・プラクティスの基礎はすべてのソーシャルワーカーが共有する目的、価値、知識、スキルの包括的な、あるいは共通の基盤である。ソーシャルワークの実践者は、用いる方法、現場、クライエント集団、クライエントのシステムレベルなどにおいて、さまざまな異なる状況に置かれているが、この共通基盤はソーシャルワーク専門職を一つにまとめる役割を果たす。専門職の、価値−知識−スキルの複合体が、ソーシャルワークの Why（なぜ）、What（何を）、How（どのように）に答えを与えるのである（表2.2）。

専門職の価値

　専門職の目標達成のために、ソーシャルワーカーは、変化のプロセスにおける責任あるパートナーでなければならない。彼らの専門職としての活動は、専門職の価値が浸透し、専門職の目的を土台とし、専門職の倫理的プラクティス基準に従うものでなければならない。ソーシャルワークの基本的価値は、大きく3つの領域に焦点を当てる。すなわち、人に関する価値、ソーシャルワークと社会との関わりに関する価値、専門職としての行動を特徴付ける価値である。

■ 人に関する価値

　専門職の共通の価値は、人間の本性と変化の本質に対するソーシャルワーカーの基本的な考え方を反映したもの、すなわち「サービス、社会正義、人間の尊厳と価値、人間関係の重要性、コンピテンスの価値である」（NASW, 2008, p. 5）。すべての人の尊厳と価値を、その社会的地位、文化的背景、ライフスタイル、信仰とは無関係に尊重することが、ソーシャルワーク・プラクティスにとっては絶対不可欠である。ソーシャルワーク専門職はダイバーシティを尊重し、ライフスタイルの相違を受け入れることで、他者に対する無条件の敬意を示し続ける。ソーシャルワーカーはクラ

表2.2　ソーシャルワークの価値、知識、スキル

[基本的価値と原則]

ダイバーシティの尊重	中立的姿勢
秘密保持	倫理的行動
専門職の構成要素	資源へのアクセス
人間の尊厳と価値	自己決定
社会正義	

[基礎知識]

ソーシャルワークの哲学	ヒューマンシステム
人間行動に関する理論	社会福祉政策
文化的ダイバーシティ	プラクティス領域
社会福祉の歴史	自己理解
家族のダイナミクス	組織理論
グループダイナミクス	コミュニティ理論
サービス提供システム	

[必須スキル]

批判的思考	カルチュラル・コンピテンス
関係構築スキル	コンピュータ・リテラシー
エンパワメント・プロセス	リサーチ・スキル
プラクティス方法	ソーシャル・プランニング
政策分析	危機介入
効果的コミュニケーション	時間管理

倫理的プラクティス

[プラクティス行動の例]　専門職の価値に従ったプラクティスができるよう、自身の個人的価値を認識しコントロールすること。

[批判的思考の訓練]　専門職の価値、知識、スキルの共通基盤は、すべてのソーシャルワーカーに共有され、専門職を一体化する。あなたが専門職としての義務を果たしソーシャルワークの価値に従ったプラクティスを行うことを妨げる恐れがある個人的価値にはどのようなものがあるか。

イエントのサービス利用と意思決定参加に対する権利をアドボケイトし、自己決定の原則、中立的姿勢、秘密保持をクライエントとの相互作用の中に組み入れる。

■ 社会に関する価値

　ソーシャルワーカーは社会正義を擁護し、民主主義的プロセスを尊重する。さらに、不公平や人権侵害、社会的不正義と闘う責任を負い、専門職として、社会機関がより人間的で、人々のニーズに応えられるものになるよう尽力する。社会計画の改善と社会政策の洗練は、社会正義の実現により社会状況の改善を果たそうとする実践者の献身的努力に基づくものである。

■ 専門職的行動に関する価値

　ソーシャルワーカーは価値に導かれて、専門職活動においてクライエントシステムと共に努力する。ソーシャルワーカーはクライエントのストレングスとコンピテンシーを尊重し、クライエントと協働して創造的問題

解決策を構築する。さらに、ソーシャルワーカーはプラクティスのクオリティを重視し、絶えず自らのプラクティスの効果について精査し続ける。加えて、倫理的に行動し、現在も進行中の専門職の発展に寄与する責任を負う。

ソーシャルワークの知識基盤

ソーシャルワークの知識基盤には、人間行動と社会環境についての考え方と、これを理解するための方法が含まれる。これを受けて、ソーシャルワーク教育には、一般教養的視点と専門職的基礎の両方が含まれる。一般教養課程では、学生に文系・理系を通じた広範な知識と、批判的思考と分析のためのツールを取得させる。専門職的基礎には、ソーシャルワークの歴史と哲学、ソーシャルワーク・プラクティスの領域、理論構成とプラクティス・モデル、法制度と社会政策、文化的影響、リサーチ、自己認識に関する学習課程が含まれる。

■ 一般教養的基盤

ソーシャルワークの専門職プラクティスに関する教育は、大学をベースとした、幅広い領域の一般教養科目を含むものである。社会環境と人間行動の理解のためには、心理学、社会学、人類学、経済学、政治学、歴史学といったさまざまな社会科学的素養が必要になる。芸術や文学を学ぶことで、美意識と創造性に対する理解力が得られる。哲学を学ぶことで、さまざまな思考方法と知識体系を吟味する機会が得られる。科学を学ぶことで、人間の生物学的性質と環境の物理的特性に対する洞察を得ることができる。強固な一般教養の基礎を築くことは、学部レベルでも大学院レベルでも、ソーシャルワーク教育の中心テーマである。

■ ソーシャルワークの哲学と歴史

ソーシャルワークと社会福祉の哲学と歴史の基礎を学ぶことは、専門職の支柱を築くことになる。ソーシャルワーカーは、ソーシャルワーク・プラクティスの歴史をコンテクストとして、現代におけるプラクティスの傾向を理解しなければならない。歴史的視座を持つことで、ソーシャルサービスを受けるクライエントや、ソーシャルワーカーによるソーシャルサービス提供方法に関する、複数の相反する考え方に対する洞察を得ることができる。

■ プラクティス領域

ソーシャルワーカーは各自がさまざまな特定領域の現場でプラクティスを行うが、全員がソーシャルワーク・プラクティスのすべての主要領域に

ついて包括的理解を持たなければならない。主要領域とは、所得維持、家族と児童に関するサービス、ヘルスケア施設、メンタルヘルスの現場、ビジネスと産業、学校、矯正保護などである。ソーシャルワーカーは、紹介によってクライエントと他のサービスの橋渡しをする機会が多いため、ソーシャルサービスの資源について豊富な知識を持たなければならない。多様な領域でのプラクティスは、ソーシャルワーカーがソーシャル・プランニング活動に参加するための能力も強化する。

■ 理論構成とプラクティス・モデル

ソーシャルワークの正式な知識基盤には、人間行動と社会環境に関する理論、およびプラクティス方法とプラクティス・モデルに関する理論が含まれる。ソーシャルワーカーは、生物学的・社会的・心理学的・文化的システムと人間行動との相互影響に対する理解をもたらす理論を基盤としてプラクティスを行う。ソーシャルワークの視点の多くは、社会科学の理論から導かれたものである。

ソーシャルワークは、人間行動、対人コミュニケーション、社会システムに関する理論や、社会、組織、コミュニティ、グループ、個人の変化のプロセスに関する理論から情報を得る。理論的視座は、ソーシャルワーカーのクライエントに対する見方や、コミュニケーションの取り方に影響を及ぼす。さらに、理論的視座は、ソーシャルワーカーのアセスメント、インターベンションの設計、問題解決策の構築、資源の利用、結果の評価などのやり方にも影響を及ぼす。ソーシャルワーカーはさまざまなシステムレベルにおけるクライエントとのワークにおいて多種多様なアプローチを用いる。

■ 法制度と社会政策

数多くの保健およびヒューマンサービスのプログラムが、連邦政府、州、地方の法的義務に基づいて作られている。それゆえ、ソーシャルワーカーは、1935年社会保障法の条項と、その後の修正条項、および住宅、交通手段、メンタルヘルス、障害、児童福祉、ヘルスケアに関する社会福祉法制について、熟知していなければならない。加えて、社会的・経済的正義の推進へ向けての政策転換を実現するために、実践者は、地方、地域、州、国の各レベルにおける政策形成プロセスについて実務的知識を備えておく必要がある。

■ 文化的影響

民族に配慮したプラクティスができるようになるために、ソーシャルワーカーは文化が人間行動に及ぼす影響について理解しておく必要がある。さらに、人々が日々の生活の中で無数の困難に直面した際の対処法は、倫

理的・社会的・文化的ダイバーシティのダイナミクスにより、その人独自のものになるということを認識しなければならない。

　ソーシャルワーカーは、民族的現実が日々の生活にいかなる影響を及ぼすかについて、その全体像を把握しておかなければならない。女性、民族集団、人種的マイノリティ、障害のある人、ゲイとレズビアン、その他の差別と抑圧に苦しむ人々の役割と地位を理解する能力が、効果的なソーシャルワーク・プラクティスのためにはきわめて重要である。この理解力には、集団内の各人の相違とともに、多種多様な集団間の相違を把握する能力が含まれるべきである。文化に配慮したソーシャルワーカーは、自己や他者に対する自らの見方に、自分が所属する文化集団の一員であることが及ぼしている影響を認識し理解するというプロセスを経験する。ソーシャルワーカーは、特別な事情を持つ集団に固有のニーズを満たすためにサービス資源が割り当てられることを保証し、さらに、マイノリティ、女性、高齢者、ゲイとレズビアンなどの集団に対するソーシャルサービスの提供および社会福祉政策形成につきものの不公平にも対処する。

■ リサーチ

　リサーチ結果から得られる情報により、ソーシャルワーカーは人間のニーズ、社会的機能、適応プロセスに対する理解を深める。さらに、リサーチ方法に関する知識は、プラクティス手法やプログラムに対する評価を行うために必須である。ソーシャルワーカーは、基本的なリサーチ設計法と統計分析について理解することにより、報告書を読んで内容を知的に把握し、適切な結論を導き、エビデンス・ベースの研究結果をプラクティスに統合することが可能になる。

■ 自己に対する理解

　専門職としての役割を効果的に果たすために、ソーシャルワーカーは自己を知らなければならない。マックス・シポリン（Max Siporin, 1985）によれば、「ソーシャルワークにおける良い臨床家は、常に自己認識と自己理解へと立ち返る」（p. 214）。それゆえに、ソーシャルワーカーは、自らのライフスタイル、倫理的視座、道徳規範、価値、文化的背景を掘り下げて見つめ直す。そして、自分自身の学習スタイル、変化に対する姿勢、さまざまな状況に対する反応、偏見、ステレオタイプについての自覚を深める。自己理解の獲得は生涯にわたるプロセスである。「それは自己理解と自己受容を目指す生涯をかけた旅である。そして同時に、援助に携わる者が「自己」という最も重要な道具を、巧みに、そして十分に活用し、最大の成果を得られるようになるために必要な旅なのだ」（Johnson, 1998, p. 110）。

> 専門職としての役割を効果的に果たすために、ソーシャルワーカーは自己を知らなければならない。

ソーシャルワークのスキル基盤

　専門職の価値と知識に加えて、ソーシャルワーク・プラクティスには、理論のプラクティスへの応用から、テクノロジーの活用や時間の効果的管理に至るまでの、幅広いスキルが必要である。

■ 理論のプラクティスへの応用

　クライエントとのワーク全体、すなわち、関係の構築から、問題解決策を構じ、職業的関係を終了させるまでの期間を通じて、ソーシャルワーカーは人間行動、ダイバーシティ、社会的機能に関する理論的理解を、日々のソーシャルワーク・プラクティスに応用できなければならない。熟練したソーシャルワーカーは意識的に、理論をプラクティスに応用し、ソーシャルワーク専門職の倫理基準に照らして自らのプラクティスを評価する。

■ 計画された変化

　ソーシャルワーカーは、インターベンション・プロセスの初期段階において、解決すべき問題の特定、問題に対するクライエント自身の理解を取り入れた計画の作成、クライエントの能力に対するアセスメント、現実的目標の設定、解決策の構築、関連情報の収集において、スキルを発揮しなければならない。ソーシャルワーカーは、インターベンション計画の構築と実行に際し、さまざまな計画を作り、クライエントシステムを協働的パートナー関係に参加させ、コミュニティ資源の特定と評価を行い、紹介を迅速に行い、クライエントと必要な資源との橋渡しをする。最後に、クライエントとのワークの終結にあたり、ソーシャルワーカーは、効果的な終わり方となるように促し、インターベンションの方法と成果を迅速に評価するスキルが必要となる。

■ すべてのシステムレベルにおけるインターベンション

　ジェネラリスト・ソーシャルワーカーは、個人、家族、公的団体、複雑な組織、コミュニティなど、多様なシステムレベルのクライエントとワークを行うためのプラクティス・スキルを構築する。個人とのワーク、グループワーク、学際的チームでの協働、組織開発、コミュニティ・プラクティス、そして社会改革に関する個別のスキルを持つことで、ソーシャルワーカーは多様なクライエントとワークするための能力を強化することができる。

■ 対人関係スキル

　クライエントとソーシャルワーカーの専門職的人間関係は、ソーシャル

ワーク・プラクティスの中心である。ソーシャルワーカーのクライエントとの関係構築能力は、対人的効果性と自己認識に左右される。ソーシャルワーカーは、共感性、純粋さ、信頼感、敬意、支援の意思などを伝えるスキルを持たなければならない。

■ コミュニケーション・スキル

口頭や文章によるコミュニケーションのスキルは、絶対的に重要である。インタビュー・スキルが肝要なのは、ソーシャルワークの基本プロセスが情報のやりとりだからである。ソーシャルワーカーは、理解しながら傾聴し、目的を持って応答できなければならない。口頭で効果的なプレゼンテーションができるようになれば、実践者がグループや組織、コミュニティとワークする能力は強化される。簡潔明瞭な文章が書けるようになれば、記録や報告書の作成や、補助金交付申請における効果を高めることができる。

■ カルチュラル・コンピテンス

ソーシャルワーカーは、文化横断的スキルを用いて、クライエントとの相互作用をより文化を踏まえたものにすることができる。ソーシャルワーカーは、民族学的インタビュー・スキル、すなわち、問題と状況的コンテクストに対するマイノリティ側の考え方を聴き出すスキルを持たなければならない。ソーシャルワーカーは、クライエントとのワークのあらゆる側面において、文化の含意と影響に対する感受性と理解を示すべきである。

■ 政策分析

ソーシャルワーカーは、個人とのプラクティスにおいても、機関、地方、州、地域、国の各レベルにおいても、社会政策を分析し、政策立案に貢献できるスキルを持つ必要がある。ソーシャルワーカーは、裁判所で証言し、クライエントの状況を改善する立法姿勢を擁護し、立法プロセスに参加できなければならない。ソーシャルワーカーは、高いスキルを持ったアドボケイトとして、貧困状態にある人、高齢者、ゲイとレズビアン、障害のある人といった、抑圧された人々の課題に対処する社会政策の構築に影響を及ぼすことができなければならない。

■ リサーチ・スキル

ソーシャルワーカーは、リサーチ結果の利用者としても、リサーチの実践者としても、熟達している必要がある。ソーシャルワーカーは自らのリサーチ・スキルを、文献レビューの実施や、研究の設計、リサーチプロジェクトの運営、政策の分析、自らのプラクティスに対する評価のために用いる。ソーシャルワーカーは、エビデンス・ベースのリサーチ結果と

実践知からベストプラクティスを見出すために、リサーチ結果を活用する。リサーチ・スキルには、データの収集と分析、研究成果の発表、統計的分析の適用が含まれる。リサーチ活動は、インフォームドコンセントやプライバシーの権利などの倫理基準に従うものでなければならない。

■ コンピュータ・リテラシー

現代のソーシャルワーカーにとって、コンピュータ・リテラシーは必須である。コンピュータはソーシャルサービスの提供にとって不可欠の技術的支援となる。ワープロの活用やデータ入力、メニュー形式の操作ができることは、不可欠のスキルである。コンピュータ技術は、リサーチにおけるデータ分析、プログラム計画の作成、さらにはクライエントとのダイレクトワークさえも強化する。

■ 時間管理

ソーシャルワーク・プラクティスでは、規律正しく秩序ある行動が厳格に求められる。時間管理のスキルには、時間の有効活用、現実的スケジュールの作成、約束と締め切りの厳守、与えられた仕事の完遂が含まれる。

ソーシャルワーク専門職の信条

専門職の目的、価値、知識、スキルはどのようにソーシャルワーク・プラクティスに読み替えられるのか。以下に、ソーシャルワークの目的の本質とプラクティスの共通基盤の核心部分を反映した専門職の信条を、12項目に分けて提示した。これら12の信条は、ジェネラリストの実践者がソーシャルワークの目的を、それぞれのインターベンション手法を通じて実現する際の手引きとなる。

1. **個人や集団をエンパワーし、自らの問題解決・対処能力をより効果的に発揮できるようにすること**

   ソーシャルワークには、クライエントシステムとソーシャルワーカーの協働関係が不可欠である。協働関係とは、すべての利用者システムが持つストレングスを土台として、問題解決法を構築すべきということである。エンパワメントとは、社会システムの持つ潜在能力とストレングスを解放し、クライエントの問題、課題、ニーズの解決にとって有効な社会的機能を推進するための、資源と機会を発見し創造するプロセスである。

2. **個人と社会における問題発生を予防するために、社会的・経済的政**

策立案において積極的な役割を果たすこと

　ソーシャルワーカーは困難を予測し、問題発生を予防するための政策を作成し、これを遂行しなければならない。公平な社会経済政策に向けて積極的に関与し、これを通じて社会正義を推進するのだ。

3. ソーシャルワークのあらゆる側面において、専門職の品位を維持すること

　専門職の価値と倫理はプラクティスの基盤となる。事実、倫理綱領は専門職活動の包括的手引きとして、クライエントシステム、ソーシャルワーク従事者、同僚、ソーシャルワーク専門職、そして社会全体との関係の指針となる。専門職の構成員になるということは、専門職の品位を維持し、QOL、正義、平等を強化するという専門職の責務を負うことを意味する。

4. 人と社会資源の間の橋渡しをし、社会的機能を促進し、QOL を強化すること

　ソーシャルワーカーは利用者システムが、コミュニティや社会機関の保有する資源および機会を確実に活用できるようにする。社会福祉機構の中で利用できるサービスについて熟知することで、ソーシャルワーカーは「資源の電話帳」として情報提供と紹介を行い、「資源のアドボケイト」として、適切な資源へのアクセスと利用を妨げる障壁の除去に努める。

5. 機関の資源システム内に協調的ネットワークを構築すること

　社会の全構成員のウェルビーイング促進のために設計されたソーシャルサービス・プログラムを含む人的資源は、社会機関（例：経済、政治、保健、社会福祉、教育機関）において提供される。社会の多種多様な構成員の利益になり、凝集性が高く差別的でない、包括的なソーシャルサービス提供システムの構築には、慎重な計画とサービス提供者間の協力が必要である。

6. 機関の資源システムの応答性を促進し、保健やヒューマンサービスに対するニーズを満たせるようにすること

　米国憲法に規定された「一般的福祉を提供する」義務を受け、ソーシャルサービスの提供を受けることは国民の権利として認められている。ソーシャルワーカーは、教育活動を通じて QOL に関わる課題に対処し、社会改革活動を通じて制度的差別などの不正義の是正に取り組むことが義務付けられている。

7. 社会正義とすべての人の平等な社会参加を推進すること

　理想的には、社会正義とは、社会の全構成員が社会より与えられる権利と機会、および社会の構成員であることにより負う責任と義務の平等な共有を可能にする社会状況であるべきである。個人の十全な社会参加とは、個人が社会的便益を活用して自らの人生の希望を実現し、そのうえで、個人が社会のウェルビーイングに寄与することを意味する。

8. リサーチと評価を通じ、ソーシャルワーク専門職のための知識の発展に寄与すること

　ソーシャルワーカーの実証主義的リサーチとプラクティスに対する評価の努力により、実践知が発展し方法論が洗練される。ソーシャルワーカーは、リサーチ成果を社会的機能の強化と社会変革の実現のために活用する。ソーシャルワーク専門職は実践者たちに、専門職の知識基盤、プラクティスのスキル面、価値基盤の強化に寄与するよう求める。

9. 問題と資源利用の機会が作られる場である機関システム内の情報交換を促進すること

　すべての社会機関に問題を作り出す可能性があり、問題を解決する可能性もある。問題の原因として社会構造が非難される場合もあるが、ソーシャルワーカーとクライエントが解決策を見出すのも、同じ社会構造の内部なのである。ソーシャルワーカーは、エンパワメントのプロセスを用いて、社会機関に対しストレッサー生成に一役買っていることを自覚させ、解決策構築への参加を求める。

10. ソーシャルワーク・プラクティスにおいてダイバーシティを尊重し、民族性に配慮し、性差別を排除することにより、コミュニケーションを促進すること

　人と環境の交互作用を理解するためには、その土台として、ダイバーシティの影響に対する理解が必要である。社会正義の実現のために尽力する実践者は、ダイバーシティの意味に対しても鋭敏な感受性を持つ。民族性に対する配慮は、専門職の目的と価値に由来するものであり、インターベンション方法の適用からソーシャルサービス提供ネットワークの構築に至るソーシャルワークのすべての側面に反映されているべきである。

11. 問題の予防と解決のために教育的ストラテジーを用いること

　教育はソーシャルワークの機能として不可欠なプロセスであり、長

期的には社会問題の予防に寄与する。教育は学習の機会を提供し、そのことが変化を促進する触媒としての役割を果たし、また将来の問題解決へ向けた努力を普遍化するための基礎となる。教育のプロセスにおいて学習者と教育者は協力して知識を得、新たなスキルを開発し、適応的な社会的機能に寄与する特質や状況に対する認識を高める。

12. 人的課題と問題解決に関して世界的視座を持つこと

　私たちはグローバル社会に暮らし、相互に影響を及ぼし合っている。工業社会と農業社会では、人々が直面する問題の性質と対象領域は異なるかもしれないが、両者には類似性がある。人間には大陸間や国家間の政治的・地理的境界を越えた、普遍的ニーズがあるのだ。私たちは、一つの社会における問題、課題、ニーズが、世界中に連鎖的影響を及ぼすことを、社会システム的なコンテクストにおいて認識しなければならない。この視座は、グローバルなコンテクストにおける社会正義の実現と、すべての社会における人権の保護を後押しするものである。

　これら12の信条は、現代社会におけるソーシャルワークの定義の広がりと地位の発展を基礎に作られたものである。ソーシャルワーカーの中には、ここで使われている言葉があまりに理想主義的で、高尚で、ラディカル（急進的）だとして、不快感を覚える向きもあるかもしれない。しかしながら、「人々をエンパワーする」「積極的な姿勢を前提とする」「世界的視座を持つ」「協調的パートナー関係に参加させる」「社会正義を推進する」といったフレーズは決して新奇なものではない。これらは歴史上、ソーシャルワークの目的の中に具体化されており、専門職の伝統の中に見て取ることができるものである。

展　望

　プラクティスの歴史的ルーツを辿ることで、専門職の伝統が理解でき、初期の開拓者たちの遺産を垣間見ることができる。ソーシャルワークは常に、個人と社会の互恵的相互作用の促進と修復に取り組む中で、すべての人々のQOLの改善という目的に突き動かされてきた。

　個人と社会機関の関係はソーシャルワークの中心的関心事であり続ける。ソーシャルワーカーは、人々と社会環境の相互作用が社会的機能を阻害し、能力を損なわせ、機会を制限し、ストレスを作り出し、個人と社会の目標達成を妨げるような状況に対処するのだ。

　現代のソーシャルワーカーは、人生における問題には数多くの側面があり、多くの異なる解決策を選択し得ることを認識している。この解決策に

は、個人の変化、対人的適応、社会改革が含まれる。実践者は、問題の原因と解決策が社会システムのあらゆるレベルに存在することを認識しながら、社会構造間の相互作用を合理的に考慮してインターベンションを実施する。第3章においては、ソーシャルワークにおいて近年注目を集めている、社会システムの構造とエコロジカルな視座について検討し、さらに、ソーシャルワークが関わる利用者システムについて精査する。

第2章 練習問題

以下の問いは、本章で学んだ知識をテストするものである。

1. ハルハウスの創設者である_____は、全米慈善矯正会議にて「慈善と社会正義」と題した演説を行った。
   a. メアリー・リッチモンド
   b. グレース・アボット
   c. ジェーン・アダムズ
   d. エレン・スター

2. 米国初の女性閣僚となった_____は、国の社会保障政策の構築において活躍した。
   a. ソフォニスバ・ブレッキンリッジ
   b. ジュリア・ラスロップ
   c. ジェーン・アダムズ
   d. フランシス・パーキンス

3. ホイットニー・ヤングは、NASW でリーダーシップを発揮したことで有名だが、専門職に対し、先駆者より受け継いだ_____を追求する姿勢を取り戻すよう求めた。
   a. 社会改革
   b. 科学的慈善
   c. 「状況の中にある人」という視点
   d. 貧困の撲滅

4. フレクスナーは、ボルチモア慈善矯正会議において「ソーシャルワークは専門職か」と題した講演を行った。フレクスナーはその講演で_____。
   a. ソーシャルワークの専門職としての地位を強調した
   b. ソーシャルワークを専門職の地位へと引き上げた、高い専門性を称えた
   c. 専門職としての地位を得るための相次ぐ活動を引き起こした
   d. ソーシャルワークを、目的に沿って体系化された教育分野として称賛した

5. _____は、社会的機能の社会文化的・政治的・経済的側面を強調するものだった。
   a. 米国赤十字による第一次大戦の精神的後遺症に対処する努力
   b. フロイトの精神力動論の流行
   c. 精神衛生運動
   d. 大恐慌の結果として生じた失業と貧困の影響

6. ソーシャルワークの二重の焦点とは_____について述べたものである。
   a. 個人の変化と社会改革の促進
   b. 専門家とボランティアの活用
   c. 公的機関と私的機関
   d. 子どもとその家族

7. 本章の最後に詳説されているソーシャルワーク専門職の信条から4つを選び、これを説明せよ。さらに、その4つの信条が、あなたのソーシャルワーク・プラクティスの中でどのように具体化されるかについて述べよ。

3

Joseph Helfenberger/Fotolia

ソーシャルワークと社会システム

本章の概要

本章のプラクティス行動の例に適用されるコンピテンシー				
■ 専門職のアイデンティティ	■ 倫理的プラクティス	✓ 批判的思考	■ プラクティスにおけるダイバーシティ	■ 人権と社会正義
■ リサーチ・ベースのプラクティス	✓ 人間行動	■ ポリシー・プラクティス	■ プラクティスのコンテクスト	✓ エンゲージメント、アセスメント、インターベンション、エバリュエーション

タウンシップハイツ小学校で非常勤のスクールソーシャルワーカーをしているヘレン・ワシントンにとって、アランダ・モリソンの件は、これまでにも嫌というほど耳にしてきた類の話だった。モリソン家は1年前、アランダの父親が食肉加工工場に採用されたことをきっかけにウッドランド郡区に越してきた。当初、家族の生活は順調だったが、3ヵ月前、父親が所持金をすべて持ち、母親と4人の子どもを残して家を出て行った。母親は家賃を払えなくなり、借家を失った。ここ数週間、モリソン家の子どもたちと母親は「あちこち」の友人宅に泊まり歩く生活をしている。大都市でないこの地域においては、安価な住宅やシェルター施設が利用できないためである。

　ヘレン・ワシントンは、アランダの担任教師から初めて紹介を受けたときのことを思い出す。教師は、アランダが宿題をしてこず、ぼんやりとして、時に涙を浮かべているように見え、グループ活動にも参加しなくなったと話した。アランダの学校での問題は、アランダ本人が説明した家族の問題をコンテクストとして見ると、驚くほど違って見える。

　ヘレン・ワシントンはアランダの母親を訪ねる際、家族福祉計画評議会のボブ・ピータースに電話をして、ホームレスのために彼に尽力してもらおうと決めた。評議会は地域の住宅需要に応えようと努力しており、所属の専門家たちは地方自治体に対し、低賃料の賃貸住宅のための財政支援を要請している。評議会は、農村地域のホームレス家族に対する支援サービスを構築するための実証補助金を求める計画を立てていた。

　ヘレン・ワシントンとボブ・ピータースのホームレスに対する懸念には相通じるものがあった。ヘレンは、困窮している子どもとその家族とのワークというダイレクトサービスに多くの時間を捧げてきた。ダイレクトサービスとは、カウンセリングや、資源、教育、情報、紹介、アドボカシーなどの、クライエントシステムに対して提供されるソーシャルワーク活動である。アランダの家族のために、ヘレンは危機対処カウンセリングと、家族が緊急に必要とする資源への橋渡しを行うことになるだろう。ジェネラリストとして、ヘレンは利用可能な住居の選択肢が不足していることを懸念し、ホームレス問題が公的課題であると認識している。

　ボブ・ピータースは、主に間接的に個人や家族に影響を及ぼすソーシャルワーク活動に従事している。彼の専門職活動は、コミュニティの問題解決レベルに焦点を当てたもので、政策立案、ソーシャル・プランニング、助成金の請求、リサーチなどを含む。ボブ・ピータースは、経済状況、家族政策、サービス提供とその欠如が、アランダ・モリソンとその家族の個人的問題に影響を及ぼしていることを理解している。ヘレンとボブのソーシャルワーク活動は、その第一義的焦点をソーシャルワークの異なる側面（ヘレンはミクロ領域、ボブはマクロ領域）に置いていたが、多くのソーシャルワーカーの担当領域は、直接サービスと間接サービスの両方にまたがって

いる。

　ヘレン・ワシントンとボブ・ピータースのプラクティスの場あるいはコンテクストには、この郡区のコミュニティ、モリソン家、アランダ本人が含まれる。一方で、彼らの第一義的な焦点は同じではない。ヘレンのクライエントはアランダとその家族であり、ボブの焦点は、ウッドランド郡区に置かれている。

　この例は、社会問題が持つ背景としての性質、社会システム間の交互作用、ソーシャルワーク・インターベンションの可能性の幅広さを具体的にイメージするために、ジェネラリスト・ソーシャルワーカーの多くが援用する社会システム論的視座を、ドラマ化して表現したものである。これらの課題をより深く探究するために、本章では、

- エコシステム的視座について概要を説明する
- 社会的機能について詳細に検討する
- ソーシャルワークのクライエントであるヒューマンシステムを分析する
- ケースワーク、グループワーク、コミュニティ・オーガニゼーション、ジェネラリスト・ソーシャルワークといったソーシャルワーク・プラクティスの方法を紹介する

　社会システム論的視座は、社会的・経済的正義に関する課題と人権に関する問題が、人と環境との交互作用に及ぼす影響について考察する際に役立つ理論モデルである。

エコシステム的視座

　多くのソーシャルワーカーが、人とその物理的・社会的環境の相互関係を理解するために、エコシステム的視座を援用する（Germain, 1979, 1983; Gitterman & Germain, 2008; Siporin, 1980）。その名前が示す通り、エコシステム的視座は一般システム理論とエコロジーから着想を得ている。

　一般システム理論は人の行動と社会環境の複雑性と多様性の理解に役立つ普遍的枠組みを与えてくれる（Shafer, 1969）。ヒューマンシステムが相互に影響を及ぼし合い、作用し合う仕組みを説明する原理が得られるのだ。これに対し、エコロジーは特に「物事が調和し相互に適応する過程に焦点を置く」（Greif, 1986, p. 225）。エコロジーの用語では、適応とは「人が成長し、コンピテンスを獲得し、他者に貢献する際の、人と環境の間の動的プロセス」（p. 225）である。一般システム理論とエコロジーを組み合わせることで、社会的・物理的環境においてヒューマンシステム間でいかなる相互作用が行われているかを説明することができる。

社会システム論的視座

ソーシャルワークの実践者は、個人、家族、作業グループ、プレイグループ、組織、近隣関係、コミュニティといったヒューマンシステムとのワークを行う。彼らはヒューマンシステムの構成員間の関係およびヒューマンシステムとこれに影響を及ぼす環境との関係に焦点を当てる。社会システム論的視点では、人とさまざまな社会構造の相互関係が、相互に関わり合うクモの巣状のネットワークとして視覚化される。

■ 社会システムの定義

社会システムとは「他の存在との相互作用とは明確に異なるやり方で相互作用する部分を組み合わせて作り上げられ一定期間存続する、組織された全体である」(Anderson et al., 1999, p. 294)。システム理論は、

生物と無生物とを問わずあらゆる存在をシステムと見なすことができ、システムは、システムとして研究の対象となり得る何らかの個別の属性を持つという仮説に基づいている。個人、小グループ(家族や団体)、さらには近隣関係やコミュニティといった複雑な人的組織、すなわち、ソーシャルワークが普段関わっている存在は、ある共通の属性を持ったシステムと見なすことができるのである。　　　　　(Hearn, 1969a, p. 2)

システムの形態と大きさはさまざまである。家族、チーム、作業グループ、コミュニティ組織、社会奉仕クラブ、ストリートギャング、近隣関係、コミュニティ、そして会社、これらはすべてシステムである。あるシステムを他と区別する特質には、構成員が共有する関係性のパターン、目的、属性などがある。

■ 下位システムと環境

すべてのシステムは、より大きなシステムの構成要素の一つであると同時に、より小さなシステムから構成されている。すなわち、システムは他のシステムの下位システムであると同時に、自らを構成する部分である下位システムを持つということである。ヒューマンシステムは、相互に入れ子構造を成している。大きなシステムほど、より多くの構成要素を持つ。各システムは、それ自体がより小さな単位から構成されつつ、より大きなシステムのネットワークの一部を成すのである。

あるシステムを下位システムと見なすか、あるいは環境と見なすかは、私たちの見方次第である。よって、本章冒頭の例では、モリソン家は環境であると同時に下位システムでもある。アランダに焦点を当てると、彼女にとって家族は社会環境の一側面である。モリソン家に焦点を当てると、

それがコミュニティという環境的コンテクストの中に、下位システムとして存在していること、そしてアランダ自身がモリソン家の下位システムであることが分かる。

　大部分の家族システムのように高度に組織化されたシステムは、きわめて相互依存性の高い要素により構成されている。近隣関係のような、組織化が緩やかなシステムは、特異な独立性と自律性を持つ要素や下位要素により構成されている。いかなるシステムも、全体が一体として機能することで、下位要素が独立に機能する場合より、多くを達成したり、価値を高めたりすることができる。すなわち、「全体は部分の総和に勝る」のだ。

　構造的に、複数のシステムは、境界により、あるいはシステムを他のシステムと差別化する特質により、相互に区別される。境界には、資源のやりとりに対して、開かれたものと閉じられたもの、すなわち受容的な境界と非受容的な境界がある。システムがエネルギーのやりとりをするときには、そのプロセスによって、各システムが利用できるエネルギーは実際に増幅する。エネルギーの流入がなければ、システムは自らが備蓄するエネルギーを使い果たし、ついには機能できなくなる可能性があるのだ。

■ 交互作用

　ヒューマンシステムは、常に他のシステムと相互作用をし、資源のやりとりを行っている。システムはこのやりとりをすることで、自らの資源と他のシステムが保有する資源の、貸し／借り、消費／処分、受け入れ／拒否を行う。たとえば、子どもとその家族、労働者と職場、近隣街区とそれが属する市、そしてソーシャルサービスの利用者と機関は、維持と変革の両方のためにエネルギーを供給する。

　このような資源のやりとりは**交互作用**と呼ばれる。すなわち、システムが資源やエネルギーをやりとりするプロセスである（図3.1）。エネルギーは一つのヒューマンシステム内、あるいは複数のヒューマンシステム間で受け渡しされる。このやりとりには、インプット、プロセシング、アウトプット、フィードバックという過程が含まれる。

　インプットは、システム内あるいはその環境において利用可能な資源である。物的資源、対人間交流、コミュニケーション、トラウマになるような経験、防衛機制、社会的圧力の感受などがその例である。インプットが最終的にシステムを維持あるいは変革する。**プロセシング**とは、受け取ったエネルギーや情報に対するシステムの反応であり、システムあるいは環境内の資源を選択、分析、総合、活用することが含まれる。このプロセシングは、反応またはアウトプットを生み出す。ここで生じる**アウトプット**

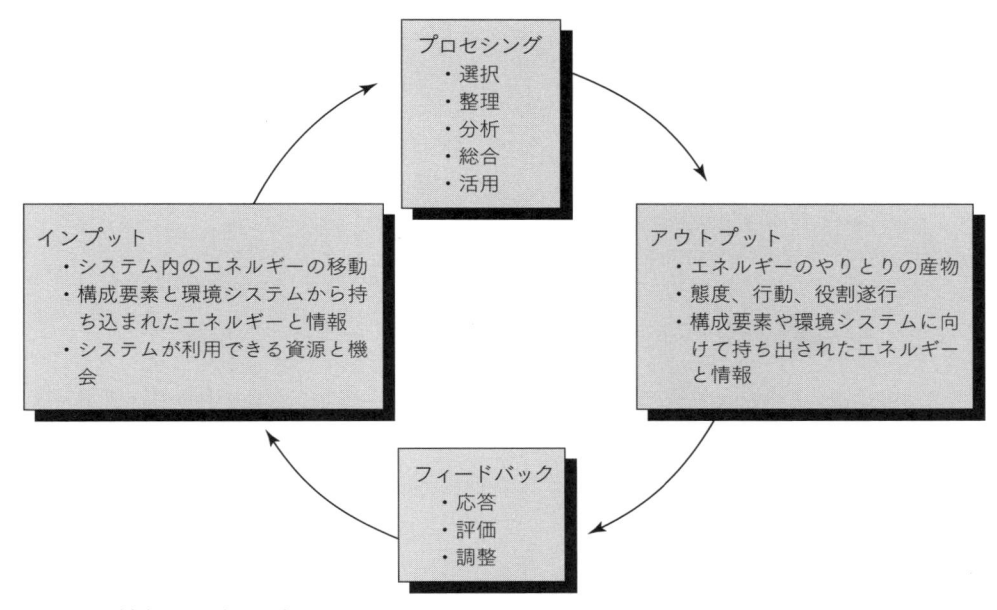

図 3.1　情報とエネルギーのやりとり

には、作り出された物資とシステムの環境に対する作用の両方が含まれる。システムが実際に生み出すものは、システム自体や他者が望んだものと必ずしも一致しないという点には注意が必要である。**フィードバックは、さ**らなる情報伝達である。交互作用プロセスとしてのフィードバックは、システムが自らの状況を評価し、これを修正したり、是正に向けた行動を起こしたりする際に役立つ。フィードバックはシステム間の相互的影響を浮き彫りにし、さらに情報とエネルギーのやりとりのループを完結させる。

　交互作用は、互恵的な相互作用であり、「人が時間をかけて、自らの環境を形成し続け、環境によって形成され続けるプロセスである」（Germain, 1983, p. 115）。すなわち、人々は周囲の世界の変革への積極的な参加者でありながら、同時に環境の産物でもあるのだ。「**人−環境**」というフレーズは、この互恵的な相互作用を象徴的に表したものである（Gitterman & Germain, 2008）。

■ ソーシャルワークにとっての意味

　専門職として人と社会環境の関係に焦点を当てるソーシャルワーカーにとって、一般システム論的アプローチは有効な枠組みとなる。社会システム論的視座に立つと、ソーシャルワークの活動の焦点が当てられるのは、

　　人とその社会環境との接点、あるいは人と環境が交わる場所、すなわち、
　　人と環境にとってのあらゆる良い結果または悪い影響との調和や不調和
　　が生じる場所である。この接点において問題となる現象が人と環境の交

文化、特権および人権

　社会の全構成員が社会の中で、その社会が持つ文化的エートスを経験する。文化は社会の支配的価値、信念、伝統、言語、社会制度を反映したものになる。加えて、定義された集団の構成員は、彼らに固有の、人種や民族的起源、職業、性別、年齢、コホート、団体、信仰、社会経済的地位、地理的居住地、性的指向が持つ文化に自身を重ね合わせる。たとえば、米国中西部の住民であること、ヒスパニックであること、労働組合の組合員であること、農夫であること、フリーメーソンの会員であること、ゲイまたはレズビアンであること、青年であること、アスリートであること、社会主義者であること、ソーシャルワーカーであることに伴う文化について考えてほしい。人は文化の産物であり、同時に、文化の反映なのだ。

　文化は私たちを飲み込み、私たちの存在のあらゆる側面、ならびに教育と経済に関する機会と資源の利用に、強い影響を及ぼす。文化の構成員であることで、私たちは個人としてのアイデンティティを得られるが、それは同時に、他者が私たちをどう扱うかにも影響を与える。社会が人に付与する地位と特権は、その人が所属する文化的カテゴリにより決まる。文化的アイデンティティに、男性、白人、異性愛者であることが含まれる人は、女性、アフリカ系米国人、レズビアンであることを文化的アイデンティティの一部とする人よりも、多くの機会を得ることができる。文化的集団への所属は、ステレオタイプ化と差別の根拠ともなる。

　人権というコンテクストから見れば、すべての人が経済的・社会的・文化的権利を享受すべきである。これらの権利は、人種、性別、民族的マイノリティであるという地位、国籍、信仰、支持政党を根拠とした差別を禁じる。さらに、これらの権利は、すべての市民が教育、住宅、ヘルスケア、所得維持、保育を利用できることを強調する。具体的には、国連の**世界人権宣言**（1948）が、「すべての人が健康とウェルビーイングのために十分な生活水準を維持する権利を有する」（第25章、第1項）と宣言しており、ここには人の基本的ニーズ（食事、住居、衣類）や、保健やソーシャルサービスを利用できること、および社会保障などの指標についても記載されている。世界人権宣言を補完する文書である**「経済的、社会的及び文化的権利に関する国際規約」**（UN, 1966）は、これらの権利についてより包括的な一覧を提供している。米国は、すべての市民の経済的・社会的・文化的安全の権利を保護する社会立法の制定へ向けたコミットメントあるいはその欠如に対する疑問を呈し、この規約を批准していない。

　互作用である。交互作用とは「行為や活動というコンテクストにおける交換」である。ここで言う行為あるいは活動とは、人の活動とこれに影響を及ぼす環境の活動である。

（Gordon, 1969, p. 7）

　クライエントシステムは通常、家族、近隣関係、団体、コミュニティといった個々のシステムレベルの境界の中に分類されるが、ジェネラリスト指向のソーシャルワーカーは、クライエントの状況を、社会環境全体というコンテクストの中で精査する。このようにして、ソーシャルワーカーとクライエントは、クライエントシステム、下位ユニット、およびクライエントシステムの上位ユニットに対するインターベンションに伴う潜在的な

問題と効果について検討する。

変化はまず、一つのシステムレベルで起き、それが相互関係を持つシステム・ネットワークの全体へと波及する。たとえば、本章冒頭の例において、アランダとその家族とのヘレン・ワシントンのワークは、最終的には学校という、より大きな社会構造に影響を与え得るものである。ボブ・ピータースのワークはアドボカシーおよびコミュニティ・プランニングだが、同じ選挙区内に住む個人と家族に対しても波及的効果を与えるだろう。

人と社会との関係、ならびにさまざまな社会システム間の相互関係に対する理解は、ソーシャルワークとクライエントとの接点を理解するために重要である。システム論的アプローチの心理社会的側面は、環境が人間行動に与える影響の大きさに対する認識に基づき、環境の中にある人を精査することを重視する。さらに、このジェネラリスト的視座は、問題が複数の原因によるものであることを認識し、複数の解決方法の構築を促す。システム論的視座では、実践者とクライエントシステムの間の交互作用におけるパートナーシップという概念が採用される。ソーシャルワーカーは、終始、クライエントに固有のストレングスと潜在能力を認めながら、資源として、クライエントシステムの環境に加わる。

エコロジカルな視座

これらのシステム論的視座に由来する考え方は、ジェネラリスト・ソーシャルワーク・プラクティスのために、エコロジカルな視座を補完する。**エコロジー**という用語は、生物科学に由来する。これは、生命体とその物理的・生物学的環境との相互関係について述べた言葉である。社会科学者は、エコロジーの原理を人とその社会環境との関係に読み替えることで、人間の機能と交互作用的関係が生じる環境的コンテクストを強調する (Holahan et al., 1979)。

エコロジカルな視座は、ジャーメインとギッターマン (Germain & Gitterman, 1980, 1996) によるソーシャルワークの生活モデルを基礎とする。このモデルは、人とその環境との交互作用の本質が人間のニーズと社会問題の源泉であることを示唆する。人と物理的・社会的環境は、継続的相互的適応の過程を通じて影響を与え合う。ソーシャルワークの目的は、人の適応能力と環境の持つ属性を適合させることで、成長と発達を最大化する交互作用を強化することである。この観点によれば、ストレスが生じる原因は、一方では個人のニーズと能力の不一致であり、他方では個人のニーズと環境の性質との不一致と考えられる。言い換えれば、個人とその環境の「適合」が不十分ということである。ジャーメインとギッターマンによれば、ストレスは3つの相互に関わり合う現象に起因する。すなわち、人生の移行、環境的プレッシャー、対人関係的プロセスの3つである。ソー

シャルワーカーとクライエントは、客観的・主観的事実に対するアセスメントを行い、さらに、援助プロセスを通じて、クライエントがより効果的に機能できるようにスキル開発に取り組む。

■ エコシステム的観点

一般システム理論とエコロジカルな視座の組み合わせは、1970 年代に誕生し 1980 年代に専門職に受け入れられた数多くのプラクティス・モデルの基礎を成している（Bartlett, 1970; Goldstein, 1973; Meyer, 1983; Pincus & Minahan, 1973; Siporin, 1975）。エコシステム的視座が提供するのは、

> ケースで起きている現象を見るためのレンズである。これはプラクティスへの方向付けであって、インターベンションに焦点を置くためのプラクティスの原則を提供するものではない。
>
> エコロジカルな概念を用いることで、エコシステム的視座により、人とそれを取り巻く環境との間の適応可能性が見出される。一般システム理論を用いれば、行為者とその状況的変数の結び付き方が強調される。一般システム理論は、人が生活する環境的コンテクストを精査しようとするもので、それによりソーシャルワーク・プラクティスの最も重要な焦点、すなわち環境の中の人間という焦点に取り組むのである。複雑さを整理し、プラクティスの状況に周囲との適切な境界を設定するためには、線形的な観点とは対照的な、システム的あるいは循環的な構成が望ましい。この視座は、簡単に言えば、クライエントの複雑な現実を包含するための専門職的視点に気付き、これを用いることである。
>
> （Meyer, 1987, p. 414）

エンパワメント・ベースのソーシャルワーク・プラクティスにおいては、ワーカーとクライエントは単純に人が環境に適応する手助けをするわけではない。彼らは、クライエントがより効果的に機能できるようになるために、クライエントの社会的・物理的環境に望ましい変化をもたらす行動についても考えるのである。本章冒頭の例では、ボブ・ピータースの家族福祉計画評議会との協働が、この環境の変革という概念をよく示している。コミュニティにある公共住宅に入居しやすくなることで、モリソン家のような家族は、適切で手頃な価格の住宅を確保し、ホームレスになるリスクを減らすことができる。さらに、人間の状況に対するエコシステム的観点は、コンテクストを強調することにより、ソーシャルワーカーが社会的不正義と人権侵害に対処するよう方向付ける。

社会的機能

誰もが基本的ニーズを共有している一方で、個人に特有
のニーズも生じる。同様に、ニーズを満たすための各人の
能力や機会にも相当な差異がある。このような差異が生じ
るのはなぜか。心理学者は、この差異は個人間の相違によ
るものと見なす。社会学者は社会構造とその個人に対する
影響を分析する。ソーシャルワーク理論では、答えが個人
とその環境との接点と交互作用にあることが示唆される。

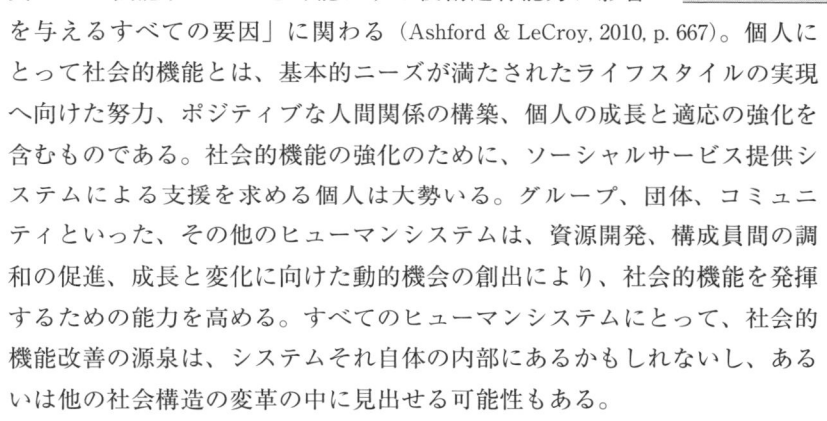

人間行動

[プラクティス行動の例] 人と環境を
理解するために、知識を批判しつつ応
用すること。

[批判的思考の訓練] 社会的機能とは、
社会で効果的に相互作用を行う能力に
より測られる、社会的ウェルビーイン
グの指標である。社会的機能を強化お
よび／または阻害する個人的・対人関
係的・環境的要因には何があるか。

人−環境という視座からは、社会的機能は「個人が十分
な充足を得ること、および社会に貢献できる生産的な構成
員として機能することを可能にする役割遂行能力に影響
を与えるすべての要因」に関わる（Ashford & LeCroy, 2010, p. 667）。個人に
とって社会的機能とは、基本的ニーズが満たされたライフスタイルの実現
へ向けた努力、ポジティブな人間関係の構築、個人の成長と適応の強化を
含むものである。社会的機能の強化のために、ソーシャルサービス提供シ
ステムによる支援を求める個人は大勢いる。グループ、団体、コミュニ
ティといった、その他のヒューマンシステムは、資源開発、構成員間の調
和の促進、成長と変化に向けた動的機会の創出により、社会的機能を発揮
するための能力を高める。すべてのヒューマンシステムにとって、社会的
機能改善の源泉は、システムそれ自体の内部にあるかもしれないし、ある
いは他の社会構造の変革の中に見出せる可能性もある。

アランダ・モリソンの母親には独自の能力があり、自身の雇用状況の
改善や、援助してくれる友人などの対人関係的資源の強化のために、この
能力を発揮することができた。ウッドランド郡区の公務員のコミュニティ
開発へのコミットメントは、彼らがホームレスの家族のための住宅バウ
チャー提供プログラムを支援していたことに表れている。

社会的機能の種類

人と社会的・物理的環境の間の相互作用の結果、効果的、危険な状態に
ある、問題があるといった、さまざまな種類の社会的機能が生じる。社会
的機能の種類が異なれば、ソーシャルサービスにも異なる反応が必要にな
る。

■ 効果的な社会的機能

当然ながら、コンピテントなシステムは、問題、課題、ニーズに対処す
るための個人的・対人関係的・組織的資源を活性化する。さらに、これら
の資源は、社会構造内の各システムにとって、利用できる可能性が比較的

効果的、危険な状態に
ある、問題があると
いった、さまざまな種
類の社会的機能が生じ
るのは、人と社会的・
物理的環境間の相互作
用の結果である。

高く、また利用しやすい。適応力の高いシステムは自らの問題を認識し、その解決のために必要な手順を踏む。たとえば、結婚や離婚、愛する人の死、定年退職など、人生の移行により生じるストレスにうまく適応できる人がこれに当てはまる。このような人たちは、問題が発生した場合でも、問題に伴うストレスに対処し、変化に適応し、目の前の状況に順応することができる。彼らがソーシャルワーク・サービスを利用するかは、自身のニーズを見出すか否か、資源が利用可能か否かにより決まるだろう。

■ 危険な状態にある社会的機能

集団や社会システムの一部は、社会的機能に問題が生じる潜在的危険を抱えている。これはつまり、特定の問題に関して社会的に脆弱であるが、まだ問題が表面化していないという状態にあることを意味する。言い換えれば、社会的機能にネガティブな影響を及ぼし得る問題が特定できる状態にあるということである。たとえば、親の失業、アルコール依存症や薬物依存症、病気といった特定の条件のもとでは、子どもたちには虐待やネグレクトを受けるリスクがあることをリサーチ結果が示している。障害のある人には不完全雇用の危険があり、高齢者には施設への早すぎる不必要な入所の危険がある。大都市圏においては、教育的・経済的機会が減少する危険がある。

事例研究の成果を通じて、ソーシャルサービス提供ネットワークは、問題発生の危険をはらむ状況にあるグループを特定し、問題が発現する前に、彼らにサービスの提案をしようと試みている。専門家は予防手段としてアウトリーチサービスを構築する。予防活動は通常、情報提供や援助、教育の形をとる。さらに、ソーシャルワークの努力が、危険をはらむ状況を作り出すシステムに対して向けられる場合もある。しかしながら、危険な状態にあるグループを特定することには、倫理的ジレンマが伴う。このラベル付けのプロセスは、それ自体が本質的に、危険な状態にあると特定されたグループ内にいる適応力のある個人に、スティグマを付与するという問題を生み出すものだからである。

■ 社会的機能に問題が生じている場合

最後に、ヒューマンシステムの中には、問題が悪化するあまり対処能力が減衰しているものや、システムの硬直化により変化のプロセスを開始できなくなっているものもある。機能発揮を阻害する深刻な問題を、システムが自ら認識している場合もある。個人が抑うつや孤独感を自覚している場合や、家族がコミュニケーションの問題や家庭内紛争を見出している場合、従業員のストレスレベルが生産性を脅かすほど高いことに企業が気付いている場合がこれにあたる。

システムの行為に対し、社会が異常あるいは機能不全というラベルを貼

る場合もある。犯罪者や児童虐待の加害者、市民権を侵害した組織などの場合がこれにあたる。社会は、法や他の規範に違反したあらゆる種類のシステムに対して制裁を加えるのだ。

環境的圧力

　環境的圧力（environmental press, Lawton, 1980; Lawton & Nahemow, 1973）という概念は、社会的機能に対する私たちの理解を広げ、ジェネラリスト・ソーシャルワークにとっては、人と環境の交互作用的関係の意味を明らかにするものである。環境が持つ影響力は個人に圧力を加え、これはネガティブにもポジティブにも作用する。貧困、劣悪なヘルスケア、不十分な教育、失業、差別、市民権の侵害、質の高い教育の欠如、建築におけるバリア、過密住宅などの環境的ストレッサーは、個人に圧力を加え、機能を阻害する障壁、問題、困難を作り出す。システムのコンピテンスレベルが何らかの理由で低下している場合、システムは比較的低レベルの環境的圧力により、容易に困難へと導かれる。たとえば、深刻な視覚障害のある成人に環境が与える影響について考えてみてほしい。混乱した環境は、彼に精神的ストレスをもたらし、高いレベルの環境的圧力となって、能力発揮を阻害する可能性がある。

　その一方で、ヘルスケアを利用できること、市民権や市民の自由の確保、就業機会の創出、十分な住宅の供給、障害のある人の使用に配慮した建物の改築などの改善された環境は、個人が社会的機能の改善やウェルビーイングの強化のために利用できる資源である。たとえば、視覚障害のある人のために、音で誘導する信号や手すり、点字標識などを提供するような、パターン化され、秩序立った、予測可能な物理的環境がもたらすポジティブな影響について考えてみてほしい。環境の改善は、能力発揮を阻害するのではなく「能力発揮を促進する」のである。

　環境的条件による圧力は、個人のコンピテンスと社会的機能のレベルに影響を及ぼす。しかしながら、人生における環境的圧力とストレスに対する反応の仕方は人により異なる。圧力は阻害要因にも強化要因にもなり、あるいは目に見える影響をもたらさない場合もある。圧力がネガティブな影響を及ぼす場合、人はしばしば精神的苦悩やストレスを感じる。ストレスは蓄積する性質を持つが、人々が異なる反応を示す理由の一つは、各人がその時点までに蓄積していたストレスレベルの差である。このように、各個人の反応は、彼らが経験する複数のストレス要因の組み合わせにより決まる。加えて、特定の要因により危険が倍増する場合もある。たとえば、女性であることは固有の社会的抑圧を引き起こすが、黒人女性であることにより、さらに抑圧の度合いが高まる可能性がある。

　さらに、ある個人やコミュニティが問題と見なすことを、他の個人や

コミュニティは見過ごす場合もある。ある人にとっては何でもないことに、別の人が打ちのめされる場合もある。クライエントは、状況に問題があると考えれば、これを解決しようとする。他方、クライエントが状況を問題だと認識しない場合、彼らはそれを受け入れる傾向がある。環境的ストレッサーの影響を理解するための出発点は、常にクライエントの視点である。

圧力はストレスを生み出す。このストレスに対する反応として、人は個人として適応する場合もあれば、集団でこれに対応し、逆に環境に対して変革への圧力を及ぼす場合もある。構成員からの圧力に対する反応として、社会は資源や機会の修正、洗練、創出を行う。たとえば、ソーシャルワークと社会福祉における社会正義に即した対応の例としては、社会が市民のヘルスケアのニーズに応えて医療給付を行うことや、家族の問題や児童虐待への対応として家族や子どもに対するサービスを提供すること、科学技術の変化に対応して教育的機会を拡張することや、ラベル付けや構造的差別を除去するために啓蒙活動を展開することが挙げられる。

社会問題と社会的機能

社会問題は、身体的・精神的健康、雇用と教育、経済的安定、住宅、レクリエーション、家族とコミュニティの融合など、個人の生活の多くの側面において、社会的機能に影響を及ぼす。社会的機能の一領域で問題が発生すると、複合的影響が他の生活領域に及ぶ（Teare & McPheeters, 1970）。たとえば、不十分な教育は雇用機会を左右し、個人的問題は家族生活に影響を及ぼす。医療を十分に利用できない場合、これは他の全領域における社会的機能に悪影響を及ぼす可能性がある。

ソーシャルワーカーは、クライエントシステムの社会的機能の修復に向けたインターベンションと、社会状況の改革による機会の再調整のためのインターベンションを同時に行う。ジェネラリスト・ソーシャルワーカーは、社会的機能について、より大きな社会構造というコンテクストの中で考える。そこに問題と解決策の両方を見出し得るからである。社会問題の犠牲者が非難され、問題と解決策の両方に対する責任を負わされることがあまりにも多い。実際には、ヒューマンシステムにおいて不適応というラベルを貼られた行為が、より大きな社会構造で生じている社会問題に対する反応としてなされた可能性もあるのだ。

社会問題の犠牲者は、米国社会において「逸脱者」として標的にされた人々なのだ。アルコール依存という社会問題における依存症患者であり、児童虐待における虐待者である。セクシズムやレイシズムという社会問題における、絶望や怒りを抱いた女性やマイノリティである。彼ら

ラベルはビンに貼るもの。人に貼ってはならない

　実践者がクライエントを何と呼ぶか、すなわち、クライエントにどのようなラベル付けをするかにより、クライエントがエンパワーされる可能性もあれば、あるいはパワーを奪われる可能性もある。ラベルは自分自身と他者に対する認識、行動、他者への反応に影響を及ぼす。そして、相互作用における専門職の役割とインターベンション・ストラテジーを決定付ける。さらに、ラベル付けはステレオタイプ化の原因となる。ステレオタイプ化は十全な社会正義の実現を否定する第一歩である。

　かつて、ソーシャルワークの歴史において、クライエントが「懇願者（supplicants）」と呼ばれた時期があった。彼らは、友愛訪問員から慈善的援助と道徳的アドバイスを受けていた。精神分析的アプローチと医療モデルが流行すると、クライエントは主に「患者（patients）」と呼ばれ、セラピー的トリートメントを受けた。その後、「援助を受ける（receiving help）」という言葉が、ソーシャルワーカーとクライエントの関係を表現する言葉として用いられるようになった。この用語には、クライエントを無力な、あるいは修復を必要とする存在と特徴付ける傾向があった。このラベルは、物資の供給、回復、トリートメントのために必要なすべての知識と

パワー、権威を専門職が独占するという意味を含むものだった。

　現在の考え方では、ソーシャルワークのクライエントは、ソーシャルサービスのコンシューマー（利用者）と見なされている。コンシューマーはサービスを選択し、代金やバウチャーチケットと引き換えに、あるいは市民権に基づき、物資を手に入れるために契約を結んだり購入したりする。ソーシャルサービスのコンシューマーは情報を集め、選択し、自らのニーズを満たすために公共団体や民間企業と契約を結ぶ。「コンシューマー」という言葉は、QOLの改善に必要と考えられるサービスを求める個人その他のシステムを意味する。通常、コンシューマーと言うときは、ボランタリーに自らの選択でコンシューマーとなった人をイメージするが、義務付けられてサービスを求める人や、保護的状況下にある人、ソーシャルサービス提供システムによるサービスがインボランタリーな、すなわち本人の同意がない状態で開始されたような場合も含めて、コンシューマーと考える（Tracy & DuBois, 1987）。クライエントをコンシューマーと考えることで、問題解決、資源へのアクセス、学習といった目的を基にしたソーシャルワーカーとのパートナー関係という意識が促進される。

は社会問題の構成要素の中で最も身近な存在であり、ラベル付けも容易である。そのため、社会はソーシャルワーカーに、社会問題の他の構成要素に取り組む前にこれらの犠牲者に対処することを求めるのである。

（Parsons et al., 1988, p. 417）

　ヘレン・ワシントンとボブ・ピータースはどちらも、モリソン家の効果的に機能する力の修復を目指してワークを行ったが、彼らのアプローチは異なるものだった。ヘレンはモリソン家とダイレクトにワークを行い、ボブはウッドランド郡区の全家族のためにワークを行った。ヘレンは、モリソン夫人が経済的援助を利用できるように支援し、学校でアランダとのカ

ウンセリングを行った。ボブ・ピータースは、コミュニティの経済発展に向けた支援活動を行うことで、雇用機会と住宅の利用可能性を確保しようとした。

ソーシャルワークにおけるクライエントシステム

ジェネラリスト・ソーシャルワーカーは、クライエントシステムの問題を、「人－環境」の交互作用というコンテクストで定義する。同様に、アクションプランは、さまざまなシステムレベルで変化を引き起こす可能性を持つ。ソーシャルワーカーは、いかなるシステムも変化への選択肢を内包していると考え、一つのシステムにおける変化が他のシステムの変化をもたらすことを認識している。ジェネラリスト・ソーシャルワーカーは、状況に応じて、個人が環境的制約や圧力に対処するためのコンピテンスを強化できるよう、個人指向の問題解決策に焦点を当てる場合もあれば、環境の修正や改革を要する、環境指向のインターベンションを計画する場合もある。**方法論のみならず**、問題、課題、ニーズの定義も、ソーシャルワーカーとクライエントがストラテジーを選択する際の決定要因となる。

ソーシャルワークのクライエントは、社会システムの連続体上で、いずれかのレベルに位置付けられる。個人、家族、およびグループはミクロレベルに位置付けられ、公式集団や組織はメゾレベルに位置付けられる。コミュニティ、社会、さらに国際コミュニティは、マクロレベルに位置付けられる。そしてさらに、ソーシャルワーク専門職というシステムが存在する（図3.2）。

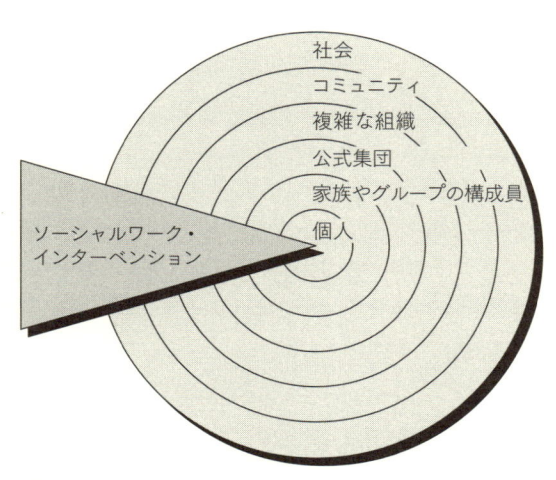

図3.2　システムレベル・インターベンション

ミクロレベル・インターベンション

　ミクロレベルのインターベンションとは、個人との（個別あるいは家族や小グループでの）ワークを意味し、個人の行動や対人関係における変化の促進を目的とする。個人がサービスを求める場合、個人としての適応や対人関係、環境的ストレスに関する問題が理由である場合が多い（表3.1）。

　ミクロレベルにおける変化は、個人の機能に変化を起こすことに焦点を置く。ところが、システム理論的コンテクストにおける変化のダイナミクスを考慮すると、ソーシャルワーカーとミクロレベルのクライエントには多くの選択肢があり、ミクロレベルでの変化を起こすために、クライエントの社会的・物理的環境の修正を計画することもできる。ソーシャルワーク・プラクティスが個人のクライエントに焦点を当ててきた長年の伝統ゆえに、ソーシャルワーカーが個人の変化を目指す場合も考えられる。環境を修正して人のニーズを満たすのではなく、人を環境に適応させることを目指すのだ。ソーシャルワーカーは、環境のダイナミクスに関する知識が乏しく、それゆえ、環境の変革に関する知識についても同様に乏しい（Kemp, 2001, 2010; Kemp et al., 2002）。このため、ソーシャルワーカーは社会環境を個人の生活のコンテクストと考えがちで、環境それ自体を変革のターゲットと考えることが難しくなっている。

　ミクロレベルのクライエントとのワークのためには、ソーシャルワーカーは、個人、対人関係、家族、グループのそれぞれにおけるダイナミクス、ならびに、人間の発達、社会心理学、環境が個人にもたらす影響について理解しなければならない。ミクロレベルにおけるワークでは、危機

表3.1　個人、家族、小グループにおける社会的機能の決定要因

	［個人］		［家族と小グループ］
遺伝的特徴	胎児期の健康	規模	人間関係のパターン
栄養状態	発達障害	結束性	社会経済的レベル
メンタルヘルス	能力発揮を阻害する状況	ルール	親族ネットワーク
健康状態	性格	価値	
対処能力	人生経験	ナチュラルサポート・システム	
収入／資産	自己概念	機能的能力	
ライフスタイル	年齢	複数世代のパターン	
民族性	文化的立場	構成	
動機付け	発達段階	コミュニケーション	
認知レベル		役割	

介入やカウンセリングといった臨床的技法に習熟していることが必要である。

▶ ソーシャルワーク・ハイライト　ルシンダは夫からの虐待を受けており、個人カウンセリング、夫や子どもたちとの家族カウンセリング、他のDV被害者とのグループ・カウンセリングに参加することができる。このようなカウンセリングを通じ、ルシンダは自身の生活におけるDVが周期的に発生する性質を持つこと、そしてこれが世の中に蔓延している社会問題であることを理解するに至るだろう。このように理解することで、ルシンダはエンパワーされ、自身の状況に立ち向かい、自尊心を強化し、自らの人生に対するコントロールを取り戻すことができる。

メゾレベル・インターベンション

　メゾレベルのソーシャルワーク・インターベンションとは、公式集団や複合的な組織との相互作用を意味する。複合的な組織の例としては、ソーシャルサービス機関、ヘルスケア組織、教育システム、矯正保護施設などがある。公式集団とのプラクティスには、チーム、作業グループ、学際的特別委員会、課題指向グループ、コミュニティサービス・クラブ、自助グループなどとのワークが挙げられる。

　メゾレベル・インターベンションにおいて、変革の焦点は、グループまたは組織そのものに置かれる。グループや組織の機能、構造、役割、意思決定パターン、相互作用スタイルといった要素が、変化のプロセスに影響を及ぼす。メゾレベル・インターベンションにおいて、クライエントシステムは文字通りグループや組織である。メゾレベルでのワークにおいては、公式集団と組織構造のダイナミクスについての理解が不可欠である。メゾレベルでのワークを効果的なものにするためには、組織計画、意思決定、紛争調停のスキルが必要である（表3.2）。

　▶ ソーシャルワーク・ハイライト　レスキュー・ミッション〔団体の固有名称〕で働くデイブ・パーキンスは、ホームレスの人々が持つニーズへの対処のために作られた、ある団体の目標設定活動の推進役になることを依頼された。デイブは、ヒューマンサービスの提供者とそのコンシューマーで構成される作業グループと協働し、ニーズの特定、目標設定、およびコミュニティアクションの優先順位付けを行った。

　複合的組織を特徴付けるのがその官僚機構的構造である。複合組織には、物資やサービスの提供のために人と資源をコーディネートすることを目的とする公的・民間団体が含まれる。複合組織による情報活用の仕方は、組織の規模、構造、権力形態により異なる。組織の管理者が従業員のモチ

表 3.2　公式集団と複合組織における社会的機能の決定要因

[集団]	[組織]
規模	官僚主義
焦点／目的	人事管理
過去の歴史の集積	会員としての役割
発達段階	ガバナンス
個々の構成員の特徴	組織的行動
コミュニケーション・パターン	管理機能
意思決定スタイル	日々の運営
紛争の調停方法	意思決定プロセス
表の目標／裏の目標	紛争解決スタイル
個人の目標とグループの目標の相違	集団としての凝集性
対人関係	社会化
グループの規範と価値	委員会の構成
リーダーシップ的役割	ミッションあるいは目的
グループが集まる時間の長さ	
グループ・ミーティングの状況	

ベーションとニーズをどう把握しているかや、仕事自体の本質をどう理解しているかは、その組織特有の考え方により影響を受ける。ソーシャルワーカーは、コンサルティングや組織開発、教育、人的資源開発、複雑な組織の評価などのサービスを提供する。ソーシャルワーカーの多くは組織的な現場でワークを行うため、質の高いプログラムやサービスの開発のためには、メゾレベルでの変化を促進する方法を知ることがきわめて重要である。

　▶ ソーシャルワーク・ハイライト　リー・ワンは、州の児童福祉サービスに勤務する児童福祉の専門家である。キディランド保育所の理事長が彼女に、保育スタッフの実地研修の実施を依頼してきたのは、児童虐待とネグレクトの報告に関する法改正がきっかけだった。リーは法を精査し、児童虐待とネグレクトが疑われる際の適切な報告手続きについてスタッフに指導した。

マクロレベル・インターベンション

　マクロレベル・インターベンションには、社会の変革を目的とした、近隣関係、コミュニティ、社会とのワークが含まれる。マクロシステム・プラクティスは、QOL 向上のための社会改革の追求という、ソーシャルワークにおける社会改革の伝統を反映したものである。
　伝統的に、ソーシャルワーカーは社会改革に携わり、抑圧された人、権

利を奪われた人、あるいは無力な人のために働いてきた。ソーシャルワーク専門職が、貧困問題、1960年代のオープン・ハウジング運動〔住宅における人種差別禁止を掲げた運動〕、市民権運動、平和運動などに改めて注目するようになると、ソーシャルワーカーたちは再び活動家となった。この新たな行動主義の発生は、新しいアプローチを反映したものだった。すなわち、抑圧され権利を奪われた人々のパートナーとして協働するというアプローチである。

自身の生活に関わる問題についての情報収集、選択、意思決定への参加を支援するというこの新しいアプローチを説明する際に、ソーシャル・プランニングの理論家は、**シチズン・パートナーシップ**という用語を用いた。加えて、製品の安全性の問題を訴える運動などでは、市民の参加が重視された。消費者保護の取り組みは、製品の安全に関する情報、補償、法的弁護を提供するさまざまな消費者権利団体の形成をもたらした（Tracy & DuBois, 1987）。

ソーシャル・アドボカシーへ向けての歴史的推進力は、コミュニティや社会の変革を通じた社会正義の推進を目指す取り組みを活気付けた。このレベルのインターベンションにおけるクライエントシステムは、コミュニティあるいは社会である。マクロレベルのクライエントの例としては、都市、農村地域、2州にまたがるコミュニティ、さらに地方自治体、州政府、合衆国政府が挙げられる。変革を目指すターゲットの中で最優先されるのが、コミュニティと社会そのものである。しかしながら、変化の交互作用的性質から、マクロレベルの変化は他の全システムレベルにも影響を及ぼす。

ソーシャルワーカーは、マクロレベルのワークにおけるソーシャルアクションや社会変革により、グループ間の緊張関係の解消やコミュニティの問題解決を促進する。彼らのワークにはコミュニティ・オーガニゼーションや、経済開発、立法行為、政策立案が含まれる。

マクロレベルのプラクティスには、コミュニティの道徳規範と価値に関する知識が必要であり、問題解決への取り組みのためにコミュニティを動員するスキルが必要になる。社会全体レベルでのインターベンションに関して、ソーシャルワークは「行動する社会の良心」である。ソーシャルワーカーは、市民の社会的機能に影響を及ぼし、QOLを低下させ社会構造を弱体化させる社会問題の廃絶を目指して努力する。ソーシャルワーカーは、主要な社会機関と副次的社会機関、および社会的に脆弱な人々や抑圧された人々について、社会学的および文化的に理解することが必要である。さらに、ソーシャルワーカーは、法的権利、市民的権利、そして人権を確保するための是正措置を実行するスキルを身につけていなければならない。

社会の境界を越えた問題に対する理解が深まるにつれ、ソーシャルワー

表3.3 コミュニティ、社会、国際社会における社会的機能の決定要因

[コミュニティ]	[社会]	[国際社会]
住宅	テクノロジー	世界の貧困
輸送機関	社会的価値	飢饉
経済	社会的地位	食糧難
就業率	社会階層	エコロジー
教育的資源	制度	世界の保健
生活水準	疎外	宇宙探査
都市／地方	景気循環	人権
文化的ダイバーシティ	社会政策	人口基盤
ライフスタイルにおけるダイバーシティ	政府	政治情勢
環境的ストレス	イズム	エネルギー
資源の利用可能性	偏見	権力と権威の基盤
サポートネットワーク	大衆文化	戦争の脅威
相対的な社会的地位	人口動態的傾向	国際法
	法制	

クにおける国際的視座が生まれつつある。人権、保健、世界的貧困、社会的・経済的発展、環境、人口増加に関する共通の懸念には、先進国と途上国双方の国際機関を通じた国際協力が必要である。世界的視野に基づくアプローチに必要な知識基盤を広げるために、ソーシャルワーカーは保健とサービスに関わる国際組織、世界情勢、政治、文化的ダイバーシティ、あるいは、おそらくより基本的なことだが、世界地理について理解しておく必要がある（**表3.3参照**）。

> 社会の境界を越えた問題に対する理解が深まるにつれ、ソーシャルワークにおける国際的視座が生まれつつある。

▶ **ソーシャルワーク・ハイライト**　ペニー・シャーマンは、慢性的精神疾患を抱える人向けの雇用プログラム作成サービスのプランニングを行うコミュニティフォーラムに所属している。伝統的に、障害のある人向けの雇用支援プログラムは、職業斡旋につながるスキルの訓練と教育を目指すものだった。慢性的精神疾患を抱える人のための機関であるトランジションズ〔施設の固有名称〕で働くスタッフは、精神疾患を持つ人は実地訓練を受けることで、より成功の可能性が高まることが分かった。現在、フォーラムは州に対し、慢性的精神疾患を抱える人の雇用推進サービスへの資金提供に関する政策を転換するよう求めている。これは、プログラム構築の際に、慢性的精神疾患を抱える人々に固有のニーズがよりよく反映されることを目指したものである。

ソーシャルワーク専門職に対する取り組み

　最後に、ソーシャルワークの実践者は、ソーシャルワーク専門職のシ

ステム内部の変革にも取り組む。ソーシャルワーカーは、ソーシャルワーク専門職との関わりの中で、自らの専門職としてのアイデンティティを獲得しつつ、さらに、専門職のアイデンティティと活動の進化にも貢献する。倫理的なソーシャルワーカーは、ソーシャルワーク専門職を刷新し洗練させる専門職活動への参加に注力する。

　ソーシャルワーク専門職とこれを構成する組織を変革の対象として考えることが重要な理由は多数ある。ソーシャルワーク専門職は実践者を教育し、倫理原則に従いながら専門職にふさわしいパフォーマンスを発揮するための基礎を彼らに提供する。さらに、さまざまな領域における基準を設定し、実践者をあらゆるレベルで監督し、個人とグループの行動をモニタリング・評価し、プラクティスの知識基盤とスキル基盤の確立に寄与する（Tracy & DuBois, 1987）。歴史的に、ソーシャルワークは、ソーシャルワーク・プラクティスの質を改善すること、そして、社会正義のために働き福祉全般を促進することの2つに対し、同等の優先度でコミットし続けてきた。

　専門職としての文化的適応は、専門職ソーシャルワーカーの教育と発展にとって重要である。専門職としての文化的適応のプロセスを経ることで、ソーシャルワークの実践者はクライエントとの関係において個人的な、また専門職としての誠実さを維持し、同僚に敬意を持って接するようになる。ピアレビューのプロセスはサービスの品質を保証する。ソーシャルワーカーはコミュニティサービスの強化に倫理的責任を負う。差別の廃絶、資源と機会の提供における公平性への配慮、抑圧された人々への援助、グローバル社会におけるダイバーシティへの理解と受容の促進により、この責任を果たすことができる。また、この責任の遂行には、社会的・経済的政策と関連法制に影響を及ぼすために、専門職としての知識と経験を動員することが必要となる。さらに、計画に基づく変革の努力には、他の領域の専門家との敬意ある関係が必要である。

　意義あるリサーチに従事する能力と、専門職と社会の知識基盤の確立に寄与する能力は、ソーシャルワーク専門職のストレングスと実行可能性に関わる。知識の構築は、限られた少数の人に委ねられた仕事ではない。すべてのソーシャルワーカーが、科学的方法論を適用することで、必要なリサーチに貢献することができる。さらには、実践知を蓄積し、これを人に伝達することもできる。学識とリサーチの論理に導かれた努力を結集することで、プラクティスの品質向上と、現在の、および潜在的なコンシューマーにとってのソーシャルワークのイメージの改善が実現できる。

　▶ **ソーシャルワーク・ハイライト**　エスター・メイフィールドとカルロス・ラミレスは地域の NASW シンポジウム（インフォームド・プラクティスのための技法とストラテジーの情報交換を目的とした専門職フォーラム）で発表さ

メンタルヘルス

　私はソーシャルワーカーであり、また、大都市にある地域メンタルヘルス・センターの所長でもあります。センターは年間 4000 人のコンシューマーにサービスを提供しますが、彼らの多くが深刻な精神疾患を抱えています。私たちのコンシューマー層にサービスを提供するために、センターは、さまざまな意味でまさにダウンタウンと言うべき場所に置かれています。メンタルヘルス・センターの近隣には、郡刑務所、市営バスターミナル、地域最大のホームレス施設があります。統計によれば、ホームレスの人の 3 分の 1、および刑事司法施設に収容されている人の 3 分の 1 は、深刻な精神疾患を抱えているのです。センターは、薬物療法とリハビリテーション・サービスに加え、ケースマネジメント・プログラム、住宅紹介、就職斡旋、そして支援サービスを行っています。私たちの機関は、この 10 年間にサービスの範囲を拡大し、住宅部門と就職支援部門を設置しました。もしそうしていなければ、機関は単なる巨大な危機救援センターになっていたことでしょう。

　私はメンタルヘルス・サービスの提供に関して、「犠牲者」モデルよりも「回復」モデルを支持します。犠牲者モデルは医療モデルに由来し、精神疾患をトリートメントを要する問題と見なします。このようなスティグマの付与により、精神疾患の犠牲者は自らの治療や人生について意思決定することができず、またすべきでないという考え方が生まれ、事態を悪化させます。これに対し、回復モデルは、ストレングスとエンパワメントの視点を取り入れ、精神疾患を抱える人々がコミュニティでの生活に十分に参加できるよう支援します。コンシューマーは、メンタルヘルスの実践者が**最も**助けになるのは、彼らがコンシューマーを、トリートメントを要する「患者」と見なしていない場合だと考えていますが、回復モデルはこの考えが正しいこと

を裏付けるものです。センターでアンケート調査を行い、サービスのどのような側面が効果をもたらしたかを尋ねたところ、優しさ、誠実さ、効果的かつ敬意に満ちたコミュニケーション、ストレングスの強調といった特徴が挙げられました。私が新しいスタッフを雇う際には、一緒にワークするすべての人を誠実に思いやることができる人を求めます。メンタルヘルスの実践者として、ソーシャルワークは独自のケア行動と援助スキルを回復モデルに付け加えるのです。

　私は、一般論として、昨今のソーシャルワークは、すべてのプラクティス領域で、公共政策上の課題に関わることを避けてきたと考えています。今日においては、メンタルヘルスの実践者が公共政策に対して発言することに、これまでになかったほど差し迫った必要性があります。メンタルヘルス・サービスにおける重要な課題は、私たちが、深刻で持続的な精神疾患を持つ人に対するサービス提供において、断片的なアプローチを用いていることです。現在の政策では、州のサービスは個別の部局に振り分けられています。たとえば、メンタルヘルス、公的支援、教育、公営住宅、薬物依存プログラム、障害のある人向けのサービスなどがそうです。メンタルヘルスと他の関連する社会福祉サービスにおける、現在の断片化されたケアシステムはあまりにも複雑で、コンシューマーはシステムの中で途方に暮れてしまうでしょう。コンシューマーが必要とする支援を容易に利用できるような、包括的なサービス提供アプローチが必要なのです。私は、これを実現するためにはシステムの改革では足りず、システムを作り直すことが必要だと考えています。

　私は、公共政策による予防と早期インターベンション・サービスへの資金提供を求めて熱心にアドボカシーも行っています。私が特に懸念しているのが、メンタルヘルスの問題を抱えた子どものためのサービスがないことです。本当の「犠牲者」になるまで、メンタルヘルス・

サービスを受けられなかった子どもがいます。深刻な精神疾患を抱える若者が、友人や仕事を持つべきライフステージにあるのに、養護施設に預けられたままにされていることがあります。もう一つの懸念は、精神疾患を抱えながら拘置所や刑務所に収監され、メンタルヘルス・サービスを十分に利用できずにいる人が増えていることです。これらの問題に単純な解決策はありません。でも、1つだけ明らかなことがあります。それは、私たちソーシャルワーカーは問題に取り組まなければならないということです。

れる論文の募集に応じた。エスターとカルロスが書いたのは、子どもを持つ10代のヒスパニックの若者とのワークのために世代的アプローチの統合を試みるデモ・プロジェクトの成果報告書だった。

ソーシャルワークの方法

ソーシャルワーカーは伝統的に、変革のプロセスを人と社会環境の相互適応プロセスとして概念化してきた。伝統的なケースワーク、グループワーク、そしてコミュニティ・オーガニゼーションのストラテジーを用いながら、ソーシャルワーカーは、クライエントの個人的コンピテンスの開発、家族の強化、近隣とコミュニティの組織化、官僚的組織の人間的な組織への改革、応答性の高い社会機関の創出を目指し、変革の努力に取り組んできた。ワーカーが採用したケースワーク、グループワーク、コミュニティ・オーガニゼーションといった個別の方法が、変革のプロセスを方向付けたのだ。現在では、個人や家族、グループ、組織、コミュニティとのワークを統合するジェネラリスト的視点が注目を集めている。

> 意義あるリサーチに従事する能力と、専門職と社会の知識基盤の確立に寄与する能力は、ソーシャルワーク専門職のストレングスと実行可能性に関わる。

ケースワーク

ケースワークは、1960年代の終わりまで、ソーシャルワークの主要な方法だった。ケースワークは個人とのダイレクトワークを重視する。伝統的心理社会指向・問題解決指向・機能指向・心理行動指向、そして危機介入指向という5つの有力な方向性が、ケースワークのインターベンションを特徴付ける（Pinderhughes, 1995）。これらのモデルはどれも個人の適応に焦点を当てるが、個人の変化を優先するモデルがある一方で、個人と環境の交互作用を優先するモデルもあるといった違いがある。1960年代と1970年代においては、短期的インターベンション、危機介入、作業中心モデル、折衷主義的モデルが生まれた。

家族とのソーシャルワークがソーシャルワーク・プラクティスの一分野として認識されるようになったのは1960年代であり、それは社会科学システム理論などの学際的な理論的視座から導かれた（Pinderhughes, 1995）。

家族システム・アプローチは、人と環境の動的相互作用を扱うための枠組みを提供する。家族に対するインターベンションの出現により、実践者は、個人の発達、役割期待、コミュニケーション・パターンに対する家族の影響の大きさを認識した。当初、ファミリー・トリートメントは、家族というコンテクストの中で、個人の問題に取り組むものだったが、初期の家族理論家たちは、家族自体の問題にも焦点を当てるようになった。

グループワーク

グループワークの方法は、1930年代に専門職としてのソーシャルワークに導入され、グループワーク理論は1940年代後半に構築された。グループワークとは、グループに生じるプロセスと相互作用を、成長と変化の促進のために利用するソーシャルワークの方法である。グループそれ自体は変化を起こすための媒体であり、変化はさまざまなレベルで生じる。すなわち、ソーシャルワーカーは変化の促進のために、グループの構造とプロセスを利用するのである。小グループは、社会的コンピテンスを高めたいというニーズを持つ人、特に差別や抑圧を受けている人にとって、有意義な資源である（Lee, 2001）。ソーシャルワークの方法としてのグループワークは、エンパワメント指向のストラテジーであり、変化を目指して複数の個人と協力して行うワークであり、その応用範囲は組織やコミュニティグループとのワークにまで広がっている。

■ チーム

チームは、ソーシャルワーク・サービスの提供手段として注目を集めつつある。ソーシャルワーカーは、異なる学問分野に従事する人々との共同作業的試みに招かれる機会が多い。ブリル（Brill, 1998）によれば、

> チームとは各構成員が個別の専門性を持ち、各自が個人の意思決定と行動に責任を負う人々のグループである。そして、チームの構成員は同じ目的を共有し、知識、アイデア、意味を蓄積するために会合を開き、この蓄積を基礎に相互作用の計画を決定し将来の計画を検討する。（p. 193）

つまり、チームの性質は他の小グループのダイナミクスが反映したものになる。チームの構成員は、自身の専門知識とワークのパターンにより、チームプロセスに影響を及ぼす。リサーチ結果は、敬意ある相互作用、明瞭なコミュニケーション、そして機関による支援のすべてが、チームの効果的な機能発揮に寄与することを示唆している（Lewandowski & GlenMaye, 2002）。チームが設定した目的は、ワークに方向性と焦点を与える。

コミュニティ・オーガニゼーション

　コミュニティ・プラクティスにはコミュニティ・オーガニゼーション、組織開発、社会改革など、さまざまな活動が含まれる。今日において、コミュニティ・オーガニゼーションとコミュニティ変革は、新たな視点から注目されている（Coulton, 2005; Cox, 2002; Hardina, 2003; Mizrahi, 2001; Staples, 2012; Weil, 2004）。マクロシステム・プラクティスには、コミュニティ・オーガニゼーション、近隣の開発、組織的コンテクストにおけるワーク、社会政策の形成と運営などのモデルが含まれる。コミュニティ・プラクティスのルーツは、20世紀初頭の、セツルメントハウスにおける努力や、慈善団体によるコミュニティ統合へ向けた取り組みにあるのだが、専門職としてのソーシャルワークの方法として脚光を浴びたのは、1960年代に米国で起こった貧困撲滅運動においてだった。

　コミュニティの問題解決への取り組みには、自治体、企業の取締役会、労働組合、基金その他の財政支援団体、民族団体や宗教団体、専門職団体、消費者団体、市民団体といったコミュニティのリーダーの関与が必要である。コミュニティの変革に参加する人々の構成は、コミュニティアクションが取り組む問題に応じて、コミュニティごとに異なる。

統合的ジェネラリスト・モデル

　3つのソーシャルワーク方法（ケースワーク、グループワーク、コミュニティ・オーガニゼーション）の統合を求めて、専門職はプラクティスの共通基盤を模索し始めた。1951年のホリス・テイラー報告書の発表以来、複数の方法による、あるいは統合的なプラクティス・アプローチの人気が徐々に高まった。1970年代と1980年代においては、ジェネラリスト的アプローチによるプラクティスが認知され、受け入れられた。メイヤー（Meyer, 1970）、ゴールドシュタイン（Goldstein, 1973）、ピンカスとミナハン（Pincus & Minahan, 1973）は、方法論に縛られるのではなく、状況と環境という変数により形成される統合的視点に焦点を当てた。

　現代のジェネラリスト・アプローチは、伝統的なインターベンション方法論を統一的な枠組みへと統合したものである。クライエントの概念は拡大され、環境を構成するすべての社会システムがこれに含まれるようになった。クライエント、すなわち、ソーシャルワーカーに助言を求めるヒューマンシステムは、コミュニティ、近隣関係、企業、グループ、個人のいずれでもあり得る。これらすべての社会システムを作り上げているのは人である。すなわち、シ

批判的思考

［プラクティス行動の例］　アセスメント、プリベンション、インターベンション、エバリュエーションの各モデルを分析すること。

［批判的思考の訓練］　ソーシャルワークの伝統的な方法には、ケースワーク、グループワーク、そしてコミュニティ・オーガニゼーションがある。ソーシャルワーカーによるインターベンション・ストラテジーの選択において、方法論のみでなく、問題の本質に対する定義も考慮する必要があるのはなぜか。

ステムに変化をもたらすためには、システムの構成員の態度と行動を変化させる必要があるのだ。

　統合的な方向性の中で、ケースワーク、グループワーク、コミュニティ・オーガニゼーションといった専門的方法の有効性が失われると異議を唱える人もいるだろう。しかしながら、ジェネラリスト・アプローチの提唱者は、統合的視点がインターベンションの可能性を拡大すると信じている。ソーシャルワーク・プラクティスにおけるジェネラリスト・アプローチは、問題と課題に対する解決方法の発見を目指すものである。特定の方法ではなく、現前する課題が、ジェネラリストのプラクティス活動の方向性を決めるのである。これは、ジェネラリストが「多芸は無芸」の類だということではない。むしろ、ジェネラリストは問題解決の達人だということである。ソーシャルワーカーは、さまざまな社会構造において問題解決を追求する。ゆえに、ジェネラリスト・プラクティスにおいても、ソーシャルワークのインターベンションは、個人、家族、グループ、組織、コミュニティ、社会システムなどのレベルで、しばしば同時に行われるのである。

　現代のソーシャルワーカーは通常、専門職の基礎あるいは入門段階において、ジェネラリストの実践者である。ジェネラリストは、多様な問題やニーズを訴えるクライエントシステムとダイレクトにワークを行い、幅広いソーシャルサービスの現場におけるプラクティスで、さまざまなモデルや方法を応用する。ソーシャルワーカーはジェネラリストとして、人間の環境を構成する人間関係ネットワークの内部における人と資源の相互作用を、統合的視点に立って検討する。それゆえ、ジェネラリストは、立法に関するアドボカシーと政策形成活動において、間接的なインターベンション、すなわちクライエントの代理人としてのインターベンションも行う。

展　望

　一連のインターベンション・レベルにおいてジェネラリスト・ソーシャルワークを概念化することにより、プラクティスを創造的に分析するための道具を手に入れることができる。ジェネラリスト・ソーシャルワーカーは、視野の狭いインターベンションに縛られて制約を受けることなく、プラクティスをホリスティックに概念化することにより活力を得る。エコロジカルな視座に基づくインターベンションは、専門職の倫理とソーシャルワークの目的から導かれたものである。

　ソーシャルサービスは、サービス提供システムのコンテクストの枠内で提供される。提供システムは、あらゆるレベルの個人的ニーズと社会問題に応えられるように構成されているのが理想である。しかし現実には、提供システムが構造的に抱える固有の弱点のために、ソーシャルワークが問

題に迅速に対応できない場合や、サービス受益者が限定される場合、実際のサービス提供が断片化する場合などが生じる。第4章では、ソーシャルワーク提供システムについて、現場、人事、サービス提供、資金調達先といった側面を批判的に分析し、現代のソーシャルワーク・プラクティスとソーシャルサービスのコンシューマーの双方に大きな影響を及ぼす、多くの問題を提起する。

第 3 章　練習問題

以下の問いは、本章で学んだ知識をテストするものである。

1. ファミリーズ・トゥゲザーで働くソーシャルワーカーであるニール・ジョーンズが行う家族とのカウンセリング活動は、_____のインターベンションである。
    a. マクロレベル
    b. ミッドレベル
    c. メゾレベル
    d. ミクロレベル

2. ストレスや燃え尽き症候群に関わる問題について、スクールソーシャルワーカーと数人の教師が会談した。その際に、ソーシャルワーカーは校長に、燃え尽き症候群に関する教職員向けワークショップについて話をした。これは_____のインターベンションである。
    a. マクロレベル
    b. メゾレベル
    c. メガレベル
    d. ミクロレベル

3. 以下の中で、マクロレベルにおける変革のターゲットとして最も適切な例はどれか?
    a. 家族
    b. コミュニティ
    c. ソーシャルサービス機関
    d. チーム

4. 以下の中で、社会的機能が「危険な状態」にある人はどれか?

    a. 子どもを危険にさらしたとして有罪判決を受けたばかりのクリスティン
    b. うつ病に対処しようとしているドロシー
    c. 家族の支援なく一人で暮らしている 80 歳になったばかりのマキシン
    d. 計画的早期退職にうまく適応しつつあるキャロル

5. ジェネラリスト・ソーシャルワーク的視座から見ると、_____。
    a. 家庭内紛争に対する解決策は常にミクロレベルに焦点を置くものである
    b. より大きな社会構造が、問題と解決策の両方の源泉である場合がある
    c. より大きな社会構造が問題の源泉であることは多いが、解決策の源泉であることはない
    d. より大きな社会問題に対する解決策は一般にミクロレベルに焦点を置くものである

6. ソーシャルワークの視点から見れば、社会的機能に違いが生じる原因は、_____である。
    a. 個人的差異
    b. 人とその環境との相互作用
    c. 地位
    d. 社会構造

7. ミクロ、メゾ、マクロの各レベルにおけるインターベンション・ストラテジーを比較し、違いを述べよ。簡単な事例を作り、これらの各システムレベルにおけるソーシャルワーク・プラクティスの例を示せ。

Rob/Fotolia

ソーシャルサービス提供システム

本章の概要

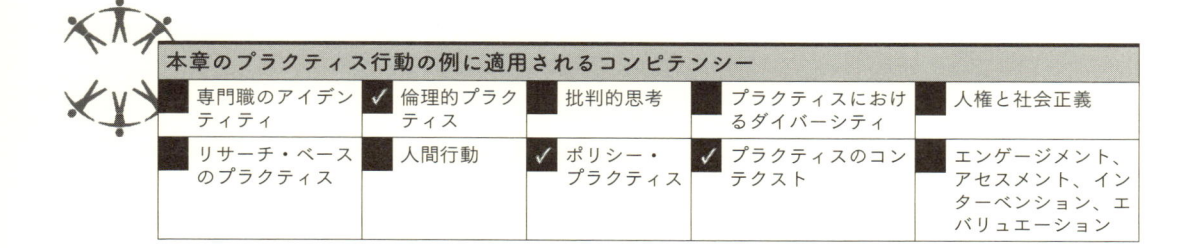

本章のプラクティス行動の例に適用されるコンピテンシー				
■ 専門職のアイデンティティ	✓ 倫理的プラクティス	■ 批判的思考	■ プラクティスにおけるダイバーシティ	■ 人権と社会正義
■ リサーチ・ベースのプラクティス	■ 人間行動	✓ ポリシー・プラクティス	✓ プラクティスのコンテクスト	■ エンゲージメント、アセスメント、インターベンション、エバリュエーション

クリス・アトウッドは、コートを掛けながらコンピュータの電源を入れた。一日中コンピュータ上のツールを駆使して仕事をする彼女にとって、この動作はおよそ無意識的なものだ。クリスはコンピュータ上でスケジュールを管理し、ソーシャルサービス連絡先一覧にもアクセスする。記録管理が容易になり、評価リサーチ・プロジェクトが実現できたのはコンピュータのおかげだ。

　今朝、クリスは勤務先であるリソース・アンド・リファレル〔機関の固有名称〕で、オンコール対応をしている。リソース・アンド・リファレルは情報提供と紹介（I&R）を行う機関である。オンコール対応の際、クリスは電話への応対と、予約なしで訪れるクライエントとの面談を担当する。クリスがオンコール対応を難しいと感じるのは、多種多様なクライエントと共に、広範な問題のアセスメント、利用可能な資源の判断、アクションプランの作成、紹介の手続きを行う必要がある点だ。通常、クリスが受ける問い合わせは、高齢者向けサービス、家族向けカウンセリング、一人親のための資源、保育、食料配給、危機救済に関するものである。依頼の中には、およそルーティン化しているものもあれば、きめ細かな危機介入のスキルが必要なものもある。

　クリスは夕方に予定されているチャールズ・グリーンとの会合を楽しみにしている。チャールズはファミリー・オポチュニティ〔機関の固有名称〕に所属しており、同機関の新しい家族へのリーチアウト・プログラムの概要を説明してくれることになっているのだ。クリスはサービス提供の選択肢について、常に最新の情報を把握している必要があるため、コミュニティ内のソーシャルワーカーたちと定期的に会っている。クリスは、双方向の情報共有により同僚意識と機関同士の協調関係が構築できるという認識のもと、チャールズにリソース・アンド・リファラルの新しい動向調査報告書を提供しようと考えている。このリサーチは、地域における経済的動向に関するもので、クリスとリソース・アンド・リファラルの同僚による共同事業である。

　クリス・アトウッドのI&Rの現場におけるプラクティスは、ジェネラリスト・ソーシャルワーカーの仕事の一例を示すものである。最新のテクノロジーに通じていることと、利用可能なソーシャルサービス提供システムの資源を把握していることは、必要不可欠である。クリスはソーシャルサービスの提供において生じる隙間と障壁を見つけ出すべき立場にもある。クリスは、機関内やコミュニティのサービス・ネットワーク内の人々と共に、是正措置の計画を立てる。

　あらゆる種類の現場において、サービス提供に関する知識は不可欠である。すべてのソーシャルワーカーは、ソーシャルサービス提供システムの一般的性質と、地域のサービス・ネットワークが持つ独自の特徴について理解していなければならない。ソーシャルサービス提供システムに関する

背景情報を提供するために、本章では以下のことを行う。

- さまざまな種類と特徴を持つソーシャルサービスの現場を紹介する
- 資金源について概観する
- スタッフ調達のパターンと、ソーシャルサービス提供においてテクノロジーが果たす役割について説明する
- 自助グループという資源に注目する
- 包括的ソーシャルサービス提供ネットワークの条件について検討する

ソーシャルサービス提供システムをニーズに的確に応えられるものにすることで、クライエントは包括的な保健および福祉サービスを手頃な価格で利用できるようになり、彼らの QOL とウェルビーイングが改善される。

ソーシャルサービスの現場

ソーシャルワークの実践者は、機関や協会といった組織を含む、多種多様なプラクティス現場で働いている。これらの現場の中には、公的なものと民間のもの、プライマリ・セッティングとホスト・セッティング、特定の宗派に属するものと属さないもの、営利目的のものと非営利目的のもの、さらにインディペンデント・プラクティスがある。地理的な管轄区域や立地条件もその現場を特徴付ける。

公的援助と民間の援助

ソーシャルサービスは、ポリシーと資金調達方法により、公的サービスと民間サービスに分類される（表4.1）。

表 4.1　公的ソーシャルサービスと民間ソーシャルサービスの対比

	[公的サービス]	[民間サービス]
根拠	地方、州、国の法律	定款と内規
対象範囲	プログラムの目的と対象範囲は、法律に詳細に規定される	機関のミッションが柔軟なプログラム作成に方向性を与える
所属	地方自治体、州政府、連邦政府の一部	地域および国の組織と提携している場合もあるが、自律性が比較的高い
構造	官僚制的階層構造	規模に応じて、階層構造から共同運営までさまざまな構造がある
収入源	税収	寄付、料金、補助金、その他民間の収入源
採用	通常は公務員	機関の基準と慣行による

表4.2 リソース・アンド・リファラルのサービス領域における、公的および民間ソーシャルサービスの例

[公的ソーシャルサービス]	[民間ソーシャルサービス]
社会保障局	リソース・アンド・リファラル
タウンシップ・ユース・サービス	ファミリー・オポチュニティ
退役軍人省ソーシャルワーク課	ユダヤ連盟多目的高齢者センター
郡立ナーシングホームおよび在宅保健ソーシャルサービス	キリスト教会食糧配給所連合
州児童サービス局	臨床ソーシャルワーク・サービス株式会社
児童福祉サービスのための地域計画	地域病院のソーシャルワーク課

■ 公的ソーシャルサービス

　米国では、国、州、地方自治体が、法制定を通じて、公的ソーシャルサービス機関を設ける。法は公的ソーシャルサービスを定義し、方向性を与え、資金調達方法を定め、認可する。これら政府出資のプログラムの資金源は税収の配分である。州の人材開発局は、州を拠点とした公的プログラムの例である。州法に定められた義務として、これらの機関は所得維持、児童保護と家族福祉、リハビリテーションのためのプログラムを提供し、さらに、高齢者、障害のある人、退役軍人向けにサービスを提供する連邦政府のプログラムのための組織を構築する（**表4.2**）。公共部門の機関や組織は、**条例制定機関、公益団体**と呼ばれる場合もある。

■ 民間ソーシャルサービス

　地域や国内の、あるいは国際的な特定利益集団は、民間部門によるソーシャルサービス提供組織を設立する。ポリシーを作るのは理事会である。組織における憲法である定款と内規が、これらのポリシーを成文化したものである。通常、民間機関は複数の資金源を持つ。たとえば、個人からの寄付、会員による寄付、基金、財団からの助成金、統一募金運動からの割り当て、契約上の合意、フィー・フォー・サービスがこれにあたる。ソーシャルワーカーは多種多様な民間のソーシャルワーク現場でプラクティスを行う。家族サービスセンター、アドボカシー機関、ヘルスケア施設、民間企業、プライベート・プラクティスなどである。

　民間の機関はボランタリー（自発的）である。機関について述べるとき、**ボランタリー**という言葉は、専門職のスタッフが無償でサービスを行うという意味ではない。事実、ボランタリーな機関はスタッフに給与を支払っている。定義するなら、ここでいうボランタリーとは、**ボランタリー・イニシアティブ**により設立された機関という意味である。民間機関の設立は政府の命令からは独立したものである。たとえば、ボランタリーな機関の設立者としては、宗教団体、共済組合、労働・文化・社会・市民に関する組織などが挙げられる。ボランタリーな機関の中には、家族サービス機関

のように、伝統的なサービスを提供する機関もある。ゲイとレズビアン、高齢者、障害のある人、難民、移民といった特定利益集団が抱える新たな課題に対応したアドボカシーを目的としたプログラムを運営する機関もある。

その定義においては、公的ソーシャルサービスと民間ソーシャルサービスは別物である。しかしながら、この区別が曖昧になっているのが現在の傾向である。たとえば、政府のプログラムは、民間機関と特定のサービス提供の契約を結ぶ。このアレンジにより、民間部門のサービスが拡大するが、同時に民間機関は政府の規制に従うことになる。政府機関は基準の設定などの手段を通じて民間部門のサービスを規制する。たとえば、政府機関は養子縁組機関、デイケア・センター、薬物依存者向けリハビリテーション・プログラムを規制する。ケース、稼働中のプログラム、およびプランニングにおいて、複数の機関が横断的に関与する協働作業をアレンジすることで、公共部門の機関と民間部門の機関の結び付きが強化される。

機関と協会

ソーシャルサービスには2つの組織がある。機関と協会である。**機関**とは、ソーシャルサービスの提供を実際に行う組織である。**協会**とは、共通の目的達成を目指して集まった人々により構成される集団である。

この2つのうち、ソーシャルワーカーの職場としては、機関の方がはるかに一般的である。機関のミッション・ステートメント（綱領）はプログラムとサービスの方向性を示す。構造化された手続きによって、これらを実行に移す際のガイドラインが示される。通常、機関の規模が大きいほど、各分野において、より広範なサービスの選択肢を提供できる。大規模な機関の職員は専門分野を広げる機会を得られる。本章冒頭の例で、チャールズ・グリーンはファミリー・オポチュニティで働いていた。この大規模な多目的機関は、カウンセリング、家庭生活教育、養子縁組から、里親制度、特別施設プログラムに至るまで、家族を基盤とした広範なサービスを提供している。小規模な機関は、1つのプログラムに重点的に取り組んでいる場合が多い。クリス・アトウッドが勤務するリソース・アンド・リファラルは、比較的小規模な機関である。クリス以外に3人の専門職を雇用しており、うち1人はボランティアのコーディネーターである。必然的に、小規模機関のソーシャルワーカーは、プログラム内で多様な役割を担うことになる。規模の大小を問わず、あらゆる機関において、ソーシャルワーカーは官僚制的構造の中で、クライエントの目標達成のために、創造的に自らの義務を果たさなければならない。

表 4.3　協会の例
子どもと家族のための同盟（Alliance for Children and Families）
米国公的ヒューマンサービス協会
コミュニティ・オーガニゼーションおよびソーシャル・アドミニストレーション　協会（ACOSA）
カナダ・ソーシャルワーカー協会（CASW）
米国児童福祉連盟（CWLA）
ソーシャルワーク教育協議会（CSWE）
国際ソーシャルワーカー連盟（IFSW）
全米ソーシャルワーカー協会（NASW）

　協会がサービスを提供する対象は主にその構成員である。機関、専門家、特定利益集団は、専門職団体、運動連盟、同盟、地域評議会といった協会に参加することが多い（表4.3）。協会による集合的な取り組みの例としては、ソーシャルワーク専門職のアイデンティティや凝集性、文化の構築、基準の施行、公共的社会政策の推進、ソーシャルワーク・リサーチの指揮などがある（Tourse, 1995）。協会は後援者からの指示を遂行するために専門職のスタッフを雇用する。

プライマリ・セッティングとホスト・セッティング

　ソーシャルワーカーが雇用される現場の中には、その主目的がソーシャルワーク・サービスの提供であるものもあれば、そうでないものもある。**プライマリ・セッティング**は、ソーシャルワーク・サービスの提供を主目的とする現場である。プライマリ・セッティングにおいては、ソーシャルワーク・サービスが組織の使命に直接関わる。本章の例の中で、リソース・アンド・リファラルとファミリー・オポチュニティは共にプライマリ・セッティングである。それぞれが提供するサービスは異なるが、両者は共に、ソーシャルサービスをその主目的とする。

　ホスト・セッティングは、その組織の目的に付随するものとしてソーシャルワーク・サービスを提供する現場である。ホスト・セッティングにおいて、ソーシャルサービスという構成要素は、ホスト機関のミッションを補充、支援、強化するものである。ソーシャルワーカーは長期にわたり、学校、病院、裁判所、民間企業といったホスト・セッティングにおけるワークを行ってきた伝統を持つ。現在では、健康維持機構（health maintenance organizations, HMO）〔会員制の健康保険団体〕、在宅ヘルスケア機関、学校、従業員援助プログラム（EAP）、国際非政府組織（NGO）におけるソーシャルワーク・サービス提供の機会が拡大している。

コラム 4.1　ダイバーシティと人権に関する考察

機関の雰囲気 —— ダイバーシティと人間の尊厳

ソーシャルワークとは、何よりもまず、人間の尊厳と価値の尊重およびクライエントの人権保護に関わる仕事である。ソーシャルサービスの領域への入口で、すでにクライエントは、機関の雰囲気が肯定的か否定的かに敏感になっている。機関の雰囲気に対する第一印象は、クライエントのサービスへの取り組みに影響を及ぼす。

スタッフのクライエントに対する挨拶の仕方や、待合室の全体の外観、パンフレット、申請用紙までが、クライエントにとっては、受容と敬意、あるいは拒絶と非難のメッセージとなる。

機関がその文化として持つ、ダイバーシティに対する細やかな配慮は、クライエントの尊厳と権利に対する敬意を表現するものである。これを評価するためのチェック項目の例としては、以下のようなものがある。

・案内表示、パンフレット、記入用紙が複数言語に対応しているか
・オフィス、会議室、トイレの設備は、誰もが利用しやすい造りになっているか
・機関は公共交通機関でアクセスしやすい場所にあるか。プログラムやサービスは参加者の住居の近くで提供されているか
・機関のポリシーは文化的ダイバーシティへの配慮を示しているか
・スタッフの構成は、コミュニティにおけるダイバーシティを反映したものになっているか
・機関はスタッフに対し、ダイバーシティの問題に関する研修を実施しているか
・機関のプラクティスに対する姿勢は、社会的・文化的コンテクストを考慮したものであるか
・機関のポリシーは、環境の変革とソーシャルアクションにつながる活動を支援するものであるか
・サービス利用者が、プログラムの評価、ポリシーの策定、意思決定といった活動に関与しているか
・機関は地域の固有の資源とのつながりを持っているか
・機関は社会改革を推進するためのコミュニティ連合に参加しているか

▶ **ソーシャルワーク・ハイライト**　クリス・アトウッドは、コミュニティ資源の専門家としての役割を遂行するために、さまざまなホスト・セッティングで働くソーシャルワーカーとの協議を行っている。たとえば、彼女は地元病院の医療ソーシャルワーカーであるローズ・ヘルナンデス、スクールソーシャルワーカーであるヘレン・ワシントン、少年裁判所の事務官であるクラーク・ステュワート、アグリカンパニー社の従業員援助プログラム（EAP）担当ソーシャルワーカーであるキム・リーからの問い合わせに対応した。このような現場の実践者からクリスが受ける電話の多くは、紹介先資源に関する情報、サービス提供の隙間と障壁に関するリポート、これらの機関や組織において、コミュニティを基盤とした革新的なプログラムの構築資金の調達先を探すための支援の要請に関するものである。I&R機関は、中核的性質を持つため、ホスト・セッティングのソー

シャルワーカーとより広いソーシャルワーク・コミュニティとの橋渡しをする機会が多い。

宗派的所属の有無

　宗派的か非宗派的かという分類により、機関はさらに区別される。**宗派的**とは宗教的所属があることを意味する。**非宗派的**とは宗教的な後援を受けていないことである。

　憲法で政教分離が定められているため、米国内のすべての公的組織は非宗派的である。民間の団体にも非宗派的なものがある。本章で例として挙げたリソース・アンド・リファラル、ファミリー・オポチュニティ、地域病院のソーシャルワーク課、臨床ソーシャルワーク・サービス株式会社、ならびにすべての公的機関は非宗派的機関に分類される。

　宗派的機関は、信仰を基盤とする取り組みとも呼ばれ、ソーシャルサービスの提供において、常に重要な役割を果たしてきた（Boddie, 2008; Cnaan et al., 1999）。信徒団は、会食プログラム、ガーデニング計画、課外プログラム、成人向けデイセンターなどを後援する場合がある。大規模な宗派的組織には、病院、保育施設、児童福祉と家族サービス機関、コミュニティセンター、会食やデイセンターのような高齢者向けプログラム、居住型施設などがある。幅広いサービスを提供している米国の大規模な宗派的組織の例としては、ユダヤ連盟、カトリック教会、ルター派ソーシャルサービスが挙げられる。著名な宗派的ソーシャルサービス提供者の中には、キリスト教会による事業もあり、飢餓、貧困、人権、社会的・経済的開発といった問題に対処するための国際的取り組みを行っているチャーチ・ワールド・サービスもその一つである。**表4.2**に挙げた例のうち宗派的機関は、ユダヤ連盟多目的高齢者センターと、キリスト教会食糧配給所連合の2つである。宗教的指向が宗派的機関のミッションとプログラムに影響を与えることに疑問の余地はないが、これらのプログラムは通常、クライエントの宗教的・文化的背景を問うことなく、サービスを提供する。

営利目的の有無

　民間のソーシャルサービス機関には非営利団体と営利団体とがある。**非営利**とは、機関の目的として利益よりもサービスを優先するということである。しかしながら、「非営利」という言葉は誤解を招きやすい。非営利とは、課税上の地位について述べた言葉であり、収益の獲得や投資を募ることが禁止されているわけではない。収益の使い道により、営利か非営利かという地位が分かれるのだ。一般に、非営利機関は、収益をプログラムやサービスのために用いる。本章の例では、ファミリー・オポチュニティ

とリソース・アンド・リファラルはどちらも非営利団体である。

　民間の団体の中には、営利指向の団体もある。営利目的の企業においては、収益のうち一定割合が投資家あるいは株主への配当、または組織の資金残高増強のために用いられる。ソーシャルサービスを提供する収益指向のビジネスには、営利目的機関とプライベート・プラクティスの実践者がある。本章の例で紹介した資源のスペシャリストであるクリス・アトウッドは、地域病院と臨床ソーシャルワーク・サービス株式会社のソーシャルサービス担当職員との交流があるが、この両機関は共に営利団体である。

　ソーシャルサービスの提供を行うビジネス・ベンチャーの起源は 1960 年代に遡る。社会福祉サービスを提供する民間事業に対し、メディケアとメディケイドによる基金の支払いが開始されたのである。代表的な起業の試みとしては、高齢者福祉施設、病院経営、メンタルヘルス維持、保育、在宅ケア、終身ケア、少年および成人の矯正保護などがあった。営利目的企業は 1992 年までに、保育と在宅ヘルスケア・サービスにおいて市場を支配し、近年、その活動領域を職業訓練や生活保護者管理サービスにまで拡大している。さらに、これらの大企業には大規模な運営、資金源、ロビー活動の自由などの点で、確実な競争優位性がある。その実績は明らかで、営利企業は、かつて伝統的な非営利のヒューマンサービス団体がサービスを提供していた多数の領域へ、数百万ドル規模で事業を拡大しているのだ。フラムキンとアンドレ゠クラーク（Frumkin & Andre-Clark, 1999）は、多種多様なソーシャルサービスの現場における変化がもたらす影響についてアセスメントを行う中で、非営利組織がクライエントのニーズを重視するのに対し、ビジネスにとって最大の関心事は利益を出すことだとして警鐘を鳴らした。

インディペンデント・プラクティス

*訳注　北米のソーシャルワーク・プラクティスにおいては、多くのソーシャルワーカーが「個人開業（private practice）」をしている。プライベート・プラクティスの中でも、「インディペンデント・プラクティス」は、より独立性、あるいは予算的・人的な自律性を保とうとするプラクティスを意味する。

　ソーシャルワークにおけるインディペンデント・プラクティス[*]も、拡大しつつある起業ベンチャーの一つである。政府や機関といった組織に所属せず、1 人あるいはグループでプラクティスを行うソーシャルワーカーは、プラクティスのビジネス面のマネジメントに責任を持ち、サービス料金を徴収し、サービス、保険、賠償責任補償に関する契約をアレンジする。

　州の免許制度、規制、ソーシャルサービス提供事業者の特権確立のためのロビー活動の拡大に伴い、インディペンデント・プラクティスの対象範囲は広がりを見せてきた。プライベート・プラクティスの機会としては、単独でのプラクティス、他のソーシャルワーカーとの、あるいは学際的チームの一員としての協働、ならびに、病院や、企業の従業員援助、保健維持機構、保険会社などのホスト・セッティングにおけるサービス契約がある。

プライベート・プラクティスのソーシャルワーカーは、正規に免許や資格を取得するか、あるいはインディペンデント・プラクティスを規制する州法に則った登録が必要とされる。プライベート・ソーシャルワーク・プラクティスという選択肢は、適切な資格認定と修士課程修了以上の教育を受けた十分な経験を持つ専門職のみに認められている。

　インディペンデント・プラクティスを行うためには、ビジネスに関わる雑多な事柄に注意を払う必要がある。プライベート・プラクティスを行う者は、事務所を準備し、紹介を受け、コンサルタント契約を結ばなければならない。自己や他者を傷つけると脅迫するクライエントや、精神疾患のために入院を要するクライエントなどの危機的状況に対処できるように備えなければならない。さらに、プライベート・プラクティスのソーシャルワーカーは、違法行為として訴訟を起こされる可能性も考慮する必要がある。

　インディペンデント・プラクティスを行う者は、プラクティスの有効性を評価するための基準を持ち、同業者間のサポートネットワークを構築する必要がある。プライベート・プラクティスのソーシャルワーカーは、機関に所属する場合と異なり、同僚との関係性やスーパーバイザーの指導のもとで、サポートネットワークや「セーフティネット」を利用することができない。また、他の実践者から孤立し、スケジュールを詰め込みすぎることで、バーンアウトのリスクが高まることになる。

　プライベート・プラクティスについては賛否両論が溢れている。擁護者は、サービス利用者にとって選択肢が増えてスケジュールの柔軟性が増すこと、また実践者にとって自律性と経済的優位性を確保できることを強調する。批判者は、プライベート・プラクティスはエリート主義で視野が狭く、高額な料金を支払えるクライエントのみを相手にするものだとする。

立地条件

　ソーシャルワーク・サービス提供ネットワークはさまざまな地理的領域と管轄区域を含む。近年、都市部と地方の現場の対比が注目を集めている。

■ 管轄区域

　地理的・政治的管轄区域はサービス提供における境界を画す。ソーシャルワーク提供ネットワークには、地方（市、郡区、郡の管轄区域）、州、地域、国、そして国際的といった各レベルにおけるサービスが含まれる。他の管轄区域の種類としては、都市部、複数の市あるいは郡にまたがる領域、そして複数の州にわたる地域的領域がある。通常、包括的な政策や資金は、官僚機構的管轄区域を通じて行き渡る。そのため、米国においては、連邦国家の管轄区域により、州や地方レベルにおける公的ソーシャルサービス

の設計と実行とが決定付けられる場合が多い。ヨーロッパでは、政治的管轄区域にヨーロッパ連合（EU）、国民国家、地方自治体が含まれることになる。

地理的境界は効率的なプランニングと効果的な資金調達のために必要だが、これが障壁になる場合もある。たとえば、住んでいる市、郡、郡区、州、地域により、サービスを受ける資格の有無が決まる場合が多い。ところが、サービス対象エリアに距離的には近くても、境界の外に住むクライエントはサービスを利用できない。さらにこのような境界は、複数の管理領域をまたいでプログラムやサービスを提供する機関にとって、会計上の問題を生じさせる。

▶ **ソーシャルワーク・ハイライト** 本章の例に登場するクリス・アトウッドは、家族をタウンシップ・ユース・サービス（TYS）に紹介する機会が多い。TYSはサービス対象エリアの境界内に住む若者とその家族に無償でカウンセリングサービスを提供している。クリスは、TYSを利用できれば恩恵を受けられるはずの家族が、機関の管轄区域から外れているためにサービスを受けられないことを知るとジレンマを感じる。クリスは境界が資格の適用範囲を画するために必要であることを認めつつ、同時に境界がサービス提供者の選択を制限することを知っているのだ。

■ 都市部の現場

巨大な人口基盤によって提示されるニーズの規模の大きさが、都市部のソーシャルサービス提供に影響を及ぼすことには疑いの余地がない。不均一な集団、人口密集、物理的環境の悪化、明らかに高い失業率、顕在化した貧困問題、絶えず変化する人口基盤などを原因とする普遍的な問題は、一般的な都市部のコミュニティにとっての共通の課題となっている。都市部では、大規模な社会問題とサービスニーズの地理的拡大のため、広範なサービス対応が行われている。

都市部において、強調的かつ包括的なソーシャルサービス提供システムを設計するためには、効果的なプランニングの取り組みが必要とされる。米国においてソーシャル・プランニング活動は、1960年代から1970年代にかけて、ソーシャルワーカーが組織的に貧困撲滅運動に取り組んだことから、ソーシャルワークの専門分野として際立った存在であった。地域のメンタルヘルスサービスや母子健康サービス、さらに経済機会法（Economic Opportunity Act, EOA）、総合雇用訓練法（Comprehensive Employment and Training Act, CETA）、職業訓練協力法（Job Training and Partnership Act, JTPA）とプランニングとを統合する必要性から、プランナーに対する要求は増大した。

米国における都市部のコミュニティアクション機関は、貧困の根本原因である不十分な教育、失業と不完全雇用、健康問題、安価な住宅の不足などの問題に取り組んだ。しかしながら、これらの領域に対処する義務を考慮しても、プランニングの取り組みは限られた人々やサービス領域に焦点を当てたもので、必ずしもコミュニティ全体のニーズに応えるものではなかった。カテゴリ別の資金拠出が行われた結果、サービス提供プランニングもカテゴリ別に分断化されたものになった。さらに、1960年代後半に貧困撲滅運動が下火になると、プランニングの専門家の雇用は減少し、1980年代の連邦政府によるソーシャルサービスに対する資金拠出削減もこれに影響を及ぼした。公的プランニングの取り組みに対する連邦政府による支援の削減により、多くのソーシャル・プランニング活動が消滅し、プランニングを専門とする職の多くが廃止された。

プランニングに対する財政的支援が失われたことで、ソーシャルワーク・サービスの提供は弱体化し、協調的かつ包括的なサービスの実現は困難になった。包括的なプランニングのプロセス抜きに、ソーシャルサービス提供者が新たなニーズに対処し、地域の問題解決に責任を果たすための十分な準備をすることはできない。ソーシャル・プランニングに対する資金拠出と法的義務がない以上、コミュニティは、協調的なプランニングと組織的なリーダーシップ実現のために、個々の実践者の献身に頼るしかない。ソーシャルワーク専門職は、プランニングに対する公的資金拠出の状況にかかわらず、連携関係を構築し協調的にワークを行う責任を果たし続けなければならない。

■ 地方の現場

地方すなわち非都市部で活動するソーシャルワーカーは、都市部で活動する同業者とは異なる要求を突きつけられる。地方の現場に固有の特徴と、専門家たちが通常、ワークを行うコミュニティの一員でもあるという事実が、彼らに難題を提起する（NASW, 2009k）。現在、米国の全人口のうち非都市部で生活する人の割合は約20％であり、45％が地方で暮らしていた1940年代とは全く対照的である（HAC, 2002）。非都市部のヒスパニック系人口の急速な増加は、地方におけるダイバーシティの拡大を示すものだが、米国において、地方はいまだに均質的であり、住民の82％がヒスパニック系以外の白人である。地方におけるその他の人口動態的変化としては、一人親家庭の増加と、高齢者比率の増大が挙げられる。地方における貧困率は米国平均と比較すると総じて高い。たとえば、米国で最も貧しい200の郡のうち、11郡を除くすべてが地方にあり、そのうち半数近くの郡の貧困率が30％以上である。教育レベルの低さと、経済開発のためのイニシアティブが少ないこと、ビジネスや産業における多様性の低さ、保育や公共交通機関、安価な住宅のためのインフラ支援の不足が経済復興の妨

地方すなわち非都市部で活動するソーシャルワーカーは、都市部で活動する同業者とは異なる要求を突きつけられる。

げになっているのだ（Jensen, 2005）。

　独特の社会文化的・経済的要素が、地方コミュニティの特徴となっている。地方に固有の生活様式と自然発生的な支援ネットワークは、非都市部におけるさらなる特徴である。ソーシャルワーカーの報告によれば「文化的規範となっている、ゆったりとした生活ペース、形式張らないコミュニケーションの重視、政府による管理やよそ者に対する猜疑心、独立性の尊重」といった特徴が、地方のコミュニティにおけるプラクティスに影響を及ぼしている（Gumpert et al., 2000, p. 31）。都市部における社会問題は、その量的膨大さゆえに目を引きやすいが、小さな町や農村部のコミュニティにおいても、貧困や不十分なヘルスケア、ジェントリフィケーション[*]、安価な住宅の不足、農業の経済的不安定などの社会問題は、住民を苦しめ続けている。

* 訳注　コミュニティの再開発により新たに中産階級の住民が流入すること。

　地方におけるソーシャルサービス提供ネットワークを分析することで、サービスの利用可能性と利用しやすさにおけるギャップが明らかになる。地方におけるサービスは、郡の中心都市など1ヵ所に固まりがちである。これに対し、地方の人口は広範囲に散らばっており、さらに公共交通機関が事実上存在しないに等しいため、サービスは利用できない場合が多い。さらに、サービスの適用範囲は限られており、サービス提供組織で働く専門スタッフの人数も少ない。これらの制限により、「都市部の現場であれば可能な、特定分野の専門家による分業が不可能になっている」（Gumpert et al., 2000, p. 31）。

　地方におけるソーシャルワーク・プラクティスは、独自の課題を提起する。地方で働くソーシャルワーク専門職には、地理的孤立状態、同業の専門家が少ないこと、および公的資源の不足に伴うバーンアウトが見られる。同じコミュニティ内で仕事と生活をするソーシャルワーカーは、自身の私的な時間を確保し、私的関係と専門職的関係を峻別しながら、同業者ネットワークを構築する方法を模索しなければならない。

　ジョセフィン・ブラウン（Josephine Brown）とエデュアルド・リンデマン（Eduard Lindeman）は、第二次世界大戦以前の時代に、地方のソーシャルワークの指導者だった。彼らは、地方のニーズを満たすためのコミュニティを基盤とした関与、すなわち地方独自のニーズのための地方独自のプランニングの重要性を指摘していた。『地方コミュニティとソーシャルワーク（*The Rural Community and Social Casework*）』の中で、ブラウン（Brown, 1933）は次のように述べている。

　　都市部におけるソーシャルワークの専門化された複雑な組織を、地方コミュニティにそのまま持ってこようとすれば、必ず失敗する。おそらく、地方におけるソーシャルワークのリーダーたちが今まさに直面している重要な問題は、都市部ソーシャルワークに固有の特徴は取り入れず

に、地方において真に取り入れることが可能な本質のみを活用するようなやり方で、地方コミュニティ内における社会化という「創造的プロセス」を解放することに関わる問題である。　　　　　　　　　　　　　　（pp. 24-25）

　さらに、ブラウンは地方のソーシャルワーカーが地元のコミュニティとのパートナー関係を構築するために、ニーズの特定のための協働、コミュニティのリーダーシップの育成、ボランティアの活用、郡の行政機構との協働などを行うことの必要性を強調した。

　50 年以上前にブラウンが発した主張は、現在においてもなお重要な意味を持つ。『地方コミュニティにおけるソーシャルワーク（*Social Work in Rural Communities*)』において、レオン・ギンズバーグ（Leon Ginsberg, 1976, 1993）は、地方のソーシャルワーク教育とプラクティスの必要性を指摘している。さらに『ウェストバージニア 1990 —— トレンド研究（*The West Virginia 1990: Trends Study*)』では、地方におけるソーシャル・プランニングが、都市部におけるものとは異なることを見出している（Locke et al., 1985）。たとえば、ある地方において、ソーシャルワーカーたちは、プランニングのプロセスを用いて、地方の専門家の活用、民主主義的意思決定の推進およびコンセンサスの構築を行うことで、地方に固有の問題の明確化と地方社会の変革促進を可能にした。コミュニティフォーラムは、福祉サービスの提供者および地域のリーダーの力を結集し、地方のソーシャルサービスを進展させるための効果的な方法である。文化に配慮したソーシャルワーカーは地方において「コミュニティを基盤としたシステムを支援しそれと協力するという役割を強調する」（Gumpert et al., 2000, p. 31）。

　地方でのソーシャルワーク経験に備えておくことの重要性を示す 2 つの事実がある。米国では、地方のソーシャルサービスにおいて、ソーシャルワーカーは重要な役割を果たすが、スタッフの中心は学部卒のソーシャルワーカーであり、パラプロフェッショナルたちが彼らを補佐している（NASW, 2009k）。また、国際的に見れば、ソーシャルワーカーは、地方で働く可能性の方が高い。これらの要素を考慮すると、地方のコミュニティに特有のニーズ、および地方におけるソーシャルワークの独自の貢献の両方について調査することが肝要である。現代のソーシャルワーク専門職には、地方において効果的なソーシャルワーク・プラクティスを行うための準備が必要である。「地方で活動する実践者とアドボケイトは、独自の資源、自らの専門的ストレングス、およびコミュニティとクライエントのストレングスについて留意しておく必要がある。創造的であるためには、柔軟でいなければならないのだ」（Cooper, 2000, Summary section, 第 2 段落）。

コラム 4.2　エンパワメントと社会正義に関する考察

職場でのバーンアウト —— 社会正義の問題

　職場はエンパワメントを促進する場合もあれば、バーンアウト（burnout, 燃え尽き症候群）の原因となる場合もある。バーンアウトとは、仕事上のストレスを原因とする精神的消耗のことである。バーンアウトは職場環境の影響により突然発生したり深刻化したりする場合が多い。バーンアウトという言葉は、組織の慣行が従業員のエネルギーを枯渇させ、専門職的幸福を感じられなくなり、従業員が「くたくた（fried）」になってしまうことに由来する。仕事上のストレス、官僚的機構による制約、困難なプラクティス上の課題により、サービスを最も必要とする人に質の低いサービスしか提供できない場合は多々ある。ソーシャルワーカーとその雇用主である機関は、バーンアウトが持つ社会正義的含意に注意を払う必要がある。バーンアウトの一因としては、計画された資源やスタッフを不足させる資金の削減がある。他の原因として、精神的疲労を招く職場のストレスや、エネルギーを消耗させる組織の雰囲気がある。これらのソーシャルサービス提供に対する組織的あるいは政治的影響に伴うストレスは、最終的に、クライエントの特性を貶めたりサービスが中断したり（これら2つはバーンアウトと社会的不正義の明白な兆候である）することにつながる可能性がある。

　ソーシャルワーカーの仕事上のストレスが高まりバーンアウトに陥る可能性が高くなるのは、現場において、意思決定に関わる機会が制限される場合や、成果に対し低い評価しか与えられない場合、あるいは、他の同業者やクライエントとの協働に関する裁量が一切認められないような場合である（Bourassa, 2009; Mancini & Lawson, 2009; Maslach & Leiter, 2008）。職務上の要求が急増すると、バーンアウトが身体的・精神的影響を及ぼす可能性が急激に増幅される。

バーンアウトに陥った専門家はネガティブでシニカルになり、他者を非難し、他者と距離を置くようになる。

　要するに、バーンアウトは、組織の混乱と個人の犠牲をもたらす。従業員の士気が下がり、生産性が低下し、欠勤が増え、薬物の使用・乱用やストレスを原因とする病気が増える。エンパワメント指向の組織的現場では、ストレングスが重視され、意思決定プロセスとプログラム構築に協働的方法が導入され、従業員の成果が認められ、自信が養われる。組織レベルにおいては、スーパーバイザーが、ソーシャルワーカーの受け持つ仕事が対処可能な量を超えないように注意し、他者との関係構築を奨励し、意思決定プロセスへの参加を確保し、希望をはぐくむことにより、ストレスやバーンアウトを低減することができる（Kim & Lee, 2009, Kim & Stoner, 2008; Turner & Shera, 2005）。レジリエンシーを高められる職場環境においては、社会的支援の要素が組み込まれ、従業員が意思決定に参加でき、組織コミュニティの感覚が醸成され、明白なコミュニケーションの経路が構築されている。

　ソーシャルワーカーがワークのプロセスにおいてクライエントをエンパワーするためには、自身がエンパワーされた経験が必要である。個人レベルにおいては、ワーカーには、ストレスマネジメント技法を適用したり、ストレスフルな出来事に対する認識の枠組みを変えたり、楽観的なものの見方やユーモアのセンスを持ち続けたりすることが必要である。リサーチによれば、自己効力感、社会的支援へのアクセス、目的意識、達成感も、レジリエンシーを高め、バーンアウトの影響に対抗する要素となる（Brohl, 2004）。バーンアウトから共感的充足へのパラダイムシフトにより、セルフケアと職場のサポートにより生じるポジティブな結果は際立つものとなる（Radey & Figley, 2007）。

サービス資金の調達

　ソーシャルサービス提供ネットワークには多数の資金調達先がある。米国では連邦政府と州政府が、公共と民間のソーシャルサービスの両方に資金を拠出する。地域のコミュニティは、税金と統一募金運動のような募金活動を通じて貢献する。機関は、寄付、サービス料金、保険金、サービス購入契約、補助金など、それぞれ独自の収入源を持つ（表4.4）。

連邦政府と州政府による資金拠出

　連邦政府と州政府は、普通税と社会保険負担金の両方を財源として、ソーシャルサービスのための予算を割り当てる。米国連邦政府は州政府と地方自治体に資金を割り当て、機関は、補助金の申請や提案依頼書（RFP）に応じた提案をすることにより、これらの資金を利用することができる。連邦政府の多数の規定が、州に対し無償の資金援助をすることを求めている。たとえば、州は、貧困家庭一時扶助（Temporary Assistance for Needy Families, TANF）や、連邦補足的所得保障（Supplemental Security Income, SSI）〔米国の生活保護制度〕のような福祉受給権付与プログラムへの資金拠出を行う。

　さまざまな連邦行政府の配下に、ソーシャルサービスへの資金拠出のための政府規制と行政命令が多数存在する。社会保障法は、さまざまな行政レベルで運営され、複数の資金源から資金提供を受ける多種多様なプログラムについて規定する法律の代表例である。その他の主要な連邦政府プログラムの例としては、かつてフードスタンプ・プログラムとして知られ

表4.4　リソース・アンド・リファラルの収入源

[収入源]	[説明]
コミュニティ・チェスト（共同募金）	年ごとの割り当て申請 新プログラム割り当て
エマージェンシー・フード・リリーフ （緊急食糧援助）	特別な1年限定の資金
ウィリアムズ基金	提案依頼書（RFP）に基づく応募（2年間の資金提供）
コンピュータ・テクノロジー株式会社	コンピュータ・ハードウェアとソフトウェアの現物支給
モリー・バーカー・トラスト	資本改善プロジェクト
トラベラーズ・エイド・ソサエティ	年ごとの割り当て
コミュニティ・ブロック・グラント	年ごとの補助金申請
リバーボート・オーソリティ・グラント	スタートアップ資金——デモ・プログラム
リソース・アンド・リファラル友の会	年ごとの提案書——資金収集イベント
ヘンリーズ百貨店	募金運動の奨励金
ギフツ・アンド・メモリアルズ	篤志家からの寄付

ていた、米国農務省（U. S. Department of Agriculture, USDA）が運営する補助的栄養支援プログラム（Supplemental Nutrition Assistance Program, SNAP）、住宅・都市開発省（U. S. Department of Housing and Urban Development, HUD）の住宅補助基金、教育省のヘッドスタート・プログラムが挙げられる。

■ 資金拠出の削減

連邦政府や州政府が取り組んできた財政支援が削減される場合、その主な理由は、緊縮財政と社会政策の縮小の2つである。国家予算の赤字削減のための緊縮財政の取り組み（特に1986年のグラム・ラドマン・ホリングス法案）は、福祉に対する資金拠出の安定性を著しく失わせた。このような予算削減は資金配分を公然と削減するものである。これに対し、社会政策の縮小すなわち**行政的資格剥奪**（Lipsky, 1984）は、秘密裡にプログラムやサービスを縮小する。リプスキー（Lipsky）は、1980年代に8種類の行政的資格剥奪を見出し、これらは明らかに現在でも見られるものである。

- サービス利用を制限する規制を課すこと
- 資源を限定すること
- プログラムの拡大を防ぐために意思決定を延期すること
- 生産ラインの労働者の決定権を弱めるために官僚的説明責任を拡大すること
- 公正なヒアリングや嘆願に対して制裁を科すこと
- 市民の諮問委員会の提案に耳を貸さないこと
- サービス提供を断片化すること
- 政府資金に依存しているサービス提供者を取り込むこと

ポリシー・プラクティス

[プラクティス行動の例] 過去と現在における社会政策とソーシャルサービスの構造、サービス提供において政策が果たす役割、政策形成におけるプラクティスの役割について理解すること。

[批判的思考の訓練] 経済危機と予算不足の状況下では、連邦政府の支援を受けた福祉プログラムは資金削減と資格基準変更のリスクに直面する。このような新たな資金調達上の課題に取り組み、生活困窮者のための福祉手当削減を防止するために、ソーシャルワーカーはポリシー・プラクティスの領域において、どのような先手を打つことができるか。

当然ながら、選挙で選ばれた議員は、「QOL」サービスのための予算に対して、あからさまな大幅削減をしたいとは考えない。多くの場合、プログラムレベルで政策を縮小することで、同程度の削減が達成できるのだ。このような政策縮小は「比較的力の弱いグループの地位を、本人たちや、彼らに協力する監視役に気付かれることなく、弱体化させる」（Lipsky, 1984, p. 20）。

▶ **ソーシャルワーク・ハイライト** 州高齢者サービス課による運営基準変更の影響を被った人からの電話をクリス・アトウッドが受けるのは、今週になって8度目だった。州全体にわたる予算調整ストラテジーの一環であるこの基準変更は、クライエントに資格を付与するための金融資産をさ

らに制限し、これにより潜在的なクライエントの数は制限され、プログラムのコストが削減されつつあった。クリスに電話をかけてきたのは、地元の高齢者向け機関のかつてのクライエントで、新たなガイドラインのもとでサービスを受ける資格を失った人々だった。クリスは同じ州内の他のI&Rソーシャルワーカーたちとネットワークを構築し、このような新たな法制により高齢者向けサービスに生じた隙間と障壁に対し、他のコミュニティがどのように取り組んでいるかを知りたいと考えていた。

補助金

　補助金は、特定のプログラムやサービスへの資金提供を申請したソーシャルサービス機関に対して助成される資金である。補助金の評価者は、集まった申請に対し競争的審査を行う。ソーシャルサービス機関は、国や地方の基金や企業、政府機関など、多数の外部資源からの補助金を取り付ける。補助金は通常、資本の改善とプログラム運営の両方のために利用することができる。ベンチャー・グラントは、1回限りの補助金である。この補助金は新たなプログラムの立ち上げやパイロット・デモ・プロジェクトのための費用として拠出される場合が多い。資金の割り当てには、**マッチング・ダラー・チャレンジ**が要求される場合がある。これは、申請者が補助金による資金調達の資格を得るためには、プログラムに対し同等の現物の寄付または／および金銭的貢献をしなければならないというものである。

　資金提供の申請者は補助金提案書を提出する。補助金申請には、通常、問題を説明する文書、ニーズに対するアセスメント、実現可能性調査の結果、測定可能な目標、実行ストラテジーの提案、成果に対する評価プラン、支援依頼状といった文書の添付が必要とされる。多くの場合、補助金を拠出する組織が発行する**提案依頼書**（request for proposal, RFP）に機関が応じるという形をとる。RFPは提案のガイドラインを明確化し、資金提供の利用可能性に対する制限を示す。つまり、資金拠出を行う機関がプログラムとサービスの条件を定義したものである。通常、資金拠出を行う機関は、補助金受領者に対してプログラムの具体的な成果に関する説明責任を課し、機関が作る補助金提案書の中に、成果のアセスメントに関する具体的なプランを記載させる。

コミュニティ・ファンド

　税収と寄付は、地域コミュニティにおけるソーシャルサービスの主要な資金源である。郡、市、郡区といった地方自治体が、**税金**をソーシャルサービス提供ネットワークに割り当てる。たとえば、州政府や連邦政府が

資金提供するカテゴリ別の援助プログラムの受給資格を持たない人々のために、地方自治体が包括的援助のための資金を割り当てる。包括的援助がサービスを提供する対象は、多くの場合、貧困状態にある人やホームレス、非定住者、知的障害のある人、発達障害のある人、慢性的精神疾患を抱える人といった特別な住民集団である。これに加えて、高齢者福祉施設や、青少年向けサービスプログラム、公的保健サービスのための特別税を課す地域もある。近年では、住民参加の規定により、地域、州、国の資源からコミュニティに割り当てられる資金の配分に関する意思決定において住民の責任が増している。

地域のユナイテッド・ウェイ〔米国の代表的な慈善福祉団体〕組織は、米国内の 1300 のコミュニティ、世界の 1800 のコミュニティで、**コミュニティ募金収集活動を行っている**（United Way of America, 2011）。これらの組織は通常、コミュニティの中で見出されたニーズに対処するために、毎年、包括的なコミュニティ・キャンペーンを実施する。その後、ユナイテッド・ウェイは、資金を関連機関あるいは寄付者が指定した機関に割り当てる。コミュニティによっては、コレクティブ・ヘルス・アピール[*]により集めた寄付金を、保健専門機関および組織に配分する場合もある。

基金と特別資金

基金とは、収益をもたらす資金や不動産投資から成る。遺贈や個人の寄付者による贈与、サービスリーグ〔米国のボランティア団体〕の後援による特別募金運動を通じて、基金のための資金を得る機関もある。機関は基金が生み出す収益を用いて、特定の活動資金を得ることで、自らのミッションを前進させる。ソーシャルサービス組織が、金銭的支援あるいはプログラムによる支援を、組織の「友の会」や「後援会」の会員に求める場合もある。このような会員による毎年の活動は機関に補助的資金をもたらす。

フィー・フォー・サービス

機関が収益を得るもう一つの方法が、フィー・フォー・サービスである。クライエントは提供されたサービスごとに支払いを行う。その多くは、クライエントの支払い能力をベースとしたものである。通常、フィー・フォー・サービスはサービス単位で計算され請求される。個人に関しては、カウンセリングの時間数や保育日数がサービス単位となる。組織レベルでの単位ごとの課金の例としては、従業員援助サービスにおいて、派遣機関が民間企業に請求する従業員単位の料金がある。

ソーシャルサービスごとに料金を請求する利便性については、さまざまな議論があった。この料金制度の支持者は、サービスごとに個人が支払い

を行うことにより、クライエントがソーシャルワークの関係性により深く関与するようになると主張した。フィー・フォー・サービスに反対する者は、この料金制度が2つのサービスレベルを作り出すことを危惧した。すなわち、支払い可能なクライエントに対するサービスレベルと支払いができない者へのサービスレベルが、異なるものになるとして異議を唱えたのだ。

保険金

　多くの伝統的な資金源からの要求に直面し、非営利組織は財政的な自立性を強化するための方法を模索せざるを得なかった。機関が生き残れるかどうかは、多くの場合、**保険金**や健康維持機構（HMO）のような新たな支払制度を用いて、収益を得られるサービスを手掛けることができるかにかかっている。

　サービス提供者は、援助に頼って最低限度の生活をしている貧しい人々のみならず、医療保険加入者やHMO会員といった人々の要求に応えるサービスを設計しなければならないというプレッシャーを感じている。第三者支払制度を通じて、保険会社は医療やメンタルヘルスの現場を補償の適用範囲とする。第三者支払制度は、機関やプライベート・プラクティスにおける他の臨床的サービスにも拡大しつつある。保険提供に関する規則は州により異なる。一般に、実践者が保険金の償還を受けるためには、適切な資格が求められる。多くの保険会社とHMOにはコスト抑制の目標があるため、サービス提供者は、インターベンションに関する専門職としての意思決定を、マネージドケア・システムのコスト抑制目標と調和させなければならない。

サービス購入契約

　多くの公的福祉機関は、**サービス購入契約**（POSC）を通じてサービス義務を果たすために、非営利機関あるいは営利機関と契約を締結する。POSCとは、行政機関の出資者が特定のサービスを民間の受託業者からセット料金で購入するための契約上の合意内容を明記したものである。要するに、POSCにおいては、あるサービス提供者が、クライエントのニーズに応えて法的義務を果たすために、他の専門職からサービスを購入するのである。契約上の合意内容として、サービスの種類、サービスの単位、サービスを受けるための資格条件、期待される結果が具体的に記載される。通常、契約内容として、既定のサービス単位数ごとの固定料金が明記される。あるいは、POSCはコストシェアリング方式をとることも可能である。**コストシェアリング**においては、POSCでサービスを請け負う側の機関が、

公的ソーシャルサービス

私は自分が、1つの領域で身につけたソーシャルワークの核となる知識、価値、スキルを、どうすれば別の領域へ応用できるかを示す好例だと思っています。私は、ソーシャルワークのキャリアの中で、少年司法、児童福祉、家族向けサービス、スクールソーシャルワークを経て、現在は地域福祉サービスの分野で働いています。これらの分野の一つひとつが、一生をかけて取り組むに値するものですが、私が現在、郡コミュニティサービス局の局長という役職にあるのは、これらの各分野での経験を積み重ねたからこそだと言えるのです。私はこの役職に就いて15年になりますが、この役職にあることで、実にさまざまな領域のサービスに携わることができます。私がソーシャルワークに関心を抱いたのは、この多様性に魅力を感じたからであり、今もその興味は尽きることがありません。

私は、知的障害や発達障害のある人々およびメンタルヘルスサービスのための、郡出資のマネージドケア・プランを構築し運営することで、地方自治体の仕事に携わっています。コミュニティの公共福祉サービスの傘下で、私は、一般扶助、退役軍人支援、および保護的受取人（protective payee）のプログラムを監督しています。さらに、この役職は私に、児童福祉、メンタルヘルス、住宅、ホームレスなどさまざまなプラクティス領域で働く人々と協力して、サービス提供の改革を行う機会を与えてくれるのです。

私はソーシャルワーク教育を通じて、ヒューマンシステムに関する基礎知識と、人間行動にコンテクストが及ぼす影響について広く理解することができました。同時に、人々に対する敬意や、社会政策とサービス提供の源泉となる人間の尊厳と社会正義というコア・バリュー（核となる価値）、効果的なコミュニケーションと批判的思考といったスキルも得ることができまし

た。ソーシャルワーク教育は、私が仕事をしてきたすべての分野をまたいで通用する哲学的・専門職的基礎を築いてくれたのです。実地訓練では、機関内の専門用語や、特定の分野でのプラクティスにおいてのみ必要とされる事柄についても学ぶことができました。

私が新人のソーシャルワーカーに対して強調しておきたいのは、ソーシャルワーカーは一定の政治的・財政的条件のもとでプラクティスを行うという現実です。私は、すべての公共政策が財政上の関心に従って形成されているということを学びました。ソーシャルワーカーは、会計士が経営するシステムで働きたいのでなければ、経営上の課題、財政的現実、政策形成、予算編成のスキルについて知る必要があり、金融や資金調達に関する何らかの専門性を身につける必要があるのです。州が現在抱えている予算上の危機は、郡レベルでの資金調達の可能性に確実に影響を及ぼします。そして、ひいては、長期的ニーズのために地域の公共部門のセーフティネットが提供するサービスを受けている人々（貧困状態にある人、障害のある人、ホームレス、その他の危機に瀕している人々）が受けられるサービスの種類にも影響が及ぶのです。

私がソーシャルワーカーになったのは、正しいことをする側の人間になりたかったからです。正しいことをするとは、私にとって社会政策を構築し、発展させることを意味します。この過程で私は毎日、政治的に実現可能なことと実際に有益なことは、異なる場合が多いということを認めるよう迫られます。公共政策に関する限り、多くの場合「万能の解決策などない」ことを私は学びました。連邦国家や州のレベルといった大規模なシステムレベルのために設計された政策を地方レベルにも適用するためには、この政策が本質的な柔軟性を内包していることが必要なのです。現代の公共政策形成に関して、私が何より面白いと感じるのは、過去10年間におけるコンシューマー（サービス利用者）の関

自らの資金でサービスにかかるコストを負担する。他の選択肢としては、**パフォーマンス・ベース契約**がある。これは、具体的なサービス目標の達成レベルを設定し、目標達成度に応じたインセンティブを明記するものである。

資金調達における課題

　これまでの議論は、ソーシャルサービスのための資金調達について数多くの疑問を提起してきた。「資金調達は公共と民間のどちらを基盤とすべきか」「補助金や POSC（サービス購入契約）、サービス提供事業者による支払い、補助金の貸付において、公的サービスと民間サービスの区別がいかに曖昧になっているか」「保険金支払いへの依存の増大は、クライアントの選択の幅を広げたか、あるいは狭めたか」などである。民営化、資金調達をめぐる競争の影響、トリアージ方式の意思決定といった新しい具体的な課題も発生している。

■ 民営化

　民営化は、政府が自らの行政ベースの公的サービスを拡張するのではなく、民間の非営利的および営利的ソーシャルサービスを支援する場合に生じる。サービス購入契約、所得維持サービス提供事業者への支払い、低コスト融資などを通じて、さまざまなレベルの行政機関がボランティア団体や非営利団体に対して財政支援の基盤を増強する。これらの財政的インセンティブは、民間企業を主力のソーシャルサービス提供者と見なし、ソーシャルサービス提供ネットワークへと招き入れる。民営化を支持する政策立案者は、行政機関よりも利益を追求する企業の方が、コスト対効果のより高いサービスを提供できると主張する。支持者は民営化を彼らの言う「急激に肥大化しつつある福祉国家」を縮小する方法の一つと見なす。

　ソーシャルサービスへの連邦政府の関与の縮小が徐々に強調されるようになり、これに伴い、民営化は多くのプラクティス領域（児童保護サービス、里親制度、養子縁組サービス、保健とメンタルヘルスサービス、若者向け居住施設、高齢者サービス、そして刑事司法分野におけるさまざまな種類のプログラムやサービス）において見られるようになった。民営化は「大規模な公的・社会的目標達成のための民間組織の能力活用の拡大」なのである（Dobelstein, 2008, p. 412）。

　ソーシャルワーク専門職による民営化に対する評価には賛否両論がある。

民営化を受け入れるソーシャルワーカーもいる。彼らは、新たな雇用機会、高額の給与、清潔な職場環境、より魅力的なクライエント、そして名声を得る可能性を見出す。これに対し、民営化は、貧しい人々にサービスを提供するというソーシャルワークの責務をないがしろにする政策の一つと考えるソーシャルワーカーもいる。彼らは、社会の構成員のウェルビーイングに関する限り、「安ければ安いほどよい」という前提が正しくないということに、ソーシャルワーク専門職が気付くべきだと考える。さらに、民営化がソーシャルサービス提供における政府の存在感を曖昧にし、サービスをさらに断片化し、セーフティネットを破綻させるものと考えるソーシャルワーカーもいる。

■ 競争的資金調達

複数の機関が資金を奪い合う場合、協力関係よりも競争関係が生じる。**競争的資金調達**については、いくつかの課題が表面化している。時に、採算性がある機関のプログラムだけが十分な資金拠出を受けられ、財政面で余裕のない機関にはわずかな資源しか渡らない場合がある。さらに、資金を求める競争は、そのまま専門職スタッフを求める競争につながる。資本に恵まれた機関は、能力や資格に恵まれた専門家を魅了する高額の給与を支払うことができる。実質的な影響としては、貧しい人々を対象としたサービスを行うことで、革新的なプログラムに対する補助金の獲得と経験豊富な実践者の採用の両方が困難になるのだ。

■ 機関の縄張り意識

ある特定のサービス提供や、ある特定のクライエントとのワークに関して、どの機関が資金を供与されるべきかという議論の根底には、**機関の縄張り意識**、すなわち、機関が自らの利益を確保しようと意識している場合が多い。広範なミッションを宣言して包括的なサービスを提供する機関がある一方で、焦点を1つに絞って、提供できるサービスやクライエントの種類を限定したアプローチを採用する機関もある。実際のところ、プログラムが機関のミッションに合致するからではなく、単に資金が利用できるからという理由で、機関が新しいプログラムを構築する場合もある。財政のパイは幾通りもの切り分け方ができることを認識している良心的なソーシャルワーカーは、1つのプログラムに大きな取り分を主張して他者の利益を犠牲にすることについて、倫理的ジレンマに苦しむ。

■ ソーシャルトリアージ

ソーシャルトリアージとは、クライエントを「対処可能」と「対処不可能」あるいは「対応する価値あり」と「対応する価値なし」に分類することである。危機的状況において救急治療室の職員が意思決定の基準とす

る概念に倣い、ソーシャルワークはサービスを提供するクライエントを選別するためにトリアージ基準を用いる。好意的に解釈するなら、ソーシャルトリアージは、限られた資源という制約への対抗手段として、成功の可能性がある者に優先的により多くの力を注ぐものである。ジェンキンス（Jenkins, 1983）は、ソーシャルトリアージの本来の趣旨とは異なる効果を辛辣に表現している。すなわちこれは、ソーシャルワーカーが「私たちにできることはない」と拒絶し見捨て、サービス提供システムが「打つ手などない」と告げることで、クライエントの無力感を強化するものである。ソーシャルワーカーには、ソーシャルトリアージを用いて継続的に「助けることが可能な人を助けながら、しかも最も助けが必要な人に対してより大きな力を注ぎ、より効果的で適切なサービス手法を追求する」（p. 824）社会的責任がある。

スタッフ調達のパターン

スタッフ調達のパターンは、プログラムとサービスを提供するために、さまざまなレベルの専門職のプラクティスと、パラプロフェッショナル、およびボランティアを組み合わせたものになる。スタッフは、専門職としての能力、教育、そして経験のレベルによって区別される。技術的専門知識が専門職、パラプロフェッショナル、およびボランティアスタッフによるソーシャルサービスの提供を強化する。

ソーシャルワーク専門職

ソーシャルワーク専門職は、プラクティスをレベル分けし、資格認定基準を定めることにより構成員を規制する。公認されたソーシャルワークの実践者は、CSWE（ソーシャルワーク教育協議会）の認定を受けた学部および大学院のプログラムで教育と研修を受ける。NASW（全米ソーシャルワーカー協会）は構成員がさまざまなレベルのプラクティスを行うための基準を設定する。州の規制委員会は、それぞれの州で、ソーシャルワーク・プラクティスに対する法的要件を定義する。

■ ソーシャルワーク・プラクティスの資格

資格はソーシャルワークに専門職としての確固たる地位を与え、その規制と保護のための基盤を提供する。公共および民間の組織が共に、ソーシャルワークの実践者に資格を付与する。

CSWE や NASW といった、いくつかの民間団体が資格

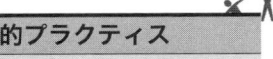

倫理的プラクティス

［プラクティス行動の例］ 専門職の価値基盤について学び、倫理基準と関連法について理解すること。

［批判的思考の訓練］ 多くのヒューマンサービスの実践者が、ソーシャルワークの資格を持っていないにもかかわらず、自分が「ソーシャルワークをやっている」と考えている。ソーシャルワークという職名の保護、免許制度、法的規制により、いかにしてクライエントは保護され、倫理的プラクティスが促進されるだろうか。

付与を行っている。CSWE は、学部レベルと大学院レベルのソーシャル
ワーク・プログラムを評価する。CSWE は基準を満たす教育プログラム
に対し認定を行う。認定を受けたプログラムを修了すれば、NASW の会
員資格が与えられるが、これが多くの州において免許取得の前提条件とさ
れている。

　NASW は資格を取得した会員に対し、公認ソーシャルワーカー学会の
会員資格などを付与し、臨床プラクティスに必要な資格を持つソーシャル
ワーカーを名簿に登録し、老年学、ヘルスケア、薬物乱用、ケースマネ
ジメント、スクールソーシャルワークといった専門分野の資格認定を行
う。これらの資格を取得するためには、NASW の会員資格を持っている
ことが必要であり、スーパーバイザーのもとでの臨床プラクティスの条件
を満たし、標準試験に合格することが要求される。NASW は会員に対し、
NASW（2008）の『倫理綱領』に規定されたプラクティス基準の順守を求
めることで、質を確保する。より広い世界では、専門職としてのソーシャ
ルワークの倫理に関わる訴訟において、この綱領の基準が、NASW の会
員とプラクティスに携わる他のソーシャルワーカーの両者に等しく適用さ
れる。

　他の民間団体により付与される資格は、結婚および家族カウンセリング、
スクールソーシャルワークといった、ソーシャルワークの特定領域を規制
するものである。民間の資格は、法的拘束力を伴う公的認可とは異なるが、
それでもなお、ソーシャルワーク・プラクティスのための専門職的基準を
設定する。

　米国のすべての州とその海外領土の法律が、専門職によるソーシャル
ワーク・プラクティスを認可し、これを規制している。州法によって、規
定する法的規制の種類はさまざまである。州の免許法は、ソーシャルワー
ク・プラクティスに対し、教育、研修、経験、試験、スーパービジョン
に関する必要条件を定める。免許制度は、法的規制の最高形態である。こ
れらの法律は、一般市民保護の手段として、免許法に定められた法的拘束
力を伴う専門職基準を侵した者を処罰する権限を、州に与えている。ソー
シャルワーカーは免許取得試験の成績や継続的教育に関する要件を満たし
ていることを文書で示すことを通じて、自らの能力を証明する。任意登録
制度は、いくつかの州において、学士レベルのソーシャルワーカーの規制
のために用いられている規制形式の一つである（Randall & DeAngelis, 2008）。
州への**登録**によりソーシャルワーカーの名簿が作られ、未登録のソーシャ
ルワーカーが自身が登録済みであると主張した場合には、州はこれを罰す
ることができる。

　登録や免許付与の必須要件は州により異なる。学士レベルと修士レベル
のソーシャルワーカーを共に規制する州もある。臨床の専門家には追加的
な資格を付与する州もある。職名の指定もまた、州により異なる。たとえ

ば、個々の州法に応じて、以下のような職名が規定されている。

- 公認ソーシャルワーカー（Registered Social Worker, RSW）
- 認定ソーシャルワーカー（Licensed Social Worker, LSW）
- 認定臨床ソーシャルワーカー（Licenced Clinical Social Worker, LCSW）
- 認定インディペンデント・ソーシャルワーカー（Licensed Independent Social Worker, LISW）

　免許制度を統制する州法には、それぞれのプラクティスレベルで認可されるソーシャルワーカーのサービスの、種別ごとの条件が具体化されている。

　法的規制は、専門職としてのソーシャルワーカーの信頼性を測る基準を確立し、サービス利用者に法的保護を提供する（Barker & Branson, 2000）。プラクティスに対するこれらの規制法は、教育とプラクティス遂行能力についての最小限の必須要件を具体化し、専門職として教育を受けたソーシャルワーカーに職名による保護を与える。ソーシャルワーク専門職を規制する法律は、専門職による違法行為に罰則を科す手続きと免許剥奪条件を規定する。

パラプロフェッショナル

　パラプロフェッショナルとは、何らかの専門的知識を持ち、技術的トレーニングを受けているが、専門職の地位を得るために必要な正規の教育を受けていない者である。現在の試算では、2020年までに、福祉のために雇用されているパラプロフェッショナルの数は28%近く増加し、米国で成長ペースが最も速い職種になると推計されている（BLS, 2012e）。パラプロフェッショナルはさまざまなプラクティス領域で働いている。運営補佐、ケースワーカー助手、住宅カウンセラー、代理のソーシャルサービス提供者、コミュニティのアウトリーチワーカー、メンタルヘルス現場の補佐役などである。

　ソーシャルサービスにおけるパラプロフェッショナルの活用とサービス利用者の参加を求める法令は、1960年代に注目を集めた。1964年経済機会法（EOA）では、ソーシャルサービスのプログラムと政策のプランニング・設計・提供において、貧困状態にある人が「可能な限り最大の参加」をすることが強調された。サービスセンターを近隣の事務所に置き、職員として専門職とパラプロフェッショナルを組み合わせて配置することで、必要とされる保健および福祉サービスへのアクセスが容易になった。

　1966年のEOAへの「ニューキャリア」修正条項は、貧困撲滅運動に元来備わっている草の根的な参加を増やすためのストラテジーとして効果的

だった。ニューキャリアは実証的取り組みとして開始され、不利な立場にいる人々に対し、保健および福祉サービスにおける入門レベルのパラプロフェッショナルの職を得る機会を提供するというものだった。草の根的ストレングスを基盤として、リメディアル教育と職業訓練を提供することで、昇進への最大の機会を確保するものだった。

ソーシャルサービスの提供におけるパラプロフェッショナルの役割に関し、いくつかの問題が浮上している（Khinduka, 1987）。まず、政策立案者は、パラプロフェッショナル運動により、ソーシャルサービスの提供形態が、より効果的で人々のニーズに的確に応えるものに変化することを期待していた。ところが、パラプロフェッショナルは、本来期待されたような革新的な草の根的サービス提供よりも、伝統的方法への回帰を示す場合が多かった。2番目の問題は、専門職とパラプロフェッショナルの区別に関するものである。専門職としてのソーシャルワークの地位が曖昧にされ、ソーシャルワーカーとパラプロフェッショナルの役割が重複しているように見えるため、それぞれの活動領域において緊張が生じる。パラプロフェッショナルの側からすれば、ソーシャルワーカーから指図を受けることを不快に思い、他方、専門職としての訓練を受けたソーシャルワーカーには、パラプロフェッショナルが自らの役割に侵出してくることに抵抗を示すのである。

ボランティア

歴史的に**ボランティア**、あるいは無給でサービスを提供する人々は、ソーシャルサービスの提供において重要な役割を果たしてきた。慈善組織協会（COS）の友愛訪問員と、セツルメントハウス運動に従事した社会改革者たちは、20世紀初頭のソーシャルワーク専門職の創成期における中心的存在だった。ボランティアの活用は、公共機関がソーシャルサービスの提供への関与を強めるとともに減少した。

現在では、連邦政府や州政府の資金削減により、再びソーシャルサービス提供におけるボランティアの重要性が高まっている。伝統的に、女性たちはボランティア組織の主力だった。ほぼ間違いなく、これらの女性たちが無報酬の女性労働力を構成してきたのである。ところが、外へ働きに出る女性の数が増えるにつれ、ボランティアの資源プールは縮小した。その一方で、ボランティアに対するニーズは拡大し続けている。

■ ボランティアの活動
ボランティアは、多種多様な支援を提供する。ボランティアの種類には以下のようなものがある。

- **政策立案ボランティア**は、作業部会、調査委員会、その他の委員会、理事会などの一員として働く
- **運営ボランティア**は、ワープロ作業、スケジュール調整、メール送信などのオフィスワークをサポートする
- **アドボカシー・ボランティア**は、募金活動、議員に手紙や電話で連絡を取ること、公聴会で証言すること、コミュニティ支援を組織すること、広報活動に従事することなどを通じて支援を行う
- **ダイレクトサービス・ボランティア**は、カウンセリング、レクリエーション、緊急電話相談、個人指導などの活動に従事する。クライエント、特に社会的ネットワークによる支援を受けられない人を、熟練したボランティアに引き合わせることが最近の傾向である

(Mitchell, 1986)

　これらの役割に加えて、機関のボランティアは、コミュニティのプレゼンテーションをしたり、ワークショップや研究グループの指導役を担当したりする。ボランティアはクライエントの送迎、保育やレスパイトサービスの提供、メンタリング、グループ・ファシリテーション、募金活動、運営や事務作業、理事会や作業部会の一員としての活動にも従事する。米国内の傾向として数が増えているのが、募金活動（26%）、食料配給（23.5%）、そして教育および青少年に対するサービス組織である。米国の全ボランティアの19%が個人指導や教育に携わり、17%が青少年のメンタリングを行っていることが示されている（Corporation for National and Community Service, 2010）。

　効果的なボランティア・プログラムは、ボランティアの教育と研修を活発に行い、彼らの任務を明確に定義し、活動をコーディネートし、スーパーバイザーとしてのサポートを行い、彼らの貢献に敬意を払っている。ある種のボランティア職には、指紋照合を含む徹底した信用照会が必要になる。慎重に設計された審査プロセスにより、機関のニーズとボランティアの能力を適合させることができる。

　▶ **ソーシャルワーク・ハイライト**　クリス・アトウッドは、ヘルシーファミリーズ・アメリカ・プログラムを実行に移すためのアドバイザリー委員会の一員として働いている。このプログラムは、専門職でないボランティアと専門職の看護師とソーシャルワーカーを組み合わせて活用することで、新しく親になった人に、在宅支援と教育プログラムを提供しようとするものである。クリスは児童福祉分野の予防的プログラムにおけるボランティアの貢献を高く評価している。このプログラムは、家族関係の強化、育児相談クリニックへの参加の促進、子どもの発達に関する両親の教育を目的として設計されたものである。ボランティアは定期的なスケジュール

に従い、新しく親になった人を訪問する。ボランティアたちはサービス提供チームの一員として、専門職と協働して家族の健康な機能発揮を促進するのである。

サービス提供におけるコンピュータとテクノロジー

コンピュータはソーシャルワーカーのプログラム構築およびサービス提供の取り組みを支える技術的支援となるため、コンピュータとソーシャルワークの結び付きは自然なことである。サービス提供者は、彼らの仕事のさまざまな面で、コンピュータ技術に頼っている。たとえば、日々の業務運用、アセスメント活動、教育プログラム、アドボカシーおよびプログラムの評価とリサーチなどである。電子的ネットワークは、機関内および機関間のコミュニケーション強化に計り知れない可能性をもたらす。Eメール、ウェブベースのディスカッション・グループ、その他の電子掲示板サービスは文字通り、世界中のソーシャルサービスの専門職たちをネットワーク化する。インターネットは、驚くほど広範な情報へのリンクを提供してくれる。人口統計的データ、ファクトシート、法律、文献一覧表、オンライン雑誌、組織の資源などがその例である。

■ コンピュータに関わる問題

サービス提供にコンピュータ技術を活用することに関しては多くの議論がある。たとえば、この情報化時代において、テクノロジー利用の有無は、裕福な人と貧しい人の格差を広げる。技術を導入する資力を持つ機関とそれ以外の機関との格差も広げ、少ない資源での機関運営を困難にし、ひいてはコンシューマーの選択の幅を狭めることになる可能性がある。次に、書式への記入にコンピュータの使用を求められることで、コンピュータに詳しくないクライエントは気後れし、やる気を失ってしまう恐れがある。3番目に、情報セキュリティの抜け穴に関する問題である。たとえば、データベースシステム、ファイル転送、Eメールを用いたコミュニケーションにより、守秘義務違反が発生しやすくなるのだ。最後に、ソーシャルネットワーク現象や個人のプロフィールサイト、ウィキサイト、チャットルーム、ブログなどのウェブ2.0テクノロジーとオンライン環境の出現に伴い、新たな問題が生じている。これらのオンラインコミュニティは、ソーシャルサポートと情報交換の拡大をもたらす可能性を持つが、同時に、利益相反のような新たな次元の倫理的問題や、その他の境界に関わる問題を生じさせる（Giffords, 2009; Judd & Johnston, 2012; Martin, 2010）。つまり、ソーシャルワーカーは、コンピュータ技術をソーシャルワーク専門職の価値と倫理に矛盾しない形で活用するという難題に直面しているのだ。

資源としての自助グループ

相互扶助の場である自助グループは、多数の人々へのサービスにおいて、専門職によるサービスから独立したものとして、あるいはこれに付加する形で、有益なコミュニティ資源を提供してくれる。自助グループは、社会福祉提供ネットワークにおいて、参加者の規模、対処される問題の種類、提供される援助の種類という点で影響力ある資源である。

無作為抽出のサンプルを対象とした全国規模のアンケート調査の結果、ケスラー、マイケルソンおよびザオ（Kessler, Mickelson, & Zhao, 1997）は、全米で 2500 万人を超える人々が、一生に一度は自助グループに参加するという結論を得た。彼らの試算では、毎年 1000 万人が、自助的な取り組みに参加している。自助グループへの関与を報告した回答者のうち、約 3 分の 1 が、薬物使用者のグループに参加したと回答した。薬物使用者は、障害のある人のグループおよび子育て支援グループと同様、自助団体に長期にわたり関与する傾向を示している。研究成果はまた、家族の支援に恵まれない者は自助グループに関与する可能性がより高いことも示している。

自助グループや互助グループの数と種類は劇的に増え続けており、特に、オンラインで参加できる自助活動の拡大が顕著である。概して、グループは薬物使用、人生の移行、死別、障害、病気、ケア提供者支援、生活様式の違い、育児といった、困難に関わる課題を扱うものである。『セルフヘルプ・ソースブック（*The Self-Help Sourcebook*）』（White & Madara, 2002）は、1200 を超える自助グループの一覧を載せており、アメリカン・セルフヘルプ・クリアリングハウス（American Self-Help Clearinghouse）を通じてオンラインでも購入できる。多くの国や地域を基盤としたグループがウェブサイトを持ち、グループの目的や活動の詳細な情報を載せている。

自助グループの形態はそれぞれ多岐にわたっている。その多くは、発足当初は形式張らないものである場合が多いが、最終的には秩序立った組織構造を持つようになる場合もある。同好会や協会のようなものもあれば、連合や連盟の形をとるものもあり、中には全国組織としての構造を持つものまである。さらには、専門家意識や官僚的機構に対する軽蔑から、階層的構造を一切排除したものもある。

自助グループの基礎には、「エンパワメント、インクルージョン、非階層的意思決定、責任の共有、人間の文化的・経済的・社会的ニーズに対するホリスティックなアプローチが含まれる」（Finn, 1999, p. 221）。共通点の多い仲間と情報を交換、共有することで、孤立感を和らげ、有効な相互的支援の経験を得ることができる。自助グループにおいてはストレングスに焦点が当てられ、支援の提供者と受領者の双方の参加が重視され、共有されたコミュニティを通じてソーシャルサポートが提供されるため、利用できる資源が飛躍的に増える。相互扶助には一対一の対話、教育プログラム、

> 自助グループは、多数の人々へのサービスにおいて、専門職によるサービスから独立したものとして、あるいはこれに付加する形で、有益なコミュニティ資源を提供してくれる。

社会活動、グループディスカッション、パーソナル・シェアリング、電話相談、アウトリーチ活動、立法アドボカシーなどの活動が含まれる場合が多い（Segal, 2008）。

　多くの研究において、伝統的な自助グループは参加者の支援の基盤として有効であることが報告されている（Abramowitz et al., 2009, Clare et al., 2008; DeCoster & George, 2005; Stang & Mittelmark, 2008）。障害のある人のためのインターネット上の自助グループに関する最近の研究では、インターネットを通じた相互作用において見られる援助プロセスが、直接対面式のグループで見られるものと似通っていることが示された（Finn, 1999）。今までのところ、インターネットを用いた自助活動の効果について評価した研究はない。一方、フィン（Finn）によれば、インターネットを用いた自助グループは、より利用しやすく、匿名性を確保することができ、コミュニケーションにおける応答時間についてさまざまな選択の余地があり、世界中の自分に似た人とつながりを持てる可能性がある。他方で、参加者が悪意に満ちたやりとりにより傷つけられたり、多くの誤った情報を受け取ったり、依存症になる危険をはらむ活動に誘い込まれたりする可能性もある。

　専門家が率いるグループと自助グループがもたらすメリットの違いを特定するためには、さらなるリサーチが必要である。相互扶助グループと専門職は、相互の関係を明確に定義することにより、サービス提供に関して、競争するのではなく、相互に補完し合うことが可能である。ソーシャルワーカーは、地域の自助的資源を特定し、連絡先情報、会合の時間と場所の情報を常に最新に保ち、文化に配慮した支援の提供における自助グループの可能性を理解するといった努力を通じて、利益を最大化することができる。簡単に言えば、自助グループとの提携関係を築くことにより、利用可能な資源の基盤を拡大することができるのだ。

サービス提供における課題

　ソーシャルサービス提供システムについては２つの捉え方がある。１つは、システムは、資格があるクライエントが利用できる、個々に独立したプログラムの集積だとする捉え方である。もう１つは、ソーシャルサービス提供システムを、QOL の課題に取り組みクライエントのニーズに柔軟に対応するために、複数のサービスを組み合わせて作られた１つのシステムと見なす捉え方である。ユーザーの関与は、サービス提供に対する重要な補強となる。サービス提供における不公平と断片化を是正するため、あるいは組み合わされたプログラムのプランニングと評価にサービス利用者の関与を組み込むため、といういずれの場合にも、エンパワメント指向のソーシャルワーカーは、ニーズに的確に応える、敬意あるサービスの実現のために、利用者の関与を推進する。

断片化されたサービス

　おそらく、現在、ほとんどのコミュニティに実在するソーシャルサービス提供システムを表しているのは、上述の1つ目の捉え方だろう。このようなシステムは、断片化された限定的なサービスの選択肢に溢れていて、カテゴリ化された資金調達と硬直的な資格要件により制約を受けたプログラムの寄せ集めのような状態である。最終的に、クライエントは利用可能な、多くは限定的なサービスを、目先の問題を軽減するために受け入れるしかない。利用可能なサービスは多くの場合、制約に縛られているか過剰な負担を抱えており、適切なサービスに参加するために、クライエントは順番待ちリストに名前を書いて待たなければならない。ソーシャルサービス提供システムが断片化され制約されたものになるのには、さまざまな要因がある。

- ワーカーがクライエントの資格の判断に際し、客観的かつ公平なガイドラインを用いることなく、クライエントの「価値」あるいは「動機」をベースに主観的判断を行い、これにより不公平で差別的なプラクティスが生まれる
- 官僚制度的な説明責任が要求されるために、資金調達がカテゴリ分けを基礎としたプログラムと結び付く。コスト対効果の考え方のもとで、社会的有効性は軽視され、サービス単位のコストとの関係で、サービスを受けるクライエントの数が重視される
- サービス提供システムに生じる隙間への対応として、善意のアドボケイトたちは、人のニーズへの包括的対応を促進することよりも、ニーズを満たされていない特定の社会集団あるいは特定の問題に焦点を当てる。これにより、個々のクライエント集団の特定のニーズを対象とした多数のプログラムが、すでに断片化しているシステムにさらに追加される。その結果、多くのサービスに関して、これを受ける資格が特定のグループに限定され、社会的ユーティリティとしてのサービス提供ではなくなってしまう
- 資金提供主体が機関に対し、サービスが重複しないよう、あるいは重複を減らすよう求める。資金供給源が変わると、機関は資金とクライエント、およびサービス提供の独占権をめぐり相互に競争することになる。これら全体の結果として、クライエントの選択の幅が狭くなる
- 政治的・経済的状況の変化により、プログラムや社会問題は、文字通り1年だけ流行し、その後は需要が減少する。このような社会福祉改革の結果として、サービスの拡大や縮小が行われ、最終的にはプログラムの安定性に悪影響を及ぼす
- 政策立案者がソーシャル・プランニングを、財政的にもその理念にお

いても支持しない場合、ソーシャルサービス提供者の間で行われる包括的かつ協調的な調整は困難に陥る

- マネージドケアにおけるコストに対する説明責任の重点が、コスト意識からコスト対効果へ、そしてコスト抑制へ、さらに最小コストでのサービス提供へと何度も変わるたびに、クライエントのサービス利用可能性は低下することになる

これらの要因はそれぞれ、正当な懸念に対する取り組みではあるが、結果としてサービスの断片化をもたらすことになる。

適切に調整されたサービス

対照的に、理想的なソーシャルサービス・システムは、すべての人のQOLに取り組むべく適切に調整されたサービスを特徴とする。そこには、クライエントの独自のニーズに応えるための、柔軟な資格基準とサービスの創造的な応用が含まれる。包括的なサービス提供モデルでは、適切なレベルのインターベンションにより即座に対応がなされる。さらに、そこには社会的機能の強化や、社会政策の変革手段の提供も含まれる。理想的なソーシャルサービスの提供は以下のようなものである。

- 包括的かつ普遍的であること
- クライエントの参加、選択、意思決定が組み込まれていること
- 政策形成において、サービス利用者、サービス提供者、コミュニティ全体などの意思が広く代表されていること
- サービス利用者、資金提供者、運営者、政策立案者など、すべての後援者に対してサービスの品質と有効性の両方を保証するために、成果の評価が行われること
- 手続きをシンプルにすることにより、効率性と有効性が確保されていること
- 適切な資金配分がなされること　　　　　　　　　　　　　　(NASW, 2009l)

> 理想的なソーシャルサービス・システムは、すべての人のQOLに取り組むべく適切に調整されたサービスを特徴とする。

サービス利用者の関与

サービス利用者運動の参加者は、サービス提供におけるパワーの不平等を是正し、ソーシャルワーク・プラクティスのすべての側面にエンパワメントを浸透させるためには、サービス利用者の関与が絶対に必要だと考える。たとえば、メンタルヘルス・システムの元利用者や、高齢者、学習困難のある人、障害のある人などによる、エンパワメント指向のサービス利用者運動の主目的は、意思決定におけるサービス利用者の自主性を確保

することである（Hodge, S., 2005; Cantley et al., 2005; Linhorst et al., 2005; Taylor, 2006）。彼らのエネルギーの多くが個人によるコントロールの可能性強化に向けられるが、同時に、サービス提供や社会政策、リサーチやソーシャルワーク教育における利用者の関与も推進する（Gupta & Blewett, 2008; Tew, 2008; Warren & Boxall, 2009）。

　利用者による関与について著された書籍のタイトル『私たちぬきで私たちのことは何も決めるな』（Charlton, 1998：岡部史信監訳、笹本征男他訳、明石書店、2003）は、障害のある人の権利運動においてマントラとされたフレーズである。プラクティスに関するリサーチも、「政策とプラクティスの構築における利用者の積極的かつ重要な役割の確立」（Fisher, 1994, p. 289）を支援する。こうした利用者の関与の明白な要求は、サービス利用者運動の支えとなり、サービスにおける協調的なパートナー関係の重要性を強調するものである。さらに、サービス利用者の関与には自己決定の確保を超えた意味が含まれる。利用者の関与を、理論の構築、プログラムの評価、スタッフ養成研修、政策形成などの全範囲の活動に拡大することが必要なのである。

展　望

　ソーシャルサービス提供ネットワークにおいて、意思決定、優先順位の設定、資源の活用の基盤となるものは何か。究極的には、社会との関係における人間の本質に対し私たちが抱く信念により、対応が決まる。視点の基礎にあるのは個人主義か。協調あるいは競争か。労働倫理か。ヒューマニズムか。社会ダーウィニズムか。自己決定か。エイジイズム、セクシズム、レイシズム、エリーティズムといった「イズム」は、価値観にどのような影響をもたらすのか。人々は政治的に革新的か保守的か。私たちが経済的な制度、経済発展、ひいては社会の変化をどのように捉えるか。社会変革が定義されるとき、その説明はグローバルで 開かれたものか、あるいは局所的で排他的なものか。ソーシャルサービス提供ネットワークの目的は現状維持か、あるいは社会変革の手段か。これらの問いに対する回答により、ソーシャルサービス提供ネットワークの各要素がどのように構成されるべきかについての視点が得られる。政策は、これらの問いに対する回答の集積から生じ、ソーシャルサービス提供ネットワークの枠組みとなる。本書ではこの後の部分で、これらの重要な問いに応える。第5章では、専門職の哲学、イデオロギー、価値について精査する。第6章では、社会正義に関する課題について検討する。そして第7章では、ダイバーシティに対する視座を提供する。

第4章　練習問題

以下の問いは、本章で学んだ知識をテストするものである。

1. ジェシカは＿＿＿＿＿である州児童保護サービスのソーシャルワーカーである。
    a. 民間機関
    b. 宗派的機関
    c. 専門職協会
    d. 公的機関

2. 最近ソーシャルワーク科を卒業したジャックは、＿＿＿＿＿・セッティングである保護観察官として採用された。
    a. 専門職協会
    b. ホスト
    c. インディペンデント・プラクティス
    d. プライマリ

3. 州社会福祉局は、シニアパワー社の高齢者虐待予防プログラムに資金拠出を行った。これらの資金提供がなされるのは＿＿＿＿＿を通じてである場合が多い。
    a. 提案依頼書
    b. サービス購入契約
    c. 寄付
    d. 官僚制的な受給権付与

4. ラン・アンド・プレイ保育所は、就学前児童クラスに対し資金を提供してくれる補助金の詳細を確認しようとしている。補助金申請のための詳細事項は＿＿＿＿＿で参照することができる。
    a. 提案依頼書
    b. サービス購入契約
    c. 寄付
    d. 官僚制的タイトル

5. 都市部と比較して、地方には＿＿＿＿＿がある場合が多い。
    a. 利用しやすいサービス
    b. 十分なヘルスケア・サービス
    c. 発達したナチュラルサポート・ネットワーク
    d. 人口の密集

6. 政策の縮小を通じたプログラムのコスト削減は、＿＿＿＿＿の一例である。
    a. 民営化
    b. 官僚制的権利剥奪
    c. ソーシャル・トリアージ
    d. 競争的資金調達

7. 機関と協会、公的機関と民間機関、プライマリ・セッティングとホスト・セッティング、営利団体と非営利団体の違いを、それぞれ説明せよ。あなたの地元のソーシャルサービス提供システムの例を挙げながら説明すること。

第2部

ソーシャルワークの視座

Pryzmat/Shutterstock

ソーシャルワークの価値と倫理

本章の概要

本章のプラクティス行動の例に適用されるコンピテンシー				
■ 専門職のアイデンティティ	✓ 倫理的プラクティス	■ 批判的思考	✓ プラクティスにおけるダイバーシティ	■ 人権と社会正義
■ リサーチ・ベースのプラクティス	人間行動	✓ ポリシー・プラクティス	■ プラクティスのコンテクスト	エンゲージメント、アセスメント、インターベンション、エバリュエーション

病院に勤務するソーシャルワーカーのローズ・ヘルナンデスは、ブラウン医師から、退院計画作成を依頼する紹介状を受け取った。最近、腰を骨折した80歳のイルマ・ダグラスを、高度看護施設に転院させたいというもので、ミス・ダグラスは医師の指示に「従う」ことを拒んでいるのだという。当初は「感じのよい年配の女性」だったが、最近の職員の説明によれば、怒りっぽく攻撃的で、言うことを聞かない、協調性のない人物に変わってしまったらしい。ミス・ダグラスに初めて対面した際、ローズは言葉の集中砲火を浴びた。

　「あんたも何か命令しに来たんだろ？　他の奴らと同じにね。いいかい、黙って聞きな！　私は家に帰ると決めたんだ。こんな年寄りばかりの老人ホームなんかに閉じ込められてたまるか！　こんな病院にいつまでも監禁されるなんてまっぴらだ」

　ローズは尋ねた。「腰の骨を折ってしまってから、何もかも思い通りにいかなくなってしまったのですね、ダグラスさん」

　「その通りだよ」小柄なミス・ダグラスは大声で答えた。「叫びたくなるんだよ。「もう止めて！　このいかれたメリーゴーランドから降ろせ」ってね」

　ローズは言った。「自分の人生を、自分の手に取り戻したいのですね」

　ミス・ダグラスは答えた。「もう、病院がうんざりなんだよ。いつも「ああしろ、こうしろ」ってね。おまけに私の友だちって奴が来たと思ったら、感謝すべきだとか言うの。はあ？だよ。今度は別の奴が現れて、もうその目がね、「あわれなイルマ、かわいそうに」って言ってるのよ。私が悪いなんて言う厚かましいのもいたわ。その女はね、「あなたが非難すべきはあなた自身よ」なんて言ったのよ。寝たふりしてたら帰ったけどね。でもね、本当はたぶん、あの人たちが正しいの。たぶんね、私が多くを望みすぎなのよ」

　ミス・ダグラスは続けた。「私はただ、自分の家のぬくもりを感じたいだけなの。こんな冷たい消毒された病院のシーツはもういや。薬の臭いじゃなくて、家の庭に咲いた花の匂いをかぎたいの。自分で焼いたパンとジャムを食べたい。味も素っ気もない病院食はいやなの。ただ家へ帰りたいだけなの！　今帰らないと、もう二度と帰れない気がするの！」

　会話がしばらく続いた後に、ローズが尋ねた。「再び希望を感じられるとしたら、それはどんなときだと思いますか？」

　ミス・ダグラスは少し考えて、言った。「歩けるようになったとき……。自分で自分のことを決めることができたときだわ」そしてミス・ダグラスは手を伸ばし、ソーシャルワーカーの手を取って言った。「計画を立てなきゃ。大変な決断だけど、私はがんばれる！」

　この例は、価値と倫理に関わる問題を提起する。高齢者に対する社会の見方が何をもたらすのか。ミス・ダグラスの価値が、自己と他者、選択肢、

決断に対する捉え方にどのような影響を及ぼしているのか。高齢者差別は、専門職と高齢者の相互作用にどのような影響を及ぼすのか。ソーシャルワーカーが、高齢者には自分のことを決める能力がないと信じていたなら、結果はどう変わっていただろうか。ミス・ダグラスがもっと若かったなら、話し合いの方向性は変わっていただろうか。ミス・ダグラスが、安全面のリスクがあるにもかかわらず自宅に帰ることに固執していたら、ローズはどのような葛藤に悩まされることになっただろうか。これらの問いは、日々のソーシャルワーク・プラクティスにおいて価値と倫理を考慮することの重要性に注意を向けるものである。

ソーシャルワーク・プラクティスにおいて基盤となる価値と倫理について明らかにするために、本章では、以下のことを行う。

- 価値と倫理の違いを示す
- ソーシャルワーク専門職の価値について詳述する
- ソーシャルワークの価値的コンテクストを分析する
- 倫理綱領の規定を精査する
- ソーシャルワーク・プラクティスの指針となる原則について述べる

人間の尊厳と社会正義というコア・バリュー（核となる価値）は、全米ソーシャルワーカー協会（NASW）と国際ソーシャルワーカー連盟（IFSW）の倫理綱領の両方の基盤となるものである。ソーシャルワークの価値と倫理原則には、専門職に課せられた人権と社会経済的正義に対する義務が明白に反映されている。

価値と倫理

ソーシャルワークは、価値を基盤とした専門職である。価値は選好（preference）を反映し、選択のための情報を与える。このように、価値はソーシャルワーク・プラクティスのすべての側面に内在するのである。

価値の定義

価値とは、私たちが何を理想とするか、あるいは何をより望ましいと見なすかに関する、黙示的あるいは明示的な信念である。そのため、私たちがどの目標や行動を「良い」と評価するかは価値によって決まる。価値は、私たちの信条、感情、態度を形成し、逆に、私たちの信条、感情、態度が価値を作り出す。価値は行動のための規範あるいは指針を示す。

ミス・ダグラスの例を振り返ってみよう。彼女は何に価値を置いていただろうか。その価値は彼女の行動にどのような影響を及ぼしていただろ

> 価値とは、私たちが何を理想とするか、あるいは何をより望ましいと見なすかに関する、黙示的あるいは明示的な信念である。

うか。ミス・ダグラスが自らの自立に価値を置いていたことは明白である。事故のため、身の回りのことが普段通りできなくなってしまっていたが、彼女の自立への意思は変わらなかった。事実、職員が「言うことを聞かず、協調性がない」とラベル付けしたように、彼女の行動はまさに自身に対するコントロールを維持しようとするものだった。ミス・ダグラスが自立に重きを置いていたために、それが感情的な行動として表現されたのだ。

　価値システムとは、人々が個人の内面に、あるいは集団の内部に構築する、価値の複雑なネットワークである。このようなシステム内の複数の価値は互いに調和し、内部で一貫性があることが理想である。しかしながら、価値システムは通常、何らかの矛盾を抱えている。たとえば、「すべての人は平等である」と信じながら、同時に「生産的に働く人だけに価値がある」と信じる人がいたら、そこには価値の矛盾が見られる。

■ 価値を行動に移す

　人々の価値に対する指向は、その行動に動機と方向性を与える。多くの場合、個々の価値は、価値システムの内部において階層的に配置される。状況に応じ、一つの価値が他の価値より優先されるということが生じやすいのだ。

　人は自らの価値を抽象的な言葉で述べたり、具体的な行動で表現したりする。一般に人は、抽象的な価値については意見が一致するが、価値が具体的な行動に及ぼす影響については意見が分かれる傾向がある。たとえば、生命の尊厳については、およそすべての人が同意する。ところが、生命の尊厳について一様に支持する人たちでも、人工妊娠中絶に関しては異なる行動を選ぶ。すなわち、合法的中絶に賛成する人も反対する人も、自らの行動が生命の尊重という価値を支持するものだと信じているのだ。この例では、同じ価値を共有している人々が、その価値を正反対の行動に移しているのである。

倫理の定義

　価値が、何を良いと考えるかについての黙示的あるいは明示的な信念であるのに対し、倫理は、人が何を正しいと考えるかに関わる。倫理を基盤として、人の行為を方向付ける基準が生まれる。専門職の倫理と価値に関して言えば、倫理は「行動に移された価値」（Levy, 1976, p. 233）を意味する。具体的に言えば、「ソーシャルワークの倫理は、ソーシャルワークの責任に伴う、行動における期待あるいは選好を意味する」（p. 79）。倫理は選好を具現化するが、この選好は、

　　実現に値すると**証明**されたものに限らず、そう**判断**されたものも含まれ

る。選好は、情報やテクノロジーの集積および社会の変化に伴い、継続的に編集、修正、明確化される。一方で、選好は、その変化し続ける性質にもかかわらず、ソーシャルワークの専門職化以来、ソーシャルワーカーたちが絶えず共感し続けてきた、きわめて持続的で基本的な価値基盤に支えられたものである。 (pp. 79-80)

■ ミクロ倫理とマクロ倫理

ミクロ倫理は、プラクティスを方向付ける基準と原則に関わるものである。一方、**マクロ倫理**すなわち社会倫理は、「組織の構成と価値および社会政策の基礎となり、これを方向付ける倫理原則に関わるものである」(Conrad, 1988, p. 604)。ローズがミス・ダグラスとワークを行う際には、ミクロ倫理が指針となった。ミクロ的視点から提起される倫理的問題として、「自己決定は安全性の問題に優先するのか」「ミス・ダグラスに関する情報を、医療チームの他のメンバーと共有することは、守秘義務違反となるか」「もし、ミス・ダグラスに家族がいたなら、意思決定プロセスに彼らを参加させるべきか」などがある。他方、マクロ倫理は、ローズを雇用する病院の組織的コンテクストやヘルスケアに関する社会政策を問題とする。マクロ倫理が提起する問題としては「限られたヘルスケア資源をどのように公平に配分するか」「ヘルスケアの適用範囲をどのように全市民に拡大するか」「どんな場合に、どのように、事前指示書とリビングウィルを尊重すべきか」などが挙げられる。

■ 倫理的行為

倫理的行為とは、道徳的義務を順守し、倫理綱領に規定されたプラクティスの基準に従う行動である。倫理綱領は専門職の価値基盤より導き出される。マックス・ウェーバーの責任倫理について論じる中で、レヴィー (Levy, 1973) は、ソーシャルワーカーは予見できる限りにおいて、自身の行動の結果のすべてに責任を負うべきだと述べた。倫理的行為の基礎には価値の適用についての解釈がある。抽象的な義務に対する解釈は人により異なるため、何が倫理的行為すなわち「適切な行動」にあたるのかについては、見解の不一致が生じることも多い。

ソーシャルワーク専門職の価値基盤

ソーシャルワークの価値は、その歴史的ルーツと現代的プラクティスの両方に浸透している。過去に生じた価値の転換を理解することで、現代のソーシャルワークに共通の価値を、よりシャープな視点で捉えることができる。この転換には、個人の道徳観念の重視から専門職の道徳的義務の重視への移行も含まれる。

個人の道徳観念の重視

　19世紀のイギリスにおいては、貧困状態にある人への態度には次のような考え方が反映していた。

　　人が貧しいのは状況改善のための豊富な機会をあえて活用しなかったことが原因である。倹約は美徳、浪費は不道徳なのだ。救済を求めなければならないほどに貧しいのは人格的欠陥という罪であり、つまりは「改革」が必要である。　　　　　　　　　　　　　（de Schweinitz, 1961, p. 143）

　19世紀後半の米国における社会福祉運動には同様の態度が見られた。たとえば、ロバート・M・ハートリー（Robert M. Hartley）は、慈善組織である貧困者状況改善協会（Association for Improving the Condition of the Poor）のリーダーだったが、彼は、貧困状態にある人が不摂生、不精、怠惰といった愚行を止めるためには、指導を受ける必要があると述べている（Lubove, 1965）。
　ボストン慈善連合の地域職員による活動概説を読むと、調査、トラブルに関する聴取、選択肢に関する家族へのアドバイスに時間が割かれていたことが窺える。職員は社会改革を通じた社会的不正義への対処よりも、個人の変革を重視していた。たとえば「このような職員の一日は、地域内に住む病気の女性のための援助申請を、不摂生の疑いを理由として却下することから始まる」（Lubove, 1965, p. 12）。これは、世紀の変わり目において、社会福祉が個人の道徳観念に焦点を置いていたことを示している。この考え方は、クライエントの人格と道徳観念を重視し、「援助に値する」貧困者と「援助に値しない」貧困者を明白に区別するものである。

ポリシー・プラクティス

［プラクティス行動の例］　社会的ウェルビーイングを向上させる政策の分析、形成、推進を行うこと。

［批判的思考の訓練］　現在でも、生活困窮者を人格的に非難し、彼らには援助を受ける資格がないと考える人が多数存在する。個人の道徳観念に対するこのような保守的な見方は、社会福祉政策の構築および実現にどのような影響を及ぼすか。

専門職の道徳的義務

　道徳観念への関心の焦点は、かつてのクライエントに対するものから、今日ではソーシャルワークの道徳観念、実践者の振る舞い、ソーシャルワーク専門職の活動に対するものへと移っている（Reamer, 1990）。20世紀初頭の米国におけるセツルメントハウス運動は、個人の改革から社会改革への方向転換をもたらす誘因となった。1930年代における大恐慌の経験は、ソーシャルワーク・プラクティスにおける社会的・経済的問題が人のニーズにどのような影響を及ぼすかを示す、さらなる証拠となった（Reamer, 1995）。
　1920年代に、ソーシャルワーク・プラクティスの普遍的特徴を明らか

にするために開催されたミルフォード会議において、ソーシャルワークの哲学が明らかにされ、価値に関わるさまざまな問題が提起された。以下に示す会議の議事録からの引用に、会議参加者の関心の中で、価値が重要な位置を占めていたことを窺い知ることができる。

ソーシャル・ケースワーカーには、よく練られた社会的価値体系が必要である。これは、包括的な目的を明確にし、社会的進歩の理論との関係でソーシャルワーカーを導くためだけでなく、すべての専門職的関係においてソーシャルワーカーを方向付けるためである。次のような実践的問いは、哲学の必要性を示すものである。

- クライエントの個人としての権利とは何か
- クライエントが家族に対して負う義務とは何か
- 家庭が離散しないよう、維持に向けて努力すべき状況として、どのような場合が考えられるか
- 家庭を壊してしまった方がよいのはいかなる状況か（すなわち、個人、集団、社会のどのような価値が関わるか）
- 場合によっては、強制が正当化されるか
- 個人の依存については、どのような場合にどの程度、社会に責任があるのか。そして、どのような場合にどの程度、個人の責任なのか
- 個人の社会的ニーズのうち、必要最低限度の生活以外に、社会が責任を持って充足すべきものは何か。教育、健康診断、知能テスト、職業指導、レクリエーションなどについてはどうか
- 病気あるいは不適応の人の利益のために、社会環境をどこまで変革すべきか
- ソーシャル・ケースワーカーが、クライエントの秘密保持の権利を制限すべき場合があるとすれば、それはどのような状況か
- ソーシャル・ケースワーカーは法の執行に責任を負うか

(American Association of Social Workers, 1929, p. 28)

ミルフォード会議は、ソーシャルワーク専門職の内部にあった多様な党派を1つにまとめ、専門職の価値基盤に関する問題提起を行うことで、きわめて重要な役割を果たした。基本的に、ミルフォード会議は専門職の道徳観念に焦点を当てるものだった。50年以上もの時を経てなお、これらの問いは、ソーシャルワーク・プラクティスにおいて価値が果たす役割を理解するうえで、きわめて重要である。

ソーシャルワークの普遍的価値

ソーシャルワークの価値基盤は、固有の価値を有する人間の本性、変化、資質についての基本的信念を反映したものである。

> ソーシャルワークの価値は、その中心的関心が人間らしさと人間性の発展に向けられている以上、徹底的に人道主義に貫かれていなければならない。すなわち、ソーシャルワークの価値は、人間の条件の根源を表すものでなければならない。少なくとも、価値には平等、社会正義、生活様式の自由、正当な権利に基づく社会資源へのアクセス、自己のパワーの解放が含まれていなければならない。これらの価値はソーシャルワーカーに対し、不自由で抑圧的な旧態依然たる社会状況から人間を解放する存在であるよう求める。 (Hunter & Saleebey, 1977, p. 62)

ソーシャルワークが専門職として発展し続けてきたにもかかわらず、ソーシャルワークの価値基盤を構成する中心要素は、変化することなく維持されてきた。QOL、社会正義、人間の尊厳と価値に対するソーシャルワーク専門職のコミットメントは、専門職の最初期から見られ、現在でも維持されている (Reamer, 1995, 2006)。NASW (2008)、IFSW (2004)、CSWE (2008) が発行した文書はどれも、ソーシャルワークのコア・バリューを反映したものだった。これらの専門職組織のそれぞれが、人間と社会のウェルビーイングの促進に対して同時に、すなわち二重の焦点を当てることについて記述している。ソーシャルワークの目的は、このような「人－環境」という構造を、社会的・経済的正義の推進と人権保護を強調することによって顕在化させる。

■ 専門職の一連の価値

一般にバリュー・ステートメントとは、専門職のおよそすべての構成員により受け入れられた、抽象的な理想を表明したものである。具体的には、行動が価値を現実に機能させる。たとえば、もしソーシャルワーカーがすべての人の尊厳と価値を信じるなら、この信念は彼らの行動にどのような影響を与えるだろうか。人は資源を利用できるべきだとソーシャルワーカーが信じたなら、この信念は彼らのアドボカシーにどのように影響するだろうか。ソーシャルワーカーが、人は自己決定の権利を持つと信じたなら、プラクティスへのアプローチはどのように変化するだろうか。プロのソーシャルワーカーになるために必要な難しい課題の一つは、自身を専門職の価値と一体化し、行動の中にこの価値を組み込むことである。さらに、パールマン (Perlman, 1976) は次のように述べた。「価値が少なからず重要なのは、それが信念から行動へ、そして言葉による主張から実行へと移さ

れるとき、あるいは移し得るときだけである」(p. 381)。

ソーシャルワークの価値のコンテクスト

　さまざまなシステムが、それぞれ独自の価値指向を持ち、緊張関係を生み出しながら、1つにまとまることでソーシャルワーク・プラクティスは成り立っている。このようなシステムとしては、社会文化的環境、機関の現場、クライエント、そして、ソーシャルワーカーが挙げられる。システム同士が関わり合う際に、その相互作用的融合により、競合する価値と相矛盾する帰属意識で構成される独特な階層が生まれる（図 5.1）。たとえば、価値は、クライエントとソーシャルワーカーが目の前の課題や問題を定義する際に、これに影響を及ぼす。また、コミュニティと専門職との優先順位の相違が、両者の社会問題解決のためのアプローチに反映される可能性もある。特定のクライエントのための有効なインターベンション・ストラテジーの選択に際して、機関がポリシーとして規定するインターベンション方法の妥当性と、ソーシャルワーカー個人の専門職的見解が矛盾する場合もある。さらに、自己決定の問題を調整する際に、「正しい」解決方法に関して家族の構成員同士で意見が一致せず、ソーシャルワーカーが板挟みになる場合もある。

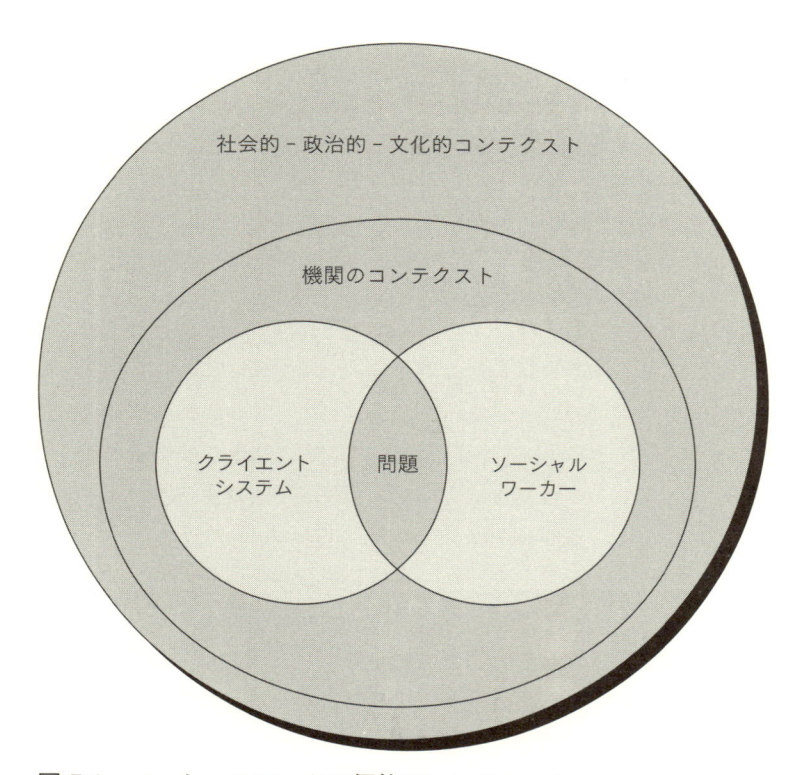

図 5.1　ソーシャルワークの価値のコンテクスト

社会と価値

　最もマクロなレベルの分析において、社会的価値と文化的価値は、クライエントシステムとソーシャルワーカーの間の相互作用を理解するための広範なコンテクストを与えてくれる。社会的価値と文化的価値は広く共有された信念や伝統の中に見出すことができる。たとえば、米国社会における支配的価値については、ユダヤ・キリスト教の伝統の中に見ることができる。つまり、そこに人間の尊厳と価値という感覚および「隣人に対する」共同体的責任を見出すことができるのだ。ピューリタン的倫理観においては、勤労に関する道徳観念と、労働の成果に対する他者からの評価が重視される。民主主義的理想に対する個人主義的解釈の中にも、個人の職業、競争、自律性が重視されていることが分かる。いかなる社会においても、支配的な価値を基準として人の値打ちが決められる。基準を満たしていない者には、中傷的な言葉や偏見に満ちた態度、差別的行動が向けられる。

　さらに、社会的イデオロギーも、サービスの受益者やサービス提供条件に対する態度に影響を及ぼす。これに関し、サービス提供における人道主義的アプローチと懲罰主義的アプローチという2つの重要なテーマが、ソーシャルワークの歴史の全体を通じて見られる。人道主義的理想のもとでは、社会状況は個人のニーズ充足のための能力発揮に悪影響を及ぼすと考える。人道主義的アプローチは、市民の権利としてのサービスと、社会的・経済的改革の追求を通じて、人を支援する。懲罰主義的アプローチは、直接的に個人を非難し、サービスを受けることを限りなくつらく耐えがたいものにする。

価値とソーシャルワーク専門職

　ここまでの議論では、社会がソーシャルワークに対して及ぼす影響について検討した。社会的価値は個人、集団、コミュニティ、機関、ソーシャルワーカー、ソーシャルワーク専門職に影響を及ぼす。そして逆に、これらの要素も社会が奉じる価値に影響を及ぼす。バーサ・ケイピン・レイノルズ（Reynolds, 1951）は、ソーシャルワークと社会の不可分の関係について次のように表現した。

　　人々のウェルビーイングに対して社会が実際に抱いている関心が、我々のプラクティスの根底にあり、そこに機会が見出される。我々ソーシャルワーカーが人々に対して抱く信念も、社会が我々に望むことの影響から自由ではあり得ない。我々が持つ哲学も、我々の手によるソーシャルワーク・プラクティスも、この時代の社会に強い影響を残すこと

人間のダイバーシティの尊重

　ソーシャルワーカーは、人間のダイバーシティについて理解し、尊重しなければならない。その際、すべての人の性質、人生経験、信念体系に相違点と類似点があることを認識しなければならない。人は、人種、民族、文化的伝統、年齢、性別、信仰、性的指向、階級、物理的・精神的能力において多様である。当然ながら、誰もが人生のあらゆる時点で、これらのうち1つ以上のダイバーシティのカテゴリに分類される。簡単に言うと「ダイバースなのは誰か」に対する答えは「すべての人」なのだ。

　ソーシャルワークにおけるダイバーシティの問題は、実践者が単にダイバースな人々とワークすることではなく、むしろ差別、経済的窮乏、抑圧、人権侵害がもたらす結果に苦しむ多様性を持つ人々とワークすることを意味する。これらの結果を経験するリスクを抱えているとされる人々には、女性、肌の色に関するマイノリティ、ゲイとレズビアン、障害のある人、高齢者、貧困状態にある人などがいる。これらの人々は皆、さまざまな形（市民権の喪失、救済政策の欠如、機会および資源の活用の制限など）で、権利を奪われてきた人々である。

　自己決定、選択の自由、社会的責任といった個人主義および民主主義的理想がソーシャ

ルワークの価値基盤を構成する。ラム（Lum, 2004）は、ソーシャルワーカーに対し、これらの専門職的価値をマイノリティの価値に照らして検討することを求める。すなわち、家族、教会、自然といった共同体的コンテクストにおいて、家族、スピリチュアリティ、民族的アイデンティティに焦点を当てることを要求するのだ。ソーシャルワークの価値を、民族的または人種的にダイバースなクライエントとの行動に移すためには、クライエントの信念体系と人生経験に対する配慮と尊重が必要とされる。

　文化的あるいは民族的にダイバースな人々の価値、問題、ニーズを理解することは、ソーシャルワーク教育の重要なテーマである。実践者は、理論的枠組みの文化的・民族的妥当性およびリスクを抱えた人々への応用について、批判的に評価しなければならない。そして、実践者は、ダイバーシティを重視し、ダイバーシティのストレングスと資源を包含したプラクティス理論を選択しなければならない。文化という見地から言えば、有能なソーシャルワーカーが活用するアセスメント、インターベンション、エバリュエーションのスキルは、文化、民族、年齢、性別、性的指向のダイナミクスと、差別、抑圧、人権侵害のもたらす結果を考慮したものである。

はできていない。　　　　　　　　　　　　　　　　　　　　　　　　　　（p. 163）

　歴史的に、社会とソーシャルワークの関係は相互的なものとして説明されてきた。さらに、社会とソーシャルワークの潜在的関係性を探ることで、興味深い推論を得ることができる。ソーシャルワーク専門職は、抑圧された人、貧しい人、権利を奪われた人と共に社会悪を正すことを委託されていると考えることもできる。あるいは、社会はソーシャルワーカーに対し、他の人々がやりたがらない「汚れ役」を任せていると言ったほうが、より正確だろうか。

　検討が必要な領域としては、ピューリタン的労働倫理、民主主義思想、

個人主義の含意、そしてさまざまな「イズム」が、社会福祉政策やプログラム構築、ソーシャルワークの価値、クライエントの自己と他者への態度、ソーシャルワークの価値の進化に及ぼす影響が挙げられる。ソーシャルワーカーが直面する課題としては、クライエントの権利と社会統制のバランスを取ること、教育とアドボカシーを通じて社会改革と社会変革に取り組むことが挙げられる。

■ 社会的権威

社会は専門職に対し、正当な専門職というコンテクストで機能するための権限を与える。いかなる社会であっても、権限付与の根拠となるのは、継続的に専門職の活動を承認し、これに資金提供し続けたいと考える社会の意思である。逆に言えば、ソーシャルワーク活動を脅威と見なす社会では、ソーシャルワークはその機能を十全に発揮することができない。たとえば、多数の国からIFSW所属ソーシャルワーカーが参加した最近の会議において、非民主主義国家においてエンパワメント指向の社会正義的アプローチを採用することの危険性に関する報告が行われた。このような状況で、ソーシャルアクションや社会変革を推進すれば、深刻な結果をもたらす場合がある。ソーシャルワーカーは、ソーシャルサービス提供システムでの職を失うだけでなく、自由や生命を失う可能性すらあるのだ。

機関と価値

ソーシャルワークの交互作用が発生する組織の価値システムを含む一連の価値は、全体としてソーシャルワークのプロセスに影響を及ぼす。組織の価値システムには、組織の理念やミッション、ポリシーや手続き、適格性に関する優先順位のような要素も含まれる。

機関のミッション・ステートメントは、機関が拠って立つ価値を暗黙的に反映し、組織の目的を明示的に宣言するものである。価値は日々のプログラムとサービスの運営の成否を判断するための基準の一つである。もし機関が人間の尊厳と価値の重要性に賛同するなら、機関内の人間関係あるいは他機関との関係やクライエントとの関係において、敬意が示されるはずである。もし機関の価値にダイバーシティの尊重が含まれるなら、職員の雇用、プログラムとサービス、組織形態は、多文化主義が反映されたものになるはずである。もし機関の価値がエンパワメントを重視するなら、ストレングス、協調的パートナーシップ、ソーシャルアクション支援の重視、およびプランニング、政策形成、スタッフ育成、プログラムの評価、リサーチへのサービス利用者の関与の重視がすべて明らかに見て取れるはずである。優れた機関は日々のサービス提供における現実を、機関の価値観から見た理想に合致させるよう継続的に努力している。

さらに、ソーシャルワーク機関には、専門職の価値の維持が義務付けられている。機関は、責任体制の確立、ピアレビュー・プロセスの実施、ソーシャルワーク・プラクティスにおける倫理的問題に焦点を置いた現任研修とコンサルテーションの主催、不服申し立ての手続きの制定、および「厄介な」ジレンマについてコンサルテーションを行うためのソーシャルワーク倫理委員会の組織化を通じて、倫理的プラクティスを推進する（Dolgoff et al., 2005）。NASW は人事実務のための専門職の基準を作成した。これは、スタッフの人選、育成、評価、昇進、手当、解雇について規定したものである。個別の現場のための基準としては、ヘルスケア、長期ケア施設、児童保護、臨床ソーシャルワーク、ケースマネジメント、スクールソーシャルワークのための基準が挙げられる。機関が規定された基準を順守しない場合、NASW 倫理委員会による審判手続きを経て懲戒処分を受けることになる。

特に重要な領域としては、プログラムとプログラム構築に関する優先順位付け、サービス提供対象（誰に提供し誰に提供しないか）の決定、そして機関のポリシーとプラクティスを、専門職の価値と倫理綱領に調和させることが挙げられる。クライエントのみならずソーシャルワーカーをもエンパワーするワーク環境の構築、およびポリシーとプログラムの構築における一般市民とクライエントの関与に向けた努力がなされている。さらに、価値に対して意識的な理事会や立法者は、ポリシーに関わる課題に取り組む際に、努力の焦点を「より大きな善」あるいは「より小さな悪」を見出すことに置く場合もある。

クライエントシステムと価値

あらゆる人が自分だけの一連の価値を持つ。価値に影響を及ぼす要素としては、人種あるいは民族的伝統、性別、教育レベル、社会経済的地位が挙げられる。私たちは民族的・文化的集団の価値的選好を一般化しがちだが、個々の集団内にも、必ず幅広いバリエーションが存在することを頭に置いておくことが重要である。ソロモン（Solomon, 1983）は、抑圧された人々に関する議論の中で、集団内に存在する差異を強調している。

抑圧されたマイノリティ集団は、マジョリティ集団と比較して、親族構成、宗教、第一次集団内の人間関係を重んじる傾向があるという証拠があるからといって、抑圧されたマイノリティ集団に属する個人が皆、同じ価値を重んじていると推測すべきではない。たとえば、抑圧されたマイノリティ集団の構成員のうち 40%が伝統的な宗教的価値を奉じて

いるのに対し、マジョリティ集団では10%であるなら、両者には大きな違いがあると言える。ところが、どちらの集団でも、ほとんどの構成員が、そのような価値を奉じていないのである。　　　　　　　（p. 868）

　複数の民族的・文化的集団が、表面的には似通っているように見える場合がある。ところが、より詳細に調べてみると、個々の集団の価値に対する優先順位に大きな違いがあることが分かる。たとえば、すべての女性が共有する性質もあるが、女性が皆、似ているというわけではない。教育レベルにおいて似通った人々は、同じ価値観を共有しているかもしれないし、全く異なる価値観を持っているかもしれない。複数のコミュニティが類似の構造と政治組織を持つ場合にも、それぞれの優先順位と期待は異なっているかもしれない。グローバルなコンテクストにおいては、すべての先進国同士あるいは発展途上国同士が似通っていると一般化して主張することは、歴史的経緯や天然資源の利用可能性、人間観、政治的イデオロギーといった要素で構成される各国間の差異を無視するものである。

　さらに、集団同士の比較により誤った境界の感覚が生まれる。たとえば、男性と女性の視空間認識能力と言語能力には統計的に顕著な違いがあるという研究結果が示されている。しかし、データをより詳細に精査すれば、一連の能力は男性にも女性にも見られるもので、個々の男性あるいは女性について考える際には、この集団としての特徴は無意味である。集団間の差異が統計的に顕著な場合もある。しかし、このような差異があるとしても、集団の個々の構成員同士は似ているかもしれない。ソーシャルワーカーは一般論も参考にするが、固有の事情を持つ個々のクライエントシステムを理解するために、個別に状況を検討する。

　効果的なソーシャルワーク・プラクティスにおいては、個々のクライエントシステムに固有の価値基盤が考慮される。クライエントの既存の価値的枠組みの中で、ソーシャルワーカーとクライエントが解決策を探す場合もある。他方、クライエントの価値が他者の福利と矛盾する場合には、クライエントの価値自体が、変革の目標とされる場合もある。

目の前の問題と価値

　クライエントの問題は価値に関わるものであることが多い。クライエントの問題は本質的に、道徳あるいは倫理に関わるもので、価値的対立と倫理的ジレンマに満ちている。価値の問題には、問題に対する感情や、多くの問題が持つ道徳的意思決定に関わる性質、特定の行動を不道徳と見なす社会の判断などが含まれ、これらはクライエントが提示する問題の中に溢れている。

　ゴールドシュタイン（Goldstein, 1987）はシステム間の価値の対立と、シ

ステム内における価値の対立を区別する。「私はどうすべきか」のような問いは、道徳的ジレンマの存在を示すものである。クライエントが抱える問題は、**システム間の対立**に関わる場合もあれば、クライエントと他者との対立に関わる場合もある。たとえば、父親と母親が、子どもに期待する行動に関して意見を異にする場合がある。職員グループが資金調達の優先順位について対立する場合もある。複数のコミュニティの間で、共通の社会問題への対処方法について意見が対立するかもしれない。あるいは、**システム内での対立**や、個人の内面における道徳的ジレンマを経験する場合もある。たとえば、夫婦の片方が結婚生活を続けるべきか悩んでいる場合や、グループの構成員同士で、プログラムの選択肢の中のどれが「正しい」かについて意見が一致しない場合がある。

いずれのタイプの葛藤においても、クライエントの意思決定は、複雑かつ曖昧であり、単純明快な選択にはならない。彼らが当惑するのは、自らが2つの「正しい選択肢」あるいは2つの「誤った選択肢」の間で板挟みになっていると感じるからだろう。クライエントが、是非が混ざり合った複雑な状況に悩む場合もある。インターベンションはしばしば、「人々が、人生において進むべき道を倫理原則に照らして自らの力で選べるように支援し、その結果、彼らが善い行いをし、過ちを犯さず、正しい行動がとれるようにする」（Siporin, 1985, p. 210）。価値に意識的なソーシャルワーカーは、目の前の問題が価値と関わる性質を持つ可能性があることを理解し、クライエントに価値を押し付けることなく、協調的にワークを行う。

ソーシャルワーカーの個人的価値

ソーシャルワーカーは、確立した価値のネットワークを持つ個人として、この専門職の世界へ入ってくる。家族、仲間、スピリチュアリティ、文化的背景、個人的経験といった要素は、分かりにくい場合が多いが、個人の価値観に影響を及ぼしている。

専門職になるためには、ソーシャルワーカーは自らの価値を検証し、自身が持つバイアスに抵抗する必要がある。しかしながら、専門職になるために、自身の価値を捨てる必要はない。むしろ、ソーシャルワーカーは、自身の個人的なものの見方が、専門職として機能する際に、いかなる影響を及ぼすかについて理解を深める必要がある。重要なのは、個人的価値が障壁を作り出すか否かである。クライエントと実践者の価値が似通っている場合、ソーシャルワーカーは、自身とクライエントの考え方が一致していると推測してしまい、微妙な違いはもとより、明白な違いさえも見逃してしまう可能性がある。同様に、クライエントとソーシャルワーカーの価値がかけ離れている場合、ソーシャルワーカーはクライエントの考え方について、クライエントの独自の状況をコンテクストとして考えるのではな

く、自らのバイアスがかかった視点を通して解釈することになる。

■ 自己認識と価値

　自己認識を持つことは、有能な専門職になるための重要な要素である。自身が価値に関して「白紙状態」であると信じて自分をごまかそうとする人もいるかもしれない。つまり、倫理的選択に際し、自分が価値中立的な仲裁人になれると考える人たちである。有能なワーカーは、自分が生ける価値システムそのものであると自覚し、自分が抱く価値を認識し、これを合理的に評価し、必要ならば修正しなければならない。自分の中のバイアスを認識できるほどに自由な人であれば、このバイアスを克服することもできる。良いソーシャルワーカーは「常に自己認識と自己覚知の必要性に立ち返ることで、真摯な対話を通じてクライエントを真に理解し、有効な支援を行うことができる」(Siporin, 1985, p. 214)。

　一般に、ソーシャルワークの世界に入ってくる人は、専門職の抽象的な価値には賛同している。しかしながら、同じ一般的価値を支持するソーシャルワーク専門職でも、専門職の価値を自身のプラクティスに応用する際の解釈においては、大きな違いが生じる場合がある (Freud & Krug, 2002; Reamer, 2006; Weinberg, 2005)。

ソーシャルワークの倫理綱領

　倫理綱領は、専門職の哲学を反映し、期待される適切な行為を一般的な言葉を用いて規定した文書である。そのため、倫理綱領は意思決定の指針となり、専門職としての行動を規制し、専門職を評価するための基準を設定する。

　倫理綱領は、専門職の哲学を反映し、専門職の行動模範を示すために、一般的な言葉で記述される傾向がある。倫理綱領は、専門職が目前の状況において、1つの良い意思決定と1つの悪い意思決定の間で選択を迫られた場合に、最も明確な指針を与える。倫理綱領は、2つの良い意思決定、あるいは2つの悪い意思決定の間の選択に基づいて一連の行動を決める際には、決定的役割をさほど果たすことができない (Dolgoff et al., 2005)。

> 倫理綱領は意思決定の指針となり、専門職としての行動を規制し、専門職を評価するための基準を設定する。

NASW の倫理綱領

　NASW (2008) の『倫理綱領』は、倫理的プラクティスのためのガイドラインを提供する。これらの倫理的ガイドラインは、一連の倫理原則から導かれる。そして、この倫理原則の基礎にあるのが、ソーシャルワーク専門職のコア・バリューである。ソーシャルワークのコア・バリューとしては、サービス、社会正義、人間の尊厳と価値、人間関係の重要性、誠実さ、

コンピテンスが挙げられる。そのため、倫理原則には以下が含まれることになる。

- ソーシャルワーカーが最優先すべき目標は、困っている人に対する援助と、社会問題への取り組みである……
- ソーシャルワーカーは社会的不正義に立ち向かう……
- ソーシャルワーカーは人間固有の尊厳と価値を尊重する……
- ソーシャルワーカーは人間関係がきわめて重要であることを認識する……
- ソーシャルワーカーは信頼に値する行動をとる……
- ソーシャルワーカーは、自身のコンピテンス領域内でプラクティスを行い、自身の専門職としての技能を確立し、拡大する

(pp. 5-6)

　『倫理綱領』はソーシャルワーカーの専門職的行為の指針となり、ソーシャルワーカーの行為が専門職の基準を逸脱したとして申し立てが行われた際に、倫理問題裁定基準としての役割を果たす。『倫理綱領』は、倫理的判断を行うための一般原則を詳説し、ソーシャルワーカーはこれに基づき、プラクティスの現場において、専門職として、クライエントと同僚に対する責任を果たし、さらにソーシャルワーク専門職に対する責任、ひいては社会全体に対する責任を果たすことができる。NASWの『倫理綱領』には、次の6つの目的がある。

1. 倫理綱領はソーシャルワークの使命が基礎を置くコア・バリューを特定する
2. 倫理綱領は、専門職のコア・バリューを反映した広範な倫理原則を要約し、ソーシャルワーク・プラクティスの指針となる一連の具体的倫理規範を確立する
3. 倫理綱領は、ソーシャルワーカーが相矛盾する専門職的義務に直面した際、あるいは倫理的迷いが生じた際に、妥当な判断を見出す助けとなるように構成されている
4. 倫理綱領は、一般市民がソーシャルワーク専門職に対して責任を追及することができる倫理規範を提供する
5. 倫理綱領は、新たにこの分野に入ってきた実践者が、専門職の使命、価値、倫理原則、倫理基準に適応できるようにする
6. 倫理綱領は、ソーシャルワーカーが非倫理的行為に携わっていないかを評価するために、ソーシャルワーク専門職自身が用いることがで

きる基準を明示している 　　　　　　　　　　　　　　　　　　　　　(p. 2)

国際的倫理綱領

　国際ソーシャルワーカー連盟（International Federation of Social Workers, IFSW）は、全世界のソーシャルワークに共通の価値と倫理的行動を特定している。IFSW は世界 80 ヵ国の同業者および専門職による協会である。同組織は、専門職の価値の中には文化の違いを超えるものがあると主張し、これらを特定する。IFSW はこれらの普遍的価値について次のようにまとめている。

　　ソーシャルワークは、人道主義的および民主主義的理想から生じたものであるため、その価値は、すべての人の平等、価値、尊厳に対する尊重を基礎とする。1 世紀以上前に誕生して以来、ソーシャルワーク・プラクティスは、人間のニーズの充足と潜在能力の開発に焦点を当ててきた。人権と社会正義は、ソーシャルワーク活動における動機付けと正当性の根拠とされてきた。専門職は社会的共生の促進を目指し、不利な状況にある人々と連帯して、貧困の軽減と、社会的に脆弱で抑圧された人々の解放のために努力してきた。ソーシャルワークの価値は専門職の国内および国際的な倫理綱領の中に具体化されている。

　　　　　　　　　　　　　　　　　　　　(IFSW, 2000,「価値」の節)

ラディカルな倫理綱領

　ソーシャルワークをラディカルな専門職にしているのが、その社会改革主義と社会正義へのコミットメントであることは、およそ間違いないだろう。ラディカル思想の唱道者であるバーサ・レイノルズとジェフリー・ガルパー（Jeffrey Galper）は次のように述べている。「ソーシャルワークの価値と理想は政治的急進主義、さらには革命への熱望との親和性が高い。つまり、彼らは利益よりも人々が抱える問題を優先し、貧しい人、抑圧された人、差別された人をエンパワーし、社会変革へ向けた闘争へと導こうとするのである」（Wagner, 1990, p. 7）。

　社会環境の進歩的変革を求めるラディカル・ソーシャルワークの活動は、1930 年代の集団抗議運動や、1960 年代の市民権運動、反戦運動、福祉受給権運動といった社会運動に呼応するものだった。これらの運動の盛衰に伴い、ラディカル・ソーシャルワーク活動も盛り上がりと停滞を見せたが、ラディカルな思想は、ソーシャルワーク専門職に重要な影響を及ぼした。1970 年代から 1980 年代にかけて、ソーシャルワークは左傾した。これは、ソーシャルサービスの利用者に対する平等主義的姿勢を取り入れ、社会的

階級、人種間関係、性差別への意識を高めたことによる（Wagner, 1990）。

　ジェフリー・ガルパー（Galper, 1975）は、「**ラディカル・ソーシャルサービス・ワーカーの倫理綱領**（Code of Ethics for Radical Social Service Workers）」を作成した。これは、当時の NASW の『倫理綱領』に反映された伝統的なプラクティス目標に対して、彼が感じた保守的なバイアスに対抗するものであった。ガルパーの倫理綱領はラディカル・ソーシャルサービス・ワーカーの目標とイデオロギーを表現したものだった。ラディカルな視点は、社会主義的方針に沿った社会福祉への転換と、非資本主義的社会保障制度の構築のための革命的変革を求めるものであった。

倫理綱領の重要性

　専門職の倫理綱領に対する知識と理解、そして応用が、実践者にとって重要なのにはいくつかの理由がある。ソーシャルワーク・プラクティスを行うためには、ほとんどの州で免許が必要とされる。免許取得試験では通常、専門職の倫理綱領に関する多くの問題が出題される。専門職が、自らの専門職としての行動と個人的行動を一貫させ、適切に振る舞わなければならないのは明らかである。

ソーシャルワークの倫理原則

　ソーシャルワーカーは、専門職の抽象的価値をプラクティスのための原則へと読み替える。そして、これらの原則を特定の状況における具体的行動に変換する。価値は、抽象的にソーシャルワーカーの思考に影響を与え、ソーシャルワーク・プラクティスの原則を通じて、その行動に具体的な方向性を与える。ここには、受容、個人化、意図的な感情表出、非審判的態度、客観性、統制された情緒的関与、自己決定、資源へのアクセス、守秘義務、説明責任といった共通原則が含まれる。ソーシャルワーカーがこれらの原則を行動に移せない場合、クライエントを不当に扱うことになり、パワーを失わせる結果となる。逆に、これらのプラクティス原則を奉じることは、エンパワメントの促進につながる（表5.1）。

受容

　クライエントを受容するソーシャルワーカーは、人間的に、思いやりを持ってクライエントに接し、彼らに自身の尊厳と価値を自覚させる（Biestek, 1957）。ソーシャルワーカーは、誠実な関心を表現し、受容的に傾聴し、相手の考

倫理的プラクティス

［プラクティス行動の例］　原則に基づく意思決定に至るために、倫理的推論のストラテジーを用いること。

［批判的思考の訓練］　ソーシャルワーク・プラクティスの原則には、受容、個別化、意図的な感情表出、非審判的態度、客観性、統制された情緒的関与、自己決定、資源へのアクセス、守秘義務、説明責任がある。これら個々のソーシャルワーク・プラクティスの原則と関連して生じる可能性のある倫理的ジレンマにはどのようなものがあるか。

表 5.1　ソーシャルワークの価値と原則を行動に移すことによる効果

[エンパワメント]				[犠牲]
潜在的効果	ポジティブな兆候	ソーシャルワークの 価値と原則	障壁（バリア）	潜在的効果
人間性の承認	個性の承認 ダイバーシティの尊重	**個性と価値を支持する こと**	ステレオタイプ化 中傷 ラベリング	無気力 自己達成予言
効果性 コンピテンス パートナーシップ	代替手段の開発 役割の詳細な説明	**自己決定の促進**	コントロール アドバイス 操作 家父長主義	インコンピテンス 変革の失敗 依存
開放性 警戒心の低減	ストレングス的観点 積極的傾聴 共感	**中立的かつ受容的 コミュニケーション**	非難 同情と哀れみ 欠点への注目	警戒心 無力感
合理的承認	視座の獲得	**客観性の獲得**	過剰な同一化 冷淡さ よそよそしさ	バイアス 認知の歪み
信頼	プライバシーの尊重	**秘密保持の保証**	不適切なコミュニ ケーション	守秘義務違反 不信感
機会の増加	つながりの構築 ポリシーとプログラム 　の形成 複数のサービス間の連 　携	**資源へのアクセスの提供**	お役所仕事 規則と規制 差別	スティグマ 機会の不足
認可 理論の構築	プロセスの事後評価 リサーチに対するフォ 　ローアップ	**説明責任の履行**	事後評価の欠如 バーンアウト	ドロップアウト 無責任

え方を認め、相互尊重の雰囲気を作ることで、受容を表現する。受容には、ソーシャルワーカーがクライエントの考え方を理解し、彼らの考え方を進んで受け入れるという意味が含まれる（Plant, 1970）。受容は、クライエントのストレングスを基礎として事を進めること、個々のクライエントが持つ成長と変化の可能性を認識することを示す。

　ソーシャルワーカーが受容を伝えることを妨げる要因にはさまざまなものがある。例として、自己認識の不足、人間行動に対する知識不足、自身の個人的な考え方をクライエントの状況に投影すること、偏った態度、十分な根拠のない気休め、受容と承認の混同が挙げられる（Biestek, 1957）。受容により脅威を感じる人もいる。人間関係に恵まれてこなかった人や、疎外された経験を背景として持つ人は、受容により不安をかき立てられる（Goldstein, 1973）。

　実存主義神学者であるティリッヒ（Tillich, 1962）は、ソーシャルワークの哲学について記した文章の中で、受容のルーツについて論じた。ティリッヒは受容のルーツを愛（love, ギリシャ語ではアガペー、ラテン語ではカリタス）と結び付けた。「愛は惨めさ、醜さ、罪の淵へと降りていき、これを高みへと引き上げる。この愛は、受容的であると同時に批判的であり、

愛する対象を変容させることができる」（p.15）。しかしながら、この愛は慈善ではない。慈善は単に、批判的な愛の必要性からの逃避に過ぎない。ティリッヒの考えによれば、変革を起こし得る受容的行動は、他者の内なる自我に関与し、その人間性を承認する。

個別化

すべての人が唯一無二の存在であり、独自の能力を持っている。ソーシャルワーカーは、クライエントの個性を承認する際、クライエントの独自の性質を認識し、その価値を認める。ソーシャルワーカーはクライエントを権利とニーズを持った人間として扱い、物のように、あるいは「事例」や「次の予約」のように扱うことはしない。クライエントを個性ある存在として扱うソーシャルワーカーは、自らのバイアスと偏見を排し、ラベル付けとステレオタイプ化を避け、ダイバーシティの持つ可能性を認める。そして、クライエントが「一人の人間として、そして単なる人間ではなく、個性を持ったこの人物として扱われる」（Biestek, 1957, p. 25）権利を持つことを、自らの行動をもって示す。

ソーシャルワーカーは、人の状況に関する一般化された情報を利用することを避けることができないが、その一方で、一般化されたスキーマを個々のクライエントの状況に合うようにアレンジする必要があることを認める。ソーシャルワークの実践者は、この特定の状況にあるこの特定のクライエントとワークを行う。個別化の原則は「クライエントが今いるところから始める」行動へと読み替えられる。

意図的な感情表出

人間の生活において、感情は重要な役割を果たし、人は幅広い感情を経験する。クライエントは感情を自由に表現する機会を持つ必要がある（Biestek, 1957）。クライエントが恥を捨てて感情をほとばしらせたり、怒りやネガティブな感情に縛られて自己をコントロールできなくなったりすることを奨励するのは賢明ではないが、ソーシャルワーカーは、クライエントが自己の感情を意図的に表出するように導く必要がある。ソーシャルワーカーは、「単なる事実」だけでなく、この事実の基礎となる感情を明らかにしなければならない。注意深い傾聴と的確な質問をすること、寛容さと非審判的態度を示すことを通じて、ソーシャルワーカーは、クライエントに、事実と感情の両方を伝えるよう促す。

感情表出が望ましいのは確かだが、これは、クライエントが意図的に感情を表出するのでなければならない。すなわち、解決策を見出すプロセスにおいて、その目的に資するものでなければならないのだ。クライエント

自律性と社会正義
―― 高齢者とのワークにおける倫理的課題

　在宅支援サービス間の連携は、高齢者が自宅での生活を続けられるようにエンパワーするために、高齢者向けサービスのケースマネジャーが採用するストラテジーの一つである。食事の宅配、訪問看護、家事の補助、高齢者向けデイケアといったコミュニティ資源は、高齢者のクライエントに、快適で安全な家庭環境を提供する。よくプランニングされ、コーディネートされた在宅ケアは、ナーシングホームへの不要な入所を減らすことになる。

　エンパワメント指向のケースマネジャーは、病弱な高齢者のための在宅ケアについて意思決定する際に、倫理的ジレンマに直面する。倫理的問題が生じるのは、ケースマネジャーが、自身の決定の正当性や妥当性に疑問を持つ場合である。倫理的疑問が生じるのは、クライエントの利益と家族の利益が合致しない場合や、クライエントのニーズに対するケースマネジャーの専門職的見解とクライエントの希望が相容れない場合、さらには、特定のサービスに関するクライエントの希望が、金銭的理由で叶えられないような場合である（Kane & Caplan, 1993）。

　病気を抱える高齢者とのワークを行うケースマネジャーは、次のような倫理的問題に取り組んでいる。

- クライエントの自己決定や意思決定の権利が、健康面のリスクや安全面の課題と矛盾するのはどのような場合か
- 自立した生活のためのアドボカシーと、ナーシングホームへの入所の必要性とが衝突するのは、どの時点においてか
- ケースマネジャーが、クライエントの自律とクライエントの保護という課題のバランスを維持するためには、どうすればよいか
- 最終的に入所を決定するのは誰か
- クライエントに意思決定能力がある場合でも、リスクをはらむ状況においては、クライエントの選択にどのような制限が課せられるか

　このような倫理的問題に答えるのは容易ではない。個々の状況、クライエントの選好、コンピテンシーといった条件が考慮されなければならない。それでもなお、自律性という倫理原則は、クライエントの自己決定というソーシャルワークの原則に密接に関わるものである。クライエントが自己のために意思決定をする権利は、実践者がクライエントの利益のために最善と考えることと矛盾する場合がある。クライエントに十分な意思決定能力があり、意思決定に伴うリスクについて十分に認識している場合に限り、自己決定が優先されるべきである。ケースマネジャーは、適切なケアプランを構築するために、機関の倫理委員会にスーパーバイザーとしてのアドバイスを求めたり、ケースレビューを活用したりすることもできる。

　臨床的領域におけるソーシャルワーク・プラクティスのみならず、ポリシー・プラクティスのコンテクストにおいても、ソーシャルワークのケースマネジャーは、社会政策の社会正義的意味に関して、次のような倫理的ジレンマに直面する。

- 医療および経済政策は、高齢者が利用できる選択肢にどのような影響を及ぼすか
- マネージドケアは、クライエントのサービス利用に関する選択肢をどの程度まで限定するのか
- 利用できる財政的・プログラム的資源が限られている中で、ソーシャルワーカーはどのようにクライエントに対してトリアージを行い、サービスを公平に分配するのか
- 高齢者に対する社会政策は、マイノリティ、移民、障害や精神疾患のある人のような、危機的状況にある、社会的に脆弱な人々にとっての支援となっているか。さらに権利を奪うものとなっていないか

のプレッシャーや緊張を緩和し、ポジティブで建設的な行動がとれるように解放することを目的とする場合もある。さらに、感情の表出により、問題に対するクライエントの理解の深さが明らかになる場合もあれば、感情それ自体が問題である場合もある。配慮ある聴き手に対し感情を表出することで、カタルシスすなわち浄化作用を経験し、自身の状況を正確に認識できるようになるクライエントもいる。

感情の表出は関係を強化する。意図的な感情表出によって感情がオープンになり、これにより、感情を建設的に取り扱うこと、さらには状況の感情的あるいは情緒的要素をより正確に理解することが可能になり、また精神的支援を行動で示す機会も得られる。

非審判的態度

非審判的態度は、効果的なワーク関係の基礎である。すべての人が尊厳と価値を持つという前提が、非審判的態度のベースとなる。すなわち、非審判主義は受容を前提とするのだ。

クライエントはしばしば、自己の置かれた状況と自分自身を批判的に分析すべき立場に置かれる。批判的分析のためには、リスクを負うことが必要であり、自身が裁かれているように感じさせる状況では、これが困難になる。非審判的なソーシャルワークにおいては「有罪・無罪の判断や、問題やニーズの原因に対するクライエントの寄与の程度を問うことは排除される。これに対し、クライエントの態度や基準、行動に対する評価は排除されない」(Biestek, 1957, p. 90)。

非審判的態度はすべてのソーシャルワーク・プラクティスに適用される。しかしながら、たとえば、クライエントが意気消沈している場合や、非難の的になっている場合、あるいは非難に値する場合など、特定の状況においては、特別な配慮をもって非審判的態度を示す必要がある。クライエント自身が、非難や審判に敏感になっている場合、他者の行動を非難的・審判的なものとして解釈しがちである。たとえば、子どもとの衝突を解決するスキルを身につけたいと考える両親は、自分たちに対するワーカーの態度をおそらく意識するという程度だと思われる。これに対し、問題が子どもに対する性的虐待である場合、両親は、ソーシャルワーカーの審判的態度の微かな兆候にも敏感に気付くだろう。

非審判的(nonjudgmental)という言葉は、混乱を招く可能性がある。非審判主義は、ソーシャルワーカーの非難的でない(nonblaming)態度や振る舞いを意味する。ソーシャルワーカーは、誰かの善悪や、価値の有無に対する判断(judge)はしないが、その一方で、日々、代替的アプローチや適切な解決策などについて、専門職としての判断や意思決定を行っている。非審判主義は、援助プロセス全体を通じて重要であるが、特に、初期段階

において重要である。第一印象は本当に重要なのだ。第一印象は後々まで尾を引くものであり、当事者は第一印象というフィルターを通して、その後の相互作用を見るようになる。最初のコンタクトにおける非審判的態度は、持続的かつ効果的なワーク関係構築のための土台となる。

　非審判主義は、普遍的に適用されるべき原則であるが、実践者の個人的バイアスがその妨げとなる場合もある。ソーシャルワーカーは自らを内省し、自分が審判的あるいは非難的になりがちな状況について自覚しておく必要がある。自身の個人的価値や信条がクライエントとの関係に有害な影響を及ぼす可能性がある場合には、これに対峙するよう、専門職の基準はソーシャルワーカーに義務付けている。

客観性

　客観性、すなわち状況をバイアス抜きに分析するというプラクティス原則は、非審判主義と密接なつながりを持つ。客観的であるためには、実践者は、個人的感情や偏見をクライエントとの関係に持ち込んではならない。判断が非常に個人的で合理性を欠く場合、クライエントとその状況に対する実践者のアセスメントに影響が及ぶ。ソーシャルワーカーが偏った判断をすると、複数の結論の中から1つを不適切に選択したり、推進したりする可能性がある。実践者の教育経験や、社会に対する理解、人生経験、信条、さまざまな特権的地位、価値、身体的性質のすべてが、客観性に影響を及ぼす。

統制された情緒的関与

　クライエントに対する情緒的関与を統制できるソーシャルワーカーは、人間行動に対する理解をもとに視点を獲得し、ソーシャルワーク専門職の包括的な目的から人間関係の指針を得て、繊細な配慮をもってクライエントの気持ちに応える（Biestek, 1957）。統制されていない情緒的対応には、クライエントへの感情移入の欠如から、クライエントの視点への過剰な同一化までを含む。

　感情移入を欠いたソーシャルワーカーは、クライエントから距離を置き、クライエントとその状況に対する配慮を欠くことになる。冷淡なまでに客観的なソーシャルワーカーは、クライエントを物であるかのように扱う。すなわち、研究、操作、変革の対象として扱うのだ。専門職によるデタッチメントは、しばしば、クライエントが時期尚早にワークから離脱する原因となる。これは、ソーシャルワーカーの関心の欠如を示すサインにもなり、クライエントの絶望感、自己無価値感、そして怒りに新たな層を重ねることになり得る。

クライエントへの過剰な同一化とは、ソーシャルワーカーが、問題解決に対する自身の責任とクライエントの責任を区別できなくなること、あるいは、ソーシャルワーカーが自身の視点とクライエントの状況との区別がつかなくなってしまうことを意味する。過剰な同一化は、客観性と中立性を失わせる。ワーカーによる過剰な同一化は、クライエントが自分によく似ていると感じるときにも、逆に全く似ていないと考えるときにも起こり得る。似すぎているときは危険である。当初はうまく支援できるかもしれないが、「問題をうまく解決して成果を認められたことがあり、その問題解決のために払った犠牲について忘れてしまった人ほど有害な援助者はいないのだ」(Keith-Lucas, 1972, p. 60)。クライエントの状況がひどく悲惨な、あるいはすさんだ、希望のないものに思われるときは、慈善的行動が専門職的判断より優先され得る。また、クライエントに反感を抱く場合や、クライエントが訴える問題があまりに信じ難い、あるいは常軌を逸していると感じられる場合、非審判的態度を維持することは難しいかもしれない。

　情緒的反応に対する統制力は、プラクティス経験を積み重ねることで徐々に身につけられる。「主観性は経験とともに弱まる……これは決して、「心が硬化する」プロセスではなく、むしろ、成熟のプロセスである。このプロセスの中で、自身を含む人々の間に存在する差異に対する知識と受容性、および専門職の目的と能力に対する安心感が、私たちの情緒的反応を落ち着いた、穏やかなものにするのである」(Perlman, 1957, p. 83)。

　ソーシャルワーカーは共感を表現することにより、統制された情緒的関与を実現する。ソーシャルワーカーは相手と「共に感じる」、すなわち、相手の感情を感じ取り、これに応えるのだ。「共感とは、（クライエントの）言葉を完結させることができる能力である。しかし、共感的であるとは、クライエントの言葉を完結させることではない」(Book, 1988, p. 423)。共感は「非難」の対極にある。つまり、共感は非難に対する鎮静剤である。

　共感は同情とも哀れみとも異なるダイナミクスを提供する。ワーカーの反応が哀れみを感じさせるものであるなら、それは、クライエントシステムが疲弊して、建設的な解決策を見出す方法がないことを示唆する。哀れみは自己決定を妨げる。哀れみを受けたと感じると、クライエントは、自分には変化を目指してワークする力がないと考える場合が多い。ワーカーの応答が同情を帯びたものであれば、それは、ワーカーが自身をクライエントシステム「であるかのように感じ」ている、すなわち自身をクライエントと同一化していることを反映したもので、それでは、クライエントの独自性を個別化することはできない。有能なソーシャルワーカーは、クライエントに対する受容と、不適切な行動に対する抗議とのバランスを維持する。共感はクライエントをエンパワーし、彼らが目標へ向けて努力し、変化のための計画を立てるよう促すが、自己の行動に対する責任を免除することはない。

自己決定

　自己決定の原則について、ソーシャルワーカーは、「自らの選択と意思決定を自由に行うことに対する、クライエントの権利とニーズ」（Biestek, 1957, p. 103）と認識する。自己決定の原則によれば、健全な成長は内側から生まれる。これについて、ホリス（Hollis, 1967）は次のように述べる。

　　この内からの成長が起こるためには自由が必要である。すなわち、考える自由、選択する自由、非難する自由、抑圧からの自由、賢明な行動だけでなく間違った行動をする自由が必要なのだ。理解を獲得し、理解に基づいて行動するストレングスは、自己の思考と行動を方向付ける自由を味わい、これを行使することを通じてのみ得られるものである。そしてこれこそが、自己決定という言葉の意味なのだ。　　　　　　　　（p. 26）

　自己決定は、強制されたり操られたりしないことと定義することができる。別の言い方をすれば、自己決定とは、選択する自由のことである。一方で、自己決定にも限界がある。バイステック（Biestek, 1957）によれば、法的制限、機関の規則・基準・資格要件、クライエントの意思決定能力により、選択の幅は限定される。

　責任感のあるソーシャルワーカーは、クライエントが自ら選択を行うようなワーク関係を構築する。解決策の押し付け、クライエントを部下のように扱うこと、クライエントの意思決定を操作することは、どれもクライエントの自己決定を制限する強制的行動にあたる。「クライエントをエンパワーし、犠牲者としての地位から抜け出させることは、我々が保護者であることをやめることを意味する」（Pinderhughes, 1983, p. 337）。

　ソーシャルワーカーはクライエントを操るのではなく、援助プロセスを方向付けるのである。クライエントに必要なのは旅行ガイドブックであり、指図してくる旅行会社ではないのだ。レイノルズ（Reynolds, 1951）は、これを次のように巧みに表現している。「援助は自尊心を高めるものでなくてはならず、これを低下させるものであってはならない。ゆえに、援助を与える者と受ける者のグループ内には、相互にシェアし合う関係が生まれる可能性がなければならないのだ」（pp. 162-163）。

資源へのアクセス

　資源にアクセスできることは解決策構築の前提条件である。資源が限られていれば、解決策の選択肢は少なくなり、選択肢がなければ、選択することはできない。困難と向き合い、潜在能力を発揮するために、誰もが資源を必要とする。

NASW（2008）の『倫理綱領』には、資源開発を推進することに対する
ソーシャルワーカーの義務について具体的に規定されている。倫理綱領は
ソーシャルワーカーに対し、すべての人が、必要な資源、サービス、機会
を獲得できるように保証すること、抑圧され不利な立場にある人々の選
択の幅を広げ機会を増やすこと、法制度の改革を通じて社会状況を改善し、
社会正義を促進することを要請している。

守秘義務

　守秘義務、あるいはプライバシーの権利とは、クライエントの明示的
同意なくして、その個人情報、専門職との対話内容、専門職によるクラ
イエントに関する見解あるいは記録の開示は許されないことを意味する
（Polowy et al., 2008）。クライエントはしばしば、センシティブで個人的な
情報をソーシャルワーカーに伝える。そのため、守秘義務あるいはプライ
バシーの保証は、信頼を獲得し、あらゆる効果的なワーク関係を構築する
ために重要な要素である。
　ソーシャルワーカーの守秘義務と法廷での情報秘匿特権に関わる状況は
州ごとに異なり、情報の開示が要求される具体的条件についても同様であ
る。児童虐待や暴力による脅迫といった問題が疑われる場合、これを取り
巻く状況は多義的であり、情報の開示に関する倫理的ジレンマが生じやす
い。守秘義務が絶対的であることは稀であり、むしろ、個々の状況におけ
る条件により決まる相対的なものと言ってよい。優れたプラクティス事例
からは、ソーシャルワーカーは守秘義務の限界について、クライエントと
オープンに話し合うべきであることが分かる。
　記録管理には常に、守秘義務に関する脅威が付きまとう。ソーシャル
ワーカーは、クライエントに関する個人情報の記録を、機関のポリシーと
州法の規定に従い、一定の限度でのみ保護できる。守秘義務は、複数の
サービス提供者間やチーム会議における議論や、複数のクライエントにつ
いて議論が行われる場合にも問題になる。さらに、ソーシャルワーカーが、
不安を生じさせる状況や特別に劇的な状況を人に話したい衝動に駆られた
結果、守秘義務に違反する可能性もある。ソーシャルワーカーは、守秘義
務について規定した法と、これらの法がプラクティスの状況において持つ
意味、および守秘義務に対する自身の法的義務とその限界について、熟知
しておく必要がある。

説明責任

　NASW（2008）の『倫理綱領』は、専門職のソーシャルワーカーに対し、
個人として、および専門職としての行為と振る舞いに対する説明責任を課

コラム 5.3　ソーシャルワーク・プロファイル

在宅保健とホスピス

　私がソーシャルワークの上級学位を取得したのは比較的最近のことですが、それ以前の時代も含めて、私は自分が常に変わらずソーシャルワーカーの精神を持っていたと思っています。学部生時代、私の専攻は人類学でした。この分野を学ぶことで、人間とそのコンテクストに対する理解を得ることができました。その後、私は児童福祉、少年裁判所、メンタルヘルスといった福祉の現場で仕事をしました。児童福祉の現場での経験がきっかけで、私はソーシャルワークの修士号を取得したいと考えるようになりました。その後、私はメンタルヘルス・サービスの現場で働き、病院をベースとしたソーシャルワーカー兼ケースマネジャーとなり、その後、現在の在宅保健・ホスピス機関に転職したのです。

　現在のポジションで、私は末期の疾患を抱える人たち、あるいは大がかりなリハビリテーションや支持療法が必要な疾患を経験した人たちと仕事をしています。私のクライエントは皆、個人的な意味や希望に関わる問題と向き合っています。ソーシャルワーカーの中には、精神的につらいと考えて、このプラクティス領域を避ける人もいるかもしれません。でも、私が経験してきたことは、そうではありませんでした。専門職として、私はクライエントの QOL に大きく寄与してきたと信じています。一人の人間として、私はたくさんの勇気をもらいました。在宅保健とホスピスサービスの現場で働く専門職は、自ら進んで、自らの道徳観と向き合い、誠実に相手を思いやらなければなりません。私は、困難な状況における自らの反応を見ることで、自分の精神の健康状態を判断しています。たとえば、「どうにでもなれ」なんて考えている自分に気付いたら、何らかの充電が必要だと判断するのです。

　かつて私は、病院で寝たきりの患者さんとワークをしていましたが、今は、患者さんの自宅を訪問しています。ソーシャルワーカー－クライエントという関係の中でクライエントを励ます際に、自宅という場がもたらす効果に驚いています。病院では、私が患者さんと対等な立場であろうと努めても、病院のガウンを着てベッドに横たわっている患者さんは、ソーシャルワーカーである私も含む医療現場の専門家に対して、服従的になってしまうのです。今では、私が招かれたゲストとしてクライエント宅を訪問すると、彼らはたとえ床に伏していても、自らの責任を引き受けようとするのです。

　私は常々、多様性というものに魅力を感じてきましたから、私の仕事には同じ日が２つとないということに、やりがいを感じています。私はあらゆる年齢の、さまざまな人生の状況にいる人たちとワークをします。彼らは病気やリハビリテーションによって、人生が複雑になった人たちです。私の仕事には、インテーク・アセスメント、カウンセリング、ナーシングホームへの入居の促進、コミュニティを基盤としたサービスの紹介、レスパイトケアの手配、情緒面のサポートと悲しみに関するカウンセリング、そして、家族やグループとのワークが含まれます。２つの州にまたがる地域で仕事をしているので、サービス提供における各州の独自性と、プログラムの資格要件と制限に関する両州の違いについて学ぶ必要がありました。さらに、高齢者虐待に関する学際的検討チームのようなプロジェクトでは、他のコミュニティの専門職と協働する機会が得られます。

　ヘルスケア分野においては、さまざまな変化が生じています。支出を抑制するために、マネージドケアの基礎を拡大し、同時に利用可能性と負担金額は維持せよという圧力により、すべての医療関係専門職が、サービス提供システムの見直しを余儀なくされています。同時に私たちは、健康保険への加入・非加入を問わず、すべてのコミュニティメンバーのヘルスケア・

ニーズに対処する方法を見出さなければなりません。改革によっても容易には変わらないものがあるのです。患者さんには、話を聴いてくれる人が必要です。患者さんは、自分に残された選択肢についての情報、選択により起きることについて考え抜く機会、そして、選択を行うための支援を必要としています。彼らには、資源との橋渡しをしてくれる人が必要です。医療サービスとソーシャルサービスに関わる複雑な官僚機構の中で、道案内をしてくれる人が必要です。患者さんの信念を代弁する人が必要なのです。つまり、いかなる変化が起きようとも、医療ソーシャルワーカーには、ヘルスケア分野で果たすべき重要な役割があるのです。

> NASW（2008）の『倫理綱領』は、専門職のソーシャルワーカーに対し、個人としての、および専門職としての行為と振る舞いに対する説明責任を課す。

す。説明責任には、ソーシャルワーカーは専門職としてのプラクティスにおいて用いる方法やテクニックに熟達していなければならないという意味がある。さらに、説明責任の意味には、ワーカーは差別的あるいは非人道的なプラクティスの是正に真剣に取り組み、専門職として疑う余地のない誠実さを持って行動し、健全なプラクティスとリサーチの手続きを遂行するという責務を真摯に受け止めなければならないということが含まれている。説明責任は、ソーシャルワーカーのクライエント、同僚、雇用主である組織、社会、そしてソーシャルワーク専門職に対する倫理的責任にまで拡張される。

エンパワメント・ソーシャルワークにおける倫理的選好

エンパワメント・ソーシャルワークの目的は、正しい社会、すなわち、すべての構成員が平等に、社会に参加する権利を有し、法の保護を受け、成長の機会を得、社会的便益を利用でき、そのうえで、構成員が社会の資源プールに寄与できる、そのような社会を推進することである（DuBois & Miley, 2004）。エンパワメントに取り組むソーシャルワーカーは、人の機能と人間関係の強化、人と社会のウェルビーイングにとって望ましい社会状況の形成に取り組む中で、臨床と政策形成の両方に関わることになる。エンパワメントの臨床的側面および政策形成的側面の両方を考慮した一連の倫理的選好が、実践者に方向性を与える（Miley & DuBois, 2007a, 2007b）。これらの選好は、ソーシャルワーカーを以下のような行動へと導く。

- 個人のケアとソーシャルアクションの両方に対処するという役割を社会が果たすべきであると強調すること（ケアの倫理）
- 自律の2つの側面、すなわち、有能感の促進と、他者による必要以上の影響やコントロールからの独立の保証に焦点を当てること（自律性の倫理）
- 社会的権利と社会正義を獲得するために、批判的にパワーを用いること（パワーの倫理）

- 長期的コンテクストで、複数のシステムにおいて、持続的かつ統合的変革をもたらすこと（変革の倫理）
- 人の能力や素質を見出し、これを尊重するためのストラテジーとして、文化に対する虚心な態度を保つこと（尊重の倫理）
- 既成概念にとらわれずに思考することで情報に基づく行動のプロセスを見出し、これに従事すること（批判的思考の倫理）
- 社会変革へ向けた努力の全過程を通じて、思慮深い対話を行い、行動－熟考－行動を絶えず繰り返すこと（プラクティスの倫理）
- 経験の意味を明らかにし、この経験の位置付けと価値を定義する際に、コンテクストの影響と言葉の使い方を重視すること（対話の倫理）
- 社会的－政治的－経済的制度と、それらが人のアイデンティティ、信念、相互作用の形成に及ぼす影響について、批判的に分析し理解すること
- サービスへのアクセス、社会的・経済的恩恵を受ける機会、適正手続きの権利、政策形成における意思表明、資源の割り当てに対する影響力をクライエントが持つことを保証すること（正義の倫理）
- 物理的および社会的環境というコンテクストに対するプラクティスと、これらのコンテクストの中におけるプラクティスの両方に従事すること（コンテクストに基づくプラクティスの倫理）
- クライエントと協働することで、プラクティス、ポリシー、リサーチのすべての側面において、プラクティス・プロセスにおける閉鎖性の問題を是正すること（インクルージョンの倫理）
- 社会的に脆弱かつ抑圧された人々を解放し、公民権を付与することにより、抑圧や社会的排除を是正すること（反抑圧的プラクティスの倫理）
- 個々のケース、あるいは原因（コーズ）に関わる権利擁護の手段として、専門職的資源を活用すること（アドボカシーの倫理）
- 計画された変革の実現へ向けた努力において、パワーをもたらす資源と協働するために同盟関係を築くこと（協働の倫理）
- ソーシャルワークが本質的に政治的なものであること、そして、ソーシャルワーカーには、社会的・政治的行動を起こす責任があることを強調すること（政治的プラクティスの倫理）

展　望

　本章で議論された専門職の価値と原則は、すべてのクライエントシステムに対し、普遍的に応用されるべきものである。さらに、プラクティス活動において、人々に対してこれらの基本的信念と姿勢が示されるとき、個人とシステムの効力とコンピテンスは向上する。しかし、ソーシャルワーカーは、そのキャリアを通じて、価値と倫理に関するジレンマに頻繁に直

面する。状況によっては、バイアス抜きに判断することが困難な場合もある。ソーシャルワーカーも結局は人間である。しかし、同時に専門職でもあり、自己の存在そのものにソーシャルワークの価値を内面化させるよう献身的に取り組むことが義務付けられている。正しい社会には、これらと同じ価値が反映していなければならない。社会正義を推進するという専門職の義務は、私たちの専門職の理想を具現化したものである。私たちはしばしば、不正義、虐待、抑圧がもたらした結果に対処することを求められる。社会的不正義がもたらすものと、社会正義の必要性に対する理解を深めるために、第6章では、これらの問題について検討する。

以下の問いは、本章で学んだ知識をテストするものである。

1. 民主主義的発想と個人主義的視点は_____の価値に関わる特徴である。
   a. 機関のコンテクスト
   b. ソーシャルワーク専門職
   c. クライエントの問題の特徴の明確化
   d. 社会的コンテクスト

2. _____は、米国の司法裁判所において、ソーシャルワーカーの反倫理的行為に対する告発を裁定するための基準とされている。
   a. ラディカルな倫理綱領
   b. 国際的な倫理綱領
   c. NASW の倫理綱領
   d. CSWE のコア・バリューに関する解説

3. 専門職のソーシャルワーカーとして、ジェイソン・マックスウェルは、すべてのクライエントは唯一無二の存在であるから、「クライエントが今いるところ」をスタート地点とするのが最も適切だと述べた。ジェイソンの視点が最も的確に反映しているのは、_____の原則である。
   a. 自己決定
   b. 非審判主義
   c. 個別化
   d. 統制された情緒的反応

4. 専門職ソーシャルワーカーであるドリス・ブラウンとキース・ジョーダンは、NASW の倫理綱領を自らのプラクティスに応用した。以下のどの記述が適切か。
   a. 倫理的ジレンマに関わる彼らの意思決定は常によく似ている
   b. 倫理的問題に関する彼らの結論は、実際には全く異なる場合がある
   c. 倫理綱領は、彼らの専門職としてのプラクティスには無関係である
   d. 倫理綱領では常に特定の応答が求められる

5. クライエントに共感的に応答する際、有能なクライエントは_____。
   a. クライエントを憐れむ
   b. クライエントが感じたの「と同じように感じる」
   c. クライエントに対する同情を示す
   d. クライエントと「ともに感じる」

6. 守秘義務に関して述べた以下の記述のうち、適切なものはどれか。
   a. 守秘義務という言葉の意味は状況により異なる
   b. 守秘義務に対する法的定義は、すべての州で同一である
   c. 専門職は絶対的な守秘義務を維持する必要がある
   d. クライエントとの関係構築において、守秘義務が重要な役割を果たすことはない

7. ソーシャルワーク・プラクティスの個々の倫理原則（受容、個別化、感情の意図的な表出、非審判的態度、客観性、統制された情緒的関与、自己決定、資源へのアクセス、守秘義務、説明責任）を定義せよ。さらに、個々のソーシャルワーカーが直面する可能性のあるジレンマを挙げよ。

Linwood J. Albarado, Jr.

人権と社会正義

本章の概要

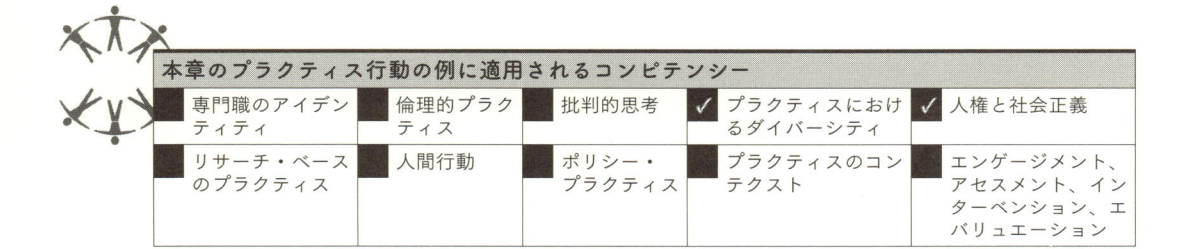

本章のプラクティス行動の例に適用されるコンピテンシー				
専門職のアイデンティティ	倫理的プラクティス	批判的思考	✓ プラクティスにおけるダイバーシティ	✓ 人権と社会正義
リサーチ・ベースのプラクティス	人間行動	ポリシー・プラクティス	プラクティスのコンテクスト	エンゲージメント、アセスメント、インターベンション、エバリュエーション

メアリー・ベス・キャノンにとって、この月曜日は特別な、記念すべき日だった。メアリー・ベスは鏡に映った自分をくしゃっとした笑顔で見つめ、名札に手を触れた。青い名札には「ミス・メアリー・B・キャノン」と刻まれている。新しい青いスモックがとても素敵だと思った。人は彼女を見て、身繕いのきちんとした、衣服の細部にまで気を使っている人だと思うかもしれない。だが、メアリー・ベスがスモックを見ながら考えていたのは別のことだった。今日、メアリー・ベスが着ているのは、試用期間中の研修生の制服ではない。ハートランド保険の支社内にあるコピーセンターの、一人前の正社員用の制服なのだ。

　メアリー・ベスは2ヵ月前に、障害のある人向けの保護作業所（sheltered workshop）で職業訓練プログラムを無事に修了した。彼女は勤勉に働き、良い労働習慣を身につけ、同僚やスーパーバイザーとの関わり方について学んだ。職員は彼女の成果を称賛し、信頼性を認めた。プログラムの修了後、ハートランド社のマネジャーは、社内印刷室でのコピー機担当者として、メアリー・ベスを採用した。仕事に必要な事柄を覚える間、傍らに指導員が付いて支援した。今日、メアリー・ベスは自信を持って、コピー取り、用紙補充および用紙サイズの変更をこなした。ただし、用紙詰まりの際には、その都度、彼女がこれを復旧できるようスーパーバイザーが手を貸した。

　ハートランド社では、秘書や営業担当者たちが印刷室に原稿を持参してコピーを取りに来る。注文用紙には、コピー機上の色分けされたキーパッドに対応する色に塗り分けられた、小さな絵が記載されている。注文主はこれらの絵を丸で囲むことで、コピー部数や並び順、ホッチキス止めや折り畳みの要否などの必要な情報を示し、メアリー・ベスに渡す。注文用紙が依頼内容を絵で示すようになっているのは、メアリー・ベスが字を読めないからである。メアリー・ベスには、知的障害があるのだ。メアリー・ベスは個々の作業が終わるたびに、コピーを注文主に渡す。注文主はいつも微笑んで「ありがとう、ミス・キャノン」と礼を言う。

　メアリー・ベスは、居間の窓から、ポーリーが外で彼女を待っているのを見つける。ポーリーにも精神障害があり、メアリー・ベスと同じ管理者付アパートに住み、ハートランド社のメール室で働いている。2人は一緒にバスに乗って通勤している。ポーリーはメアリー・ベスの恋人なのだ。ポーリーはメアリー・ベスに手を振り、2人分の乗車証を持っていることを伝える。「ポーリーは私のことが好き。彼と私はいつか結婚するかも！」

　メアリー・ベスは仕事で給与を得、税金を納め、アパートの家賃を支払い、友人たちとの交際を楽しんでいる。彼女は自分の人生の方向性を支配しつつある。しかしながら、この自己充足感と独立を獲得するまでの道のりは、悪戦苦闘の日々だった。障害のある多くの人がそうであるように、メアリー・ベスは知的障害を抱えることに伴うスティグマに耐えてき

た。幸い、メアリー・ベスは、雇用と住居に関する機会構造を切り開くための支援を得ることができた。

メアリー・ベスの職業訓練プログラム、OJT 研修、管理者付アパートへの入居、およびコミュニティ適応プログラムに関わったソーシャルワーカーは、メアリー・ベスを有能で価値ある人として扱った。このエンパワー・プロセスの期間を通じて彼女が受けたサービスには、彼女に合わせた個別の支援が必要だったが、メアリー・ベスは自己充足感を獲得し社会に融合することに最大限成功した。メアリー・ベスは、自分に自信を持ち、自らの成果を誇りに思っている。

メアリー・ベスは、コミュニティでの生活のあらゆる側面に十分に参加し、自らの資源をもってコミュニティに貢献している。彼女はコンピテントなヒューマンシステムの定義に合致している。社会の対応が、知的障害などの障害のある人々の潜在能力を最大限に発揮させるとき、その基礎には社会正義の原則がある。

ソーシャルワークは社会の良心であると表現するのが妥当かもしれない。私たちの専門職的良心の基盤には、人間の固有の尊厳と価値に対する承認、社会正義という信条に対する信念、そしてダイバーシティに対する理解と尊重がある。人は完璧ではなく、私たちが住む社会も完璧ではないから、私たちは一生を通じて、調和を求めて努力し続けなければならないのだ。ソーシャルワーカーは、人が人生で陥る困難を緩和し、社会の改善のための視座を提供するという重要な役割を担う。

ソーシャルワーカーは、社会の構成員全体の福祉を擁護し、社会正義を実現する責任を共有する。本章では、ソーシャルワークと社会正義の関係を詳述する。本章の目標は以下の通りである。

- 公民権、市民的自由、社会福祉への権利を含む、人権の概念を精査する
- ソーシャルワークの基礎を成す価値としての社会正義を定義する
- レイシズム、セクシズム、エリーティズム、エイジイズム、ヘテロセクシズム、ハンディキャッピズムのような社会的不正義について解説する
- 社会的不正義の哲学的・社会学的・心理学的原因を概観する
- 抑圧、非人間化、迫害など、社会的不正義がもたらす影響について述べる
- 機会、障壁、エンパワメントの相互関係について探究する
- 社会正義と人権に対する専門職の責務について議論する

平等と正義は、社会がもたらす便益を社会の全構成員が分かち合い、自ら社会に貢献することでこれに報いる機会を得ることを保証する。正しい社会秩序は、社会の全構成員に同じ社会的権利、機会、便益を与えるのだ。

社会における人権

　人権、公民権、および社会福祉に対する市民権は、社会正義を推進する。**人権**は、人の生活を守り、自由を確保し、個人的解放を保障する、生来の権利である。**公民権**は、社会からの抑圧や社会的集団による支配から市民を保護する。**市民権**は社会資源に対する市民の正当な権利に基づくアクセスを通じて、QOL を促進する。

人権

　国連は人権を「私たちに本質的に備わった、人として生きるために不可欠の権利」と定義した。「人権と基本的自由は、私たちが、人としての資質、知性、才能、良心を十分に発達させ、精神面およびその他のニーズを充足することを可能にする」（UN, 1987. Reichert, 2003, p. 4 より引用）。これらの基本的人権は生来のものであるため、これを付与したり、奪ったりすることはできない。ただ侵害され得るのみである。国連の**世界人権宣言**（Universal Declaration of Human Rights, 1948）の採択 10 周年にあたり、エレノア・ルーズベルト（Eleanor Roosevelt, 1958）は、次のように述べた。

　　結局のところ、普遍的な人権はどこで生まれるのでしょうか。それは身近な、小さな場所です。あまりに身近で小さく、地図の上には見つかりません。その場所は個人的な世界です。すなわちあなたの自宅の近隣であり、あなたが通う学校や大学であり、あなたが働く工場や農場、あるいはオフィスです。これらの場所で、すべての男性、女性、子どもが、差別のない平等な正義、平等な機会、平等な尊厳を追求するのです。これらの場所で、普遍的な人権が意味を持たないならば、それはどこでも意味を持ちません。ごく身近な場所で、市民が意識を高く持ち、普遍的な人権を支える活動をしなければ、より大きな世界における進歩を求めても無駄なのです。　　　　　　　　　　　　　　　　　　　（第 2 段落）

　人権は 3 つのカテゴリに分類される。すなわち、市民的および政治的権利、社会的および経済的権利、そして、連帯の権利あるいは「人民の」権利の 3 つである（Lightfoot, 2004; Reichert, 2003）。しばしば第一世代の権利と呼ばれる**市民的および政治的権利**は、国連の「市民的及び政治的権利に関する国際規約（International Covenant on Civil and Political Rights, ICCPR）」に定義されている。米国憲法および権利章典（Bill of Rights）において保障された権利と同様、これらの市民的および政治的権利は、社会の構成員の政治的地位に関わる政府の役割を制限するものである。これらの権利には、適正手続の権利、公平な裁判を受ける権利、言論の自由、信仰の自

由、集会の自由、ならびに、差別、奴隷的拘束、拷問を受けないことの保障が含まれる。第二世代の権利と呼ばれる**社会的および経済的権利**は、QOL に対する権利である。「経済的、社会的及び文化的権利に関する国際規約（International Covenant on Economic, Social and Cultural Rights, ICESCR）」において詳述されたこれらの権利は、健康とウェルビーイングを保証するのに十分な生活水準に関わるものであり、衣食住、医療、社会保障、教育、ソーシャルサービスといった基本的な人間のニーズを充足するための規定がこれに含まれる。第三世代の権利と呼ばれる**連帯の権利**は、環境保護や社会的・経済的開発、人道支援、国際安全保障、そして平和維持といった地球規模の課題に対処するための国家間の連帯や政府間の協力に関わるものである。

人権は、個人の発達と人間の潜在能力の発揮のために不可欠な、根本的な権利である。まさに「人権は社会正義の基盤」なのだ（Wronka, 2008, p. 428）。基本的人権とは、自己決定、生活における自由、拘束からの自由、思想・言論の自由、および安全に対する権利である。それらは、出自、性別、性的指向、人種、肌の色、言葉、国籍や誕生地、財産、知力、イデオロギー、政治的条件により区別されることはない。基本的資格の付与を拒否する行為は、人権侵害にあたる。

> 人権は、個人の発達と人間の潜在能力の発揮のために不可欠な、根本的な権利である。

公民権と市民的自由

公民権および市民的自由は、差別と抑圧から市民を保護する。公民権と市民的自由は英国法において創設され、米国の法制度の中で2世紀にわたって洗練を遂げてきた。20世紀後半、公民権法案の可決において改革運動はクライマックスを迎えた。雇用慣行、教育と住宅の利用、その他の重要な機会の平等に関する課題が法により統制されたことで、より強力に権利が保障され、差別的慣行に対する制裁が規定された（Pollard, 2008）。

公民権は、政府と個々の市民間、あるいは市民同士の公正で正義にかなった平等な取引をもたらす。市民的自由は、自由に対する憲法上の保障であり、現状に疑問を投げかけ社会変革を目指す活動に従事する市民の権利を含む。公民権と市民的自由を組み合わせることで、社会の調和と秩序、および個々の市民の尊厳と自由が保証される。差別は人々を分離し、社会における機会と資源の利用を制限するという公民権上の問題である。

ソーシャルワーカーは、数十年にわたり、人権運動の先導者として、差別に対抗する法制度の整備を推進し、ソーシャルワーク・プラクティスの中心的関心を人権へ向かわせる役割を果たしてきた。歴史的に社会から差別されてきた人々が、彼らの社会的ウェルビーイングを保護し促進することを目的とする専門職から、その尊厳をさらに傷つけられることがあってはならないのだ。ソーシャルワーク専門職は、プログラム提供の改善とダ

イバースな人々に固有のニーズに配慮された政策の支援を通じて、公民権を確実なものにすることをソーシャルワーカーに要求する。

社会福祉に対する権利

米国において、産業化と社会福祉の発展は同時期に起こった。産業革命における技術革新は、社会と経済に革命的変化をもたらした。これらの変化は、経済状況、家族生活、個人のウェルビーイングと健康に大きな影響を及ぼした。その結果、政府はこれらの変化への対応として、経済的に不安定な状況に対処するための社会福祉プログラムを開始した。

教育、勤労、健康における権利平等の原則は、ソーシャルワークの指針である。国連の**世界人権宣言**（1948）には、次のように、これらの権利が盛り込まれている[*]。

第22条

すべての人は、社会の一員として、社会保障を受ける権利を有し、かつ、国家的及び国際的協力により、また、各国の組織及び資源に応じて、自己の尊厳と自己の人格の自由な発展とに欠くことのできない経済的、社会的及び文化的権利を実現する権利を有する。

第23条

1. すべての人は、勤労し、職業を自由に選択し、公正かつ有利な勤労条件を確保し、及び失業に対する保護を受ける権利を有する。

2. すべての人は、いかなる差別をも受けることなく、同等の勤労に対し、同等の報酬を受ける権利を有する。

3. 勤労する者は、すべて、自己及び家族に対して人間の尊厳にふさわしい生活を保障する公正かつ、有利な報酬を受け、かつ、必要な場合には、他の社会的保護手段によって補充を受けることができる。

4. すべての人は、自己の利益を保護するために労働組合を組織し、及びこれに参加する権利を有する。

第24条

すべての人は、労働時間の合理的な制限及び定期的な有給休暇を含む休息及び余暇をもつ権利を有する。

***訳注** 以下、国連広報センターの日本語訳を引用。http://www.unic.or.jp/files/abc_jinken_appendix.pdf

第 25 条

1. すべての人は、衣食住、医療及び必要な社会的施設等により、自己及び家族の健康及び福祉に十分な生活水準を保持する権利並びに失業、疾病、心身障害、配偶者の死亡、老齢その他不可抗力による生活不能の場合は、保障を受ける権利を有する。

2. 母と子は、特別の保護及び援助を受ける権利を有する。すべての児童は、嫡出であると否とを問わず、同じ社会的保護を受ける。

第 26 条

1. すべての人は、教育を受ける権利を有する。教育は、少なくとも初等の及び基礎的の段階においては、無償でなければならない。初等教育は、義務的でなければならない。技術教育及び職業教育は、一般に利用できるものでなければならず、また、高等教育は、能力に応じ、すべての者にひとしく開放されていなければならない。

2. 教育は、人格の完全な発展並びに人権及び基本的自由の尊重の強化を目的としなければならない。教育は、すべての国又は人種的若しくは宗教的集団の相互間の理解、寛容及び友好関係を増進し、かつ、平和の維持のため、国際連合の活動を促進するものでなければならない。

3. 親は、子に与える教育の種類を選択する優先的権利を有する。

社会福祉に対する権利に関し、ソーシャルワーク専門職は、十分な衣食住、ヘルスケア、雇用、教育、そして、人種、年齢、性別、性的指向、身体的・精神的制約のために必要とされるあらゆる特別な保護に対する権利を擁護する。失業手当や、障害者給付金、生活保護、退役軍人手当、政府の助成金やプログラムを利用するためのクライエントの公民権保護のためには、資源の開発と分配におけるアドボカシーが必要とされる。

社会正義

社会正義は、ソーシャルワーク専門職の基盤となる価値である。しかしながら、社会正義という概念には、学者やソーシャルワークの実践者の間で合意された唯一の定義というものが存在しない。議論の中心にあるのは、社会正義はより大きな善、すなわち社会全体の利益のために適用されるのか、あるいは、社会正義は個人のためにだけ適用されるのか、という問いである。社会正義は公平の原則を基礎とすべきか。そして、もし社会正義が公平の原則を基礎とするなら、何を公平あるいは公正と判断すべきか。公平の原則としての社会正義の理論的位置付けを包括的に理解することは、社会正義の原則とソーシャルワーク・プラクティス、および社会政策アドボカシーの間の相互関係を分析するために不可欠である。

社会正義の理論

　社会哲学と政治哲学から、社会正義理論は大きく３つに分類される。すなわち、自由至上主義（libertarianism）、功利主義（utilitarianism）、平等主義（egalitarianism）である。各理論は、個人と集団の権利、および社会資源の配分と再配分に対する捉え方において異なる。

　正義に関する**自由至上主義理論**は、ロバート・ノジック（Robert Nozick）が支持した理論であり、個人の自由を社会正義の唯一の関心事とするものである。個人が他人から邪魔されることなく、自らの人生を追求する権利を付与し保護することが、自由至上主義の根本である。自由至上主義者は、財産権を生来の自由と考え、個人の財産や富の所有を制限したり、再分配の対象としたりすべきではないとする。このように、自由至上主義は、無制限の資本主義経済を支持し、分配的正義を拒絶するものである。この点において、権利を奪われたすべての人に優遇措置を提供することで平等を促進しようとする、福祉システムやアファーマティブ・アクション*の取り組みとは相容れないものである。

*訳注　マイノリティを優遇することにより条件を公平化することで差別是正を目指す措置の総称。

　功利主義理論は、哲学者のジョン・スチュアート・ミル（John Stuart Mill）とジェレミー・ベンサム（Jeremy Bentham）により支持された理論で、功利、すなわち最大多数の最大幸福という概念を推進するものである。このフレーズを**最大多数の最大適応**と置き換えると、功利主義の原則には、社会ダーウィニズム（social Darwinism）との近似性が見出せる。功利主義的観点からは、可能な限り多くの人が、自らの基本的ニーズや希望する生活を実現する手段と機会を得られるように、政府機関と法を通じた社会資源の分配により公共の利益を推進すべきとされる。功利主義的観点による社会正義の意味は、事実上、ほとんどの人が自身のニーズを満たしているのであれば、必要以上のものを得ている人がいる一方で、ニーズを満たすことができない人がいることも容認できるということになる。

　平等主義理論、あるいは、公正としての正義の概念は、ジョン・ロールズ（John Rawls）により構築された。これは、すべての人が資源と機会に公平にアクセス可能であるべきだと主張し、不利な状況にある人の利益のために、特別に社会資源の再分配を行うことを支持する。公正と正義に関する平等主義の原則は、社会資源の分配や再分配を正当化するものである。功利主義や自由至上主義の理想とは対照的に、最も経済的に恵まれない人々に便益を与えることでこの原則は補強される。つまり権利、機会、社会資源へのアクセスにおいて、すべての市民が平等であることを保証するための社会正義が、社会の価値あるいは道徳的義務とされるのである。

ソーシャルワークと社会正義

　エンパワメント・ソーシャルワークの観点から見れば、正義にかなった社会とは、すべての構成員が社会資源と社会的便益に対する権利を等しく共有し、そのうえで、構成員が社会資源に寄与するような社会である。個人の社会に対する義務と社会による権利保護の間にある社会正義の契約を履行することは、エンパワメント・ソーシャルワークの中心目的となる。このように、社会正義に対するソーシャルワーク専門職の責務は、すべての人が社会に参加し、社会に貢献できる構成員となるために、社会資源と機会へのアクセスを保証することにあると考えることができる。

　公正としての正義という平等主義哲学を基礎とするなら、ソーシャルワーク専門職の義務は、特に権利を奪われた人々のために、個人と社会の間の社会正義の契約履行を確保することである。このように、ソーシャルワークは、社会的に脆弱な抑圧された人々の擁護者であることを誓約しており、これに基づき、実践者は社会正義の擁護者として、社会資源の再分配を通じた社会的・経済的不正義の是正を追求する。公正の原則は、分配的正義の概念と密接に結び付き、社会の便益をいかに分配すべきか、すなわち、公正の原則を基礎とするべき（各個人の貢献度に応じた分配）か、平等を基礎とするべき（全員に等しい分配）か、ニーズを基礎とするべき（ニーズに応じた分配）かについて考察するものである。

　ソーシャルワーク専門職は、ポリシー・プラクティスにおいてもダイレクト・ソーシャルワーク・プラクティスにおいても、平等と公正を社会正義の中核と考える（Bonnycastle, 2011; O'Brien, 2011）。社会政策は、社会の便益の分配と、平等な権利の保護を実現するメカニズムである。再分配的正義は、平等と公正を基礎として、ソーシャルワーカーに政治的・経済的課題を提示する。社会正義の擁護者は、この目的の実現のために、平等主義の推進、貧困の撲滅、不利な状況にある人口集団への物資やサービスの分配を追求する（Chatterjee & D'Aprix, 2002; Freiman, 2012）。同様に、公民権に関わる政策に関して、ソーシャルワーカーの課題となるのは、イズムに対して社会的に脆弱な層、すなわち、人種的・民族的マイノリティ、女性、高齢者、ゲイとレズビアン、障害のある人、移民といった人々のための平等の追求である。

社会的不正義 ——「イズム」

　普遍的人権、公民権、社会福祉に対する市民の権利は、社会正義の構想実現のために重要な役割を果たす。しかしながら、これらの社会的権利に関する理想は、市民の日々の経験と大きく乖離している場合が多い。レイシズム（racism）、エリーティズム（elitism）、セクシズム（sexism）、ヘテロ

表6.1 イズム

レイシズム	ある人種集団に対する他の人種集団による社会的支配を擁護するイデオロギー
エリーティズム	経済的階級が低い人々に対する偏見
セクシズム	男性または女性が、他方に比べて優れているという信念
ヘテロセクシズム	異性愛以外の性的指向を持つ人々に対する偏見
エイジイズム	ある年齢集団が他の年齢集団より劣っているという信念
ハンディキャッピズム	精神的あるいは身体的障害のある人に対する偏見

セクシズム（heterosexism）、エイジイズム（ageism）、ハンディキャッピズム（handicapism）は人々に有害な影響を及ぼす。人種、社会的階級、性別、性的指向、年齢、能力により人々はしばしば差別的扱いを受け、搾取される（表6.1）。

　社会的イズムは、社会が「不足」を見出した人々、すなわち、能力の不足、生産性の不足、普通さの不足があると見なされた人々の集団に対して向けられる偏見に満ちた態度である。階層化された社会構造においては、社会的地位の低い人々に与えられる将来への希望、すなわち機会、可能性、資源はより限られたものになるが、イズムはこれを正当化する。階層化された社会構造においては、社会の一部の人々に対する、他の人々による搾取と支配が永続化される。権力、名声、資源を手に入れられる人とそうでない人に分かれるのだ。

レイシズム

　レイシズムとは、ある人種集団に対する他の人種集団による支配を永続化するイデオロギーである。レイシズムの擁護者はしばしば、特定の人種が遺伝的あるいは文化的に劣等であると主張して、自らの立場を正当化しようとする。米国では絶えず、多くの人種集団が、人種に基づく差別と不平等による有害な影響に苦しめられている。差別と人種に基づく不平等を根絶するために、さまざまな努力がなされてきたにもかかわらず、深く染みついた人種差別主義的信念は払拭されていない。権力を握った集団や機関の私利に資する社会構造が維持される傾向があることも、差別が根強く残る原因の一つである。すなわち、人種差別が存在する社会では、どの人種集団に所属しているかが社会的地位の基盤となる。つまり、支配的な人種集団が他の人種集団の流動性を制限するのである。

　人種差別は３つの異なるレベルで表れる。すなわち、個人レベル、組織レベル、構造レベルの３つである（Tidwell, 1987）。**個人**が差別を露呈するのは、偏見に満ちた態度や行動を通じてである。たとえば、大家が賃借申

込者を人種で選別したなら、それは差別にあたる。**組織**が、特定の集団に不利になるようなポリシー、ルール、規則を強制すれば、それは差別である。たとえば、雇用慣行がアファーマティブ・アクションのガイドラインに従わない場合、それは差別的雇用となる場合がある。最後に**構造**レベルでは、一つの社会機関における差別的慣行が他の機関における機会の制限をもたらす。たとえば、教育的機会へのアクセスが拒否されると、就業の選択肢が限定され、それがひいては、住宅供給やヘルスケアの利用における選択肢を制限することになる。差別的慣行の結果として、機会と利益の不平等な分配が生じるのだ。

　すべての市民に自由と正義をという理想は、平等を獲得するための努力に皮肉な結果をもたらす。人々が「すべての人のための正義」を期待するとき、不正義はいっそう深刻になるのだ。米国社会は、その歴史を通じて、複数の人種集団に対し、米国社会の民主主義的価値がもたらす社会的便益へのアクセスを拒否してきた。マイノリティの地位を付与された人種集団は、政治的・経済的に搾取されてきたのだ。彼らは低い地位へと追いやられてきた。すなわちこの集団に属する個人は、人種を理由として生まれながらに低い地位を付与されてきたのだ。現在もなお、多くの人種的・民族的グループが正義と自由を獲得するために苦闘を続けている。制度的差別は、社会的慣習の中に染みついており、人種的マイノリティと多数派層との地位的格差を維持しているのだ。

　1960年代、社会運動家たちは、人種集団の窮状に国民の注意を向けさせ、公民権法の成立を強く求めた。米国の政策変革に対する彼らの要求は、学校における人種差別の廃止、差別禁止法の成立、施設における分離平等原則の排除、職場におけるアファーマティブ・アクションの採用をもたらした。制度的差別に対抗するために、公民権運動はマイノリティ集団の教育と雇用における機会の平等を支援した。しかしながら、公民権の法制化は、本質的に、あるいは、それだけでは、差別を是正したり、雇用や進学を制約する抑圧や欠乏を解決したりするものではなかった。構造的変革に加えて、必要だが法制化はできないものがある。それは、差別や抑圧をもたらす偏見に満ちた態度を許さない、社会の良心である。

エリーティズム

　エリーティズム、あるいは階級差別主義とは、低い社会経済的階級に属する人を、上流階級に属する人と比べて価値も能力も低い「怠け者」と見なす偏った態度である。すべての人が生まれながらにして平等というのが米国の理想だが、現実には、米国社会は一部の人を特権的に扱っている。皮肉にも、平等と慈善はエリーティズムと不平等を強化する。セネットとコブ（Sennett & Cobb, 1972）は、このテーマについて次のように詳述した。

パワーの潜在的平等という概念は、パワーの不平等が当然のこととして期待される競争社会に適した、奇妙な形で発達してきた。スタート時点で誰もが同じ潜在能力を持つことを前提とするなら、彼らが人生で経験する不平等は決して偶然によるものではなく、この力を活かそうとする個人の意欲の差がもたらす論理的帰結ということになる。すなわち、そこでは社会的格差は人格の問題とされ、精神面における意思、意欲、力量の問題として現れるのである。　　　　　　　　(p. 256)

　階級構造が、良い人間が悪い人間の上に立つという階層を意味するものでないことは明らかである。にもかかわらず、エリートは、下層の人々を無知で無能と見なす。

　社会的階層は、富、権力、名声に関わる不平等の結果生じる。人々を階層すなわち層状の区分で分けた、社会的ヒエラルキーが発達する。この階層は、「持てる者」と「持たざる者」を区別する。社会において持てる者は、社会的・経済的資源を持つだけでなく、社会的・経済的機会をコントロールできる。他方、持たざる者は、わずかな資源しか持たず、機会へのアクセスも限られている。そのため、社会が提供する便益を得ようとする際に、このヒエラルキーにおける地位次第で、資源にアクセスできるか、あるいは障壁に阻まれるかが決定付けられる。

　ブランドものの洋服や使い捨て製品など、人の支払い能力を反映する消費財への執着は、エリート主義的姿勢の表れである。偉大なるアメリカンドリームとは、人々が自らの努力により自身の社会的階級を変えられることである。不完全雇用の状態にある者や貧困状態にある人にとって、このドリームには悪夢的な性質がある。彼らは社会から「自力で這い上がれ」と言われ、それができなければ非難を浴びる。彼らの努力が失敗に終わると、社会の構成員たちは、しばしば個人を非難し、彼らの成功を妨げる構造的不平等には目を向けないのだ。

　貧しい人々による運動、特に福祉権団体は、このような制度的障壁を認識し、社会改革を通じて是正しようと努力している。このような社会改革に向けた努力の例として、教育的・経済的機会の拡大と、必要な法的措置の実施が挙げられる。改革グループは、社会的不平等が個人的な困難ではなく政治的課題であり、階級差別が個人の問題ではなく社会全体の課題であることを認識している。

　エリーティズムは社会の境界を越え、国際的領域へ拡大し、高度に工業化された先進国が他の国を搾取するという状況を生み出している。ここでもまた、パワー・エリートが恵まれない人々の経済的ニーズにつけ込むという関係が生じる。たとえば米国の廃棄物処理会社は、地域コミュニティが管轄区域内での廃棄物処理を許可しなかった場合に、医療、科学、原子力関連の廃棄物を捨てる契約を、アフリカの経済的貧困地域の個人を相手

に締結している。事実、金を払って文字通り、ある家族の家の裏庭の敷地を購入する場合もある。家族は喫緊のニーズを満たすために、金銭と引き換えに土地を利用させるのだ。この取引の結果、子どもたちを含む家族は、汚染廃棄物の影響にさらされ、長期的な健康上の危険を抱えることになる。

セクシズム

セクシズムとは、男性または女性のいずれかが、他方よりも優れているという信念である。セクシズムの形態として最も頻繁に表れるのは、男性を特権的に扱い、女性に対して不当な態度を示したり差別的行為に及ぶ場合である。セクシズムを示す人々は、男性と女性の能力を性別だけで判断し、個人の特徴を無視する。組織的なセクシズムは、家庭、経済的・政治的・福祉的・宗教的組織など、社会のあらゆる側面に広がっている（Day, 2009）。

セクシズムのルーツは、性別の社会化にある。子どもはまだ幼い頃から、両親から男性らしい、あるいは女性らしい振る舞い方を教え込まれる。性別の社会化において、私たちは自らの役割を理解し、自身のアイデンティティを定義する。この社会化は男性と女性の「性別に応じた適切な」選択とは何かを規定する。聖書の言葉や神学に関する文書を引用し、伝統的な性役割の定義を正当化する者もいる。

セクシスト的な考え方と慣行においては、男性が特別扱いされ、男らしい特徴や行動が優れたものとして評価される。この考え方のもとでは、男性に権力と権威が与えられ、女性は下位に位置付けられる。セクシスト的社会構造により女性は低く評価され、経済的に差別され、女性の完全な社会参加は妨げられる。性別による差別は、すでに述べた人種や階級による差別と相まって、特にマイノリティの女性や貧しい女性に有害な影響を及ぼす。さらに、貧困の女性化に伴い、「ニュープア（new poor）」が女性と子どもを指す言葉として定義されるようになった。社会構造に備わる不平等が女性の前に立ちはだかるために、貧困の悪循環を断つことはより困難になっている。

1900年以降、女性は権利の平等を活発に推進している。初期の女性たちの努力は、選挙権と政治プロセスに参加する権利の獲得に向けられた。その後、女性の権利運動は経済的平等の獲得を中心目標とするようになった。男女平等憲法修正条項（Equal Rights Amendment, ERA）は、憲法修正案として2度否決された。この法案は単に、性別にかかわらず、すべての人が法の下に平等な保護を受けることを求めたものである。ERA の支持者たちは、性差別に対する憲法的保護を求める短い声明を出した。「米国は、あるいはいかなる州も、性別を理由として、法の下の平等を否定あるいは制限してはならない」。修正案に反対した者は、これが可決されるこ

コラム 6.1 ダイバーシティと人権に関する考察

ソーシャルワークと人権

シドニー・ウィリアムズは、「ソーシャルワーク専門職におけるダイバーシティと人権」という1日コースのワークショップの推進役を務めている。シドニーが演習として選択したのは、実践者がそれを通じて、自身の文化的ダイバーシティと、人権問題に対する視点を分析できるというものだった。

演習への導入プレゼンテーションの中で、シドニーは次のように述べた。「人は自分自身を、さまざまな形で言い表しますね。たとえば、年齢、性別、人種、民族、性的指向、経済状態、政治的見解、信仰している宗教、家庭での役割、配偶者の有無、雇用形態などです。ではこれから、グループを作って、次のような課題について考えてみてください」

- このような一般的なカテゴリを枠組みとして、あなた自身のことを説明してみてください
- あなたの生活のさまざまな側面、たとえば、プライベートな生活や仕事生活、近隣あるいはコミュニティでの暮らしなどの側面において、あなたのアイデンティティを基礎として得られる資源や機会には、どのようなものがあるでしょうか
- あなたの生活のさまざまな側面において、あなたのダイバースなアイデンティティにより、どのような障壁や影響が生じているでしょうか
- あなたのダイバーシティおよびアイデンティティは、ソーシャルワーカーとしてのプラクティスにどのような影響を及ぼしていますか
- あなたのクライエントのダイバーシティとアイデンティティは、ソーシャルサービスへの彼らの参加にどのような影響を及ぼしていますか

- 社会正義の問題として、ダイバーシティとアイデンティティはどのように定義されますか

シドニーは、このダイバーシティに関する演習を利用して、ソーシャルワークの実践者に、個人としておよび専門職としての自身の生活にダイバーシティが及ぼす影響を理解させようとした。彼女が突っ込んだ質問をすることで、参加者は、これらの要素が自身のレイシズム、セクシズム、エリーティズム、エイジイズム、ヘテロセクシズムに対する反応にいかなる影響を及ぼしているかを精査し、分析することを求められた。

シドニーはさらに次のように述べて、小グループでの討議のテーマを、ダイバーシティと社会正義から人権へと移行させた。「ソーシャルワークとは、つまりは、人権の専門職です。小グループで、次の質問について考えてください」

- 人権とは何でしょうか。法的権利？　公民権？　あるいは市民の権利でしょうか
- ダイバーシティ、社会正義、そして人権はそれぞれ、どのように関わり合っているでしょうか
- なぜ、ソーシャルワークは人権の専門職なのでしょうか
- あなたの日々のソーシャルワーク・プラクティスに関わる人権問題について、例を挙げてみてください
- ソーシャルサービスの提供システムは、人のニーズと人権の両方に応えるために、どのように組織化されているでしょうか
- あなたのプラクティス領域における社会政策のうち、あなたのクライエントの社会経済的権利および文化的権利を支持する政策、および支持していない政策を挙げてください

> ・人権に対するソーシャルワークの関心は、いかにして、国境を越えて国際的領域に及ぶのでしょうか
>
> 討議では、資格付与に関する問題、ヒューマンサービスの分配、生涯にわたり提供するソーシャルサービスを完全に用意するための資金源の不足、公民権の崩壊、ヘルスケアとメンタルヘルス・サービスへのアクセスの不十分さなどの、普遍的なテーマが浮かび上がった。実践者たちが出した結論は、ダイバーシティ、社会正義、そして人権の問題は、プラクティスの全領域を貫くというものだった。

とは「自然の秩序」の破壊だと考えた。憲法修正案の否決は、米国社会に深く染みついたセクシズムを反映するものでもあった。

ヘテロセクシズム

ヘテロセクシズムとは、異性愛的指向を当然のものと見なすことであり、これに対し、ホモフォビア（homophobia, 同性愛嫌悪）とは、異性愛以外の性的指向を持つ人に対する強い偏見である。同性愛者は全人口の約6％を占める。性的指向以外は、異性愛者と変わるところがない。しかし、その性的指向ゆえに、ゲイの男性とレズビアンの女性は制度的差別を受け、人格的中傷や蔑視、スティグマの対象とされる。

人が同性愛者に対して抱く不合理な恐怖がホモフォビア的行動の基礎を成す。「ホモフォビアは、私たちの文化における社会病理の一部を成してきた。それは法律や社会政策、宗教的信仰、育児の慣行の中に組み込まれている」（Sullivan, 1994, p. 294）。ソーシャルワークの実践者の態度に対する研究結果は、回答者の約90％がホモフォビア的傾向を持たないことを示すものだったが、一方で、回答者の大部分がヘテロセクシスト的偏見を持つことを示していた（Berkman & Zinberg, 1997）。

ホモフォビアがエスカレートしたのは、男性同性愛者が、米国におけるHIV/エイズの感染リスクが高い人口層の一つとされて以降である。ゲイの男性は、「逸脱したライフスタイル」と呼ばれるスティグマと、命を危険にさらす感染性の病気という現実から、二重のインパクトを受けている。HIV/エイズと同性愛の関連が人々の認識に、あまりに染みついてしまっているため、HIV/エイズを抱える人たちは、多かれ少なかれホモフォビア的スティグマに苦しめられる。

異性愛者の場合はセクシュアリティが個人のアイデンティティの一側面として組み込まれているのに対し、同性愛者のアイデンティティは逸脱した性行為にあるとして狭く定義されることが多い。人々の頭の中では、同性愛者の個人的アイデンティティは、彼らのセクシュアリティに付随する二次的なものとなる。宗教的信条と道徳的義務の独善的な解釈をベースと

して、人々の同性愛に対する怒りは正当化され、たきつけられる。その結果、同性愛者は、社会的スティグマに加えて、人格の無視に苦しむことになる。

　同性愛者に対しては、問題を抱えた人間、あるいは逸脱した人間というイメージを持っている人が多いため、同性愛者が抑圧された社会集団と見なされることは少ない。事実、ゲイの男性とレズビアンの女性は、村八分的な扱いから、公然たる同性愛者に対する暴力やヘイトクライムに至るまで、さまざまな抑圧に耐えている。同性のカップルは、住宅法、保険の補償範囲、相続や投資に関する法的保護において、異性のカップルと同等の恩恵を受けていない。ゲイとレズビアンは、家族との対立や、失職、住宅に関する差別、宗教団体からの排斥、生命保険や医療保険上の差別、同性婚の禁止、公共の場での屈辱などを経験している。

　ゲイとレズビアンのコミュニティ・オーガニゼーションと、ゲイ・ライツ・ムーブメント（gay rights movement）は、社会的支援と社会運動への道筋をつけた。全米ゲイ特別委員会（National Gay Task Force）、ゲイ・ライツ全米ロビー（Gay Rights National Lobby）は、公的問題を監視し、ゲイの悩みの代弁者となり、メディアにおける同性愛の描き方を評価し、ゲイの権利に対する法的保護を求めてロビー活動を行う。ソーシャルワーク専門職の中では、NASW と CSWE の両方がゲイとレズビアンの問題に関する特別委員会を設置している。

エイジイズム

　エイジイズムという言葉は、米国に蔓延する加齢に対するネガティブな態度を表現するために、ロバート・バトラー（Robert Butler, 1969）が最初に用いた。**エイジイズム**は、一般に高齢者に対する偏見に満ちた態度のことであるが、年齢に関する偏見は、どの年齢集団に対しても向けられ得るものである。成人中心主義的なバイアスは、子どもを大人の基準で評価するもので、子どもの視点における差異を見落とす原因となる。エイジイズムは、高齢者に対する反応である場合に、特にあからさまなものになる。エイジイズムが高齢者層に向けられると、高齢者がコミュニティ全体に対して貢献する能力が阻害され、ステレオタイプ化が助長されることで高齢者を個性ある人間として考えることが困難になり、高齢者自身の自己評価を下げ、加齢に対する恐怖が永続化される。

　誤解とステレオタイプ化はエイジイズムを助長する。若さに対する賛美や、加齢を死と同一視すること、人を年齢

プラクティスにおけるダイバーシティ

[プラクティス行動の例]　他者との差異を原因として、人が人生において抑圧、貧困、周縁化、疎外や、あるいは特権、権力、称賛を経験することを理解すること。

[批判的思考の訓練]　ソーシャルワークのクライエントの多くが、レイシズム、エリーティズム、セクシズム、ヘテロセクシズム、エイジイズム、ハンディキャッピズムがもたらす否定的な影響を経験している。ソーシャルワーカーは、このような社会的不正義がダイバースなクライエント群にもたらす個人的・対人関係的・組織的・社会経済的影響にいかに対処すべきか。

で差別することにより、世代間の接触は限定的になり、否定的な見方が是正される機会が失われる。多くの人が「年寄りは皆似たようなもの」と考えている。個性を持つために最も重要な要素は年齢と考えられているのだ。しかしながら、老年学者は、コホート群として、高齢者は他の年齢群と比較すると均質性が低いと主張する。簡単に言うと、人は歳を重ねるにつれ、互いに似たところが少なくなるのだ。

もう一つの誤解は「痴呆状態」が加齢の一部という信念である。これは知性、記憶、問題解決能力が、加齢とともに衰えることに結び付いている。知能が低下する高齢者もいるが、その決定的な要因は健康状態であり、年齢ではないと考えられている（Berk, 2010）。ソーシャルワーカーが「高齢者は痴呆状態にある」という誤解を抱いている場合、高齢者は努力を傾けるに値しないと考えるかもしれない。「痴呆状態」というラベル付けは、私たちが高齢者の潜在能力を見出すことを困難にする。

最後に、高齢者は頑固で柔軟性を欠き、変わることができないとステレオタイプ化される場合がある。専門職が高齢者をすでに成長の途上にはない、成長を終えた人々と考えるなら、高齢者の問題に対処するために自らの時間と労力を割きたいとは思わないだろう。しかしながら、変化そのものは、実年齢よりもむしろ過去の経験や個人の特質と結び付きやすい。人は生涯を通じて変化することが可能で、実際に変化するのだ。要するに、社会に蔓延している加齢に対する態度から、加齢という問題に対処するために何がなされ、何がなされていないのかを見出すことができる。

年齢に関わる問題はすべての社会に課題を提示し、社会正義に関する重要な問いを投げかける。高齢者の利益と権利を推進する活動組織であるグレイ・パンサーズ（Gray Panthers）を創設者したマギー・クーン（Maggie Kuhn）は、エイジイズムが米国民に及ぼす社会的影響に対する敏感さを養う教育を推奨し、政治的・経済的改革と米国の医療システムの徹底的な見直しを要求する（Kuhn, 1987）。

ハンディキャッピズム

世界保健機関（World Health Organization, WHO）は、機能障害（impairment）、能力障害（disability）、ハンディキャップ（handicap）を区別する。機能障害とは、身体構造あるいは機能における物理的な苦痛、制限、欠損である。能力障害とは、機能障害の結果、機能障害がない人にとっては可能な行動が不可能あるいは制限されている状態を言う。ハンディキャップとは、機能障害あるいは社会的不利の結果として生じる社会的不利を意味する。

ハンディキャッピズムとは、精神的あるいは身体的障害のある人に向けられる偏見および差別である。これに対しエイブリズム（ablism）とは、障害のない人に優先的地位を与えることである。障害のある人は「違っ

て」いて「健常者」と同じことはできないと見なされる場合が多い。障害のある人はあらゆる意味で能力を失っていると見なされるのだ。たとえば、身体的障害のある人は精神的に無力であるか、あるいは社会的に未成熟だと見なす人がいる。同様に、知的障害を抱える人には感情がなく、関心や考えを持つことがないと考える人もいる。

　悪意を持って障害のある人の物まねをする人がいることは、ハンディキャッピズムの存在をより明白に示す証拠である。残念ながら、障害のある人々に向けられた中傷的発言や侮蔑的な言葉、嘲りは、他の集団に向けられる場合と比べて、個人的または社会的制裁の対象となっていないように見受けられる。ハンディキャッピズムは、障害のある人々に社会的孤立と社会的周縁化をもたらす。

　障害は他の特徴と同様に、人々と環境の相互作用の結果である。能力発揮を阻害する（disabling）環境により、障害のある人々の社会の本流への参加が妨げられる。建築、交通、コミュニケーション手段、社交、経済、法的権利における障壁は、障害のある人の前に立ちはだかり、彼らの環境に深刻な制限を課する。障害のある人に対する差別からの保護が法的に保証されているにもかかわらず、差別的態度、建物の設計上の制限、医療の補償範囲の不利益、適応補助装置の必要性など、彼らの雇用の妨げとなる要素が存在する。障害のある人の不完全雇用状態は、勤労への意思や生産性の欠如を反映したものではない。これは、彼らを取り巻く社会的・経済的・政治的環境における能力発揮を阻害する性質を反映したものである。

　一般の人々の障害のある人に対する認識は不十分であり、多くはネガティブなものである。このような認識に基づき、障害のある人の能力や社会の本流への融合が拒否される。事実、視覚障害のある人を哀れみの対象とする向きもある。「障害のある人の自己概念、自己定義、社会的比較、および準拠集団においては、障害がその中心的位置を占める」と信じる者もいるが、研究結果はこれを支持していない（Fine & Asch, 1988, p. 11）。同じく、研究結果は「障害があることは、援助とソーシャルサポートを必要としていることと同義」という仮説も支持していない（p. 12）。

　障害のある人は米国における権利を奪われた集団として最大であり、全人口の18.7%、すなわち約5440万人が、程度の差こそあれ何らかの障害を抱えている（Brault, 2008）。共通の障害のある有権者層の固有の利益を代表する団体が多数存在する。たとえば、全米聴覚障害者協会（National Association of the Deaf）、米国糖尿病協会（American Diabetes Association）、ア

Michael Greenlar/The Image Works

ジョブコーチは知的障害を抱える人たちの、職場でのスキル開発を可能にする。

コラム 6.2　エンパワメントと社会正義に関する考察

マクロレベルの変革を通じた
社会正義のためのエンパワメント

エンパワメントを実現するためには、個人的パワーと政治的パワーの両方を発動することが必要である。個人的パワーは達成感や肯定的経験を通じて得られる。政治的パワーは、機会の活用や意思決定への影響力を反映したものである。

ソーシャルワークは、政治的・社会的活動に従事するという、そのきわめて重要な地位を、さまざまな形で放棄してきた。これにより、社会正義のための進歩的課題に対するソーシャルワークのビジョンは不鮮明になり、きわめて重要な、ソーシャルワークに対するマクロレベルのアプローチは退けられてきた。次のような問いかけに対し、すべてのソーシャルワーカーが同じ答えを持っているわけではない。すなわち、ソーシャルワークの方向性は、臨床的プラクティスと政策的プラクティスのどちらにより近いのか。ソーシャルワークの関心は、ミクロとマクロのどちらにあるのか。私たちは専門職として、慈善と正義のどちらを推進するのか。私たちの義務は個人の悩みを解決することか、それとも社会問題を是正することか。私たちのインターベンションは個人的なものか、組織的なものか。私たちの焦点はローカルなものか、グローバルなものか。

シアリング（Searing, 2003）は、ソーシャルワークについて、「ラディカルな伝統を取り戻さなければならない。この主張はすなわち、クライエントの「ニーズ」に対するアセスメントにおいて、単に資源の利用を可能にすることを目指すのでなく、不平等の除去と社会正義の実現にも目を向けるべきだということである」と述べている（第4段落）。批判的理論を基礎とするプラクティス・アプローチはそのような機会を提供する。批判的アプローチは、その基本要素として、個人と政治を結び付けることへのコミットメント、解放的な形の分析と行動、ソーシャルワーク専門職と福祉制度の社会的コントロール機能に対する批判、社会変革に向けた行動が含まれる（Fook, 2002）。

この批判的アプローチの適用が最も重要なのは、文化的マイノリティと肌の色に関するマイノリティとのワークにおいてである。民族差別と制度的レイシズムにより社会の機会構造が閉鎖的なものになることで、これらの人口集団の政治的パワーは弱体化する。ソロモン（Solomon, 1976）によれば、マイノリティはエンパワメントを妨げる直接・間接の障壁を経験する。間接的障壁とは、先入観、偏見、ステレオタイプ化、スティグマをもたらす態度、信念、イデオロギーである。直接的障壁としては、教育、公的扶助、ヘルスケアの利用を制限する明示的・黙示的な政策的指示が挙げられる。これらの領域の資源のどれか1つでも利用できない場合、他の領域にも複合的影響が及ぶ。たとえば、医療保険や信頼できるヘルスケアを利用できなければ、結果として栄養不足が生じたり、再入院率、早産率、死亡率が上昇したりする。

効果的なエンパワメントは、パワーを阻害する障壁を特定し、その影響力を低減するためのストラテジーを実行する。エンパワメント指向のソーシャルワーカーは、社会レベルでインターベンションを行うことで、社会機関による社会的機能の棄損や妨害といった負の影響に対処する。階級、文化、人種、民族などの相違という要素は相互作用する性質を持ち、これにより累積的効果が生じ、格差が増幅される。これらの問題に対処するソーシャルワークの努力は、マクロレベルに焦点を置くものでなければならない。マクロレベルのワーク、とりわけ、公共政策の形成および所得の再分配は、レイシズム、貧困、虐待といった社会文化的要素に対処するために重要である。これら変革指向のストラテジーは、個人の向上と社会変革の両方を目指すものでなければならず、社会的平等、社会正義、新たな制度的構造、富と資源の再分配を強調するものでなければならない（Washington, 1982, p. 104）。

メリカ傷痍軍人会（Disabled American Veterans）、てんかん協会（Epilepsy Association）などである。

1960年代以来、障害のある人の権利運動は連邦政府の公民権法制化を活発に要求してきた。障害者問題に関わる運動家は、1976年に初の全国連合を形成した。米国障害者市民連合（American Coalition of Citizens with Disabilities, ACCD）や米国障害者協会（American Association of People with Disabilities, AAPD）のような集団による連帯的政治活動なしには、公共政策による障害のある人の公民権保護や、教育、雇用、および社会的な現場における能力発揮を促進する環境の実現は不可能だろう。1990年の障害を持つアメリカ人法（Americans with Disabilities Act of 1990）の可決は、生活のすべての側面における平等な配慮を求めた政治的努力の有効性を証明するものである。この法は「障害のある人生は、障害のない人生と同じく意義があり、障害のある人は、社会に参加するための手段を利用する権利を付与されるべきである」（Asch & Mudrick, 1995, p. 759）ことが理解されるための道筋をつけた。

集合的イズム

これまでに述べてきたイズムはそれぞれ、特定の集団に対する態度や行動を反映するものだが、これらを統合する共通のテーマがある。差別を受けている人口集団は、生産性が低く経済秩序を破壊する者と見なされている。文化的逸脱者と見なされた者は、文化的秩序に対する脅威とされ、精神的・社会的異常者というラベル付けをされた者は、個人の安全にとっての脅威と見なされる。イズムは社会的不正義を明確に浮き彫りにするのである。

社会的不正義の原因

社会的不正義が根強く残る理由については、さまざまな説明がなされてきた。1つの理由付けとして、社会ダーウィニズムのイデオロギーがある。さらに、社会学的観点の中には、不正義は社会秩序において一定の機能を果たしているとするものもあれば、不正義は権力と権威へのアクセスにおける格差の結果とするものもある。帰属や自我防衛、情報処理などの心理学理論による説明もある。他にも、社会学と心理学による説明として、被害者非難、公正世界信念、差別的行為などがある。

人権と社会正義
［プラクティス行動の例］ 抑圧と差別の形態とメカニズムを理解すること。
［批判的思考の訓練］ 社会的不正義の基盤に関するさまざまな説明が、社会学理論や心理学理論の中に存在する。福祉政策の中に、そして社会福祉のクライエントに対する一般の人々の態度の中に、社会ダーウィニズム、被害者非難、公正世界信念の残滓が、どのような形で根強く残っているだろうか。

社会ダーウィニズム

　社会ダーウィニズムのようなイデオロギーは、正義に対する私たちの理解に影響を与える。社会ダーウィニズムは、進化論を社会に応用した英国人の哲学者であるハーバート・スペンサー（Herbert Spencer）により提唱された。彼は、ダーウィンの進化論とラマルクの形質遺伝論を援用した。スペンサーは進化を「適者生存」と表現し、社会が最終的に「適者」による理想的な社会へと進化すると信じた。スペンサーの著作は英語で出版されたため、米国にも多くの読者がいた。

　ウィリアム・グラハム・サムナー（William Graham Sumner）は、19世紀後期の米国における社会ダーウィニズムの主唱者である。彼はスペンサーの見解と、自由放任主義（レッセフェール laissez-faire）経済学、さらにプロテスタントの労働倫理を組み合わせて自らの理論を構築した。サムナーの主張によれば、自然界における不変の法則は競争であり、自然は最もよく適応するものに見返りを与える中立的な力である。「経済的生活は、よい性質を持った人間に誘因を与える一連の仕組みと考えることができ、一方で、この仕組みはサムナーの言うところの「怠慢で無能で、役立たずで愚かで、軽率な」人間に罰を与える」（Hofstadter, 1955, p. 10）。「貧困の廃絶」と題したエッセーの中で、サムナー（Sumner, 1887）は、貧困と無知、悪習、不運を相互に関連付けた。さらに、サムナーは、貧しい人に金銭を与えることは、それを生産的に使うことのない社会の無能な構成員に投資するのと同じであるから、そうではなく、投資に見合った見返りが得られる労働に対し資本を投下すべきだと主張した。

　サムナーは、社会の変化を、競争と適者生存の原則が支配する進化のプロセスとして捉えた。社会はこれらの目標を、法制度の変革ではなく、個人の道徳観念の改革により達成したとする。彼は、政府による介入は自然のバランスを崩し、生存競争を歪め、不適応者に有利になるように状況を変化させるものだと警告した。サムナー（Sumner, 1903）は、貧困を勤勉と倹約により廃絶できる社会的病理と認識すべきだと主張した。サムナーは公的慈善団体の役割に疑問を呈しながら、私的な慈善は利他主義を養うもので、進化の過程を妨げるものではないと考えた。

　正確な影響を評価することは困難だが、歴史家たちは20世紀初頭の米国が「社会ダーウィニズム国家」（Hofstadter, 1955）だったことを示唆する。コーエン（Cohen, 1958）はその著作『米国の伝統におけるソーシャルワーク（*Social Work in the American Tradition*)』の中で、一般の人々が社会福祉に対する社会ダーウィニズム的見解を受け入れていたと主張する。さらに、社会ダーウィニズムは、ソーシャルワークの初期の発達過程にも影響を及ぼしている。

　19世紀後期から20世紀初期の慈善活動の記録には、社会ダーウィニ

ズムの影響を見ることができる（Krogsrud, 1965）。たとえば、ニューヨークのバッファローで慈善組織協会（COS）を創設したS・ハンフリーズ・ガーティーン牧師（Gurteen, 1882）の著作には、慈善組織が社会ダーウィニズムに傾倒していたことを示す形跡が見られる。ガーティーンは慈善組織の原則が、ある重要な自然法則を基盤として生じたことを示唆している。彼は2つの原則、すなわち人類には多様性があるという考え方と、生存競争が存在するという考え方が組み合わさることで、適者生存の法則が成立すると指摘した。ガーティーンは、人間は動物と異なり社会性を持つため、連帯することで自然淘汰の法則を破ることもあり得ると考えた。人類が不適応者を保護すれば、不適応者が生き残り、社会が荒廃する。彼は、これが貧困の科学的起源だと述べた。

貧困者の状況改善のためのブルックリン協会（Brooklyn Association for Improving the Condition of the Poor, 1878, 1885）の記録には、貧困に対する次のような個人主義的、および社会ダーウィニズム的な解釈が見られる。

> 我が協会は、理想家や自堕落な人間、あるいは将来に備えない者を招いて恩恵を与え、それにより彼らを無力な状態に留めようとするものではない。協会は、怠惰や浪費に対する褒美として、自分で手に入れられるはずのパンを買い与えたりはしない。協会が手を差し伸べるのは援助のためであり、このことは、手を貸した人々の多くが、それ以上の援助を必要としない状態へと引き上げられているという事実により証明されている。　　　　　　　　　　　　　　　　　　　　　　　　　（1885, p. 9）

19世紀後期の慈善組織の主導者たちは、より具体的に、貧困の原因が、無知、能力の不足、怠惰、浪費癖、軽率で性急な結婚、放蕩、ギャンブル癖、その他の悪習にあると考えていた（Schneider & Deutsch, 1941）。さらに、貧困の原因が、家系、飲酒、やみくもな慈善、怠惰、勤勉への嫌悪、他人の善意に寄生して生きようとする意志にあるとする研究もあった（Wayland, 1894）。貧困の原因として挙げられたこれらの要素は、どれも「個人の人間性や性格における欠陥」を反映したものである（Hyslop, 1898, p. 385）。これらの性質は、社会ダーウィニストが適者の性質として見出した勤勉と倹約とは、完全に相容れないものである。

社会ダーウィニズム思想の全盛期には、COSの主導者たちが「援助に値する貧困者」と「援助に値しない物乞い」を区別していた。

> 我々のこの慌ただしい世界で、他人の勤勉さを食い物にし、働くより物乞いを好む社会のごく潰したちのための居場所があるとは思えない。物乞いの存在そのものが、文明を汚すものである。「貧困者」には人道主義的寛大さの中に十分な居場所があるが、「物乞い」という言葉の存

在自体が我々にとっての汚点である。 (Gurteen, 1882, pp. 188-189)

　この貧困者と物乞いの区別が示しているのは、物乞いが不適応者であるのに対し、貧者は詳細に吟味したうえで慈善を施すに値するということである。慈善組織の主導者は、彼らの科学的社会奉仕活動の方法により貧者を改革することで、自立させることが可能だと信じていた。

　社会ダーウィニズムの主唱者は、科学に基づく私的な慈善は、体系化されていない方法による公的救済よりも適切だと考えた。公的救済は受益者のやる気を失わせると考えたのだ（Pellew, 1878）。彼らの結論は、慈善組織が人間の生産性を結集し、貧者の適応を妨げる性質を補完または是正することで、科学的に貧困と闘うことができるというものだった。

　現在では、社会ダーウィニズムを法的観点から公然と支持する人はいないが、一般の人々の福祉に対する態度の中には、今もなお、この考え方が見て取れる。一般の人々は公的扶助受給者、特に「やる気になりさえすれば働ける」人々をしばしば見下し、嫌悪さえする。

社会学的理論

　社会学の2つの主要な考え方である構造機能主義と紛争理論は、社会的不正義の起源について異なる見解を示す。

■ 構造機能主義

　社会学における構造機能主義は、社会を、全体として機能するために不可欠な部品が相互に関わり合って構成された有機体と考える。この見解では、社会的不正義さえも、社会全体のバランスの中で機能を持つことになる。たとえば、ハーバート・ガンズ（Herbert Gans, 1972）は、社会的不正義の所産である貧困について、構造機能的分析を提示したが、これは皮肉に満ちた辛辣なものだった。彼は社会全体に対する貧困の潜在的機能について考察した。

　ガンズによれば、貧困は経済的・社会的・文化的・政治的機能を果たす。経済的機能とは、社会の汚れ仕事（文字通り泥にまみれ、危険で、将来性がなく、単調で、不名誉な仕事）を進んでやる人々の集団（貧困者）を供給することである。同様に、ガンズによれば、貧困者は一定の社会的機能を果たす。貧困者は逸脱者に貼られるラベルとして、支配的な社会規範の正当性を確認するのに役立つ。援助に値する貧困者は利他主義、哀れみ、慈善のはけ口として、上流階級に喜びを提供する。さらに貧困者は、時間を持て余すエリートの中産階級がボランティア精神を発揮し、慈善的募金活動を行うきっかけを与えてくれる。貧困者の文化的機能とは、社会のより上流層に属する人々を楽しませるために、ジャズのような文化的芸術と芸術形式の

ための労働を提供することである。政治的には、貧困者は政治的集団が結束を強めるための焦点として機能する。「進歩」を目指すという重責を担い、強い影響力を持たないことで政治プロセスに安定をもたらす。ガンズは貧困を許容していたのではないが、その皮肉に富んだ分析は、貧困者が社会の構造的バランスを保つ機能を果たすことを、明確に説明するものだった。この見解によれば、社会変革に影響を及ぼすための代替策を分析する際には、貧困が果たす機能について認識し説明することが不可欠とされる。

■ 紛争理論

社会学の紛争理論は、権力と地位へのアクセスにおける格差が不正義を永続化すると主張する。紛争が起きるのは、ある集団が、他の集団が保持する権力と自らの力との不均衡に異議を唱える場合である。このようにして、社会秩序は社会階層において高い地位を占める人々の強制力の所産となる。

さらに、わずかな資源を求める競争は、偏見に満ちた態度を生む。支配的集団が、利益を獲得したり権力の乏しい集団に対する支配を確立したりするために、彼らを搾取し侮蔑する場合がある。たとえば、アファーマティブ・アクションの雇用慣行は有効な変化をもたらしてきたが、不公平な雇用慣行を完全に根絶するには至っていない。仕事を求める競争は、特に仕事が少ないときには、ネガティブな態度と紛争を引き起こすことが多い。

心理学的理論

社会心理学者は、人が被害者を非難するのにはさらなる理由がある可能性を示唆する。人は、自分が同様の災難を回避できることを確かめるために、被害者に責任を転嫁するというのだ。言い換えれば、他者の問題の責任が個人的原因にあるのであれば、同様に、この人たちは個人の力で問題解決をコントロールすることも可能だということになる。そして、他者が結果をコントロールできるのであれば、自分たちもできるはずだと考えて安心するのだ。

帰属理論は、人が行動の原因を推察する仕方に焦点を当てる。この理論では、人が自身の考え方や見方により、原因について異なる結論を導き出すことが指摘される。一般に、人は自身が失敗した際には外的状況のせいにしようとし、他者の失敗については、本人の能力不足や人格的欠陥のせいにするというのだ。

もう一つの心理学理論は、人は自身を守るため、あるいは自身の怒りを隠すために、被害者を非難する場合があることを示唆する。自我防衛的姿

勢は、他人の目の中におがくずの小片を見つけても、自身の目の中の丸太は気にしないような場合に生じている。自我防衛は内的葛藤から発展するものであり、非難される実際の「被害者」よりも、自身の個人的ニーズに関わるものである。「自我の側面のうち、たとえば不安のような、自身が認識していない繊細な部分を守るために、防衛が怒りや疑惑の形を取る場合があるのだ」(Booth, 1990, p. 3)。

　すべての信念と同じく、偏った考え方を変えるのは難しい。認知心理学の研究によれば、人は情報の中から、自らの期待に沿った情報のみを処理し長期記憶に収納する傾向があるという (Macrae & Bodenhausen, 2000)。すなわち、自身が持つ基準に合致する情報は、そうでない情報に比べ、容易に理解され、記憶されるのだ。もし自分自身が状況の犠牲者であり逃げ道はないと信じるなら、この自己限定的な仮説を真実と捉えるかもしれない。これは、自分を救うためにできることは何もないという結論へと私たちを導く。同様の悪循環は、私たちが、非難や劣等感、人間性の喪失を他者の責任だと信じるときにも生じる。「一度このような行動が始まると、それを抱える人の「知性」や「洞察力」と共に、信念の明白な正当性を「証明」しようとする傾向が生じ、それにより再び信念の自己予言的力を見せつけられる」(Walsh, 1989, p. 160)。信念体系は私たちの情報処理の仕方に強い影響を及ぼすのだ。

被害者非難

　現代社会において、被害者非難とは、環境的原因を強調するイデオロギーであり、被害者を下等で遺伝的欠陥を持った、生まれながらの不適応者として扱うものではない (Ryan, 1976)。この新しい解釈は環境の影響を考慮するが、これを支持する社会科学者やリベラルな政治家は環境の力が人々を劣等な地位へ追いやったのだと説明する。このように、貧困の社会的背景を考慮しながらなお、人々は低い地位にある被害者を非難するのである。

　問題とその結果である社会的スティグマが外的な力に起因するものであっても、その責任は被害者側の何らかの欠点があるとされる。たとえば、ソーシャルチェンジ・エージェント (social change agents) は、貧困、不正義、差別に環境が及ぼす影響を主張しながら、彼らは皮肉にも、被害者を変革させようと努力する。ライアン (Ryan, 1976) は、この理論について「本来の社会変革ではなく、社会の犠牲者の変革に向けてデザインされた、歪んだソーシャルアクションを正当化するためのイデオロギーとしては優れたものである」(p. 8) と結論付けている。イデオロギーの方向転換により、社会改革から犠牲者の改革へと焦点が移されたが、その間ずっと、この変化は人道主義的な「空想的改革主義」の影に隠されていた。援助者は

社会問題を認識しながらも、「問題を抱える」人の側を詳細に調査し、彼らを一般の人々とは異なる集団と定義し、無能でスキルがなく、無知な人間以下の存在と見なした。ライアンは、こうした考え方をする人々は、貧困などの社会問題に対処するためには「あの人たち」の変革が必要と信じるのだと指摘する。

公正世界信念

　社会心理学者は、さらに、公正世界信念が被害者非難を正当化することを指摘した。研究成果は、個人の価値と運命の間に正の相関があること、すなわち美徳が褒賞に結び付くことを、多くの人が信じていることを示している（Rubin & Peplau, 1975）。邪悪さと苦しみの関係も、同様に理解されている。他者の苦しみを見た人は、その人の苦しみは幻想であり誇張されている、あるいはひとえに被害者に責任があると結論付ける場合が多い。興味深いことに、この結論を導き出そうとする人自身が苦しんでいない場合に、その人の苦しみは「公正なもの」と見なされやすい。ジャニスとロディン（Janis & Rodin, 1980）は、およそすべての人が、人は自分にふさわしいものに実際に与えられているという信念を必要としているという仮説を立てた。

　研究の結果、公正世界信念は、社会的不正義の被害者、とりわけ女性、黒人、貧者を貶める傾向と関連していることが証明された（Lerner, 1965; Lerner & Simmons, 1966）。英国で行われた一連の研究では、被験者の公正世界信念に関する得点と、貧者に対するネガティブな態度などの被害者非難に関する得点との間に、統計的に有意な関連性が見られた（Wagstaff, 1983）。公正世界信念が広がることにより、社会改革に向けた意識レベルは低下し、社会的不正義の永続化がもたらされると考えられる（Rubin & Peplau, 1975）。

社会的不正義の影響

　社会的不正義は、差別、抑圧、被害者化をもたらす。抑圧とは、資源と機会の統制を通じて優位に立つ者により永続化される集合的な不正義である。非人間化とは、人の個性や可能性を奪い、人間以下の存在と見なすことである。被害者化とは、不正義により抑圧された人々の個人的反応である（表6.2）。

> 社会的不正義は、差別、抑圧、被害者化をもたらす。

差別による抑圧

　マイノリティの地位にある集団に対する差別、支配、抑圧の可能性は、

表 6.2	不正義の影響
抑圧	抑圧は、多数派と見なされる集団とマイノリティ的地位にある集団との間の権力の不均衡より生じ、マイノリティ集団による機会と資源へのアクセスを否定し、社会への正当な参加を制限する
非人間化	非人間化は、冷淡なデタッチメント的姿勢で他者を眺め、人の苦悩に無関心になることで、人間に固有の価値と尊厳を覆い隠す
被害者化	責任を押し付け、被害者の地位に追いやることにより、絶望感、無力感、疎外感を与える

支配的集団とマイノリティ集団の不均衡な力関係につきものである。抑圧とは、ある集団に対する別の集団からの（ミクロレベルである個人から、マクロレベルである社会集団、組織、国家まで）政治的・経済的・社会的・心理学的支配である（Gil, 2002）。

　支配的集団はマイノリティ集団を標的として、頻繁に社会的不正義にあたる行為をする。支配者－マイノリティの関係の基礎が権力の格差であることを心に留めておいてほしい。支配者－マイノリティの関係は集団の大きさとは無関係なのである。特定の民族、宗教、人種集団が実際に、人数的には社会の多数派でありながら、マイノリティ的地位に置かれている場合もあるのだ。権力、権威、支配権を制限されると、マイノリティ集団はしばしば、社会に埋没させられ、排除され、社会の本流から外れた外集団と見なされる。

　ステレオタイプ化は、マイノリティ集団に対する偏見に満ちた態度を強化し、自民族中心主義は支配的集団による抑圧的行動を煽る。ステレオタイプ化は誇張を伴う特徴付けであり、限定的な特徴をもとにマイノリティ集団を単純に一般化するものである。自民族中心主義とは、自集団の優位性に対する信念であり、支配的集団を独善的にして他集団に対する軽蔑を抱かせる。

対人間の非人間化

　非人間化は、人が生命を持たない「物」のように扱われることから生じる。「苦痛に満ちた圧倒的な感情に対する防衛としての非人間化は、自分自身の人格に対する感覚と、他者の人間性に対する受容力の低下を引き起こす」（Bernard et al., 1971, p. 102）。このように、非人間化は、自身の内面と他者の両方に同時に向けられる。自己に向けられた非人間化は、自身の人間性を減殺し、外部に向けられた非人間化は「他者の中に人間性を構成する性質の全体を認識」（p. 105）することを不可能にする。

　ひどく不快な態度や行動に直面した際、人は自己イメージを維持するために、自己を情緒的に保護する心理学的防衛として非人間化を用いる。端的に言えば、人間性を脅かす行動に直面した際に、この行動から自己を切

り離し、気にしない振りをしてこの行動を受け入れるために、この過剰なデタッチメントや断絶を用いるのだ。たとえば、戦時下におけるナチスの残虐行為や市民の虐殺に対する一般の人々の冷淡な反応は、非人間化が生じていたことを実証するものである（Opton, 1971）。この反応は、他者の苦痛や苦悩は何らかの形で本人に責任があるという考えを抱かせるものである。

　他者を人間以下の存在、悪人、あるいは人間でないものと見なすことにより、反社会的行為やマルトリートメントを正当化し、罪悪感と羞恥心を捨て去る理由付けが得られる。この姿勢は、侮蔑的な言葉や軽蔑的なラベルを用いて、深い考えもなく「他者」を分類することを容認する。たとえば、「ボートピープル」「戦争の犠牲者」「症例」などの配慮を欠いたラベル付けや、その他の汎用的な表現によって、苦しんでいる人々や絶えざる不正義の被害者との情緒的な結び付きは希薄になる。

　社会問題や人的被害の影響を、単なる統計として表現することにより、他者の人間性は見えなくなる。問題の規模は統計的に表現されてよいが、数字は統計の中に数えられた個人の苦境、状況の独自性、苦難が彼らの人生にもたらす個人的影響を隠してしまう。このような客観的な集計により、人々が他者を単なる統計値、あるいは生命を持たない物のように見なすようになることが、人の窮状に対する無関心を生じさせる原因となる場合もある。

　バーナードと彼の研究チーム（Bernard et al., 1971）は、不適応による非人間化に多くの共通する特性があることを解説している。他者の人間性からの情緒的分離と接触回避は、いかなる場合にも、専門職におけるケアと援助の目的成就を妨げる。このようなデタッチメントは、実践者がクライエントの人間性に関心を持つことなく、彼らの病気、貧困、問題に冷淡に対処する状況を作り出す。これはソーシャルワーカーとクライエントの関係の相互性を失わせる。苦痛に満ちた感情に対処する際に、侮蔑的反応が生じる場合としては、他にも、意思決定と行動の結果に対する責任を否定する場合や、手続きやルール、規則、官僚的機構の細部に気を取られている場合が挙げられる。「私は命令に従っているだけです」「これが標準的な手順です」などの紋切型の応答には、「個人の人間的ニーズや特殊な差異に関心を持ち、行動を個別化する能力や意欲」（p. 114）を用いることを回避する態度が反映されている。不正義の存在を知っていても、支配的集団による同調圧力に屈して、これに抗議しない者もいるかもしれない。自身の無力感を誤魔化そうと焦る者もいるかもしれない。自覚的な無為は、匿名性を確保し、無気力や無力感を隠蔽する。沈黙は、事実上、非人間化を黙認することである。

コラム 6.3　ソーシャルワーク・プロファイル

ソーシャルアクションと
コミュニティ・オーガニゼーション

　成人したばかりの頃、私は、国際的な異教徒間平和団体を組織するという素晴らしい機会に恵まれました。グループの目的は、平和と正義を目指す取り組みを、地域の教会に広げることでした。この異教徒間団体への参加を通じて、私は仏教徒、ヒンズー教徒、イスラム教徒、ユダヤ教徒、キリスト教徒などの考え方について学びました。ここで理解の基礎を築いたことが、その後の、平和と正義に向けた宗教的活動やコミュニティ・オーガニゼーション活動、教会を基盤とした組織作りへの参加につながりました。これらの活動は明らかに、私がソーシャルワーカーおよびコミュニティ・オーガナイザーとして他者に奉仕するための、職業的使命感と能力を補強してくれるものでした。

　私は現在、地元の教区におけるソーシャルアクション・ディレクターを務めていて、ダイレクトサービスと、移民、農業、住宅といった社会正義に関わる政策領域の両方に取り組んでいます。私が自分の活動の基礎にしている哲学は、公と私の橋渡しとなり、牧師の社会的職務と社会運動を組み合わせることで、慈善と正義を両立させるというものです。

　ソーシャルワーク・プラクティスの方法としてのコミュニティ・オーガニゼーションは、多くの人の生活に利益をもたらすような広範囲に及ぶ変革に関与できる場を、多くの人に提供するものです。私は、コミュニティ・オーガニゼーションの中心的価値は民主主義的参加にあると信じています。組織することに関わりが深いのは、プロダクトよりもプロセスです。私が最近アフリカで経験した、別れの儀式におけるダンスは、このプロセスの好例と言えるものでした。私たちは、そのリズムと表現力溢れるダンスを眺めるうちに、これに魅了され、主催者であるアフリカ人のリズミカルなステップを真似し始めました。ダンスグループは、即座に私

たちの背後でステップを踏みはじめ、私にダンスをリードするように促したのです。このときのことを思い出すと、私のアフリカ人の友人は、ダンスの模範を見せてくれていたのだということが分かります。私がひとたび理解すると、彼らは脇へ退いて、私にリードさせたのです。これは私がオーガニゼーションのワークにおいてやっていることのメタファーになります。私がプロセスの模範を示すと、即座に自然発生的にリーダーが生まれます。私は、オーガニゼーションの目的は、草の根的メンバーの中からリーダーシップを育て、重要な機能を彼らに譲り、彼らの背後に退いて、彼らが自分たちのために設定する方向性を支えることにあると信じています。

　私は移民に関する公共政策に、強い情熱を持って取り組んでいます。不法移民であってもサービスを利用できるようにするための地位の法制化を推進しています。たとえば、不法移民たちは、国外退去処分を恐れて、非倫理的な雇用主の言いなりになっていると感じています。彼らは「目に付かないようにする」必要を感じているため、DVや薬物依存、メンタルヘルスなどの問題が放置されがちです。私の移民サービスにおける仕事の最初の目標は、彼らが「合法化」されるために力を貸すことです。これは、彼らが社会に関与し、やがてリーダーになるための第一歩なのです。合法化により移民たちをエンパワーすることにより、彼らを完全な参加という民主主義的理想の実現へと向かわせ、さらに、市民になる人々が、選挙権を通じて意見を表明できるようにします。

　コミュニティ・オーガニゼーションという仕事は、個人としても、専門職としても、私に合っています。まず、これには生涯を通じた学習が必要です。ソーシャルワーク教育、特にコミュニティ・オーガニゼーション教育は、単なる「4年間の短距離走」ではありません。私は日々のコミュニティ・オーガニゼーションの経

自己被害者化

　スティグマを経験した人は、そのネガティブな含意を自己イメージの中に統合してしまう。ラベル付けと自己達成予言に関する初期の研究は、人は他者に付けられたラベルに従って生きる傾向があることを示唆している（Rosenthal & Jacobson, 1968）。人が自分自身を責めると、その結果として、劣等感、従属感、排斥感が生じる（Janis & Rodin, 1980）。スティグマは、自己評価を蝕み、責任を押し付けるだけでなく、権力格差を維持し、社会的病理への対処における連帯的責任感を否定する（Vojak, 2009）。先述の公正世界信念は、抑圧の影響を受けている人々の側に、不正行為や不道徳な行為への報いなど何らかのふさわしい理由があることを示唆するが、この信念が実際に彼らの状況を悪化させる場合がある。皮肉にも、自身を被害者と感じている人が、自らを抑圧する者たちに共感し、彼らの規範を内面化し、自身に軽蔑的なラベル付けをする場合さえあるのだ。

　通常、被害者の立場に追いやられた人々は、無力感に苛まれる。抑圧者は自らのパワーを誇示し、他者を支配し、これにより、道具のように扱われた人々の無力感はより深刻になる。無力感を抱いた人々は、自己評価が低下し、無気力になり、抑圧に対して気持ちを奮い立たせて効果的な対応をすることができなくなる。スティグマを付与され差別を受けた人々の中には、社会環境からも無視され疎外されたと感じる人もいる。

■ 学習性無力感

　セリグマン（Seligman, 1975）はその研究の中で、無力感の一形態について述べている。この研究では、事象に対してコントロール不能と考えることにより、対応を起こす動機付けが損なわれることを示している。コントロール可能という感覚は、個人的経験と信念に左右される。コントロールできないと自分に言い聞かせ、あるいは他者から言われることにより、無力感が生じる。人は単に無力感に襲われるだけでなく、コントロールできないことを予期するようになるのだ。

　貧困も無力感の原因となり得る。セリグマン（Seligman, 1975）によれば、「貧困はさまざまな影響を及ぼすが、頻繁かつ強烈に味わうことになるの

が、コントロール不能という経験である。コントロール不能状態は無力感を生み、無力感は抑うつ状態、受動性、敗北主義の原因となるが、これらは貧困に伴う場合が非常に多い」(p. 161)。セリグマンは、貧困は単に経済的な問題であるばかりでなく、「個人の支配感、尊厳、自尊心の問題である」(p. 161) と結論付けている。デグロー (Deglau, 1985) は、援助の専門職に対し、人々を単に状況に適応させるのではなく、自分たちを苦しめている社会構造の変革に、より直接的に関与させるよう促している。

■ 評価が反応に影響を及ぼす

人が差別、非人間化、被害者化にどのような反応を示すかは、自身を取り巻く環境に対する評価により決まる。それは単なる出来事ではなく、出来事に対する評価であり、スティグマと差別に伴うストレスに対処するための資源の利用可能性に対する評価である (Miller & Kaiser, 2001)。アルバート・バンドゥラ (Albert Bandura) のソーシャルラーニングという視点は、「経験を行動という形に読み替えるという、処理する者あるいは意味を生成する者としての、人間の重要な役割」(Newberger & De Vos, 1988, p. 507) に光を当てるものである。出来事に対する解釈が、出来事に対する反応としての行動を決定するうえで重要なのである。

機会、障壁、エンパワメント

応答性の高い環境は、市民の社会的機能を豊かにする資源を与えてくれる。ヘルスケア、教育、技能訓練、保育、公民権、雇用機会、交通機関、およびコミュニティを基盤とした包括的サービスの利用を推進する社会政策は、個々の市民を支援し、社会全体のウェルビーイングに寄与する。資源が豊富な環境は人々のパワーの源となる。エンパワメント・ベースの専門職は、ソーシャルサポート・システムの中に資源を作り出し、政治的・経済的機関、および市民の社会資源利用を強化する社会福祉政策における社会変革に影響を及ぼす。

環境的機会の利用に関しては、すべての人々が平等な機会を享受できるわけではない。抑圧、差別、非人間化、被害者化により、社会に完全に参加できない集団がある。ジル (Gil, 1994) によれば、「人々がソーシャルワーカーやソーシャルサービスに援助を求める状況は、常に抑圧と不正義がもたらした結果である」(p. 257)。

資源不足のような環境的リスク、社会的不平等により作られる障壁、機会の不足は、社会問題を引き起こし、**環境障壁**を作り出す (Garbarino, 1983)。これらの環境的リスクは社会全体および個々の市民のウェルビーイングを阻害す

人権と社会正義

[プラクティス行動の例] グローバル規模の抑圧の相互的関連性を認識し、正義に関する理論と、人権と公民権を推進するためのストラテジーについて熟知すること。

[批判的思考の訓練] 正義にかなった社会とは、すべての市民が社会資源を利用でき、社会資源プールに寄与する機会を得られる社会である。抑圧、差別、非人間化、被害者化により、特定の集団が社会的・経済的正義を勝ち取ることがどのようにして妨げられているか。

る方向に作用する。たとえば、国家レベルの経済政策の中には、社会の複数階層における貧困率を増加させるものがあり、社会政策の中には、レイシズム、セクシズムなどの差別を煽る考え方に拍車をかけるものがある。ソーシャルワーカーは環境障壁の克服と環境的機会の拡大を目指して前進することにより、エンパワメントを促進する。

エンパワメントのコンテクストにおいて、機会の拡大は、社会的・政治的構造へのクライエントの参加を促すことで社会的不正義を是正するストラテジーの発動を意味する。ソーシャルサービスの提供に関して言えば、そこには、クライエントのソーシャルサービス利用を促進し、クライエントの権利を最大化し、サービス利用の障壁を除去し、クライエントのために新たな資源を作り出す活動が含まれる。ソーシャルプログラムの遂行というコンテクストにおいては、ワーカーとクライエントは、交通機関や住宅、職業訓練プログラムなどの公的サービスを強化するために協働する。社会政策に関して言えば、社会政治的環境において、それまで機関による支援を市民が利用することを拒否してきた機会構造を拡張するための変革を、ソーシャルワーカーは率直に推進する。

人権と社会正義の専門職としてのソーシャルワーク

ソーシャルワークの倫理綱領は、専門職に対し、社会的・経済的正義の促進、人権と個人の自由の保障、すべての人の重要性、尊厳、独自性といった価値を支える社会的環境作りの促進を義務付けている。NASW (2008) の『倫理綱領』は、ソーシャルワーカーの社会に対する責任を明確にしている。『倫理綱領』によれば、ソーシャルワーカーは以下のような努力をすべきである。

> 国際的領域におけるソーシャルワーカーは、個人的差異や文化的相違、社会への貢献の有無にかかわらず、すべての人類の独自の価値を尊重する。

- 包括的な社会福祉と社会正義の実現を促進すること
- 民主主義的プロセスへの市民の参加を促進すること
- 適切なソーシャルサービスにより公共的な緊急事態に対応すること
- すべての人が必要な資源と機会を利用できるように保証すること
- すべての人のために、その中でも特に、不利な状況にいる人と権利を奪われた人のために、選択肢と機会を拡大すること
- あらゆる形態の搾取と差別を撤廃すること

IFSW (2004) の「ソーシャルワークにおける倫理 —— 原理に関する声明 (Ethics in Social Work - Statement of Principles)」は、ソーシャルワーカーが人間のニーズを満たし、人権を保護するにあたっての一連の理想について述べている。国際的領域におけるソーシャルワーカーは、個人的差異や文化的相違、社会への貢献の有無にかかわらず、すべての人類の独自の価

値を尊重する。同様に、この声明はすべての社会に対し、構成員に最大の利益を提供する責任を果たすよう指示する。

NASW と IFSW の価値と倫理綱領は、人権と社会正義はプラクティスにおける責務であると明確に定義している。人権と社会正義のアプローチに従事するためには、エンパワメントを通じた抑圧的状況の変革が必要になる。人権に関わるプラクティスへのこのラディカルなコミットメント（解放ソーシャルワークと呼ばれることもある）を、ソーシャルワーク専門職は包含しつつある（Cemlyn, 2008）。歴史的に見て、ソーシャルワークにおけるコミュニティ・オーガニゼーションの方法は、社会正義と人権を基盤としてきた。すなわち、既存の権力構造の体制に疑問を投げかけ、社会的援助と経済的正義を推進してきたのである（Jewell et al., 2009）。近年、エンパワメントの方法は社会正義と人権という課題を、ミクロ、メゾ、マクロの各レベルがある広範なジェネラリスト・プラクティスの基盤に統合している。地域的なプラクティスや政策に加えて、ソーシャルワーク専門職は、この課題を国際的な対話やグローバル規模の社会開発の取り組みへと拡大している（Ife, 2009; Healy, 2008; Midgley, 2007; Reichert, 2007）。

展　望

不平等、不公平、不正義は、個人的および社会的機能のすべての側面に影響を及ぼす。社会正義が広く行き渡れば、個人も社会も、社会秩序に従った構成員の完全な社会参加による恩恵を得ることができる。社会正義が広く行き渡ることなしに、機能のレベルが最適になることはあり得ない。ソーシャルワークの義務には、社会的機能と社会正義の相補的プロセスが包含されている。第7章では、ソーシャルワーク・プラクティスにおいて社会的機能を最大化し、社会正義を推進するにあたって、ダイバーシティが持つ意味を精査する。第7章では、人種、文化、宗教、そしてライフスタイルに関するダイバーシティに対する視座を提供する。

第6章　練習問題

以下の問いは、本章で学んだ知識をテストするものである。

---

1. 世界保健機関（WHO）は、障害を_____と定義する。
   - a. 身体的制約
   - b. 行動を制限する損傷の結果
   - c. 環境的障害
   - d. 障害を原因とする社会的不利益

2. 貧者は「不適応」あるいは働く動機付けの欠如ゆえに貧しいという考え方は_____のイデオロギーを反映している。
   - a. 資本主義
   - b. 社会ダーウィニズム
   - c. 科学的慈善
   - d. マルクス主義

3. 一つの集団が他の集団を経済的・社会的・精神的に支配、搾取することは_____と呼ばれる。
   - a. 抑圧
   - b. 対人的非人間化
   - c. 偏見的差別
   - d. 自己被害者化

4. ジュアニータは、職場の慣行による差別を受けた。これは、_____レベルの差別が表れた例である。

   - a. 組織
   - b. ミクロ
   - c. 個人
   - d. 構造

5. 地元のカフェで昼食を取っているときに、あなたは「無能な怠け者が、仕事に就けないといって生活保護をもらっている」という会話を耳にした。下層階級に属する人々が、上流階級に属する人々より能力が低いという仮説は_____と呼ばれる。
   - a. エイジイズム
   - b. セクシズム
   - c. エリーティズム
   - d. エイブリズム

6. 公正世界信念について学ぶ中で、この考え方を支持する_____という発言を耳にしたことがあることに気付いた。
   - a. 「社会問題の起源は社会にある」
   - b. 「被害者が抱えるトラブルに関して、被害者を責めるべきではない」
   - c. 「すべての人への平等な機会を」
   - d. 「人は自らにふさわしいものを手に入れる」

7. 個々のイズム（レイシズム、エリーティズム、セクシズム、ヘテロセクシズム、エイジイズム、ハンディキャップ
ピズム）を定義せよ。個々のイズムが共通の基盤として持つダイナミクスとはどのようなものか。

Michaeljung/Fotolia

ダイバーシティとソーシャルワーク

本章の概要

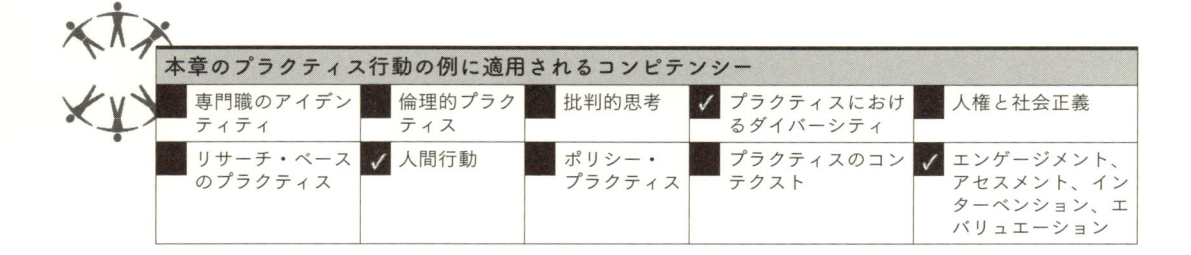

本章のプラクティス行動の例に適用されるコンピテンシー				
■ 専門職のアイデン ティティ	■ 倫理的プラク ティス	■ 批判的思考	✓ プラクティスにおけ るダイバーシティ	■ 人権と社会正義
■ リサーチ・ベース のプラクティス	✓ 人間行動	■ ポリシー・ プラクティス	■ プラクティスのコン テクスト	✓ エンゲージメント、 アセスメント、イン ターベンション、エ バリュエーション

パット、TJ、マーティの３人は、キャンパス・カウンセリング・アンド・リソース・センターで午後２時から行われている定例ミーティングに参集した。彼らは、大学の学生たちが朝と夕方と夜にソーシャルワーカーを利用できるように、自分たちの就業日を設定している。３人の常勤専門職スタッフと非常勤のソーシャルワーカーにより、サービスの依頼に即座に応えられるように、センターはフレックスタイム制を維持している。対応可能な時間帯を最大限確保するために、スタッフは交代でオンコール対応にあたる体制になっている。そのため、最初の電話を受けたワーカーとは別のワーカーがフォローアップ・サービスを提供することが多い。

　今日、パット、TJ、マーティの３人は、フォローアップ対応の分担と意見交換のために話し合っている。次のような複数の状況下で、ダイバーシティに関する独特な課題が提起されている。

　移民労働者の子どものための教育扶助を受けているカーメン・Hからの問い合わせは、彼女の家族が今後、このコミュニティに引っ越した場合、コミュニティからどのようなサポートが受けられるかというものだった。カーメンの家族は英語を話せないから、バイリンガルでのサービスが必要なのだ。

　デリラ・Sの危機は夫婦間の問題に端を発していた。教育を受けたことで、彼女には自立心が芽生えつつあった。現在、デリラの夫は、「神から与えられた」役割を果たしていないと言って彼女を非難している。夫はキャンパス・リソース・センターでの夫婦間カウンセリングを受けることを渋っているが、「キリスト教徒」のカウンセラーであれば行ってもよいと言っている。

　外国人留学生のラジェム・Bは、コミュニティ資源に関する情報を求めてきた。妻が妊娠したため、彼は育児相談サービスについて知りたいことがたくさんある。

　ビル・Oからの問い合わせはスティーブとの関係に関するものだった。ビルは「カミングアウト」、すなわち、ゲイであることを公表すべきかについて悩んでいた。ビルはスティーブから、ゲイであることをもっとオープンにすべきだと促されていたが、ビルは不安を感じていた。

　パット、TJ、マーティの３人は、常にクライエントの視点に沿ったワークを心がけていたが、文化、民族、生活様式、宗教に関する差異が関わる状況では、ダイバーシティの問題に特別な注意を払った。

　米国社会における人口動態的変化、文化的多元主義、生活様式の多様性により、ソーシャルワーカーは専門職としてプラクティスを行う際に、民族に配慮し、性差別をしないことが必要である。文化的差異に配慮しつつ効果的にワークするために、実践者はダイバーシティとそれがソーシャル

ワーク・プラクティスにもたらす影響を理解しなければならない。本章では、次のような背景知識を提供する。

- ダイバーシティとソーシャルワーク
- 多文化的ソーシャルワーク・プラクティス
- 人種的・民族的ダイバーシティ（黒人すなわちアフリカ系米国人、アジア系米国人、アメリカ先住民、ヒスパニック系米国人を含む）、およびソーシャルワーク・プラクティスにとってこうしたダイバーシティが持つ意味
- 宗教的ダイバーシティ
- 性的ダイバーシティ
- ダイバーシティというコンテクストにおけるソーシャルワーク

　民族、文化、宗教、生活様式の差異に対する理解と尊重が、ダイバースな人々とのソーシャルワーク・プラクティスの指針となる。エンパワメント・ソーシャルワークは、人々とそのダイバーシティに対する専門職の価値指向を具現化し、社会正義と人権に対する義務を果たす。

ダイバーシティとソーシャルワーク

　ソーシャルワークの実践者は、ダイバースなクライエントを尊重することの重要性を認識している。ソーシャルワーカーはカルチュラル・コンピテンスを持ってソーシャルワーク・プラクティスを行うために、文化的ダイバーシティと文化的アイデンティティに関する理解と知識を活用する。

文化的ダイバーシティ、文化的アイデンティティ、文化的多元主義

　ダイバーシティは単に人種的・民族的差異を意味するに留まらない。ダイバーシティという概念には、集団の構成員であることにより得られた、個人のアイデンティティを形成する差異も含まれる。有能なソーシャルワーカーは、文化的ダイバーシティ、文化的アイデンティティ、文化的多元主義に固有のダイナミクスを理解する。彼らはリサーチにより得られた知識を基盤としたプラクティスを行い、エビデンス・ベースのアプローチと、さまざまな文化的または社会的集団に属するクライエントとのベストプラクティスを活用する。

■ 文化的ダイバーシティ
　文化的ダイバーシティとは、識別可能な人的集団の構成員であることに起因するカテゴリ的差異を含む概念である。ソーシャルワーク・プラク

ティスにおいて、ダイバーシティとは、クライエントの人種的・社会的・文化的位置付けの交差を反映したものであり、そこには人種、民族、年齢、性別、性的アイデンティティ、ジェンダー、宗教、能力、社会的・経済的地位、支持政党が関わっている。

文化的ダイバーシティが人種的・民族的・社会的ダイバーシティを含む広範な概念であるのに対し、**人種**は、社会的に構築された、生物学的あるいは身体的差異を強調する分類である。米国では伝統的に、人種カテゴリとして、白人、黒人すなわちアフリカ系米国人、アメリカン・インディアンあるいはアラスカ先住民、アジア系米国人、ヒスパニック系米国人があった。しかしながら、2010年の国勢調査では、回答者が自己の属性として選択する人種カテゴリとして、マルチカルチュラル（multicultural）／ミックスト（mixed）／インターレイシャル（interracial）／ラテンアメリカ系グループへの所属を含むカテゴリが追加された（**表7.1**参照）。

有色人種という言葉は、人種差別を基礎とした抑圧と社会的脆弱性に対処せねばならない人々を識別する言葉である。皮膚の色は、アフリカ系米国人、ラテン系米国人、アジア系米国人、アメリカ先住民にとって、白人支配の社会に溶け込むことのできる民族集団が味わうことのない形の障壁を作り出す（Lum, 2004）。有色人種は、レイシズム的・差別的傾向が反映された経済的・政治的・社会的状況に対して特に脆弱である。

民族とは、共通の特性と慣習により結び付いた特定の人口集団である。このような集団としては、移民や難民、共通の宗教により結び付いた人々がある。民族は文化的差異を内包し、文化的エートス（集団の価値、期待、シンボル）を重視する。さまざまな民族集団の構成員が共通の文化的遺産と祖先、言語、宗教を共有している。民族集団を1つにまとめる要素としては、共通の起源がもたらす社会的結束、独特な民族的アイデンティティ、共有された価値、信念、行動が挙げられる（Lum, 2004）。

文化的差異により集団は1つのものとして扱われ、行動の方向性、構成、意味付けにおいて他の集団と区別される。集団間の差異は、世界観との関わりや、人間の本質に対する考え方、言葉で伝承される価値、社会化、芸術形態、工芸品に表れる（Devore & Schlesinger, 1999）。マイノリティの独自の文化は、家族のサポートシステムを定義し、自己同一性および自尊心をもたらし、民族の哲学と人生観を伝える。これらの要素のすべてが危機やストレスに直面したときの潜在的資源となる。

長年にわたり、**マイノリティ集団**という言葉と**民族集団**という言葉は、同義として使われてきた。社会学における紛争理論によれば、マイノリティという地位は、社会経済的ウェルビーイングと文化的・社会的受容に影響を及ぼす。この意味で、マイノリティという言葉は、女性、高齢者、障害のある人、ゲイとレズビアンなど、支配的集団と比べて権力へのアクセスが難しい人々を指す場合もある。このような、社会階層、貧困、障害、

表 7.1　2010 年国勢調査における人種カテゴリ

「白人」	ヨーロッパ、中東、北アフリカのいずれかの先住民を祖先とする人々。ここには、自身の人種として「白人」を選択、あるいは、アイルランド人、ドイツ人、イタリア人、レバノン人、アラブ人、モロッコ人、コーカサス人と記入して回答した人が含まれる
「黒人あるいはアフリカ系米国人」	アフリカの黒人種集団のいずれかに属する人々。ここには、自身の人種として「黒人、アフリカ系米国人、ニグロ」を選択、あるいは、アフリカ系米国人、ケニア人、ナイジェリア人、ハイチ人と記入して回答した人が含まれる
「アメリカン・インディアンあるいはアラスカ先住民」	北米アメリカ（中央アメリカを含む）の先住民を祖先とし、部族への帰属意識あるいはコミュニティへの愛着を維持している人々。このカテゴリには、自身の人種として「アメリカン・インディアンあるいはアラスカ先住民」を選択し、ナバホ族、ブラックフット族、イヌピアット族、ユピック族、中米または南米のインディアン・グループといった、自身が登録された部族、あるいは所属する主たる部族を記入して回答した人が含まれる
「アジア系」	極東、東南アジア、インド亜大陸のいずれか、たとえば、カンボジア、中国、インド、日本、韓国、マレーシア、パキスタン、フィリピン諸島、タイ、ベトナムなどの先住民を祖先とする人々が含まれる。自らの人種として「アジア人」と回答した人、「アジア系インディアン」「中国人」「フィリピン人」「韓国人」「日本人」「ベトナム人」「その他アジア人」と記入した人、さらに、その他のアジア人に含まれる人種を詳細に記入して回答した人である
「ハワイ先住民あるいはその他太平洋諸島民」	ハワイ、グアム、サモア、その他太平洋諸島の先住民を祖先に持つ人々である。ここには、自身の人種として「太平洋諸島民」を回答した人、すなわち「ハワイ先住民」「グアム人あるいはチャモロ人」「サモア人」「その他太平洋諸島民」を選択した人、さらに、その他の太平洋諸島民である旨を詳細に記入して回答した人が含まれる
「その他の人種」	白人、黒人またはアフリカ系米国人、アメリカン・インディアンあるいはアラスカ先住民、アジア人、ハワイ先住民、その他太平洋諸島民といった上述のカテゴリに分類されない回答をした人。人種を問う質問に対し、マルチカルチュラル、ミックスト、インターレイシャル、ヒスパニック系あるいはラテン系グループ（たとえば、メキシコ人、プエルトリコ人、キューバ人、スペイン人）と回答した人が、このカテゴリに分類される

引用元：Humes K. R., Jones, N. A., & Ramirez, R. R.（2011）. Overview of race and Hispanic origin: 2010. Suitland, MD: U.S. Census Bureau. Retrieved August 30, 2012, from http://www.census.gov/prod/cen2010/briefs/c2010br-02.pdf

生活様式、年齢、性別ゆえにマイノリティの地位を付与された人々は、社会的にダイバースな人々である。支配的な人々は、しばしばマイノリティという不利な立場につけ込み、社会的にダイバースな人々を抑圧する。

■ 文化的アイデンティティ

　現在、マイノリティの人々は、社会の本流へのインクルージョンを目指しつつ、民族的アイデンティティを維持しようと努めている。個人のアイデンティティを形成する要素としては、皮膚の色、名前、言語、共通の宗教的信仰、共通の祖先、誕生地などがある（Lum, 2004）。「アイデンティティという観念をさらに複雑にしているのは、人が単一の集団にのみ属しているのではなく、多数の集団に属しているという事実である」（Johnson

交差性とは、各個人が複数の文化集団に所属することに由来する独自性を持つことを意味する。

& Munch, 2009, p. 226）。この複数集団への所属は、人種、民族、その他の
アイデンティティの間の交差性や相互関連性といった概念をもたらすもの
である。

　誰もが第一次的文化集団に対する帰属意識を持っているが、交差性とは、
各個人が複数の文化集団に所属することに由来する独自性を持つことを意
味する。このような集団への所属の例としては、職業的あるいは専門職的
集団、クラブや団体の会員資格、居住する地域、ジェンダー、年齢別集団、
宗教団体などがある。これらの文化的集団のすべてが、特定の価値、期待、
規範を定めて行動を統制する。これは、各構成員が自己を他の構成員と区
別するアイデンティティを持たないということではない。個人のアイデン
ティティを定義する社会文化的変数の組み合わせが一様でないことを考慮
することで、文化的アイデンティティは多文化なものであり、単一文化的
なものではないと結論付けることができる。

　支配的集団からネガティブな社会的態度を受け、価値を貶められること
で、人種的・民族的マイノリティ集団におけるアイデンティティの確立が
促進されることはよくある。その一方で、ソーシャルワーカーは、単一文
化的分類を用いることには、クライエント集団（特に人種的・民族的集団）
を結果的にステレオタイプ化することになるという固有のリスクが伴うこ
とを認識する。研究者の中には、アイデンティティの主要なカテゴリから
人種を除くことにより、人種をもとに階層化された社会に生きる人々に、
人種が及ぼす個人的・社会経済的・政治的影響を減じることができると主
張する者もいる（Abrams & Moio, 2009; Ortiz & Jani, 2010）。人種的アイデン
ティティを共有することで、帰属意識や、敵対的な環境からの保護が得ら
れ、社会的不正義を是正するコミュニティの構築が促進される。

■ 文化的多元主義

　マイノリティは支配に対し、さまざまな反応を示す。文化変容、同化、
適応、拒絶、周縁性などである。これに対し、文化的多元主義は、支配−
服従のパラダイムに取って代わるものである。支配に対する多様な反応は
マジョリティの支配に対する捉え方と、マイノリティの服従に対する捉え
方の関係性を示している。

　文化変容（acculturation）を通じて、マイノリティは自身の行動を適応さ
せることで、支配的文化の中に自身を組み入れる。外部的には、マイノリ
ティは受容可能な規範的な行動と支配的集団の社会的様式を採用するが、
同時に自身が属する集団に固有の行動様式を維持する。その過程で、文
化的伝統が放棄される場合もある。文化変容のプロセスを複雑にするの
は、移民とその子どもたちの適応のペースが異なることである（Piedra &
Engstrom, 2009）。文化変容は、生涯を通じた移行のプロセスであり、そこ
には世代間の多種多様な相違が反映される。

同化（assimilation）は、マイノリティ集団が支配的集団に自らを融合させる場合に生じる。全く異質な集団が融合した結果、その文化的特徴により両集団を区別することができなくなる。この同化のプロセスを「完成させるためには、マイノリティ集団の個人が、すべての特徴ある活動や信念を積極的に捨て去る努力をし、支配的社会を全面的に受容しなければならない」（Schaefer, 1998, p. 24）。同化は移民のアメリカ化、すなわち、**アングロサクソン系米国人への服従**とも呼ばれるプロセスである。特にヨーロッパからの移民および白人民族集団で、その文化的・身体的特徴が支配的集団に似ている場合に、このプロセスを経る場合が多い。

　適応（accommodation）は、各集団が互いの存在を当然と見なし、既存の支配－マイノリティという様式に対する理由付けを双方が共に受け入れることであり、安定した共存をもたらすものである。マイノリティ集団とマジョリティ集団の相互的適応は、マイノリティの支配的文化に対する文化変容と同化により生じる。

　時にマイノリティ集団は、支配的文化に融合しようとせず、組み込まれることを拒否する場合もある。支配的文化の**拒絶**（rejection）を特徴付けるのは、民族の文化に対する確固たる信念である。マイノリティ側が支配的集団の様式を公然と拒否すると、紛争が生じる場合もある。

　マイノリティ集団が**周縁性**（marginality）を味わう場合もある。これは、彼らが他の集団に受容されるべく努力をし、模倣さえするが、それでもなお周縁的な地位に置かれ続ける場合に起きる。マイノリティ集団が支配的集団と同じ規範的な目標を持っても、支配的集団と一体にはなれず、2つの文化の間に共存することになる。価値、期待、忠誠心に関する対立が、周縁性に伴う困難の特徴である（Schaefer, 1998）。

　文化的多元主義（cultural pluralism）は、マイノリティの文化を従属させるマジョリティ－マイノリティ関係に代わる選択肢の一つである。「文化的多元主義とは、社会に存在する多様な集団が相互に他の文化を尊重し敬意を持つことで、マイノリティが偏見や敵意に苦しむことなく自らの文化を表現することを可能にすることである」（Schaefer, 1998, p. 26）。文化的多元主義は、民族の持つ特徴の除去を目指すのではなく、民族集団の文化の完全性維持を目指して努力するものである。

　ソーシャルワーク・プラクティスにおいて、文化的多元主義は、ストレングス指向を促進する。ソーシャルワーカーは、伝統、価値、人間関係などの文化的ストレングスは、適応的な社会的機能のための資源であることを理解している。

多文化的プラクティスの理論的基礎

　エンパワメント指向の実践者が、多文化的ソーシャルワーク・プラク

ティスを効果的に遂行するために用いる固有の理論は、ダイバーシティの理解に役立つ視点を与えてくれ、社会正義と人権の問題に対処するための枠組みとして機能する。批判的人種理論（critical race theory）を含む批判理論は、抑圧と権力格差を分析するための枠組みを提供する。スタンドポイント理論は、観察と解釈に、社会的－文化的－政治的立場が果たす重要性に関する情報を提供する。さらに、社会文化的不協和理論は、ダイバーシティに関するコンテクストとマクロ構造的問題を理解するための基礎を提供する。

■ 批判理論

　批判理論は、社会学者アンソニー・ギデンズ（Anthony Giddens）の構造化理論を援用し、ダイバーシティに伴うことの多い抑圧と差別の影響力、および権力格差の分析に役立つ視点を提供する。批判理論は、コンテクストが人間行動、対人関係、社会構造と制度に影響力を及ぼす過程を重視する（Kondrat, 2002; MacKinnon, 2009; Salas et al., 2010; Wheeler-Brooks, 2009）。この理論的視座は、「文化、権力、アイデンティティ、社会構造の関係を成立させる複数の場所で遂行される日々の慣行」に焦点を置くことにより、伝統的な人－環境の交互作用という伝統的なソーシャルワークの観念を拡張する（Keenan, 2004, p. 540）。言い換えれば、批判理論はマクロレベルの力がいかにして人に影響を及ぼすか、そして次に、人々が、日常的な社会的慣行を変えることにより、いかにして社会レベルの力に変化をもたらすかを示す。

　批判理論は4つの基本的仮説を基盤としている。すなわち、人間の行動と社会構造の間の循環的関係、社会構造の安定と変化、人間の行為と社会構造に伴う文化的様式と権力との関連性、そして社会的位置付けと相対的権力の関係についての仮説である（Keenan, 2004）。第一に、批判論者は、人間の行為と社会構造を循環的なものと捉える。人間の行為と社会構造は、絶えず互いを生み出し、相互に影響し合う関係にあるのだ。第二に、このような循環的パターンによって、安定的な構造的配置を確保できる場合もあるが、人間の行為が複数のパターンに変化すれば、社会構造の方向転換と変化へのきっかけともなり得る。第三に、人間の相互作用も、文化的様式と権力の源泉である。交流の中で明らかになる権力格差に従って、権力を持つ者の意見は真実として具現化されるのに対し、権力を持たざる者の意見は黙殺されるか無効化される。最後に、人の社会的位置付けによって、自動的に権限や権力が与えられ、豊富な機会へのアクセスが許されたり、あるいは、周縁化、抑圧、資源利用の制限が生じたりする。

　批判理論を支えるこれらの仮説を前提に、エンパワメント指向のジェネラリスト・ソーシャルワーカーは、権力を持たざる者に格別の注意を払いながら、社会正義を追求し、人権を促進する。彼らは、各種のダイバーシ

ティを原因とする周縁化において見られる権力と特権のヒエラルキーを正確に認識するために、社会政治的および経済的構造に対し批判的疑問を呈する（Baines, 2007; Fook, 2002; Salas et al., 2010; Williams, 2002）。これらの複雑さを批判的な視点で探究するために、ソーシャルワーカーは、次のような要素を考慮する。

- 社会経済的・構造的配置
- 権力と特権を持つ者と持たざる者
- 資源と機会のコントロールとアクセス
- 社会経済的・政治的配置により利益を得る集団と困難に陥る集団
- 耳を傾けられる意見と、黙殺される意見
- 社会構造を変革することによる相対的影響
- 文化的にダイバースな集団が社会構造に及ぼす影響
- 社会変革へと導くアドボカシーと行動　（Miley, O'Melia, & DuBois, 2013）

　このような探究は「一部の者に利益をもたらし、他を抑圧する社会的・政治的・構造的状況に対し、異議を申し立てる」（Ruch, 2002, p. 205）ことである。批判理論は、社会正義というソーシャルワーク専門職の価値に調和し、理論的枠組みとして、反抑圧的プラクティス、ソーシャル・アドボカシー、人権の促進、市民による社会参加、民主主義への参加といったソーシャルワークのストラテジーの基盤となる。

■ 批判的人種理論

　批判的人種理論は、人種と権力に重点を置いた補完的パラダイムであり、レイシズムを永続化する構造的・相互的力に注意を向けさせる。批判的人種理論の仮説には、次のようなものがある。1）レイシズムは、社会的相互作用や社会構造の中に組み込まれ、有色人種にとっては、日々の生活の中のありふれた現実となっている。2）支配的集団の構成員にとっては自己の地位を維持することが利益となるため、現状維持のために結束する。3）人種は生物学的に見出されたものではなく、社会的に構築されたものである。4）支配的集団の構成員は、自身の利害や経済的ウェルビーイングに基づき、人種を分類したり、マイノリティ集団の構成員に対する見方を変えたりする。5）アイデンティティは、多様な文化的集団の構成員間の相互作用を反映した、多面的なものである（Delgado & Stefancic, 2007）。批判的人種理論は、ソーシャルワーカーにとって特に有益である。なぜなら、この理論は、人種に関する事柄の客観性の誤謬を主張するものであり、権力、特権、抑

**プラクティスにおける
ダイバーシティ**

［プラクティス行動の例］　ダイバーシティがいかに人間の経験を特徴付け、方向付けるか、そしてアイデンティティ構築においていかに重要であるかを理解すること。

［批判的思考の訓練］　支配的集団の構成員は、その地位に基づき、特権や権力を得る。これに対し、マイノリティ集団の構成員は抑圧や周縁化を経験する。ソーシャルワーカーにとって、地位的差異が及ぼす影響が重要なのはなぜか。

圧がレイシズムに及ぼす影響に対する実践者の理解を深めるからである。

■ スタンドポイント理論

　文化的集団の構成員たる地位、および文化的アイデンティティに影響を受けながら、人々は社会的−文化的−政治的立ち位置というレンズを通して世界を見、これを評価し、自身と他者の人生に起きる出来事に意味を与える。スタンドポイント理論によれば、**観察者の立ち位置**（スタンドポイント）は、自身および他者の価値、属性、行動、文化的アイデンティティ、そしてストレングスとウィークネスを理解し解釈する際の最も重要なフィルターである。つまり、文化的に中立な人間などいないのである。

　ソーシャルワークの観察者の立ち位置は、ワーカー自身の文化的アイデンティティと文化的集団の構成員たる地位から得られる情報に基づき、クライエントとの相互作用に影響を及ぼす。これに対し、ソーシャルワーク専門職の価値と倫理、および反抑圧的なプラクティスは、感受性を養うことやクライエントの視点を引き出すことの大切さをソーシャルワーカーに教える。これにより、ソーシャルワーク実践者の個人的バイアスや先入観を減じることができるのだ。

■ 社会文化的不協和

　多文化共存的社会のコンテクストで生活する多くの民族的マイノリティが、社会文化的不協和、すなわち「民族の文化と支配的文化という2つの文化に属することに起因するストレス、緊張、不調和」（Chau, 1989, p. 224）を経験する。チャウ（Chau）は、ノートンの生命維持的かつ養育的な環境という二重の視点を援用し、民族的マイノリティが、支配的社会の制度構造により生存に必要な物資とサービスが得られる、生命維持的環境というコンテクストの中で生活していることを示唆する。同時に、民族的マイノリティは、彼らを取り巻く養育的環境の資源を利用している。養育的環境とは、「個人の心理文化的アイデンティティを子ども時代に形成し、情緒的かつ養育的支援を供給し続けてきた、すぐ身近にある民族コミュニティ」（p. 225）である。不協和が生じるのは、個人の民族文化の養育的環境と、支配的文化の持続的環境の間に不一致がある場合である。

　社会文化的不協和は民族的マイノリティにとって、特にストレスとなる経験である。状況や文化の差異、自身に向けられる偏見、環境への不慣れ、社会的・政治的構造における必要な資源の利用の制限により、彼らのストレスと葛藤は深刻になる。ストレス、失見当識などの個人的反応は、「異なる文化への移行や、慣れ親しんだ資源とサポートのネットワークからの離脱に対する」（Chau, 1989, p. 227）正常な反応と言うことができる。不協和は、ストレスの原因となることが多い一方で、同時に、変化と成長のきっかけになる場合もある。不協和がどのような個別の効果（服従、逸脱、

移民および難民とのソーシャルワーク

　ジェーン・アダムズなど、セツルメントハウスの初期の主導者たちは、移民たちが米国での生活に適応できるよう支援するために、市民権教育や英語のレッスン、「米国人の暮らし方」に重点を置いた文化活動などを行った。セツルメントワーカーは、不衛生な生活環境や強制労働を是正するために正義にかなった社会政策を提唱した。さらに、公民権プログラムや、投票者の権利運動を通じて、移民たちの米国社会への完全なインクルージョンを促進した。今日、ソーシャルワーカーの活動は、移民たちの文化的アイデンティティを尊重しつつ、移民が新たな生活への移行を達成し、新しい国への完全なる参加を果たせるように支援を提供するという伝統を維持している。

　移民と見なされる人には、合法的移民、不法移民、難民、亡命者が含まれる。1990 年移民法の定義によれば、移民とは、米国に合法的に永住目的の入国が認められた人々を言う。不法移民は適切な書類を持たずに米国に入国した人々である。不法移民には、雇用期間が切れてもなお米国に留まる出稼ぎ労働者も含まれる。難民とは、自らの政治的・宗教的信念、民族、特定の社会的集団への所属などを理由とした迫害や抑圧を恐れて、自国を脱出してきた人々である（Balgopal, 2000a）。最後に、亡命者とは、避難してきた国に対し保護を申請した人々である。米国の移民法は合法的住民として受け入れる亡命者の数に年ごとの制限を設けている。

　世界的には、2010 年末において約 1055 万人の難民と亡命申請者が存在し、1500 万人が自国内で住居を失っていた（UNHCR, 2011）。難民の 3 分の 1 が難民キャンプで生活している。難民の窮状、とりわけ女性と子どもに対する人権侵害は深刻である。国連難民高等弁務官の執行委員会が特定した人権侵害の中には、「性的搾取、早期の強制的結婚や女性器の割礼といった有害な伝統的慣行、拷問、遺棄、民兵組織や国軍への意思に反する徴兵、誘拐および人身売買などがある」（USCR, 2006, p. 24）。指標が示すところによれば、彼らは、人道的支援、教育、有意義な仕事を得ることや、自身の将来についての意思決定に関与することができない。

　移民と難民のエンパワメントと社会正義に関心を持つソーシャルワーカーには、多くの機会が存在する。都市部で活動しているソーシャルワーカーであれば、専門分野を問わず、クライエントとして移民や難民と出会うことになる。国際ソーシャルワーカー連盟（IFSW, 1998）は次のことを促している。

　すなわち、難民が問題解決と予防のすべての過程に関与するパートナーシップモデルのプラクティス、難民の経験とニーズについての特別な言及を含む、民族に配慮したソーシャルワーク教育および研修、難民を含むマイノリティ集団からの専門職の採用、難民を含む民族集団のためのパラプロフェッショナル研修、民族支援システムとの協働、関連する機関内研修、一般の人々の教育と政府その他の機関の政策に影響を及ぼすことを目的とした、ソーシャルワーカーによる難民アドボカシーである（ポリシー・ステートメントの節、第 12 段落）。

　移民と難民が集中する地域においては、近隣センターやケースマネジメント・サービス、難民の再定住プログラムなどの文化に配慮したサービスが発展する。ソーシャルワーカーは、さまざまな国際的現場に雇用される。国連が後援するプログラムでの仕事から、多様な非政府組織（NGO）に雇用される場合など、さまざまな機会がある。どのような現場においても、「ソーシャルワーカーの役割は、移民の状況をいかにしてアセスメントするかを考え、移民の権利とニーズをアドボケイトし、移民が必要としているコミュニティ資源は何かを見定め、移民が文化的慣習や伝統を捨てることなく新しい国に適応できるよう支援し、その進捗をモニタリングすることである」（Balgopal, 2000b, pp. 238-239）。

成長、変化）をもたらすかは、各人が文化的差異をどう捉え、これにどう反応するかにより決まる。事実、マイノリティが経験する不協和は、支配的文化の側が、その価値と組織構造を、社会の全構成員への配慮がなされているかという観点から再評価するきっかけとなる。

　ソーシャル・グループワークは、社会文化的不協和に対処し、民族的アイデンティティを強化するための手段となる。インターベンションの技法としては、規範教育、価値の明確化、エンパワメント、アドボカシーなどがある。個々のインターベンションは、民族的マイノリティが経験している社会文化的不協和の性質と、マイノリティ集団がインターベンションの目標として求める結果に応じて選択される。集団の構成員の中には、民族的適応を求める人々もいれば、文化的配慮の欠如への対処や、民族的アイデンティティの強化と評価の改善、マクロ構造的問題の解決のために努力している人々もいる。

多文化的ソーシャルワーク・プラクティス

　多文化的ソーシャルワーク・プラクティスは、複数の文化的アイデンティティを持つことに由来するクライエントのストレングスを、アセスメントとインターベンションのすべての側面に取り入れることに焦点を置く。多文化的ソーシャルワーク・プラクティスにソーシャルワーカーが効果的に関与するためには、複数の文化的アイデンティティを持つことがその人の人生経験と期待に及ぼす影響を評価することが必要である（Daniel, 2008）。この批判的多文化主義の視点は個人のアイデンティティ、権力と特権、社会的・経済的資源へのアクセスの間の相互関係を強調する。ソーシャルワーカーが多文化的ソーシャルワークのインターベンションを効果的に行うためには、クライエントとの文化横断的な協力関係の中で、カルチュラル・コンピテンスが反映されたスキルを用い、文化的差異を尊重するインターベンション・モデルを実践する必要がある。

カルチュラル・コンピテンス

　NASW の『カルチュラル・コンピテンスのための基準（*Standards for Cultural Competence*）』（2001）はカルチュラル・コンピテンスを、「個人およびシステムが、文化、言語、階級、人種、民族的背景、宗教、その他のあらゆるダイバーシティ要素を持つ人々に対し、個人、家族、コミュニティの価値を認識および肯定、尊重し、各々の尊厳を保護し、維持しながら、敬意を持って効果的に対応するために用いるプロセス」（p. 11）と定義している。言い換えれば、この基準は、文化的・環境的コンテクストを意識し、ダイバーシティに対する配慮を示し、他者の文化的ストレングス

を尊重する一連のスキルを強化することで、カルチュラル・コンピテンスを持ったサービス提供システムを促進することをソーシャルワーカーに求めている。

実践者は、カルチュラル・コンピテンスが単に文化に対する知識に留まらないことを認識することで、過度に包括的なカテゴリ分けや、国に関するステレオタイプ化を避けられる。カルチュラル・コンピテンスとは、むしろ、**知らない**と考える姿勢である。文化に敏感に配慮できる実践者は、「人間性に基づいてすべての人を尊重することは、人々の共通点を強調することであり、他方、相違点を踏まえてすべての文化を尊重することは、識別力が要求されるプロセスである」ということを理解している（Johnson & Munch, 2009, p. 225）。

自分以外の実践者、ソーシャルサービス機関や組織、コミュニティといったソーシャルワークの専門職的コンテクストは、ソーシャルワーカーが文化に鋭敏に配慮したプラクティスを行う能力に影響を及ぼす。「カルチュラル・コンピテンスのあるプラクティスは、ワーカー個人のレベルから始まるが、機関とコミュニティに支えられることで初めて、継続的で実のある努力の継続が可能になる」（Miley, O'Melia, & DuBois, 2013, p. 65）。

■ 実践者レベルのカルチュラル・コンピテンス

実践者の自己覚知と他者覚知は、カルチュラル・コンピテンスを発展させるための鍵となる。自己覚知には、自分自身の価値と文化的背景を理解することが含まれる。他者覚知には、他者の文化的アイデンティティと人生経験に受け継がれているストレングスを認識することが含まれる。自己覚知を得るためには、自分自身の内面を探究し、価値や受け継がれた文化、ものの見方、他者の類似点と相違点を見る際に用いる文化的レンズの元となっているバイアスを、一つひとつチェックすることが必要である。個人的な人生経験は、私たちが関わり合う他者の文化に対して抱く期待に影響を及ぼす。ソーシャルワーカーは、自己の先入観を疑い、他者の理解の仕方、感じ方、行動が自分と異なる場合にも、これを受け入れられるようにしなければならない。

プラクティスにおけるダイバーシティ

[プラクティス行動の例] ダイバースな集団とのワークにおいて、個人的バイアスや価値を排除するために、十分な自己覚知を得ること。

[批判的思考の訓練] ダイバーシティの度合いが高まり続けるプラクティスの世界において、ソーシャルワーカーはカルチュラル・コンピテンスを高める必要がある。ソーシャルワーカーがダイバースな集団とワークをする際に、個人的バイアスの除去に必要な自己覚知を得るためにはどのような方法があるか。

■ 機関レベルのカルチュラル・コンピテンス

ソーシャルサービス機関は、実践者のサービス提供におけるカルチュラル・コンピテンスを強化する場合もあれば、減衰させる場合もある。カルチュラル・コンピテンスの高い機関は、職員に対し、ダイバーシティに配慮したプラクティスのためのスキルや教育を提供し、組織のポリシーと運営に多文化に対する意識を浸透させ、機関の機能とガバ

ナンスのあらゆる面において、多様性を持つクライエントを関与させる。カルチュラル・コンピテンスの高い機関は、ダイバースな人口層、とりわけ歴史的に権利を奪われてきた人々による利用を促進する資格要件と包摂的なポリシーを備える。多文化横断的なカルチュラル・コンピテンシーを持つ機関は、クライエントの文化的コンテクストを肯定的に捉える理論的指向を反映したプログラムとサービスを提供する。さらに、カルチュラル・コンピテンスの高い機関では、温かく迎え入れる雰囲気のオフィス、文化的配慮のある装飾、身体的・言語的な利用のしやすさを通じて、クライエントに歓迎の意を示す。

■ コミュニティレベルのカルチュラル・コンピテンス

　実践者とクライエントはコミュニティで生活し経験を共有するが、この経験は肯定的な文化的慣行を反映する場合もあれば、そうでない場合もある。カルチュラル・コンピテンスの高いコミュニティは、ダイバーシティを尊重し、異文化間の相互作用を重んじる。その一方で、カルチュラル・コンピテンスの低いコミュニティは、固定的な境界を設けることで、特定の集団がコミュニティ生活に十分に参加することを阻み、住宅その他のインフラにおいて差別的分離を行い、命に関わる保健サービスやヒューマンサービスの利用さえも拒否する。

　カルチュラル・コンピテンスの高いソーシャルサービス提供システムは、構成員のために重要な資源ネットワークとしての役割を果たす。コンピテンスを備えたコミュニティで見られる一連のサービスには、公式のソーシャルサービス機関に加え、マイノリティ教会、クラブ、近隣リーダーなどに固有の資源が含まれる。

批判的意識

　批判的意識を育てることは、エンパワメント・ベースのソーシャルワーク・プラクティスにとって重要である。批判的意識とは、構造的不平等や抑圧の影響について知ることである。パウロ・フレイレ（Paulo Freire）の重要な著作である『被抑圧者の教育学』（1973：三砂ちづる訳、亜紀書房、2011）によれば、批判的意識を育てることは、社会変革のためのソーシャルアクションにとっての必須条件である。批判的意識の構築は、地位－特権－抑圧の相互関係に対する意識を高めるプロセスから始まる。これを理解することで、実践者の中に、社会における社会的・経済的・政治的構造に対する批判的疑問が生まれる。「アハ体験」と同様に、批判的意識あるいは意識化は、行動を起こすための前提条件なのである。

　ソーシャルワーカーが批判的意識を発展させるためには、文化的集団の構成員たる地位に伴う**権力と特権**がワーカー－クライエント間の関係に及

＊訳注　無意識の差別意識
や偏見などに基づいて、人
種的マイノリティ、女性、
LGBT といった人々を傷つ
けてしまう可能性のある言
動のこと。曖昧な暴力、さ
さいな攻撃などと訳される
こともある。

ぼす影響を、深く理解することが必要となる。さらに、実践者自身が不注
意にマイクロアグレッション[＊]を行わないように用心しなければならない。

■ 権力と特権

　権力と特権は、文化的集団の構成員たる地位から派生する。たとえば、
社会の制度的構造の中で、特定のエリート集団の構成員は、他の集団の構
成員よりも強い権力と特権を手に入れている。ソーシャルワーカーは批判
的意識を通じて、クライエントの間にあるパワーおよび特権的地位におけ
る格差を理解しなければならない。またそれだけではなく、社会的・経済
的階層構造を原因とした抑圧や搾取がクライエントに及ぼす悪影響を除去
するために、インターベンションを行わなければならない。

　権力と特権は、あらゆる文化的集団においてその構成員としての地位に
結び付く可能性がある。米国社会の現実において、白人の特権、キリスト
教徒の特権、富裕層の特権、男性の特権などが、支配的集団の権力の格差
を反映している。白人の特権は目立ちにくいが、人種により階層化された
社会を支配している。キリスト教の本流と異なる宗教的伝統を持つ個人と
集団は、その宗教的アイデンティティを貶められ、排除されることが多い。
裕福な個人や集団は、経済力で階層化された社会において、自身の権力と
特権を永続化させる地位を分かち合っている。男性の特権は、男性が社会
的・経済的・政治的意思決定への参加をコントロールしている男性支配社
会においては、当然のこととされる。意図的な行為であろうと意図しない
結果であろうと、支配的集団は自身の権力と特権の現状維持を求めて努力
し、これがしばしば権力を持たない者に対する抑圧や搾取をもたらす。そ
のため、「反抑圧的プラクティスのためには、権力を掌握する者が現状の
地位を維持するために抑圧をいかに用いるかを理解し、同時に、個人間、
専門職的関係、社会構造における権力の不均衡を覆すために努力しなけれ
ばならない」（Miley, O'Melia, & DuBois, 2013, p. 92）。

■ マイクロアグレッション

　社会の構造的・権力的格差は、人種、民族、ジェンダー、性的指向、宗
教、障害、年齢、階級に基づき人を周縁化する。複数のイズム（レイシズ
ム、セクシズム、ヘテロセクシズム、エイブリズム、エイジズム、クラシズム）
が結び付くことで、コミュニケーションプロセスの中に、マイノリティ集
団の構成員に向けられた公然あるいは隠然たるマイクロアグレッションが
浸透する（Sue, 2010; Sue et al., 2007a, 2007b）。マイクロアグレッションには、
マイクロアソールト（microassaults, 意図的な中傷）、**マイクロインサルト**
（microinsults, 意図的でない場合が多いが、侮蔑的な発言や行動）、**マイクロイン
バリデーション**（microinvalidations, 意図せずに他者の感情、信念、能力を否定す
る発言）が含まれる。研究結果は、マイクロアグレッションが生じる原因

が、他者の知的劣等性、身分の低さ、犯罪の意思、支配集団の優越性に対して、無知に基づく信憑性の低い思い込みを持つことであることを示している（Sue et al., 2008）。マイクロアグレッションはいかなる形であれ、相手に否定的な感情的反応、拒絶感、自己評価の低下をもたらす。クライエントとのコミュニケーションを効果的に行うためには、ソーシャルワークの実践者は、自身のクライエントとのやりとりの中に、マイクロアグレッションと解釈され得る発言がないかを精査し、より敬意に満ちた肯定的なやり方でコミュニケーションをとる必要がある。

多文化的ソーシャルワーク・プラクティスのためのモデル

ダイバースな人々に関するソーシャルワーク教育においては、人口統計的データ、特徴的な性質、歴史的背景、集団間の関係、ダイバーシティに対する社会の反応が強調される傾向がある。これに対し、ソーシャルワーカーには、ダイバースな人々の記述的側面に関する情報以上のものが必要である。ドーマン・ラム（Doman Lum, 2004）は、有色人種層とのインターベンションのためのソーシャルワーク・プラクティス・モデルについて詳述している。このモデルは文化的・宗教的にダイバースな人々、生活様式の違いのために抑圧を受けている人々、あるいはそれ以外の形でマイノリティ的地位に追いやられた人々にも適用可能である。ラムは、ソーシャルワーク・プラクティスのための5つのテーマ別の問題と、それぞれに関わる原則について詳述している。この問題を特徴付ける両極性には、抑圧と解放、無力感とエンパワメント、搾取と対等化、文化変容と文化の維持、ステレオタイプ化と独自性の強調などがある。

- **抑圧**は、他者が資源や機会にアクセスすることを阻む行為や行動である。抑圧的行為を通じて作り出される階層構造は他者を社会の底辺に追いやる。抑圧は**解放**を呼び起こす。解放とは、個人を自由にし、環境変革のダイナミクスを通じて、個人的・社会的制約から解き放つことである
- **無力感**は、自分が無能であり自分にはどうすることもできないという感覚をもたらす。継続的に社会の便益へのアクセスを拒否され続け、資源や権利に関する知識を持たず、劣後者としてラベル付けされ、低い地位に押し込められると、人は自分にはどうすることもできないと感じる。**エンパワメント**を通じて、マイノリティは対人関係の中で影響力を発揮し、自己の能力を主張し、個人的にも社会的にも、自身を取り巻く社会的環境に影響を及ぼすことができるようになる。エンパワメントは無力感を解消する
- **搾取**は、社会において、マイノリティ的地位にある人々が、マジョリ

ティ側の利益のために不当に利用されることである。搾取は、経済的・政治的・社会的状況において発生し得る。搾取への対応としての**対等化**は、是正措置を通じ、権力、価値、地位、階級における平等性を促進し、発展させる

- **文化変容**は、マイノリティの人々が支配的文化の特徴を取り入れる際に発生し、その程度はさまざまである。マイノリティは文化変容を通じ、何らかの形で自らの文化的信念、価値、慣習を放棄する。**文化の維持**とは、文化的エートスや民族的アイデンティティをストレングスと再生の源泉として用い、これにより文化変容に抵抗しようとする決然たる努力である

- **ステレオタイプ化**は、他者の価値を個人としても集団の構成員としても貶める、否定的でしばしば浅薄な描写である。クライエントの**独自性の強調**は、ステレオタイプ化の反対である

この文化横断的なモデルに批判的視点を取り入れることで、多文化ソーシャルワークに批判的意識と反抑圧の要素が加わる。

この文化横断的なモデルに批判的視点を取り入れることで、多文化ソーシャルワークに批判的意識と反抑圧の要素が加わる。批判的視点と反抑圧的姿勢でプラクティスを行うソーシャルワーカーは、「社会的不平等に対抗し、ポリシーや手続きにおいて反差別的プラクティスを推進し、ソーシャル・インクルージョンの価値を基盤としてプラクティスを行う」(Miley, O'Melia, & DuBois, 2013, p. 92)。

人種的・民族的ダイバーシティ

ホワイト・アメリカンは、同質的集団と見なされがちだが、ホワイト・アメリカンというカテゴリには、多様な民族に属する人々が多く含まれる。2010年国勢調査のための米国国勢調査局の分類によれば、「「白人」とは、ヨーロッパ、中東、あるいは北アフリカのいずれかの先住民族に起源を有する人々のことである。そこには、自身の人種として「白人」を選択した人や、アイルランド人、ドイツ人、イタリア人、レバノン人、アラブ人、モロッコ人、コーカサス人と記入して回答した人が含まれる」(Humes et al., 2011, p. 3)。にもかかわらず、権力と特権に関してマジョリティの地位を占めるのは白人のヨーロッパ系米国人である。

米国国政調査局の試算では、米国では2042年までに、民族的マイノリティ集団が、数的には多数派になると予測されている (U.S. Census Bureau, 2008a)。特にアジア系およびヒスパニック系の人口層に関しては、多様化の主な原因は移民である。ハワイ、ニューメキシコ、カリフォルニア、テキサスの4州と、コロンビア特別区では、ヒスパニック系以外の白人が半数を下回り、今や「マイノリティが多数派を占める」状況になっている (U.S. Census, 2008b)。

多くの都市部の郡においては、人口動態における変化により、すでにこのような多様な人口層が生まれており、単一の民族的・人種的集団が数的優位に立つという状況ではなくなっている。人種的・民族的マイノリティ層の移動パターンは、南東部の大都市圏と農村部の郡において、アフリカ系米国人、ヒスパニック系米国人、アジア系米国人、アメリカ先住民、ヨーロッパ系米国人の、非常に多様性の高い混合をもたらしている。

　以下では、ブラック・アメリカン、アジア系米国人、アメリカ先住民、ヒスパニック系米国人の人口動態的集団および文化的集団としての特徴について述べる。ここでは、これらマイノリティ集団に受け継がれた共有財産と文化的価値について幅広く記述することを重視する。すべての個人の独自性を尊重し、ソーシャルワーカーはステレオタイプ化をもたらすあらゆる一般化を避けるべきだということに注意が必要である。

ブラック・アメリカン

　米国国勢調査局によれば、「「黒人あるいはアフリカ系米国人」とは、アフリカの黒人種集団に起源を持つ人々を言う。そこには、自身の人種として「黒人、アフリカ系米国人、あるいはニグロ」を選択した人、アフリカ系米国人、ケニア人、ナイジェリア人、ハイチ人と記入して回答した人が含まれる」（Humes et al., 2011, p. 3）。ブラック・アメリカンは米国で2番目に大きなマイノリティ集団であり、2010年において全国民の12.9％にあたる3890万人を占めていた。米国の黒人のほとんどが奴隷の子孫であり、近年移住してきた人は少数である。「アフロ・アメリカン」という言葉は、文化的側面と人種的側面の両方について述べたものである。この言葉は、米国の奴隷の子孫を、南米やカリブ海地域などの他の地域のアフリカ人の子孫と区別するものである。

　米国の黒人は混成集団（「黒人族」のようなものは存在しない）であるが、各集団には文化的共通性があり、これにより他の民族集団と区別される。アフリカ系米国人の文化に影響を及ぼす要因の中には、アフリカ人の慣習、奴隷制度が家族生活に及ぼした悪影響、差別とレイシズムの根強い影響、自尊心を脅かし周囲からの否定的反応を強化する循環的犠牲システムの形成がある（Boyd-Franklin, 2003）。個人主義、物質主義、若さ、未来を重んじるヨー

Blend Images/Alamy

クワンザを祝うアフリカ系米国人の家族。クワンザとはブラック・アメリカンの伝統に根ざすアフリカの収穫祭である。

ロッパ中心主義的価値と対照的に、「アフリカ的価値においては、集団、分かち合い、所属、権威への服従、スピリチュアリティ信仰、高齢者や死者への尊敬が重視される」(Pinderhughes, 1982, p. 109)。これらの価値システムはすべてのアフリカ系米国人家族に影響を及ぼし、彼らを文化的集団として他と区別する。これらの価値システムは、アフリカ系米国人の家族構成、生活様式、行動、価値において、きわめて大きなダイバーシティが存在する理由でもある。

■ 文化的二重性

米国における抑圧の経験ゆえに、アフリカ系ブラック・アメリカンは2つの世界に生きている (Chestang, 1976)。彼らの文化的二重性は、個人の身近な文化と白人が支配する社会の文化から、同時に影響を受けることにより生じる。家族、友人、黒人コミュニティといった養育環境と、雇用、教育、社会的地位といった生命維持的環境の両方が個人の人格と社会の特徴を形成する。

生命維持的環境は、人の生存に関するニーズ（物資やサービス、政治的権力、経済的資源）により構成される。地位が与えられ、権力が行使されるのは、大部分がこの環境を通じてである。それは、より大きな社会という環境である。個々の黒人は、生存の必要性に駆られてこの環境に接近し、この社会への完全な参加を拒否されるがゆえに、手段として社会に適応するのである。

養育的環境である黒人コミュニティは、生命維持的環境とは2つの意味で異なる。第一に、養育的環境は、個人の感情面のサポート、文化的価値、家族関係、支援機関を提供する。この環境と個人との関係は情緒的に豊かなものである。すなわち、この環境において、個人は一体感と帰属意識を味わうのだ。第二に、個々の黒人は「ビーイング（being）」と呼ばれてきた力により、この環境へ引きつけられる。このビーイングという言葉は、その誘引力が自己実現と尊厳へ向けられていることを示している (Chestang, 1976)。

「社会が個人に文化への完全な参加を認める際には、生命維持的側面と養育的側面は統合される」(Chestang, 1976, p. 69)。しかしながら、制度、慣習、法によって、社会における平等、正義、自由に関する権利が制限されているとき、これらの権利はブラック・アメリカンにとって現実というより、むしろ象徴となる。ブラック・アメリカンは、教育や雇用の機会へのアクセスを妨げられ、ヘルスケア資源の利用も制限されてきた。生命維持的環境におけるこれらの制限により、一部の黒人は、正常な物理的・心理的機能が損なわれやすくなる。生命維持的社会環境には広範な差別が存在

図 7.1　エコシステム分析

するにもかかわらず、一方で、家族や黒人コミュニティといった養育的環境は、コンピテンスを向上させる（図 7.1 参照）。

■ 人種と権力

　人種という変数は有色人種に影響を及ぼす問題における重要な要素である。しかしながら、人種それ自体は、本質的に問題ではないと多くの人が考えている。問題は、人種的特徴を理由として、社会の中で力を奪われることにある。「アフリカ中心主義的視点から見れば、アフリカ系米国人が直面する心理社会的問題は、歴史的抑圧と、抑圧に対する反応としての苦悩と対処パターンにより引き起こされる」（Gilbert et al., 2009, p. 245）。以下に示す一連の質問は、無力感が及ぼす影響をソーシャルワーカーが探る際に役立つ。

- クライエントの家族は人生経験（たとえば、教育の質、仕事の機会、夫婦関係）の中で、黒人であるという事実をどのように受け止めてきたか
- 態度、信念、価値、行動パターンの形成において、社会的階級と人種はどのような相互作用をしてきたか
- 個人および／あるいは家族のクライエントが、黒人コミュニティ内の公式・非公式のサポートシステムをいかに活用してきたか
- 個人のクライエントが、自身と白人支配的社会制度との相互作用の結

果をどの程度変えることができると考えているか

（Solomon, 1989, pp. 580-581）

　制度的構造が家族のストレス源である場合、社会制度の修正が必要となる場合もある。「アフリカ系米国人は、ソーシャルワーカーが古い先入観に基づき、問題の原因を個人の精神面に見出し、クライエントに対し不十分な社会的供給に「適応」するよう促すことは受忍できないことを明言してきた」（Solomon, 1989, p. 568）。

　最新の研究で、人種的マイクロアグレッションは、ブラック・アメリカンに無力感を味わわせることが示された（Sue et al., 2008）。このような行為や攻撃は、微妙で目に見えにくいものであるため、しばしば加害者自身に自覚がないか、取るに足らないこととして退けられてしまう。しかしながら、黙示的に「君はよそ者だ」「お前は異常だ」「君は知的に劣っている」「お前たちは信用できない」「あなたたちは皆同じだ」のようなメッセージを日々伝え続けることは、精神的ストレスを蓄積させ、効果的な援助関係確立の妨げとなる。

　米国における黒人の経験から、いくつかの防衛的態度が生まれた。以下のような適応反応は、白人社会から向けられた侮蔑と憎悪に対する黒人の標準的な行動反応を特徴付けるものである。

- **文化的パラノイア**は、生き残るための手段として、すべての白人の行動と動機、ならびに制度構造を疑い、黒人に敵対するものと仮定することである
- **文化的絶望**（あるいは文化的マゾヒズム）は、黒人の長期にわたる社会的服従と自虐的態度の内面化の結果である
- **文化的反社会主義**は、白人を保護し黒人を排除、侮辱する法や司法プロセスに対する無視と軽蔑である　　　　　　（Grier & Cobbs, 1968）

人間行動

[プラクティス行動の例]　人の一生を通じた行動、人が生活する社会システムの範囲、健康やウェルビーイングの維持あるいは獲得を促進あるいは阻害する社会システムのあり方について、理解すること。

[批判的思考の訓練]　ダイバーシティは個人のアイデンティティを形成し、人間の経験を形作る際に、中心的役割を果たす。ソーシャルワーカーが多様性を持つ集団と効果的なワークを行うためには、人間行動と社会環境に関するどのような知識が必要か。

　これらの心理的装置は、病的あるいは不適応的な反応ではなく、むしろ適応的で適切な反応となり得るものである。

■ 社会的支援

　ストレスに満ちた人生の移行に対処するために、ブラック・アメリカンは、問題解決に際し、非公式のソーシャルサポート・ネットワークを頼りにする。抑圧的社会のプレッシャーを緩和する黒人文化の特徴としては、誠実で強力な親族の絆がもたらす適応的ストレングス、家族の役割に関する柔軟性、深い宗教的信仰、そして仕事、教育、成果への指向が挙げられる（Hines & Boyd-Franklin, 1996）。

拡大家族、教会組織、自助グループは、アフリカ系米国人にとって重要なストレングスの源泉である。たとえば、黒人の拡大家族の構造と兄弟姉妹の強い絆により、多くの一人親の黒人家庭の苦境が緩和されている。複数世代の同居、子育てにおける責任分担、仕事や教育における成果の重視は、黒人の家族にストレングスを与えている。黒人の子どもは社会化の過程で、しばしば肯定的な人種的アイデンティティを教え込まれる。これは黒人の子どもが肯定的な自尊心を維持することを可能にする。この社会化は、白人社会の中で黒人として生き残るためのスキルを教えるものである。

アジア系米国人

　2010年の米国におけるアジア系米国人および太平洋諸島民の人口は、直近の10年間で43%増加し、米国の全人口の4.8%にあたる1460万人に及ぶと推計されている（Humes et al., 2011）。アジア系米国人および太平洋諸島民の約半数が西部に、18%が北西部、19%が南部、12%が中西部に住んでいる（Reeves & Bennett, 2003）。カリフォルニア州、ニューヨーク州、およびハワイ州の3州の在住者が全体の51%を占めている。アジア系米国人は北米における最も多様性のあるマイノリティ集団である。たとえば、アジア系米国人の経済状況には大きな格差があり、「アジア系米国人と太平洋諸島民の家族は、ヒスパニック系以外の白人と比べて、7万5000ドル以上の収入を得ている人の割合が高く、さらに2万5000ドル未満の収入を得ている人の割合も高い」（p.6）。

　アジア系米国人は、極東、東南アジア、インド亜大陸出身の人々から構成される多様性のある民族集団である。たとえば、アジア系米国人の大半が中国、フィリピン、インド、ベトナム、韓国の出身者である（U. S. Census Bureau, 2012a）。他にも、カンボジア、スリランカ、タイ、パキスタン、インドネシア、マレーシアなどの出身者がいる。出身国が同じでも、言葉、宗教、芸術形式、習俗、その他日々の生活における特徴に違いがある。同じ国出身の2つの家族の間に共通点がほとんどないということが、実際にあり得るのだ。他にも、社会的階級、他文化の影響、社会経済的・宗教的背景におけるダイバーシティ、移民後の世代数、移民環境と再定住プロセスといった要素により、アジア系米国人は区別される。たとえば、計画的に移民してきた人々と、戦争や政治的迫害、飢饉などにより移住を余儀なくされた人々との間には、大きな違いがあると考えられるだろう。

■ 初期の移民経験
　アジア人は19世紀中頃から、地理的に隔絶された西海岸地域とハワイに移住を始めた（Balgopal, 1995）。米国の西部開拓時代における初期のアジア人集団は、民族紛争を避けるために目立たない地位を維持していた。彼

WONG SZE FEI/Fotolia

アジア系米国人は北米で最も多様性のある集団の一つである。

らの移民の理由は他の移民集団と同様に、経済的および教育的機会に動機付けられたものだった。しかしながら、ヨーロッパからの移民と異なり、アジア系米国人は、米国の政策により移民定数が制限され、「市民権を持たない外国人」という法的地位が与えられ、異民族との婚姻を禁止されるという厳しい差別的法律に縛られた。

第二次世界大戦中には、連邦機関の捜査員が表向きは保護のためと称し、日系米国人のニセイ（二世）を家族から引き離して捕虜収容所に収容し、さらなる屈辱と抑圧を味わわせた。日系米国人を拘束した米国の政策は、アジア系米国人に対する根深い偏見と差別が表れたものであると、多くの人が考えている。

■ アジア系米国人の価値

一般に、東洋の文化、哲学、宗教、たとえば儒教、道教、ヒンズー教、イスラム教、仏教は、アジア系米国人の価値システムに影響を与えている（Balgopal, 2008）。これらの信仰は西洋の世界観とは異なるものである。ホー（Ho, 1989）は、アジアの文化にとって重要な価値を次のように説明した。

- **孝**、すなわち権威に対する無条件の崇拝、尊敬、服従が、世代間の関係に浸透している。たとえば、家父長制度、親による支配、子どもの無条件の服従が、親子関係における特徴である
- **アジア人の親は子どもに従順さを期待する**。これは個人的希望を犠牲にするレベルの従順さである。彼らは、面目を失い家族やコミュニティからの支援を受けられなくなるとして、羞恥心と脅しを用いることで従順さを強化する
- アジア人は**自己コントロール**に高い価値を置く。「「遠慮」という価値は、日本人に、控えめな行動、期待する際には謙虚であること、他者に時間、労力、資源を割かせることに適度なためらいと不本意さを示すことを求める」（p. 529）
- **中庸の徳**は、共同体への所属を、個人のプライドよりも大事にするという規範である。アジア人は社会環境の集団への影響に特に敏感である。彼らは個人よりも集団を優先し、問題を内面化する。
- **運命論**、すなわち超然として状況を受け入れることが、アジア人の反応パターンである

ソーシャルワークの国際的コンテクスト

ジェーン・アダムズもグローバルマインドを持つことに触れていたが、21 世紀において、ソーシャルワーク専門職は地球規模の相互依存と国際ソーシャルワークに対する新たなコミットメントを掲げ、その先導役を務めてきた（Healy, 2004）。長年にわたり国際ソーシャルワークを推進し、国際ソーシャルワーク学校連盟（IASSW）の名誉会長を務めるキャサリン・ケンドール（Katherine Kendall）は、「ソーシャルワークのキャリアにおいて、グローバルな次元のプラクティス状況あるいは問題状況に携わらないことは考え難い」（p. ix）と述べている。ヒーリー（Healy）は、国際ソーシャルワークを「ソーシャルワーク専門職とその構成員の国際的な専門職活動であり、また国際的な活動を行う能力である」と定義した（p. 7）。現代の国際ソーシャルワークの現場としては、米国保健福祉省とピース・コープス（Peace Corps）、および難民再定住室が連携する連邦国際イニシアティブ、国連の機関である社会開発委員会、人権委員会、難民委員会、ユニセフ（UNICEF）、国連開発計画、国連合同エイズ計画（UNAIDS）、そして非政府組織（NGO）である国際赤十字・赤新月社（International Red Cross and Red Crescent Society）、オックスファム・インターナショナル（Oxfam International）、アムネスティ・インターナショナル（Amnesty International）、キリスト教奉仕団（Church World Service）、ワールド・ジューイッシュ・リリーフ（WJR, World Jewish Relief）、およびヒューマン・ライツ・ウォッチ（Human Rights Watch）などがある。国際ソーシャルワークに関わる多数の取り組みの中には、救援活動、社会的・経済的開発計画、政策アドボカシー、国境を越えた交流などがある。

■ **救援活動**　国連機関や NGO と提携する専門職スタッフとボランティアは、自然災害や内戦、住む場所を失った難民などに関する、地域に特有の問題や新たな危機に対処する。これらの救援プログラムは、近年のインドネシアにおける津波やパキスタンにおける地震がもたらした惨状が報道されることで注目を集めた。ケースワーク、プログラム構築、コミュニティ・オーガニゼーションなどの幅広い活動を含む継続的な努力が行われている。

■ **社会的・経済的開発プログラム**　社会的・経済的開発プログラムは包括的かつ持続的な投資指向の取り組みであり、権力者だけでなく全住民の経済的ウェルビーイングに資するものである（Midgley & Livermore, 2004）。たとえば、オックスファム・インターナショナル（2009）が支援するプロジェクトでは、カンボジアの農業従事者が水牛を入手して健全な家畜の育成方法を学び、ニジェールでは、食糧危機後の村での生活を復旧させる方法を村民自らが決めている。エチオピアでの灌漑プロジェクトでは、8 つの村の農業従事者に希望を与え、ウガンダの女性は収入を獲得してコミュニティの意思決定に参加するための新たな機会を得ている。

■ **政策アドボカシー**　国際的な政策はあらゆるレベルの政策開発におけるソーシャルワーク・アドボカシーに影響力を持つ。たとえば、公的扶助に関する国内政策は、移民と難民の健康とウェルビーイングに予期せぬ影響を及ぼす。養子縁組に関する法律は、国際的な養子縁組政策と手続きに影響を及ぼす。世界銀行のような組織のマクロ経済政策により、機会と資源の割り当てが国家間で公平なものになるか差別的なものになるかが決まる。最後に、米国のソーシャルワーカーは、自国が子どもの権利条約のような条約を批准することを推進する上で、きわめて重要な役割を果たす。

■ **国境を越えた交流**　国境を越えた教育機会

伝統的なアジア人の世界観はこれらの価値から生まれており、これらを通じてアジア系米国人の問題理解や解決策の選択の仕方、さらには援助の求め方までが理解できる。たとえば、アジア系米国人はしばしば、親としての権威の維持、問題の内面化、問題を隠蔽する傾向、差恥の回避を理由に、専門職によるインターベンションを躊躇する（Mokuau, 1987）。西欧化されたアジア系米国人でさえも「問題について話すときには、スティグマと恥を感じる」（Ho, 1989, p. 533）。

これらの一方で、アジア系米国人の間にもさまざまな個人差があり、一般化をしすぎないように注意しなければならない。西洋の世界観に完全に同化したアジア人もいれば、東洋と西洋が混在した世界観を持つ人もいる。祖先の文化が反映した世界観を持つ人もいる。家族においては、特に世代間の相違が要因となり、各構成員が異なる世界観を示すことも多い。

アメリカ先住民

米国国勢調査局によれば、「「アメリカン・インディアンあるいはアラスカ先住民」とは、北中米および南米の先住民のいずれかを祖先に持つ人々であり、部族への帰属意識、あるいはコミュニティへの愛着を維持している人々である。このカテゴリは、国勢調査において自己の人種として「アメリカン・インディアンあるいはアラスカ先住民」を選択した人、あるいは登録済みの部族あるいは主たる部族として、ナバホ族、ブラックフット族、イヌピアット族、ユピック族、あるいは中米または南米のインディアン・グループのいずれかを記載して回答した人々である」（Humes et al., 2011, p. 3）。さらに、「「先住ハワイ人あるいはその他太平洋諸島民」とは、ハワイ、グアム、サモア、その他太平洋諸島の先住民を祖先に持つ人々である。そこには「太平洋諸島民」を選択した人、あるいは「ハワイ先住民」「グアム人あるいはチャモロ人」「サモア人」および「その他太平洋諸島民」を選択した人、あるいはその他の太平洋諸島民であることを詳細に記入して回答をした人が含まれる」（p. 3）。

アメリカ先住民は文化的・言語的に多様である。2010年における人口は、アメリカン・インディアンとアラスカ先住民で5200万人と推計されている（Norris et al., 2012）。回答者の約2分の1が、1つ以上の人種への所属を回答している。独特な部族の伝統と、部族の構成員の社会への同化の

Karen Preuss/The Image Works

独特な部族の伝統と、部族の構成員の社会への同化の程度の違いが、アメリカ先住民の間にダイバーシティを作り出している

　程度の違いが、ダイバーシティを作り出している。政府が承認しているアメリカン・インディアンとアラスカ先住民は 565 の部族に分類される（OMH, 2012）。最大の部族分類としては、チェロキー族、ナバホ族、チョクトー族、メキシコ系アメリカン・インディアン、チペワ・チョクトー族、スー族、チペワ族があり（Norris et al. 2012）、現在、そのほとんどが保留地の境界外に居住している。全アメリカン・インディアンのうち 25%がカリフォルニア州とオクラホマ州の 2 州に居住している。多くのアメリカン・インディアンが住む州としては他にも、アリゾナ州、テキサス州、ニューヨーク州がある。ニューヨーク市とロサンゼルスには多数のアメリカン・インディアンとアラスカ先住民が住むが、彼らが最も多く住む市は、アラスカ州アンカレッジ、オクラホマ州オクラホマシティである。独立国家の国民であることを強調するために、カナダでは一般に、**ファースト・ネイション**という言葉が使用され、米国でも普及しつつある（Weaver, 2008）。

　保留地の内外どちらにおいても、生活は共に厳しいものである。貧困が蔓延し、失業率が高く、健康問題が山積している。最新のデータによれば、18 歳未満のアメリカ先住民の子どものうち 30%が貧困状態にあり、これは、全人口における貧困率の 2 倍で、ヒスパニック系以外の白人層における貧困率の 3 倍近くにあたる。未就学児がいる家庭では、貧困率は 39%以上にものぼる。学校をドロップアウトする割合も、過度に高い。アルコール依存症、メンタルヘルスの問題および自殺も、アメリカ先住民の家族を悩ませている。2007 年においてアメリカン・インディアンとアラスカ先住民の乳幼児死亡率は、1000 人中 9.22 人であったのに対し、ヒスパ

ニック系以外の白人では5.63人であった（Mathews & MacDorman, 2011）。

　アメリカ先住民に対するソーシャルワークのインターベンションは、ほとんど成果が得られていない。その原因は、アメリカ先住民に対する理解と配慮の欠如、身体的・文化的大虐殺がもたらしたトラウマと癒えざる悲しみに対する理解不足、強い影響力を持つステレオタイプ化、標準的なインターベンション手法が適用され、文化に配慮した手法が用いられなかったことなどである（Weaver, 1998）。部族福祉評議会、インディアン保護局（Bureau of Indian Affairs, BIA）、州と連邦政府による保健とヒューマンサービスなどの並立的ソーシャルサービス構造が、アメリカ先住民へのソーシャルサービスの提供を複雑なものにしていた。インディアン・フェデラリズムに関する近年の議論の中心は、連邦政府による金銭的支援とBIAを通じた政府によるインターベンションの継続と、これらの議論によるアメリカ先住民と連邦政府との関係の再定義に関するものである。インディアン・フェデラリズムは、BIAの解体を目指す努力ではなく、むしろ、部族に連邦政府からより独立した運営の機会を与えようとするものである。ウィーバー（Weaver, 1999）は、先住民のソーシャルワーカーから、アメリカ先住民とのワークにおける最適な手法についての意見を集め、これを精査した。そして、この研究を基礎にして、ソーシャルワーカーがカルチュラル・コンピテンスの高いサービスをアメリカ先住民のクライエントに提供するためには、次のことが必要だと述べた。

- アメリカ先住民の集団間および集団内部におけるダイバーシティを理解し、尊重すること
- 個々のアメリカ先住民のクライエントに固有の歴史、文化、現在の状況について理解すること
- ソーシャルワーク全般における優れたスキル、および忍耐、傾聴、沈黙への寛容さに関する高いスキルを持つこと
- 自分自身のバイアスと健康であることの必要性を認識すること
- 学ぶことに対する謙虚さと意欲を示すこと
- 尊敬に満ち、非審判的で、偏見を持たないこと
- 社会正義を尊重し、他に依存しない独立した思考プロセスを持つこと

（結論の節、第1段落）

　アメリカ先住民の考え方では、精神面を含む健康は、相互に関連する4つの領域（精神、身体、知性、環境）のバランスにより形成される。伝統的メンタルヘルス・サービスのモデルは、多くのアメリカ先住民にとって効果がないと考えられており、その善意にもかかわらず、メンタルヘルスの専門職たちは、アメリカ先住民のニーズを適切に満たしているとは言えない（Hodge et al., 2009）。

アメリカ先住民と効果的なワークを行うためには、彼らの家族ネットワークの役割に対する理解も必要である。伝統的な白人家庭は単独の世帯で運営される。これに対し、アメリカ先住民の家族は、開かれた構造を持ち、いとこを兄弟姉妹と同じく家族と見なし、おじ・おばを祖父・祖母と同じものとして扱う（Sutton & Broken Nose, 1996）。家族は垂直方向および水平方向に拡大されており、多数の親戚を含み、その範囲がまたいとこにまで広がることも多い（Sue & Sue, 2007c）。

ヒスパニック系米国人

ヒスパニックは、同じ言語、宗教、歴史、一連の姓、文化的伝統を共通に持ち、地理的起源、習俗、地域環境を異にする、複数の国の国民を表す形容詞である（Castex, 1994）。米国国勢調査局の分類体系によれば、ヒスパニック系あるいはラテン系米国人とは、「人種を問わず、キューバ人、メキシコ人、プエルトリコ人、南米または中米人、あるいはその他のスペイン系文化あるいは祖先を起源とするグループの構成員である」（Ennis et al., 2011, p. 2）。彼らの約半数（53%）が自身の人種を白人と認識している。

2010年の米国国勢調査を基礎とするデータ分析の結果、米国におけるヒスパニック系の人口は、2000年においては、全人口の12.5%にあたる3530万人だったのに対し、2010年においては16.3%にあたる5050万人にまで増加した。ヒスパニック系米国人には、さまざまな国の国民が含まれる。メキシコ人（63%）、プエルトリコ人（9.2%）、キューバ人（3.5%）、その他中央アメリカ人、南アメリカ人、ヒスパニック系あるいはラテン系の祖先を持つ人々（24.3%）がこれにあたる。ヒスパニック系の米国人は、米国において急速に数を増やしているマイノリティ集団である。試算によれば、2035年までに、米国居住者の5人に1人、2055年までに4人に1人、2100年までに3人に1人をヒスパニック系が占めることになると予測されている（Saenz, 2004）。

ヒスパニック系米国人の76%が、9つの州に住んでいる。カリフォルニア州、フロリダ州、ニューヨーク州、イリノイ州、アリゾナ州、ニュージャージー州、コロラド州、ニューメキシコ州の9州である（Pasel et al., 2011）。2000年から2010年の間に、ヒスパニック系米国人の人口が2倍以上になった州としては、サウスカロライナ州、アラバマ州、テネシー州、ケンタッキー州がある。多数のヒスパニック系の人々が都市部に住んでおり、中でもニューヨーク市とロサンゼルス市に最大の人数が集まっている。

人口動態的データによれば、ヒスパニック系米国人は教育レベルが低く、貧困率が高く、都心地域に住んでいる場合が多い。特に大きな問題が言葉の壁である。2010年において、ヒスパニック系米国人の貧困率は高く、26.6%にものぼった（DeNavas-Walt et al., 2011）。その理由の一つは、教

育レベルの低さと英語能力の低さにより高い収入を得られないという、ヒスパニック系移民に見られるパターンにある。貧困率が特に高いのは、ヒスパニック系米国人の子どもである。全ヒスパニック系の子どもの35％が貧困の中で生活していると報告されている（Lopez & Velasco, 2011）。興味深いことに、下位集団

2050年までにヒスパニック系米国人の人口は現在の2倍になると考えられる。

における貧困率には著しい差異がある。母子家庭の場合は57.3％、親の最終学歴が高卒未満の場合48.2％、親が失業している場合43.5％、両親が移民である場合に40.2％であるのに対し、両親が米国生まれである場合は27.6％、結婚している夫婦の家庭である場合25.3％、両親が何らかの大学レベルの教育を受けている場合21.8％、そして、両親が学士号以上を持っている場合は8.7％である。

■ 文化的価値

　ヒスパニック系の文化に多数存在する微妙な差異が、ソーシャルサービスの提供に影響を及ぼす。ヒスパニック系の文化は**ペルソナリスモ**（personalismo）、すなわち人格を持たない制度や組織よりも、個人を信頼する姿勢を強調する。温かみと分かち合いが個人同士の人間関係を特徴付ける。このペルソナリスモは、ヒスパニック系のクライエントが、個人的な忠告を受け入れやすいことを示唆する。ペルソナリスモはまた、ヒスパニック系のクライエントに、ソーシャルワーカーとの関係を個人的なものにするよう方向付ける。ヒスパニック系のクライエントは、援助のプロセス全体を通して、同一のソーシャルワーカーと接触することを好む。「世間話」をしてその反応を見ることにより、クライエントの受容度を知ることができ、**コンフィアンサ**（confianza）、すなわち信頼関係を構築することができる（Congress, 1990; Morales & Reyes, 2000）。家族内においては、年齢、役割、性別に従って、尊敬が義務付けられる。この**レスペクト**（respecto）は不変のもので、状況により変化するものではない。たとえば、ヒスパニック系の女性は虐待を受けてもなお「虐待した夫を、子どもたちの父親であるからという理由で尊敬しており、不貞を働いた夫も、恋人を自宅には連れてきたことがないから妻を尊重していると言う」（Congress, p. 23）。レスペクトの影響力は重要であり、ソーシャルワーカーはこれを過小評価すべきではない。最後に「**シ・ディオス・キエレ**（si Dios quiere,

神のご意志であれば）」は、スピリチュアルな価値と、運命を受け入れる姿勢を表現する。お守りや儀式、ハーブ水といった形の魔除けや、聖者や聖母マリアに対する祈りはすべて、運命に対処する努力である。運命論はとりわけ医療ソーシャルワーカーにとって重要である。ヒスパニック系のクライエントが「シ・ディオス・キエレ」という信念を持つ場合、彼らは医学的治療を最後まで継続しない可能性がある。有能な実践者であるためには、創造性を持って、クライエントシステムの文化的価値を、自身のワークに取り入れなければならない。

宗教的ダイバーシティとスピリチュアリティ

さまざまな宗教的指向は、人々のダイバーシティを拡大する。人間に対するホリスティックな理解がソーシャルワークの基礎を成すのである。したがって、宗教に対する理解は必要不可欠である。事実、宗教的ダイバーシティは、クライエントとソーシャルワーカーの双方にとって、きわめて重要である（Canda & Furman, 2010; Furness & Gilligan, 2010; Hodge, 2000, 2004, 2005; Wagenfeld-Heintz, 2009）。宗教的ダイバーシティおよびそのソーシャルワークとの関連性についてより深く理解するために、本節では現代世界で宗教が担う役割について探究し、スピリチュアリティの本質について述べ、宗教的ダイバーシティとソーシャルワーク・プラクティスの関係について精査する。

現代世界における宗教

「宗教や公共生活に関するピュー・フォーラム（Pew Forum on Religious & Public Life）」（2008）において、専門家たちは、近年実施された米国の成人3万5000人を対象とした大規模な調査に基づき、米国の18歳以上の成人のうち宗教団体に属している者は61％に過ぎないが、にもかかわらず、宗教は彼らの人生において重要な力を保っていると結論付けた。たとえば、全成人の92％が神の存在を信じているが、そのうち70％が特定の宗派には属していない。調査対象者の80％が祈りを捧げ、60％が毎日祈ると回答している。毎日の祈りを最も普遍的に行っているのが、福音主義者とされる人々（78％）、および歴史的に黒人教会とされる宗派の人々（80％）である。米国における教会の礼拝出席者数は過去半世紀の間、およそ変化していない。1950年にギャラップ社が実施した世論調査では、米国民の39％が、通常は毎週、教会に礼拝に行くと回答している。米国の宗教的状況に関する最新の調査でも、結果はおよそ変わらなかった。最後に、調査対象者の80％が自身をキリスト教徒であると回答したにもかかわらず、彼らの信仰は、神の性質、聖書の権威、来世の存在、道徳観などにおいて

多様である。

　宗教の影響力は世界中で目にすることができる。アフガニスタンにおけるイスラム教徒の抵抗運動や、ユダヤ教徒によるイスラエルの建国とその継続的支援、東欧の政変においてキリスト教が果たした役割、仏教および東洋のスピリチュアリティに対する西洋人の関心、アフリカにおけるキリスト教とイスラム教の急速な普及などがその例である。これらの例が示すように、私たちは宗教的共存の時代に生きている。米国には、米国聖公会の信者よりも、イスラム教徒の数の方が多いのである。

■ 宗教と民族的・人種的マイノリティ

　宗教には人を結束させる力がある。これは19世紀後半から20世紀初頭のローマ・カトリック教徒の米国への移民に見られた通りである。その時代のローマ・カトリック教会は共通語であるラテン語で礼拝を行っていたが、カトリックの教区は民族を基礎に分けられており、イタリア人、ドイツ人、アイルランド人、ポーランド人の移民が、それぞれ独自の信仰と宗教的実践を行っていた。宗教は、多くの民族集団が米国で新しい生活を営む中で、慣れ親しんだ社会構造を提供した。

　宗教は民族的マイノリティにとって特に重要な役割を果たす。宗教を理由に迫害されてきたユダヤ教徒たちは、歴史上一貫して反ユダヤ主義にさらされながらも、文化的・宗教的アイデンティティを維持してきた。宗教は多くの民族集団にとって、馴染みのない社会における安息の地だったのである（Cnaan et al., 1999）。

　歴史的に、黒人教会は構成員の社会的ニーズと心理的ニーズの双方のために提供され、「よりよい日への希望」と帰属意識を与えるものだった。すなわち、スピリチュアリティは、レジリエンス、個人のストレングス、対処能力の源泉なのである（Alawiyah, 2011; Collins & Antle, 2010, 2011; Haight et al., 2009; Paranjape & Kaslow, 2010; Pickard et al., 2011）。米国における黒人教会の経験は、宗教が社会を方向付ける力を持つことを示した。奴隷制度という闇夜が明けると、ローマ帝国滅亡後のヨーロッパと同じく、教会が社会機構を提供した。マーティン・ルーサー・キング・ジュニア牧師を育てたのは、宗教が生活のすべての側面に浸透したコミュニティだった。キングと彼の信奉者は公民権運動の倫理的・政治的側面を、神学的側面と切り離すことはできなかった。

コミュニティにおける宗教

　普遍的な信念と共有された経験がコミュニティの基礎である。宗教コミュニティは、重要と見なす信仰、象徴、儀式、文献を保護し伝える。普遍的信仰と伝統は、食生活、聖日、芸術、音楽、政治、婚姻など、宗教コ

ミュニティ内の文化的規範を豊かにする。

　宗教コミュニティに属する人々は同じ習俗、物語、言語を共有する。た
とえば、ハイチの習俗では、彼らの文化における信仰治療師の重要性が強
調される。出エジプト記の物語は、ユダヤ教徒および黒人キリスト教徒の
人格形成に影響を及ぼすものである。宗教的伝統における個々の規範は、
祈りの中で用いられる言葉に影響を及ぼす。それゆえに、クライエントの
言葉の中に、ソーシャルワーカーの知らない、共同体や個人に特有の意味
合いや引用が含まれている場合もある。たとえば、クライエントが悪魔に
ついて語り始めたとき、ソーシャルワーカーは、**悪魔**という言葉がクライ
エントにとってどのような意味を持つのかを精査する必要があり、ソー
シャルワーカー自身の個人的世界観に基づいて推論してはならない。さら
に、この多元的世界においては、自身が属する宗教コミュニティの教義を
支持しながらも、信仰とは全く異なる、あるいはこれと矛盾さえする個人
的信念を持っている人もいる。重ねて強調するが、ソーシャルワーカーは、
宗教的な言葉については、クライエントにとっての個人的意味を探らなけ
ればならないのだ。

宗教とスピリチュアリティ

　正式な宗教とスピリチュアリティの間には関連があるが、同時にこれら
は異なる現象でもある。スピリチュアリティとは「人が人生の意味、目
的意識、道徳観を構築する経験全般である」（Canda, 1989, p. 39）。対照的に、
体系化された宗教は他者と共有される信仰と実践の形式を含む。宗教的信
仰が特定宗派内で変化し、教会、シナゴーグ、モスクなどへの所属を伴う
場合も多い。人々は、スピリチュアルな疑問、すなわち体系的な宗教の範
囲外における人生の意義についての疑問を提起することもでき、実際に提
起する。

■ 究極的関心

　プロテスタント神学者で哲学者でもあったパウル・ティリッヒ（Paul
Tillich, 1959）は、宗教的多元主義と不可知論的スピリチュアリティを共に
包含する宗教概念を提起した。ティリッヒは、宗教とは、人間の精神生活
に固有の機能というよりも、人生のあらゆる機能における深さの側面であ
るとした。彼は**深さ**というメタファーを用いているが、これにより彼が表
そうとしたのは、「宗教的側面とは、人の精神生活における、究極かつ無
限かつ無条件のものを指す。宗教という言葉の、最も広く基本的な意味は、
究極的関心である」（p. 7）ということである。

　ティリッヒにとって、宗教とは信仰体系でも制度でもない。宗教は人
間の人生におけるあらゆる有限の事象の中に、無限の存在を指し示すもの

である。道徳の分野において、ティリッヒは、究極的関心としての宗教は、無条件の真剣さをもって道徳的要求に応えることと捉えた。たとえば、ティリッヒの観点から言えば、ローマ・カトリック教会の社会運動家であるドロシー・デイ（Dorothy Day）が宗教的だったのは、彼女がカトリック教徒だったからだけではなく、貧者への奉仕に対する彼女の情熱的な関わりによるものでもある。究極的関心は、人々の生活におけるスピリチュアルな側面である。

　多くのソーシャルワーカーにインスピレーションを与えてきたジェーン・アダムズは、クエーカー教徒の家に生まれ、その後、英国の思想家であるトマス・カーライル（Thomas Carlyle）とジョン・ラスキン（John Ruskin）から影響を受けた。アダムズは自然と神と調和することの必要性を説いた。彼女は不可知論者を自認していたが、ハルハウスの近くの組合教会に参加していた。教会史家のマーティン・マーティ（Martin Marty, 1986）は、「アダムズには、一見矛盾する要素や哲学を統合することにかけては天賦の才能があった。懐疑論者的姿勢を伴った、情熱的で非常に個人的な信仰がその例であり、この組み合わせを誠実に保ち続けた」（p.83）。ジェーン・アダムズは、定義によっては、宗教的ではなかったと言えるかもしれないが、ティリッヒの究極的関心としての宗教という観点からは、彼女がスピリチュアルであったことは疑う余地がない。

■ スピリチュアリティと個人のアイデンティティ

　スピリチュアルな問いの中でも根本的なものとしては、人生の意味や目的に関すること、人生というコンテクストの中でいかに死を理解するかということ、いかに行動「すべきか」ということなどがある。これらのスピリチュアルな問いに対する私たちの答えが、私たちが希望を持つか絶望するかを決定し、人生の岐路に立った際の方向付けとなり、他者との人間関係に影響を及ぼし、道徳的選択の基礎となり、私たちをあらゆる人間性に結び付ける。スピリチュアリティは、私たちが自分自身や他者を見る際の視点、ジレンマの受け入れ方、利用可能な解決策の決定に影響を及ぼす。スピリチュアリティは、私たちの責任感、罪悪感、他者に対する義務の意識、社会正義に対する解釈を決定付ける。

宗教とスピリチュアリティにおけるダイバーシティの影響

　宗教的ダイバーシティがソーシャルワークにとっていかに重要かを見出すことができるのは、このスピリチュアリティと宗教コミュニティというコンテクストにおいてである。宗教的実践とスピリチュアリティは、見落としとしてはならない資源なのだ。この目的を達成するために、ソーシャルワーカーは、宗教的特権がもたらすもの、宗教とスピリチュアリティに内

在する価値の問題のダイナミクス、非審判的視点の持つ意味について理解する必要がある。

■ 宗教的特権

　宗教が特権の源泉であることは見過ごされがちである。しかしながら、米国においては、キリスト教の宗教団体に属する人々は地位と権力という恩恵を受けている。シュロッサー（Schlosser, 2003）は「キリスト教徒の特権について議論することは「神聖なるタブーを犯すこと」である。なぜなら、これらの特権のキリスト教徒による独占を確保し続けようとするプレッシャーが、微妙なものから露骨なものまで、さまざまな形で存在するからである」（p. 47）。キリスト教徒の特権はキリスト教徒自身には見え難いものである。しかしながら、信仰を持たない者や、キリスト教以外の信仰を持つ者にとっては、キリスト教徒の宗教的特権は明白である。宗教的マイノリティ集団の構成員は、「自分たちの宗教的アイデンティティは価値を認められていないと感じ、その結果、宗教団体への所属を理由とする差別と抑圧を感じる」（p. 47）。

■ 価値の問題

　宗教的価値は、ソーシャルワーク・プラクティスに影響を及ぼす複数の価値群の中の一つである。特定の状況下でどの価値群が最大の影響力を持つかは、価値の強さと明白さ、ならびに、その状況で何が求められているかにより決まる。ソーシャルワーカーは、あらゆるプラクティス領域で、日々のプラクティスにおいて価値の対立に直面する可能性がある。特に、妊娠中絶、終末期の判断と治療、親密なパートナーによる暴力、児童に対する性的虐待、さらには人権アドボカシーに至る、論争の的になっている問題を扱う場合に困難に直面する。

　クライエントが提示する問題は、道徳的ジレンマに焦点を置くものであることが多い。「私は何を**すべきか**」という問いや、自己のアイデンティティや意味、目的に対する探究は、価値の問題の存在を示すものである。ソーシャルワーカーは、次のような問いかけにより、クライエントにとって宗教が果たしている役割のアセスメントを行う必要がある。「宗教は家族の役割や家族との相互作用に影響を及ぼしているか」「クライエントにとって、宗教はどのような役割を果たしているか」。答えはクライエントの信念体系と矛盾しないものでなければならない。

　ソーシャルワーカーの宗教的選択が何であれ（無神論者、不可知論者、イスラム教徒、ヒンズー教徒、ユダヤ教徒、キリスト教徒）、自身の信念体系を精査することは必要不可欠である。信念体系について熟考することで、ソーシャルワーカーは、自身の個人的スピリチュアリティと宗教的実践が、自身の信念と他者に対する見方に影響を及ぼしていることを理解できるよう

になる。ソーシャルワーカーは、以下に示すようないくつかの問いを用いて、自身の宗教的観点あるいはスピリチュアルな視点が、クライエントとのワークとどのように関わっているかを精査することができる。

- 私の宗教的信念およびスピリチュアルな信念とは何か。私の宗教的信念およびスピリチュアルな信念はどのように変化してきたか。私の信念体系の形成に影響を及ぼしてきたのは何か
- クライエントの宗教的およびスピリチュアルな信念が自分と異なる場合に、私はいかにしてこれを受け入れるか
- 私は、私自身の信仰と類似の、あるいは異なる信仰を持つクライエントに対し、バイアスを排除した効果的なプラクティスを行うことができるか
- 機関のミッション、あるいは提供しているプログラムやサービスが、私自身の宗教観および倫理観と矛盾するものである場合、私はそのような現場で働くことができるだろうか

■ 非審判的視点

受容と非審判的態度の反映として、宗教に対する寛容さを持つことはソーシャルワーカーにとって当然のことである。これは、ソーシャルワーカーが他者に対し、その人の個人的道徳観や、精神的あるいは宗教的行動規範に反する行為を行うことを促してはならないことを意味する。同じく、ソーシャルワーカーは、自身の信念体系に逆らうことや、他人のスピリチュアリティを貶めるようなことをすべきではない。自己決定の倫理は、宗教的差異に対するキリスト教的寛容と尊重の精神を奨励している（Canda, 1988; Hodge & Wolfer, 2008）。

クライエントの価値体系が、支配的規範や法と矛盾するとき、自己決定に関わるジレンマが生じる。宗教的寛容性とは、カルト教団の儀式における児童虐待のような違法行為を許容するという意味ではない。当然ながら、このようなケースにおいて、ソーシャルワークの実践者は、子どもが生死に関わる危険にさらされているという現実、および子どもを害悪から守るという専門職としての道徳的・法的義務に対処しなければならない。

宗教コミュニティの資源

クライエントとソーシャルワーカーは、有益なコミュニティ資源を探す際に、宗教コミュニティを通じて利用できる資源を見つけられる場合がある。たとえば、教会、寺院、モスクの構成員であることにより、ソーシャルサポートや具体的な援助、紹介を提供できる多種多様な資源を見出すことができる。

■ ソーシャルサポート

　宗教コミュニティ内の人間関係は、人々が危機的状況にある場合のみでなく、日常生活においても活用できる資源の宝庫である。たとえば、自然発生的な場でのエンパワメントに関する初期の研究において、特定宗派に属さない宗教的コミュニティの構成員であることが、個人のエンパワメントにとってどのような意味を持つかについての調査が行われた（Maton & Rappaport, 1984）。研究者たちは、人生の意味、アイデンティティ、精神的成長のための機会、多様な資源と支援へのアクセスを探究する経験は、エンパワメントに資する要素だと結論付けた。より近年の実証主義的研究でも、宗教的参加とソーシャルサポートが、個人の苦悩の緩和とウェルビーイング増進のために重要であることが示されている（Ahmed et al., 2011; Ellison et al., 2012; Howsepian & Merluzzi, 2009; Kyoung, 2011; Peterson 2011; Webb et al., 2011）。ゆえに、宗教的コミュニティは、クライエントをエンパワーするナチュラルサポート・ネットワークの一つになり得るのだ。

■ 具体的なサービス

　宗教コミュニティが実際に、クライエントが必要としている具体的なサービスを提供する場合もある。宗教団体やキリスト教組織は、宗派的援助のもとでソーシャルサービスを提供してきた長い歴史を持つ。たとえば、信徒団は以下のようなことを行う場合がある。

- ソーシャルワーカー、教区の看護師、その他の専門職スタッフを雇用すること
- 近隣のアウトリーチ・プログラムによるコミュニティアクションのための公開討論会の開催を支援すること
- 自助グループを後援すること
- 社会正義に関する地域的・国家的・国際的な課題の解決を推進すること
- 多様なプログラムの構築。たとえば、コミュニティセンター、診療所、若者向けプログラム、高齢者向けサービス、食料配給所、情報提供と紹介サービス、コミュニティ開発計画、読み書きを教えるプログラム、補習授業、仮設住宅、レクリエーションとスポーツ活動、学童保育プログラム

■ 紹介

　クライエントが自ら宗教的資源にアクセスする場合もある。その一方で、ソーシャルワーカーが宗教的専門職への紹介を手配する必要がある場合もある。特定の宗教団体に属しているクライエントの場合、まず、クライエントが属する宗教における牧師や神父、ラビ、その他固有の精神的指導者

と話をしたいか否かを尋ねるのが適切である。クライエントが自身の宗教と異なる聖職者との接触を望むなら、ソーシャルワーカーは、クライエントを宗教カウンセラー、あるいは特定の宗教団体とのつながりのない聖職者に紹介するのがよいだろう。

ソーシャルワーカーと宗教的専門職は各々、自身が提供できる独自の補完的機能について認識しておく必要がある。ソーシャルワーカーがクライエントを聖職者に引き合わせることもあるが、クライエントは、最初の助言を宗教的専門職に求めることが多いという事実からも、この相補関係の重要性が理解できる。聖職者は、クライエントをソーシャルワーカーに引き合わせる紹介元としても重要なのだ。

宗教、スピリチュアリティ、ソーシャルワーク

ソーシャルワークが専門職としての発展を遂げる中で、宗教は確かに重要な役割を果たしてきた（Cnaan et al., 1999）。歴史的に見れば、聖職者の尽力により、慈善組織協会（COS）およびセツルメントハウス運動が始まった。その後、米国社会福音運動（American social gospel movement）が、公的ソーシャルサービスの発展と社会問題に対する立法措置による是正を支援した。さらに、ほとんどの主要な宗教（キリスト教、ユダヤ教、シャーマニズム、仏教など）が、ソーシャルワークと親和性の高い信条を持つ（Canda & Furman, 2010）。

ソーシャルワーカーは、宗教とスピリチュアリティが、自分自身のものの見方と選択に対して持つ影響力について自覚しておく必要がある。同じく、ソーシャルワーカーは、クライエントの宗教的視点およびスピリチュアリティが、彼らが提示する問題、課題、ニーズといかに関わっているかについて認識しておく必要がある。ソーシャルワーカーがすべきことをまとめると、以下の通りである。

- 自己およびクライエントの内面のスピリチュアリティに対する認識を深めること
- 宗教的ダイバーシティより生じる差異を尊重すること
- 宗教的バイアスの性質と、ソーシャルワーク・プラクティスにとってこのバイアスが持つ意味を明確にすること
- 宗教的メタファーの重要性と意味を正しく理解すること
- 宗教的ダイバーシティの特定の側面への対処に必要な配慮とスキルを備えた別の専門職という資源を見つけること

エンゲージメント、アセスメント、インターベンション、エバリュエーション

［プラクティス行動の例］ クライエントに関するデータを収集し、整理し、解釈すること。

［批判的思考の訓練］ エンゲージメント、アセスメント、インターベンション、エバリュエーションはすべて、ソーシャルワーク・プラクティスの構成要素である。これら個々のプラクティス・プロセスにおいて、多様性を持つクライエント集団と情緒的関係を築き、効果的なプラクティスを行うためにソーシャルワーカーに必要とされるスキルは何か。

- さまざまな宗教コミュニティの構成員とパートナー関係を構築すること

要するに、宗教とスピリチュアリティはソーシャルワーク・プラクティスにとって非常に重要なものである。多くの人々が、自身のスピリチュアリティを理由としてソーシャルワーク専門職に参加する。すなわち、「隣人を救う」こと、「貧しい人の空腹を満たす」こと、「最も小さきもの」に奉仕すること、正義のために働くことに対する情熱である。スピリチュアリティは正義にかなった社会のイメージと、その実現への希望を与え、私たちがエネルギーを取り戻すための避難所ともなる。スピリチュアルの原則は、『倫理綱領』（NASW, 2008）における人道主義の原則と異なるものではなく、ソーシャルワークの実践者に、個人の尊厳と価値を奉じ、正義のために尽力することを要請する。

性的ダイバーシティ

米国において最も多様性のある集団の一つが、性的マイノリティとしての地位により定義される集団である。ゲイの男性とレズビアンの女性は、すべての社会的・経済的階層に存在し、あらゆる人種や民族集団の構成員であり、さまざまな政党や組織に属し、あらゆる専門分野や役職で仕事をしている。ところが、一般の人々は、すべての同性愛者が同一のアイデンティティを持つと考えている場合が多い。かつて、ゲイの男性またはレズビアンの女性とワークをする実践者は、彼らを異性愛者へと変えることを、明示的あるいは黙示的課題としていた。「コンフロンテーション、巧妙な説得、幼少期のトラウマ、さらには電気ショックまで、いずれの方法を用いるにしても、目的は同性愛者を矯正し、社会不適応者の地位から脱却させることであった。当然のことながら、ゲイとレズビアンは、よく言っても、その時代における不本意なセラピー利用者だった」（Markowitz, 1991, p. 27）。

同性愛を人格障害あるいは神経行動障害とする心理学的説明が注目を集めたことにより、同性愛は病気であるという汚名を着せられ、ゲイの男性とレズビアンの女性は、公然たる敵意と侮蔑的なステレオタイプ化にさらされることになった。1960 年代の研究は、同性愛的逸脱に関するこのような精神医学的仮説に疑問を呈した。1973 年、米国精神医学会（American Psychiatric Association, APA）は、『精神障害の診断と統計マニュアル（*the Diagnostic and Statistical Manual for Mental Disorders, DSM*)』の診断カテゴリから同性愛を削除した。このことは、同性愛を精神障害と見なしていた専門職が見解を改めるきっかけとなった。むしろ、ゲイの男性とレズビアンの女性が社会環境の中で直面する偏見と抑圧こそが、彼らにとっての最も深刻なストレス源なのである（Tully, 2000）。

セックスとジェンダー

性的アイデンティティは複雑で、セックスとジェンダーの両方の要素を含む。ジェンダー（gender）と**セックス**（sex）は区別なく使われる場合が多い。しかしながら、**セックスとジェンダー**はそれぞれが独自の意味を持つ（Green, 2000）。**セックス**は「男性または女性としての、人の生物学的あるいは解剖学的アイデンティティ」（p. 2）を指す言葉であり、ジェンダーは、「男性であること、あるいは女性であることに文化的に結び付いた特性」（p. 2）のことである。男性らしさと女性らしさに関する詳細な規格は文化ごとに異なる。外から見える特徴以外の「ジェンダー・アイデンティティ」は人の「内面において、男性または女性であること、あるいは男性でも女性でもないこと、あるいは男女の中間であることに対する、心に深く刻まれた意識」（p. 3）である。**ジェンダー表現**とは「男性的あるいは女性的と定義される、すべての外形的特徴と行動、たとえば、洋服、しぐさ、喋り方、社会的相互作用のことである」（p. 3）。

トランスジェンダーという言葉が指すのは、「ステレオタイプ化されたジェンダー規範に当てはまらないアイデンティティを持つ、あるいは行動をとる人々である。ここには、トランスジェンダーであると自己同定していないが、他者からそのように認識され、それゆえにいずれかのカテゴリに自己同定している人々と同じ社会的抑圧と身体的暴力にさらされている」すべての人である（Green, 2000, p. 4）。他者から頻繁に誤解や拒絶を受けることで、トランスジェンダーの人々は、数えきれないほどの抑圧を経験し、「彼らのジェンダー不適合に対する人々の憎悪のために、恒常的に、採用を拒否されたり、解雇されたり、住宅への入居やホテルやレストランへの立ち入りを拒否されたり、嫌がらせや暴力を受けたり、殺されることさえある。米国では平均して毎月1人のトランスジェンダーが殺されている。全トランスジェンダーのうち60％がヘイトバイオレンスを受けた経験を持つ」（Cahill, 2000, p. iii）。

カミングアウト

レズビアンの女性とゲイの男性にとって、**カミングアウト**（Coming Out）とは、同性愛者としてのアイデンティティを自身で認め、受け入れ、同性愛者でない友人や家族に自身が同性愛者であることを公表することである。カミングアウトは、私的にも公的にも予期せぬ結果を招く。「私たちのすべてが公表するわけではない。そして、私たちの多くにとって代償は大きい。家庭や仕事、子どもの親権を失う。抑うつとアルコール依存へと逃げ込む。言葉の暴力と肉体的攻撃への脅威に常にさらされる。潜在的リスクがこれほど高ければ、自己に関し誠実であることを恐れるのは不合

理ではない。もちろん、カミングアウトしないことのリスクの一つは、ばれてしまうことである（DeLois, 1998, p. 69）。カミングアウトは一生をかけてのプロセスである。多くの人は青年期に始めるが、より後年になって始める人もいる。誰にとっても、カミングアウトのパターンは、その人独自のものになる。

ホモフォビア

　ホモフォビア（homophobia）とは、同性愛に対する不合理な恐怖および否定的な感情の反応であり、ゲイの男性とレズビアンの女性に対する侮辱、非難、敵意といった形で表面化する。支配的な社会の文化は、ゲイやレズビアンを含むすべての人々に影響を及ぼす。誰もがホモフォビア的な社会化のプロセスを経験する。そのため、誰もがある程度は、同性愛に対する恐怖と拒否感を内面化している。個人が経験するホモフォビア的感情の程度はさまざまである。これらの感情はさまざまな行動的反応として表れる。

- **嫌悪と敵意** —— 人は同性愛に対し、軽蔑や嫌悪、憎悪を感じ、あからさまな敵意、反同性愛暴力、同性愛バッシングをもって反応する
- **偏見と拒絶** —— 人は恐怖と嫌悪の感情に駆られ、同性愛に対し、無視、中傷、屈辱的なステレオタイプ化を行う
- **不安と防衛的敵対感情** —— セクシュアリティに関する自意識ゆえの精神的不快感や、性的差異に関する好奇心、同性愛に対するアンビバレントな感情を持つ人は、同性愛を、軽いジョークや笑い話、うわさ話やパロディのネタにする。彼らの反応は防衛的なものとはいえ、ゲイの男性とレズビアンの女性の人格を無視するものである
- **容認と微妙なステレオタイプ化** —— 性的ダイバーシティを公的領域においては受け入れるが、個人としてはなお、悪意はないものの、ゲイとレズビアンを一般化しステレオタイプ化し続ける場合がある
- **意識的な受容と無意識のバイアス** —— 同性愛を意識的に受け入れるが、それでもなお、社会におけるホモフォビア、無視、異性愛的規範を反映した言語基盤の影響を受ける場合がある。このケースに当てはまる人は、このような文化的メッセージがゲイとレズビアンに与える影響に鈍感である
- **敬意と肯定** —— 最後に、同性愛者を人間と見なし、その違いを肯定する場合がある。この立場は、人間の尊厳と価値に敬意を払い、性的指向について、人間の人生の一側面として、偏見を持たず肯定的に捉える

　ホモフォビア、さらにバイフォビア（biphobia, 両性愛嫌悪）、トランス

フォビア（transphobia, トランスジェンダー嫌悪）は、ソーシャルサービスの提供に深刻な影響を及ぼす。ソーシャルワーカーは自分自身、すなわち自らの価値、生活様式、セクシュアリティを知らなければならない。それは、異なる価値、生活様式、セクシュアリティを持つ他者を受け入れるために必要なのである。ソーシャルワークにおいて、無視と偏見は（同性愛を問題と見なす誤った前提により）問題の特定を不正確にし、（「性的逸脱」の矯正を目指すなど）目標設定を不適切なものにし、（サービス提供の際にホモフォビアの蔓延に対する配慮を欠くことにより）サービス提供を不適切なものにする。

ゲイとレズビアンの就労に関わる問題

産業分野で働くソーシャルワーカーは、就労に関わるゲイとレズビアンの問題に対処する必要がある（Poverny, 1999）。教育とアドボカシーにより、次のような事象に対処することができる。

- 仕事上の差別
- HIV/エイズに対する恐怖心と、その結果としてゲイとレズビアンが職場で差別にさらされやすいこと
- 異性婚では受けられる福利厚生が、同性婚では拒否されること
- 差別的でない福利厚生プランなどの、ゲイとレズビアンの懸念に配慮したポリシーと手続きの構築

ゲイとレズビアンの若者とのソーシャルワーク

若者向けのソーシャルサービスにおいて、青年期の発達的課題やティーンエイジャーの問題が扱われているが、伝統的なソーシャルサービス機関は、自身が同性愛者であることを知った10代の若者が経験する性的指向に関する懸念とプレッシャーに対処する用意が不十分である。ゲイとレズビアンの青少年には、家庭での問題、家族からの拒絶、友人からのハラスメント、暴力とヘイトクライム、家出、薬物乱用、孤独と孤立、自殺企図につながる抑うつが多く見られる（Tully, 2000）。社会の同性愛に対する否定的な態度を反映して、ゲイとレズビアンの青少年にとっての2つの重要なサポートシステムである家族と友人グループも、非難と拒絶をもって反応しがちである。加えて、ゲイとレズビアンの若者は、疑惑や冷笑を恐れ、秘密が暴露されることを避けるために、自らの気持ちや願望についてスクールカウンセラーと率直に話し合うことをためらう。レズビアンとゲイの若者は、コミュニティのサービスと若者のグループが自分のためになる支援を提供している場合であっても、これを十分に活用していない。このような若者にとって必要だが手に入れられていないものが、セクシュアリ

ティとその表現に関する、正確で中立的な情報である。彼らは、自らの性的指向を公表する際の助言を求めるが、多くの場合、これを得ることができない。近年、草の根的組織と革新的ソーシャルサービス・プログラムにより、このような若者のために、ドロップイン・センター〔立ち寄って相談することができる公共施設〕や支援サービスが提供されている。

ソーシャルワークにおける課題

　レズビアンの女性とゲイの男性は米国の人口の約 6 ～ 7％を占める。そのため、ソーシャルワーカーは、あらゆるプラクティス領域（家族および児童福祉、保健およびメンタルヘルス、高齢者関連ソーシャルワーク、産業ソーシャルワーク、スクールソーシャルワーク、刑事司法、公共福祉）において、ゲイあるいはレズビアンのクライエントを担当することになるだろう。同性愛者は異性愛的人間関係の中で生活している場合もあれば、同性婚をしている場合や、あるいは一人で暮らしている場合もある。子どもがいて、一緒にあるいは離れて暮らしている場合もある。彼らも他の人々と同様、失業、抑うつ、慢性の精神疾患、親密なパートナーからの暴力、発達障害、慢性疾患、死別、加齢に関する問題など、一連の困難を経験する。他の人々と異なるのは、彼らの経験が、抑圧、非人間的扱い、差別といった障壁を生むヘテロセクシスト的でホモフォビア的な社会というコンテクストにより複雑なものになっている点である。さらに、若くない人、白人でない人、中流階級でない人、健常者でない人は、エイジイズム、レイシズム、クラシズム、エイブリズムが加わった複合的な抑圧にさらされることになる。レズビアンとゲイの問題は、彼らが異性愛的社会の中で、明確な抑圧対象とされる集団の一員として生活しているという点に独自性がある。深く染みついたヘテロセクシズムとホモフォビアは、同性愛者の生活に、数え切れないほど多くの面で影響を及ぼす。

　ゲイとレズビアンとのソーシャルワークに関し、プラクティスにおけるさまざまな課題が生じている。たとえば、ソーシャルワーカーは、レズビアンの女性とゲイの男性のためにコミュニティ資源を見出すことにより、クライエントと、彼らに配慮を持って対応する宗教的支援、法的援助、医療、専門職団体、生命保険会社との橋渡しができるようにする必要がある（Tully, 2000）。ソーシャルワーカーは、社会歴記入書式などのアセスメントツールを作る際にも、ゲイの男性とレズビアンの女性に対する配慮が必要である。たとえば、多くの機関の記入書式において、「夫」という言葉に代えて「パートナー」を、「妻」に代えて「配偶者」を用いることから、ヘテロセクシスト的性質への対処を始めることができる。

　高齢のゲイとレズビアンは、誤解され軽視されてきたマイノリティとして特徴付けられる集団であり、より一層の注意が向けられなければならな

い（Tully, 2000）。特有の懸念事項としては、死別カウンセリングや、長期療養施設などのヘルスケア施設における生活環境、面会権、ヘルスケアにおける意思決定に関するポリシーとプラクティスなどがある。

■ ゲイとレズビアンとのワーク

　実践者は、同性愛に関する自身の思い込みについて分析する必要がある。実践者が抱く誤った思い込みには両極端のものがある。一つは、クライエントから提示された問題が何であろうと、実践者が、同性愛自体が決定的な問題だという誤った思い込みを持つ場合である。その対極が、実践者が同性愛者的選好には何の影響力もないとして、これを全く考慮しない場合である。彼らは社会環境の影響を無視し、誤った憶測をし、異性愛的観点をクライエントに押し付ける。同性愛者の生活様式に対する、実践者の快－不快、受容－防衛、知－無知のレベルにより、彼らの同性愛に対する見方が決定付けられることになる。

　性的指向は人間性の中核を成すことから、ソーシャルワーカーは個々のクライエントの性的指向を理解し、肯定しなければならない。そのために、実践者は、自分自身のセクシュアリティと、性的表現に関する自らの価値観を理解しなければならない。ソーシャルワーカーが他者にとって役立つ存在であるためには、自分自身の真意と脆弱性、ならびに誤解と不適切なインターベンションにつながり得る自分の中の諸問題を、誠実に自覚しなければならない。エンパワメントの観点からは、以下に挙げるような考慮がソーシャルワーク・プラクティスの指針となる。

- ホモフォビアとヘテロセクシズムの制度的歴史を考慮すると、ゲイとレズビアンの問題はきわめて政治的なものであるということ
- メンタルヘルスや薬物乱用の問題のきっかけとなる可能性があることから、問題はゲイとレズビアンにとって個人の深淵に関わるものであること
- ヘテロセクシズムとホモフォビアからの自由は、既存の社会秩序に対する課題であるから、すべての人に影響を及ぼすということ
- ゲイとレズビアンのコミュニティの資源は、サポートとストレングスの源泉であるということ　　　　　　　　　　　　　　　（DeLois, 1998）

　ソーシャルワークの主要な焦点は、ゲイとレズビアンを社会の本流に統合することではない。それは彼らのアイデンティティの実情を否定することになる。焦点はむしろ「すべての人が完全な人間として尊重され、「本物の人生を見出して生きる」ための勇気を与えられるような環境」（p. 71）を作り出すことに置かれなければならない。

ダイバースな人々とのソーシャルワーク

　文化は情報を処理し他者と協働する際に、きわめて重要な役割を果たす。文化はクライエントが自身の悩みを表現する仕方、援助の求め方、ソーシャルサポートの利用の仕方、自らの状況に対するスティグマの捉え方に影響を及ぼす（Huang, 2002）。「文化は人が物事を見るときのレンズであり、どう見えるかだけでなく何が見えるか自体を決定付け、さらにそれをどう解釈するかに大きな影響を及ぼす」（Briggs et al., 2005, p. 95）。文化的差異を否定するのは、異なる文化を持つ人々の声を周縁化するある種の文化的抑圧である。敬意に満ちたコミュニケーションとは、文化的に異なる行動が示すのはあくまでも差異であり、欠点ではないということを認めるものである（Cartledge et al., 2002）。

　ソーシャルワークの価値と原則は、多様性を持つクライエントとのワークの基礎を成すものであり、有効な多文化的・反抑圧的ソーシャルワーク・プラクティスを行うための必要条件ではあるが、十分条件ではない。原則を身につけたソーシャルワーカーであっても、異文化間のプラクティスにとって重要な知識、価値、スキルを継続的に洗練させていかなければ、多様性を持つクライエントとのワークにおいては困難を味わう。

　多文化ソーシャルワーク・プラクティスのためには、多様性を持つ人々とワークを行うための、ダイバーシティに関する知識と文化的に適切なスキルが必要となる。文化に敏感な実践者は、文化的ダイバーシティの受容を示すための基礎知識とスキルを持つ。彼らはクライエントの生活における民族的現実のダイナミクスを認識し、文化的差異を踏まえてインターベンションを洗練させる。実践者は、スタンドポイント理論における観察者の視点から、クライエントとの相互作用のすべてにおいて、自身が文化的・民族的価値から受けている影響を自覚する。

　多文化的・反抑圧的ソーシャルワークの原則は、社会正義、人権、ソーシャル・インクルージョンといった価値基盤を反映している。文化に敏感な実践者は、

- 文化的ダイバーシティのストレングスを理解する
- 文化的アイデンティティの影響を認識する
- エンパワメント促進のために、ソーシャルワーカー－クライエントの関係において協調的ストラテジーを用いる
- 多様性を持つクライエントとのワークに適用できるプラクティス技法を取捨選択する
- コミュニケーションの過程においてマイクロアグレッションを避ける
- パワー・ダイナミクスと抑圧的条件を批判的に分析するために、批判的意識を養う

> 多文化ソーシャルワーク・プラクティスのためには、多様性を持つ人々とワークを行うための、ダイバーシティに関する知識と文化的に適切なスキルが必要となる。

コミュニティ・カレッジ

　当時は意識していなかったのですが、高校卒業後に用務員として6年間働いたことは、多くを学ぶことができた素晴らしい経験でした。そして、その仕事を手放したことは、私にとって人生最高の出来事だったのです。厳しい仕事の持つ意義を学ぶことができました。さらに、まるで私が透明人間であるかのように、誰もが私に見向きもせず、話しかけることもなく、存在にすら気付かないように通り過ぎていくと、どのような気持ちになるかということを知る機会にもなりました。ところが、一人の専門職の職員の方が、いつも立ち止まって私に声をかけてくれたのです。ある日、彼は言いました。「あなたは間違いなく聡明で、話も上手だ。高い潜在能力を持っている。大学に行ってみる気はない？」私は自分に問いかけました。「なぜ私が？　家族の中で大学を出た者なんていないのに。この仕事のおかげで生活できている。チャンスをつかもうなんて考えちゃいけない」。それでも私は、彼の励ましの言葉を忘れませんでした。会社が人員削減をした際、私は「1つか2つ授業を取ってみたらどうだろう？」と思ったのです。そして長い年月を経て、今では私は修士号を持ち、生涯教育を使命とし、ダイバーシティの重視を価値とするコミュニティ・カレッジで働いています。私は、まずはソーシャルワークの学士号を取得し、ケースマネジャーとして、大学と公的扶助機関との橋渡し役を務めることから始めました。現在では、アダルト・エデュケーション〔機関の固有名称〕で、修士号を持つカウンセラーとして仕事をしています。もし誰かが私に夢を追う勇気を与えてくれる希望の種をまいてくれなかったら、私は同じ場所にずっと留まっていただろうと、私はよく考えます。

　私の仕事は、人を信じ、人の話に注意深く耳を傾け、彼らが自分で問題の解決策を見出せるように手を貸し、彼らが自分の夢を追うのを励ますことです。彼らの夢は、職を得るために GED（General Education Development Test, 一般教育修了検定）〔米国の高校中退者が高校卒業相当資格を得るための試験〕に合格することから、学位の取得までさまざまです。年齢も多岐にわたっています。私は、下は16歳から、上は84歳までの学生とワークをしてきました。彼らは、それぞれさまざまな人生を歩んできましたが、そのほとんどが、教育や就業や、人生を困難にする出来事に遭遇してきた人たちでした。私たちは協力して、保育問題や住宅問題、仕事に関わるストレスに取り組んでいます。私のクライエントは、その半数以上が、離婚手続き中であるか、離婚したばかりで、自尊心や肯定的コミュニケーションの問題に直面していることが多いです。

　近年では、私が普段、共にワークをする学生の中に、第二言語としての英語（ESL, English as a second language）を学ぶ学生が増えています。彼らの出身地は世界中、すなわち、ボスニア、イラン、アフガニスタン、ロシア、そして、アフリカとアジアのさまざまな国にわたっています。私たちが日常的な簡単な作業と見なしているようなことにも、彼らの多くが困惑しています。電話の設置や銀行口座の開設、公共交通機関での移動、迷惑メールや電話セールスを無視することや、官僚主義的な各種の規則や手続きに従うことなどです。彼らの多くが、人生で初めて、レイシズムや差別にさらされています。彼らは米国を機会と自由の地と考えていたのに、今では「豊かな国（land of plenty）」の資源は皆が平等に利用できるものではないと知り、落胆しているように見受けられます。

　私のソーシャルワーカーとしての経歴が、生徒たちに対する独自の視点を与えてくれます。私は、問題と有望な解決策の双方を、コミュニティや社会の中における家族、さらに家族の中の個人というコンテクストで、ホリスティック

に見ています。私は、クライエントの状況と彼らの視点を自分の中でイメージするために、多くの質問をすることを学びました。人間の尊厳と価値というソーシャルワークの価値、すなわち、誰であろうとすべての人を受け入れることが、私の日々のプラクティスの基礎だと考えています。おそらく、私がマイノリティであることは、クライエントに対峙するときに有利に働いています。自身のレイシズムや差別について語る際に、私に「うん、もちろん、**あなたなら**、私の事情を分かってくれるでしょう」と言う人もいます。ですが、誰の経験も独自のものですから、もちろん、話に注意深く耳を傾けて質問をしなければ、私が本当に理解することはできません。私は人の役に立つ機会を得ることが好きです。この現場で働くことは、私に変化を生み出す機会を与えてくれるのです。

- 抑圧的な社会的・経済的・政治的構造に異議を唱える
- 機関のポリシーと手続きの中の反差別的プラクティスを推進する

　有能な多文化的実践者は、文化的抑圧を是正することにより、不利な状況を覆し、社会的・経済的正義のために働き、人権を保護する。

展　望

　個性と民族の価値を認めることは、ソーシャルワークの根本的価値である。ソーシャルワーカーは、個人間の差異を理解し尊重するときと同様に、民族的帰属意識、宗教的・文化的差異、個人の生活様式の選択を尊重しなければならない。あらゆるソーシャルサービス利用者とのソーシャルワーク・プラクティスは、価値、社会正義、ダイバーシティに関する見方をコンテクストとすることにより理解できる。専門職的インターベンションにおいてソーシャルワーカーがどう行動するかは、人に関して抱く価値指向を基礎に、社会正義に対する使命に触発され、サービス対象者のダイバーシティを理解することによって決まる。

　プラクティス活動の中でエンパワメントを促進するためには、クライエントの尊厳と価値を肯定し、クライエントのダイバーシティの中にストレングスを見出すことが、きわめて重要である。本書の第3部では、ソーシャルワーク・インターベンションのダイナミクスについて解説する。第8章では、変革へ向けてエンパワーするプロセスについてまとめ、第9章では、社会システムのすべてのレベルにおけるジェネラリスト・プラクティスの役割とストラテジーについて検討する。第10章では、ソーシャルワークと社会政策の関係、および20世紀における公共福祉政策の始まりについて、現代の公共福祉プログラムとあわせて詳述する。

第7章　練習問題

以下の問いは、本章で学んだ知識をテストするものである。

1. ジムは自分がゲイだということを公表すると、人々が理不尽に彼を恐れ、小学校教師を続けることを許さないのではないかと心配している。人々の恐れに対する彼の悩みはまさに_____に関する悩みである。
   a. 抑圧
   b. セクシズム
   c. ホモフォビア
   d. 取るに足らない問題

2. センターシティ・ファミリーサービスは、大部分のヒスパニック系の家族に対するサービスを提供しているが、世間話を通じて信頼関係を構築するというプラクティスを採用している。このプラクティスは、ヒスパニック系の伝統的な文化的価値である_____を基礎としている。
   a. ポル・ロス・ニーニョス（子どもたちのために）
   b. 孝
   c. レスペクト（尊敬）
   d. コンフィアンサ（信頼）

3. コリーンは、ソーシャルワーカーが人種、文化的背景、民族的伝統、宗教的選好、性的指向を異にする人々とプラクティスを行うことについて学んでいる。このような多様なクライエントとのプラクティスのためには、_____。
   a. 自民族中心主義が必要である
   b. ジェネラリスト・プラクティスの視点が必要である
   c. 民族に関しコンピテントで、かつノンセクシスト的なプラクティスの視点が必要である
   d. 特に具体的な知識やスキルは必要ない

4. 以下の記述のうち、最も正確なものはどれか
   a. マイノリティ集団の構成員が社会の本流へのインクルージョンを求める際に、自らの民族的アイデンティティを維持しようとすることは稀である。
   b. 文化的伝統が社会化のプロセスに影響を及ぼすことは、ほとんどない。
   c. 民族性は、帰属意識の構築に強い影響力を持つ。
   d. 支配的集団による否定的な社会的態度と価値の否定が、マイノリティ集団における民族的アイデンティティの発達に影響を及ぼすことはない

5. 米国への移住はエスターにとって、とりわけ困難に満ちたものであった。彼女は移民に対する偏見に満ちた態度により、拒絶されていると感じていた。チャウ（Chau）はエスターのような民族的マイノリティによる不調和の反応を_____と呼んだ。
   a. 社会文化的不協和
   b. 文化的拒絶
   c. 周縁性
   d. 文化的多元主義

6. スピリチュアリティはアイデンティティの土台であり、主に_____から成る。
   a. 宗派的信仰
   b. 宗教への所属
   c. 礼拝への出席
   d. 人生の意味と目的を問うこと

7. 多文化ソーシャルワーク・プラクティスについて説明せよ。多文化プラクティスの指針となる原則の一覧を作成せよ。

第3部

ジェネラリスト・ソーシャルワーク

IKO/Fotolia

8

エンパワメント・ソーシャルワーク・プラクティス

本章の概要

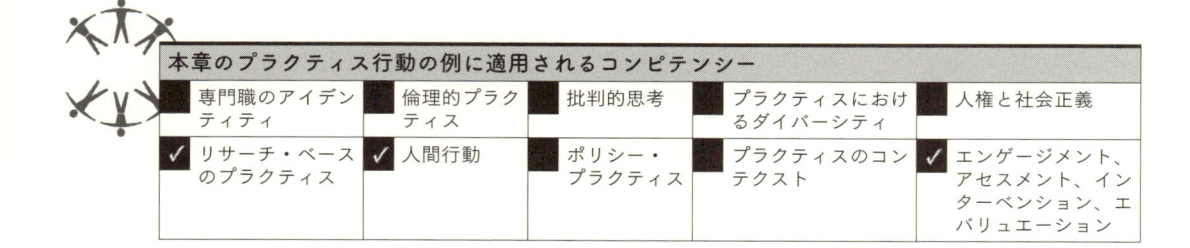

本章のプラクティス行動の例に適用されるコンピテンシー				
■ 専門職のアイデンティティ	■ 倫理的プラクティス	■ 批判的思考	■ プラクティスにおけるダイバーシティ	■ 人権と社会正義
✓ リサーチ・ベースのプラクティス	✓ 人間行動	■ ポリシー・プラクティス	■ プラクティスのコンテクスト	✓ エンゲージメント、アセスメント、インターベンション、エバリュエーション

児童福祉改革プロジェクトのコーディネーターであるベス・ラーソンは、年次報告書を読みながら、強い情熱を感じ専門職としての満足感を得ていた。新たな家族向けサービスが開始され、既存のプログラムも拡大してきた。プロジェクトの2年目にあたる今年、コミュニティを基盤とする新たなデイ・トリートメント施設はすでに17人の若者にサービスを提供しており、彼らが居住型施設から出て自宅に戻ることを可能にした。早期インターベンション・プログラムの構成要素となる、初期段階に重点を置く予防サービスが、家族を中心としたプログラムに追加された。里親家庭への支援サービス拡大により、保育費の分配が開始され、里親が外に働きに出ることが可能になった。セラピューティック・フォスターケア部門の構築に関する提案依頼書（RFP, request for proposal）に応じ、複数の機関が提案を行った。ケースワーカーの裁量で利用できる、家族のための緊急時用基金が設立された。地域で活動する70人弱の児童福祉の実践者が、新たなケースマネジメント・システムの設計に関するワークショップに参加した。さらに、デモ・プロジェクトの取り組みと成果を評価するために、研究者が常勤で雇用された。

　コミュニティのリーダーは、厳しく制限された資格要件と柔軟性を欠く資金調達条件という児童福祉提供システムの抱える問題に取り組むために、この児童福祉改革プロジェクトに着手した。プロジェクトは、児童福祉、メンタルヘルス、少年審判システムにおいて、より利用しやすく効果的かつ適切なサービスを子どもや家族に提供するための、大規模な取り組みへと発展していった。

　ベスは、この改革へ向けた取り組みの推進力について振り返っている。このプロジェクトが基礎とした前提は、家族へのサービスにおいて、資金とサービスがカテゴリ別に提供されることが制約となることが非常に多いため、これが解消されればサービスが改善できるはずだというものだった。児童福祉の実践者たちは、家族保護の理念、地域でサービスを提供するという決意、そして、押し付けがましさの少ない資源の選択肢を増やすというコミットメントに導かれ、児童福祉提供システムのデザインを見直そうとするこの革新的な構想のもとに集結した。この改革と、その成果である新たなサービスは、たまたま生じたわけではない。これには、システムのプランニングに携わった多くのサービス管理者、提供者、利用者のたゆまぬ努力と時間、コミットメント、ビジョンが注ぎ込まれている。彼らは、児童福祉分野におけるサービス提供の問題を解決するために、秩序あるプロセスを用いてワークに取り組んだ。

　ベスは、プロジェクト・コーディネーターという役割において、プロジェクトのさまざまな側面に関わる人々に助言をし、スタッフをサポートした。機関運営者とコミュニティ・プランナーが、プロジェクトの全体的な取り組みをコーディネートすることで、ベスの仕事をサポートした。多

様なプラクティス分野を代表するクライエントとダイレクトサービスの実践者は、理想的なサービス提供システムの構想を練った。特別利益団体は、既存の障壁について調査した。これらの調査グループが、メンタルヘルス・サービス、里親制度、デイ・トリートメント・プログラムの見直しを提言した。そして特別作業チームが、提案依頼書（RFP）の作成、手続きの確立、質問紙調査の作成、および再教育のプランニングを行った。

　これらすべてのグループが、解決策の追求という視点から、それぞれの活動に取り組んだ。彼らは体系化されたプロセスに従い、一連の手順に沿って活動した。プランニングのプロセス全体を通じて、目的の明確化、目標設定、代替手段の考慮、スケジュールに対する合意、アクションの実行、取り組みに対する評価を行ったのである。

　本章では、ジェネラリスト・ソーシャルワークのためのエンパワメント指向プロセスを紹介する。具体的には、以下のような事項である。

- ソーシャルワーク・プラクティスのエンパワメント基盤
- エンゲージメントに関するソーシャルワーク・プロセスのエンパワメント
- アセスメントに関するソーシャルワーク・プロセスのエンパワメント
- インターベンションとエバリュエーションに関するソーシャルワーク・プロセスのエンパワメント

　エンゲージメント、アセスメント、インターベンション、エバリュエーションというエンパワメントプロセスの全側面を通じて、クライエントの権利を最大化するためには、ソーシャルワーカーは、サービス利用と意思決定への、クライエントの全面的な参加を確保することが必要となる。

ソーシャルワークのエンパワメント基盤

　言葉の持つ力は大きい。言葉は私たちの思考を方向付け、解釈の基礎となり、結論へと導く。ソーシャルワークがエンパワーする専門職であろうとするならば、ソーシャルワーカーがソーシャルワークについて語る際に用いる言葉、ラベル、メタファーは、ストレングスを高め、エンパワメントを促進するものでなければならない。本章で紹介する、ソーシャルワーク・プラクティスに対するジェネリックなアプローチは、伝統的な問題解決手順を、エンパワメント・ベースのプラクティスの言葉を反映したプロセスへと読み替えるものである（表8.1）。ここでは、熟達した専門家から協力的パートナーへの移行が、特に重要である。

表8.1 ジェネラリスト・プラクティスに対するエンパワリング・アプローチ

パートナーシップの構築	ソーシャルワーカーとクライエントとの間にエンパワーする関係を築くこと。すなわち、クライエントの権限を認め、独自性を尊重すること
状況の明確化	応答の中で、クライエントの経験の正当性を確認し、交互作用的側面を加え、目標に目を向けることにより、問題状況のアセスメントを行うこと
指針の決定	関係の暫定的目的を定めることで、モチベーションを高め、関連する資源を探す際の指針を得ること
ストレングスの特定	全般的機能、問題状況への対処、文化的アイデンティティ、苦境の克服などにおけるストレングスを見出すこと
資源のアセスメント	家族、社会集団、組織、コミュニティ機関との結び付きのような、環境との交互作用における資源の可能性を探ること
解決策の構築	クライエントと環境的資源を活用し、求められる目標へと導くアクションプランを作成すること
資源の活用	利用可能な資源を動員することで、アクションプランを実行に移すこと
連携関係の構築	クライエントのナチュラルサポート・ネットワーク内、およびサービス提供システム内で、クライエント同士の連携を構築すること
機会の拡大	プログラム構築やコミュニティ・オーガニゼーション、ソーシャルアクションを通じて、新たな機会と資源を開発すること
成功の承認	変革に向けた努力の成功を評価することで、成果を承認し、継続的行動のための情報を与えること
成果の統合	成功を称え、ポジティブな変化を定着させ、将来の変革のための基盤となるような形で、変革のプロセスを終了させること

熟達した専門家から協調的パートナーへ

　専門職の技能に対して現実にそぐわぬ妄信を抱けば、専門職とクライエントは共に苦しむことになる。このような妄信により、専門職は誤った全能感を持つようになり、クライエントは専門家への依存傾向を示すようになる（Holmes & Saleebey, 1993; Rappaport, 1985）。この状態は必然的に「情報を持てる者と持たざる者」というヒエラルキーを生み出す。優れた技能を持つ熟達した専門家が、無力で受動的なクライエントシステムを管理し影響力を及ぼすのである。専門職の技能をもてはやすことは、クライエントの潜在能力を弱体化し、その役割を制限することになる。要するに、それはエンパワーの逆で、力を奪う（disempower）ことなのだ。

　エンパワメントは、クライエントすなわちパートナーの積極的で協力的な役割を前提とする。逆説的だが、「他のシステムをエンパワーすること」、すなわち、家父長主義的に他者に力を与えることは、「先端に星の付いた魔法の杖で触れる」ようにして彼らから力を奪うことになるのだ。力を奪うことで、力を持つ者と持たざる者のヒエラルキーが生まれる。専門職によるエンパワメントの促進は、「人が自力で人生を強化するために役立つ雰囲気や関係、資源、手続き的手段を提供することによって」のみ可能である（Simon, 1990, p. 32）。エンパワメント・ベースのソーシャルワーク・

> エンパワメントは、クライエントすなわちパートナーの積極的で協力的な役割を前提とする。

表8.2	エンパワメント的視点からプラクティスを考えた際のクライエントの権利

クライエントには、専門職に以下のような行動を期待する権利がある
- 敬意を示すこと
- コミュニケーションにおいて非審判的であること
- カルチュラル・コンピテンスを示すこと
- クライエントの選択肢を評価すること
- 常に自身の行動に責任を持つこと
- 社会正義を推進すること
- 専門職の倫理綱領を守ること
- プロセスを指揮するのではなく、ファリシテートすること

クライエントには、プロセスが次のようなものであるよう期待する権利がある
- 協調的パートナーシップを支持するものであること
- クライエントの視点から自身のストーリーを話す機会が得られること
- 目標や目的、行動ストラテジーの決定にクライエントが参加すること
- 結果を評価する機会が得られること

クライエントには、サービス利用者として以下のことへの関与を期待する権利がある
- プログラムの評価、リサーチ、プランニング
- 組織のポリシーを検討し、発展させる活動
- スタッフの教育と研修
- 社会政策アドボカシーと協調体制の構築

プラクティスにおいて、ソーシャルワーカーとクライエントは、協力的パートナーとしてワークに取り組む（Miley, O'Melia, & DuBois, 2013）。コラボレーションにより、クライエントのエンパワメントは現実化されるのだ（表8.2）。

ジェネラリスト・アプローチ

ジェネラリスト・ソーシャルワーカーは、人と環境に対する統合的視点を持ち、適切なインターベンションを用いて、社会システムのあらゆるレベルで、利用者をエンパワーすることができる。ジェネラリストは、クライエントを社会環境との関わりの中で捉え、彼らが置かれた状況というコンテクストとあわせて問題を考え、個人的・環境的構造の両面において解決策を追求する。

ジェネラリスト・ソーシャルワーカーは、機関レベルやコミュニティレベルでのポリシー形成を通じて問題に取り組み、機関や組織のサービス提供に関わる問題を解決し、個人や家族のクライエントシステムと協働して個人や家族の問題の解決策を構築する。事実、ソーシャルワーカーが各プラクティス領域で用いるプロセスは、どのシステムレベルのクライエントに対するものも似通っている。このプロセスは、すべてのシステムレベルのクライエントとのワークで用いられる、秩序あるエンパワリングなアプローチの大枠である。以下の節では、これらのジェネリックなエンパワリ

ング・プロセスについて簡潔に解説する。

　エンゲージメントにおける対話を通じて、クライエント
とソーシャルワーカーは関係を構築し、力の格差に対処し、
クライエント主導のサービスというトーンを確立する。ア
セスメント・プロセスにおいては、個人的トラブルをコン
テクストとあわせて検討することで、これに関わる社会政
治的側面を考慮し、解決策の可能性として、個人の適応の
みを考えるのではなく、マクロレベルの変革にまで視野を
広げて検討する。最後に、インターベンションとエバリュ
エーションを含む、実行のプロセスである。ここには、社
会的不正義について熟考し、コミュニティや組織の改革、
社会政治的変革などの問題解決へ向けた努力を通じて、批
判的意識を養う機会が含まれる。以下の節では、エンゲージメント、アセ
スメント、および実行に関わるエンパワリングでジェネリックなプロセス
を簡潔に説明する。

エンゲージメント

　エンゲージメントのプロセスにおいては、関係構築のスキルを用いて、
提起されている問題のアセスメント、およびインターベンションの初期方
針の決定が行われる。エンパワメント・ソーシャルワークに関して言えば、
エンゲージメントには、パートナーシップの構築、状況の明確化、方向性
の決定が含まれる。

エンゲージメント ── パートナーシップを築く

　専門職的関係性の構築により、クライエントと実践者との間の相互作用
全体のトーンが決まる。関係構築に影響を与える要素には、専門職の目的、
クライエントの関与の性質、ワーカーによる有効な対人スキルの活用など
がある。エンパワメント指向のソーシャルワーカーは、クライエントの視
点を尊重して協調的にワークすることのポジティブな影響を認識している。
このコラボレーションは、実践者がクライエントの貢献とストレングスを
認める形の援助関係を構築するために、きわめて重要である。

■ 専門職的関係
　専門職的関係は、関係の目的が究極的にはソーシャルワーク専門職の目
的により定義されるという点において、個人的関係とは異なる。ゆえに、
「すべての人の QOL 向上のために、個人と社会の互恵的相互関係を促進
あるいは修復すること」（Working Statement, 1981）というソーシャルワー

クの基本目的が、専門職的関係のトーンを決めるのだ。さらに、NASW『倫理綱領』（NASW, 2008）が専門職的関係の倫理基準を画しており、これにより、友人関係やカジュアルなビジネス・ベンチャーとは区別される。

クライエントがソーシャルワーカーに期待するのは援助関係の構築ではなく、むしろ問題への対処である。関係は、言葉、行動、積極的に話を聴くことを通じて、相手への関心、思いやり、尊敬が表現された結果として生じる。クライエントと実践者のワークが進むにつれ、専門職的関係は展開を見せる。

■ クライエントによる参加の性質

ソーシャルワーク・サービスを自発的に求めるクライエントもいれば、アウトリーチの取り組みとして提案されたサービスを受け入れるクライエントもいる。さらに、クライエントがサービスへの参加を義務付けられる場合もある。こうした参加のきっかけの相違は、クライエントのモチベーションや参加への意欲に影響を及ぼす。

ソーシャルワーカーは、エンゲージメントの段階では自尊心が低いクライエントがいること、および、援助の授受に伴う社会的スティグマによってクライエントの反応が複雑になることを認識している。バーサ・レイノルズ（Reynolds, 1951）は、援助の授受がなぜ難しいのかという問いに対する一つの明白な答えとして、「私たちが、辛辣で名誉を傷つける慈善が横行した古き悪しき時代の記憶を残しているからである。援助を受けた者は、正常な側の人間ではなくなったと感じさせられたか、あるいは、際限なく要求しようとしたかのいずれかである。彼らは、援助を与えた側の者、あるいは少なくとも、自身のニーズを自力で満たせた者と比べて、望ましい地位は得られなかったはずである」(p. 25) と述べた。

さらにレイノルズは、切迫したニーズのためにサービスを求めざるを得なかった人々の地位と、サービスを求めるか否かの選択の余地があった人々の地位とを区別した。スティグマを感じることを避けるために困難と欠乏に耐えることを選ぶ人もいる。他方、生存のニーズが危機的な状況にある場合、人々の選択やソーシャルサービスへの自発的な参加の度合いは減少する。

インボランタリーという言葉は、義務として、あるいは命令を受けて、時には自らの意思に反して、ソーシャルワーク・サービスに参加した者を意味する。インボランタリーなクライエントは、強制に関してネガティブな感情を抱く場合が多く、ソーシャルワーカーはこれに直接対処しなければならない。「モチベーションを欠いている」「心を通わせ難い」とラベル付けされたクライエントは無関心に振る舞い、ソーシャルワーカーが彼らと協働しようとしても、これに抵抗する。

ソーシャルワーカーは、クライエントのモチベーションを高め、希望

エンパワメント指向のソーシャルワーカーは、クライエントの視点を尊重し協調的にワークすることのポジティブな影響を認識している。

に満ちた感覚を強化するために、専門職的関係を活用しなければならない。クライエントと実践者を引き合わせた事情が何であれ、エンパワメント・ベースのソーシャルワーカーは、初期段階から、クライエントシステムとのパートナーシップを反映した生産的関係の確立へ向けて努力する。

■ 対人スキル

クライエントの感情的・身体的・相互作用的ニーズにしっかりと耳を傾けることにより、ソーシャルワーカーは、効果的な専門職的関係の構築を促すことができる。相互的な信頼と信用は、専門職的関係の構築のために必要不可欠な要素である。専門職的関係を発展させる対人スキルの中には、正確な共感、肯定的関心、文化への配慮がある。

共感 実践者は、クライエントの感情を思いやりと理解を持って受け止め、応答することにより、共感を示す。共感とは、クライエントの口頭での応答と感情表現に対し、正確な理解を持って能動的に応答する能力である。

肯定的関心 ソーシャルワーカーは、援助関係のすべての側面において誠実かつ信頼できる存在であり続けることにより、肯定的関心を伝える。ソーシャルワーカーは、クライエントに、思いやりに満ちた献身的姿勢を示したり、敬意と配慮、また、この状況に置かれたこのクライエントが抱く価値を非審判的に表現したりすることで、無条件の肯定的関心を伝える。

カルチュラル・コンピテンス ポジティブな専門職的関係は、援助プロセスの基礎を成す。クライエントとの間に、共感、優しさ、誠実さ、文化的配慮が織り込まれた敬意ある相互作用を開始してそれを維持することは、ソーシャルワーカーの責任である。

文化的差異も、言語的コミュニケーションに影響を及ぼす。たとえば米国において、ヨーロッパ系米国人のクライエントは通常、センシティブな個人情報を比較的早期に打ち明ける。ソーシャルワーカーは、クライエントがこの種の情報を打ち明けない場合、抵抗を示しているものと判断しがちである。ソーシャルワーカーは、信頼に満ちた雰囲気を作るために、繰り返しや、明確化、リフレクションなどの積極的傾聴の手法を重視すべきである（Miley, O'Melia, & DuBois, 2013）。白人のヨーロッパ系米国人は専門職の援助者に、専門職としての生活と個人的生活を切り離してほしいと考える。これに対し、ヒスパニック系の米国人は、ソーシャルワーカーに対し、人間関係を豊かなものにするために、個人的な事柄を教えてほしいと考えることが多い。文化的差異がある際に、言語的・非言語的コミュニケーションのニュアンスを理解することは、情報の受け手である場合と送

り手である場合とを問わず難題である。

▶ ソーシャルワーク・ハイライト　ニューペアレンツ・アウトリーチ・プログラム〔機関の固有名称〕で働くソーシャルワーカーのジョディー・プリンストンと、このプログラムで周産期家庭保健師として働くヘレン・マイルズは、ジーンとケンドラのブリッジ夫妻を訪問した。ブリッジ夫妻の新生児が病院から自宅に戻った際に利用できる、家庭を基盤としたサービスについて話し合ったのだ。未熟児として生まれてきた娘のリサには、心拍モニタをはじめとする特殊な医療的ケアが必要とされる。

　ジョディーとヘレンは、ブリッジ夫妻が新生児の医療的ニーズに自宅で対処することへの懸念について語る間、真剣に耳を傾けた。ジョディーは、ブリッジ夫妻が入院中に示した赤ん坊への気遣いと、援助を求める決断をしたことを称えた。ブリッジ夫妻は、心拍モニタを着けた赤ん坊を自宅に連れ帰ることにナーバスになっていることを、いたたまれない気持ちで認めた。ケンドラはすすり泣きながら、「私はダメな母親です。赤ちゃんに授乳をすることさえうまくできない。母親ならできて当然なのに」と言った。

　ジョディーとヘレンは共に、ブリッジ夫妻に自信を与えようとした。ジョディーは、援助を求めることは前向きな行動であり、良い親であろうと真剣に向き合う意志を示すものだと述べた。ヘレンは、家庭保健師としての自分の役割は、彼らの子どもに対する努力をサポートするものであって、彼らの努力を引き継ぐものではないことを伝えた。ブリッジ夫妻とのパートナーシップが生まれたのは、ジョディーとヘレンが敬意と理解を示しながら、ブリッジ夫妻と効果的にコミュニケーションをとったことの結果である。

エンゲージメント ── 状況を明確化する

　クライエントがソーシャルワーク・サービスに関わるのは、それぞれの理由があるからである。理由の多くは、クライエントが是正したいと願う問題や課題、ニーズに関わるものである。課題の明確化は、援助を求めた理由についてクライエントと会話する中で用いるプロセスの一つである。

　状況を正確に特定するために、クライエントは事実や出来事、反応、そして、問題に対処するために過去に何を試してきたかを説明する。「クライエントのフィクションあるいは物語は、私たち自身のものと同じで、目的と意図を持って、ある特定の世界観を明らかにするものである。このような叙述は「私は何者か」「どのような状態にあるのか」「何をしてきたのか」「事態がどう変わったか」という問いに対する、ある時点における「合理的」な説明をまとめたものであるから、「人生の現実」として大切に

され保護される」（Goldstein, 1992, pp. 50-51）。

　クライエントに、自身が置かれた状況にまつわる感情と、状況に対処するために取り組んできた努力について表現するように促すことは、問題の全体的影響を特定するのに役立つ。エンパワーを促すソーシャルワーカーは、クライエントの悩みを課題として構成する。なぜなら、課題には障壁を克服する可能性という意味が含まれるからである。ソーシャルワーカーは、クライエント自身が状況をどのように定義しているかについて話し合いを始めなければならない。

　クライエントとソーシャルワーカーは、クライエントが認識している要因、あるいはクライエント自身の個人的経験から関係があると考える要因を精査する。さらに、ソーシャルワーカーが知っている、あるいはソーシャルワーカーの専門職としての経験から関わりがあると考える要因について精査する。両者が、より広い社会的環境のコンテクストの中での検討が必要な、相互に関連する一連の問題を発見する場合もある。個々のシステムレベルにおいて、異なる種類の課題が生じることはよくあることである（表 8.3）。

■ 文化的コンテクスト

　クライエントの状況を理解するために、ソーシャルワーカーはニーズの性質と範囲の調査、その他の関連情報の特定、サービスと資源の必要性の分析を行う。ソーシャルワーカーは、文化的バリエーションを、歴史・身体・発達・人口動態・組織に関わる要因とあわせて考慮しながら、表現された悩みの特異性と普遍的な特徴の両方を検討する。そのために、有能なソーシャルワーカーは、一般的知識を援用しながらも、特定の状況に置かれた個別具体的な人や社会構造の特異性に関する視点を維持する。

　文化は、人とその社会的・物理的環境との相互作用の特異性を決定付ける。そのため、文化的コンテクストは特に重要である。文化的ダイバーシティは、個人的ストレングスと環境的資源および障壁の両方の源泉となり得る。ソーシャルワーカーとクライエントによる検討の対象となる文化的要素としては、文化的信念および伝統、役割と権威の定義、ソーシャルサポート・ネットワークの構築などが挙げられる。さらに、クライエントとソーシャルワーカーは、個人的・対人関係的・社会政治的領域における、力と無力感に影響を及ぼす環境的課題を分析する必要がある。たとえば、偏見を伴う態度、社会階層、資源と機会構造へのアクセスにおける不平等、その他の差別的行動といった要因が、個人的に、対人関係的に、そして社会的・物理的環境との相互作用というコンテクストにおいて、クライエントの行動にいかなる影響を及ぼすかについて調べることが考えられる。

　▶ ソーシャルワーク・ハイライト　ジム・ブラウンは、ホームレス連合

表8.3　さまざまなシステムレベルにおける典型的な関心事

個人、家族、小集団における関心事

個人の内面における適応	対人的葛藤
結婚と家族の問題	人生の移行
虐待	不適切な役割遂行
ストレス	サービスへのアクセス
アドボカシーのニーズ	保護的サービスのニーズ
資源の不足	機会の不足
法的あるいは市民的権利の侵害	情報と紹介のニーズ
生活スキル開発のニーズ	子育てスキル開発のニーズ
社会化スキル開発のニーズ	

公式集団と組織における関心事

雇用関係	職員のバーンアウト
アファーマティブ・アクション	職員の生産性
職員のカウンセリングのニーズ	職場の人員配置
管理ポリシーの変更	構成員の参加
ストラテジック・プランニング	資源の活用
コーディネートへ向けた努力	補助金の管理
ボランティアの訓練	職員研修のニーズ
広報キャンペーン	プログラム分析
経営に関する意思決定	

コミュニティと社会の関心事

経済発展	アフォーダブル住宅[*]の不足
雇用	公的保険の問題
集団内の緊張関係	保健とヒューマンサービスの改革
資源の再配分	法的ニーズ
協調体制の構築	コミュニティ教育
社会政策の変革	法制改革
利害の衝突	法的権利あるいは公民権の侵害

ソーシャルワーク専門職の関心事

プロフェッショナリズム	学際的関係
専門職モニタリング	抑圧されたクライエントのニーズ
ピアレビュー	ソーシャルワークのイメージ
サービスにおける隙間と障壁	理論の構築
ソーシャルサービス提供ネットワーク	研究結果の伝達

[*]**訳注**：手頃な価格で取得・賃貸が可能な住宅のこと。

（Homeless Coalition）の会長を務めている。ホームレス連合は、シェルター施設の提供、ホームレスをクライエントとするワーク、住宅問題への対応を行っている機関を代表する団体である。同団体は、地域のシェルターを調査し、日々の利用状況に関する統計情報を収集している。ホームレス連合の構成員は、ホームレスの人々のニーズは、地域のシェルターの対応能力を超えていると断言している。情報収集の完了後に、ジムはこれを分析し、クライエントの人口動態的プロフィール、シェルターの種別、資格要件による制限、待機リスト情報に沿って整理しようと考えている。データを分析することでパターンと傾向を見出し、また、寄付者に支援の隙間と障壁について報告するためにデータを用いようとしている。今後のホーム

レス連合の仕事に優先順位を付けるためにも、このデータは有用と考えられる。

エンゲージメント ── 方向性を定める

ソーシャルワーカーとクライエントは、協働するにあたって何らかの方向性を持つ必要がある。方向性を定めるプロセスにおいて、ソーシャルワーカーとクライエントは、ワーク関係における暫定的な目的を明確にし、未然の危機に即座に対処する。

方向性を定めることは、ソーシャルワーカーの活動とクライエントの活動に目的を与える。目的に導かれて、ソーシャルワーカーとクライエントは、クライエントの置かれた状況に目を向け、目標というコンテクストに照らすことで、課題とストレングスがより明白になる。実践者は目標達成に寄与するように応答を考え、目標達成を促進する資源の発見に注意を向け、関連情報を探す際のガイドとして目標を用いることができる。目標を定め、自身の可能性を信じることで、行動へのエネルギーが湧くのだ。

協働のこの時点においては、ソーシャルワーカーとクライエントが定めた方向性は暫定的なものである。暫定目標は、アセスメント活動の骨格となる。一方、具体的な目標と測定可能な達成目標は、プロセスの次段階であるアクションプランの重要な構成要素となる。初期の合意においては、具体的なアクションプランよりも、ワークの全体的な目的に焦点が置かれる。

■ 先制措置

クライエントの状況あるいは行動によっては、緊急に先制措置が必要になる場合がある。たとえば、安全上の問題、食料やシェルターの不足、精神的危機により身動きがとれない場合、自殺の脅威がある場合、虐待やネグレクトの証拠がある場合は、どれもソーシャルワーカーの側が緊急の行動を起こす必要がある。機関の手続き、スーパーバイザーの意見、法的アドバイスは、先制措置に方向性を与える。

ソーシャルワーカーはクライエントの安全とウェルビーイングを確保するために、クライエント自身のパワーとコントロールに対する感覚を傷つけないように注意しつつ行動する。先制措置というコンテクストにおいてさえ、実践者はクライエントのパートナーとして協働するのだ。

■ 紹介

クライエントと目標について話をする際に、ソーシャルワーカーは、クライエントの目標が、機関の目的、利用できる資源、資格要件とどの程度マッチしているかを評価する。クライエントのニーズが機関のプログラム

人権の原則とソーシャルワークのプロセス

ソーシャルワーカーには、コミュニティ内および世界中で、人権の理念を推進することが求められている。ソーシャルワークは人権の専門職であるため、NASW（2009g）は、世界中で社会的に脆弱な人々の人権をアドボケイトするという政策的姿勢を堅持し、人権に関する重要な条約や合意、協定を支持する。

ソーシャルワーカーが拠り所とする人権の原則は、すべての人間の尊厳と価値の基盤となる。国際ソーシャルワーカー連盟（IFSW）は次のように述べている。

人権（Human Rights）という言葉を成す2つの単語には、人がその潜在能力をフルに発揮することを可能にする、人間の尊厳と基本的自由を求めた奮闘努力が凝縮されている……。ソーシャルワーカーは、以下の基本原則に従うことを通じて、人類の発展のために貢献する。

1. すべての人は各々独自の価値（観）を持ち、これにより自らの道徳的判断を正当化する。
2. 個人は、他者の同一の権利を侵害しない範囲で、自己充足の権利を有する。そして、社会のウェルビーイングに貢献する義務を負う。
3. 個々の社会は、その形態を問わず、すべての構成員の利益を最大化する機能を果たすべきである。
4. ソーシャルワーカーは、社会正義の原則に対するコミットメントを持つ。
5. ソーシャルワーカーは、客観的で訓練された知識とスキルを持って、個人、グループ、コミュニティ、社会と協働し、これらの発展のため、そして個人と社会の対立とその結果の解決のために尽くす責任を負う。
6. ソーシャルワーカーは、性別、年齢、障害、人種、肌の色、言葉、宗教、政治的信条、財産、性的指向、地位あるいは社会的階級による不当な差別をすることなく、可能な限り最大の援助を提供することが期待される。
7. ソーシャルワーカーは、国連世界人権宣言、および同宣言より派生したその他の国際協定に記された、個人と集団の基本的人権を尊重する。
8. ソーシャルワーカーは専門職活動を遂行するにあたり、プライバシー、秘密保持、責任ある情報利用という原則を尊重する。ソーシャルワーカーは、自国の法規がこの要請に矛盾する場合であっても、正当な秘密保持を尊重する。
9. ソーシャルワーカーは、クライエントと協働するにあたり、クライエントに最大の利益をもたらすことを期待されるが、他の関係者の利益も尊重しなければならない。クライエントは可能な限り関与し、一連の行動に伴うリスクと、期待できる利益について、知らされているべきである。
10. ソーシャルワーカーは一般に、クライエントが自ら責任を持って、自身の人生に影響を及ぼす一連の行動を決定することを期待する。対立する当事者のうち、一方の問題解決のために必要な強制を用いれば、両者の主張を注意深く入念に評価した場合であっても、相手方関係者の利益を犠牲にすることは起きるはずである。ソーシャルワーカーは、法的強制の使用を最小限に留めるべきである。
11. ソーシャルワーカーは倫理的に正当な意思決定をすべきであり、また、このような意思決定を支持し、国際ソーシャルワーカー連盟が採用する『ソーシャルワークの倫理── 原則と基準（*The Ethics of Social Work - Principles and Standards*）』（IFSW, 1996）を尊重する。

表8.4　紹介の要因

実践者は、以下のような場合に、クライエントを他の専門職に紹介する
- クライエントシステムのサービスに対するニーズが、機関のミッションの範囲を超えている場合
- クライエントが、ソーシャルワーカー自身のスキルや能力を超えた特殊なサービスを必要としている場合
- 組織の制約と資格要件が、サービスへのアクセスを制限している場合

ソーシャルワーカーは効果的な紹介プロセスの最初に、以下のようなことを行う
- 紹介の必要性と理由について、クライエントシステムと話し合うこと
- 最適な紹介のためにサービスを選定すること
- 機関の紹介手続きに従うこと
- 実際に紹介を行うこと
- クライエントの記録を紹介先に渡すこと
- フォローアップの手配をすること

やソーシャルワーカーの専門分野の応用範囲を超えている場合、あるいは、最初の機関が提供できる範囲を超えた資源を必要としている場合には、他のサービス提供者への紹介が必要になることもある（表8.4）。

▶ **ソーシャルワーク・ハイライト**　ラン・アンド・プレイ保育センターのソーシャルワーカーであるマーベラ・クロウフォードは、保育助手に呼ばれ、未就園児の教室に赴いた。4歳のガイ・スミスと、額と頬のあざのことで話をしてほしいと言うのだ。マーベラがガイに優しく「おや、お顔にあざがあるね」と言うと、ガイは即座に「お母さんがやったんじゃないよ！」と答えた。そこで、マーベラは、「じゃあ、どうしちゃったの？」と尋ねた。ガイはマーベラに、昨日けがをしたことを覚えていないと言った。マーベラには児童虐待とネグレクトの報告義務がある。彼女は、ガイの最初の応答をメモしながら、機関のポリシーに従って、原因不明のあざについて抱いた疑念を州の児童保護機関に報告した。

アセスメント

　アセスメントのプロセスは、クライエントとのワークにおいて不可欠な構成要素である。アセスメントを通じて、ソーシャルワーカーとクライエントは、クライエントの状況に関する情報を分析し、インターベンション・ストラテジーを選択し、提起された問題を解決するために必要な資源を特定する。エンパワメント・ソーシャルワーク・プラクティスにおけるアセスメントには、クライエントシステムのストレングスを見出し、解決策を構成することが含まれる。

アセスメント —— ストレングスを見出す

　エンパワメント指向のソーシャルワーカーは、ストレングスがクライエントとのワークの基盤となるように、クライエントへの応答の仕方を見直す。焦点をクライエントの問題に絞り込むと、ストレングスという資源が見えなくなってしまう。クライエントの行動の間違っている点を強調することは、クライエントから自信を奪い、彼らをより防衛的かつ脆弱にする。これは結果として、情報交換を遮断し、クライエントが持つ豊かな資源を奪うことになる。ストレングスに焦点を当てることで、クライエントに、解決策を生み出し、ソーシャルワーク・プロセスに参加するための豊富な資源を与えることになる（表 8.5）。

　クライエントのストレングスと資源を見出すことにより、彼らが変化するための潜在能力が活性化される。クライエントとソーシャルワーカーがストレングスになり得ると考えるものには、以下のようなクライエントの特質がある。

- 傑出した資質
- パワーを実証できること
- 他者との連携
- 際立った特徴
- 環境システムとの関係

表 8.5　クライエントのストレングスとコンピテンスを増進するための原則

ソーシャルワーカーは次のような関係を育てるべきである
- 共感が反映された関係
- クライエントの選択と自己決定を肯定する関係
- 各人の差異に価値を置く関係
- 協働を重視する関係

ソーシャルワーカーは次のようなコミュニケーションを促進すべきである
- 各人の差異に配慮したコミュニケーション
- クライエントを中心に置き続けたコミュニケーション
- 守秘義務を堅持したコミュニケーション

ソーシャルワーカーは次のような解決策を追求すべきである
- クライエントの参加を促す解決策
- クライエントに法的権利を知らせる解決策
- 困難を再構成して、学ぶ機会とする解決策
- クライエントを意思決定と評価に関与させる解決策

ソーシャルワーカーは次のような行動において、ソーシャルワーク専門職の標準を反映すべきである
- 専門職の倫理綱領に沿った行動
- 専門職の発展、リサーチ、政策形成に関与する行動
- 差別、不平等、社会正義の問題を是正する行動

- 利用可能な資源があること
- 社会的・物理的環境への寄与
- 変化への適応力
- 文化的ストレングス　　　　　　　　　　（Miley, O'Melia, & DuBois, 2013）

　▶ **ソーシャルワーク・ハイライト**　スクールソーシャルワーカーの ジャック・リードがオフィスに入ってくると、ビリー・マックスウェルは ジャックに向かって恥ずかしそうに微笑んだ。ビリーは、ジャックの椅子 の端に腰かけ、今日は自分が校長だと告げた。ビリーはひるむこともなく ジャックをまっすぐに見つめ、まさに校長のような口調で「今日は真剣 に話をしなければならないようだね」と言った。ビリーは手で椅子を示し、 ジャックに座るよう促した。ジャックは腰をかけながら尋ねた。「で、今 回はどんなトラブルなのかな？」ビリーは目をむいて「オー、ブラザー」 と叫んだ。「オー、ブラザー」というのは、ビリーが教師やクラスメイト、 校長に対する嫌悪を表現するために頻繁に発する常套句である。

　ビリーはときどき、クラスメイトを意地の悪い皮肉の標的にするが、そ のとき以外は、基本的にクラスメイトから好かれている。 ビリーの担任は彼を、衝動的で教室の厄介者だと表現する。 校長はビリーをトラブルメーカーと考えている。ビリーの 両親は息子を「男の子らしい」と考えている。ビリーとの ワークにおいて、ジャックはビリーの教室での不適切な行 動を無視することはなく、遊び場での問題行動についても 軽視していない。ジャックがビリーとのワークで用いるア プローチは、ビリーが学校で示す問題について考慮し、ビ リーが正しい行動をしているときにこれを承認し、頭が良 く創造的で、明確に話ができ、人に好かれる 7 歳の少年で あるというストレングスを基礎とするものである。

人間行動
[プラクティス行動の例]　概念的な枠組みを活用し、アセスメント、インターベンション、エバリュエーションの各プロセスを方向付けること。
[批判的思考の訓練]　ジェネラリスト・ソーシャルワーカーは、人とその社会環境に対する統合的視点を持つ。このジェネラリスト・プラクティスのための概念的な枠組みは、状況に対するアセスメントをどのように方向付けるのか。

アセスメント ── 資源の可能性を評価する

　資源の可能性を評価すること、すなわちアセスメントは、クライエン トの直面する困難を理解するために情報収集を行う動的なプロセスである。 同時に、実践者とクライエントは、状況の詳細、潜在的影響、解決策の実 行のために必要な資源を探索する。アセスメントの目的は、問題を理解し、 その影響を減じる方法を究明することである。エンパワメント・ベースの ソーシャルワーク・プラクティスは、アセスメントを、問題検知のための 情報収集のプロセスから、解決策を強化する資源開発のための情報収集を 重視するプロセスへと再構成する。

■ コンピテンスの明確化

コンピテンスとは一般に、ヒューマンシステムが持つ、自らに有利な形で環境と折り合いをつける能力および潜在能力のことである。言い換えれば、コンピテンスを備えたヒューマンシステムは、その構成員に配慮し、他のシステムと効果的に相互作用し、社会的・物理的環境の資源に寄与する（Miley, O'Melia, & DuBois, 2013）。うまく機能しているシステムにおいては、構成員がシステムのウェルビーイングと全体的機能に寄与し、そのシステムの構成員であることから利益を得る。同様に、コンピテンスを備えたシステムは、環境との間にこれと似た関係を保ち、相互的交換により資源を供給および利用する。

コンピテンスの明確化はあらゆるシステムに拡大することができる。たとえば、コミュニティのコンピテンスを評価するにあたり、実践者は、コミュニティが構成員のニーズに応えていること、構成員の資源を活用していること、構成員に対し公平にコミュニティ資源を分配していること、住民に総合的な安全とウェルビーイングを保証していること、そのコミュニティを包含するより大きな地域に貢献していることを示すエビデンスを探す。

このように、コンピテンスの明確化においては、環境的資源を単に援助に影響を及ぼすものとして見るのではなく、援助のための道具と見なす（Maluccio, 1999）。コンピテンスの明確化のためにマルシオ（Maluccio）が作ったガイドラインは、以下のようなものである。1）クライエントシステムの能力、ストレングス、レジリエンシー、資源などのコンピテンスの明確化、2）資源と支援の利用可能性やバリア、リスク、障壁の存在など、環境についての明確化、3）資源の必要性と現実的利用可能性の適合度あるいはバランスの明確化。

■ ソーシャルスタディ

ソーシャルスタディは、核心に関わる問題や課題、さらには状況に固有のニーズを定義し、クライエントのストレングスに対する認識を高めるために役立つ（表 8.6）。クライエントシステムが提起した悩みは、ミクロ、メゾ、マクロのレベルを問わず、より大きなシステムをコンテクストとして精査されなければならない。クライエントシステムはその大きなシステムの一部であり、社会システムを構成する内部構造なのである。個人が提起する問題は、より大きなコミュニティの状況がもたらした結果であるかもしれない。同様に、コミュニティや組織が抱える問題は、コミュニティや組織の構成員に影響を及ぼす。

あらゆるシステムレベルにおいて、ソーシャルスタディは、問題を特定するためにクライエントの情報を個別に扱う。ソーシャルスタディの例としては、ケースヒストリー、社会歴、状況分析、社会調査、コミュニティ

> コンピテンスとは一般に、ヒューマンシステムが持つ、自らに有利な形で環境と折り合いをつける能力および潜在能力のことである。

表8.6　ソーシャルスタディ

ソーシャルスタディにおける質問には以下のようなものがある。

- クライエントシステムは問題をどのように定義しているか
- 問題の境界は何か
- 問題の強度について、クライエントシステムはどう認識しているか
- 問題の継続期間について、クライエントシステムはどう認識しているか（長期的、短期的、危機的）
- どのような解決策が構築され、試されてきたか
- 他に問題の影響を受ける人がいる場合、それは誰か
- 問題を抱えているシステムの社会的機能は、どのような影響を受けているか
- どのような環境的機会、障壁、制約が、社会的機能と問題解決に影響を及ぼすか
- どのような価値の問題が関わっているか
- クライエントのどのようなストレングスあるいはコンピテンシーを、変革のために活用することが可能か
- どのような資源が利用可能か
- クライエントは、ソーシャルワークのインターベンションや援助プロセスをどのように受け止めているか
- クライエントの、ソーシャルサービス提供システムとの過去の経験はどのようなものだったか
- クライエントは問題解決に希望を持っているか
- クライエントは変化に向けて動機付けられているか

調査、政策分析またはプログラム分析、ソーシャルリサーチなどが挙げられる。

　文化的配慮　クライエントとソーシャルワーカーは、ソーシャルスタディのための情報を収集しながら、文化的コンテクストを探索する。カルチュラル・コンピテンスを備えた実践者は、文化的価値とパターンに関する一般的情報をもとに質問を作り、文化を基礎とした伝統、価値、信念といった具体的な側面について尋ねる（Congress, 1994）。文化的・民族的集団に自身を同一化する程度は人によって異なり、文化的伝統を重視する程度もさまざまである。考慮すべき要素としては、コミュニティでの居住歴、移住してきた事情、休日・宗教儀式・健康習慣に関する伝統、宗教儀式、健康に関わる慣習、コミュニティ・家族・労働・教育・援助を求めることに関する価値観などがある。

　▶ **ソーシャルワーク・ハイライト**　カーメン・モリーナは、プレザントバレー介護・高齢者センターのソーシャルワーカーである。彼女は、新たに施設に入居してきたオリビア・スミスの社会歴と精神状態のアセスメントを完成させるための準備をしている。カーメンはオリビアの背景情報と医療に関する情報を含む記録に目を通す。入居者記録のフェイスシートには、入居日、入居理由、家族の名前、教会への所属などのインテーク情報が明示されている。カーメンはこの情報を、社会歴を完成させるための基

礎として用いようと考えている。カーメンは、背景情報を入手して入居者の記憶喚起やインタビューへの集中を促すために活用することを好む。彼女は、入居者の社会的ネットワークがストレングスの宝庫だということも理解している。カーメンは、入居者と一緒にエコマップやジェノグラムを描く（図8.1および図8.2参照）。

　このナーシングホームでは、社会歴と精神状態に対するアセスメントを用いて、入居者およびその家族と共にケアプランを作成する。社会歴は、入居者の人生を年代順に記録したものである。質問は具体的な人生経験、家族歴、教育的背景、職歴、趣味、個人的選好に関わるものである。精神状態に対するアセスメントを通じて、スタッフはクライエントの認知機能のレベルや、時間や場所に対する認識について知ることができる。カーメンはこれらの心理社会的アセスメントから得られた情報を、学際的チームのミーティングで共有し、スタッフに入居者のニーズを伝える。

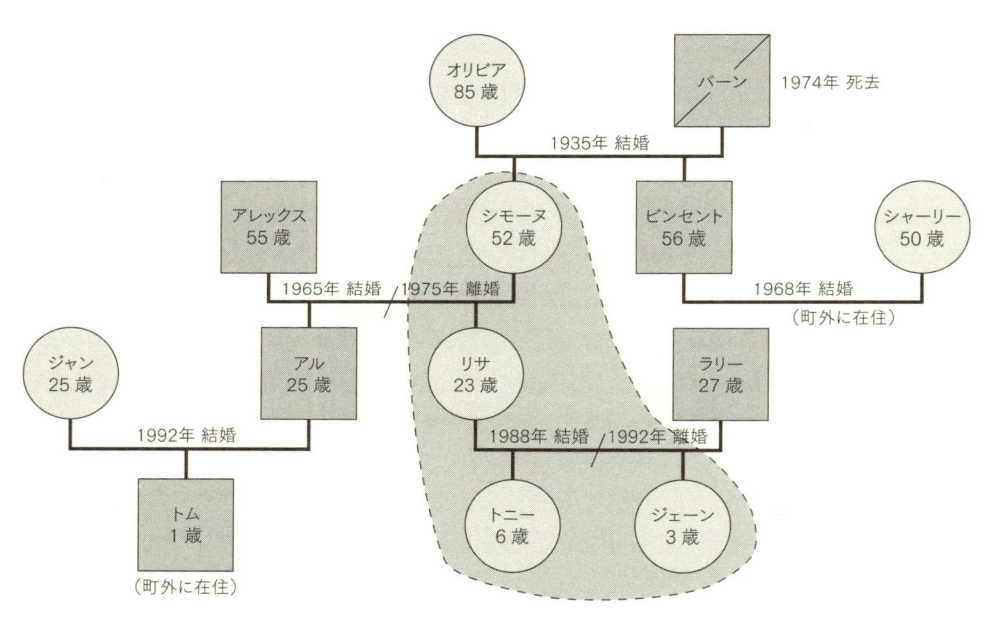

オリビアは最近入院したが、それまでは娘のシモーヌと暮らしていた。離婚後、リサは実家に戻った。

凡例

⭕ 女性　　🔲 男性

─── 結婚　　─⧸─ 離婚

⧸ 死去　　- - - 世帯を画する境界

図8.1　オリビア・スミスのジェノグラム

ジェノグラムは、家族内の構造と相互関係を描き出す。ジェノグラムは、少なくとも二世代分の名前、年齢、結婚・離婚・死亡の日付といった情報を含む。ワーカーとクライエントは、ジェノグラムに、注記として他の記述的情報を付加することもできる。

アセスメント ── 解決策を構成する

　ソーシャルワーク専門職とクライエントは、解決策を構築するために協働する。相互の知識、スキル、資源を活用し合うのだ。ソーシャルワーカーは、人間行動や社会環境、サービス提供システム、およびプラクティス方法論に関する、リサーチを基礎とした専門職的知識とスキルをクライエントとの関係に持ち込む。クライエントシステムは、個人、家族、公式集団、組織、コミュニティや社会のいずれの場合にも、個人的人生経験や、家族関係のパターン、組織のリーダーシップ・スタイル、コミュニティの取り組み、社会の価値指向などの、自らの経験や資源を持ち込む。可能性ある解決策を構成することは、ソーシャルワーカーとクライエントが相互の資源を活用し、最終目標と中間目標をアクションプランに落とし込むプロセスである。

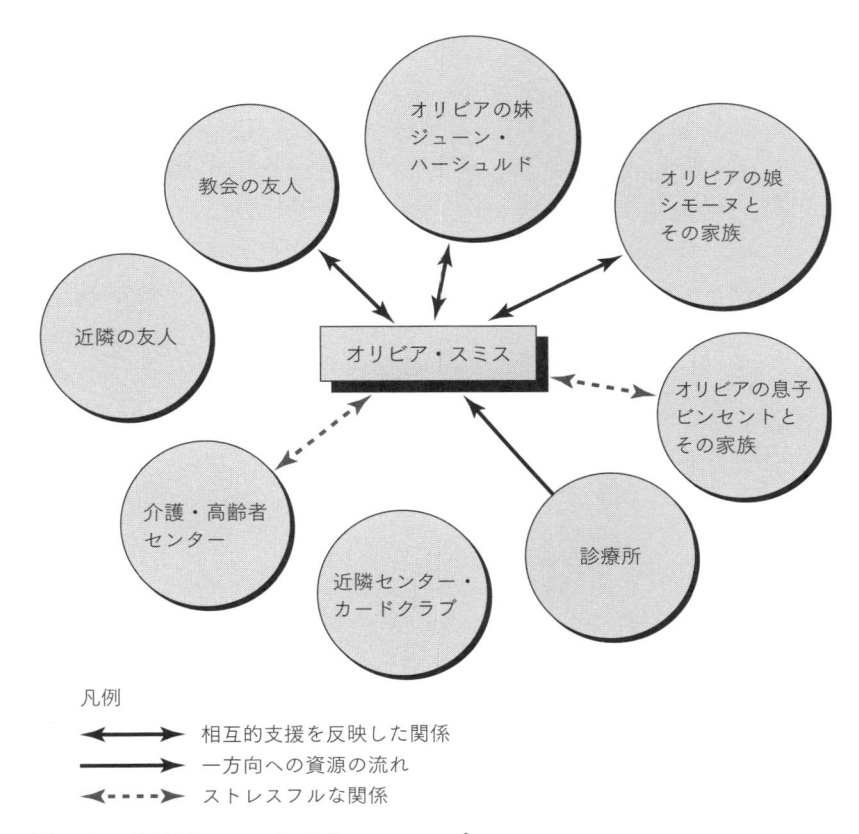

図8.2　オリビア・スミスのエコマップ

エコマップとは、ワーカーとクライエントが、環境的資源と環境的制約を視覚化するためのツールである。エコマップは、クライエントシステムとその環境との重要な関係性を描写するものである。

■ 最終目標と中間目標

　クライエントの最終目標とは、クライエントが援助関係を通じて何を達成したいと望むのかについて、具体的に述べたものである。通常、全体的な目的が、長期的な目標、すなわち成果として求められる最終目標となる。短期的な中間目標は、長期的最終目標の達成へと導くステップを具体化したものである。最終目標と中間目標は、クライエントとソーシャルワーカーが変化を測定し、成功を評価するための指標である。

　ソーシャルワーカーとクライエントは、**部分化**（partializing）と呼ばれる技法を用い、全体的な最終目標を実行可能かつ管理可能な部分へと分割する。この技法により、ワーカーとクライエントは、達成不可能に見える大きな課題に圧倒されてしまうことがないよう、対処可能な具体的側面に焦点を当てることが可能になる。言い換えれば、小さな一歩を積み重ねることが、より包括的な最終目標の解決をもたらすのである。

■ 最終目標設定におけるクライエントの役割

　ソーシャルワーカーとクライエントは協働して、定義された問題、課題、ニーズの解決策を得るための最終目標を明確化する。クライエントは、自身の問題をどのようにして解決すべきか、あるいは自身がいかなるサービスを必要としているのかを認識している場合が多い。そして、彼らの認識の多くは正しいが、時に間違っている場合もある。目標設定プロセスには、活動指針について合意するための協議が含まれる。エンパワーを促すソーシャルワーカーは、クライエントの視点を十分に考慮する。その結果として定められた最終目標が、クライエントの初期の計画と異なっている場合、このズレについて説明し、クライエントと調整する必要がある。

　課題の達成や最終目標の実現は、達成感を得るための一里塚となる。クライエントが達成感を得れば、彼らの自信は増し、モチベーションも上がる。他方、クライエント自身が問題と最終目標の「オーナー」となり、目標達成へ向けての活動に責任を負うことなくしては、クライエントが、自分自身こそが変化を起こし得る者、すなわち自身がコンピテントであると考えられるようにはならない。

■ アクションプラン

　アクションプランは最終目標を、解決策へ向けて機能するストラテジーに変換する。アクションプランを作成するにあたっては、以下のガイドラインに従うことで、完成した計画を、エンパワメント的観点からソーシャルワークの価値を反映したものにすることができる。

- クライエントを、アクションプランの構築と実行のすべての側面に最大限関与させること

表 8.7　ソーシャルワークの役割

役割	行動
[問題解決のためのコンサルティング]	
イネイブラー	クライエントが問題解決できるようにエンパワーする
ファシリテーター	組織の発展を促進する
プランナー	プログラムとポリシー構築をコーディネートする
同僚／監督者	メンター兼案内役として、支援ならびに専門職の文化変容のために働く
[資源管理]	
ブローカー／アドボケイト	個人と資源の間の橋渡し役として働く
コンビーナー／メディエーター	資源開発のために集団や組織を招集する
アクティビスト	社会変革を促し、活性化する
カタリスト	資源開発のための学際的協調を促す
[教育]	
教師	社会的に脆弱な人々を見出し、教育を提供する
トレーナー	スタッフの訓練を通じて、指導あるいは教育を行う
リサーチャー／学者	知識開発に従事する

- 社会システムの相互関係を認識したうえで、変革へのストラテジーを選択すること
- クライエントのストレングスを基礎として、クライエントのコンピテンスを向上させること
- 個人的な事柄と政治的な事柄の相互関連性に関する批判的意識を養い、社会正義を促進するストラテジーを見出すこと
- 進捗と成果を継続的にアセスメントするための、フィードバックのループを構築すること

　アクションプランには、ソーシャルサービス提供システムにより公式に提供されるサービスを活用する方法と、クライエントの社会的ネットワークが持つ非公式の資源を利用する方法の両方が含まれる場合が多い。公式のサービス提供には、クライエントがソーシャルサービス提供システム自体の中で利用可能な無数のサービスが含まれる。アクションプランには、聖職者、教師、家族、友人、隣人といった非公式の援助者も含まれる。公式および非公式の援助ネットワークは、それぞれが異なる役割を果たし独自の貢献をするために、共に不可欠である。

　ソーシャルワーカーとクライエントは、複数のシステムレベルで問題への対処を推進する、さまざまな役割とストラテジーの中から選択を行う。表 8.7 は、ソーシャルワークの機能（コンサルティング、資源管理、教育）というコンテクストにおけるこれらの役割を強調したものである。これらについては、第 9 章で詳しく紹介する。

文化的配慮　民族に配慮するソーシャルワーカーは、民族的マイノリティと共に解決策の選択肢を見極める際に、文化的側面を考慮する。文化はストレスを受けたとき、あるいは危機に直面したときに、これらに対処するための前向きな力をもたらし、資源となり得る。同時に、文化的経歴は、ネガティブな葛藤の原因となり得る（Lum, 2004）。言い換えれば、クライエントの文化的背景は、個々の状況において文化的差異がもたらす影響に応じて、ストレングスにもなれば、制約にもなり得る。ソーシャルワーカーはクライエントと共に、このダイバーシティの問題を探究し、文化的ダイバーシティが問題とさまざまな解決策候補にいかなる影響を及ぼすかを見極める。

▶ **ソーシャルワーク・ハイライト**　ペアレンツ・ユナイテッド（Parents United）は、自閉症の子どもを持つ家族のためのサポート・グループである。グループの第3回ミーティングで、児童発達サービスのソーシャルワーカーであるマルシア・オストランダーは、前回のミーティングでグループの構成員が合意した目標を振り返った。グループは3つの大目標を立てていた。自閉症についてコミュニティを教育すること、学校システムにおける教育的資源の確保をアドボケイトすること、自閉症の全国組織の地方支部を設立することの3つである。このミーティングにおいて、親たちは、具体的な中間目標の作成と、これを達成するためのタスクとアクティビティの特定を始めた。

出発点として、マルシアは、コミュニティの教育という目標について検討するよう提案した。グループの構成員は、メディア・キャンペーンのアイデアを多数持ち寄った。政府広報やセミナー、ワークショップ、地方紙の特集記事やテレビのトークショーなどを通じた情報発信がその一つだった。「ペアレンツ・ユナイテッドが、今後3ヵ月で5つのメディアに取り上げられること」という中間目標は、達成可能で現実的なものだとして、グループ内で合意が得られた。構成員は、この中間目標実現のために何をすることが必要かを特定した。まず、ジーナ・スタンドが、自閉症の全国組織に連絡を取り、パンフレットや小冊子を入手する。ノラとジョンのウェスト夫妻が、宣伝用資料を準備する。アラン・ベイツは地域メディアの連絡窓口担当者の一覧を作る。ペアレンツ・ユナイテッドの構成員は、解決策を構築しつつあるのだ。彼らは望むべき結果を特定し、最終目標達成のための代替策を考慮しつつ、アクションプランを詳細化する。

実行 ── インターベンションとエバリュエーション

インターベンションとは、アクションプランを実行し終結させる、ソーシャルワークのプロセスである。エバリュエーションは、インターベン

ション活動の成果をモニタリングし、測定するプロセスである。アクションプランを実行するために、実践者は、クライエントおよびクライエントの状況に関わりを持つ他のシステムと協働する。エンパワメント・ソーシャルワークにおけるインターベンションとエバリュエーションのプロセスには、資源の活性化、連携の構築、機会の拡大、成功の承認、成果の統合が含まれる。

インターベンション ── 資源を活性化する

　ソーシャルワーカーとクライエントが行動方針の全体像を決定したら、次はこれを実行に移すときである。まさにこれを行うのが、資源の活性化というプロセスである。活性化とは、最終目標の達成という結果につながる行動を起こすことである。

　資源の活性化はアクションプランを開始するプロセスだが、これは、ソーシャルワーカーがこれらの活動を指示したり統制したりすることを意味しない。ソーシャルワーカーは、クライエント「に対して」、あるいはクライエント「のために」行動を起こすのではない。ソーシャルワーカーはクライエントの変化のためのカタリスト役を演じるかもしれないが、資源の活性化はソーシャルワーカーとクライエントの双方が参加する共同事業なのである。

エンゲージメント、アセスメント、インターベンション、エバリュエーション

[プラクティス行動の例]　クライエントの問題解決を支援すること。

[批判的思考の訓練]　ジェネラリスト・ソーシャルワーカーは、個人的構造および環境的構造の両方に解決策を求める。そのために、ソーシャルワーカーは、クライエントの達成目標からインターベンション・ストラテジーを導き出す際に何を考慮するか。

■ 資源を活性化する方法

　資源の活性化には、クライエントシステムを彼ら自身の個人的資源を用いてエンパワーし、社会環境内にすでに存在する資源の利用を増やすためのインターベンション活動が含まれる。資源の活性化にあたり、クライエントは、必要な人間関係的資源および機関の資源とのつながりを持ち、ソーシャルワーカーはストラテジーについてコンサルティングを行い、クライエントと協働して資源を管理する。可能性のあるストラテジーと技法としては、次のようなものが挙げられる。

- 個人の効力を強化すること
- 対人的コンピテンスを養うこと
- 自己発見を促進すること
- ストレングスを基礎とすること
- 変化へのモチベーションを高めること
- 文化的資源を活用すること
- 個人の力を行使すること　　　　　　　　　（Miley & DuBois, 1997）

コンピテンス感覚と自己効力感の増強が、エンパワメントの重要な構成要素であることは間違いない。しかしながら、個人のコンピテンスだけに焦点を絞ってしまうことは、個人的エンパワメントとしても政治的エンパワメントとしても不十分である。活動を、個人の効力と適応が及ぶ範囲に限定することは、エンパワメントの交互作用的性質を無視するものである。個人の領域に焦点を置くことは、エンパワメントの要点を完全に見失うものだとまで主張する者もいる（Breton, 2002）。批判的意識の開発を強調することで、個人的事柄と政治的事柄の間の相互連絡が行われることが保証される。意識啓発により経験をコンテクストに当てはめて考えることができる。批判的考察により、個人の行動の社会的原因が理解でき、制度的構造と政策の変革が可能であることが認識できる。

インターベンション —— 連携関係を築く

連携は変革を活性化し得る強力な資源である。連携を築くプロセスを通じて、ソーシャルワーカーとクライエントは、ソーシャルサポート・ネットワークとコミュニティ資源とのつながりを、クライエントの資源プールに追加する。さらに、ソーシャルワーカーとクライエントは、ソーシャルワーカーと他の専門職との連携がもたらす便益も活用する。

■ 連携構築の方法

連携の構築により、ソーシャルワーカーとクライエントは、エンパワメント・グループにおけるクライエントたちの努力を1つにまとめ、ナチュラルサポート・ネットワークにおけるクライエントの機能を強化し、サービス提供ネットワークを組織する。連携は情緒面でクライエントをサポートし、パワーの基盤となる。重要な技法としては、次のものがある。

- エンパワメント・グループの形成
- 批判的意識の開発
- ナチュラルサポート・システムの連携
- 応答性の高いソーシャルサービス提供システムの構築
- クライエントとサービスの連携の確立
- 対人関係的パワーの最大化 　　　　　　　　　　　　（Miley & DuBois, 1997）

多くの実践者が、グループという形でクライエントとワークすることで充実したエンパワメントの経験が生じると結論付けている。（Breton, 1994b, 2002, 2004; Gutiérrez, 1994; Lee, 2001; Simon, 1994）。さらに、小グループというコンテクストでの対話は、グループ構成員同士の結束の基盤となり、社会政策や社会構造の変革をもたらす集団行動のきっかけとなる可能性がある。

連携の構築は、コミュニティ間連合や、機関間ネットワーク、ケースマネジメント・チームへと発展する。これらの連携は専門職、クライエントのアドボケイト、サービス利用者により構成されていることから、集団的ソーシャルアクション、政策変革の提唱、断片化したサービス提供の再編成に関与するためのパワーの基盤となる可能性がある。サービス提供のための連携にクライエントを関与させることにより、クライエントの意思の反映を確保し、権利を保護することができる。

インターベンション ── 機会を拡大する

　資源の活性化が現在利用可能な資源を活用するものであるのに対し、機会の拡大とは、特に社会的・物理的環境において新たな資源を作り出すことである。「実践者は、環境変革の方法、既存のコミュニティ資源およびナチュラルサポート・ネットワークの活用、そしてクライエントが必要としている可能性のある新たな資源の創出に熟達すべきである」（Maluccio & Whittaker, 1989, p. 176）。エンパワメント指向のソーシャルワーカーは、サービス提供、社会政策、経済開発に関するストラテジーを構築し、機会の制限という不正義を是正する。

　不適切な機会構造という不正義の是正方法を追求することを通じて、ソーシャルワーカーは専門職の本来の目的を取り戻しつつあると言う者が多い。たとえば、シュペヒトとコートニー（Specht & Courtney, 1994）は、ソーシャルワーカーに対し、クライエントと資源との橋渡しをすること、サービス提供を革新すること、アドボカシーやソーシャルアクション、コミュニティ教育、社会変革に関わる活動に参加することという自らの社会的機能を回復させることで、ソーシャルワーク専門職の目的に忠実であり続けるよう求めている。NASW（2008）の『倫理綱領』は、ソーシャルワーカーに対し、すべての市民、とりわけ権利を奪われ抑圧された人々に、機会と資源を拡大する社会変革を追求することを求めている。

> 不適切な機会構造という不正義の是正方法を追求することを通じて、ソーシャルワーカーは専門職の本来の目的を取り戻しつつあると言う者が多い。

　エンパワメント・ベースのソーシャルワーカーは、自らの役割を「選択肢を開拓したり、クライエントが自らの選択の幅を広げられるよう支援したり、あるいは自らの進むべき道を複数の選択肢から自由に検討できるようにするために支援したりすること」（Hartman, 1993, p. 504）と定義する。その一方で、ハートマン（Hartman）は、クライエントが資源や選択肢を探す際には、多くの障壁に直面することを示唆する。たとえば、社会制度、経済政策、政治的慣行、イデオロギー、歴史的伝統などによる制約がこれにあたる。資源と環境的機会へのクライエントのアクセスを強化するための方法を追求することは、必要不可欠である。

　社会改革や政策形成、立法アドボカシー、コミュニティ変革を通じて、必要とされる資源が創出される。こうした機会の拡大により、正義にかなった社会的資源の分配を実現するという専門職の責務が果たされる。ソーシャルワーカーは、社会資源の拡大と新たな機会の開発のためにクライエントと協働する。実践者とクライエントは、社会的不正義の是正と、正義にかなった社会政策の形成へ向けて努力する。以下は、有効な技法とストラテジーの例である。

- 環境の中にある機会とリスクを認識すること
- コミュニティのエンパワメントと開発に従事すること
- ソーシャル・アクティビズムとソーシャル・アドボカシーを推進すること
- 社会正義を擁護すること
- 社会政治的パワーを行使すること　　　　　　　　　　　（Miley & DuBois, 1997）

　ソーシャルアクションは社会政治的エンパワメントの実現を可能にする。ソーシャルワーカーは集団行動を、パワーと資源の再分配と社会的不正義の是正を実現し、また、権利を奪われ抑圧された人々に利益をもたらすためのストラテジーとして、長きにわたり支持してきた。エンパワメント・ベースのソーシャルワーク・プラクティスにおいては、ソーシャルアクションをマクロレベルの実践者の独占領域と考えるべきではない。主にミクロレベルのクライエントとワークを行うソーシャルワーカーは、社会政策の変革のためにクライエントを代弁するアドボケイトとして働いたり、クライエント自身が自ら声を上げて社会的・政治的変革に影響を及ぼすことができるように、クライエントと協働したりする。

　▶ ソーシャルワーク・ハイライト　ポール・ウェアは、ホームレスをテーマとする議員フォーラムで自分が行う証言用のメモを再検討した。ポールは都市部にある、ホームレスと住居を失った家族のための大規模なシェルターで働いている。ポールはシェルターで暮らす子どもたちが経験している、学校での独自の問題について話そうと考えている。子どもたちの生活は移住の繰り返しであるため、教育の継続性に問題が生じている。地域の学校長たちは、こうした子どもたちをどの学校に通わせるべきかで揉めている。移住の連続とシェルターでの生活のために教育が中断されてきた子どもたちとの経験から、ポールは、子どもたちの学校成績の記録は不完全な場合が多く、学業の進捗が断片的なものとなっていることを認識していた。このため、子どもたちは転校の際に、自身の実力より低い学力レベルのクラスに振り分けられることが非常に多い。

コミュニティアクション

　学部生として特別支援教育の実習科目を修了した後、私は、特別支援教育の教師かソーシャルワーカーになろうと考えました。州立病院内の学校における夏の職業体験を経て、私は、自分の職業的キャリアをどちらに進めればよいかを見極めました。私は学校での教育者に留まらず、システムを変革することができるポジションに就きたいと考えたのです。改革意識を持ったソーシャルワーカーとして、私はさまざまな領域（メンタルヘルス、障害のある人向けサービス、DVと性的暴力に関わるアドボカシー、そして現在所属するコミュニティアクション機関）におけるプラクティスで人々と協働し、彼らの生活に影響を及ぼしてきたと自負しています。私は修士レベルのソーシャルワーカーとして、ダイレクトプラクティスのワークと、スーパーバイズとマネジメントの経験を、それぞれのポジションにおいて結び付けることができました。

　組織再編、資金調達、広報について私が学んできたことが、250人を超える職員を擁し、複数の国で2万人のクライエントにサービスを提供するコミュニティアクション機関のディレクターという現在の私の仕事へと引き継がれています。私たちの機関は貧しい人々に対して、州の責務を実行する「ワンストップ・ショップ」〔必要なものが1ヵ所ですべて揃う店〕のようにサービス提供を行っています。コミュニティを基盤としたこの機関は、1960年代の貧困撲滅プログラムにより創始された独創的なコミュニティアクション・プログラム（Community Action Program, CAP）機関です。機関のミッションは、貧困の悪循環の打破に緊密に結び付いています。ただ、貧困撲滅プログラムは本来予防的であるべきものですが、現実には、貧困状態が発生してはじめてこれに対応しています。私たちの機関が提供するプログラムとサービスの例としては、幼児教育、光熱費援助、医療援助、

一時的住居の提供、無料食堂、高齢者向けプログラム、経済開発、食料配給所、家具や家電製品の取り換え、住宅の防寒対策などが挙げられます。これらのサービスは、クライエントの生活費の増加に対する援助となりますが、これらは、人々を貧困から脱出させるために設計されたものなのです。

　私たちの機関で働く専門職スタッフは少数ですが、多数のパラプロフェッショナルにより補完されています。私たちは機関として、積極的なスタッフ養成プログラムを設けており、そこではサービス提供と倫理に関する研修を重視しています。サービス提供と倫理に関して、私たちの機関の多数のパラプロフェッショナルが直面している問題としては、境界の問題、守秘義務、非審判主義、クライエントの受容、クライエントによる自己決定などがあります。これらは、資格や免許を持つ実践者と変わるところがありません。さまざまなスタッフ養成の機会を通じて、私たちは、エンパワメントとストレングス、機関のミッションの基盤となる視点、そしてサービス提供の理念についてスタッフを教育しています。

　私が与えられている課題は、機関のディレクターとして、二重の役割を果たすことです。1つ目の役割は、機関を財政的に問題なく運営することです。私たちの機関は、資金の大部分を州と国の助成金から得ているため、私は助成金申請書を作成します。私はソーシャルワークの管理者として、予算編成と会計の原則を基盤としなければならないことを認識しています。それゆえ、機関内の資金の流れについて理解し指示を出すために、機関の会計ディレクターと協働することもあります。管理者としての私のもう1つの役割は、機関がサービスを提供しているクライエントに影響を及ぼす社会政策の変革に取り組むことです。公共政策における課題は、私たちとワークをするすべてのクライエントに影響を及ぼし、私たちが提供するすべての

　ポールは、住居を追われた子どもたちをそのまま近隣地域の学校に通わせたいと考えるシェルターの親たちを代表して証言する。親たちは、子どもたちに継続的な教育を受けさせることで家族生活の安定を得たいというニーズを持っている。彼らは、学区と居住地に関する条件に例外を設ける立法行為を求めている。ポールはクライエントの機会を拡大するために、証言し、アドボケイトするのだ。

エバリュエーション —— 成功を承認する

　クライエントは最終目標を達成したか。アクションプランは変化をもたらしたか。ソーシャルワーカーとクライエントはストレングスに焦点を置き、その活動は変化を促進したか。ストラテジーは効果的かつ効率的だったか。このような問いは、ソーシャルワーク・プラクティスのエバリュエーションと、リサーチへの参加に注目するものである。

　エンパワメント・ベースのソーシャルワークというコンテクストにおいては、リサーチとエバリュエーションのストラテジーは、成果を測定するための単なる機械的技法ではない。ショーン（Schön, 1983）は、専門職のプラクティスにおいては、「実践者がリサーチ・ベースの理論と技法を有効に用いることができる高台の堅固な土地もあれば、状況が込み入って「混乱」して技術的解決策が役に立たない低湿地もある」（p. 42）と述べている。

　エバリュエーションとリサーチは、クライエントの成果を確認し、ソーシャルサービスのストラテジーやプログラム、政策の有効性を立証する。ソーシャルワーク・プラクティスのプロセスを構成するこれらの要素を挙げてその成功を承認することは、成果に対する参加者の貢献を認めることがモチベーションを高める効果を持つことを強調するものである。プラクティスのエバリュエーションとリサーチは、複数の異なるレベルにおいて、さまざまなやり方で

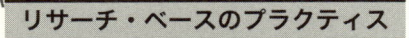

リサーチ・ベースのプラクティス

[プラクティス行動の例]　リサーチのエビデンスをプラクティスの情報源とすること。

[批判的思考の訓練]　ソーシャルワーカーはリサーチ・ストラテジーを活用し、クライエントの成果達成に向けた進捗とプログラムサービスの有効性を評価する。リサーチで得られたエビデンスはいかにしてプラクティスの情報源となり、プラクティスはいかにしてリサーチの情報源となるのか。

表8.8　プラクティス・エバリュエーションの種類	
進捗のエバリュエーション	ソーシャルワーカーとクライエントの進行中のワークの有効性をモニタリングすること
成果のアセスメント	クライエントの目標達成度とソーシャルワークの方法の効果を測定すること
プログラムのエバリュエーション	具体的なサービスが、プログラムの全体目標達成や補助金要件に対する期待の充足、あるいは機関のミッション達成にとって、どの程度有効だったかを調査すること

行われる。エバリュエーションは、実践者が個々のクライエントと日々のワークを行うにあたって、重要な役割を果たす。補助金の詳細の明確化と、プログラムのプランニングのためには、ソーシャルワーカーは、広範なプログラム・エバリュエーション・プロセスに参加することが必要となる。リサーチ・スペシャリストとして専門性を高めようとするソーシャルワーカーは、理論やプラクティスの方法を評価するための正式なリサーチツールや、ソーシャルワーク専門職の科学的知識基盤を強化するための固有のストラテジーを活用する。

■ プラクティス・エバリュエーションの種類

　プラクティスのエバリュエーションを通じて、ソーシャルワーカーはストラテジーの成果と有効性を評価する。エンパワメント・ベース・プラクティスのエバリュエーションは、進歩・成果・達成を強調する。エンパワメント・ベース・プラクティスのエバリュエーションにおいては、責任を負わせたり失敗を指摘したりする代わりに、合意された目標達成のためにさらにしなければならないことは何か、やり方を変えるべきことは何かを学ぶ方法として、障壁を分析する。進捗のエバリュエーション、成果のアセスメント、プログラムのエバリュエーションの３つが、ソーシャルワーク・プラクティスの主要なエバリュエーションである（表8.8）。

　進捗のエバリュエーション　アクションプランは、クライエントの目標達成のためのストラテジーと活動を具体化する行動のための、見取り図である。ところが、人間とその社会環境の動的性質を考えると、いかなる計画も、明白に成果の達成を予測することはできない。ソーシャルワーカーとクライエントがアクションプランを実行するとき、実際には、彼らはさまざまなやり方で、可能性のある解決策の実験をしているのだ。そのため、ソーシャルワーカーとクライエントがどのように協働を継続すべきかを理解するために、何が有効で何が有効でないかを見極める必要があるのは当然である。計画が実行に移された後には、ソーシャルワーカーは、進捗を評価する以下のような質問をすることができる。

- 計画通りに進んでいるか
- クライエントとソーシャルワーカーはそれぞれの合意した役割を果たしているか
- 計画は機能しているか。計画の一部が他と比べてよく機能しているということはないか。一部が行き詰まっているということはないか
- 最もポジティブな効果を出している活動は何か。逆に効果が出ていない活動は？
- 最も努力対効果の低い活動はどれか
- 計画は期待にかなうものか、期待外れか
- クライエントは積極的役割を果たしているか。クライエントの参加を強化あるいは制限している要因は何か
- クライエントの目標は、どのように変更されたのか。この変更が計画全体に与える影響はどのようなものか　(Miley, O'Melia, & DuBois, 2013)

　進捗のエバリュエーションにより得られた情報に基づき、ソーシャルワーカーとクライエントは進捗をモニタリングし、計画を修正することが可能になる。

　クライエントの成果のアセスメント　クライエントの成果のアセスメントを通じて、ワーカーは、クライエントが宣言した目標の達成度と、採用されたストラテジーの有効性を評価する。評価のための問いは、「クライエントシステムは、目標に到達したか」「ソーシャルワークのストラテジーは変化をもたらしたか」の２つである。成果のアセスメントに対するエバリュエーションからも、変化と安定性の程度、予期せぬあるいは期待に反する結果、変革への活動の効率性に関する情報が得られる。クライエントの成果に対する効果的なアセスメントを行うためには、実行計画に測定可能な中間目標が織り込まれていることが重要である。クライエントの成果に対するアセスメントの情報を収集するための問いの例としては次のようなものがある。

- クライエントシステムは、最終目標をどの程度達成したか
- インターベンションは効果をもたらしたか
- 変化のレベルに影響を及ぼした可能性のある他の要因は何か
- これらの成果を維持することを可能にする要因は何か
- 結果は、さらなるインターベンションの必要性を示すものか
- ソーシャルワーカーは、どのようにストラテジーを修正すべきか
- これらの個々の結果は、将来のワークにどのように応用されるか
- クライエントシステムはどのようにエバリュエーション・プロセスに参加したか　(Miley, O'Melia, & DuBois, 2013)

プログラムのエバリュエーション　プログラムのエバリュエーションを通じて、ソーシャルワーカーは「このプログラムは目標達成に近づきつつあるのか」という疑問に答えようとする。彼らは、複数の異なるストラテジーを用いてプログラムを評価する。たとえば、プログラムにおける個々のクライエントの成果をまとめることで、プログラムがその目標を達成したかを判断する。**利用者満足度調査**は、プログラムとサービスおよびソーシャルワーカーに対するクライエントの見方を確認するものである。過去のクライエントと紹介機関に対する調査により、プログラムの有効性と評判に関する重要な情報を引き出すことができる。**事例記録の検討**において、ソーシャルワーカーはプログラムの目標と機関のミッションに照らし、クライエントの進捗を精査する。最後に、同僚とスーパーバイザーによる**定型的な内部検討会**により、機関が有効に機能しているかを評価することができる。複数のプログラム評価方法を組み合わせることで、プログラムの効果を、より包括的に検討することが可能となる。プログラム・エバリュエーションは、プログラムがクライエント、機関、一般の人々に対して及ぼした影響を評価する。プログラム・エバリュエーションにおいて、ソーシャルワーカーは次のような探究的質問をするとよい。

- プログラムは期待された変化をもたらしたか
- プログラムには文化的配慮が示されていたか
- プログラムは資金提供団体の設定した目標を達成したか
- プログラムの目標は機関のミッションに矛盾していないか
- このプログラムは実現可能なものか
- プログラムの長所と短所は何か
- スタッフ数は十分か
- 今後クライエントになる人にとって、利用しやすいプログラムになっているか
- プログラムの結果、一般の人々の態度や認識は変化したか
- プログラムはコミュニティのニーズに的確に応えるものか

(Miley, O'Melia, & DuBois, 2013)

　プログラム・エバリュエーションにより得られたデータは、専門職が機関のポリシーの改善、資源の配分、プログラムやサービスのプランニング、問題の優先順位の入れ替えをする際に役立つ。エバリュエーション・リサーチにより、修正が必要なプログラムや、再利用に値するストラテジーを見出すことができる。

　▶ **ソーシャルワーク・ハイライト**　ソーシャルワーカーであるディアン・リバーズ＝ベルはクライエントと共に、目標達成度を測定する尺度の

再検討を行う。ディアンは、行動障害のある思春期直前の少年たちのための放課後デイ・トリートメント・プログラムでワークを行っている。彼女の6人のクライエントには、問題行動とこれらの行動に伴う思考の歪みが見られる。彼らの目標には、対人関係とコミュニケーションの効果を高めること、衝動をコントロールすること、そして社会的に適切な方法で怒りを発散することが反映される。少年たちは各々、具体的な中間目標を立てるとともに、進捗を示す観察可能な行動を定義する。

ディアンとクライエントは、プログラムへの参加期間中、継続的に進捗をモニタリングする。少年たちは日誌に、活動と行動を記録する。ディアンはこの情報をもとに、少年ごとに進捗グラフを作る。週次のグループ・ミーティングで、クライエントたちは、尺度を検討して自身の成功を認識し、継続的に改善している領域を見出す。

インターベンション —— 成果を統合する

ソーシャルワーク・プロセスの終結を成果の統合の一つと表現するのは、変化が、クライエントとソーシャルワーカーの職業的関係の終了後も継続するプロセスであるという事実を強調するものである。事実、終結プロセスの性質は、プロセス全体の成否を左右する。効果的な終結プロセスは、成果を認め、これを確固たるものにして自信を養うもので、将来の飛躍への足掛かりとなる。

ソーシャルワーカーとクライエントの協働によるワークの終結プロセスに影響を与える要因は多数ある。たとえば、機関の目的、プログラムとサービスの条件、償還に関するポリシーがこれにあたる。たとえば、入院の場合は、時間的制約が伴うため、短期的危機介入と退院に向けたサービスが求められる。他方、児童保護サービスにおいては、職員の離職による提供者の引き継ぎを伴うような、長期的かつ終了時期を定めないサービスが行われる。プログラムのサービスが時間枠を限定している場合もある。たとえば、28日間コースの薬物依存者向けプログラムや、8回コースの育児教室などがこれにあたる。保険会社のコスト削減ポリシーにより契約者の数が制限される場合もあり、これがインターベンション計画の条件を定めることになる。さらに、建設的な終結に向けてワークする際にソーシャルワーカーが考慮する事項には、サービス終結の理由、別離・喪失感・移行に対するクライエントと自身の反応、成果のエバリュエーション、成果を将来にわたり維持するための方法などがある。

終結は始まりでもある。交互作用の相互的性質を考慮すれば、自分たちが学んだ知識やストラテジーを将来のアクションのためにまとめておくことは、クライエントとソーシャルワーカーの双方にとって役に立つ。

社会正義のためのアクションリサーチ

　アクションリサーチとは、社会正義推進のためのツールである。アクションリサーチャーは、単にリサーチのためにリサーチを実施するのではなく、リサーチを用いることで、ターゲットである社会的・政治的変革の実現に寄与できると考えているのだ。

　伝統的なリサーチモデルは、「熟達した」専門職のリサーチャーだけに依存するものだが、アクションリサーチにおいては、リサーチプロセスの全段階において、クライエントなどの構成員の関与が求められる。アクションリサーチにおいては、専門家の知識を偏重することを否定し、クライエント自身の見解を正とする。この姿勢は、自身の状況に対するクライエントの捉え方、プログラムやサービスに対するクライエントの意見、社会政策や実施ストラテジーに対するクライエントの提案を重視するものである。

　アクションリサーチは、参加型アクションリサーチ、コミュニティアクションリサーチ、協力型アクションリサーチとも呼ばれ、クライエントを完全な参加者として、リサーチプロセスと理論構築に関与させる（Collins-Camargo et al., 2011; Houston, 2010; Humphreys et al., 2011; Sookraj et al., 2012; Travis & Leech, 2011）。アクションリサーチは本質的に平等主義的であり、サービス利用者グループはこれをエンパワメント実現のための手段と捉えている（Fisher, 2002）。ブラウン（Brown, 1994）は、「参加型リサーチは、参加者にとってエンパワメントの経験となり、参加者の現状を確認し、彼らが人として尊重され、彼らの話が傾聴され、歴史の一部として記録されるべき権利を持つことを実証するプロセスである」（p. 295）と述べる。このように、ア

クションリサーチは、特に、差別と抑圧により力を奪われた人々への適用に向いている。ソーシャルワークのアクションリサーチは、社会的不正義の是正を特段に重視することから、社会変革の手段となる。

　アクションリサーチは、対話、コンテクストの調査、批判的熟考の機会、組織変革と社会変革のための集団行動などから構成される（Brown, 1994）。たとえば、サービス利用者の参加は、リサーチ・プロセスのあらゆる側面、すなわち、調査対象とする問題の定義から、複数の利害関係者を関与させること、調査の設計と指揮、収集されたデータの分析と結果の報告書作成、ソーシャルアクション・ストラテジーのプランニングと実行などにまで行き渡っている。ソーシャルアクションリサーチの実行は複雑である。しかし、その基礎となる草の根的参加により、クライエントその他の利害関係者による知識基盤の構築ならびにプログラムとサービスの開発への積極的関与が期待でき、その機会を提供することができる。

　たとえば、トーマス（Thomas, 2006）の研究チームは、参加型リサーチプロジェクトでの成果を発表した。これは地域の黒人とマイノリティ民族のコミュニティのメンバーが、メンタルヘルス・サービスにおける不平等を打破するために設計したプロジェクトの効果を評価するものだった。プロジェクトに対するこの地域グループの評価に基づき、研修と雇用の機会、プロジェクトのアドバイザリチームの権限の強化、プロジェクトのより効果的なマーケティングが提案された。これらの取り組みは、最終的に、コミュニティ開発モデルの改良のみならず、メンタルヘルス・サービスの利用における黒人とマイノリティ民族のコミュニティによる参加の拡大につながった。

▶ ソーシャルワーク・ハイライト　ソーシャルサービス提供者、法執行官、市民団体の代表、コミュニティのリーダー、および近隣に住む関係者たちは、市の東南地区に近隣青少年センターを設ける必要性を認識していた。この近隣地域の若者には組織されたコミュニティ活動がなく、ギャングへの加入や非行のリスクがあった。ネイバーフッド・ディベロップメント社のコミュニティアクション・オーガナイザー兼ソーシャルワーカーであるジュアン・ラミレスは、施設確保のための資金調達委員会の議長を務めていた。ジュアンは、近隣青少年センターのためのプログラム・スタッフを雇用した。プログラムは米国近隣クラブモデルを基礎とするものである。

10ヵ月間の集中的なプランニング、組織構築、資金調達を経て、委員会は青少年センター用の建物の購入を発表し、コミュニティからの寄付と地域の基金から調達するスタートアップ資金を、プログラム・コーディネーター採用のために使用することについても公表した。開所式のテープカットで、プロジェクトの第一フェーズは終結を迎える。本プロジェクトに関与したすべての人々（市職員、警察職員、ボランティア、機関の代表、近隣の家族と青少年）が、セレモニーに参加してこの企画の成功を祝いつつ、建物の改装とプログラムの構成要素の実行という次のフェーズを開始するのだ。ジュアンは、達成がコミットメントの原動力となるため、今回のワークにとって、このフェーズを終結させることの重要性を認識している。新たなボランティアが必要な一方で、委員会発足当初のメンバーのうち数名が、このプロジェクトを継続する予定である。

展　望

コンピテンス中心ソーシャルワークにおいて、実践者は、インターベンション・プロセスを通じて、クライエントシステムの能力とストレングスを強調する。ジェネラリスト的指向は、このアプローチと相性がよい。コンピテンスを重視することで、プラクティスのインターベンションにおいて状況の中にいる人（そして具体的には、社会的機能に対する障壁）を考慮することが必要となり、また、インターベンションを決める際には、特定のプラクティス方法論ではなくクライエントのニーズを基準に判断することが求められる。ジェネラリスト・ソーシャルワーカーは、ミクロあるいはマクロレベルでの実行のために問題のアセスメントを実施することに秀で、また、個人、グループ、組織、コミュニティとのワークにおいてシステムレベルのインターベンション方法を用いることにも長けている。

第9章では、ソーシャルワークの3つの機能（コンサルティング、資源管理、教育）に基づく、ジェネラリスト・ソーシャルワーク・プラクティスの枠組みを紹介する。そこでは、エンパワメントとコンピテンスという信条を

基礎として、ソーシャルワークの役割を紹介し、個人や家族、グループと組織、さらにコミュニティとのソーシャルワークのためのプラクティス・ストラテジーについて解説する。

第 8 章　練習問題

以下の問いは、本章で学んだ知識をテストするものである。

1. ソーシャルワーカーとクライエントの専門職的関係は＿＿＿＿＿である。
   a. ビジネス・ベンチャー
   b. 友情と同じもの
   c. 私的関係と類似のもの
   d. ソーシャルワークの目的により導かれるもの

2. クライエントの環境において利用可能な資源の集合を視覚的に描写するために、ケニーシャは、＿＿＿＿＿と呼ばれるツールを活用する。
   a. 文化歴
   b. 社会歴
   c. ジェノグラム
   d. エコマップ

3. アセスメントは、＿＿＿＿＿するための情報収集のプロセスである。
   a. プラクティスの有効性を評価
   b. 問題を特定
   c. カルチュラル・コンピテンスを明確化
   d. 代替的解決策を選択

4. ジョージは裁判所の命令により、依存症治療プログラムへの参加を義務付けられた。すなわち、彼は＿＿＿＿＿である。

   a. ボランタリーなクライエント
   b. 心を通わせ難いクライエント
   c. モチベーションを欠いたクライエント
   d. インボランタリーなクライエント

5. 家庭保健サービスのソーシャルワーカーであるケニーシャ・バトラーは、新しいクライエントの背景情報を要約した報告書を作成している。こうした文書化された報告書は＿＿＿＿＿となる可能性が高い。
   a. 文化歴
   b. ソーシャルスタディ
   c. ジェノグラム
   d. エコマップ

6. 機関のスーパーバイザーであるダグは、彼らの目標達成に向けた努力の効果を判断するために、機関の既存サービスを概観するよう指示された。この種の情報を得るために彼が実施すべきことは、＿＿＿＿＿である。
   a. クライエントの成果に対するアセスメント
   b. 進捗に対するエバリュエーション
   c. プログラムに対するエバリュエーション
   d. 基礎リサーチ

7. 熟達した専門職としてのソーシャルワーカーと、クライエントの協力的パートナーとしてのソーシャルワーカーの違いを説明せよ。エンゲージメント、アセスメント、実行という、エンパワメント・ソーシャルワークの各ステージにクライエントを参加させるために、ソーシャルワーカーはどうすればよいか。

jStock/Fotolia

ソーシャルワークの機能と役割

本章の概要

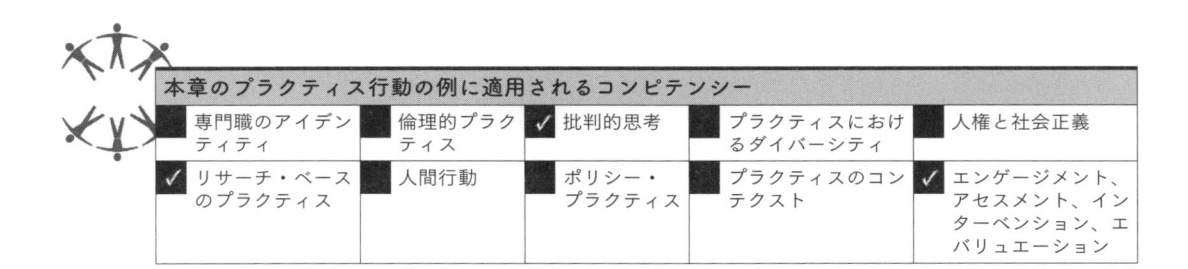

本章のプラクティス行動の例に適用されるコンピテンシー				
☐ 専門職のアイデンティティ	☐ 倫理的プラクティス	☑ 批判的思考	☐ プラクティスにおけるダイバーシティ	☐ 人権と社会正義
☑ リサーチ・ベースのプラクティス	☐ 人間行動	☐ ポリシー・プラクティス	☐ プラクティスのコンテクスト	☑ エンゲージメント、アセスメント、インターベンション、エバリュエーション

コミュニティ住宅開発〔機関の固有名称〕で働くソーシャルワーカーの
ジュリー・グラスは、ソーシャルサービスの実践者の集会で次のように挨
拶した。

　このたびは、地域のホームレスの個人と家族に向けた住宅サービス供
給をコーディネートするための、追加プランニングの取り組みに参加を
ご検討いただき、ありがとうございます。先週、プランニング会議の告
知がニュースで放送された後に、リンダという女性から電話があり、自
分の体験談を今日の集会で紹介してほしいとの申し出を受けました。リ
ンダは、自分の体験談に、私たち住宅サービス・プランニング・ネット
ワークが直面する多くの課題が表れていると考えています。
　彼女は慢性的な精神疾患を抱えており、地域のメンタルヘルス・セン
ターが提供する、行動的健康とコミュニティ支援のプログラムに参加し
ています。補足的所得保障（SSI）を通じて受け取っているわずかばか
りの経済的援助が、リンダが安全で手頃な住宅を見つけることに対する
足かせとなっていました。メンタルヘルス・センターは、コミュニティ
住宅開発の賃貸支援プログラムを通じて、クライエントに家賃補助契約
を提供するための助成金の交付を受けました。この家賃補助契約により、
現在リンダは、メンタルヘルス・センターの他の十数人のクライエント
と共に、ワン・ベッドルームのタウンハウスに入居しています。リンダ
は、この定住が彼女の人生にもたらした変化に感動していると言います。
彼女は安全を手に入れ、この住宅供給が永続的なものであることに安心
感を得ているのです。
　危機回避シェルターや暫定的・永続的な住宅のニーズを持つ個人や家
族は他にもいるので、リンダは彼らに住宅支援をコーディネートする私
たちの努力を称賛してくれています。私たちのコミュニティが対策を講
じなければならない課題として、シェルター用スペースや暫定的住宅
プログラム、および安価な住宅の不足があります。私たちはこのような
住宅ニーズを持つホームレスの人々を幅広く特定しています。たとえば、
低所得者、DVにより離散した家族、慢性的精神疾患を持つ人たちです。
これは途方もなく大変な作業に見えますが、私たちが協働し、協力プラ
ンを作ることで、この巨大な課題に対処することは可能です。

　ジュリー・グラスとその同僚たちは、複数の側面を持つ問題、課題、
ニーズに対処しなければならない。住宅プランニング・ネットワークのメン
バーは一体となり、2つの作業チームを作ることを検討している。1つ
は、賃貸契約と住宅補助金のシステムをコーディネートするチーム、も
う1つは、住宅サービス関連ニーズの増加に対応すべく、継続的な資金調
達手段を確保するための補助金申請活動をプランニングするチームである。

ジュリーたちは、コミュニティのより広いコンテクストに照らし、複数の課題を考慮する。すなわち、住宅補助が必要な、危機に瀕した家族への緊急対応の要求、数に限りのある既存シェルター資源の枯渇の可能性、ホームレスの人々に良質なサービスを提供するための十分な資金調達を支援する政策構想を推進する必要性などのコンテクストである。ソーシャルワークの実践者は、コミュニティの一員として、サービスのニーズと資金調達源を見出すのに欠かせない重要なポジションにある。複数のソーシャルワーカーが連帯して、貧困や社会的・経済的発展といった広範な社会的課題に取り組む場合もある。

　ジュリー・グラスが同業者たちに向けてリンダの逸話を用いて提起した問題は、ソーシャルワーカーとクライエントが直面する問題の大部分がそうであるように、ジェネラリスト・ソーシャルワークの視点に立った複数レベルのニーズへの対処を必要とする。本章では、以下のような事項の探究を通じて、ジェネラリスト・ソーシャルワークを整理するための枠組みを提示する。

- ジェネラリスト・ソーシャルワークのための複数レベルのアプローチの特徴
- ソーシャルワークのコンサルティング機能
- ソーシャルワークの機能としての資源管理
- ソーシャルワークの機能としての教育

　コンサルティング、資源管理、教育という、エンパワメント指向のジェネラリスト・ソーシャルワークの機能には、プラクティス、ポリシー、およびリサーチが統合されている。これらの個々の機能に結び付いた役割は、社会正義の課題と人権問題への対処手段となる。

ジェネラリスト・アプローチ

　ジェネラリスト・ソーシャルワークは、「広角レンズ」のように問題の全体像を捉える。このアプローチは、個人・組織・コミュニティのニーズ、およびサービス提供と社会政策に関わる課題を包含する。このように、ジェネラリスト・プラクティスは、可能性のあるインターベンションを幅広く提供する。

　基本的に、ジェネラリスト・ソーシャルワークは、3つの機能領域に分けて整理することができる。すなわち、クライエントシステムとの問題解決に関するコンサルティング、クライエントシステムと社会的環境の持つ資源の管理、クライエントおよびクライエントに影響を及ぼす環境内システムに対する情報提供の3つである。これらの機能を満たすために、ソー

シャルワーカーは、プラクティスにおいてさまざまな役割を担い、多数の
プラクティス・ストラテジーを活用する。

ソーシャルワークの機能

ジュリー・グラスとその同僚に、ソーシャルワーカーの仕事とはどの
ようなものかと尋ねたなら、彼女たちは驚くほど多彩な活動の一覧を見せ
てくれるだろう。そこには、個人とのカウンセリング、グ
ループのファシリテーション、家族とのワーク、機関の手
続きの改善、新たなプログラムの立ち上げ、法改正のため
のロビー活動、ニーズに対するアセスメントの実施、プラ
クティスとプログラムの評価などが含まれる。これらの活
動は、さまざまなシステムレベルにおける多種多様なター
ゲットの変革に関わるものである。これらの活動には、基
本的に、問題や課題の解決策の探究、資源の獲得と修正、
新たな情報提供が含まれる。ジェネラリスト・ソーシャル
ワークは、これらのタスクを完遂できるよう、実践者の
ワークを整理するための枠組みを提供する。

ソーシャルワークの活動と、そこからジェネラリストの実践者が必然的
に担う役割は、大きく分けて3つの機能に分類される。すなわち、コンサ
ルティング、資源管理、教育の3つである（Tracy & DuBois, 1987）。コンサ
ルティングが焦点を置くのは問題の解決である。資源管理は、ソーシャル
サービス提供システムの活用とコーディネート、および利用者システムと
公式・非公式の資源との橋渡しを行う機能である。3つ目の機能である教
育では、何らかの指導あるいは学習プロセスが求められる。もちろん、現
実のプラクティスにおいて、それぞれの機能は重複する。たとえば、クラ
イエントと必要な資源との橋渡しをするという資源管理のストラテジーは、
場合によっては、コンサルティングの一側面でもある。教育は多くの面で、
コンサルティングや資源管理と関わる。

ソーシャルワークの機能をコンサルティング、資源管理、教育の3つに
整理すると、そこには、プラクティス、政策、リサーチというソーシャル
ワークの構成要素も包含される（表9.1）。ソーシャルワーカーは、あらゆ
るシステムレベルのクライエントとのワークにおいて、ダイレクトプラク
ティス、政策分析と政策形成、リサーチ、エバリュエーションを行う際に、
上記の役割を担う。

ソーシャルワークの役割とストラテジー

役割と相互に関係するストラテジーは、個々のソーシャルワークの機能

表9.1 ソーシャルワークの機能とプラクティス、政策、リサーチ

	プラクティス	政策	リサーチ
コンサルティング	実践者は、社会的機能の問題を解決するために、利用者システムと話し合う。ソーシャルワーカーは、個人、組織、コミュニティにおけるクライエントシステムの人生経験を活用する	ソーシャルワーカーは、実践者、機関、社会のレベルにおいて、変革と政策形成が必要な領域の特定を行う	プラクティスにより得られた知恵と、経験を基盤としたリサーチが、あらゆるシステムレベルにおける問題解決において、実践者の情報源となる
資源管理	クライエントシステムは、適応的な社会的機能のサポート、ニーズの充足、問題状況の解決を行う資源へと橋渡しされる	資源の活用と開発のための政策ストラテジーは、社会改革の実現と、平等な資源分配のために不可欠である	リサーチの成果は、医療やヒューマンサービス提供システムにおける支援の隙間と障壁に対処し、利用できる資源の配置とコーディネートのために用いられる
教育	実践において、情報は、課題の解決、スキル習得、問題の予防、社会変革のために不可欠である	十分な情報に基づく意思決定と政策形成のために、知識は重要である。情報は、社会政策の形成と実施のプロセスを通じて、収集・分析・伝達される	ソーシャルワーク・プラクティスは、個人、組織、専門職の発展のために、情報、知識、スキルを伝授する。伝授される情報には、有用性、正確性、信頼性が不可欠である

に結び付いている。ソーシャルワーカーの役割とは、専門職として期待される行動のパターンである。役割により、取るべき特定の行動が指定され、状況に応じた適切な対応が規定される。各々の役割は、3つの相互に関わり合う要素によって、形成される。まず**役割概念**、すなわち、人がある特定の状況で自身がどのような行動をとるべきと考えているかということ、次に**役割期待**、すなわち、人が特定の地位に就いたときに、周囲がどのような行為を期待するかということ、最後に**役割遂行**、すなわち、人が実際にどのように行動するかということである。言い換えれば、行動には認知と感情のような心理学的要素、行動と他者の期待のような社会的要素、さらに行動的要素があるのだ。

　ソーシャルワークの役割は、専門職の活動に方向性を与える。役割は、実践者とクライエントの間の相互作用的性質、および専門職の同業者同士の相互作用の性質も決める。ソーシャルワークの役割と、これに結び付いたストラテジーは、目標達成のための一般的方法を示す。

　ソーシャルワークの役割は複数の研究者により定義され（McPheeters, 1971; Pincus & Minahan, 1973; Teare & McPheeters, 1970, 1982）、援助的役割（Siporin, 1975）、インターベンション的役割（Compton & Galaway, 1999）、役割群（Connaway &

エンゲージメント、アセスメント、インターベンション、エバリュエーション

[**プラクティス行動の例**]　ワークの焦点と希望する成果について、相互に合意すること。

[**批判的思考の訓練**]　ソーシャルワークの役割が、専門職の活動を定義し、結果として生じるインターベンション・ストラテジーはプラクティスの役割を活性化する。問題解決のためのコンサルティングに伴うさまざまな役割とストラテジーに見られる、共通の要素やテーマは何か。

表9.2　ソーシャルワークの役割とストラテジー

［利用者］

機能	個人と家族	公式集団と組織	コミュニティと社会	ソーシャルワーク専門職

［コンサルティング］

	個人と家族	公式集団と組織	コミュニティと社会	ソーシャルワーク専門職
役割	イネイブラー	ファシリテーター	プランナー	同業者／監督者
ストラテジー	解決策の発見	組織開発	リサーチとプランニング	専門職の文化的適応

［資源管理］

	個人と家族	公式集団と組織	コミュニティと社会	ソーシャルワーク専門職
役割	ブローカー／アドボケイト	コンビーナー／メディエーター	アクティビスト	カタリスト
ストラテジー	ケースマネジメント	ネットワーキング	ソーシャルアクション	コミュニティサービス

［教育］

	個人と家族	公式集団と組織	コミュニティと社会	ソーシャルワーク専門職
役割	教師	トレーナー	アウトリーチ	リサーチャー／学者
ストラテジー	情報処理	専門職トレーニング	コミュニティ教育	知識開発

出所：『ジェネラリスト・ソーシャルワーク・プラクティスのための情報モデル（*Information Model for Generalist Social Work Practice*）』p. 2（Tracy & DuBois, 1987, All rights reserved）の内容を、著者の許可を得て改変したもの。

Gentry, 1988）のように、さまざまな形で提起されてきた。ソーシャルワークの役割が提起されたことにより、個々の役割に固有の情報が活発に交換されるようになった。このように、クライエントとソーシャルワーカーのタスクにおいては、情報へのアクセス、情報の処理・活用・伝達が重視される。このスキーマは、ソーシャルワークの複数の役割を、ミクロレベルから、メゾレベル、マクロレベルに至るクライエントシステムの種類というコンテクストに応じて整理するものである。そこには、専門職の同業者との相互作用に関わる役割が含まれる。

　ストラテジーとタスクはソーシャルワークの役割を実際に機能させる（表9.2）。ストラテジーとは、アクションを組織化する計画であり、「青写真」としての指針を提供し、あるいは、意図をプラクティスに移す手段である。ストラテジーにはプランニングとアクションの次元が含まれる。ストラテジーがアクションとして実行されるとき、「人－環境」というコンテクストに交互作用が生じる。これらの交互作用の中で他者は反応し、フィードバックの提供、あるいは情報交換が行われる。

　ソーシャルワーカーが役割あるいはストラテジーからスタートし、その後にアクションプランを決めるのではなく、状況の性質により役割とストラテジーの選択が促されるというのが、あるべき姿である。ストラテジーは、実践者が好む方法ではなく、クライエントシステムの抱える課題から生まれる。ジェネラリスト・ソーシャルワーカーは、あらゆるシステムレベルにおけるインターベンションのコンテクストに、状況を当てはめる。このアプローチにより、ミクロ、メゾ、マクロの各レベルにおけるアクションプランの可能性を無数に得ることができる。ソーシャルワークの機

能ならびに、これに結び付いた役割を明確化するために、本章では、個々の役割を定義し、理解に役立つ実例を紹介する。

コンサルティング

　コンサルティングとは、クライエントの問題の明確化、選択肢の発見、アクションプランの構築を通じて、ソーシャルワーカーとクライエントが変革への第一歩として実施する専門職アクティビティである。コンサルティングにおいては、クライエントとソーシャルワーカーが持ち寄る見識が重要な意味を持つ。ソーシャルワーカーは、正式に獲得された知識、価値、スキルを持ち寄り、クライエントは個人的な、あるいは組織やコミュニティにおける自らの人生経験に基づく知識、価値、スキルを持ち寄る。

　このクライエントとの協調的ワークへの指向を採用するにあたり、エンパワメント・ベースのソーシャルワーカーは、クライエント - ワーカー関係に対する伝統的な考え方に内在するバイアスを精査する必要がある。たとえば、マルシオ（Maluccio, 1979）は、クライエントの視点とソーシャルワーカーの視点を比較する中で、「ワーカーは、［クライエントを］環境との相互作用における受動的な参加者と見なしがちであるが、これに対し、クライエントは**能動的な**生命体としての存在感を示すようになり、自分は自律的に機能し、自ら変化を起こし成長できる存在だという自己イメージを持っている」（p. 188）ことを見出した。

　ソーシャルワーカーがクライエントにネガティブな視線を向けている兆候があると、それがかすかなものであっても、クライエントにダメージを与える。すでに自己評価が損なわれているクライエントが援助関係を求めてきた際に、極端に弱点や病的状態が強調されれば、彼らの絶望感と無力感は高まる。ソーシャルワーカーがクライエントに対し、機能不全、混乱、病的状態といった印象を持つと、クライエントの自己不信、無力感、自己無価値感は悪化する。クライエントが自らをコンピテントな存在と考えるべきであるなら、ソーシャルワーカーもそう考えなければならない。エンパワメント指向のソーシャルワーカーは、クライエントとの協調的パートナーシップの構築を通じて、クライエントのストレングスと変化の可能性を認識し、肯定し、これを強化する。

　コンサルティングに関わる役割とストラテジーを通じて、クライエントとソーシャルワーカーは、個人、家族、組織、コミュニティ、あるいは社会といったあらゆるシステムレベルにおけるクライエントの問題に対処する（図9.1）。ミクロレベルのクライエント（個人、家族、小集団）にとっては、イネイブラー（enabler）の役割が、カウンセリングというストラテジーを包含し、変化を起こす。メゾレベルでは、ファシリテーターの役割が組織開発に焦点を置く。マクロシステムのソーシャル・プランナーとい

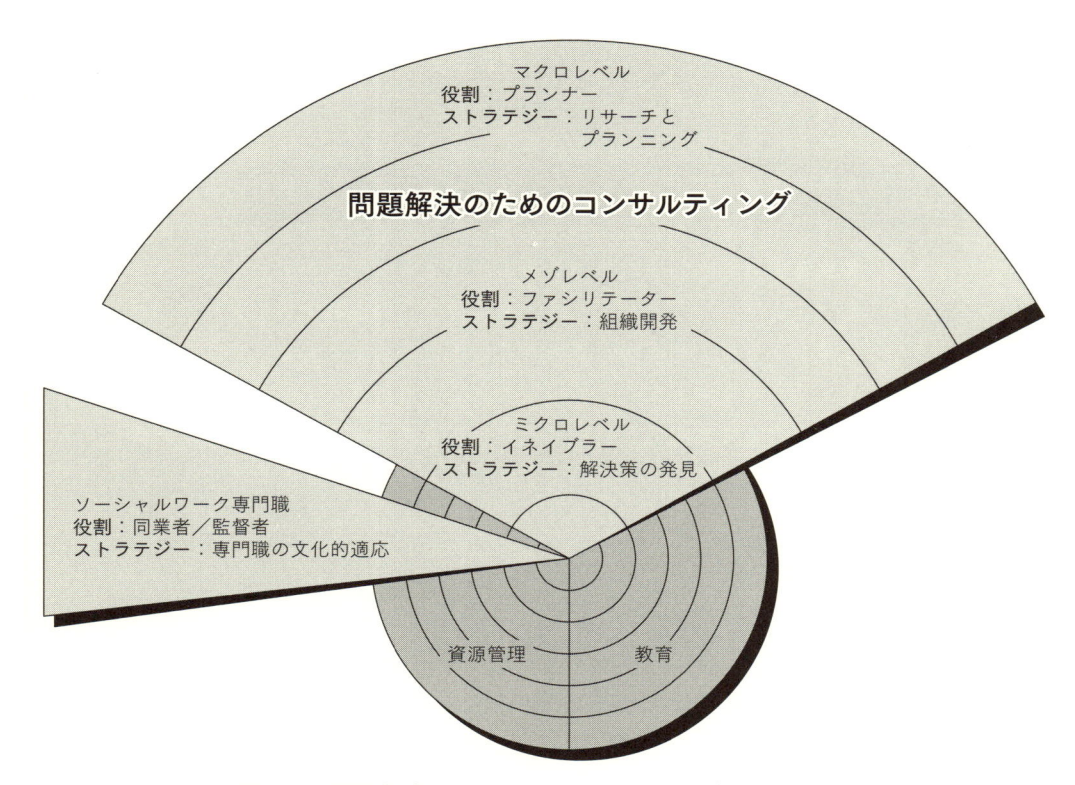

図 9.1　問題解決のためのコンサルティング

う役割には、マクロレベルの変化を起こすためのリサーチとプランニングのストラテジーが含まれる。最後に、ソーシャルワーク専門職システムにおいては、同業者／監督者の役割が、対等な立場での支援とピアレビューの提供を通じて、実践者のコンピテンスを高め、専門職全体を強化する。

ミクロレベル —— イネイブラー

　イネイブラーの役割において、実践者はミクロレベルのクライエントとワークを行い、社会的機能に関する課題を解決する。カウンセリングのストラテジーは、イネイブラーの役割を補完する。

　イネイブラーとしてのソーシャルワークの実践者は、個人・家族・小グループのクライエントシステムと、個人の社会的機能改善のためにワークを行う。カウンセリングのストラテジーは、クライエントによる解決策発見を促す。ソーシャルワーカーとクライエントは、行動の改善、対人関係のパターン修正、社会的・物理的環境における要素の改善を通じて変化を起こす。イネイブラーの役割は、人のコンピテンシー強化の支援と問題解決能力の拡張という専門職の目標と調和するものである。

　エンパワメント指向のソーシャルワーカーは、まず、クライエントのス

トレングスを認め、次に、クライエントの変化の可能性を土台として事を進める。カール・ロジャーズ（Carl Rogers, 1961）は、ストレングスを重視した援助関係の性質について以下のように説明した。すなわち、この関係においては、

少なくとも一方が、成長、発達、成熟、機能の向上、あるいは他者の生活への対処の改善を求める意図を持っている。この意味では、相手方は個人であってもよいし、グループであってもよい。言い換えれば、援助関係とは、一方あるいは両方の側において、個人の内なる潜在能力がより正しく評価され、より豊かに表現され、より機能的に活用されるようになることを、参加者の一人が意図しているような関係である。

（pp. 39-40）

実践者は、イネイブラーの役割を通じてクライエントとのワークを行うことで、ニーズを見出し、状況を明確化し、課題に効果的に対処する能力を開発する。実践者は「さまざまなアプローチを用いて必要とされる条件を整えることを通じて、クライエントが自らの目的を達成し、人生の難題に対処し、自然な人生の発達プロセスに従事し、自らのタスクを実行できるように支援する」（Maluccio, 1981, p. 19）。変化の条件は、個人の内部および他のソーシャルシステムとの相互作用の中にあるのだ。

> クライエントが自らをコンピテントな存在と考えるべきであるなら、ソーシャルワーカーもそう考えなければならない。

▶ **ソーシャルワーク・ハイライト**　リタ・コステロは、青少年とその家族にソーシャルサービスを提供する多目的機関であるファミリーサービス〔機関の固有名称〕で働くソーシャルワーカーである。現在、リタは、親となったティーンエイジャー向けのプログラムでの仕事に携わっている。これは、若い親たちにさまざまなソーシャルサービスを提供するプログラムの取り組みである。

サリーは、リタの新しいクライエントの一人である。15歳のサリーは最近、自分が妊娠していることに気付いた。母子保健センターの看護師は、サリーに、ファミリーサービスの、10代の親向けプログラムに連絡することを勧めた。

当初、リタはサリーと一対一でカウンセリングを行った。サリーにとっての差し迫った問題は「子どもは養子に出すべきか」というものだった。イネイブラーとして、リタは、サリーを一つの選択肢へと導くのではなく、サリーが自分で、自身が持つ選択肢を精査し、そこから生じ得る結果を評価できるように手助けをしている。選択肢に関する情報を得ることで、サリーは自らの行動の方向性をより適切に決めることができるのだ。

リタは、サリーのような妊娠した少女が利用できるサービスが他にもあることを知っている。たとえば、プログラムに参加している10代の若者

の多くが、新しく親になった人のグループに参加している。このグループは、10代の若い親に、一人親であることに伴うストレスに対処するためのフォーラムを提供している。メンバーは、自身の経験と気持ちを伝え、他の人も似通った困難を抱えていることに気付く。ディスカッションというコンテクストの中で、グループのメンバーは、問題解決のためのアイデアを見出すことも多い。リタは、グループのプロセスを推進することを通じて、グループの個々のメンバーが自らの問題を解決することを可能にするのだ。

　リタとクライエントは、問題の源泉が、家族内の異世代間コミュニケーションにあることを見出すことがある。このような場合、リタとクライエントは、家族全員に、コミュニケーションの問題に一緒に取り組むよう依頼する。たとえば、リタがミーティングを行っているスミス家は、祖母のローズ、母のラバーナ、そしてティファニーとその1歳の息子ダンの4世代から成る家族である。スミス家は、「誰がダンの世話をするのか」「ティファニーの金銭的責任は？」「ラバーナが働きに出ていて、ティファニーが大学生である以上、ローズがすべての家事をするべきか」といった問題に悩まされていた。スミス家とのリタのワークには、ソーシャルワークのイネイブラーとしての役割が反映されている。スミス家はリタとのワークを通じてエンパワーされ、自らの権利、役割、責任を再定義する。

メゾレベル ── ファシリテーター

　ファシリテーターの役割は、公式集団、団体、官僚組織などとのワークにより、こうした複数人より成るシステムの機能がより効果的なものになるよう促進することである。組織開発のストラテジーが、この役割をより精緻なものにする。

　ファシリテーターの役割は、メゾレベルのクライエントシステム、すなわち公式集団や組織とワークを行い、その社会的機能を強化することである。公式集団あるいは組織が、その内部プロセス、構造、あるいは機能に問題を見出したときに、ソーシャルワーカーに問題の指摘と解決策の構築を求めて相談する場合もある。ファシリテーターとしてのソーシャルワーカーは、メンバー同士の相互作用を促進し、有益な洞察や情報を提供し、グループ・プロセスへの参加へと導く。グループのメンバーは目標を設定し、計画を構築し、個人および社会の変革のためのストラテジーを選択する。

　ソーシャルワークの実践者は、メゾレベルのクライエントシステムと協働し、組織計画、組織間のコミュニケーション・パターン、意思決定プロセス、管理体制を改善する。彼らは、自らが所属する機関の現場において、スタッフとの協調関係を強化したり、プログラムとサービスの効果を高め

たりするためにファシリテーター役を務めることも多い。

　組織開発のもう一つの側面として、ソーシャルワーカーは、組織のポリシーを作るという重要な役割を担う。「私たちはターゲット層の心をとらえることができているか」「提供されたサービスは、効果的で効率的なものか」「モニタリングとエバリュエーション用のツールを用いて、成果を測定したり、予期しなかった結果を明らかにしたりできているか」といった問いに対する答えが、プログラムの有効性に対する評価となる。実際のところ、ポリシーが究極的に試されるのは、プログラムが具体化されるときと、利用者の生活に影響が及ぶときである。

　▶ **ソーシャルワーク・ハイライト**　コミュニティサービス・クラブ〔団体の固有名称〕のメンバーが年間プロジェクトについて決定する時期が今年もやってきた。昨年まで、この作業は派閥間の熱い議論と対立を招いてきた。今年は運営委員会が、ソーシャルワーカーのインディラ・ジョーンズを雇用して、サービス・クラブのメンバーと協働させることを提言した。具体的には、インディラはさまざまな課題を収集したうえで、クラブのプロジェクトの中心となる課題を決定するというプロセスをファシリテートすることになっている。参加の最大化と対立の最小化を目指し、インディラは、幅広いグループ会員と関与するグループプロセスを指揮する。インディラは、課題の優先順位付けのために、中間目標設定の技法を用い、グループが向こう１年間のクラブの最終目標について合意に至るよう手助けをする。インディラのこの組織とのワークは、ソーシャルワークのファシリテーターとしての役割が明確に反映されたものである。

　ソーシャルワーカーは、公式組織とのワークにおいても、ファシリテーターとしての役割を果たす。繰り返すが、このワークは個人の変革よりも組織形成を目的とするものである。たとえば、ある大規模工場の管理者チームは、アルコール依存や常習欠勤などの、モチベーションと生産性を低下させる個人の問題に悩まされていた。彼らは、産業分野を専門とするソーシャルワーカーのホセ・モンティアゴを雇い、組織構造というコンテクストにおける労働者のニーズについての評価を依頼した。ホセは、労働者側と管理者側の双方からの情報収集の後に、従業員援助プログラムの実施を提言した。新たに設置された労働者－管理者評議会に対し、従業員援助プログラムの複数のオプションを提示して検討を求めたのだ。ホセのワークは、ファシリテーターの役割が持つ組織開発のストラテジーを示すものである。

マクロレベル —— プランナー

　コミュニティや社会構造に関わるワークにおいて、満たされていない

ソーシャルワークの機能と役割

　ソーシャルワークの機能と役割は、人権と社会正義という専門職の目的を達成するための手段となることである。2004 年の国際ソーシャルワーク学校連盟（IASSW）と国際ソーシャルワーカー連盟（IFSW）の総会において、ソーシャルワークの国際定義に即した形で、ソーシャルワークの中核目的が詳説された。

・周縁化された人、社会的に排除された人、疎外された人、脆弱で危機に瀕した人たちの集団のインクルージョンを推し進めること
・社会に存在する障壁、不平等、不正義に対処し、異議を申し立てること
・個人、家族、グループ、組織、コミュニティとの間に長期的・短期的協働関係を構築し、そのウェルビーイングと問題解決能力を強化すること
・コミュニティ内で資源とサービスを獲得できるように、人々の支援と教育を行うこと
・人々のウェルビーイングを強化し、成長と人権を推進し、社会全体の調和と安定を促進すること。ただし、この安定性が人権を侵害する場合は例外である
・自身に関わる地方・国・地域の問題および／または国際的問題についてのアドボカシーに従事するよう、人々を促すこと
・専門職の倫理原則に調和する政策の形成と的確な実行を推進するために、人々と共に、および／または人々のために行動すること
・政策や構造的条件が、人々を周縁化し、疎外し、社会的に脆弱な立場に追いやっている場合、あるいはこれらが、さまざまな民族集団の社会における全体的調和と安定を損ねている場合に、その変革を推進するために、人々と共に、および／または人々のために行動すること。ただし、その安定性が人権を侵害している場合は例外である
・ケアを必要としている子どもや青少年、精神疾患や知的障害を抱える人のような、自分で自分を守ることができない状況にある人に代わって、一般に受け入れられた倫理的に健全な法制の枠内で、その人を保護すること
・社会的・政治的行動に従事することにより、社会政策および経済発展に影響を及ぼし、不平等を批判し廃絶することにより変革をもたらすこと
・人々の人権を侵害することのない、安定的かつ調和的で、かつ相互的敬意に満ちた社会を推進すること
・異なる民族集団や社会の中で、伝統、文化、イデオロギー、信念、宗教に対する尊重を推進すること。ただし、これらが基本的人権に抵触する場合は例外である
・上で詳述された目的のいずれかに専心するプログラムや組織を、計画、編成、あるいは運営すること
　　　　　　　　　　　　　（IFSW, 2004, p.3）

ニーズのアセスメントを行う際に、ジェネラリスト・ソーシャルワーカーはプランナー役として、目標の設定、政策形成、プログラムの策定などを行う。プランナーに関わるストラテジーには、リサーチとプランニングが含まれる。

　ソーシャル・プランナーは、コミュニティによる問題解決や保健およびヒューマンサービス提供のための計画策定を支援する。プランナーやコミュニティ・オーガナイザーといった、マクロレベルに焦点を置くソーシャルワーカーの役割遂行のためには、必然的に、社会問題と社会政策、コミュニティ変革理論、マクロレベルの変革プロセスに関する知識が必要となる。実践者は、プランニングとリサーチの領域に関する専門知識とスキルを用いながら、コミュニティのリーダーとソーシャルサービスのスタッフを巻き込んで、コミュニティのニーズに対処し、コミュニティ資源の開発に取り組む。

　ソーシャル・プランナーの活動には、サービスのコーディネート、プログラム構築、政策の有効性評価、社会福祉改革の推進が含まれる。ソーシャル・プランナーは、アセスメント、社会サービス資源調査、コミュニティ診断、環境調査、フィールドリサーチといったリサーチ技法を用い、社会問題に対する理解を深め、可能性のある解決手段を見出す。

　ソーシャル・プランナーは、プランニングのプロセスにおいて、本質的に中立的な立場で役割を遂行する。彼らは客観的にリサーチと分析を行い、合理的な行動指針を提言する。ソーシャル・プランニングには、未来へのビジョンを明示する指針が必要である。環境的要素と制約に対する現実的な評価が、変革のための条件を明確化するのに対し、洞察力に富んだ視点はモチベーションを高める。コミュニティ資源の持つ潜在的な力を引き出すこと、そして場合によっては拡張さえすることで、変化が促進される。

　プランニングを推進するために、ソーシャルワーカーはマクロレベルのクライエントと共に、資源の可能性と環境的制約の双方にアセスメントを行う。それにより、プランニングの本質と領域が明確になる。表9.3は、プランニング・プロセスに含まれる要素を示すものである。プランニングという活動は、漸進的な段階を経て限定的な変化を起こすことも、システム全体にわたる広範な改革を通じて包括的変化を起こすこともできる。

　▶ **ソーシャルワーク・ハイライト**　セントラルシティにある機関は、近隣地域プログラムの構築のために、コミュニティの包括的補助金を利用することができる。セントラルシティ地域開発社〔機関の固有名称〕は、補助金申請の経験を持つソーシャルワーカーのベン・コーエンを雇い、セントラルシティ地域のニーズに関するアセスメントと、包括的近隣地域改善プロジェクト構築の提案書の準備を依頼した。

　ベンは、近隣住民、市職員、ソーシャルサービス提供者を幅広く集め、

表9.3　プランニングの基本要素

要素	説明
ビジョン	理想 未来 望ましい結果
環境の考慮	人口動態 経済 法制 社会政策
資源力	機会 職員 予算
プランニングのプロセス	利害関係者の参加 提案のアセスメント
実行	エバリュエーション 補正

近隣地域の諮問委員会を設置した。ベンと諮問委員会は協働し、優先順位付けを行い、目標を定め、アクションプランを作成した。彼らはまず、近隣地域のニーズに関するアセスメントを実施し、補助金申請のためのストラテジーを構築することを決定した。ニーズ・アセスメントの結果をもとに、諮問委員会は犯罪予防、地域美化、会食プログラム、学童保育プログラムといった分野における計画的な政策構想を検討している。ベンのワークは、ソーシャルワークのプランナーという役割が持つプランニングとリサーチというストラテジーを、協働的な形で実現している例である。

　メアリー・ブラウンの、立法ケースワーカーという仕事におけるマクロレベルのワークもまた、プランナーという役割を示すものである。地区の代表者の要求により、メアリーは区域内に住む退役軍人のニーズを調査した。彼女は、質問項目を考え、区域内の退役軍人が利用できる給付金や教育、経済的サービス、保健サービス、ソーシャルサービス資源における隙間と障壁を見出すべく、100人の退役軍人にインタビューを実施した。回答者の圧倒的多数が、退役軍人にとって地域ヘルスケアは利用しにくいという不満を述べた。彼らは、ヘルスケア・サービスを受けるために最寄りの退役軍人省（United States Department of Veterans Affairs, VA）の病院まで行くのに、車で2時間以上かかると言った。多くの退役軍人が、自分あるいは家族が兵役に関わる未解決の医療的問題を抱えていると述べた。立法者はメアリーのリサーチ結果を活用して、連邦政府からの資金調達を強く要求し、区域内に総合診療所を設置しようとしている。メアリーの立法ケースワーカーとしてのマクロレベルのワークは、プランナーの役割を示すものである。

専門職システム —— 同業者と監督者

　専門職同士の相互作用が、同業者および監督者という役割のコンテクストとなる。これらの役割を通じて、実践者はソーシャルワーク専門職の統合性を保ち、倫理基準を維持し、同業者をサポートする。

　同業者の役割は、ソーシャルワーク専門職同士の協調的雰囲気、相互的尊重、サポートを前提とする。他の専門職と協働関係を築くこと、ならびに、NASW や CSWE といった専門職の全国組織および地域の専門職グループの会員資格を保持することが、同業者の役割を表現している。

　他の専門職と同業者としての関係を維持することは、効果的なソーシャルワーク・プラクティスにとって不可欠である。同業者は専門職のプラクティスを監督し、高品質のサービスを確保し、専門職の基準を維持する。NASW（2008）の『倫理綱領』で示された基準には、ソーシャルワーク専門職に課せられた、ソーシャルワーク専門職が担う諸活動と他のソーシャルワーク専門職を監督する義務と責任の概要が述べられている。監督には、助言や情報提供をすること、メンターとなること、同業者に専門職の包括的指針を与えることが含まれる。

　専門職への文化的適応を通じて、ソーシャルワーカーは、ソーシャルワーク専門職の価値、規範、倫理と自身を一体化する。文化的適応により、実践者は、ソーシャルワーカーの文化、すなわち専門用語、方法論、責任、義務などに適応する。教育、プラクティス経験、専門職の発展といった現在進行中のプロセスもここに含まれる。文化的適応は、ソーシャルワーカーの個人としての自己と専門職としての自己の統合により完成する。

　▶ ソーシャルワーク・ハイライト　NASW の地域支部のメンバーは、地域の新人ソーシャルワーカーには専門職への帰属意識が欠けていると考え、そのことに懸念を抱いている。執行委員会は、これに対処するために、2つのアプローチの採用を決めた。1つは、地域のソーシャルワーカー同士の社会的接触の機会を増やすこと、もう1つは、新人ソーシャルワーカーの専門職への文化的適応を促進することである。彼らは詳細な計画作りのために、2つの小委員会を設置した。

　ボニー・グリーンは、ソーシャルイベント委員会の議長を務めている。この委員会は、地域の実践者とその家族のための活動を、2ヵ月に1度実施している。彼らは、3月の全米ソーシャルワーク月間に開催される特別会合のアジェンダも準備する。マービン・ヘッドバーグの委員会は、全米ソーシャルワーク月間に、メンタリング・プログラムの実施を計画している。メンタリング・プログラムでは、ベテランの実践者と、地元の大学を卒業してソーシャルワーカーになる予定の学生とでペアを作り、月間中、学生はメンターと共に、計画された活動に参加する。NASW の地域支部

におけるボニーとマービンの活動は、ソーシャルワークの同業者としての役割が持つ文化的適応というストラテジーを示すものである。

同業者と監督者という役割の、もう一つの側面について考えてみよう。NASW は専門職の機能不全と同業者支援プログラムに関するポリシー・ステートメントを作成した（NASW, 2009j）。NASW は、地域支部の同業者支援プログラムをサポートしている。これらのプログラムは、ソーシャルワーカーを援助するために、サービスネットワークと、同業者によるサポートを提供する。サポート対象者には薬物乱用の問題を抱えるソーシャルワーカーが含まれ、彼らが効果的なプラクティスを再開できるよう支援する。同業者は、薬物依存に苦しむソーシャルワーカーに、依存からの回復のためのトリートメントを受けるよう促す。ソーシャルワーカーは、公衆を守るという自らの責任と専門職の同業者を支援するという義務との間で、倫理的ジレンマに直面する。同業者支援プログラムは、専門職の同業者と監督者の役割の典型例である。

資源管理

資源が存在するのは、個人の中、他者との相互作用の中、そして社会機関の中である。**個人的資源**とは、個人の資質である。たとえば、レジリエンシー、能力、価値観、希望に満ちていること、自尊心、知力、変化へのモチベーション、忍耐力、粘り強さ、勇気、人生経験などがこれにあたる。**対人的資源**には、家族や友人、隣人、同僚といったナチュラルサポート・ネットワークから生じるサポートシステムが含まれる。ナチュラルサポート・ネットワークの構成員は、人を同様の経験を持つ人に引き合わせ、さらに、彼らと雇用主、聖職者、医師、弁護士、ソーシャルサービス専門職などが提供する資源との橋渡しをする。社会資源は、社会機関による対応の構成要素となり、社会の構成員のウェルビーイングを促進する。社会資源は、正義にかなった社会を実現するために必要である。すなわち、「すべての構成員が同じ権利を共有し、これにより、社会に参加し、法による保護を受け、成長の機会を得、社会的便益を利用することができ、その結果として、すべての人が、社会の資源プールに貢献できる」（DuBois & Miley, 2004）ような社会である。

資源は力を意味し、力は知識に依存する。マクアイバー（MacIver, 1964）は著作『力の変容（*Power Transformed*）』の中で、資源－力－知識の関係を明らかにした。マクアイバーによれば、知識は力の源泉である。

人間のレベルにおいて、力とは効果的な行動をとる能力を意味し、行

批判的思考

［プラクティス行動の例］ リサーチ・ベースの知識とプラクティスにより得られた知見などの複数の情報源を区別し、評価し、統合すること。

［批判的思考の訓練］ 情報は力だ。マクアイバーは、力とは知識、すなわち、いつ、何を、どこで、どのように行うべきかを知ることであると述べているが、これによるなら、さまざまなクライエントシステムレベルにおいて、情報をエンパワメントの中心的構成要素とする意義は何か。

動の質とスケールは、必須のスキルまたは技術、いつ、何を、どこで、どのように行うべきかといった知識を通じて資源を利用することにより決まる。知識が最も重要なのは、知識さえあれば、それを用いて遅かれ早かれ他の必要な資源は手に入れることができるからである。　(p. 110)

　資源（リソース）について情報を豊富に持ち、これを活用できる人はリソースフルな人である。リソースフルであることで、コンピテンスが養われる。タスクの完遂、目標の達成、課題の克服のためには、資源が必要である。資源により、効果的な社会的機能、成長、適応、潜在能力の発揮、全般的な福祉が促進される。逆に、資源の供給に生じる隙間や障壁は、社会問題の原因となる。ソーシャルワークの目的は、人の機能と対人関係の強化、ならびに、人と社会のウェルビーイングにとって望ましい環境づくりを保証することである。

　しばしば、クライエントは、個人的な資源プールや非公式のソーシャルサポート・ネットワークにない資源にアクセスするために、ソーシャルワークのサービスを求める。そのため、ソーシャルワーカーが、クライエントが資源にアクセスできるよう援助したり、サービス提供をコーディネートしたり、新たなポリシーやプログラムを導入したりすることも多い。これらの多彩な活動は、すべて、資源管理というソーシャルワークの機能を反映するものである。

　資源管理とは、クライエントの意思決定や選択に対して統制や指示をすることではなく、資源とサービスのコーディネート、体系化、統合を行うことである。エンパワメント・ベースの資源管理には、クライエントと協調的にワークすることも含まれる。クライエントは、意思決定への積極的関与によりエンパワーされ、より効果的に資源にアクセスし、これを活用できるようになる。

　資源とは、社会的機能の支援、ニーズの充足、あるいは問題解決のために利用可能な、あるいは割り当てられた資産である。問題やニーズは人と環境との相互作用の中で生じるが、このような相互作用は、ソーシャルワーカーとクライエントが解決策を実行するための資源を発見するコンテクストにもなる。たとえば、個人、対人関係、コミュニティ、社会の資源システムはストレスを緩和する。これらの資源システムは、クライエントの社会的機能を強化し、社会への完全な参加を促進するのだ。

　ソーシャルワークの実践者は、あらゆるシステムレベルにおけるワークで、資源管理の役割を果たす（図9.2）。ミクロ・システムレベルにおいて、ソーシャルワーカーはケースマネジメントのストラテジーを用いて、ブローカー（broker）およびアドボケイトの役割を果たす。メゾレベルのクライエントに対しては、コンビーナー（convener）およびメディエーター（mediator）の役割を果たし、ソーシャルサービス提供に関わる各要素間を

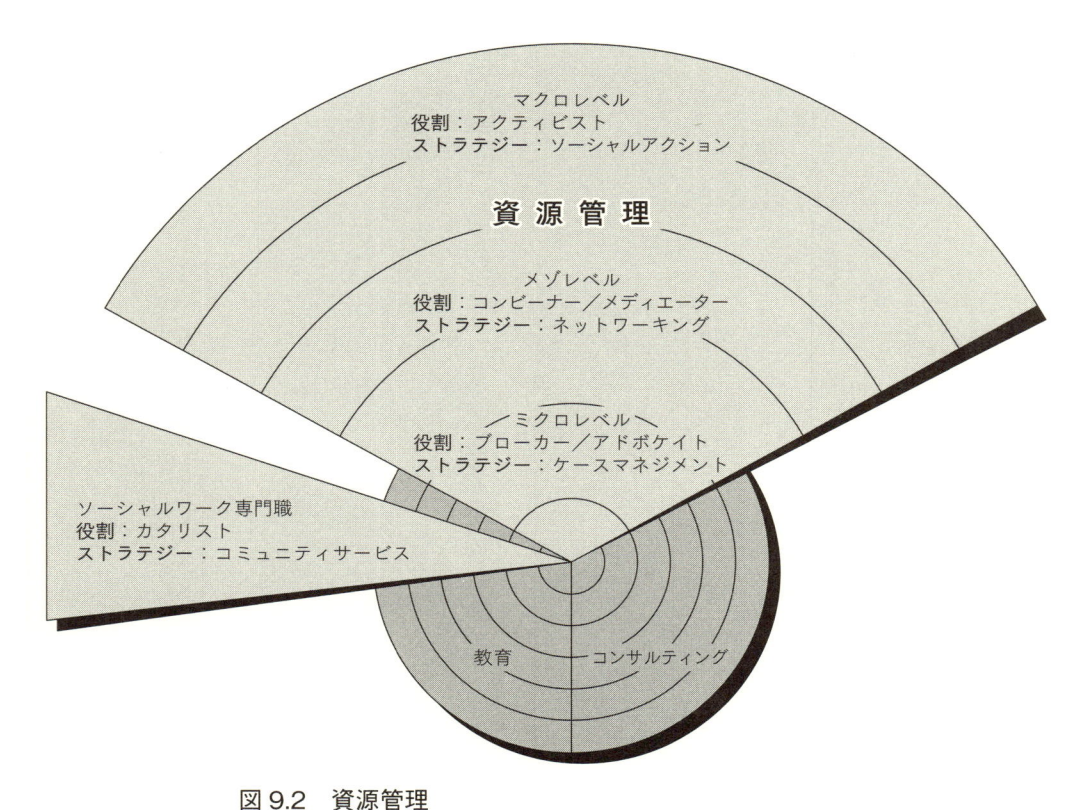

図 9.2　資源管理

ネットワーク化する。ソーシャルワーカーがモビライザー〔動員者〕役として、マクロ・システムレベルにおける変化を促す際には、社会政治的領域における構造改革および制度改革を通じて社会資源の再分配を行う。最後に、カタリスト（catalyst）の役割は、ソーシャルワーク専門職は抑圧と社会的不正義の除去のために相互に協力し、また他の専門職と連携してワークを行うというコミットメントを反映したものである。

ミクロレベル —— ブローカーとアドボケイト

　ブローカーおよびアドボケイトの役割において、ソーシャルワーカーは、クライエントと利用可能な資源との橋渡しをし、あるいは、クライエントのコーズ・アドボカシーを行う仲介者として働く。ソーシャルワーカーは複数の提供者によるサービスをコーディネートするために、ケースマネジメントのストラテジーを用いる。

　ブローカーとして、ソーシャルワーカーは、クライエントが適切かつ目的にかなった資源にアクセスできるように、利用可能な資源に関する有益な情報を提供する。彼らはクライエントと協働し、

- クライエント特有の状況に関するアセスメントを行う
- 資源の選択肢の中からクライエントの選択を促す
- クライエントが他の機関にコンタクトすることを促進する
- プロセスを評価する

　ブローカーは紹介機関のポリシーと手続きを理解し、プラクティス・コミュニティ内の専門職間ネットワークを維持する。

　クライエントとのワークにおいて、ソーシャルワーカーはしばしば、未充足のニーズ、社会的不平等、クライエントの市民権や法的権利および人権の侵害に気付く。ケース・アドボカシーは、これらの不平等を是正する。ケース・アドボカシーが最終的に目指すのは、特定のクライエントが置かれた状況に関わる政策の変革、再解釈、および例外措置を求めることである。ソーシャルワーカーがクライエントのニーズを集めた結果、政策の課題が見出されたとき、その活動はケース・アドボカシーからコーズ・アドボカシーへと推移する。この推移は、多様なシステムレベルのソーシャルワーク活動の中にある相互関係を示すものである。

　ブローカーおよびアドボケイトという役割は、人々の資源獲得を支援するという、ソーシャルワークの中心的目的を果たす。ブローカーとアドボケイトの役割を通じて、ソーシャルワーカーはクライエントの個別のニーズに対処したり、あるいは、自治体やその他の個人または組織がとった不利益な措置に対する不満を解消する。社会福祉の歴史を通じて、潜在的権利を有するクライエントが、道徳的口実をもとにサービスを拒否されてきた。アドボケイトとしてのソーシャルワーカーは、クライエントが権利を有するサービスに確実にアクセスできるようにする。言い換えれば、ブローカーとアドボケイトは、政府機構における官僚制度の迷路に分け入って、クライエントの権利を守るのである。

　エンパワメント指向の資源管理者は、ブローカーあるいはアドボケイト役を務める間、一貫してクライエントと協調してワークを行う。レンローとバーチ（Lenrow & Burch, 1981）が推奨するのは、コーチングや、

> クライエントとのワークにおいて、ソーシャルワーカーはしばしば、未充足のニーズ、社会的不平等、クライエントの市民権や法的権利および人権の侵害に気付く。

　励まし、さらに、クライエントが自らを落伍者あるいは堕落者と見なすことなく、自尊心を強化するようなやり方で、他の専門職やサービス機関にアプローチする方法についての情報提供を行うことである。そこには、正しい意思決定に役立つ資源や、その実行に役立つ資源を見つける方法について情報提供することが含まれる。さらには、身体的・精神的に健全な機能のために何が有効かについての情報提供も含まれる。

(p.248)

▶ **ソーシャルワーク・ハイライト**　カーラ・ノースは、コミュニティセ

ンターにおいて、保育資源とその紹介プログラムでワークを行っている。保育提供者の情報が必要とされているため、チャイルドリンクというコンピュータ・データバンクを利用し、資格を有する保育提供者と保育センターの一覧を作成している。今日、カーラは、メンデス夫妻との面談を予定している。夫妻には3人の就学前の子どもがいる。夫妻は共に外で働きながら、地域のコミュニティ・カレッジの夜間部にも通っているため、保育に関するニーズが大きいのだ。カーラのコンピュータ・プログラムは、個々のクライエントの具体的な要望に合わせた一覧を出力することができる。チャイルドリンクには、資格を有するベビーシッターや保育センターが、少額の料金を支払ってサービスを登録している。カーラは、ブローカーの役割を通じて、クライエントとサービス提供者の橋渡しをしているのだ。

　もう一つの例は、アドボケイトとしてのソーシャルワーカーの役割に焦点を当てるものである。ロジャー・オズボーンは、障害のある人に対する支援の申請と要求を却下された。彼は、福祉権利協会（Welfare Rights Association）のソーシャルワーク・アドボケイトであるジム・ヤングに連絡を取り、不服申し立ての準備のための助力を依頼した。ジムはロジャーに複数の選択肢を示している。1つ目は、資格付与決定の再検討を求めること。2つ目は、弁護士に依頼して不服申し立てを行うことである。3つ目の選択肢は、ロジャーの治療歴の第三者審査を要求することである。ジムはロジャーが選択した行動の方向性に従って、正しい手続きの経路を通じて、このケースのアドボケイトを続けるつもりである。

■ ケースマネジメントのストラテジー

　ケースマネジメントは、サービスをコーディネートし、サービス提供者の説明責任を担保するストラテジーである。ケースマネジメントの目的には、サービスをコーディネートし、これを継続しながら、同時に、プログラムの費用とサービスの効果について説明責任を果たすという課題のバランスを取ることが含まれる。

　ソーシャルワーカーは、クライエントが複数のニーズを抱えている場合に、通常、ケースマネジメントのストラテジーを用いる。このような場合、クライエントは、サービスや便益を長期にわたり維持できるよう、さまざまなサービス提供者と交渉しなければならない。ケースマネジャーはクライエントと協働し、クライエントの状況の評価、必要な資源の入手、サービス提供のモニタリングと評価を行う。

　メンタルヘルス、障害リハビリテーション、家庭福祉、高齢者サービスの分野におけるヒューマンサービスの専門職は皆、ケースマネジメントのストラテジーを広く用いる。これらの分野でサービスを利用するクライエントは、さまざまな資源にアクセスできるよう支援を必要とする場合が多

い。たとえば、住宅、交通手段、メンタルヘルス、医療、所得維持、教育と雇用サービスなどの資源にアクセスする場合である。

　複数のサービスをコーディネートし、サービス提供システムの構成要素同士を結び付け、クライエントの権利をアドボケイトすることによりニーズを満たす、そのような包括的プログラムをケースマネジメントは保証する。1つの機関だけでは、クライエントの目標達成に必要な多種にまたがるサービスやプログラムを提供できない場合が多い。ケースマネジメントが複数のサービスをコーディネートすることで、複数の提供者によるサービスの選択肢の活用や、学際的チームの協働によるアプローチの利用が促進される。有能なケースマネジャーは、必要なサービスのみにアクセスする。多数の提供者やサービスを複雑に組み合わせることで、解決策の強化よりも問題の悪化をもたらすようなことがあってはならない。

　▶ **ソーシャルワーク・ハイライト**　ウェブスター夫妻の主治医は、彼らをアットホーム社で働くソーシャルワーカーのジョイス・フィリップスに紹介した。コミュニティを基盤とするこの支援プログラムは、ナーシングホーム入所に代わるサービスとして、ケースマネジメントとともに、在宅ヘルスケア、食事の宅配、家事サービスを提供する。ウェブスター夫妻は虚弱な高齢者夫婦であり、経済的資源に恵まれず、自宅で暮らすためには複数のサービスが必要である。ジョイスは、ウェブスター夫妻の身体的・認知的機能、および社会的機能をアセスメントするための心理社会的調査表への記入を終えた。ジョイスは、調査表のスコア、金融資産、個人的選好に基づきケアプランを作成したうえで、ウェブスター夫妻によるプランの検討と承認を求める。ジョイスはケースマネジメントのストラテジーを用い、ウェブスター夫妻が選択したケア提供者との間に必要な契約を結び、総合的ケアプランを作成するつもりである。

メゾレベル ── コンビーナーとメディエーター

　コンビーナーおよびメディエーターとしてのソーシャルワーカーは、グループや組織の代表者が集まって共通の問題の特定、目標設定、可能な解決策に関する議論、資源の動員、アクションプランの実行および評価を行う際に、仲介者としての役割を果たす。ソーシャルワーカーは、ネットワーキングのストラテジーを用いて、サービスをコーディネート、あるいは開発する。

　コンビーナーとメディエーターの役割を通じて、ソーシャルワーカーとメゾレベルのクライエントは、サービス提供に生じる隙間と障壁に対処する。さらに、社会的サービスの提供を拡大したり、あるいは必要な資金提供を行う政策を提唱する。たとえば、実践者は、コミュニティのタスクグ

ループ、機関の委員会、ユナイテッド・ウェイの委員会と協働して、サービス提供を評価し、必要な政策変更を提言する。コンビーナーとメディエーターは、システム同士を連携させ、組織間の相互作用を改善し、組織の資源を動員することもある。ソーシャルワーカーは、学際的チームや複数組織によるベンチャーとのワークを通じて、この役割を果たす。

　参加者の間に対立が生じた場合、ソーシャルワーカーは、メデエーションのスキルを用いて、意見の相違を解決する。有能なメディエーターは、共通点や両派が合意できる解決策を探る際に、中立的立場を維持する。

▶ **ソーシャルワーク・ハイライト**　ソーシャルサービス提供への定期的なアセスメントの一環として、コミュニティサービス評議会は、サービス調査と利用者意識調査を実施した。リサーチの結果、夜間および週末における機関のカウンセリング時間の延長について、満たされていないニーズがあることが分かった。コミュニティサービス評議会のソーシャルワーカーであるケイ・マックスウェルは、家族サービス機関、メンタルヘルス・センター、心理クリニックの主要な管理者による会議を開催し、どうすれば彼らの組織が定時後のサービスを提供できるかについて話し合っている。会議に参加しているすべての機関が、コミュニティサービス評議会から資金提供を受けているわけではない。機関のサービス提供者は時間延長に伴うコスト増に対する懸念を示し、このスケジュール変更の責任をどの機関が負うべきかについて、しばしば意見が一致しなかった。ケイによるコミュニティリーダーたちとのグループワークと、彼女が果たした対立を仲裁する機能は、コンビーナーおよびメディエーターの役割を示すものである。

■ ネットワーキング・ストラテジー

　ソーシャルワーカーは、コンビーナーおよびメディエーターとして働く際、ネットワーキング・ストラテジーを用いて、共通の目的や共有された目標のもとに、多様性のある集団間や組織間の連携を構築する。ソーシャルワーカーは、ヒューマンサービス組織や、その他の産業組織、影響力を持つコミュニティリーダーとのネットワークを作る。連携を通じて、複数機関をまたぐ組織が、サービスに生じる隙間や障壁、サービス提供に関する未充足のニーズに対処するために協働することが可能になる。協調的プランニングは、ネットワーキング・ストラテジーの有効性を高める。協調的にワークすることで、参加者はエンパワーされ、メゾレベルの変化を起こすことが可能になるのだ。

▶ **ソーシャルワーク・ハイライト**　ヴィン・フォンは、コミュニティサービス評議会との業務連携担当として、ネットワーキングのストラテ

ジーを用いている。労働評議会の要求により、ヴィンは雇用主の出資による保育のモデルを模索するために、企業、産業界、労働組合のリーダーを集めて会議を開催した。参加した企業の中には、社内保育所の設立に興味を示すものもあった。一方で、社外保育プログラムへの共同出資に興味を示す企業もあった。ヴィンが用いたネットワーキングのストラテジーは、企業間の橋渡しをするのみでなく、企業とコミュニティの情報資源や財政的資源を結び付けるものである。

マクロレベル —— アクティビスト

アクティビストとしてのソーシャルワーカーは、コミュニティや社会のキーパーソンである社会的・経済的リーダーを集め、社会変革に着手する。ソーシャルアクションやソーシャル・アドボカシーのストラテジーは、資源の分配に影響を及ぼし、法改正のためのロビー活動を行い、訴訟を起こすことを通じて、社会正義と人権を推進する。

ソーシャル・アクティビストは、社会問題と社会的不正義に関する公共の意識を高める。彼らは、利用可能な資源を動員し、不利な状況を変革する。ソーシャル・アクティビズムにおいて、ソーシャルワークの活動は、資源の獲得から社会改革の実現にまで及ぶ。モビライゼーションとは、コミュニティ・グループとの協働により、課題の共有、目標の明確化、計画されたアクションのためのより広範なサポート基盤を獲得するためのストラテジーの設計と実行を行うことである。

アドボカシーとアクティビズムの目標は社会改革である。アクティビズムのストラテジーとしてのソーシャルアクションは、社会改革によるQOL 改善を通じた社会的不正義是正のために、協調的な政策的努力を伴う。ソーシャルアクションを通じて、ソーシャルワーカーは、社会改革と社会変革を追求する人々を支持する。コーズ・アドボカシーにおいて、ソーシャルワーカーは、連携の構築や資金再分配の要求、適正な社会政策と資金提供の法制化を求めたロビー活動を行うことで、優先順位の高い社会改革をサポートする。

アクティビストとしてのソーシャルワーカーは、経済的に不利な状況にある人や政治的に権利を奪われた人の代弁者になるという、擁護者としてのコミットメントを維持する。コーズ・アドボカシーにおいて、ソーシャルワーカーは、機関を人間的なものに変えることに注意を払う。彼らは、個人を適応させることよりも、社会機関の改革に関心を向けるのだ。

▶ ソーシャルワーク・ハイライト 全国規模の調査により、多数の州におけるエイズ患者向けサービスのための資金の不足が明らかになった。エイズ患者向けサービスへの州の支出を増やすために、ソーシャルワーカー

ソーシャルワーク・アドボカシーと国際的人権

ソーシャルワークの役割により、クライエントシステムが問題の解決策を探し、必要な資源にアクセスし、新たな知識やスキルを得られるようにエンパワーすることを目的とした活動が定義される。アドボカシーは、ソーシャルワーカーの中心的役割である。NASW（2008）の『倫理綱領』には次のような記述がある。

> ソーシャルワーカーは、地域レベルから全世界的規模に至る社会全体の福祉と、住民、コミュニティ、環境の発展を推進する。ソーシャルワーカーは、人の基本的ニーズの充足につながる生活環境の整備を推進すべきであり、社会正義の実現に資する社会的・経済的・文化的価値と制度を推進すべきである。
>
> （Section 6.01）

さらに、「ソーシャルワーカーは、あらゆる人、集団、階級が、人種、民族、国籍、肌の色、性別、性的指向、年齢、結婚歴、政治的信条、宗教、精神的・身体的障害を理由とした支配や搾取、差別を受けることを防ぐために行動すべきである」（Section 6.04d）。

ソーシャルワークの役割は、人権の推進のように、国際的な領域にまで広がっている。貧困、飢餓、病気、強制移住、大虐殺は、ソーシャルワーカーが対峙する国際的問題の一部である。これらの国際的問題への対応として、ソーシャルワーカーは個人に対するダイレクトサービスの提供のみならず、保健の促進や社会的・経済的発展に関する政策アドボカシーにも従事する。世界的飢餓と貧困に関わる事実のみを見て

も、政策アドボカシーとインターベンションの膨大なニーズの存在が窺える。例として、国連（United Nations, n.d.）が収集した以下のデータについて検討してほしい。

- 世界で 10 億人以上の人が 1 日 1 ドル未満で生活している
- 毎年、1100 万人の子どもが、予防可能な病気により、5 歳未満で命を落としている
- 世界で 600 万人の子どもが、栄養失調のため 5 歳未満で亡くなっている
- 識字能力調査によると、1 億 1400 万人の児童が基礎教育を受けておらず、5 億 8400 万人の女性が読み書きができない
- 3.6 秒に 1 人が餓死している。その大部分が子どもである
- 世界人口の 40％以上が基本的衛生状態になく、清潔な飲み水を手に入れられておらず、水媒介性の伝染病への感染者数と死亡者数が増加している

ソーシャルワーカーは、組織と協会を通じて、集団として、アドボカシーおよびアドバイザーとしての役割を果たす。その一例が国際ソーシャルワーカー連盟（IFSW）である。IFSW は、90 ヵ国の 50 万人を超えるソーシャルワーカーを会員とするソーシャルワーク専門職の組織であり、世界中の専門職の代弁者となっている（IFSW, 2012）。IFSW は、人間開発と人権に関わる問題について国連にコンサルテーションを提供するソーシャルワーク組織の一つであり、国内の協会が行う国内および国際的なソーシャル・プランニングと社会政策構築を支援する。

は、議会で追加の予算割当を支持する証言を行った。政治的アクション
は、社会政策形成への関与とソーシャルワーク・プラクティスが直接につ
ながっていることを示すものである。

　もう一つの例を挙げると、ジェフ・マイルズは、アクティビストとし
てコミュニティメンバーのアクションを動員することで、コミュニティ
のニーズに応えている。大量レイオフと農園の閉鎖により、マウンテン
ギャップ・フードバンク〔団体の固有名称〕の食料は供給不足の状態にある。
この地域フードバンクは、コミュニティの食料貯蔵庫に保存食と缶詰食品
を供給している。ジェフは包括的緊急フードドライブ*を立ち上げた。ジェ
フは、さまざまな市民団体や友愛組織、企業、教会のリーダーを動員し、
このキャンペーンの取り組みの陣頭指揮を執らせた。さらに、複数の地域
青年団体に近隣住人の勧誘を行わせた。地域放送局の司会者は、番組内で
新たな特集を組み、フードバンクの危機にコミュニティが注目するよう促
した。

* **訳注**　コミュニティで食
料の寄付を募り、フードバ
ンクなどを通じて低所得者
や施設に配布する運動。

専門職システム ── カタリスト

　カタリスト（触媒）としてのソーシャルワーカーは、ソーシャルワーク
の同業者と共に、また学際的関係を通じて、ソーシャルサービスの最適な
システムを構築するための専門職の取り組みを組織化する。コミュニティ
サービスのストラテジーを通じて、ソーシャルワーカーは自らの倫理的コ
ミットメントに従い行動し、ボランティアとして働く。

　カタリストの役割において、ソーシャルワーカーは、革新と変革を強
く求める。ソーシャルワーカーは、より人道的なサービスの実現のために
ソーシャルサービスを是正し、社会正義と平等を擁護するために社会的・
環境的政策に影響を及ぼし、全世界的相互依存を受け入れる世界観の採用
を促すという倫理的コミットメントを有する。たとえば、NASW は、ロ
ビー活動を行い、専門家として証言し、他の専門職グループとの連携を築
くことを通じて、会員により見出された緊急の社会的ニーズに関わる政策
形成に取り組む。NASW の活動の中には、問題の定義、法制化の進捗モ
ニタリング、政策とプログラムの有効性の評価が含まれる。

　さらに、専門職組織は、アミカス・クリエ（amicus criae）すなわち法廷
助言者としての役割を求められる場合もある。この役割においては、専門
職組織の代表が、特定の判決に関して専門的情報を提供する。

　カタリストとしてのソーシャルワーカーは、学際的協力関係を構築し、
地域、国内および国際的な問題に対処する。専門職組織連合による政治
的圧力は、政策や資金調達に大きな影響を及ぼすことができる。たとえ
ば、ソーシャルワーカー連合およびそれ以外の専門職、さらに利害関係を
持つ市民によるロビー活動の結果、州立児童信託基金が創設された。課徴

金と税の天引きを基盤とするこのオプションは現在、多くの州とワシント
ン D.C. において利用可能である。児童信託基金は、児童虐待とネグレク
トを防止するための特別プログラムに資金を供給している。

　国際ソーシャルワーカー連盟（IFSW）は、国際的領域におけるソー
シャルワーク会員組織のためのカタリスト役として機能する。たとえば、
IFSW は、児童の教育を受ける権利、ヘルスケアの利用、平和、正義、難
民の権利といった多様な領域に対する取り組みについて、会員を代表して
国連に意見を述べる。

　▶ ソーシャルワーク・ハイライト　直近の隔月ミーティングにおいて、
ヒル・アンド・デル・医療ソーシャルワーカー協会のメンバーは、遺伝カ
ウンセリングを求める人が増加していることを知った。専門的遺伝カウン
セリングサービスを利用するためには、より大きな都市部のコミュニティ
へ行く必要があり、車を 150 マイル以上も走らせなければならない。協会
はこの件を調査し、提言を出すべく作業部会を設置した。作業部会は今日
のミーティングで、地域の母子保健センターが、サービスに関して明らか
になった需要を満たすために、この分野の専門家を雇用するための助成金
を求めることを提唱する。協会のメンバーはサービス提供に変化を起こす
ためのカタリストの役割を果たしている。

■ コミュニティサービスのストラテジー

　専門職ソーシャルワーカーは、専門職組織でボランティアとして行う
仕事を通じて、あるいはコミュニティのプランニング作業チームや諮問
委員会、連合、調査委員会、理事会の会員であることを通じて、コミュ
ニティサービスを提供する。ソーシャルワーカーはコミュニティ教育にお
いてリソースパーソン〔問題解決にあたって頼りになる人、役に立つ人〕として
の役割を果たすことが多く、コミュニティ、教会、市民グループに向け
て、ボランティアとして教育プログラムを提供する。ソーシャルワーカー
は、NASW（2008）の『倫理綱領』に規定された社会的責任に対する真摯
なコミットメントに応えるものとして、コミュニティの取り組みのために
進んで自らの時間を差し出すのだ。

教　育

　知識は力である。ゆえに、教育はエンパワメント指向プラクティスにお
ける力の中心である。教育機能を通じて、ソーシャルワーカーはクライエ
ントに必要な多くの情報を提供する。このような情報のやりとりは意思決
定を促し、コンピテンスを強化する。さらにソーシャルワーカーは、クラ
イエントが機会や資源にアクセスする能力を高めるための、多様なスキル

を教える場合もある。

　成人のクライエントに提供される学習体験は、彼ら自身の経験を基礎とした学習目標を見出させることを意図したもので、かつ、自身が見出した教育的ニーズの充足と問題解決にそのまま応用できるものであるべきである。教育的関係におけるパートナーとしてクライエントにアプローチするソーシャルワーカーは、クライエントの積極的な寄与を重視し、実際に「クライエントが、自分が専門職の積極的な協力者として参加したいと考えるのは**適切**で、対等な関係で参加することが専門職とクライエントの双方に**利益をもたらす**と確信できるようにする」(Lenrow & Burch, 1981, p. 253)。

　予防は、20世紀において問題に対処するための重要な取り組みとして歓迎された。問題の予防は、個人的・社会的コンピテンシーを開発するための一連の複雑な活動から成り、人のニーズがより効果的に充足されるようにソーシャルシステムを是正するものである。予防という活動は、その性質上、そもそも教育的であり、社会的機能における問題の発生に先立って、一般に大規模なグループをターゲットとして実施される (Cox et al., 2010a, 2010b; Kervin & Obinna, 2010; Knox & Aspy, 2011; Manthorpe & Iliffe, 2011; Merrell, 2010)。予防は、個人と社会の問題への対処に向けた積極的な姿勢を前提とする。そこには、個人と社会のコンピテンスにとって最適な状況を促進し、最適な機能の妨げとなる問題状況を除去する一連の活動が含まれる。

　教育という役割には、あらゆるシステムレベルにおけるソーシャルワークの活動が含まれる (図9.3)。教師の役割は、ミクロレベルでは学習のストラテジーを用いて、クライエントの情報ベースを拡張する。メゾレベルでは、トレーナー役がスタッフの成長をファシリテートする。マクロレベルでは、アウトリーチ役が、コミュニティ教育のストラテジーを用い、一般の人々に向けて情報提供を行う。最後に、専門職システムの中で、ソーシャルワーカーは、リサーチャーや学者として、リサーチの成果やプラクティスで得られた知恵を他の専門職に伝える。

ミクロレベル —— 教師

　ソーシャルワーカーは教師として、学習のストラテジーを用い、クライエントのスキル開発を促進し、情報ベースを拡張する。教育によりクライエントの情報ベースを拡張することで、個人、家族、小グループはエンパワーされる。情報の力で武装することで、クライエントは情報に基づく意思決定ができる強い立場に立つことができるのだ。

　情報処理のストラテジーはコミュニケーション・プロセスであり、そこには情報の獲得 (アクセス)、情報の理解と意味付け (処理)、情報に基づき

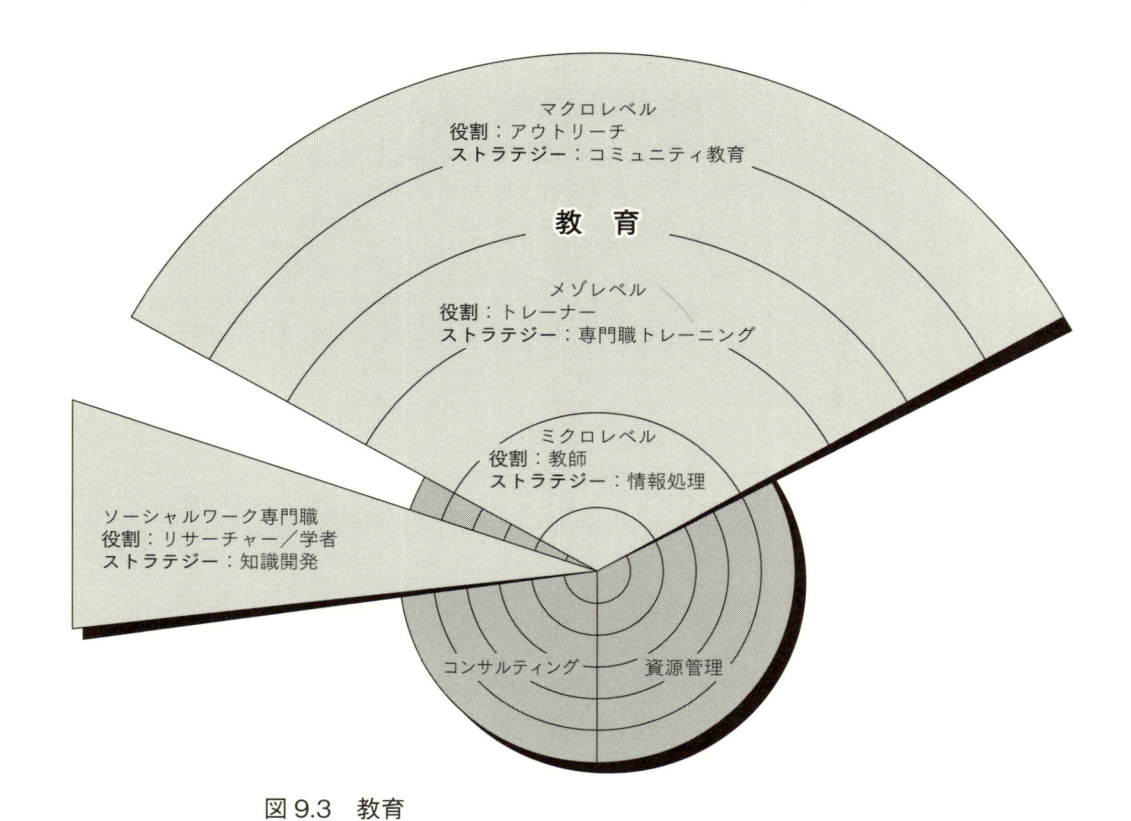

図9.3　教育

何らかの行動を起こすこと（活用）、そして、情報の伝達（コミュニケーション）が含まれる。このような情報のやりとりが生じるのは、クライエント－ワーカーによる体系的な会議や公式の教育現場、ロールプレイのような実験的演習においてである。

　クライエントは、自身の人間関係の有効性を強化するような情報や、資源へのアクセス能力を高める情報、また意思決定の基礎とするのに十分な情報から恩恵を受ける。これらの教育的経験はクライエントがよりアサーティブ〔自分も相手も尊重しながら自己主張・表現できること〕になること、および建設的な紛争解決や、育児、定年に向けたプランニング、高齢の親族のケアなどに関するスキルを身につけるのに役立つ。

　教育者としてのソーシャルワーカーは、協調的パートナーシップを目指す方針と、クライエントをエンパワーするという目標に導かれ、クライエントが社会政策と自身の状況の関係性を理解し、さらに個人や集団の政策的課題に影響を及ぼす方法を見出すための機会を提供する。たとえば、一人親の支援グループが、不十分な保育サービスが重要なストレス源であることを見出したとしよう。グループが、これに政策上の課題として取り組めるようになれば、クライエントの自己コントロール感とコンピテンス意識を高め、同時に政策変革に影響を及ぼすことが可能になる。

> クライエントは、自身の人間関係の有効性を強化するような情報や、資源へのアクセス能力を高める情報、また意思決定の基礎とするのに十分な情報から恩恵を受ける。

▶ ソーシャルワーク・ハイライト　ブライアン・マットソンは、地域病院のリハビリテーション科に勤務する医療ソーシャルワーカーである。現在、彼のクライエントの一人が、脳卒中からの回復の途上にある。ブライアンはリハビリテーション中の患者とその家族のための教育グループをファシリテートしている。彼は、リハビリテーションの心理社会的側面に関する情報および学習経験を提供する際に、かつて患者だった人の助言を活用している。教育グループに対するブライアンのファシリテーションは、ソーシャルワーカーのミクロレベルのクライエントに対する教育的役割の例である。

メゾレベル──トレーナー

トレーナーの役割を通じて、ソーシャルワーカーは、公式集団や組織などのメゾレベル・システムのメンバーに対する指導を行う。ソーシャルワーカーが用いるトレーニング・ストラテジーの中には、ワークショップ、スタッフ養成、実地体験、その他の種類の継続的教育がある。

トレーナーは、公式集団と組織のための教育的資源に関する専門家である。彼らはプレゼンテーションを行い、討論会のパネリストを務め、公的フォーラムを運営し、ワークショップをファシリテートする。組織は常勤のトレーナーを雇用する場合もあれば、特定領域に関するトレーニングを提供するためにソーシャルワーカーを雇う場合もある。コンピテントなトレーナーは、スタッフ養成、成人教育、意識改革、学習プロセスなどに関するリサーチ結果を講座の基礎とする。効果的なトレーナーは、組織目標のアセスメント、学習者の目標の定義、主題の調査、教育体験の形態の決定、評価プロセスの作成のために、スタッフ養成のストラテジーを用いる。

効果的なトレーニングを提供するためには、主題に関する知識、グループプロセスに関するスキル、技法に関するコンピテンスが必要である。当然ながら、トレーナーは、その基盤として、トレーニングの主題に関する専門知識を保持していなければならない。さらに、適切な形のトレーニングにより情報を伝達する能力を持っているべきである。最後に、効果的なトレーナーは、良いプレゼンテーションを行うために、多様なメディアを活用できることが必要である。

ストレスマネジメントの技術、対人的効果性のスキル、アサーティブネス・トレーニングといった領域でのスタッフ養成ワークショップを実施するために、組織がソーシャルワーカーを雇用する場合がある。事実、トレーニング経験が参加者にとって、予期される移行の準備となる場合は多い。たとえば、ソーシャルワーカーは、企業勤務者のために定年退職に備えたプランニング講座を開催する。また、家族のケアをしている人のために、危機に瀕した人に対する行動が有益なものになり、問題発生の可能

性を高めることがないよう、スキル開発講座を実施する。トレーニングは、参加者のストレングスの土台となり、スキルを高め、コンピテンスを向上させるものであるのが理想である。

▶ **ソーシャルワーク・ハイライト**　全米児童虐待・ネグレクト予防センターの地方支部が、親のための支援プログラム創設用資金を得た。このプログラムはボランティアを基盤としたもので、参加者は30時間のトレーニングを受講する。トレーニングには、児童の発達、虐待とネグレクトのダイナミクス、効果的コミュニケーション、積極的傾聴、紹介の方法などの要素が含まれる。ボランティアでコーディネーター役を務めるサラ・ウェイバリーは、児童福祉の実践者による一連のトレーニング・ワークショップの日程を組み立てる。ボランティアのトレーニングとスタッフ養成は、トレーニングの役割の一例である。

マクロレベル —— アウトリーチ

アウトリーチを通じて、ソーシャルワーカーは、市民を相手に、社会問題、不正義、ソーシャルサービスについての教育を行う。ソーシャルワーカーはコミュニティ教育のストラテジーを用い、さまざまなメディアとPR活動を通じて情報を伝達する。

マクロレベルにおけるアウトリーチの役割を通じて、ソーシャルワーカーは、市民が社会問題と、これに関連するソーシャルサービスについての知識を広げられるよう支援する。コミュニティを基盤とした教育の取り組みにより、ヘルスケア、病気、ストレス、自殺の可能性の兆候、薬物乱用、児童虐待とネグレクト、その他家庭の問題など、さまざまな領域の問題に対する人々の認識が高まる。一般の人々に情報を提供することで、人々が非公式および公式の資源により迅速にアクセスできるようになる。公的情報施設を通じた教育は、予防的行動を推進する。

コミュニティ教育のストラテジーには、ポスターやチラシの配布、大勢への一斉メール送信、雇用案内所や雇用プログラム、講演会の開催などがある。これら以外にも、コミュニティの構成員に教育的情報を伝達するための方法として、公的サービスのアナウンス、活字メディア、映像、ラジオやテレビの番組放送などがある。広範な市民の個別のニーズを尊重するために、民族に配慮するソーシャルワーカーは、複数言語、点字、大きな活字、手話などを用いながら、文化に配慮した情報を提供する。

▶ **ソーシャルワーク・ハイライト**　「オプションズを知ったきっかけは何ですか？」。この質問は、オプションズ〔機関の固有名称〕によるクライエント満足度調査の中で、高齢者向けケースマネジメント機関によるアウト

スクールソーシャルワーク

　多くの新人ソーシャルワーカーがそうであるように、私がキャリアをスタートさせたのは、居住型のトリートメント施設でした。私が多くの新人ソーシャルワーカーと違っていたのは、学部時代の専攻が政治学だったことです。居住型のトリートメント・ワークを経験したことで、私は MSW プログラムへの進学を決めました。私は少しずつ時間をかけて、あらゆる組織のソーシャルワーカーには政治的洞察力が必要なことを学びました。スクールソーシャルワークの管理者を務める中で、私は、学校がとても政治的であることに気付きました。家族、学校、コミュニティ間の関係性における多様な要素を見出すためには、社会システム論的視点の理解が不可欠です。

　この仕事を始めて間もない頃、私は貧困あるいは無秩序な生活環境にいた子どもも、暮らしの中で一人のしっかりした大人から影響を受けることができれば、成功のチャンスがあるということに気付きました。スクールソーシャルワークの性質と、授業で数年にわたり子どもたちとワークする機会に恵まれることで、スクールソーシャルワーカーは、この「しっかりした大人」になる機会を得ることができるのです。スクールソーシャルワーカーは、子どもたちが勉強と社会的スキルの両方において、時間をかけて進歩を遂げるところに立ち会うことができます。スクールソーシャルワークの最も重要な役割は、そのような子どもたちとの健全な関係を築くことだというのが、私の信念です。このように、敬意を伝え、関係を構築し、信頼を育てることができるということが、スクールソーシャルワーカーの最も重要なスキルなのです。

　明らかに、スクールソーシャルワークが行われるのは、ホスト・セッティング、すなわち課題が発生する現場です。学校では、教育者ではない専門職スタッフは全員、階層的職制の最下段か

らスタートします。ソーシャルワーカーは、学校での子どもたちの成功を支えるために必要な、子どもに対するホリスティックな視点という価値ある側面に寄与することができます。ソーシャルワーカーが教育者と学校運営者に聞く耳を持たせ、そして彼らに影響を及ぼすためには、学校現場に馴染むための創造的な方法を見つける必要があります。「クライエントの現在地から始める」という古い格言は「学校の現在地から始める」と読み替えられます。スクールソーシャルワーカーがシステムの一部となり、影響力を持てるようになるためには、最短でも 3 年はかかることを覚悟しておくとよいでしょう。

　スクールソーシャルワークは徐々に、より官僚制的になってきました。「落ちこぼれ防止」法（No Child Left Behind Act）と、この法が要求する多数の標準テストを通じた説明責任の影響で、生徒がソーシャルワーカーと一対一の相互作用をするための時間が削られています。落ちこぼれ防止法により、ソーシャルワークのような学校での補助的サービスに求められる説明責任の水準も引き上げられています。そのため、スクールソーシャルワーカーは、エビデンス・ベースのプラクティスを行い、学齢期児童とのワークにおける成果を実証する必要があります。このような構造的変革に適応する中で、スクールソーシャルワーカーの役割は、ダイレクトサービスからコーディネーターへと方向転換し、子どもとのカウンセリングに費やす時間は減っています。

　私は「生徒の成績を究極まで高めるために、私たちは何をしているか」と自分に問いかけることで、成果に対する要求に対処することが好きです。今日のスクールソーシャルワーカーはかつてないほど、リサーチ・ベースのアプローチを用いています。スクールソーシャルワークが子どもたちの成功に寄与しているという証拠を示さなければならないからです。学校現場では多様な領域が相互依存関係にあるため、ソー

シャルワーカーは、教育理論とプラクティス、子どもの発達といった複数分野をまたぐトレーニングにより、ソーシャルワークにおける自身の専門性を強化することが求められています。

スクールソーシャルワークは、0歳から21歳までの幅広い年齢層の青少年とワークする機会を持てる、やりがいのあるプラクティス領域です。彼らは皆、年齢においてもライフステージにおいても、発達の途上にあります。スクールソーシャルワークと、学校を基盤としたサービスにおいて、実践者は、危機的状況にある子ども、あるいは特別な教育的ニーズを持つ子どもたちの人生に、影響を及ぼす機会を得ることができるのです。

リーチの取り組みを評価するために行ったものである。オプションズのソーシャルワーカーであるジャニス・シュタインは、満足度調査の結果分析を担当している。オプションズを知ったきっかけについてのクライエントの回答は、友人、聖職者、医師、テレビCMがほぼ同数である。オプションズのスタッフが助けになると考えた友人に勧められたと回答したクライエントも多数いた。医師や聖職者から冊子を受け取ったと回答した人もいた。テレビで公的サービスについての告知を見て電話をしてきた人も大勢いた。ジャニスは調査結果から、機関が複数手段によるアウトリーチの取り組みを継続すべきだということが裏付けられたと結論付けた。

専門職システム ── リサーチャーと学者

リサーチャーや学者として働くとき、ソーシャルワーカーは、ソーシャルワークの理論的基盤を強化し、プラクティスとプログラムの成果を評価する。これらの活動は、知識開発のストラテジーを通じて、ソーシャルワーク・プラクティスと理論を結び付ける。

リサーチは、体系的な調査あるいは実験の手法であり、その目的は事実の発見と解釈、知識開発、そして新しい理論あるいは修正された理論のプラクティスへの応用である。ソーシャルワーカーにとってリサーチは、理論の構築、プラクティス・ストラテジーの設計、そして成果の測定を意味する。専門職の知識基盤に寄与する専門的学識を持つことは、すべてのソーシャルワーカーにとっての義務である。そのため、ソーシャルワーク・プラクティスの準備には、必然的に強力なリサーチの要素が含まれる。

NASW（2008）の『倫理綱領』には、ソーシャルワークのリサーチャーおよび学者としての役割の基準が明記されている。倫理的プラクティスの基礎を成すのは、リサーチに支えられた理論である。リサーチの利用者としてのソーシャルワーカーは、エビデンス・ベースの最新知識を常

リサーチ・ベースのプラクティス

[プラクティス行動の例] リサーチへの情報提供、エビデンス・ベースのインターベンション実施、自身のプラクティスの評価のために、プラクティスの経験を活用すること。プラクティス、政策、ソーシャルサービス提供を改善するためにリサーチの成果を活用すること。

[批判的思考の訓練] ベストプラクティスの構築と、エビデンス・ベースのインターベンションの採用が、ますます重視されている。ソーシャルワーカーは、リサーチャーおよび学者の役割において、プラクティスの知識基盤に貢献するという専門職への期待を十分に満たすために何をすればよいか。

に把握しておくために、専門誌やリサーチ文献を読む。その一方で、ソーシャルワーカーは、自らリサーチを行い、見出したベストプラクティスを同業者に伝えることを通じて、知識基盤に寄与する義務を負う。

リサーチにより、ソーシャルワーカーが人間行動と社会環境を理解するための情報源となる理論的基盤が構築される。ソーシャルワーカーはリサーチにより築かれたこの広範な基盤を活用して、ソーシャルサービス・プログラムを強化し、公平な社会福祉政策を形成し、ソーシャルワークのプラクティスの方法を改善する。さらに、ソーシャルワーカーはリサーチの方法を用いて、自身のプラクティスの評価、プログラムの有効性のアセスメント、社会政策の分析を行う。ソーシャルワーカーは、リサーチの利用者であると同時に積極的なリサーチャーとして、リサーチとプラクティスを統合する。

ソーシャルワーカーによるプラクティス・リサーチの実行およびその成果の活用への関与は、さまざまな活動に示されている。ソーシャルワーカーは、リサーチの成果をプラクティスの指針として用いる。エビデンス・ベースのプラクティスのためには、実践者は論文を読み、リサーチの成果をプラクティスに応用することが必要になる。プラクティスの説明責任の基準を満たすために、ソーシャルワーカーは、継続的かつ精力的に、自身のプラクティス活動の成果と効果を評価する。ソーシャルワーカーの中には、リサーチ活動を自身のプラクティスの中心とし、設計、評価、統計的分析における専門性を深める者もいる。

▶ **ソーシャルワーク・ハイライト**　子どもが家族から離れて暮らさざるを得なくなる事態を防止するために、州の家族サービス課が後援するリサーチプロジェクトが、集中的な家庭内サービス活用の実現可能性について調査している。リサーチプロジェクトに紹介されたのは、複数のソーシャルサービス提供者と広く関わってきた複数の家族である。家族はランダムに実験群に割り当てられ、家族システムに熟達した専門家による集中的家庭内サービスを受けた。クライエントは、家族システムの専門家を24時間、必要に応じて利用することができた。統制群の家族は、旧来のサービスを受け続けた。リサーチの仮説は、集中的危機介入により、子どもを家庭から分離させなければならなくなる可能性が低くなるというものである。家族政策の提唱者たちは、児童虐待とネグレクト防止の革新的モデルの検討にあたり、このリサーチの結果を詳細にモニタリングしている。

展　望

本章で紹介したパラダイムは、ソーシャルワーク・プラクティスを、ジェネラリスト的視座を理解するための方法として、また利用者との情報

交換の本質を理解するための方法として、さらにその実践方法として概念化するものである。すなわち、ソーシャルワーク・プラクティスは、役割、ストラテジー、活動の適用を通じたシステムレベルのインターベンションとして理解することができるのだ。情報に基づくソーシャルワーク・プラクティスという枠組みは、21世紀を生き抜くためには情報へのアクセス、情報の処理、伝達、活用が重要だという考え方を反映したものである。脱工業化社会において必須の資源は情報である。そのため、情報は、クライエントが具体的な資料、経済的資源、対人関係強化のために設計された個人向けソーシャルサービスなどを見つけるために役立つ商品となっている。ソーシャルワーカーを含む専門職は、しばしばインフォメーションワーカーと呼ばれる。ソーシャルワーク専門職のプラクティス活動は、問題解決のためのコンサルティング、資源管理、教育の各機能にグループ分けされ、これらすべてにおいて情報交換が重視される。パートナーシップ、選択、個人の尊厳を強調しながら、健康と健全さ（wholeness）の概念を促進する情報の選択・提示を通じてクライエントをエンパワメントすることにより、ソーシャルワーク・プラクティスの目的は具現化される。

第9章 練習問題

以下の問いは、本章で学んだ知識をテストするものである。

1. ディアナ・ペナは複数のソーシャルワーク専門誌を購読し、プラクティスに応用できるリサーチ・ベースの情報を見つけ出そうと注意深く読み込んでいる。このとき、彼女は＿＿＿＿である。
    a. リサーチ・プラクティショナー
    b. リサーチ・スペシャリスト
    c. 臨床科学者
    d. リサーチ利用者

2. ソーシャルワーカーのダニエル・パークスは、公的保健機関で、基本的予防プログラムを開発している。彼が設計する予防的活動の多くは＿＿＿＿なものである。
    a. 教育的
    b. 医療的
    c. 心理学的
    d. 社会的

3. ケント・ハンセンは、サービスがどのように提供されているかの説明責任を果たすために、高齢者向けのサービスをコーディネートしている。彼は＿＿＿＿として雇用される場合が多い。
    a. 家族ソーシャルワーカー
    b. アウトリーチ・ワーカー
    c. ケースアドボケイト
    d. ケースマネジャー

4. 都心地域開発評議会に雇用されたベス・マクスウェルは、運営委員会とのワークで、メンバーによる優先順位付け、目標設定、アクションプランの策定を指導している。ベスによる運営委員会とのワークは、＿＿＿＿の役割を示すものである。
    a. ブローカー／アドボケイト
    b. ファシリテーター
    c. アクティビスト
    d. プランナー

5. キャリー・ルイスは、地域の資金調達団体の後援を受けた、情報と紹介プログラムでワークを行っている。彼女は、資源とサービスの選択肢について疑問を持つクライエントに不可欠な情報を提供している。この専門職的な活動は、＿＿＿＿の役割に関わるものである。
    a. ファシリテーター
    b. プランナー
    c. ブローカー／アドボケイト
    d. 同業者／監督者

6. 以下のうち、役割をエンパワメント・ベースで解釈したものとして最も適切なものはどれか。
    a. ソーシャルワーカーは役割から始めて、その後にアクションプランを作るべきである
    b. 実践者が推奨する方法を用いて、クライエントとのワークプロセスを推進するべきである
    c. 役割とストラテジーの大半は、ミクロレベルのインターベンションをターゲットとしたものである
    d. 状況の性質が、役割とストラテジーを選択する際の決め手となる

7. ジェネラリスト・ソーシャルワーク・プラクティスにおける、コンサルティング、資源管理、教育という役割について要約せよ。それぞれの役割を、例を示して説明すること。

Pearson

10

ソーシャルワークと社会政策

本章の概要

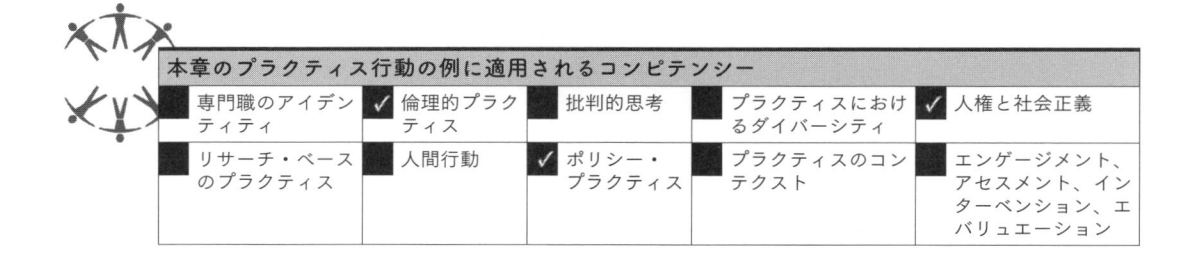

本章のプラクティス行動の例に適用されるコンピテンシー				
■ 専門職のアイデンティティ	✓ 倫理的プラクティス	批判的思考	■ プラクティスにおけるダイバーシティ	✓ 人権と社会正義
■ リサーチ・ベースのプラクティス	人間行動	✓ ポリシー・プラクティス	■ プラクティスのコンテクスト	エンゲージメント、アセスメント、インターベンション、エバリュエーション

エンパワメント指向のソーシャルワーカーは、エンパワメントの実現のためには、個人、組織、コミュニティが資源を獲得できることが重要だと主張する。人々が資源を活用し最適なレベルの社会的機能を得られるか否かは、彼らを取り巻く社会・経済の発展の影響を受ける。社会政策と立法に向けた取り組みは、マクロレベルの変化を起こすための導管の役割を果たす。社会政策のエンパワメント的側面を探究するために、本章では以下のことを行う。

- 社会政策を、プロセスとプロダクトの両面から定義する
- 政治的イデオロギーが社会政策に及ぼす影響を概観する
- ソーシャルワークと社会政策の関係を精査する
- ストリートレベルのサービスについて解説する
- 20世紀から21世紀における公共福祉政策の発展の歴史を辿る
- 現行の公共福祉プログラムを概観する

社会福祉政策は、社会における機会構造へのアクセスを拡大し、社会的・経済的資源の利用可能性を高め、個人の成長とウェルビーイングにとって好ましい状況を作り、これにより人権保護を確かなものにする。

社会政策

社会政策には、構成員のウェルビーイングを促進するという社会の課題が反映される。それゆえに、社会政策には、社会が構成員をどうケアすべきか、この使命をどのようにして果たすべきかについての、構成員間で共有された価値、信念、態度が反映される。社会政策は社会福祉法制定の指針となり、ソーシャルサービス・プログラムのデザインを決定付ける。本章では、社会政策を定義し、社会政策の形成、実行、分析について解説する。

社会政策とは何か

社会政策は行動原則および行動指針として、集団内における個人のQOL全般とその人を取り巻く環境、および彼らの社会的関係に影響を及ぼす。社会政策は通常、社会制度の不公平を是正し、不利な状況に置かれた人々のQOLを改善し、ニーズを抱える人々を援助する、政府あるいは公共の政策のことと理解されている。さらに、社会政策は、民間部門のサービス（非営利のソーシャルサービス団体と営利企業の両方を含む）において、日々の手続きや運営の指針となる管理ポリシーが作られる際にも、これに影響を及ぼす。

社会政策の定義は、指針、指示、恒常的プラン、一連の原則、集合的ストラテジー、アクションプランなど、さまざまである。他方、政策に対して、人々が追求する、合理的かつ熟慮を経た明示的・黙示的目標と説明される場合もある。つまり、社会政策はプロセスであり、同時にプロダクトでもあるのだ（Gilbert & Terrell, 2010）。プロセスとしての社会政策は、問題解決において従うべき一連のステップより構成される。プロダクトしての社会政策は、法律、プログラム、裁判所の決定、行政指導などである。ソーシャルワーカーは、社会政策の有効性を高めるために、プロセスとプロダクトの両面からこれを評価しなければならない。

プロセスとしての社会政策 —— 政策形成

政策形成には、情報収集から社会政策の実行に至る一連のタスクが含まれる。ソーシャルワーカーは専門職として、社会福祉政策形成の全段階に関与する。政策形成は 10 のステップから成る。

1. 社会的機能に影響を及ぼす問題を特定する
2. 公的課題として問題を定義する
3. 研究結果を分析し、エビデンスを確認する
4. 公衆に情報を提供する
5. 代替的解決策を検討する
6. 最初の政策綱領を準備して目標を特定する
7. 支援的組織構造と政治的関係を構築する
8. 公衆の支持を得て政策的取り組みを法制化する
9. 政策やプログラムをデザインする
10. 社会政策の実行およびアセスメントを行う

社会政策の形成には、さまざまな有権者や特別利益団体から広範な情報を収集することが含まれる。政策決定に関わる登場人物たちの関係が、各ステージの成果に影響を及ぼす。

プロダクトとしての社会政策 —— 政策実行

プロダクトとしての社会政策には、立法行為、大統領命令、議会のアクション、裁判所の解釈、行政上の決定、そして実際のプログラムやサービスが含まれる。社会政策が**法制化**される場合もある。ヘルスケア専門職、ソーシャルワーカー、教師、保育サービス提供者に課せられた児童虐待通告義務が、その例である。社会政策のプロダクトは**プログラム**である場合もあり、高齢者に栄養豊富な食事と社交の機会を提供する会食プログラム

が、その例である。さらに、特定の集団を公然の差別的慣行から保護するような裁判所の決定も、プロダクトの一例である。社会政策が管理ポリシーとして、雇用分類体系の規定や、機関の専門職スタッフの資格要件の明記を行う場合もある。

プロダクトとしての社会政策を実行に移すためには、より具体的なプランが必要である。社会政策が施行され、プログラムの実行のための資金が利用可能になると、ソーシャルワーカーは、サービス提供の方法を決定する。ソーシャルワーカーは、特定の対象に手を差し伸べ、何らかの望ましい変化を起こさせるという政策の目標を実行に移すべく、プログラムを設計する。ソーシャルワーカーは、機関職員の役割と任務を明確に定義する管理ポリシーを作り、彼らの仕事に指針を与える。最後にソーシャルワーカーは、ポリシーと手続きのマニュアルを作成することにより、期待、責任、効果測定指標を伝える。社会政策を一つの社会システムにおいて実施するためには、他のシステムでこれに関連する政策決定を行うことも必要となる。

社会政策の精査 ── 政策分析

著名な経済学者であり、ソーシャルワーク教育者でもあるイブリン・バーンズ（Eveline Burns）によると、社会政策分析とは、「集団または個人が抱える特定可能な私的ニーズの充足と、彼らが提起する社会問題への対処のために、社会が行っている組織的取り組みに対する調査である。その中で、社会の取り組みは、特定の目標達成のための的確性と有効性、希少な資源の利用における効率性、社会に受け入れられた価値との一貫性という面から評価される」（Shlakman, 1969, p. 3）。ソーシャルワーカーは政策の趣旨と影響を理解するために、政策形成および実行プロセスの期間を通して、政策分析を行う。

ソーシャルワーカーは、政策の有効性のアセスメントを行うために、法制および他の形態の政策の展開状況を継続的にモニタリングし、同時に関連するプログラムやサービスを評価する。ソーシャルワーカーは、政策分析のために、政策がどの程度ターゲット層に届いているかを調査し、目標達成への進捗を測定し、費用対効果を評価し、ネガティブな結果が生じていないかを判断する。

政策の詳細やプログラム実行の設計は、評価方法を基礎として作られる場合が多い。評価の責任が、機関とは直接の関わりを持たない評価者、すなわち、資金提供団体により指定された評価者、あるいは認定団体や基準設定団体により創設された組織に委譲される場合もある。

マイリー、オミリア、デュボワ（Miley, O'Melia, & DuBois, 2013）が提示した政策分析の枠組みは、政策の仕様、実現可能性、およびメリットを考慮したものである。

パートⅠ　政策の仕様

1. 検討中の政策の歴史と関連政策の詳細を明らかにする
2. 政策が是正する問題について説明する
3. 政策に組み込まれた社会的価値とイデオロギー的信念を特定する
4. 政策の目標を述べる
5. 実行、資金調達、資格要件、その他規定に関し、政策の詳細をまとめる

パートⅡ　政策の実現可能性

1. 政策の予測される結果を特定する
2. 政策の政治的・経済的実現可能性を議論する
3. 政策に対する賛成意見と反対意見を明確にする
4. 政策が既存の保健およびヒューマンサービスに及ぼす影響についてアセスメントを行う

パートⅢ　政策のメリット

1. 政策施行の有効性と効率性についてアセスメントを行う
2. 政策の社会的コストと影響を見積もる
3. 多様な人口集団に政策がもたらす各種の影響を評価する
4. 政策のメリットを判断する　　　　　　　　　　　　　　（p. 397）

政策形成の過程で社会政策を分析することは、その潜在的影響を見定めるために不可欠である。実行後に政策を精査することは、その実際の影響を評価するために重要である。

■ 法制の分析とアクション

ソーシャルワーカーは、社会福祉法案の分析を通じて、法案の趣旨を見定め、有権者への潜在的影響を評価し、賛成あるいは反対の立場を決定し、法案通過の承認あるいは拒否に影響力を行使する。立法行為を通じて政治的変革に影響を及ぼすことは、たとえば人間的で鋭敏な対応ができる機関の設

picsfive/Fotolia

市民は公聴会での証言を通じて貴重な見識をもたらす。

立法行為を通じて政治的変革に影響を及ぼすことは、社会政策に関する専門職の目標を達成するための主要な手段の一つである。

立のような、社会政策に関する専門職の目標を達成するための主要な手段の一つである。

「団結は力」という政治原則はきわめて重要であり、立法行為にはしばしば、組織、連合、同盟といった集合体の活動が求められる。一方、ソーシャルワーカーは、立法行為に関与する際、しばしばロビイストとして根回し的な仕事をする。ロビイストに課せられるタスクは以下のようなものである。

- ロビー活動のターゲットに何を求めるか、そしてターゲットがあなたに何を求めるかを明確に認識すること
- 提携や連携を築くことで、パワーの基盤を拡大すること
- ロビー活動の対象であるアドボカシー課題に関する情報、あるいは、アプローチ対象の個人や集団、さらには敵対者に関する情報などを、慎重に準備して収集すること
- ターゲットとする人に応じて、その人が最も重視する課題を取り上げた個別のプレゼンテーションを行うこと
- 肯定的な第一印象を与えるように注意を払うこと
- 担当者宛に礼状を送ること
- 担当官僚に対するアドボカシー活動について、議員や協力者に報告すること

(Richan, 2006)

ソーシャルアクションの推進役として、ソーシャルワーカーは有権者やクライエントを動員し、世界、国、州、地域の各レベルで、立法活動を通じた政治的変革に影響を及ぼす（McNutt, 2002; Schneider, 2002）。ソーシャルワーク組織の構成員は、議員との個人的関係、電話、手紙、Eメール、その他の草の根的コミュニティ・オーガニゼーション活動を通じて支援を提供することができる。特定分野の専門知識を持ったソーシャルワーカーは、立法行為の必要性の文書化、法案作成、立法趣旨を分析した政策概要の作成を依頼される場合がある。ソーシャルワーカーが公聴会で証言することにより、問題にスポットライトを当て、公衆の関心を集め、証言を周知させ、議員に情報を提供し、当局に社会的関心事に対する立場を表明する機会を与えることができる。ソーシャルワークの実践者が、多様な政治的努力を通じて社会福祉立法に影響力を行使できることを自覚することにより、立法アドボカシーは活性化される。

社会政策と政治的イデオロギー

社会正義は政策の問題であり、政治の問題ではない。とはいえ、社会政策の形成過程において、政治的イデオロギーは、公的課題や私的トラブル

といった問題やニーズへの認識、および社会状況に対する責任の所在の特定に影響を及ぼし、解決策の方向性を決定付ける。支配的な社会的価値、社会問題に対する定義、資源の分配、問題解決の源泉に対する考え方の対立は、政策形成のプロセスを複雑にする。社会的価値は、さまざまな政治的イデオロギーに反映され、究極的には、社会政策の形成と、ダイレクトサービスのレベルにおける政策運営に影響を及ぼす。社会福祉政策は、リベラリズム（liberalism）、ネオリベラリズム（neoliberalism）、コンサバティビズム（conservativism）、ネオコンサバティビズム（neoconservativism）ラディカリズム（radicalism）といった、異なる政治的視座を持つ派閥間の討議の所産なのである。

リベラリズム

リベラル（自由主義）派は、基本的人権と社会的平等を掲げる社会政策を支持する。彼らの関心事は、経済的自由の保障と民主政への参加推進を通じた、市民の政治的・市民的自由の保護である。リベラル派は、社会福祉を政府の当然の役割と見なし、福祉条項を市民の権利と捉える。彼らは、政府による社会問題の解決を促し、市民のウェルビーイングを優先する状況づくりの責任を公共が負うという考え方を支持する。リベラル派の視座に立つと、政府のプログラムは、問題発生を未然に防止するための根本原因に対処することを理想としつつ、現実的には、有害な社会的状況の是正も行うものとされる。

1970年代から80年代にかけて、公共福祉費の削減を呼びかけた**ネオリベラル（新自由主義）派**の政治家により、リベラル派は駆逐された。ネオリベラリズムは、政府の支出削減を支持し、政府と産業界が協調して市民の福祉問題に対処することを促す（Karger & Stoesz, 2010）。ネオリベラリズムの主導者は、政府よりも産業界と企業の方が、効率的に福祉用資金を運用できると主張する。

コンサバティビズム

コンサバティビズム（保守主義）の立場は、資本主義的自由市場経済を推進する。彼らが強調するのは、伝統的価値、厳格な個人主義、競争、地方主義、労働倫理である。保守主義的な社会政策には、社会の変化を拒否し既存の社会構造を強化する傾向がある。保守派は個人の能力不足が問題の原因という信念を持つため、政府は福祉への関与を限定的にすべきと結論付ける。保守派の視点からは、公共の福祉は一時的な対策に留めるのが理想であり、公的資金

人権と社会正義

［プラクティス行動の例］ 組織、機関、社会において社会正義にかなったプラクティスを組み込むことにより、公平に分け隔てなく、基本的人権が行き渡るようにすること。

［批判的思考の訓練］ 政治的イデオロギーは、社会的価値として、福祉政策とソーシャルプログラムの趣旨を推進する。リベラリズム、コンサバティビズム、ラディカリズムのそれぞれにおける、社会的・経済的正義の定義には、どのような違いがあるか。

コラム 10.1　ソーシャルワーク・プロファイル

ロビー活動

　私は、ソーシャルワーク・ロビイストになるまでの道のりの中で、多様なプラクティス領域に携わってきました。初期には、臨床メンタルヘルス・サービスの仕事をする中で、一対一のプラクティスこそが私の進むべき道だと考えていました。しかし経験を積み管理職になると、自分がマクロレベルの仕事をすることにより、社会政策に対し、より直接的な影響を及ぼすことができることに気付きました。そして、NASW の州支部がロビイストの求人広告を出した際、私が応募するよう、同僚が背中を押してくれました。個人的には、NASW の州支部がロビイストになろうと学ぶ意思を持つソーシャルワーカーを求めていて、ロビイストを採用してからソーシャルワークを学ばせようとしているのではないことを嬉しく思いました。

　ロビー活動は、ソーシャルワークにとってダイナミックな役割です。ワクワクとイライラを同時に感じる仕事です。同じ日は２つとありません。多くの巨大な相手と闘うために、私はさまざまな人と協働し、政策形成と政策変革に影響を及ぼすためのネットワークと連携を構築し、さまざまな問題に取り組んでいます。外部の人は、ロビイストの水面下での仕事を知らないかもしれません。ですが、政策形成に対する私たちの努力は、たくさんの人々に影響を与え得るものです。ソーシャルワーク・ロビイストは、全力を挙げて問題に取り組み、時には、優しく物腰柔らかなソーシャルワーカーとしての人格を捨て、戦闘的になる必要もあります。ただし、ロビー活動には粘り強さと強力なアドボカシーが必要な一方で、ロビイストは、将来の連携構築を不可能にするような、後戻りのできないような争いを始めるべきではありません。私が思うに、ソーシャルワークというポジションは、保健政策と財政赤字という２つの重要な課題に取り組む際に重要性を増します。国民皆保険制度実現に向けた運動は一般の支持を集めつつありますが、これはソーシャルワーク・プラクティスのあらゆる領域にとって重要です。慢性的な財政赤字は、雇用凍結、ソーシャルプログラム資金の減額、サービス受給資格の剥奪といった波及効果をもたらします。

　ソーシャルワーク・ロビイストとしての私の役割は、アドボケイトと教育者の両方を兼ねたものです。私は、正義にかなった社会政策のアドボカシーと、政治的課題とクライエントのニーズに関する人々の教育に従事しています。生産的なソーシャルワーク・ロビー活動は、ジェネラリスト・ソーシャルワーカーの知識、価値、スキルの上に成り立つものです。たとえば、効果的な一対一のコミュニケーション・スキルは不可欠です。マクロシステム領域での仕事をするためには、ヒューマンサービス提供システムやソーシャルワーク・プラクティスのさまざまな分野を含む、社会システムに対する理解が必要になります。個人が抱えるトラブルや困難には公的課題が内在しています。これらは、有効性を欠いた社会政策が生み出した問題の必然的な結果なのです。そのため、これらを理解するためには、最前線で働くワーカーとのコミュニケーションが不可欠です。すべてのソーシャルワーカーは、同業者やクライエントに率直に対応すべきですが、ロビイストについては、その言葉は絶対的に重要であり、そこに、ロビイストとしての信用がかかっています。たとえば、私のロビー活動において、議員や他の利害関係者に対して、特定の政治的立場を支援するために私が提示する事実は、常に正確で最新のものでなければなりません。

　私は、ソーシャルワーク専門職において貢献できる構成員でいることが何よりも大切なことだと信じています。ダイレクトサービスに携わるソーシャルワーカーのほとんどは、自分たちの日々のプラクティスに影響を及ぼす公共政策の問題への対応を、専門職組織に任せていま

す。ところが、実践者がクライエントのための政策とサービスにおけるギャップを見出すのは、日々のプラクティスを通じてなのです。プラクティスと政策の相互的影響は、ダイレクトプラクティスにおける関心事です。私が専門職組織への加入をお勧めするのは、NASW のような組織には意見を集約する力があり、他の利害関係組織と連携して協働することで、州や国の政策に影響を及ぼすことができるからです。NASW は構成員の問題に対処するだけではなく、ソーシャルワーク専門職の信頼性を確保し、世間の人々に、ソーシャルワーカーが特別な免許や資格を持つ、訓練された専門職であることを伝えるための取り組みも行っています。

による貧困状態にある人の援助をはじめとする福祉は、個人の自発性を失わせるというのが彼らの信念である。保守派は、有志による慈善、自助組織、ビジネス・ベンチャーによる社会福祉サービスの民営化を推進する。

　ネオコンサバティビズム（新保守主義）は、自由主義的福祉プログラムの撤廃と福祉政策の改革を支持する（Karger & Stoesz, 2010）。福祉に対する新保守派の立場には、ニーズを基盤としたアプローチが反映されており、「勤労福祉制度[*]（workfare）」の要件を確立し、自立できない者に対する家族の責任を強化し、福祉に対する責任を国家レベルから州や地方レベルへ委譲することを支持する。新保守派は、政府プログラムの拡大阻止と、社会福祉問題への対処に対する民間の責任拡大を推進する。新保守派は、米国社会の問題の原因は、大きな政府、および大企業、大労働組合といった巨大組織にあると非難する。彼らは、近隣関係やボランティア団体、教会などの仲介組織が、エンパワメントと変革の源泉になると考えている（Berger & Neuhaus, 1977）。

* **訳注**　社会保障給付の支給条件として、受給者に就労を義務付けること。

ラディカリズム

　コンサバティビズムやネオコンサバティビズムの立場とは対照的に、**ラディカリズム（急進主義）**は、不平等に対する社会の責任を認め、革命的な社会変革を推進する。ラディカリズムは、生活の中に問題を作り出す主体として個人よりも制度的構造の責任を問うため、マクロ的構造改革による社会問題の原因除去を支持する。彼らの主要な公共政策ストラテジーである「権力と富の再分配」の中心は、経済的不平等と階級的特権の排除、および政治的民主化と社会保障制度の確立による平等の実現である。ラディカリズムの視座によれば、旧来の公的社会福祉は貧しい者を統制する、抑圧的でスティグマをもたらすプログラムである（Piven & Cloward, 1971）。ラディカル派は、すべての国民が社会的便益を共有できる、非資本主義的な福祉国家の樹立に向けた全面的変革を促進する。

ソーシャルワークと政治的イデオロギー

　ソーシャルワークと最も密接に結び付くのはリベラル派の視座だが、その他の政治的イデオロギーにも影響力がある。保守派は、リベラル派の社会福祉政策とサービスについて、ソーシャルワーカーがしばしば依存を作り出していると批判する。これに対し急進派は、同じリベラル派の政策を、権利を奪われた人や貧しい人を抑圧するものとして非難する。しかしながら、ソーシャルワーカーは、シポリン（Siporin, 1980）が言うように、「援助状況に適切に対処するためには、統制と改革の両方のストラテジーと原則、および手続きを理解し、活用する必要がある。ソーシャルワーク・プラクティスには、コンサバティビズムとラディカリズムの両方の視座からの寄与が必要である」（p. 524）。多様なイデオロギーの視座を相互に組み合わせることで、専門職を活性化し刷新する創造的緊張が生まれるのである。

　さらに、プラクティスの方法論は、ある一定の時代ごとにさまざまな学派の影響を受け、独自のストラテジーが採用され、受容されたり拒絶されたりする。慈善組織協会（COS）の救済プログラム、伝統的精神分析学と行動主義、治療的グループワーク、ソーシャル・プランニングはすべて、コンサバティビズムのイデオロギーを示すものである。ソーシャルワークにおけるリベラルな活動としては、セツルメントハウス運動、ソーシャル・グループワークの相互作用モデルと社会目標モデル、コミュニティ・オーガニゼーションの地域開発ストラテジーが挙げられる。ラディカルなソーシャルワーク・プラクティスの例としては、フェミニスト・セラピー、自己発見グループ、コミュニティ・オーガニゼーションにおけるソーシャルアクション・モデルが挙げられる。多様な方法論は、どれも等しく実行可能な選択肢である。しかし、あらゆる状況ですべてが等しく適切というわけではない。事実、教条主義的に特定の方法に固執すれば、他の選択肢の可能性を否定し、資源の革新的な活用を制限することになる。

ソーシャルワークと社会政策

　社会システムのあらゆるレベルにおいて、政策が専門職プラクティスに及ぼす影響は明白である。意思決定の影響はシステム全体に波及し、上位システム構造と下位システム構造の両方におけるエンパワメントに影響を及ぼす。この相互作用性により、ソーシャルワーカーは福祉政策に影響を及ぼし、同様に、公的社会政策はソーシャルワーカーの専門職プラクティスに影響を及ぼすことになる（図10.1）。

　ソーシャルワーカーはミクロレベルにおいて政策的意思決定を行うのであり、これが、クライエントとの相互作用の質を決定付ける。たとえば、

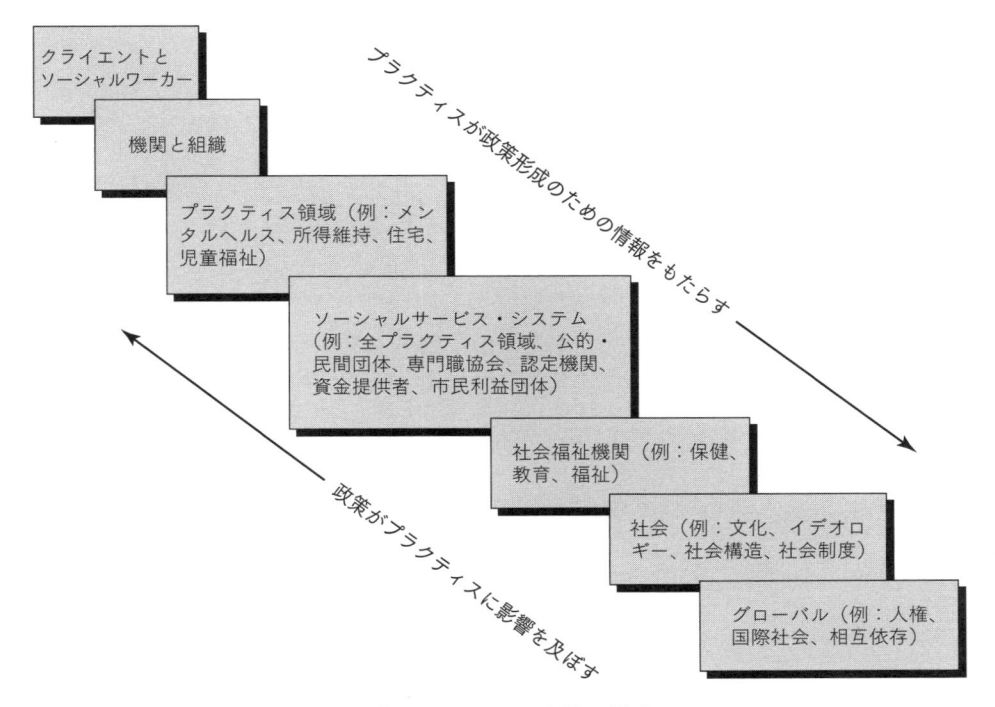

図 10.1　ソーシャルワークのプラクティスと政策の統合

特定のクライエントに対してどの方法とストラテジーを用いるかという意思決定は、政策的意思決定そのものである。クライエント層の選択、すなわち誰をクライエントとし誰を対象外とするかの決定にも、政策的意思決定の要素が含まれる。通常、ソーシャルワーカーは、機関や社会福祉団体のコンテクストの中でプラクティスを行う。ここでもまた、政策的意思決定がプラクティスに影響を及ぼす。たとえば、機関がどのプログラムとサービスをサポートするかは、政策的意思決定により決まるのである。

　ソーシャルワークの多様な領域（児童福祉、家族サービス、矯正保護、所得維持など）で、多数の公的・民間ソーシャルサービス機関および組織が活動の場を持っている。各プラクティス分野における社会政策により、優先順位が設定され、ターゲットとなる人口集団が特定され、資金拠出の条件が規定され、個々の機関のプログラムとサービスを監督する所管領域が定められる。

　ソーシャルサービス・システムにはソーシャルワーク・プラクティスの全領域が含まれる。たとえば、公共および民間のサービス部門、専門職協会、認定組織、資金拠出団体、市民利益団体などである。これらのシステムが推進する特別利益や資格要件は、実際のサービス提供に方向性と正当な根拠を与える。

　ソーシャルサービス・システムは社会福祉機関の構成要素の一つである。社会福祉機関とは全市民のために、QOL の推進と、保健、教育、福祉の

領域における人権の最大化に対して責任を負う社会機構である。社会福祉機関の政策は、主に社会福祉法制、法律、司法的解釈の趣旨を反映したものになる。プラクティス・リサーチ、ロビー活動、専門家としての証言を通じて、ソーシャルワーカーは公的政策形成組織に情報提供を行う。このように、たとえダイレクトサービス・ワーカーであっても、社会福祉組織の性質に影響を及ぼすのである。

社会における文化、支配的イデオロギーと価値、制度構造は、社会政策に影響を及ぼす。社会的エートスは、生活水準、市民権付与、公民権と市民的自由、社会正義に関する指令などの領域における政策決定のコンテクストになる。ある社会問題が、公的な社会福祉政策による解決を要する公的問題と定義されるか否かは、社会のイデオロギーにより左右される。

最後に、グローバル社会は社会政策の究極のコンテクストとなる。国際政策は、普遍的人権、世界の飢餓、天然資源、環境保護、和平イニシアティブなどに関与する。この最も包括的なマクロレベルにおける政策は、国際的福祉協定、人権協定、国際社会の相互依存関係を反映したものになる。

社会保険、所得維持、個人向けソーシャルサービス、住宅、保健栄養プログラムなど、社会福祉政策の決定に影響を及ぼす重要な政治的・社会的・経済的要素は、あらゆるシステムレベルに存在する。ソーシャルワーカーは、より広い領域の公共的・経済的政策形成活動を注意深く見守らなければならない。あらゆる行政レベルの公共政策と民間部門における公共政策が、個人と家族の生活に影響を及ぼす。たとえば、環境品質に関する立法は、人の発達と QOL に影響を及ぼす。政府の予算決定過程における優先順位付けにより、カテゴリ別支援プログラムの有資格者のみならず、全住民にサービスを提供するソーシャルサービス・プログラムへの資金割当額が決まるのだ。

> 社会システムのあらゆるレベルにおいて、政策が専門職プラクティスに及ぼす影響は明白である。

ストリートレベルのサービス

公共サービス分野で働く公務員は、政府出資のサービスを提供する。公立学校の教師、警察官と裁判所職員、ソーシャルワーカー、公衆衛生従事者、その他の公務員は、市民にダイレクトサービスを提供する。行政サービス従事者は、市民を教育し、住民の安全を守り、社会の構成員の健康と社会的機能を促進する。大部分の公共サービス従事者、すなわち市民と直接接触するストリートレベルの官僚は、日々の職務遂行の中で、自身の裁量で一定範囲の意思決定を行う権限を持つ。彼らは、誰が政府プログラムの資格要件を満たすか、いかなる便益を提供するか、誰に制裁を科すかを判断する（Lipsky, 1980）。リプスキーは、公共サービスワーカーを任用する公的機関および団体を、ストリートレベルの官僚制と呼ぶ。

ストリートレベルの官僚制

　ソーシャルサービス提供ネットワークにおける行政サービス部門には、学校、公立病院、法執行機関、公共福祉機関、管轄地方裁判所、司法機関などが提供するサービスが含まれる。社会は、これらのシステムのストリートレベルのワーカーを、社会の「汚れ仕事」をする下層のサービス提供者の地位に追いやる場合が多い。

　社会福祉システムには、所得維持、失業、児童保護、高齢者サービス、リハビリテーション、メンタルヘルス、刑事司法といった、公的支援を受けたサービス提供が含まれる。1935 年社会保障法（Social Security Act of 1935）およびその修正条項は、貧困状態にある人、失業者、高齢者、障害のある人、および子どもや家族のための公共福祉政策の主要な根拠とされている。他にも、成人および少年犯罪者、犯罪被害者、被扶養児童、精神疾患を抱える人々といった特定の集団を対象とした法律や法令がある。

ストリートレベルの官僚

　行政サービスの従事者は、その大部分が福祉の分配者であり、公共の安全の保護者である。現場の職員は、ストリートレベルの官僚制とされるサービスにおける彼らの意思決定と行動を通じて、公共政策の解釈に多大な影響を及ぼす。立法および行政に関わる社会福祉政策を解釈して処置を行う際に、政策の本来の趣旨はしばしば無視され、時にはあえて曲解される場合さえある。リプスキー（Lipsky, 1980）は、ストリートレベルの官僚の解釈に基づく意思決定や訴訟行為は、ある意味、彼らがその職務を通じて施行した公共政策と言えると主張している。

　公共福祉部門における官僚主義的制約のために、職員は、ソーシャルワーク・サービスの理想とは正反対に見える、ある種の態度を身につける。教育者、警察官、ヒューマンサービス・ワーカーを含む職員が、多数の人々に対処するために個性を無視した扱い方を覚えるにつれ、個別化という理想は失われる（Lipsky, 1980）。例外に対処するためのルールや規則を作ると、それが転じて、典型的状況を圧迫するものになり得るという傾向、あるいは先入観さえおそらく存在する。公共機関の職員が意図せずして、システム改革を行うのではなく、現状の手続きをパターン化してしまうことも多い。公共サービスの利用者が、自身が受ける資格を有するサービスを探すことをせず、提供された便益を妥協して受け入れる場合もあるだろう。

倫理的プラクティス

［プラクティス行動の例］　倫理的な衝突の解決にあたっては、曖昧さに寛容であること。

［批判的思考の訓練］　公的機関・民間機関の両方で、専門職ソーシャルワーカーは、自身がシステムの改革よりも、規則に縛られた手続きを実行していることに気付くかもしれない。クライエントの利益を最大にするために働く義務と、雇用されている機関に対するコミットメントとが矛盾する場合、ソーシャルワーカーにいかなる倫理的ジレンマが生じるか。

ストリートレベルのクライエント

ストリートレベルの官僚は、公共福祉のクライエントに大きな影響力と統制力を行使する。こうした職員は、社会の機会構造へのクライエントのアクセスをコントロールし、その意思決定は、クライエント層の人生を変えるほどの影響を及ぼす。このシステムにおいて発生するラベリングは、有害な、そしてよく言われるように、自己充足的な性質を持つ。公共分野においては、「生活保護を受けている母子家庭の母親」「前科者」「非行少年」「学習遅滞者」といったスティグマとなるようなラベリングが横行している。このようなラベルは、ストリートレベルの職員により永続化されることで、クライエントのアイデンティティに取り込まれるのだ。リプスキー（Lipsky, 1980）は、このプロセスをクライエントの社会的構築と表現する。すなわち、人々が官僚的サービスを受けると、標準化された官僚制的カテゴリに分けられ、そのときから、このカテゴリを基にシステム内におけるクライエントのアイデンティティが定義されるようになる。このカテゴリ分けの結果、クライエントのアイデンティティの総体が、そのカテゴリのラベルと同じものと見なされることになりやすいのだ。

20 世紀と 21 世紀の公共福祉政策

1800 年代末期から 1900 年代初頭の米国における急激な人口増、産業化、経済不況が招いた困難な社会状況は、重要な社会福祉政策の形成をもたらした。政策立案者は公衆衛生、子どもと家族の福祉、失業の問題に対処するための法律を制定した（表10.1）。

改革の世紀 —— 20 世紀初頭の立法行為

19 世紀末期は、米国にとっての激動期だった。移民、産業化、都市化が米国社会の基礎構造のあり方に変化をもたらした。「アメリカンドリーム」を求めるヨーロッパからの移民は、自分たちの文化的エートスとライフスタイルを持ち込んだ。同時に米国は、自給自足を特徴とする農業中心の社会から、賃金に依存する産業化された経済への変化の途上にあった。

産業の拠点として、都市中心部の人口は急激に増大した。労働者と移民の都市中心部への移動という人口動態的変化は、住居を失った家族の都市への移住をもたらした。人口密集状況、住宅不足、犯罪の増加、安全性を欠く労働環境は、都市部における典型的問題だった。これらの新たな公的課題に、新しい解決策が求められたのだ。

表10.1　社会福祉の歴史

1921	シェパード・タウナー法（母子の福祉と衛生促進法）（Sheppard-Towner Act（An Act for the Promotion of Welfare and Hygiene of Maternity and Infancy））
1933	連邦緊急救済法（Federal Emergency Relief Act, FERA）
1935	社会保障法（Social Security Act）
1941	大統領令 8802 号（Executive Order 8802）。フランクリン・ルーズベルトが発令。軍需産業における人種差別の防止と、連邦適正雇用慣行委員会の設立を含む
1944	復員兵援護法（G.I. 権利章典）（Servicemen's Readjustment Act（G.I. Bill of Rights））
1950	完全永久労働不能者補助のための社会保障法修正条項（Amendments to the Social Security Act for Aid to the Permanently and Totally Disabled）
1962	サービス提供のための社会保障法修正条項（Amendments to the Social Security Act for Social Service Provisions）
1964	公民権法（Civil Rights Act）
1964	経済機会法（Economic Opportunity Act）
1964	フードスタンプ法（Food Stamp Act）
1965	メディケアとメディエイトのための社会保障法修正条項（Amendments to the Social Security Act for Medicare and Medicaid）
1971	ワークインセンティブ・プログラム II のための社会保障法タルマッジ修正（Talmadge Amendments to the Social Security Act for the Work Incentive Program II）
1972	補足的所得保障プログラム（Supplemental Security Income Program, SSI）施行。高齢者、目が不自由な人および障害者支援のための州プログラム（state programs for Aid to the Aged, Blind, and Disabled）に代わるもの
1975	ソーシャルサービスのための社会福祉法修正第 20 章（Title XX Amendments to Social Security Act for Social Services）
1981	包括的予算調整法（Omnibus Budget Reconciliation Act）
1988	家族援助法（Family Support Act）
1990	障害を持つアメリカ人法（Americans with Disabilities Act）
1993	育児・介護休暇法（Family and Medical Leave Act）
1996	個人責任・就労機会調整法（Personal Responsibility and Work Opportunity Reconciliation Act）
1996	健康保険の携行性と責任に関する法律（Health Insurance Portability and Accountability Act, HIPAA）
2003	メディケア処方薬改善・現代化法（メディケア D）（Medicare Prescription Drug Improvement and Modernization Act（Medicare D））
2010	ヘルスケア及び教育費負担適正調整法（Health Care and Education Reconciliation Act）（患者保護並びに医療費負担適正化法（Patient Protection and Affordable Care Act）を含む）

援助方法の組織化

　植民地時代より、社会福祉は主に、支援を必要とする「援助に値する」貧困者に対する個人指向の援助から成り立っていた。地域コミュニティは、困窮して依存状態にある住民に対処した。その一方で、19世紀末までには、大規模な移民、産業化、都市化が誘引となり、組織化された援助方法が、慈善組織協会（COS）およびセツルメントハウス運動を通じて見られるようになった。

　COSの構成員は、貧困状態にある人の人格改造を目指し、個人に対するワークを行ったが、これは社会の変化による影響を被った人々に対する当時の社会的態度を反映したものであった。慈善ワーカーは、「友愛訪問」やケースワーク・サービスを通じて、個人や家族の欠点を克服するための支援を行った。同じ頃、セツルメントハウス・ワーカーは、労働条件改善、失業や職場での搾取への対処、公衆衛生に関する問題の是正、精神疾患を抱える人と犯罪者に対する人間的処遇を目指す社会政策の形成などを目指した運動において存在感を示していた。ジェーン・アダムズは、「貧困との闘い」の目標を、教育と社会改革を通じた問題の根本原因の解決と定めた。

■ 公共サービスに向けた土台づくり

　この時代の政治指導者の大部分が、社会福祉提供の責任は、私的機関、州政府、地域コミュニティが負うべきものと考えていた。しかしながら、州レベルの多数の立法に向けた取り組みにより、国家レベルでの公共領域での保健サービスとヒューマンサービスを実現する道が開かれた。1899年、イリノイ州の立法議会は、成人の訴訟手続きから独立した少年裁判所の設立を規定した最初の法律である「被扶養児童、ネグレクトされた子どもおよび非行少年への対処と統制に対する規制法（Act to Regulate the Treatment and Control of Dependent, Neglected, and Delinquent Children）」を制定した。

　さらに、女性と子どもを産業界での虐待から保護するための**労働法**（Labor laws）が制定された。ヘンリー街セツルメントハウスのリリアン・ウォルド（Lillian Wald）とハルハウス・セツルメントのフローレンス・ケリー（Florence Kelly）は、全米児童労働委員会の理事に就任した。衛生と公共設備を含む**公衆衛生**分野もまた、20世紀への変わり目に注目を集めた。

　子どもの問題とニーズに注目した、最初の被扶養児童ケアに関するホワイトハウス会議（White House Conference on the Care of Dependent Children, 1909年）は、**児童・家庭福祉の進歩主義的改革**の先陣を切ることとなった。児童福祉局（Children's Bureau）は、児童労働、母子保健、非行、その

他の児童福祉のさまざまな側面に対処し、児童福祉政策における国の中心となった（Parker, 1994）。州の保健局は、1921年シェパード・タウナー法（Sheppard-Towner Act of 1921）に規定された子どもと母親に対するサービスを運営した。これらの進歩主義的イデオロギーと立法行為は、その後の社会改革への土台づくりとなった。

公共福祉の起こり —— ニューディール政策

　世界大恐慌は、人々に経済の制度的・構造的崩壊を知らしめた。膨大な失業、ホームレス化、絶望的貧困、州と地方の資源枯渇が、市場崩壊後の時代を特徴付けるものだった。大恐慌による経済的壊滅状況の影響を被った人々に、国家の窮状に対する責任を負わせることは不可能だった。こうして、政府が連邦レベルで経済に安定をもたらすという方向性が定まったのである。

■ フーバー政権

　このような議論があったにもかかわらず、フーバー政権は引き続き「復興は間近だ」という信念に固執した。ハーバート・フーバー（Herbert Hoover）は、自身が徹底した個人主義の伝統を生きた「叩き上げ」の人物であり、大恐慌への対策としても、企業の活性化による雇用促進を目指した。フーバー大統領は、過去にそうであったように、企業が国を大恐慌から救い出すと信じていたのだ（Platt & Drummond, 1967）。さらに彼は、自助は倫理的義務であるという信念も持っていた。フーバーはこのような姿勢で、国の経済力に対して楽観的態度を貫き、連邦政府が支援を行うという発想を拒否した。彼は失業者や貧困状態にある人に対して連邦政府が援助することを、「政府による支配」と同義だと捉えたのだ（Trattner, 1999）。

　政府による企業支援という信念に従い、国法により復興金融公社（Reconstruction Finance Corporation）が設立され、銀行、農業金融公社、生命保険会社、その他金融機関への融資が行われた。公共建築プログラムは、失業者のために仕事を創出することが期待され、1932年住宅貸付銀行法は、住居を失いそうな住宅所有者の援助のために連邦住宅貸付銀行を設立した。しかしながら、増加の一途にあった「フーバービル」[*]の掘っ立て小屋に住む失業者やホームレスが、住宅所有者に対する融資により窮状から解放されることはなかった（Hicks et al., 1970）。

　少なくとも1000万人に及ぶ失業者が圧力となり、1932年、貧困状態にある人の直接支援に対する連邦政府の姿勢は、再考を余儀なくされた（Rauch, 1944）。しかしフーバーは、市民への直接援助や州への無償の資金提供に反対したため、救済となるはずだった法案は議会による否決や、あるいはフーバーによる拒否権発動を受けた。

皮肉にもフーバーは、農業従事者による家畜用飼料購入資金の政府貸付のために議会が決めた予算を承認しながら、農家自体が食糧を得るための追加助成金には反対した（Trattner, 1999）。農家が先に空腹を満たさないと家畜を養うことはできないと説く上院議員に対し、政権側は、直接支援という「贈り物」により苦しむ人を救う責任は連邦政府にはないと主張したのだ。直接救済に反対したフーバーには「冷血漢のフーバー」というあだ名が付けられた（Platt & Drummond, 1967）。

■ ルーズベルト政権

　フーバーが企業への貸付を支持し、貧困状態にある人、失業者、ホームレスへの直接援助に反対したのに対し、フランクリン・D・ルーズベルトは着任早々、可能な限り多額の資金を、可能な限り多数の人へ、可能な限り早急に分配する取り組みに着手した。ルーズベルト政権は直接援助の焦点を「民間の責任から公共の責任へ、地方自治体の機能から連邦政府の機能へ」と変化させた（Mencher, 1967）。ルーズベルトは、人類は他者のウェルビーイングに責任を負うべきという信念を持っていた。公的支援の提供は正義の問題であり慈善の問題ではないと論じ、社会の構成員には最低限度の生活を営む権利があり、市民のウェルビーイングこそが民主主義社会の存続を支える基盤であると主張した。

　この人道主義的アプローチにより、貧困状態にある人の置かれた状況の責任は、その人自身ではなく社会が負うこととなり、個人の尊厳と価値は守られた。ルーズベルト大統領の 1934 年議会教書は、政府の市民に対する責任と、彼の政権のニューディール政策を支える政治哲学の根拠を示すものだった。ルーズベルトは以下のように力説した。

　　　我々の目的の中で、私が最優先事項と考えるのが、我が国の男性、女性、子どもたちの安全です。この個人と家族の安全は、3 つの要素に関わります。まず、人はそれなりの住居に住みたい。そして、人は生産的な仕事ができる職に就きたい。さらに人は、人が作ったこの世界で完全に除去することができない逆境に対処するための安全装置が欲しいのです。
　　　　　　　　　　　　　　　　　　　　　　　　　　（Mencher, 1967, pp. 332-333）

　この姿勢の変化は、QOL に対する人道主義的強調を反映したものであり、フーバーの政策の家父長主義を、客観性、公平性、そして正義に置き換えるものだった。1930 年代の公共政策は、貧困状態にある人の権利を強調して雇用を確保することに焦点を置き、すべての人に職を提供することを目標とした。

■ 慈善から福祉へ

社会福祉の焦点が民間出資による慈善と矯正から公共福祉の領域へと方向転換する中で、政府機関を通じて資金供与と運営が行われる複雑なシステムを持つソーシャルサービス・プログラムが誕生した。公共福祉システムは立法行為を通じて、社会の構成員に包括的福祉を提供するための市民への資格付与システムとして作られた。これにより与えられる給付には、政府プログラムを通じた便益の供与と、全市民の利益を保護するサービス提供が含まれる。公的扶助を受けるためのミーンズテスト[*]や、社会保険加入のための保険料の算定といった資格要件により、給付プログラムに対する資格の有無が規定される。公共サービスは、民間部門のサービスを利用あるいは購入できない人のみを対象に提供される場合が多い。資格要件を満たせば、たとえば、公衆衛生サービス、特別支援教育、福祉サービスの提供、公的支援による法律相談と住宅補助などを利用できる。

■ ニューディール政策

有名な「百日議会」の間に、国の差し迫ったニーズに対処するための法制が矢継ぎ早に制定された。たとえば、**1933年農業調整法**（Agricultural Adjustment Act of 1933）により、農業従事者に対し、直接の補助金と価格維持が規定された。**連邦緊急救済局**（Federal Emergency Relief Administration, FERA）は、失業者に現金を支払うための補助金を州に分配した。ニューディール政策の第一段階で設立された**資源保存市民部隊**（Civilian Conservation Corps, CCC）は、職に就いていない若者に対し、公共建造物の建築、道路や橋の舗装、森林伐採、治水設備の開発、国立公園やビーチの整備などの仕事を提供した（Hicks et al., 1970）。

その後、1935年の立法により、**雇用促進局**（Works Progress Administration, WPA）が設置され、失業者が各々の固有の能力に適した職に就けるようマッチングを行った。ルーズベルトは、FERAを運営していたハリー・ホプキンスにWPAを統括させた。この新たなプログラムの趣旨は、失業者を直接救済の対象からWPAプロジェクトの対象へと移すことにあった。

■ 1935年社会保障法

1935年1月17日、ルーズベルトは「社会保障」法案を提出したが、社会保障法（Social Security Act）は、単独で生まれたわけではない。既存の連邦法と州法、そして州の寡婦援助および高齢者年金法令の規定が、国の社会保障政策の基盤となったのだ。同法案により、失業保険、養老保険、そして州の福祉システムを通じた失業者、高齢者、視覚障害のある人、孤児に対する直接支援が提供された。

■ 経済的安全保障のニーズ

　1935 年社会保障法は、連邦政府が初めて米国市民の経済的安全に包括的に対処した支援プログラムであった。社会による経済的安全保障手段の構築は、さまざまな要素の影響を受ける。

　　イブリン・バーンズ（Eveline Burns, 1956）が、彼女の決定的な著作である『社会保障と公共政策（*Social Security and Public Policy*）』で指摘したように、ソーシャルサービス提供にもさまざまな要素が関わる。たとえば、国の生産力の全体的水準、適切な生活水準に対する国の認識、利用可能なテクノロジー、雇用水準、人口統計的特徴、家族システムの役割の変化、技術・管理における独創性などである。（Jenkins, 1983, p. 816）

　これらの要素の前提には、政府が自らの責任として、経済破綻の回避のために必要な対処をし、不況時には是正措置をとることがある。
　社会保障法は、公的責任の再編成および福祉国家の誕生に重要な貢献をした。連邦政府は国策として、社会福祉法の条項を通じて、国民の福祉の受給資格を承認し、米国民の福祉資金の主な調達者となる責任を引き受けた。ソーシャルワーカーの中でも特に、ハリー・ホプキンスと労働長官のフランシス・パーキンスは、この法制定のために重要な役割を果たした。

> 社会保障法は、公的責任の再編成および福祉国家の誕生に重要な貢献をした。

経済的・社会的保障の規定

　経済的不安定を緩和する公的手段の例としては、雇用機会を確保するための社会保障およびその他のプログラムがある。経済的・社会的保障の例としては、社会保険、公的扶助、所得条件付年金、税金がある。社会保障システムは、全国民に最低限の生活水準を保証するものであることが理想である。
　1930 年代の社会保障法制は、この経済的安全を脅かす時代から失業者を保護した。雇用主が負担する連邦給与税が失業補償基金の財源とされていたため、人々は失業保険を権利と捉えた。このため、失業者は「労せずして」公的支援を得るという屈辱を味わうことがなかった。同様に、社会保険定年後収入補完プログラムの資金は、雇用者と被雇用者に課せられた税により賄われたため、受益者はそれを慈善と考えることはなかった。1939 年の社会保障法改正において、社会保険プログラムに家族保護が導入され、高齢者および被雇用者の遺族と扶養家族にも、家族としての受給資格が付与された。
　立法者はカテゴリ別の援助プログラムを提案した。これは、高齢者援助（Old Age Assistance, OAA）、視覚障害のある人への援助（Aid to the Blind, AB）、被扶養児童援助（Aid to Dependent Children, ADC）といった、特定

のカテゴリに属する人々のためのプログラムであり、経済的に自立することができない市民の権利として提供されるものだった。1950 年の立法において、社会保障の手段として、完全永久労働不能者補助（Aid to the Permanently and Totally Disabled, APTD）が追加された。

■ 1935 年社会保障法に対する批判

1935 年社会保障法の成立においては、国の経済的安全保障手段に対する賛否両派が歩み寄りを見せた。プログラムの資金調達手段と受給資格要件の設定に関する決議は、多くの批判にさらされた。賃金に対する課税が主要な資金調達源であったため、文字通り、貧しい人が貧しい人向けのサービスのための支出を余儀なくされたのだ。雇用主の多くが、社会保障税の負担を消費者に転嫁した。給付金算定の基礎になるのはニーズではなく、賃金だった。失業補償は有効であったが短期の対策であり、たとえば、農業従事者、移民労働者、家事労働者、および労働者の扶養家族のような多数の人が、失業の影響を被ったにもかかわらずその対象外とされた（Trattner, 1999）。そして多くの人にとって最も深刻な欠点は、健康保険の規定がなかったことである。

現代の反対論者は、社会保障は費用がかさみ、依存を生むと主張する。にもかかわらず、米国の世論調査結果では、社会保険、特に社会保障プログラムが貧困削減のための最も効果的な政策ストラテジーであることが示されている。たとえば、仮に社会保障の給付金がなかったなら、65 歳以上人口のうち半数近くの収入が、公式貧困レベル未満になっていると考えられる。

■ 援助に値する貧困者と援助に値しない貧困者

一般の人々には、カテゴリ化されたプログラムの受益者が援助に値するか否かについて評価を下す傾向がある。社会保障などの社会保険プログラムの受益者は、自身の積立金に基づいて給付金を受け取るのは当然の権利と見なされるため、スティグマを負わされることはない。「援助に値する貧困者」—— 病弱な人、高齢者、障害のある人 —— に対する援助提供に疑問を呈する者もおよそいない。しかし、サービスの費用や運営に対する批判は今も存在する。

これとは対照的に、公的扶助プログラムの受益者は、彼らを「施しを受ける者」と見なす周囲の軽蔑を強く感じている。「援助に値しない貧困者」、すなわち働けるのに働かない人を援助するプログラムは、激しく批判される傾向がある。たとえば、公的扶助を受けながら家族と暮らす成人は批判の的となることが多い。公共福祉の批判者は、公的扶助は受給者の依存心を養い、プログラムに参加したことでスティグマを受給者に負わせることになると主張する。この立場は、すべての納税者が福祉受給者になる可能

表 10.2　公的扶助と社会保険の比較

	[公的扶助]	[社会保険]
政策意図	資格要件を満たす人への所得援助	積立者への付加的補償
例	TANF, SSI, SNAP	OASDHI
後援者および運営者	連邦政府と州	連邦政府
資格	ニーズ・ベース：収入と資産の資格要件を満たす必要	積立金：獲得された信用をベースとした受給資格
給付金	金額可変。州ごとに異なる。より小さい資格適用の原則	補償範囲をベースとした固定額の給付金
関連医療費保険	メディケイド	メディケア
血縁者の責任	法で定められた被扶養者に適用される	なし
世間の見方	「貧困者」というスティグマを与える	権利と見なす

性があり、すべての福祉受給者が納税者になり得るという事実を無視するものである（表10.2）。

偉大な社会プログラム ── 福祉権構想

1960年代以前の数十年における米国の豊かさが、「もう一つの米国」で増え続ける人々の存在を、国から覆い隠していた（Harrington, 1962）。官僚の大部分が、このような人々の社会的・経済的窮状を無視していたのだ。しかしながら、1960年代を特徴付けることとなったのは、政治的・社会的混乱だった。多くの大都市で起きた街頭暴動を含む都市部の混乱状況により、もう一つの米国という問題に人々の注目が集まった。

立法者は貧困の根本原因として複数の社会問題を特定した。そして人種差別、不十分な教育、健康不良、失業、市民権の侵害といった貧困の根本原因を除去するための取り組みが、社会福祉による対応として、ケネディ政権による「貧困との闘い（War on Poverty）」プログラム、さらにジョンソン政権下の「偉大な社会（Great Society）」プログラムを通じて実施された。

■ 福祉権

1960年代の福祉改革の主要テーマは福祉権であった。この課題は、貧困状態にある人の状況を懸念した個人や組織、そして連邦政府により議論が推し進められた。取り組みの例として、以下のようなものがある。

• 貧困状態にある人に対し、福祉受給資格に関する情報提供や、給付金

受領のための専門家による支援提供を行う、新たな公的・民間サービスの構築

- 生活保護の受給に厳しい条件を課している地方のさまざまな法や政策に、異議を申し立てる訴訟の提起
- 貧困状態にある人が公共福祉の受給資格を持つことを世間に知らしめ、当局が彼らの援助申請を承認するよう圧力をかける新たな組織設立の支援 (Piven & Cloward, 1971, p. 250)

この活動がもたらした重要な結果が、福祉爆発である。ただし、この生活保護対象者の急増は、貧困状態にある人の数が増えたことを意味するものではなかった。これはむしろ、もともと貧しかった人々が、既存のプログラムや給付金についての知識を得て、これらを利用する権利を行使したことを意味するものであった。

■ 経済機会局

この時代における都市の危機的状況と政治情勢への対応として、偉大な社会計画は、特徴的なソーシャルサービス提供システムを発展させた。都市の関係強化へ向けた変化が議論の的となる中で、経済機会局（Office of Economic Opportunity, OEO）は独特な行政の仕組みを構築したのだ。これにより、中央政府は、州政府や地方政府を間に挟むことなく、貧困状態にある個人と直接に関わるようになった。ピベンとクロワード（Piven & Cloward, 1971）は、「**偉大な社会プログラムに顕著な特徴は、州と地方政府との関係を切り捨てて、中央政府とスラムが直接、結び付いたことにある**」と主張した（p. 261；太字は筆者による）。

この立法においては、自主性を促進するために、地方の草の根的リーダーシップがコミュニティ・プランニングとサービス実施に関与することが重視された。地域団体は、教育、雇用、司法サービス、情報と紹介サービス、コミュニティアクションなどへの窓口となるプログラムを設計した。「**可能なかぎり、最大限の関与をする**」という信条がこの立法行為の推進力となり、経済機会法（Economic Opportunity Act）を通じて資金を得るためには、利用者をプログラムのプランニング、開発、実行の各段階に関与させなければならなかった。経済機会局（OEO）のコミュニティアクション的要素は、多くのソーシャルワーカーに、ソーシャルワーク専門職の社会正義に対する姿勢を再検討させることになった。彼らは、自らの焦点をセラピーから改革へ、精神分析から社会科学へ方向転換させたのである（Axinn & Stern, 2012）。

国際的政策の課題

　国連ミレニアム・サミット（United Nations Millennium Summit）が 2000 年 9 月に開催され、147 ヵ国の首脳が参加した。そこでは、「平和、人権、民主主義、ガバナンス強化、環境の持続可能性確保、貧困撲滅、人間の尊厳・平等・公正の促進」を求める地球規模の取り組みを強化するために、各国にいかなる貢献が可能かが議論された（UNDP, 2003a, p. 27）。その後、189 ヵ国がミレニアム宣言を採択し、グローバルコンパクトの一つである「ミレニアム開発目標」に合意した。

　ミレニアム宣言は、社会問題に対する連帯責任を強調する。ミレニアム開発目標は、能力開発、人間開発のための環境改善、社会的・経済的・文化的権利促進の進捗を測るベンチマークとして機能する。同目標は、「人間のウェルビーイングと貧困の削減を地球規模の開発目標の中心に据える」（p. 27）。個々の目標は、たとえば、健康で長生きすること、教養を身につけること、適切な生活水準を維持すること、政治的・市民的自由を享受することといった、人間開発にとって重要な力を養うものである。さらに、これらの目標は、環境の持続性、公正、グローバル経済環境といった、人間開発のコンテクストとして重要な環境条件に即したものである。以下に個々のミレニアム開発目標を列挙する。

目標 1：極度の貧困と飢餓の撲滅
目標 2：初等教育の完全普及の達成
目標 3：ジェンダー平等推進と女性の地位向上
目標 4：乳幼児死亡率の削減
目標 5：妊産婦の健康の改善
目標 6：HIV ／エイズ、マラリア、その他の疾病の蔓延の防止
目標 7：環境の持続可能性確保
目標 8：開発のためのグローバルなパートナーシップの推進[*]　（UNDP, 2003b）

　これらの目標は多数の国で、人権と人間開発の領域において、ソーシャルワーカーの仕事と国際ソーシャルワーク専門職組織の取り組みを支えている。ソーシャルワーカーは、世界中の社会問題と社会的不正義に対する国連の取り組みに精通することに加えて、国際ソーシャルワーク組織の政策的姿勢と活動を熟知しておくべきである。国際ソーシャルワーカー連盟（IFSW）は、人権、移民、平和と社会正義といった多数の政策的課題についての、実践的・理念的ガイドラインを提供している。ソーシャルワーク教育協議会（CSWE, 2008）には、国際ソーシャルワークに関する認定基準が載せられており、これにより、ソーシャルワークのグローバル・コンテクストを理解することの大切さと、国をまたいだ社会政策的課題の分析スキル習得の重要性を認めるものとなっている。

[*] **訳注**　目標 1 ～ 8 の訳は外務省ウェブサイトの訳を使用。http://www.mofa.go.jp/mofaj/gaiko/oda/doukou/mdgs.html

ニュー・フェデラリズム運動

　1960 年代の自由主義的プログラムは短命に終わった。リチャード・M・ニクソンの選任とともに、社会福祉政策、プログラム構築、歳出においてコンサバティビズムが台頭するようになり、それはロナルド・レーガン政権の終わりまで続いた。経済不況、インフレ、高い失業率が 1970 年代から 1980 年代の経済の特徴だった。その結果、貧困に苦しむ人の数が劇的に増加した。連邦政府は、管轄する包括補助金を通じて直接、各州に

対する一般歳入基金の分配を開始し、また、多数の福祉プログラムの運営を州に移譲した。さらに、公的扶助プログラムには、勤労福祉制度および職業訓練的要素が組み込まれるようになった。

ニクソンとカーターの両大統領は、連邦政府による最低賃金保証、就労インセンティブ、職業訓練プログラム、保育環境の整備を提供する、最低年間所得保障プランを提唱した。ニクソン大統領は、被扶養児童家庭支援制度（Aid to Families with Dependent Children, AFDC）と、子どものいる家族のための失業保険に代わるものとして、家族支援計画（Family Assistance Plan, FAP）を提唱した。カーター大統領は、家族の状況を問わずすべての貧困状態にある人に適用される負の所得税を提唱した。「よりよい職と所得の提案（Better Jobs and Income Proposal）」は、AFDC、補足的所得保障（Supplemental Security Income, SSI）、およびフードスタンプを強化するものになるはずだった。しかし、ニクソンのFAPも、カーターの「よりよい職と所得の提案」も、共に議会の承認を得られなかった。

レーガン大統領の選任とともに、超保守イデオロギー信仰の時代が始まった。レーガン政権およびジョージ・H・W・ブッシュ政権におけるニュー・フェデラリズム（新連邦主義）においては、サプライサイド経済学および「トリクルダウン経済」理論に支えられ、慈善的ソーシャルサービス組織によるサービスの民営化と、公共福祉支援プログラム（AFDC, SSI, フードスタンプ）を担う責任の州政府への移管が強調された。1981年包括的予算調整法（Omnibus Budget Reconciliation Act of 1981, P.L. 97-35）、1985年グラム・ラドマン・ホリングス法（P.L. 101-508）、1988年家族援助法（P.L. 100-485）といった議会による立法の結果、予算削減、予算上限設定、給付プログラムにおける受給資格要件の厳格化が行われた。

1990 年代の福祉改革

ヘルスケア改革、福祉改革、そして犯罪抑止法案の成立は、クリントン政権の政策課題の中で高い優先順位を与えられた。犯罪抑止法案は民主・共和両党の支持を受け迅速に成立した。ヘルスケア改革のための国民健康保険法案は、民間保険会社のロビー活動や政敵などからの抵抗を受けた。1996年個人責任・就労機会調整法（PRWORA, P.L. 104-193）と呼ばれる福祉改革法は、多くの議論の末に成立した。

クリントン大統領はこの福祉改革立法を「私たちが知る福祉の終わりを告げるもの」と表現した。同法成立により連邦政府の支援は削減され、連邦政府の公共福祉支援プログラム（AFDC, SSI, フードスタンプ）は州を基盤としたプログラムへと転換された。貧困家庭一時扶助（Temporary Assistance for Needy Families, TANF）プログラムは、被扶養児童家庭支援制度（AFDC）に代わるもので、公的扶助プログラムの設計に関し、連邦政

府の具体的なガイドラインの枠内で、州に大きな裁量を認めている。

21 世紀初頭の取り組み

　大統領としての最初の任期中、ジョージ・W・ブッシュは、2001 年 9 月 11 日のテロに伴う国家安全保障上の問題と国際的課題に直面した。ブッシュ大統領は、保健およびヒューマンサービスに関し、保守的な政策を推進し、ソーシャルサービス提供における政府の役割を限定し、私的な慈善の役割を拡大した。ブッシュ政権下では、宗教団体が行う信仰に基づくサービスに資金提供を受けるための連邦契約を、プログラムから宗教的要素を取り除くという条件なしで利用できるようになった。ブッシュ大統領は、その在任期間中に、教育改革のための落ちこぼれ防止法（No Child Left Behind Act）の制定、およびメディケア D 高齢者向け処方薬の給付プランを成立させた。TANF の再授権には引き続き、就労と教育が要件とされ、扶助金の支給は 5 年間に制限されていた。社会保険の民営化運動は大きな抵抗を受けたが、移民に関する議論の結果、より厳しい国境政策が敷かれ、不法滞在者に対するサービスは縮小された。

　2009 年、バラク・オバマ大統領は、就任から数ヵ月で、経済不況に関わる複数の危機に直面した。オバマ大統領は就任の翌月に、景気刺激法案である米国復興・再投資法（American Recovery and Reinvestment Act）に署名した。同法には、経済危機により深刻化した貧困を緩和するための幅広い投資が含まれる。家族や貧困状態にある人に対する雇用と経済的機会の創出を約束するこの法は、失業給付、保育サービスの提供、補助的栄養支援プログラム（SNAP, 旧フードスタンプ）、職業訓練の機会を充実させるものである。景気刺激法案には州政府と地方自治体への支援が含まれ、公共事業と輸送インフラへの投資、家庭と企業に対する減税、保健およびヒューマンサービス、教育、住宅、都市開発、退役軍人に関する対応への投資も盛り込まれている。オバマ大統領による国内政策において最優先の課題が、包括的ヘルスケア改革の法制化、すなわち、2010 年患者保護並びに医療費負担適正化法（Patient Protection and Affordable Care Act in 2010, PPACA）である。これは、すべての国民が、安価で信頼できるヘルスケアを利用できるようにするものである。

現行の公共福祉プログラム

　過去 50 年以上にわたる社会保障法の改正により、保険の受給資格対象者数は拡大され、新たな貧困撲滅ストラテジーが追加された。所得維持、ソーシャルサービス、医療、栄養に関して、貧困状態にある人のニーズを満たすために、多くのプログラムが作られた。このようなプログラ

ムの例としては、老齢者・遺族・障害者年金および健康
保険（Old-Age Survivors Disability Health Insurance, OASDHI）、
貧困家庭一時扶助（Temporary Assistance for Needy Families,
TANF）、補足的所得保障（Supplemental Security Income, SSI）、
メディケア（Medicare）とメディケイド（Medicaid）、一般
扶助（General Assistance, GA）、補助的栄養支援プログラム
（Supplemental Nutrition Assistance Program, SNAP）、第20章ソー
シャルサービス条項（Title XX Social Service Provisions）が挙
げられる。

老齢者・遺族・障害者年金および健康保険
(OASDHI)

連邦政府は、高齢者、障害のある労働者、労働者の遺族を扶助するための複数の社会保険プログラムを構築した。老齢者・遺族・障害者年金および健康保険（OASDHI）プログラムは以下の要素から構成される。

- 定年退職者と資格を有する遺族のための老齢者・遺族保険（Old-Age and Survivors Insurance, OASI）
- 障害のある労働者と資格を有する家族のための障害保険（Disability Insurance, DI）
- 資格を有する高齢者と障害のある人の入院、診察、処方薬の費用に適用される健康保険（Health Insurance）

社会保障法のもとで1935年に開始された社会保険制度を通じた退職給付金の受給資格者は、勤労期間に応じて付与される得点を基礎として「保険契約を締結」してきた。就業者は給与天引きや自営業者税を通じて、社会保障基金に資金を拠出する。給付金は給与歴をもとに計算される。資格の有無は給付請求者の年齢と、退職給付受給に必要なワーク・クレジットの数により決まる。保険契約者である労働者の死亡により遺族となった配偶者は、亡くなった配偶者の給付金を全額受領できる。生活費調整により給付金額は年々増加している。

社会保険は高齢者の貧困率削減に重要な役割を果たしている。66歳以上の人々の91%が退職給付を受けている。退職給付金は、受給者の65%にとって主要な収入源であり、66歳以上の人口の22%にとって唯一の収入源である。社会保障受給者の現在の貧困率は約9.7%である（AoA, 2008）。しかしながら、高齢者の男女間で貧困率を比較すると、女性（12.0%）の方が男性（6.6%）よりも高い。高齢者の貧困率が最も高いのは、ヒスパニック系女性（39.5%）と黒人女性（39%）の単身生活者である。これら

の給付金がなければ、高齢者の貧困率は50％近くに及んでいただろう（Center on Budget and Policy Priorities, 2010）。

　社会保障プログラムにおける障害者給付金は、完全な保険契約者としての地位にあること、かつ、十分な収入の獲得を妨げる心身の障害があり、この障害が最短でも12ヵ月は継続するか、あるいはその人を死に至らしめると予測されていることが要件とされている。障害者給付金の申請者は、障害の発生以前に、保険の対象となる仕事に最低期間就労していなければならない。補償を継続するかどうかは、受益者が、可能な場合に州の後援によるリハビリテーション・サービスに参加したか否かにより決まる。2010年には、障害のある就労者、あるいはその配偶者または子どもの数は約8900万人にのぼった（"Highlights and Trends," 2011）。障害のある受益者の十分な収入につながる雇用を促進するために、社会保障局は、受益者が現金給付を受けながら就労を試みることができる「就労チケット（Ticket to Work）」プログラムを提唱した。

　社会保障の受益者は、メディケアを通じた病院保険（Hospital Insurance, HI）の受給資格を持ち、月々の保険料を支払うことにより、補完的医療保険（Supplementary Medical Insurance, SMI）、メディケアDに登録することもできる。HIは、入院費、入院治療のためのサービスと必需品の費用、高度ナーシングケアや在宅保健サービス、ホスピスケアなどの費用をカバーする。SMIは、医師の診察料、外来診療費、投薬治療費を補助する。メディケアDは、処方薬費用をカバーする。退職者は有資格者となる年の誕生日からメディケアの給付金を受領する。これに対し、障害のある受給者は、給付開始までに24ヵ月の待機を強いられる。

貧困家庭一時扶助（TANF）

　1996年個人責任・就労機会調整法（Personal Responsibility and Work Opportunity Reconciliation Act of 1996, PRWORA）の成立に伴い、被扶養児童家庭支援制度（Aid to Families with Dependent Children, AFDC）、子どものいる家庭に対する緊急扶助（Emergency Assistance to Families with Children, EAFC）、職業機会・基礎的技能訓練制度（Job Opportunities and Basic Skills Training Program, JOBS）の各制度が廃止され、これに代えて、貧困家庭一時扶助（TANF）のための包括的補助金制度が開始された。

■ AFDC —— TANFの前身

　AFDCプログラムは、支援が必要な被扶養児童に対する政府の責任を果たすためのセーフティネットとして設計された。州は、連邦政府の規制のもとでプログラムを運営し、州–連邦政府間の対応式を基礎に、税収を財源とする公的資金を受けた。1961年には、失業中の父親がいる家庭へ

の援助を州に認める法律が制定された。

AFDC は批判も受けたが、社会扶助プログラムとしてポジティブな貢献をしたと主張する者もいる（Dear, 1989）。AFDC は国の家族手当プログラムとして、最も貧困リスクの高い家庭と子どもに現金給付とその他の便益を提供した。この公的支援および公的資金を受けた所得移転プログラムは、数百万人に及ぶ低所得者のウェルビーイングを強化した。AFDC 受給者は、収入の補助に加えて、医療、食糧補助、住宅補助、ソーシャルサービスといった金銭以外の便益も受けた。ディア（Dear）はこのプログラムについて、本来の趣旨に従い、低所得家庭が崩壊しないよう支援するものだったと結論付けた。

■ TANF の目的

TANF の目的とされているのは、子どものいる貧困家庭が子どもを家庭で養育できるようにするための援助、就労準備・就労・結婚の推進による依存状態の緩和、婚外妊娠の防止、両親が揃った家庭の奨励である。TANF が貧困の構造的側面よりも個人的側面を重視したことは、同プログラムを制定した法律の名称（「個人責任・就業機会調整法」）からも明白である。貧困撲滅プログラムとして、この最大公約数的な福祉政策が、経済状況や失業率、雇用市場の冷え込みといった構造的条件、ならびに識字力、職業訓練、安価な保育環境、信頼できる輸送手段の不足といった個人の社会的脆弱性の影響を十分に考慮しているのか、という疑問が呈される余地はあるだろう（Washington et al., 2006）。

■ 資金調達のための規定

TANF は、州を基盤とする公的扶助プログラムを設計するにあたって、州に対し大きな裁量を認めている。しかし、包括的補助金の受給資格を得るためには、州の TANF プログラムが一定の条件を満たしていなければならず、これに従わない場合には罰金が科せられる。州の責任とは以下のようなものである。

- 資格要件を決定すること
- 給付金のレベルを設定すること
- 包括的補助金を連邦政府の規定に従い管理すること
- 個人責任契約の要求の有無、補助金受給期間に親が新たに出産や妊娠をした場合の追加援助の有無、未婚の 10 代の親とその子どもに対する援助の有無について決定すること
- 連邦政府に対し、2 年ごとに TANF のプランを提出すること

2005 年赤字削減法（Deficit Reduction Act）、および 2006 年の TANF 再

承認により、当初のガイドラインにいくつかの修正が施された。受給者の労働力強化に向けた活動への参加に対する期待が引き上げられたことも修正箇所の一つである。この時点ですでに、改正以前の法よりも厳格なガイドラインを採用していた州もあったが、それ以外の州は、連邦政府の資金供与条件に関するガイドラインを満たせるように、規則と手続きを改訂しなければならなかった。これらの法には、就労をより重視し説明責任を強化する、以下のような規定が含まれている。

- 具体的な仕事に直接関係する教育と研修が要求されること
- 就職率を、単身者は50%、両親が揃った家庭では90%となるように再調整すること
- 連邦政府による検査と州単独の監査を用いて、州のコンプライアンスをモニタリングすること
- 連邦政府の規則に対し州のコンプライアンス違反があった場合は、罰則を科すこと
- 連邦政府TANF現金援助の生涯累積5年間という期間制限を維持すること

(HHS, 2009)

さらに、赤字削減法には、各州において、健全な結婚と責任ある父親イニシアティブのために1.5億ドルの年間資金を拠出することが定められている。

公的扶助受給者の就労という要件を強調するためには、TANF受給者の雇用可能性が前提条件となる。ところが、受給者の特徴に関するデータを調べると、その多くが、心身の健康問題、不十分な教育、学習障害、不安定な住環境、DVの問題、子どもの保育責任などを抱えており、これらが雇用の妨げとなっている（Bialik, 2011; Zedlewski, 2003）。さらに、勤労扶助プログラムの大部分が、職業紹介のような短期のインターベンションを提供するのみであり、福祉に頼る人々の求める包括的なプログラムを提供できていない。また、就労という要件設定は、就労は自立につながるという前提に立つものだが、賃金が低い場合、労働者は周縁的な経済的地位に置かれたままである。最後に、「働くための福祉」条項は、求人があることを前提としているが、多くのコミュニティでは、同時に経済発展に向けた努力が必要というのが実状である。

要するに、PRWORAは、援助期間の制限と生涯受給額の上限を定める規定により、受給者が貧困状態にある限り受け続けられるセーフティネットとしての公的扶助を排除するものである。就労を義務付ける条項は自立への見通しを与えるが、これらの条項が、貧しい人々に有害な影響をもたらすのか、自立への地ならしとなるのかについて結論を出すためには、長期的リサーチを経る必要がある。

福祉依存か、頼れる福祉か

　公的扶助プログラムは、受給者の自立よりもむしろ依存を促すのではないかという論点が近年、議論の的となっている。全国的な政治キャンペーンにおいて「エンタイトルメント（受給権）でなく、エンパワメントを（Empowerment, not entitlement!)」というスローガンが叫ばれていたが、公共福祉の目的を知る人々は、これを「福祉制度ではなく、勤労福祉制度を（Workfare, not welfare!)」に代わる第二世代のレトリックと認識している。エンパワリングなソーシャルワーカーは、解決策がこのような二者択一でないことを知っているのだ。公的扶助を活用し自立を目指す人々にとって、エンパワメント、エンタイトルメント、勤労福祉制度、福祉制度は究極的には同じ目標を提示するものである。

　公的扶助を受けている人の大部分が、援助に「依存している」というよりは、現状における確かな収入源として「頼りになる」と感じている。このように、公的扶助の目的はエンパワーすることなのである。公共福祉システムは、産業化された社会で順調に暮らしていくために必要な収入が不足している個人や家族のための機会構造である。給付プログラムは、サービスが市民の権利として提供されることを示すものである。すべての構成員に最低限度の経済的保障が与えられていることは社会の利益になる。勤労福祉制度の資格要件は、研修と就労機会の提供により補完されることで、自立を求めるクライエントにとって有益なものとなっている。

　この議論のプラス面としては、貧困家庭一時扶助（TANF）を通じた所得維持受給者のための支援的・補完的サービスの全体構造が生まれるきっかけとなったことが挙げられる。TANF 登録家庭の福祉から就労への移行が成功したのは、「仕事の需要と、これを満たすための家族の能力との「合致」、ならびに家族のニーズとこれを満たすために仕事から得られるものとの合致」（DeBord et al., 2000, p. 313）が最大化する

よう設計されたストラテジーに依拠するところが大きい。所得の低い一人親家庭にとって、低賃金の仕事、高い保育費、信頼できる交通機関の不足などが、仕事と家庭の良好な関係構築を阻む障壁を作り出している。現在では多くの州が、教育あるいは雇用プランに参加中の受給者のために、所得控除、継続的医療保障、保育給付金、輸送補助のようなインセンティブあるいは「資金」の提供を行っている。これらの支援はエンパワリングである。ところが、同時に多くの州において、援助の受給資格継続の条件として、クライエントの自立プランの進捗が厳しく問われている。これは、エンパワーとは逆に働く可能性がある。とりわけ、過去の失敗経験により自己評価が低くなっているクライエントや、所定の時間枠内に期待された進捗を達成する能力がない人、生活環境の中にプラン通りの進捗を妨げる要因がある人、研修完了後も労働市場ですぐに自分の居場所を見つけられない人などから力を奪う可能性が高い。

　TANF プログラムがソーシャルワーク専門職の社会正義に対する義務を反映しているのかと問う声は多い。多くの人が、このプログラムが個人の責任を強調し、個人の自立のために必要な制度的資源の提供に対する社会の義務を問うていないという点で、不公平だと考えているのだ。ホーキンス（Hawkins, 2005）は、「「自立」という観念と関連用語である「独立」「自信」「自活」は、貧困削減政策を具体化する言葉となった。表面的には、自立は社会政策の目標として適切であるように見受けられる」（p.77）と述べた。しかしながら、TANF が正義にかなった社会という政策を反映するためには、州が「自立のためのエンパワー」において個人的要素を考慮するとともに、経済における制度的要因に取り組む必要がある。TANF の受給者が労働力に加わる準備ができたときに、彼らの生活賃金を支払える仕事が用意されているように、州自体が、州全体にわたる雇用創出と経済成長に向け大きく前進する必要があるのだ。

補足的所得保障 (SSI)

　1974 年の立法により、高齢者援助 (OAA)、視覚障害のある人への援助 (AB)、完全永久労働不能者補助 (APTD) など、当初は州を基盤としていた複数のサービスが連邦政府の管轄となり、補足的所得保障 (SSI) プログラムとして、社会保障局により運営されることとなった。受給資格者は、現金で毎月支払いを受ける。SSI の受給資格を得るためには、65 歳以上であること、視覚に障害があること、心身の問題により就業できないことのいずれかが要件とされる。PRWORA の成立により、薬物およびアルコール依存の人は、資格対象の障害から除外された。障害のある 18 歳未満の子どもは SSI 給付金の受給資格の対象となり得るが、PRWORA は SSI の支払対象を、12 ヵ月以上続くか死に至ることが予測される著しくかつ重篤な機能制限をもたらす、医学的に証明された病状にある子どもに限定している。さらに、資格要件には経済状態と市民権に関する制限も含まれる。資格要件を満たす申請者が他にも現金収入を得ている場合、SSI は基本的ニーズを満たすことが可能なレベルまで、申請者の収入を補完する。

Katrina Brown/Shutterstock

子どもは自ら権利を主張することができない。そのため、政治家による経費削減のターゲットになりやすい。子どもの声を伝えよう。あなたの子どもは投票できないけれど、親であるあなたはできるのだから。

一般扶助 (GA)

　一般扶助 (GA) プログラムは通常、地域、郡区、あるいは郡を基盤としたプログラムであり、SSI や TANF といった他の現金給付プログラムの資格要件を満たさないが緊急の救済金が必要な人々に対し、現物か現金による限定的な給付を行うものである。州、郡、地域が GA の資金調達と運営を行う。給付金の種類やレベル、資格要件、期間制限に関する規則など、実際のプログラムは州によって異なる。かつて GA には現金による直接の助成金とバウチャーシステムがあったが、現在では大部分のプログラムにおいて現金による助成金が排除されたり厳しく制限されたりしている。

　GA 受給者の大部分は、関連するカテゴリ別援助プログラムの資格要件をどれも満たさない人々である。GA の対象者はただでさえ他の収入源がない人たちであるにもかかわらず、多くの州では予算削減のために GA プログラムを制限、あるいは完全に廃止している。たとえば伝統的に、GA は身体の障害がなく被扶養児童のいない成人に現金扶助を提供する唯一の

プログラムであったが、現在、GA プログラムがある大部分の州や地域において、このような人々は資格対象から除外されている。「GA 受給者の大部分は働くことができる」「彼らは受給期間を延長して GA に頼って生活している」「フルタイムの最低賃金の仕事をすれば法定貧困レベルを上回る生活ができる」といった GA に関する誤解が、制限の根底にあると主張する者もいる。

メディケアとメディケイド

1965 年の社会保障法改正により、2 つの健康維持プログラムが追加された。メディケア（18 章）とメディケイド（19 章）である。社会保険プログラムであるメディケアの趣旨は、65 歳以上の高齢者、65 歳未満の障害のある人、および末期腎疾患を抱える人の保健ニーズの充足である。社会保険の受給資格を持つ人はメディケアの資格要件を満たす。メディケアによる実際の支払金と医療費の差額を、「メディギャップ」保険に加入することで埋めている人は多いが、それでもなお、メディケア・プログラムは相当額の医療費を負担している。

メディケイドは、低所得層の家族向けの医療費補助プログラムである。一般に、メディケイドは、連邦政府と州による共同出資を受け、TANF や SSI といったカテゴリ別の援助プログラムの有資格者向けに医療給付金および入院給付金を提供し、さらに、現金による生活補助プログラムの資格を失った家族に過渡的給付金を提供する。一方で、PRWORA は州に対し、具体的資格要件の設定権限を与えている。この法により、福祉とメディケイドの受給資格は必然的に切り離される。州のガイドラインに応じて、メディケイドは、入院費、選択の余地のない外科手術費、医師の診療費、歯科費用、ナーシングホームでのケア費用、処方薬代金を含む医療費を補償する。メディケイド加入者は、メディケイドでの支払いを許容する医療サービス提供者（病院、医師など）を見つけるのに苦労している。資金削減は、メディケイドの適用を受ける資格に影響を及ぼし、医療困窮者を認定するための資格要件が再定義された。メディケイドの規則では、わずかでも収入がある人は、その多くが民間の健康保険に加入していないにもかかわらず、対象から除外される。全般的に、TANF の下で福祉改革が開始されて以降、医療ニーズが充足されていない人の数は増加している。

患者保護並びに医療費負担適正化法

2010 年 3 月、オバマ大統領は、患者保護並びに医療費負担適正化法（Patient Protection and Affordable Care Act, P.L. 111-148）に署名した。この革新的な立法は、包括的ヘルスケアを普遍的に利用できるようにするための

基盤を築くものである。本立法の結果、3200万人が健康保険による補償を得られるようになると見込まれている（Gorin, 2011）。医療費負担適正化法は、複数年にわたり包括的健康保険改革を実施するものである（HHS, 2012）。現在の条項には、新たな患者の権利法、ヘルスケアにおける補償範囲の拡大による既往症への適用、親の保険契約による補償対象を26歳未満の子どもにまで拡大することが含まれる。さらに、同法によりメディケアとメディケイドの資格要件は拡大され、雇用者は被雇用者への健康保険供与が義務付けられるようになる。2012年には、法律家たちにより連邦最高裁判所で同法の合憲性が議論された。問題とされているのは、2014年施行予定の、健康保険に加入しない個人に罰金を科すという命令についてである。

補助的栄養支援プログラム

補助的栄養支援プログラム（SNAP）は、1964年フードスタンプ法により最初に構築されたフードスタンプを改訂したものであり、所得が一定レベル未満の人々の栄養に関するニーズを補完するものである。より具体的に言えば、同プログラムの目的は、米国における飢餓廃絶と、栄養状態の改善である。米国農務省（USDA）による指導のもと、連邦政府がプログラムに資金を拠出している。州はフードスタンプ・プログラムを、カテゴリ別援助プログラムと共に運営している場合が多い。

SNAPは、米国における飢餓問題対策の主要なプログラムであり、長期的には飢餓および栄養失調の廃絶を目指すものである。行政機関は、失業者あるいはプログラムの収入ガイドラインを満たす低所得の労働者のみを対象に、食料の購入にのみ使用できるフードスタンプを発行する。1996年個人責任・就労機会調整法（PRWORA）では、フードスタンプの分配を削減し、子を持たず障害のない18歳から50歳までの人のうち、就労しているか何らかの勤労福祉制度の対象となっている人に対するフードスタンプの供給が制限された。2011年度の統計によれば、フードスタンプ・プログラム加入者は約4500万人で、前年比500万人増、2000年比では2900万人増となっている（USDA, 2012）。失業、不完全雇用、高い貧困率がこの食料補充プログラムのニーズ増の原因であり、これでもなお、有資格者の3分の1近くが受給申請をしていない（Food Research and Action Center, 2011）。調査の結果、英語力の不足とホームレス状態が、プログラム加入の重要な障壁であることが分かっている（Algert et al., 2006）。

> 社会福祉政策はエンパワメントを具現化するものでなければならず、公的福祉サービスの提供は、個人をエンパワーするという趣旨を反映したものでなければならない。

第20章ソーシャルサービス条項

1975年、議会は社会保障法改正第20章を承認した。ソーシャルサービ

スに関する主要条項であった改正前の第20章は、AFDCまたはSSIの受給家庭あるいは特定の所得ガイドラインを満たす個人を対象としたソーシャルサービスのために、州に対し提供する包括的補助金から成り、以下の4つの大きなサービス目標を目指すものだった。

- 依存の予防・削減・排除による経済的自活
- 自立の促進
- 子どもや、自ら利益保護、社会復帰、家庭維持ができない大人に対するネグレクト・虐待・搾取の予防と救済
- コミュニティを基盤とするサービスにおける不適切な施設ケアの予防
- 施設でのケアおよびサービスを必要としている人のために、その適切性を確保すること　　　　　　　　　　　（SSA, 2011, Title XX, sec. 2001）

　1981年包括的予算調整法（Omnibus Budget Reconciliation Act, P.L. 97-35）による改正で、第20章から州マッチングファンドが廃止され、公的扶助受給者のために資金を支出する義務が削除された。第20章により資金提供されるプログラムの種類としては、情報と紹介サービス、家族計画、カウンセリング、保育と成人デイケア・サービス、児童保護、ケースマネジメント、家事代行と在宅保健援助サービス、教育と研修などのサービスなどがある。第20章は、児童保護や里親制度を含む児童福祉サービスの主要な資金源である。

　第20章にはさらに、州行政機関が民間ソーシャルサービス提供業者と締結するサービス契約に関する条項が含まれる。この政府のサービス契約の規定は、民間ソーシャルサービス団体の発展を促した。現在、第20章の包括的補助金に対する資金割り当ては削減傾向にある。

展　望

　ソーシャルワーク専門職は、クライエントに対する社会の態度と、公的福祉サービス提供システムの両方を変革しなければならない。ソーシャルワーカーは、重要な専門職的価値とワーク原則に寄与することで、社会福祉利用者の大部分を占める、権利を奪われた人々をエンパワーすることができる。それゆえ、ソーシャルワーカーは公共福祉サービスの提供において、より目に見える積極的な役割を果たさなければならない。ソーシャルワーカーにとって、このようなサービスを提供することは重要である。社会福祉政策はエンパワメントを具現化するものでなければならず、公的福祉サービスの提供は、個人をエンパワーするという趣旨を反映したものでなければならない。

第10章　練習問題

以下の問いは、本章で学んだ知識をテストするものである。

1. ソーシャルワーカーである＿＿＿＿＿＿は、社会保障法の構築を主導した。
    a. バーサ・ケイピン・レイノルズ
    b. ハリー・ホプキンス
    c. ジェーン・アダムズ
    d. レスター・グランジャー

2. エセルは、社会福祉は政府の正当な機能であり、福祉の提供を受けることは市民の権利であるとの信念を持っている。彼女の政治的イデオロギーは、＿＿＿＿＿＿な考え方に合致する。
    a. リベラル
    b. ラディカル
    c. コンサバティブ
    d. ネオラディカル

3. グロリアと家族は、現在、TANF を通じて金を受給している。彼女と子どもたちには＿＿＿＿＿＿保険を通じた医療補償が適用される。
    a. メディケア
    b. メディケイド
    c. メディギャップ
    d. メディチェック

4. 大恐慌の結果、＿＿＿＿＿＿。
    a. 主に貧困に関わる問題が注目を浴びた
    b. 経済の構造的崩壊への人々の認識が高まった
    c. 人々は精神分析的な考え方により惹きつけられるようになった
    d. 州が、社会福祉政策の立ち上げに一義的責任を負うようになった

5. 1996 年個人責任・就業機会調整法は＿＿＿＿＿＿。
    a. 連邦政府の公共福祉援助プログラムを、州を基盤とするプログラムへと転換した
    b. 低所得家庭と子どもの支援のために AFDC を設立した
    c. 州を基盤とする福祉サービスを、連邦政府のプログラムへと転換した
    d. 保守的なレーガン政権における主要な福祉への取り組みだった

6. 45 歳のアン・グリテンバーグは、障害のために、ディスアビリティーズ株式会社が経営する保護作業所で、パートタイムの仕事しかできない状態である。アンのような生来の障害を持つ貧困状態にある人に対する財政援助として最も適したものは以下のどれか。
    a. 1935 年社会保障法
    b. 補足的所得保障（SSI）
    c. 経済機会法（EOA）
    d. 包括的予算調整法（OBRA）

7. ポリシー・プラクティスとしてのソーシャルワークについて説明せよ。ソーシャルワークはいかにして社会政策に情報をもたらし、社会政策はいかにしてソーシャルワーク・プラクティスに方向性を与えるか。

第 4 部

プラクティスの現場における今日的課題

Kwest/Fotolia

ソーシャルワークと貧困、ホームレス、失業、刑事司法

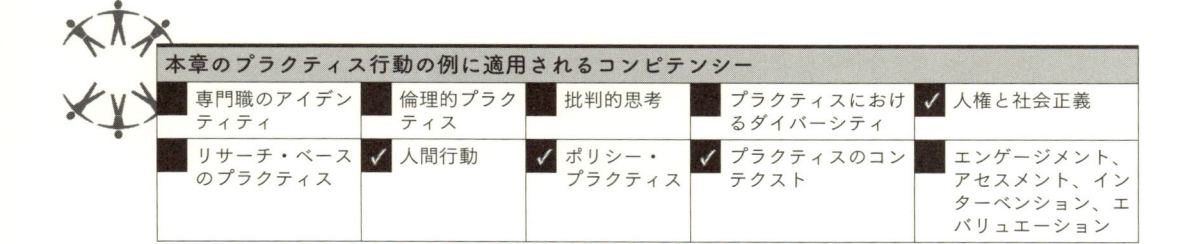

本章のプラクティス行動の例に適用されるコンピテンシー				
■ 専門職のアイデンティティ	■ 倫理的プラクティス	■ 批判的思考	■ プラクティスにおけるダイバーシティ	✔ 人権と社会正義
■ リサーチ・ベースのプラクティス	✔ 人間行動	✔ ポリシー・プラクティス	✔ プラクティスのコンテクスト	エンゲージメント、アセスメント、インターベンション、エバリュエーション

ソーシャルワーク専門職は、権利を奪われていると見なされる人口集団のウェルビーイングについて、長年にわたり問題意識を抱いてきた。米国社会において、権利を奪われた人口集団は数十年もの間、変わっていない。それは貧困状態にある人、ホームレス、失業者であり、彼らは長期にわたり、自らのウェルビーイングを私的・公的援助に依存している社会集団である。ソーシャルワーク・サービスを最も切実に必要としているのが、権利を奪われた市民であることは間違いない。貧困に見舞われた人々の中で、マイノリティ、高齢者、女性、被扶養児童は過度に多い。専門職に課せられた社会正義実現という使命が焦点としているのが、まさにこれらの集団である。本章では、公共部門における4つの問題領域を精査する。

- 貧困
- ホームレス
- 失業
- 刑事司法

　貧困、失業、ホームレス、刑事司法における課題は、社会正義と人権に関わる数多くの問題を提起する。貧困と失業は明らかに、経済的・社会的・文化的権利という人権のカテゴリに分類される。すべての人は、衣食住や医療を含む生活水準を維持する権利、およびこれらの基本的ニーズを支える、必要なソーシャルサービスと社会福祉プログラムを利用する権利を有する。社会保障や各種の所得保障は、経済的貧困、失業、収入格差を防ぐものである。失業と不完全雇用に伴う、社会正義と人権に関わる課題としては、たとえば、就労する権利や失業からの保護、労働に対し公正かつ平等な報酬を受ける権利、同じ仕事に対して同じ報酬を受ける権利、労働組合の活動に従事する権利が挙げられる。ホームレスの原因の多くは失業、不完全雇用、その他の収入の不安定である。住宅とシェルターに関する課題は、人権に関わる問題である。刑事司法システムは、適正手続きおよび公平な審理を受ける権利の侵害を防ぐための政治的権利を具体化したものである。人権への配慮は、推定無罪の原則を基礎とし、さらには、恣意的な逮捕や残虐あるいは非人道的な刑罰からの保護を含む。刑事司法分野における人権と社会正義に関わるその他の課題としては、刑事司法システムにおいてマイノリティの数が不均衡に多いことや、特別なニーズを持つ人（少年、精神疾患を抱える人、高齢者など）が収監されている問題が挙げられる。

ソーシャルワークと貧困

米国における貧困に関する国勢調査局のデータによれば、2010年の米国全体の貧困率は15.1%（DeNavas-Walt et al., 2011）でほとんど変化がないが、所得格差は拡大傾向が続いている。2010年において、富裕層の上位5分の1の家庭が、国全体の所得の半分を得ており、これに対し、下位5分の1の家庭の所得の合計は、国全体の所得のわずか3.8%に過ぎない（EPI, 2011）。2007年から2010年の期間において、下位5分の1の家庭の所得は0.3%減、中位5分の1は0.2%減、上位5分の1の所得は0.5%増だった。

さらに、所得格差は国際社会においても、現在進行中の社会福祉の問題である。たとえば、世界全体の1日の収入の75%を、世界人口の5分の1が得ている（Shah, 2009）。世界銀行（World Bank, 2011）による世界の貧困問題に関する推計によれば、2005年において、世界には1日2ドル相当未満で生活している人が25億人存在するが、この数は2015年には20億人にまで減少すると予測されている。このうち、1日1.25ドル未満という絶望的貧困状態にある人は2005年において約14億人だが、2015年には8億8270万人にまで減少すると予測されている。世界中で、貧困状態にある人々の状況は、昨今の経済危機の影響と食費や燃料費の高騰により脅かされ続けている。

米国内と世界の貧困問題に関する憂慮すべき統計は、貧困を人権侵害として注視することを促す。米国で貧困に苦しむ不均衡な数のマイノリティ、女性、子どもにとって、貧困は単に不運な生活状況というだけのものではない（Twill & Fisher, 2011）。世代をまたぐ貧困の悪循環を打破することは、社会的・経済的権利の保護を推進し、経済的安全のためのセーフティネットと教育機会の提供を強化することにより、初めて可能になる。

人間行動
[プラクティス行動の例] 一般教養の理論と知識を応用し、生物学的・社会学的・文化的・心理学的・精神的発達を理解すること。
[批判的思考の訓練] 貧困は個人と社会のウェルビーイングに有害な影響を及ぼす。ライフサイクルのさまざまな段階にある人々に対し、貧困はどのような短期的・長期的な生物心理社会的影響をもたらす可能性があるか。

もう一つのアメリカ

『もう一つのアメリカ（*The Other America*）』の著者マイケル・ハリントン（Michael Harrington, 1962）は、ケネディ政権の時代に「貧困との闘い」の口火を切った人物とされている。ハリントンは「貧困は、我々の現在の科学的見識に基づき、現在米国で生活するうえで最低限必要とされる健康、住居、教育が得られていない人々の状況として定義すべきである」（p. 175）と主張している。ハリントンはさらに、貧困がもたらす心理学的問題と絶対的影響をも包含する定義を追求した。貧困の完全な定義を定めることは、貧困を経験した人の悲観主義と敗北感、さらには貧困が社会の構成員や社会そのものにもたらす潜在的損失を精査することになるのだ。

ハリントンの挑戦から50年以上を経た今もなお、私たちは貧困の定義付けに取り組んでいる。現在では、貧困化に伴う人的犠牲や人間的苦悩の問題には触れることなく、社会にもたらされる結果と源泉徴収額への影響との関係においてのみ貧困を語る傾向がある。貧困を社会的状況として冷淡に扱う人もいて、貧困層と富裕層の間には心理的距離が生まれている。私たちは、ハリントンの言うもう一つのアメリカに住む、貧困の影響にさらされた人口集団について精査し直す必要がある。現在でも、かつてと同様に、貧困は貧困層という階級を作り出しているのだ。

　貧しい人々は自ら選んで貧しくなったわけではない。彼らはただ貧しいのだ。子どもは、その21%にあたる1530万人が貧困状態にあり、すべての年齢層の中で最も貧困率が高い。子どもの貧困率をさまざまな民族間で比較すると、その格差が明らかになる。白人の子どもの貧困率は12%、アジア系は15%、ヒスパニック系は33%、アメリカ先住民は34%、黒人の子どもは36%である（Wight et al., 2011）。地域による子どもの貧困リスクの偏りも存在する。たとえば、2009年に子どもの貧困率が最も高かったのは、アーカンソー州、コロンビア特別区、ケンタッキー州、ミシシッピ州、ニューメキシコ州だった。さらに、2009年には、18歳未満の子どものうち約42%が低所得家庭に暮らしているとする推計もあった。このような子どもが直面するリスクとしては、食料不足、低出生体重児として生まれる可能性の増大、教育的成果の不振、健康保険への未加入が挙げられる（Redd et al., 2011; Wight et al., 2011）。

貧困状態にあるのは誰か

　「貧困状態にあるのは誰か」という問いは、幅広い回答を引き出しやすい。正確な答えもあるが、多くは貧困状態にある人々に対して共有された誤解を反映したものである。貧困状態にあることと人種的マイノリティであることは、一体のものとして捉えられがちである。米国で最初に実施された貧困に関するデータの調査結果はこの見方を支持するものではなかった。貧困状態にある人の42.4%が、ヒスパニック系以外の白人という調査結果だったのだ（DeNavas-Walt et al., 2011）。**絶対数**においては、貧困状態にある人は、白人の方が黒人やヒスパニック系より多い。しかしながら、2010年における**貧困率**を人種間で比較すると、マイノリティにおける貧困率が不均衡に高いことが分かる。黒人の27.4%（1070万人）、ヒスパニック系の26.6%（1320万人）、アジア系と太平洋諸島民の12.1%（170万人）という貧困率に対し、ヒスパニック系以外の白人の貧困率は9.9%（1960万人）である。

　一般的に浸透したもう一つのステレオタイプは、貧困状態にあるのは大家族だというものである。実際には、収入が貧困ラインを下回る家族の構

成員数は、米国の平均的家族と比べて目立った差があるわけではない。しかしながら、大家族の方が貧困ラインを下回るリスクが高いことは確かである。ある種の家族は、他と比べて貧困に陥るリスクが高い。たとえば、夫と妻が揃っている家族における貧困率は 4.9% である（DeNavas-Walt et al., 2011）のに対し、完全な（妻がいない）父子家庭では、貧困率は 15.8% である。さらに、完全な（夫がいない）母子家庭では貧困率は 31.6% にのぼる。

　貧困の女性化とは、現在、貧困状況にある人々の中で、成人女性がより多数を占める集団であることを意味するが、これもやや誤解を招きやすい言葉である。現在、女性と子どもは貧困状態にある人の大部分を占めているが、1960 年代においても同じく大部分を占めていたのである。

　統計データによれば、2010 年において、非白人の母子家庭の貧困リスクは際立っている。貧困率は、黒人の母子家庭で 47.6%、アジア系米国人と太平洋諸島民の母子家庭で 30.1%、ヒスパニック系の母子家庭で 50.3% であるのに対し、ヒスパニック系以外の白人の母子家庭では 32.7% である（Redd et al., 2011）。この傾向の基礎にあるのは、今日の経済において 1 人の収入に依存せざるを得ない家族が直面する困難である。自立を困難にしている事情としては、一般に同じ職位にあっても女性の収入が男性より低いという事実や、たとえ補助金を得られたとしても保育費用が家計を圧迫するという事実がある。統計はこれらのリスクが子どもに与える影響の大きさを明らかにしている。18 歳未満の子どもの 4 分の 1 が母子家庭で暮らしており、そのうち 47% が貧困状態にあるのだ。

　2010 年の米国において貧困状態にある子どもの割合は 22%、すなわち 5 分の 1 超にまで増加している（Redd et al., 2011）。これらの統計データは、18 歳未満の子どもの貧困率における憂慮すべき傾向を明確に示している。子どもの貧困率は上昇しており、貧困状態にある子どもの半数近くが極度の貧困の中で暮らしている。一人親の低所得家庭では、20% 弱の子どもがフルタイムで働いていることは驚くべき事実だが、さらに憂慮すべきは、2009 年と比較して 2010 年には、貧困状態にある子どもが新たに 110 万人見つかっているという事実である（Macartney, 2011）。24 ヵ国において物質的ウェルビーイングの比較を行った調査で、米国より低い指標値を示したのはスロバキアのみだった（UNICEF, 2012）。

　一般の人々は、貧困状態にある人が実は働くことができると考えている場合が多いが、これは誤解である。短期的な失業により、一時的に貧困状態に陥る人も確かに存在するが、それ以外の人は不完全雇用の状況にある。福祉援助を受けている人は、ただ賃金を補っているに過ぎない。さらには、フルタイムで勤務している人が、法定貧困レベル未満の収入を得ている個人の中で大きな割合を占めている。たとえば、家計収入が連邦政府の定めた貧困レベルの半分以下の、子どものいる家庭のうち 72% に、就労している成人がいる（Chau et al., 2010）。現在の基準に照らすと、最低賃金しか

支払われないフルタイムの仕事が、所得水準を現在の貧困ライン以下にまで押し下げている原因である。貧困層の中で、ワーキングプアが占める割合が急速に増加していることは、誰の目にも明らかである。

相対的貧困と絶対的貧困

社会学者は、絶対的意味と相対的意味の両方において貧困を評価する。貧困の**絶対的基準**は、基本的生活必需品を購入するために必要な収入レベルを定義したものである。その名の通り、収入がこの絶対的レベルを下回るときに貧困状態とされる。政府が設定した指標である貧困ラインは、このような絶対的基準の一つである。貧困ラインは、その時代において栄養を十分に取れるだけの食費に指数を掛けることで求められる。この尺度は、英国の救貧法の下でパンを指標に作られた尺度の現代版であり、家庭の基本的ニーズを、全く満たさないとは言わないが、およそ満たすものではない。2012年の米国保健福祉省（HHS）による貧困基準によれば、米国本土の48州とワシントンD.C.の4人家族の場合、家庭の収入が2万3050ドルを下回るときに貧困状態にあるとされる。この基準は、ハワイ州の場合は2万6510ドル、アラスカ州では2万8820ドルである（HHS, 2012）。2010年の絶対基準では、米国の全人口の約15.1%、すなわち約4360万人が貧困ラインを下回る（DeNavas-Walt et al.,

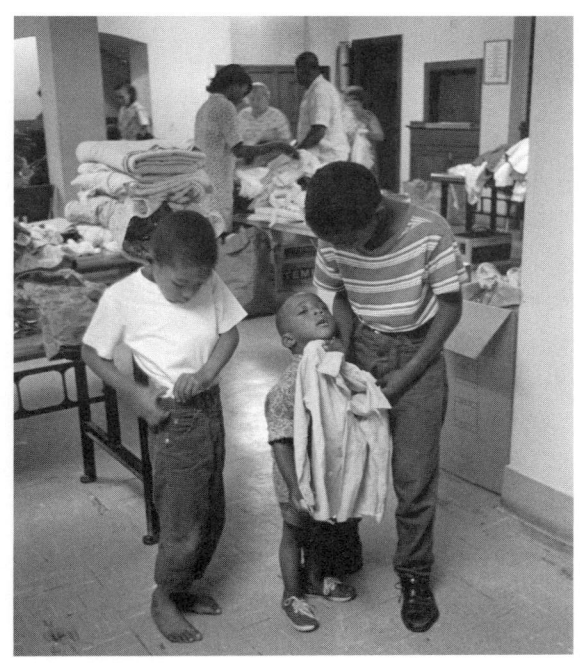

Bettmann/Corbis

黒人の子どもの貧困率は30%弱である。

表 11.1　米国保健福祉省（HHS）による 2012 年貧困ガイドライン

家族の人数（人）	アラスカ州・ハワイ州を除く隣接48州とワシントンD.C.（ドル）	アラスカ州（ドル）	ハワイ州（ドル）
1	13,970	11,170	12,860
2	15,130	18,920	17,410
3	19,090	23,870	21,960
4	23,050	28,820	26,510
5	27,010	33,770	31,060
6	30,970	38,720	35,610
7	34,930	43,670	40,160
8	38,890	48,620	44,710
1人当たり増加額	3,960	4,950	4,550

出所：『連邦公報（*Federal Register*）』Vol. 77 No. 17、2012 年 1 月 26 日、pp. 4034-4035.

2011）。表 11.1 を参照のこと。

　絶対的収入は、全体的状況の一部を示すものに過ぎない。コミュニティを構成する他の家族と比較したときの家庭の生活水準が、家族の**相対的貧困**の基準となる（Williams, 1975）。言い換えれば、相対的貧困とは、同じ時代と場所に住む他者との関係において認知される貧しさのことである。よって、たとえ他国に住む人々の極度の貧困と比較したときに米国の貧困状態にある人が「裕福」であったとしても、米国の貧困状態にある人が他の米国民と比べて貧しくないということにはならないのである。

貧困の原因は何か

　米国の歴史において貧困状態にある人がどのように扱われてきたかを示す 2 つの対照的な姿勢がある。1 つ目は、責任を個人に負わせる姿勢であり、2 つ目は、貧困を作り出す状況を許している社会の責任を問う姿勢である。個人の責任を問う姿勢においては、人格的欠陥が貧困の根本原因と見なされる。この見解を持つ人々は、個人を変革することで、貧困の発生全体を抑制することができると考える。貧困の責任を社会に負わせる姿勢においては、貧困の構造的問題が認識されている。構造的見方を採用する人々は、貧困撲滅のためには社会改革が重要と考える。

　姿勢の転換は往々にして、支配的な経済動向、政治的イデオロギー、社会情勢、宗教的信念を反映して生じる。政治的・社会的・宗教的なコンサバティビズム（保守主義）のもとでは、社会福祉の提供は、受益者に厳格な収入基準を課し、スティグマを付与するような、より制限的で懲罰的なサービスとなる傾向がある。政治的・社会的情勢が不安定な時代には、貧困に対する社会の対応は人道的救済へ向かう傾向がある。社会福祉の提供は、個人のニーズ充足の試みであると同時に、不十分な教育、不健康、失業、差別、人権侵害などといった貧困の社会的・環境的原因の緩和に向けた取り組みとなる。

■ 貧困および貧困状態にある人に関する理論

　心理学、人類学、社会学の理論は、貧困と貧困状態にある人を理解するための社会科学的枠組みを概念化する（Vu, 2010）。心理学理論は、個人の知性、動機付け、倫理観といった特性を強調する。人類学理論は、文化の影響に注目する。社会学理論は、個人を取り巻く社会的・経済的力を考慮する。

　貧困に関する理論が貧困の原因を個人に帰するとき、動機付け、個人の倫理的欠陥、行動特性といった人間行動における特性が、貧困に寄与する要因として引き合いに出される場合が多い（Turner & Lehning, 2007）。過去には、知能（すなわち IQ）の低さといった遺伝的欠陥により貧困が生じる

と主張した心理学理論さえ存在した。ステレオタイプ化により、社会的・知的劣後者というラベル付けがなされ、一部の民族・人種集団は特に社会的に脆弱になった。これに対し、現在の心理学においては、人種と知性に関係があるとする見解は信じられていない（Gerrig & Zimbardo, 2010）。現代の心理学理論は貧困に対する理解を深め、その社会的・経済的・構造的原因を考慮する。

人類学的・民族学的調査を基礎として、ルイス（Lewis, 1969）が構築した貧困の文化理論では、貧困状態にある人々の間には、文化的に伝播される独特の価値、信念、行動パターンを持つ、世代を超えた特殊なサブカルチャーが発展すると述べられた。事実上、この見解は、貧困の責任は個人にあると見なし、文化的に引き継がれた価値ゆえに、個人が自ら環境を変革することは不可能であることを示唆していた。現代から振り返れば、この理論は貧困状態を病的なものと見なし、貧困の悪循環の責任を個人に求めるものである。

構造的見地からすると、社会の制度的構造の不備が貧困を生み出す条件を作り出している。ビーグリー（Beeghley, 1983）は、このような不備を社会学的に分析する。

1. 貧困の関連要因が悪循環を作り出し、これが貧困状態にある人を捕らえ、状況打破を妨げる仕組み
2. 階級制度が自らを繰り返し再生産する仕組み
3. 経済活動の組織化
4. 黒人や女性に対する慣行化された差別の存続 (p. 133)

ネズミの回し車のように果てしなく続く貧困は、ストレスに満ちた循環を生み、就労や進学の機会を制限する。人がひとたび貧困に陥って資源を失うと、多くのさらなる障壁が生じ、貧困の悪循環は打破することも避けることも難しくなる。福祉サービスは、この悪循環を解消するために設計されるのだが、受給者を貧困のさらなる深みへと陥れてしまうことも多々ある。たとえば、わずかな公的扶助を受給するにも、受給者には文字通りすべての個人的資源が枯渇していることが、資格要件として厳格に要求される。規則により、教育給付金は利用可能な収入と見なされ、ワーキングプアにはメディケイドの給付が拒否される。さらに、多くの州において、両親が揃った家族への福祉給付が禁止されており、こうしたことが、個人をさらに厳しい状況へと追い込んでいる。リベラル派と急進派は、このような社会福祉システムは、システムが本来救うべきその人々を逆に抑圧していると批判している。

社会的階層と階級制度が社会的流動性を阻害することにより、社会的に不利な層に生まれた子どもが貧困から逃れることが困難になっている

(Beeghley, 1983)。さらに、社会的流動性の欠如が、生まれつきの貧困、あるいは世代をまたいで受け継がれた貧困によるカースト制度を作り出していると主張する者さえいる。社会における経済の仕組みが組織化されていることも、貧困の一因となる。貧困状態にある人、技術を持たない人、教育レベルの低い人が就くことのできる仕事の性質が、彼らの機会を制限している。周縁化された仕事、パートタイムの仕事、あるいは季節労働に伴う、低賃金、保健給付や退職給付の欠如、雇用の不安定という性質が、貧困の悪循環を強化する。さらに、ビーグリーは、貧困層にマイノリティや女性が多い主な原因は、彼らに対する差別だと主張する。差別的慣行は、白人男性の就職を有利にし、適切な支援もないままに母親に子どもの養育権を付与し、社会が奨励する育児パターンを通じて女性の従属的役割を作り上げる。この分析が示すのは、「貧しい人々が貧しく暮らしている理由の大部分は構造的原因によるものであり、およそ個人の意欲、スキル、その他の個人的特性を理由とするものではない」(p. 133) ということである。

■ 貧困状態にある人に対する誤解

貧困状態にある人の特徴は、動機付けのような行動的性質（より具体的に言えば動機付けの不足と勤労意欲の欠如）にある、と考える者は多い。ところが、この広く共有された誤解は、事実に基づく証拠により反証される。貧困状態にある人の多くは不完全雇用の状態にある。彼らが就いている低賃金の職には一般に、医療給付や退職給付がない。皮肉なことに、ワーキングプアの人々の多くが、自らの強い勤労意欲や、福祉給付を受けることに伴うスティグマ、さらには適切な援助プログラムの欠如を理由に、貧困レベル未満の仕事から離れようとしないのである。他方で、福祉援助を受けている家族は十分な賃金の職に就くことを望んでいないと結論付けるのも誤解である。社会経済的格差が機能面での劣後者を生み、その結果、彼らが貧困に陥ると考える者もいる。たとえば、経済的地位が低い人は十分な教育を受けられず、自らの状況を変える機会も限られる場合が多いのである。

▶ **ソーシャルワーク・ハイライト**　以下を読んで、ナンシー・オロークが公的扶助の申請に行った際の反応について検討せよ。

ナンシーは不愉快な気持ちを抱きながら、福祉事務所の待合室に入った。彼女は申請者の数に圧倒され、自分がその一人であることを恥ずかしく思った。受付を見渡し、州補助プログラムの登録者の列がいくつかあるのを見つけた。彼女は自分を励ましながら受付に名前を告げ、少し声を落として、貧困家庭一時扶助の申請をしたいと告げた。ナンシーは弁解が必要だと感じ、本当は援助を申請したくはないのだが、前夫からの子どもの養育費支払いが2ヵ月以上滞っているのだと説明した。友人が「あなたに

はこの給付金を受ける資格があるの。あなたはとにかく税金を払ってきたんだから、他の怠け者とは違うのよ」と励ましてくれたのを思い出したが、ナンシーの居心地の悪さが和らぐことはなかった。

ナンシーは、申請用紙への記入を終え、受付係に渡した。受付係は用紙と引き換えに番号札を渡し、ケースワーカーが番号を呼ぶまで座って待つように告げた。ナンシーは、ある中年女性の隣りが空いているのを見つけた。「世代をまたいで福祉を受けている家族」という言葉を思い出し、いくらか憤りを感じながら、ナンシーはその女性が妊娠中の娘と共にそこに来ているのだと推測した。

ナンシーが座ると、その女性は感じよく会釈をし、「今日はとても混んでいるみたいね」と言った。ナンシーは即座に、そしておそらく大きすぎる声で「私は、こんなところに来たのは初めてです」と言った。その女性はうつむき、「私も初めてよ。屈辱的よね？」と言った。そして、涙を浮かべながら説明を続けた。「夫がアルツハイマー病で、ナーシングホームにいるの。その費用をどうやって払えばよいか分からないのよ」

誤解、人を見下した態度、人が公的扶助を求めなければならなくなる理由に対する個人的思い込みが、ナンシー自身や福祉事務所の受付にいた他のクライエントたちにどのような影響を及ぼしているかに注目してほしい。

貧困に対応するサービス

教育、経済的安定、就労などの領域で、貧困の根本原因に対処するために、数多くのプログラムが作られた。モデルとなるサービスの例としては、ヘッドスタートや、女性の福祉から勤労への移行を支援したり、低賃金地域における学校への親の関与を促進したりするエンパワメント指向のプログラムがある。

> 教育、経済的安定、就労などの領域で、貧困の根本原因に対処するために、数多くのプログラムが作られた。

■ ヘッドスタート

ヘッドスタート（Head Start）は、貧困のさまざまな側面に対処するために設計された偉大な社会（Great Society）プログラムの一部として、1965年に創設された。ヘッドスタートは、具体的には、収入が法定貧困レベルを下回る家庭の子どもを対象に、総合的な保健・栄養サービスやソーシャルサービスの改善とあわせ、質の高い早期児童教育を利用しやすくすることを通じて、彼らの学業成績を上げる手段と見なされていた。ヘッドスタート・プログラムは、1965年の開始以降、2700万人を超える子どもたちに、教育および家庭に関する支援サービスを提供してきた。2010年プロジェクト・ヘッドスタートには、94万人の子どもたちが登録された（Schmit, 2011）。ヘッドスタートに参加した家族のうち、少なくとも90％が、登録の条件として、収入が連邦政府の貧困基準以下であることが要求され

た。ヘッドスタートのデータは、登録された子どもの11.5%に、何らかの障害があったことを示している（ACF, 2010）。認知、健康、社会性、情緒の各面における子どもの発達に関して、ヘッドスタートが成果を挙げたことが、リサーチにより確認されている（National Head Start Association, 2012）。早期ヘッドスタート・国立資源センター（Early Head Start National Resource Center）によれば、早期ヘッドスタート・プログラムの役割は、乳幼児のいる低所得家庭に対し、良好な出産前アウトカム[*]を支援し、乳幼児の発達を促し、健全な家族の機能を促進するという役割を果たす。2010年、早期ヘッドスタート・プログラムは、3歳未満の子ども12万人に対してサービスを提供した（Schmit, 2011）。

　ヘッドスタートは、参加者に長期的な肯定的影響を与えたという意味で大きな成功を収め、そこから、家族の参加が成功のための重要な要素であることが見出された。ヘッドスタート・プログラムはすべて、家族サービスワーカー（就職前にOJTを受けたパラプロフェッショナルである場合が多かった）をスタッフとする、ソーシャルサービスの要素を含んでいる。彼らは、雇用、住宅、育児教育、保健サービスへのアクセス、子どもの発達に関する問題、メンタルヘルスの問題、薬物・アルコール依存といったテーマに焦点を置く。家族サービスワーカーは、家族、ヘッドスタートの教師とその他スタッフ、コミュニティとの連携を確保する。このプラクティス領域は、幼い子どもの家族と協働したいと考えるソーシャルワーカーにとって、間違いなく大きな可能性を秘めている。

■ その他のエンパワメント指向プロジェクト

　プロジェクトWISE（Project WISE）は、コロラド州デンバーにおける女性の低所得者のための取り組みであり、個人的・対人的・政治的要素を内包し、個人的・社会的変革へと導くものである（East, 1999a, 1999b）。このプログラムのミッションは、女性たちが福祉から経済的自立への移行を果たすにあたり、エンパワメントを維持できるよう支援することにある。このプログラムは、安価で受けられる個人カウンセリング、グループ体験、コミュニティによるアドボカシーの機会を提供し、女性が個人としての目標と家族の目標の両方を自覚し、完全にコミュニティに参加できるように支援する。このプログラムは、職業訓練や就業以上に重要な、女性が直面する問題に対処する。すなわち、低い自己評価、身体的・性的虐待、DV、うつ病を含むメンタルヘルスの問題などであり、これらは福祉受給者の女性をしばしば苦しめる無力化や抑圧という影響をもたらす。個人カウンセリングを補強するものとして、サポート、教育グループ、コミュニティへの参加、リーダーシップ育成がある。このプロジェクトに参加した複数の女性の言葉が、このプログラムへの参加を通じて得られる変化の可能性を描き出している。女性たちは、就労維持に必要な自信の構築、大学教育の

*訳注　治療や予防による合併症の発生率や死亡率の改善などの臨床上の成果。

修了、定住用住宅の確保、生活の中のストレッサーへの対処など、経済的自立へ向けて取り組む際の、グループ支援の重要性について述べている。

　もう一つの取り組みである、親の関与（Parent Involvement, PI）プログラムは、コミュニティを基盤としたエンパワメント指向のプログラムであり、文化的な多様性を持つ低所得者の親たちが小学校に関与することを促進するものである（Alameda-Lawson et al., 2010）。リサーチの結果は、経済的に貧しいコミュニティにある学校では、しばしば貧困が親たちの関与を妨げていることを示唆している。このような親たちの関与を増やすために、スクールソーシャルワーカーは、親たちと協働してPIプログラムを開始した。参加することでわずかな賃金を受け取りながら、親たちは自らPI活動の計画、実行、評価を行った。そこには、たとえば、生徒へのメンタリングサービス、学内への案内・紹介（I&R）センターの設置、教室インターベンション・ストラテジーが含まれていた。親たちは、貧困に伴うスティグマを克服しつつ、学校活動への参加が増えたこと、自尊心が向上したこと、他の親との敬意に満ちた交流があり社会的孤立感が軽減したことを報告した。

ソーシャルワークとホームレス

　ホームレスは現代における顕著な社会問題であるが、新しい現象ではない。この問題は、手頃な価格の賃貸住宅の不足や、貧困あるいはそれに近い収入レベルの人々の増加（その多くがフルタイム勤務者）、およびDV発生件数の増加により深刻さを増した。1980年代初頭の経済不況が先駆けとなり、2009年の不況による住宅差し押さえを経て、現在まで続くホームレス増加時代が始まった。さらに、連邦政府の予算削減により、資金拠出の水準が下がり、公的扶助、住宅支援、フードスタンプ、メディケイドなどのカテゴリ別プログラムの資格要件がより厳格になった。専門家は、公的扶助の利用が難しくなったことと、一般扶助（General Assistance, GA）のような他のセーフティネットが事実上廃止されたことから、ホームレスがさらに増加すると予測している。

ホームレスに対する誤解

　ホームレスに対する世間の認識には多くの誤解がある。たとえば、ホームレス状態にある人の大部分が精神疾患あるいは薬物依存などの個人的問題を抱えていると信じている人が多い。実際には、ホームレスの原因となるのは、個人的問題よりも、経済的・社会的影響力である場合が多い。どの時点においても、子どもがいて経済的に圧迫されている家庭が、ホームレス人口の37％弱を占めている（Witte, 2012）。深刻な精神疾患を抱

ホームレスと住宅サービス

　地方に住んでいた私は、学部生向けのソーシャルワーク・プロジェクトに参加し、都心の教会に配属されました。これがすべての始まりでした。その教会は、近隣の公営住宅プロジェクトで住人とのワークを熱心に行っていました。1ヵ月にわたる現場体験の期間、私は公営住宅に住む家族と生活しました。それは私にとって、家族コミュニティ内での経験を通じた自己発見の時間でした。日々の貧しい暮らしに身を浸した経験は、私の中に、貧困状態にある人々への深い尊敬の念と社会正義へのコミットメントを残しました。それは現在でもソーシャルワーカーとしての私の仕事に影響を与え続けています。

　私は現在、ホームレスと住宅開発に焦点を置いたワークを実施している大規模な機関に所属していますが、現職に就く以前、私は10代の少女向けの共同生活グループ、公的児童福祉機関、非営利の家族サービス機関といった、さまざまな児童福祉の現場で働いていました。これらの職場で働いた経験は、私にソーシャルワークについて多くのことを教えてくれました。官僚機構の中での働き方や、多数のシステムからの要求の調整の仕方について学び、さらに、社会－政治－文化的コンテクストが人間行動と組織の意思決定に及ぼす広範な影響を、直に目の当たりにすることができたのです。

　振り返ると、人とワークする際の私のアプローチが変化してきたことを実感します。この仕事を始めたばかりの頃は、私はただ人々のために「事態を修復する」ことができるようになりたい、もっと正直に言うと、「人そのものを修復したい」と考えていたのです。自分のワークを思い返すと、「これをしなければダメです」「あれをやってください」という自分の声が頭の中で聞こえてきます。当時の私は、共にワークを行っている家族にとって何がベストな

のかを自分が知っていると、本気で考えていたのでしょう。自分の指示によって、彼らを望ましい成果や永続的な行動の変化へと導くことができると考えていた私は、どれだけ青臭かったのでしょう。

　今では私のプラクティス・ストラテジーは、人と「共に歩む」こと、すなわち、アイデア、選択肢、資源、可能性をクライエントに提示することです。選択をし方向性を決めるのはクライエントの方だと、今の私には断言できます。皆が同じペースで動けるわけではありませんから、タイミングがすべてなのです。誰かが今日、拒否した選択肢が、明日には絶好のチャンスになるということがあり得るのです。

　人々の反応と行動に関する私の認識も変わりました。児童福祉の現場で働いていたときは、私自身や「システム」に向けられた怒りに反応していたことをはっきりと覚えています。結果的に、私は親たちを、やる気がなく、非協力的で、意固地で、怠惰な、妨害ばかりする人たちと見なしていました。クライエントの話をもっと注意深く聴いていたなら、私は彼らの怒りの底に、多くの喪失体験がもたらした悲しみが広がっていたことに気付くことができたでしょう。彼らは子ども、プライバシー、コントロール感、未来への希望を失ってきたのです。現在でもなお、ホームレスの人々とのワークをする中で、彼らが深い喪失感を経験していることが分かります。彼らは、プライド、威厳、アイデンティティ、過去と未来を失い、そして、家族や友人からの疎外感を味わってきたのです。

　私が所属する機関のホームレス用シェルターの利用者も、他の機関のプログラムの参加者も、さまざまな人生を歩んできています。医師、管理職、工場労働者、大卒者、高校中退者など、さまざまです。依存症と闘っている人もいれば、慢性的精神疾患に苦しんでいる人もいます。生涯働いてきた人もいれば、世代をまたいで貧困状態にいた人もいます。彼らには共通す

える人々のうち、ホームレス状態にある人の割合はわずかだが、ホームレスの約25％が統合失調症やうつ病などの慢性的精神疾患を抱えている（National Alliance to End Homelessness, 2010）。ホームレス状態にある人の中には、何らかの依存症を持つ人がかなりの割合で存在するが、依存症を持つ人の大部分はホームレスにならない（NCH, 2009a）。しかしながら、貧困状態にあり、同時に依存症を持つことは、ホームレス化のリスクを増大させる。ホームレス率の上昇は、明らかに社会経済的要因と結び付いている。これら要因の例としては、安価かつ適切な住宅の供給不足、都市と地方の両方における貧困の拡大、購買力の低下（物価の上昇と賃金の下落）が挙げられる。

　ホームレスに関する2つ目の誤解は、国じゅうの至るところで、この問題を緩和するためのシェルターが利用できるというものである。実際には、ほぼすべての大都市圏において、ホームレスの人の数と、利用可能なシェルターのベッド数の間には開きがある。米国の29ヵ所における近年の調査では、緊急シェルターに対する要求は、資源不足のために満たされていないことが示されている（U.S. Conference of Mayors, 2011）。シェルターが十分に活用されていない状況もあるが、これはベッド数が多すぎるのではなく、利用者個人の安全性が守られない懸念があることが原因の可能性がある。地方においては、シェルターはほぼ利用できない状況である。

　3つ目の誤解は、ホームレスの人は働いていないというものである。全米市長会（U.S. Conference of Mayors）による最近の調査により、およそ全ホームレス人口の20％弱が就労していることが分かっている（NCH, 2009i）。ホームレスであることと貧困状態にあることの間につながりがあるのは確かである。たとえば、最低賃金でフルタイムの職に就いている人の収入では、米国内のどこであっても、公正な市場価格の賃料のワンベッドルームのアパートを借りることができない（NLIHC, 2012）。

　4つ目の誤解は、政府の取り組みは、ホームレスの人々

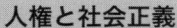

人権と社会正義

［プラクティス行動の例］　社会的地位にかかわらず、あらゆる人が、自由、安全、プライバシー、十分な生活水準、ヘルスケア、教育といった基本的人権を持つことを理解すること。

［批判的思考の訓練］　ホームレスは、アフォーダブル住宅の不足、貧困、低所得などの経済的要因、および薬物依存、精神疾患、DVなどの社会問題と結び付いている。基底となっている社会的・経済的正義に関する問題のうち、ホームレスの根本原因に関わるものは何か。

の危機的状況と長期的ニーズの両方に対処しているというものである。実際には、ホームレスの専門家たちは、ホームレスの増加とアフォーダブル住宅の不足という危機の増大に対しては、政府の対応はあらゆるレベルにおいて消極的、漸進的、かつ局所的な対応に留まっていると述べている。住宅補助受給資格を持つ人のうち、実際に受給しているのは3分の1に過ぎないという推計もある（NCH, 2009i）。近年、米国住宅・都市開発省（HUD）は、住宅問題に取り組むと公約したが、ほとんどの取り組みが十分な予算を調達できていない。政府補助金付き住宅の申請者は、公営住宅のアパートに入居するために待機リストに名前を載せたままであったり、セクション8*家賃補助バウチャーを得るために約3年も待たされたりしている。HUD の試算によれば、資格要件を満たす低所得家庭のうち約 500万世帯が、いかなる種類の住宅補助もまだ受けていないという。

ホームレスの発生率

　ホームレス状態にある人が何人いるかを正確に把握することは難しい。この問いに答えるのが難しい理由の一つは、「ホームレスとは一時的な状態であり、永続的な状態ではない」（NCH, 2009f, p. 1）ことにある。「ある時点」における数字は、ホームレス経験のある人の数を過少に捉えたものになりやすい。ホームレスの人の多くが、リサーチャーのカウントから漏れやすい場所（車中、キャンプ場、友人宅や親戚宅）で生活していることも、計測が難しい理由の一つである。

　これらの制約ゆえに、米国におけるホームレスの数については見解が分かれている。1990 年の米国における最初の国勢調査が出した結論は、指定された 24 時間において、17 万 8782 人がシェルターに住み、4 万 9793人が路上生活をしているというものだった（U.S. Department of Commerce, 1990）。ホームレスのアドボケイトの大部分が、この数字は、国勢調査局の職員による多数の見落としにより甚だしく過少にカウントされたものであり、さらに、ホームレスという社会問題の拡大の程度を特定時点における人数計測により明らかにできるという前提が誤っている、として批判した。2010 年に実施された、米国のホームレスに関する全国規模の調査により、過去に一度でもホームレスになったことのある人の数は、65 万9129 人と推計された（Sermons & Witte, 2011）。ある推計では、ホームレスを経験する人の数は、毎年 300 万人（うち 130 万人は子ども）にのぼることが示されている（NCH, 2009e）。

　現代の経済危機の影響が広範囲に及べば、ホームレス状態に陥る人の数は劇的に増加すると予測されている。ホームレスになる人の上昇を示す指数には、次のようなものがある。1）差し押さえと立ち退きの増加、2）ホームレス状態にある生徒の増加、3）シェルター利用の増加、4）フード

スタンプ、フードパントリー〔食料配給所〕、スープキッチン〔無料食堂〕利用者の増加（NLCHP, 2009, p. 1）である。

■ ホームレスに関わるリスク要因

ホームレスになるリスクを高める要因は、貧困とアフォーダブル住宅の不足以外にも、DV、精神疾患、薬物乱用障害などがある（NCH, 2009i, 2009j）。全米市長会（U.S. Conference of Mayors, 2011）が実施した最近の調査では、DV が、都市部に住む家族がホームレスになる原因の一つであることが示されている。精神疾患については、全ホームレス人口中、深刻で持続的な精神障害のある人の割合は 4 分の 1 と試算されており、この比率は一般の人々の中の深刻で永続的な精神障害のある人の割合と比べて、不均衡な高さである（NCH, 2009g）。同様に、全ホームレス人口における薬物乱用障害のある人の割合は、一般の人々における割合と比べて高い（NCH, 2009a）。精神疾患と薬物乱用障害はどちらも対人関係、健康状態、雇用における不安定な状況に拍車をかける。

■ ホームレスと家族

家族はホームレスの重要な構成要素である。ホームレスの家族は、全ホームレス人口の約 3 分の 1 にも及ぶと推定されている（NCFH, 2011）。通常、公的扶助を受給していてもフルタイムで働いていても、ホームレスの家族は家計状況の厳しさゆえに、住宅費をまかなうことができない。DV もまた、女性と子どもがホームレスになる原因となる。調査結果は、シェルターで暮らす女性の 30％弱が、虐待的状況から逃れてきたことを示している（NCH, 2009b）。最後に、ホームレス状態になることそれ自体が、家庭崩壊の原因となる。たとえば、家族向けシェルターには、男性と年長の少年が住むことが規則で禁じられている場合もあるため、子どもたちを養護施設に入れるか友人や親戚に預けることで、家がないことに伴う危険を回避しようとする親もいる（NCH, 2009c）。

> 家族はホームレスの重要な構成要素である。

ホームレス状態は、とりわけ子どもたちに混乱をもたらす。リサーチ結果は、ホームレスの子どもには、体調不良、喘息のような慢性疾患の高い罹患率、メンタルヘルスの問題、栄養不良、発達遅滞などが見られることを示している。複数回にわたる転校、学校の長期欠席、家庭学習のための静かな空間がないこと、路上生活という混沌状態が、学年に応じた学習と教育機会の利用をさらに妨げている。

▶ ソーシャルワーク・ハイライト　コーカーの研究チーム（Coker et al., 2010）は、ホームレス状態が家族の機能にもたらす混乱に対処するためのグループワーク・プログラムについて報告している。個人的成長を促すこのグループワークは、通過的な居住型施設において実施され、社会正義

の原則に基づき運営された。このグループの目標は、「セラピー的環境を作ることで、ホームレス状態を経験した若い母親を、自らの人生を探究し、個人としての目標を見出し、自身と子どもの人生を改善するためのストラテジーを構築できるよういざなう」(p. 223) ことだった。このグループプロセスは、参加型エンパワメントの現場として、入居者の間のソーシャルサポート・ネットワークの構築、育児スキルの強化、ストレスへの対処、キャリアと教育目標の追求、資源へのアクセス、複雑な官僚主義的ソーシャルサービス提供網における的確な道案内などを含むものだった。

■ 退役軍人におけるホームレス

ホームレスの男性の約 40% が退役軍人である (NCH, 2009d)。近年の傾向として、ベトナム戦争末期から同戦争後の退役軍人の中に、戦闘経験はないが精神疾患や薬物乱用障害のようなリスク要因の発現が見られるホームレスの割合が増えている。障害のある退役軍人は、他の障害のある人々と同様に、ホームレス状態に陥りやすい。退役軍人省 (VA) は、直接援助を提供する唯一の連邦政府機関であり、退役軍人のホームレス問題に対処する多様な取り組みを行っている。米国における最大のホームレス援助プログラム・ネットワークは、以下のようなサービスを提供している。

- 路上あるいはシェルターで暮らす退役軍人のうち、自ら援助を求めようとしない人に対する積極的なアウトリーチ
- 薬物依存症を含む、身体的・精神的障害に対する臨床的アセスメントと必要なトリートメントの紹介
- 長期シェルター生活者の移行援助、ケースマネジメント、リハビリテーション
- 就労支援と、利用可能な所得補助の紹介
- 家賃補助付き定住用住宅　　　　　　　　　　　　　(VA, 2007, 第 2 段落)

■ 地方におけるホームレス

都市部においては、人口密度の高さと「路上生活者」あるいはシェルター施設に住む人が目に付きやすいことから、ホームレスがより目立つのだが、もちろん、地方に住む人もホームレス状態に陥る。しかしながら、地方においては、住居を失った人は、車中やキャンプ場、あるいは友人や親戚宅に身を寄せるため、ホームレスは目に付きにくい (NCH, 2009h)。調査によれば、都市部のコミュニティと比較して、地方のホームレスは、「白人、女性、既婚者、就労者、初めてホームレスになった人、短期間のホームレス状態」である場合が多い (p. 2)。調査結果によれば、地方に住む人がホームレス状態に陥る主な原因は、極度の貧困とアフォーダブル住宅の不足であり、これは、都市部における要因と似通っている。しかしな

がら、統計的に見て、地方に住む人はより貧しい場合が多い。非都市圏の5郡に1郡が極貧地域に分類されており、これに対し、都市圏の郡では20郡に1郡である。ホームレスの問題を悪化させる要因として、地方におけるソーシャルサービス・インフラの開発が不十分であることが挙げられる（National Alliance to End Homelessness, 2010）。

ホームレスに対する連邦政府の対応

　主要なホームレス対策立法として、1987年スチュワート・B・マッキニー・ホームレス援助法（Stewart B. McKinney Homeless Assistance Act, P.L. 100-77）がある。現在ではマッキニー・ヴェント・ホームレス援助法（McKinney-Vento Homeless Assistance Act）として知られるこの法律は、ホームレスの危機に対する連邦政府の対応にメカニズムを提供するものである。同法が設置したプログラムには、SRO（single-room occupancy, 一室占有）住宅の再建、通過施設（transitional housing）、障害のあるホームレスのための住宅プログラム、ヘルスケアの提供、食料支援、退役軍人に対する食料供給、緊急時食料とシェルタープログラム、教育・研修・コミュニティサービスのプログラムがある。残念ながら、承認は得たものの、十分な政府予算が割り当てられず、プログラムは資金不足に陥った。さらに、プログラムは、複数の政府機関の間で断片化された。ここで言う政府機関とは、保健福祉省（HHS）、住宅・都市開発省（HUD）、教育省、農務省（USDA）、退役軍人省（VA）、労働省、運輸省、一般調達局、連邦緊急事態管理局などである。

　ホームレスの人々へのサービスをコミュニティ内でより効果的に組織化するために、マッキニー法は資金を申請するコミュニティに対し、協調的な、総合的住宅アフォーダビリティ・ストラテジー（Comprehensive Housing Affordability Strategy, CHAS）の作成を要求している。これは、コミュニティに住むホームレスの人々が抱える喫緊のニーズおよび長期的ニーズについて説明し、さらに、見出されたこれらの短期的・長期的ニーズを満たすためのストラテジーが、ホームレスの人々の合意の上のものであることを説明する資料である。

ホームレスに対するソーシャルワークの対応

　ソーシャルワーカーは、ホームレス状態が個人に及ぼす影響に対処すべくコーディネートされた一連のサービスを提供し、ホームレスの発生率を減らすための予防プロジェクトを推進し、その根本原因に取り組む社会政策を推進する必要がある。ソーシャルワーカーは、シェルタープログラム、通過施設、アウトリーチサービス、コミュニティのメンタルヘルスおよび

依存症トリートメントセンター、学校、児童福祉および家族サービス機関のスタッフを務めながら、ホームレスの人々のためにダイレクトサービスを提供する。定まった住居や所持品を失った悲しみ、日々の習慣の途絶、子どもにしばしば見られる不安感と問題行動、過渡的状況における育児の困難などに対処するために、実践者は個人や家族とのワークにおいて、専門職としてカウンセリングを提供する役割を果たす。さらに、ソーシャルワーカーは、補足的所得保障制度（SSI）の資格要件を満たす個人が給付を受ける権利をアドボケイトし、コミュニティの他の資源との橋渡しを推進する。マクロレベルの領域においては、ソーシャルワーカーは、ホームレスの人々と協働してプログラムとサービスに対する十分な資金調達を確保し、ホームレス問題を悪化させる社会的・経済的状況に対処する、正義にかなった社会政策の形成を支援する。NASW（2009e）のホームレス関連アドボカシー課題に関わる政策的取り組みとしては、以下の例が挙げられる。

- すべての人に手頃な価格かつ適切な住宅を確保すること
- 住宅補助金の受給と福祉受給権の行使をアドボケイトすること
- 住宅、所得補助、支援サービスを統合する一連のケアを強化すること
- 予防プログラム（教育、職業訓練、支援サービス）に資金を拠出すること
- 就労者への生活賃金支払いを支援する政策を推進すること

　住宅とホームレスに関わる人権問題は、ソーシャルワークの課題の一つとして論じられなければならない。たとえば、適切なアフォーダブル住宅が利用できることは基本的人権だと主張する者もいる。住宅に関わる人権を重視することは、「住宅を裁量に委ねられた特権として扱うパラダイムから、優先事項かつ権利として扱うパラダイムへの転換を我々に促す」（Foscarinis, 2011, パラダイムシフトの節の第1段落）。ニーズに比して不十分であり、実行の指標を欠いてはいるものの、米国には法による保護が存在しており、連邦法と連邦規則により貸主側の権利、住宅差し押さえ、立ち退き、公共住宅、住宅補助金が規制されている（NLCHP, 2011a, 2011b; Tars & Bhattarai, 2011）。ソーシャルワーカーはさらに、近年増加しつつある、ホームレスの人々がその他の市民権や人権を侵害される事例への対処を迫られている。全米ホームレス連合（National Coalition for the Homeless, 2009e）と、全米ホームレス・貧困法律センター（National Law Center on Homelessness and Poverty, 2011b）は全米の多くの都市で見られる、ホームレス状態を犯罪として扱う傾向に対し、このような権利侵害の一つであるとして注意喚起している。例として、コミュニティの人々がシェルター不足のために路上での生活を余儀なくさせられているにもかかわらず、公共の場所で眠ること、座ること、および所有物を保管することを違法とする

法律の成立が挙げられる。

ソーシャルワークと失業

　景気の変動は、労働人口に直接の影響を及ぼす構造的問題を生じさせる。政策立案者は失業について、少なくとも一定のレベルまでは、受容できる当然の事象と見なす。これに対し、ソーシャルワーカーは、失業を劇的な影響をもたらす社会福祉の問題と考える。就業機会が公平に配分されないことにより、人的犠牲が強いられるのだ。

経済と失業

　2012年4月において、米国の労働者のうち職を失った人の割合は8.1%であり、2009年の9.4%と比較して減少したことが報告されている（BLS, 2009, 2012g）。しかしながら、この数字を鵜呑みにすべきではなく、国内の一部の人口集団や地域は、より厳しい失業に見舞われている。たとえば、2012年3月、失業率が最も低かったのはノースダコタ州（3.0%）、最も高かったのはカリフォルニア州（11%）、ロードアイランド州（11.1%）、ネバダ州（12%）だった（BLS, 2012c）。大都市圏の失業率はさらに高い。2012年3月のデータによると、13の大都市圏地域で失業率が15%以上にのぼり、このうち11の都市がカリフォルニア州に位置していた（BLS, 2012d）。さらに、2012年4月の、軍人を除いた労働人口中の失業率におけるアジア系（5.2%）、白人（7.1%）、ヒスパニック系（9.8%）、黒人（12.5%）という格差は注目に値する（BLS, 2012a, 2012b）。

> **ポリシー・プラクティス**
>
> **［プラクティス行動の例］**　政策がサービス提供に影響を及ぼすこと、および、ソーシャルワーカーが積極的にポリシー・プラクティスに従事していることを理解すること。
>
> **［批判的思考の訓練］**　高い失業率は個人、家族、コミュニティに深刻な影響をもたらす。失業問題に取り組む包括的経済政策には、失業補償給付金以外に、どのような要素が含まれるべきか。

　失業に加えて、経済状況を変化させる原因としては、労働時間や給与の削減、サービス部門における職の増加と製造・技術分野における比較的高給な職の減少、医療給付も退職金制度もないパートタイムや臨時雇用の拡大、家族に関わる別離、離婚、遺棄などの出来事が挙げられる。一人親の家庭は、2つ目の収入源というセーフティネットを失うことで、さらに経済的安定性を失う可能性が高まる。

■ 失業率の計算方法

　米国において、経済学者たちが失業者数を把握する際には、無作為抽出された家庭に対する月次調査の数字を基礎とする。彼らは失業率を、労働人口全体における就労していない人の割合として計算する。この数字には、積極的に求職活動をしていない人は失業者としてカウントされないために、失業状況が過小評価される可能性が高い。さらに、失業率は静的な

数字で動的な状況を表現しようとするものである。仕事に復帰する人もいれば、新たに失業する人もいるのだ。

失業がもたらすもの

　失業は、個人、家族、コミュニティに多くの困難をもたらす。個人と家族は、精神的・社会的・経済的資源が圧迫される。仕事は成人のコンピテンス感覚の基盤であり、職を失うと通常、自尊心は急速に失われる（Berk, 2010; Draus, 2009; Rocha et al., 2006）。失業者はいくつもの喪失、すなわち、家庭、自尊心、社会的アイデンティティ、仕事に関わる友人関係、社会的支援の喪失を経験する。失業の直接・間接の影響として、うつ病、自殺、精神疾患、配偶者や子どもに対する虐待、家庭内紛争、離婚、薬物乱用、非行・犯罪率の増加、摂食障害や睡眠障害、ストレス起因の病気などの身体的不調が挙げられる。失業は、人生への期待、ウェルビーイング感覚、さらには余命にまで影響を及ぼす。失業が複数世代にわたる影響を及ぼす場合もある。親が失業中であるという状況は、子どもの行動、学業成績、勉強に対する姿勢にも影響を及ぼす。コミュニティもまた、失業の集合的影響を受ける。失業の波及効果として、倒産、ビジネスの行き詰まり、税収減、そしてその結果、サービスの削減が生じる。皮肉なことに、失業の増加によりサービスが削減される一方で、ソーシャルサービスに対する要求は高まる。究極的には、失業は国際社会というコンテクストの中で理解されなければならない。グローバリゼーションによる経済的依存関係が示唆するのは、失業がもたらす影響も、失業に対する解決策も、グローバルレベルの課題だということである。失業が蔓延し、抑圧が永続化した地域では、失業の危機に適応する状態が文化の中に深く根付く場合もある。

失業給付金

　2つの社会保険プログラムの規定により、一時的に失業状態にある人や労働災害に見舞われた人の収入源が保証されている。**失業補償**は1935年社会保障法において開始された。失業補償は、州と連邦政府の共同事業として、職を失った人々のために、賃金の一部という形で一時的補償を提供する。**労働災害補償**は、業務上の疾病により働くことができない人に補償を行う。州が資金調達を行い、このプログラムを運営する。失業と労働災害への補償としての給付金や補償金は、州によって大きく異なっている。どちらのプログラムにおいても、ミーンズテストは行われていない。

　政策立案者たちは長年にわたり、就労が人々の権利なのか否かについて議論してきた。法律、特に1946年雇用法（P.L. 304）においては、職そのものを保証するのではなく、雇用機会を保証していた。同様に、1960年

代の「貧困との闘い（War on Poverty）」プログラムも、機会の提供という原則に従い、職業訓練と教育を提供する政府の責任を明らかにした。労働力開発訓練法（Manpower Development and Training Act, P.L. 87-415）は、この責任を成文化し、貧困状態にある人と収容者に職業訓練を提供した。

失業者向けサービス

ジェネラリスト・ソーシャルワーク・プラクティスにおける、コンテクストに着目する考え方は、失業問題に対処するための複数のストラテジーに知見をもたらしている。失業の原因を本人の問題に帰する通念がはらむ偏見は、絶対に放置すべきではない。失業者という階層の中には、レイオフや工場閉鎖により職場を失った人々がいる。これらの失職した労働者は、より高給の職を得るためには教育とスキルが要求される技術社会において、新たなポジションを求める階層に加わる。低賃金のサービス職は、不完全雇用者という階級を作り出す。失業のもたらす影響に関心を持つ実践者は、従業員援助プログラムでワークを行う機会が非常に多い。失業によるストレスが、家族機関やメンタルヘルスセンターに持ち込まれる問題の明白な、あるいは隠れた要因である場合もある。

▶ ソーシャルワーク・ハイライト　従業員援助プログラム（employee assistance programs, EAP）のルーツは、職業ソーシャルワークである。各企業や業界が自前の EAP を提供する場合もあれば、ソーシャルサービス機関や医療機関との契約により EAP が提供される場合もある。EAP は職場で実施される場合が多く、雇用主側にも従業員側にも利益をもたらす一連のサービスが提供される。EAP の最重点事項は、従業員のつなぎ止めと失業の発生防止である。プログラムは結果的に、従業員の常習的欠勤を減らし、生産性を高め、薬物乱用のない職場環境をもたらすことで、雇用主側にも利益が生じる。

サービスの一環として、ストレス、メンタルヘルスの問題、薬物依存に関するカウンセリングが提供される。工場閉鎖あるいは他の労働力削減が実施された場合には、EAP 担当職員は失業と移行サービスにおいて重要な役割を担う。マイク・スミスは、このような EAP サービスを活用しようとしている一人である。マイクは家族会議を開いたが、自分が失業したという話を、家族に向けてどう切り出せばよいか分からないでいた。「とても言いにくいのだけど」と彼は切り出した。「今日、会社からリストラを言い渡された。なるべく早く、次の仕事を見つけたいと思っている。お母さんにはまだ仕事があるけれど、お金は厳しい」

子どもたちは、たくさんの質問をぶつけてきた。引っ越さないといけない？　仕事は見つかるの？　僕たちはどうなるの？　何かできることをし

て力になりたいとも言ってくれた。その夜遅く、マイクは妻と何ができるのかを検討した。マイクは上司の提案を受け入れ、社内の従業員援助プログラムのソーシャルワーカーに面談を申し込むことを決めた。目前に迫った失業が引き起こそうとしている危機に有効に対処できるようにするために彼が求めたのは、失業給付プログラム、職業斡旋サービス、職業再訓練などの選択肢に関する情報、そして、自身の感情を整理することだった。

EAPソーシャルワーカーは、失業に関するサービス提供を行う。サービスの例としては、レイオフを言い渡された従業員とのカウンセリングや、組織の支援計画に関してマネジャーや労働組合の代表と相談を行うこと、コミュニティにおける失業者の利益を代表することなどがある。

刑事司法におけるソーシャルワーク

プラクティスのコンテクスト

[プラクティス行動の例] プラクティスのコンテクストが動的に変化するものであることを認識し、知識とスキルを活用して、これに積極的に対応すること。

[批判的思考の訓練] ソーシャルワーカーは、刑事司法の現場で働く他の人々とは異なる理念を持ちながら、このホスト・セッティングにおいて、クライエントに補充的サービスを提供する。ソーシャルワーカーが直面する、刑事司法システムというコンテクストに特有の困難とはどのようなものか。

刑事司法システムはソーシャルワークの領域として拡大しつつある。歴史的に、刑事司法という領域は、法の執行を基盤としており、犯罪行為に対する処罰を重視する。20世紀初頭のソーシャルワーカーは、少年向けサービスにおいては信頼性を獲得していたが、成人の矯正保護に関しては、限られた役割しか果たしてこなかった。刑事司法職員は、ソーシャルワーカーが持つ人間に対する価値指向について、矯正保護の現場でのワークには甘すぎると考え、歓迎できない専門職と見なす場合が多かった。法執行や刑事司法の現場において、ソーシャルワーカーに対する偏見は現在も一部に根強く残っている。しかし、近年、ソーシャルワーカーはその役割を広げ、以下のようなサービスを提供している。

- コミュニティを基盤とする更生サービス
- ダイバージョン（非刑罰的処遇）関連プログラム
- 受刑者のコミュニティへの復帰支援
- 受刑者のためのカウンセリング
- 犯罪者の家族のためのソーシャルサービス
- 犯罪被害者のアドボカシー

ソーシャルワーカーが公的な刑事司法システムから信頼を得るためには、犯罪と非行、インボランタリーなクライエントとワークする際の微妙なニュアンス、司法プロセスと裁判手続き、そして、この学際的分野におけるさまざまな専門職の役割について、十分に学び理解しておくことが必要である。

犯罪と非行

　簡単に言えば、犯罪とは法に反する行為や行動のことである。言い換えれば、犯罪行為は公法および道徳律を侵害する。犯罪者とは、人・財産・国家のいずれかに対する罪を犯した者である。年間犯罪統計を編集した『統一犯罪白書（*Uniform Crime Reports, UCR*）』は、重大犯罪（暴力犯罪である殺人、故殺、強姦、強盗、加重暴行と、財産犯罪である住居侵入窃盗、窃盗、車両窃盗、放火）の指標を基礎として犯罪の動向を判断する。白書には軽犯罪の指標も含まれる。2011 年の予備データを 2010 年と比較すると、国家犯罪指数（National Crime Index）において、暴力犯罪は 6.5％減、財産犯罪は 3.7％減少している（FBI, 2012）。どちらの数字も 1990 年代初頭と比べて減少している。少年の全逮捕件数は、過去最高だった 1994 年と比較して約 50％減、2000 年と比較して 17％減である（Puzzanchera & Adams, 2011）。しかしながら、窃盗や財産犯罪で逮捕された少年女子の数は大幅に増加しており、同じ犯罪で逮捕された少年男子の数が減少しているのとは対照的である。

■ 非行

　少年刑法犯は、非行少年あるいは要支援未成年に分類される。非行には、ステータス・オフェンス、すなわち家出や外出禁止違反のような少年の場合にのみ違法となる行為から、犯罪行為までが含まれる。少年裁判所への被送致者のうち 35％が財産犯罪によるものである。非行事例のうち 25％が最も重罪である対人犯罪であり、28％が社会秩序に対する犯罪、11％が薬物犯罪である（Knoll & Sickmund, 2011）。全非行事例の 60％弱に、16 歳以下の高校生の少年が関与している。マイノリティの少年は、少年司法システムの中で、処遇の格差、不相当な拘禁、その他さまざまな種類の差別を受けている（AECF, 2009a, 2009b; Arya & Augarten, 2008; Arya et al., 2009）。

> 今日、ソーシャルワーカーは、成人よりも、少年の矯正保護に関与する場合の方が多い。

　管轄が刑事裁判所に移される年齢や、このような少年裁判所による管轄権放棄が許される条件は州によって異なる。しかしながら、全体の流れとして、少年を成人のように裁判にかけることを容易にする傾向が存在する。管轄権放棄規定の大部分に、成人に対する制裁を少年に科するための複数の方法が示されている（Adams & Addie, 2011）。管轄権放棄は対人犯罪、および 16 歳超の少年男子に対して行われることが多い。毎日、投獄された少年の約 10％が、成人刑務所に収監されているのは憂慮すべき事態である（Act4 Juvenile Justice, 2007）。少年が分離処遇されないことで、彼らには性的暴行や激しい暴力、自殺、再犯といったリスクが生じている（Redding, 2010）。『そして、誰かのための正義（*And Justice for Some*）』と題された報告書には、少年司法制度における人種間格差の存在が描かれている。収監された少年の 4 分の 3 は、マイノリティである。マイノリティ

は管轄権放棄により刑事裁判所へ移送されやすい。マイノリティの少年の場合には、コミュニティを基盤としたサービスや仮釈放よりも、収監される可能性が高いのである（Poe-Yamagata & Jones, 2000）。収監された若者のうち20％に深刻な精神疾患があり、20〜50％に注意欠陥・多動性障害（ADHD）、12％に知的障害、30％に学習障害がある（Aron & Mears, 2003）。

　多くの州で、少年は、成人であれば犯罪と見なされない行為について責任を問われる。このようなステータス・オフェンスは、非行に分類される非犯罪行為である。ステータス・オフェンスの例としては、家出、不登校、保護者の手に負えない行動、夜間外出禁止令違反、飲酒が挙げられる。ステータス・オフェンスを理由に法執行官によって裁判所送致される少年は、全体の半数未満である（Sickmund, 2009）。

　少年司法制度には、刑事司法システムと児童福祉システムが含まれる。そのため、ソーシャルワーカーは少年司法制度の発展に影響を及ぼしてきた。今日、ソーシャルワーカーは、成人よりも少年の矯正保護に関与する場合の方が多い。

犯罪と刑罰

　多数の理論が犯罪行動を説明しようとしてきた。初期においては、チェーザレ・ロンブローゾとウィリアム・シェルダンが、身体的特徴と犯罪性との間に関係があると主張した。ロンブローゾ（Cesare Lombroso）は、進化的発生の初期段階に特有の身体および顔の特徴を見出し、このような人間未満の存在としての特徴が犯罪傾向に結び付くと主張した。シェルダン（William Sheldon）は、人を犯罪行為に走らせやすくするパーソナリティと気質を、体型的特徴により予測することができると主張した。

　20世紀初頭の、犯罪行動に対する身体的・生物学的説明は、社会学的・心理学的説明が支持を得るにつれて、これに取って代わられた。心理学的理論と社会統制理論では、犯罪行為の起源は精神障害あるいは反社会的行動であると論じられた。

■ 刑罰か、更生か

　犯罪への対処方法に関してコンセンサスは存在しないが、どの立場を採用するかにより、犯罪行為や加害者と被害者のトリートメントに対する考え方は影響を受ける。米国の矯正保護の歴史における立場として有名なのは、懲罰、抑止、更生、社会復帰、統制である（Champion, 2005）。

　懲罰は、矯正システムの目標としておそらく最古のものである。報復目的、すなわち「目には目を」主義においては、刑罰が清算のために用いられる。懲罰は現在の司法、すなわち「自業自得」モデルの要素である。このモデルは刑罰と犯罪の重さを均衡させることにより、犯罪者に対する公

少年司法における社会正義の問題

　ヒューマン・ライツ・ウォッチ（Human Rights Watch, 2006）によれば、多くの国が、子どもの権利条約（Convention on the Rights of the Child, CRC）の批准に対応するために自国の法律を修正し、これにより、子どもたちが同条約に規定された権利を享受できるよう保障した。しかしながら、政策とプラクティスの間には溝が残る。

　世界中で、子どもたちが国際基準に違反する悲惨な監禁状態に置かれている。子どもたちは、しばしば、大人と共に拘束され、監視者や他の拘留者による暴力にさらされ、さらに、十分な食事を与えられず、医療およびメンタルヘルスのケアや教育を受けられず、また基本的衛生施設を利用することもできないでいる。このような子どもたちは、いずれ社会復帰するが、十分な準備なく社会復帰させることは、短絡的かつ残酷であり、巨大な社会的代償を要する。　　　　　　（第4段落）

　厳しい刑罰と矯正施設における劣悪な環境も、少年の市民権と人権を侵害するものである。民法は、子どもは未成熟だという原則を根拠として、18歳を成人の指標と定める。しかしながら、刑法は必ずしも同じパターンに従っていない。連邦法と39州の刑法では、18際未満の少年が重罪を犯した場合に、成人裁判システムに再送致するという選択が認められている。これは、「若すぎて投票もできず、タバコも買えず、目の前にいる陪審員になることもできないが、成人として裁かれるということであり、有罪判決が出れば、少年に対し仮釈放のない終身刑（JLWOP）が科せられることを意味する。仮釈放のない終身刑とは、若者に監獄の中での死を宣告することである」（Human Rights Watch,

2008a, p. 1）。JLWOP は少なくとも3つの国際条約違反を宣告されている、言語道断の人権侵害である。現在、米国では仮釈放のない終身刑を宣告されている少年が2500人存在する。このような少年の約60%が初犯である。5つの国（イラン、スーダン、パキスタン、サウジアラビア、イエメン）で、少年犯罪者への死刑宣告が行われており、これは国際法の基準に真っ向から違反している（Human Rights Watch, 2008b）。米国では2005年に、最高裁の判決により少年犯罪者に対する死刑が禁止された。

　拘留施設の状況もまた、子どもの市民権侵害につながる。「犯罪への厳正な対処」のアプローチは、結果を重視する。そのため、過去の被害歴、マルトリートメント、ネグレクト、人生におけるトラウマを示すサイン（Walker, 2006）のような、少年司法制度に関与するリスクを少年にもたらした事情を考慮しない可能性がある。このような少年の65～70%にメンタルヘルスに関わる（行為障害の一般的カテゴリ以外の）障害があると試算されているにもかかわらず、調査において、矯正保護施設のメンタルヘルスサービスの不十分さが指摘されている（Skowyra, 2006）。

　米国の少年司法制度には、犯罪行為からの市民の安全と保護を確保しながら、若い犯罪者を更生させるという、二重の義務が課されている（Huffine, 2006）。このシステムの崩壊は、若者を更生させられないというレベルを超えて、彼らの市民権や人権の侵害にまで及んでいる。社会正義に固有の課題としては、危害からの保護、自殺予防、障害のある少年の特別支援教育のための資源、医療およびメンタルヘルスのケア、薬物依存のトリートメント、出所後のコミュニティ生活への移行に関する問題がある（Trupin, 2006）。

正な処罰と社会の保護を実現しようとする。

抑止とは、理想的には、犯罪行為を予防するためのストラテジーである。これを実現するために、立法者は犯罪の重大さに従って刑罰の重さを決める。刑罰の運用には、分配的正義の原則が採用される。この理念により、あらゆる犯罪行為に対する刑事制裁の確立と、裁判所が順守を義務付けられる宣告基準の作成が促される。

更生は、19世紀末期の少年院運動において、矯正の最終目標として浮上した。ニューヨーク州立エルマイラ感化院の初代院長、ゼブロン・リード・ブロックウェイ（Zebulon Reed Brockway）は、矯正の改革者であり、刑罰よりも更生を信じた。ブロックウェイは教育的職業訓練、不定期刑、仮釈放制度を提唱した（Champion, 2005）。

犯罪者は、自由の制限と行動の改革のために刑務所に収監、すなわち拘禁される。更生は職業的スキル開発のための教育を重視する。矯正の目標である**社会復帰**を達成するために設計されたプログラムは、刑務所からの出所にあたり、犯罪者がコミュニティに適応し、自身を再構築できるように支援する。ハーフウェイ・ハウス[*]や、その他のサービスセンターは、受刑者のコミュニティ生活への移行を支援する。最後に、犯罪者の居場所と行動に対して集中的な監督と監視を行う、コミュニティを基盤としたプログラムがあるが、これはコミュニティに留まる犯罪者を**統制**するものである。

刑事司法システム

刑事司法システムは3つの主要な構成要素から成る。すなわち、法執行、裁判、矯正保護である（図11.1）。法執行官はさまざまな領域で役割を果たす（たとえば、市警の警察官、郡の保安官、州の巡査、FBI捜査官、その他捜査官）。**法執行官**は、犯罪の通報に対し捜査を行い、逮捕し、容疑者から調書を取る。違法行為を行ったとされた者は、予審、罪状認否、公判という**裁判システム**に入る。裁判システムに携わるのは、検察官、被告側弁護士、裁判所職員などである。裁判官は有罪認定された者に対し判決を言い渡す。判決の種類には、収監、罰金、裁判所の監督、社会奉仕活動がある。最後に、矯正施設としては、郡立刑務所、州立刑務所、少年院、州および連邦施設、連邦刑務所がある。

■ 判決と処分

重罪の発生件数は犯罪報告件数より多く、犯罪報告件数は逮捕件数より多い。逮捕者の全員が有罪判決を受けたり、プロベーション〔後述〕に付されたり、服役したりするわけではない。しかし、犯罪率の低下にもかかわらず、服役中の成人の数は過去最高である。2010年末において、160

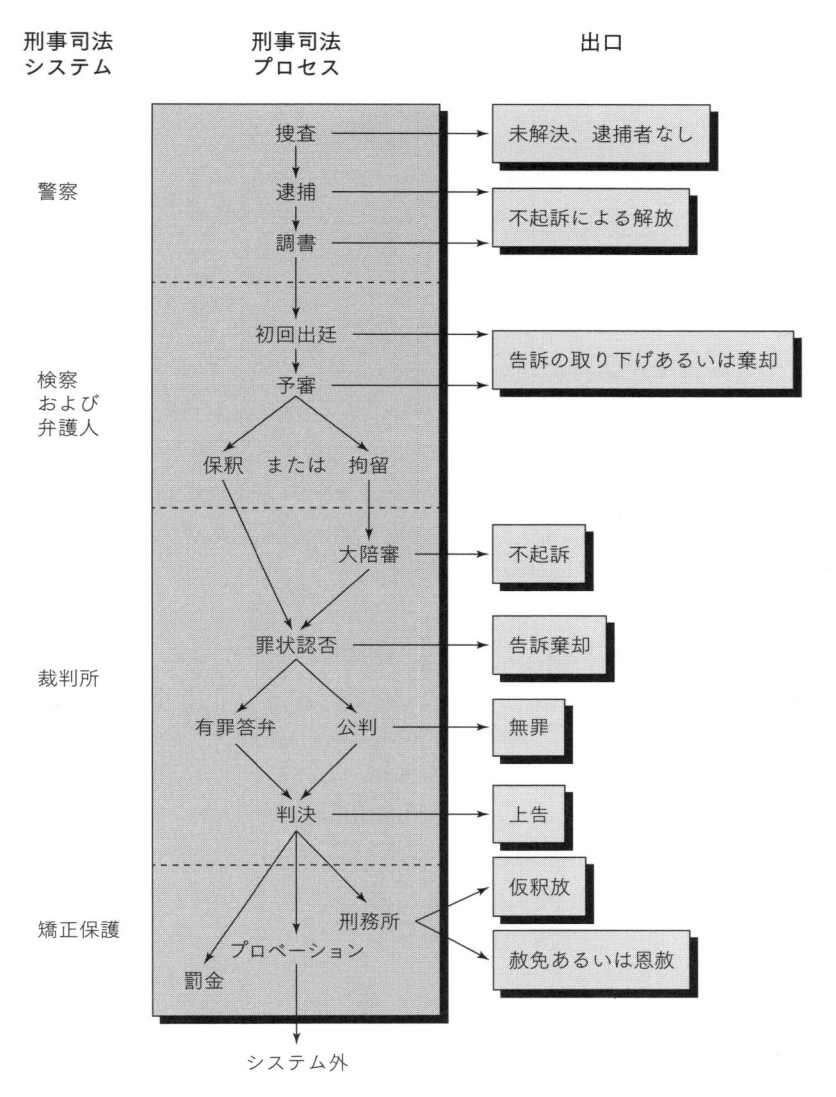

図 11.1　刑事司法システムのフローチャート

万 5207 人の受刑者が連邦政府あるいは州の矯正システムの管轄下にある（OJP, 2011）。地方当局は 74 万 8728 人の犯罪者を収監あるいは監督している。米国では実に、服役者の数が世界中のどの国よりも多い。言い換えると、米国では、成人の 100 人に 1 人が収監されていることになるのだ（Pew Center on the States, 2008）。驚くべきことに、米国では、成人の 31 人に 1 人が刑事司法システム（収監、プロベーションあるいは仮釈放）に関与していることを示す調査結果もある（Pew Center on the States, 2009）。さらに、矯正保護下にあるマイノリティの数は、その人口に比して過剰である。たとえば、白人男性が 45 人に 1 人であるのに対し、黒人男性は 11 人に 1 人、ヒスパニック系男性は 27 人に 1 人が矯正保護の下にある。最後に、一生

の間に刑務所に服役する可能性に関しても、マイノリティの数字は不均衡に高い。現在の収監率を基礎にすると、人生において収監を経験する人の割合は、黒人男性が32%、ヒスパニック系男性が17%であるのに対し、白人男性は5.9%である（OJP, 2009）。

■ 特殊な問題

　刑事司法システムはいくつかの特殊な問題に直面している。すなわち精神疾患、知的障害、HIV/エイズ、性犯罪者、高齢受刑者数、薬物あるいはアルコール依存である。刑務所には、高齢の受刑者や精神疾患を抱える受刑者に固有のニーズに対処するための専門的なプログラムはなく、訓練されたスタッフもいない。刑事司法システム内でメンタルヘルスの適切なケアができないことにより、精神疾患の永続化と、独特な規律上の問題が生じる。精神疾患が原因で非暴力犯罪を犯した受刑者については、特別なメンタルヘルス裁判所を利用して、刑務所システムからコミュニティを基盤としたメンタルヘルス・トリートメント・プログラムへ移管することが増えている。専門家の見解は、一般的に性犯罪（強姦、売春、児童への性的虐待、窃視、露出）には、何らかの集中的カウンセリングあるいはセラピー的インターベンションが必要だということで一致している。2010年において、州刑務所あるいは連邦刑務所の収容者の8%が55歳以上である（Human Rights Watch, 2012）。高齢の犯罪者が直面している問題には、家族の高齢化や死、家族との離別による支援者の減少、慢性疾患、特殊ニーズに対応する施設への移送などがある（Aday, 2006）。

　犯罪と薬物乱用との間には強い相関がある。薬物依存のある犯罪者はしばしば、薬物の影響下で犯罪を行い、刑務所内でも薬物を使用し続ける場合が多く、プロベーションや仮釈放において失敗する確率が高い。薬物裁判所の導入はこの問題に対処するものである。薬物裁判所は、刑事司法システムにアルコールおよび薬物依存のトリートメント・サービスを統合する非敵対的アプローチを提供しつつ、トリートメントおよびリハビリテーション・サービスへの参加と、定期的薬物検査によるコンプライアンスの確保を要求する。薬物裁判所モデルの趣旨は、再犯防止と収監の必要性を削減することにある。

刑事司法におけるソーシャルワークの役割

　ソーシャルワークの19世紀の社会科学的ルーツを辿れば、全米慈善矯正会議、ひいては刑事司法への関心に遡る。20世紀初頭に専門性が強調されたことにより、成人の矯正保護からは距離を置くようになったが、ジェーン・アダムズやジュリア・ラスロップのようなソーシャルワークの初期のリーダーたちは、少年と成人の裁判システムの分離を目指す運動の

先頭に立っていた。彼女たちの努力が、米国で最初の少年裁判所であるイリノイ少年裁判所システムの設立につながった。

　この立法行為は少年裁判所運動の3つの顕著な特徴を明示している。

1. 子どもは大人と異なるため、子どものための裁判所を新設すること
2. 少年裁判は刑事裁判ではなく、子どもの更生とトリートメントを強調する民事裁判であることを承認すること
3. プロベーション制度を新設すること

（Lathrop, 1917, Roush, 1996 より引用）

　今日、ソーシャルワーク専門職は、刑事裁判システムの各領域で役割を果たしている。**警察ソーシャルワーカー**は法執行官と協働し、DV、児童虐待や、その他の虐待的状況に対処している。犯罪科学ソーシャルワーカーとして、あるいは、その他のプラクティス分野の専門家として、ソーシャルワーカーは裁判所での証言を求められる。**少年裁判所の調査官**として働くソーシャルワーカーは、非行少年の監督を行い、職業紹介の手配をし、ダイバージョン・プログラムでワークを行う。ソーシャルワーカーは、成人の裁判においては、**プロベーションおよび仮釈放の保護観察官**として、犯罪者の行動を監視し、彼らの更生に関し裁判所に報告する。最後に、**矯正施設で働くソーシャルワーカー**は、収監者たちのトリートメントグループを指導し、家族サービスや紹介を行う。

■ 警察ソーシャルワーク

　警察は、家庭内紛争、DV 状況（子ども、パートナー、高齢者への虐待）、性的暴行、その他の虐待といったソーシャルサービスに関わる問題への対処を求められる。警察に雇用されたソーシャルワーカーは、専門職同士の協力が必要な状況において、法執行官と協働する。法執行チームのメンバーとして、ソーシャルワーカーは家庭関連の問題に関して紹介を受ける。少年が紹介されてくる場合の理由の典型例には、家出、器物損壊、不登校、禁止薬物所持、窃盗、さらに、家庭や近隣における問題に関する親からの支援要請などがある。法執行機関が有する権威は、警察ソーシャルワーカーのワークを通じて、コミュニティ機関への紹介を迅速に処理するのに実に役立つ。ソーシャルサービスの職員との協力により警察ができるようになることには、危機指向の早期インターベンションサービスを提供すること、社会指向の問題やメンタルヘルスの問題への対処方法の選択肢を警察職員に提示すること、ソーシャルサービスによる緊急のコンサルテーションおよびアセスメントを受けること、法執行とソーシャルサービス・システムの効果的な関係を確立すること、コミュニティを基盤とした適切なサービスへの紹介を行うことがある（Corcoran et al., 2001; Dean et al., 2000;

Patterson, 2008）。

　▶ ソーシャルワーク・ハイライト　警察に、ソーシャルワーカーと警察職員による 24 時間体制の危機介入チームが置かれる例が増えている。彼らが対応する状況の例としては、DV、子どもや被扶養成人に対する虐待、自殺、その他各種のトラウマや暴力がある。彼らが提供するサービスには、支援を要する犯罪被害者へのカウンセリング、メンタルヘルス・カウンセリングや弁護士への紹介の促進、二次的トラウマを受けた緊急救援隊員から話を聞くこと、子どもや社会的に脆弱な大人の行方不明者を探すための取り組みの調整などがある。

■ 裁判所での証言と法廷ソーシャルワーク

　ソーシャルワーカーは、職場が刑事司法の分野であろうとその他のプラクティス分野であろうと、裁判所での証言を求められる場合がある。裁判所システムとの相互作用に向けた準備として、ソーシャルワーカーは、裁判手続き、裁判に関わる多様な職員の役割、証拠能力に関するルール、クライエントに対する関わり方および義務にまつわる法的要請について理解しなければならない（Barker & Branson, 2000; Munson, 2007）。

　裁判における証人として、ソーシャルワーカーは、個人の知識を基礎とした正確な情報を提供しなければならない。効果的な証言のためには、事実を明確に提示し、専門用語の使用を避ける必要がある。正確な記録は重要であり、証拠として採用される場合もある。たとえば、少年裁判や家庭裁判において、児童保護の事例について尋ねられる場合がある。児童福祉ワーカーは、虐待、ネグレクト、親権停止、パーマネンシー・プランニングなどに関して証言する。ソーシャルワーカーは、出廷の準備として、自身のケースアクティビティに関する文書、ケース歴の記録、アセスメント資料を収集し、鑑定人としての信頼性を示すために、自身の職務経歴書を用意しなければならない。

　法廷ソーシャルワーカーは、司法システムの中でのワークを専門とする。彼らの活動として、具体的には、「司法裁判所における専門家としての証言、犯罪行為となり得る事例の調査、また、子どもの親権争いや、離婚、扶養義務不履行、非行、配偶者あるいは子どもに対する虐待、精神科病院への入院措置、親族の責任などが問題になる場合の司法システムの支援」（Barker & Branson, 2000, p. 1）などが挙げられる。

■ 少年裁判サービス

　少年裁判所は当初、法に触れるトラブルを起こした少年が抱える問題を解決するためには、成人の刑事裁判手続きとは異なる裁判の場が必要だという考え方を前提として、より緩やかな形式の公聴会、手続きの非公開、

記録の封印、犯罪の性質よりも少年のニーズを理由とした処分の決定など を特徴としていた。当初の焦点は、更生と裁判の個別化に置かれていたの だ（Snyder & Sickmund, 2006）。過去１世紀の間に、焦点は更生から治安維 持と処罰へと移ったが、それでもなお、少年裁判サービスは、少年の正義 に関わる問題に対処するうえで、重要な役割を果たし続けている。少年裁 判を優れたものとするために、以下のような目標が設定された。

- 効果的な非行予防ストラテジーと、常習犯罪を減らすための効果的で 最も干渉度の低い一連の対応をサポートおよび実行することで、コ ミュニティの安全性を高めること
- 少年犯罪者に、賠償およびコミュニティサービスからの要請を完遂さ せることにより、犠牲者とコミュニティに対する責任を負わせること
- 少年非行裁判所の権限の範囲内で、少年の重要な生活スキルを向上さ せることにより、コンピテントで生産的な市民を育てること

（NCJFCJ, 2005, p. 22）

　少年裁判の現場においてソーシャルワークの実践者は、さまざまな形で その役割を果たす。彼らの仕事としては、アセスメントの実施、法廷審問 に出席し証言すること、ケースのモニタリング、統計データの維持と分析 などが挙げられる。さらに、ソーシャルワーカーは、少年とその家族にコ ミュニティ・ベースのプログラムを紹介し、これらのサービスをケースプ ランに沿うようにコーディネートし、その結果をモニタリングして裁判所 に報告する。ソーシャルワーカーは、少年がダイバージョン・プログラム への参加を義務付けられた場合や、拘置施設に留置された場合に、彼らを 監督する責任を担う場合もある。少年裁判システムに関わる少年は、DV、 過去のマルトリートメント歴、特別支援教育のニーズ、精神疾患、薬物乱 用などのリスクが高いことから、ソーシャルワーカーは、学際的少年裁判 チームのメンバーとして、中心的役割を担うのである（Rapp-Paglicii, 2007）。

■ プロベーションと仮釈放

　プロベーションは、判決手続きにおける選択肢の一つで、収監を保留す るものである。プロベーションでは、指定された一定の期間を通じて、監 督のもとで適切な行動をとれることを示す機会が与えられる。裁判官は、 個人がプロベーションの条件を満たすことを条件に、収監を保留する。こ の条件には、裁判所が指定したプロベーション係官を定期的に訪問するこ とが含まれる。プロベーションは1800年代中期のボストンで、ジョン・ アウグストゥス（John Augustus）をはじめとする社会改革者や慈善活動家 による先駆的取り組みにより開始された。当初は軽窃盗犯と大量飲酒者 の更生を目指す、ボランティアのプロベーション・プログラムだったが、

これに代えて、1878年にボストン市長がプロベーション・プログラムの設置とプロベーション係官の雇用を承認する法を成立させた（Champion, 2005）。

仮釈放は、刑期満了前の犯罪者に対し、刑務所からの早期解放を認める制度である。裁判官が仮釈放を決定する際に根拠とするのは、善行と更生を示す証拠である。裁判所職員は仮釈放の期間中、対象者が仮釈放の規定を順守していることを確認するために監督を行う。

プロベーションおよび仮釈放の対象者を監督する裁判所職員は、ソーシャルワーカーである場合が多い。現在、プロベーション係官は、対象者が少年か成人かにかかわらず、その社会歴情報を準備して、裁判所の意思決定を支援する。さらに、プロベーション期間中に、対象者を監督し、彼らにケースワーク・サービスを提供する。

プロベーション係官と仮釈放係官は、法の執行とケースワーク・サービスの提供という二重の役割を果たさなければならない。彼らは、犯罪者の社会への再適応を助けるために、サービス提供を通じて、社会統制の担い手としての役割を果たす。プロベーションおよび仮釈放に関わる職種に就くソーシャルワーカーは、問題解決を促進し、クライエントに適切なコミュニティ資源を紹介し、クライエントが法に従ってコミュニティに適応できるように、許容される行動について指導する。裁判所の職員としてワークを行う際には、裁判所が定めた厳格な時間枠の中でワークすること、法的文書の作成、チームワーク・スキルの向上、さらに多くの場合に、裁判所のサービスシステムの多様な要素を統合させることが求められる。

■ 矯正施設におけるソーシャルワーク

矯正施設で働くソーシャルワーカーは、受刑者にダイレクトサービスを提供し、コミュニティ資源との橋渡し役としての役割を果たす。ソーシャルワーク・サービスは、矯正施設において、メンタルヘルス、薬物乱用、教育、社会復帰リハビリテーションなどの領域での活用が可能である。問題が多面的な性質を持ち、数多くのサービスが必要になるため、ケースをコーディネートするスキルも重要である。ソーシャルワーカーは、受刑者との個別のワークや小グループによるワークにより、彼らの行動変革と刑務所内での生活への適応を助ける。そのためには、暴力、性的暴行、精神的虐待、みかじめ料の徴収、同性愛、人種間紛争、薬物依存といった刑務所における多くの問題に対処する。さらに、ソーシャルワーカーは、受刑者とその家族が必要とするサービスを提供するコミュニティ・プログラムとのネットワークづくりを行う。

■ 受刑者の家族とのソーシャルワーク

収監がもたらす影響に受刑者の家族が対処する際に、ソーシャルワー

カーが彼らに関与することもある。米国には服役中の親を持つ未成年の子どもが1700万人存在すると試算されている（Glaze & Maruschak, 2008）。逮捕と罪状認否の段階で、通知の遅延、面会の制限、不明瞭な手続きなどがある場合に、家族が危機に陥る可能性がある。判決に際しては、目前に迫った収監という現実に対峙し、親やその他の家族の不在に対処するためのプランの必要性に直面することになる。服役期間中、受刑者の家族は各構成員の役割を再定義しなければならず、同時に刑務所の官僚制度を相手に奮闘しなければならない。受刑者の出所により、家族には4つ目の危機が生じる。服役を終えた者が家族の日常生活に再び加わるという状況にどう対処するかという問題である。ソーシャルワーカーは、元受刑者のコミュニティへの再統合を促す有益な情報を提供することを通じて貢献することができる。

■ 女性の受刑者

　女性の受刑者は、女性に特有の問題群に直面する。女性受刑者の多くは、就労スキルを身につけておらず、性的あるいは身体的虐待の経験を持ち、精神疾患、薬物乱用などの問題を抱えている。さらに、エイズ、感染症、妊娠といった健康に関する複合的な問題を抱えている。さらに、多くの女性受刑者が、我が子との別離や親権喪失、薬物依存、経済的困窮、ホームレスといった状況に直面する。女性受刑者が経験する問題の中には、親子の別離がもたらす影響、親の服役に伴うスティグマ、電話連絡や面会の設定の難しさ、出所後に親としての役割を再開することに伴う困難などがある（Laakso & Nygaard, 2012; Mignon & Ransford, 2012）。アフリカ系米国人の女性受刑者は、人種、階級、ジェンダーという3つの問題が交差する、三重の危機に直面する（Bloom et al., 2003）。

■ 被害者支援プログラム

　ソーシャルワーカーは、犯罪の被害者となった人々ともワークを行う。全50州、コロンビア特別区、米領ヴァージン諸島、グアム、プエルトリコに、DV、性的暴行、児童虐待、飲酒運転、殺人、その他の犯罪に関する賠償と支援プログラムがある。これらのサービスの資金は、米国司法省の犯罪被害者対策局（Office of Victims of Crime, OVC）を通じて割り当てられる。1984年犯罪被害者法（Victims of Crime Act, VOCA）により犯罪被害者基金（Crime Victims Fund）が設置され、その資金源は、有罪判決を受けた連邦法違反者から支払われた罰金、ペナルティ・アセスメント、没収された保証金である。VOCA資金は、犯罪被害者個人に対する賠償金支払いに加えて、犯罪被害者へのサービス提供を行うコミュニティ・ベースの組織に資金を拠出する。たとえば、DV被害者向けシェルター、児童虐待プログラム、病院、法執行機関内の被害者サービス部署がこれにあたる。

ヘイトクライム —— 人権問題

　ヘイトクライムは、偏見と差別に根ざす犯罪で、人々を特定の人口集団の構成員であるという理由で標的にする。したがって、ヘイトクライムは市民権および人権の侵害である。攻撃者は、標的とした被害者が、連邦政府により保護された権利を行使することを妨げようとする。連邦政府は、複数の立法行為を基礎として、ヘイトクライムを「人種、民族、国籍、宗教、性的指向、障害を理由に、人を傷つけ脅かすことを意図した、不寛容と偏見による暴力」と定義している（DOJ, 2001, p. 1）。1990 年に成立し 2009 年に修正されたヘイトクライム統計法（Hate Crime Statistics Act）は、司法省に対し、「人種、ジェンダーとジェンダー・アイデンティティ、宗教、性的指向、民族に基づく偏見の表現としての」犯罪に関するデータを法執行機関から収集することを指示した。1994 年暴力犯罪取締り及び法執行法（Violent Crime Control and Law Enforcement Act of 1994）の規定の一つである、ヘイトクライム判決強化法（Hate Crimes Sentencing Enhancement Act）は、ヘイトクライムについて、「対象を問わず、そして客観的事実であるか主観的認識であるかを問わず、人種、肌の色、宗教、国籍、民族、性別、障害、性的指向」を理由とした、人あるいは財産に対する犯罪であると、さらに明確に定義した。保護される地位とヘイトクライムをどのように定義するかは、州法によって大きく異なっている。

　連邦捜査局（Federal Bureau of Investigation, FBI, 2011）は、2010 年の 1 年間で、単独の偏見を理由とする事件が 6624 件報告されたことを示した。このうち 47.3％が人種的偏見を理由とし、12.8％が民族あるいは国籍に関する偏見、20.0％が宗教的不寛容、19.3％が性的指向に関する偏見、0.6％が障害に関する偏見を理由とするものだった。ヘイトクライムの標的となった人々のうち、4824 人が対人暴力行為の被害者、3370 件が財産に対する暴力行為の被害者だった。ヘイトクライムの発生場所の内訳は、住居（31.4％）、幹線道路、路上、路地、あるいは街路（17％）、学校あるいは大学（10.9％）、礼拝所（3.7％）であった。

　ヘイトクライムは広範な影響を及ぼす。ヘイトクライムの被害にあった個人は、抑圧、周縁化、不安といった心理的影響に苦しんでおり、これはヘイトクライムの標的とされた人々が所属する集団の構成員も同様である（Humphreys, 2003）。ヘイト暴力の結果を調査したリサーチは、このような暴力の被害者は、暴行や強姦の被害者と同様に、無力感や孤立感を抱き、他者を信頼することが難しくなる（Dragowski et al., 2011; Perry, 2009; Perry & Alvi, 2012; Sullaway, 2004）。さらに、「ヘイトクライムはしばしば、報復とさらなる報復の連鎖をもたらし、それはより大規模な社会不安を生じさせ、ひいては内戦の原因にさえなり得る」（Humphreys, 2003, p. 71）。ヘイトクライムは本質的に、重大な人権侵害である。ヘイトクライム暴力の例としては、民族的マイノリティが営むビジネスに対する攻撃、礼拝所への放火、住居の破壊、人種プロファイリング、いじめ、学校での発砲などがある。

　ソーシャルワーカーは、ヘイト暴力への対応としてさまざまな手段をとることができる。たとえば、被害者および加害者とのワーク、組織、学校、コミュニティとのワークによるダイバーシティ受容の促進とヘイト暴力の予防、市民をヘイトクライムから保護する社会政策の推進などである（Browne et al., 2011; Humphreys & Lane, 2008; Levin & Nolan, 2010）。ヘイトクライム暴力の起訴は主に州の司法権の管轄であるが、NASW（2012）は、州と地方当局が訴追者としての役割を拒否した場合に連邦政府に訴追権限を与えること、ならびに、連邦刑法の規定を拡大して性別、障害、宗教、性的指向に基づくヘイトクライムを含めることの実現を求めて、連邦政府によるヘイトクライム法改正を支持している。

被害者支援プログラムは、その焦点を、性的暴行やDVの後遺症に対処するためのサービス構築に置くと同時に、社会復帰プログラムの構築と仮釈放プラクティスの変革に関わる犯罪被害者のコーズ・アドボカシーに置いている。これらのプログラムは、クライエント、その家族、恋人などのニーズに対処する。また、司法手続き中の人に対する支援として、ケースのモニタリングや出廷の調整を行い、クライエントや遺族が被害者賠償や社会復帰に関する詳細事項に対処できるように手助けをする。さらに、これらのプログラムには、公衆への普及啓発プログラム、教育的ワークショップや刑事司法職員に対する機関内研修の開催といった予防策の実施も含まれる。

■ 被害者・加害者間の調停プログラム

被害者と加害者の間の調停は、米国における修復的司法プログラムの中で最も頻繁に採用される形態である（Armour & Umbreit, 2007; Gumz & Grant, 2009）。被害者・加害者間の調停では、「誰が傷つけられ、その傷にいかなる対処が可能か、起きたことに対して責任があるのは誰か」を問うことにより、修復的司法の原則が具体化する（Umbreit & Greenwood, 2000, p. ix）。バートン（Barton, 2000）によれば、司法インターベンションの有効性は「犯罪行為の原因と結果の両方に効果的に対応できる可能性が最も高いケア・コミュニティのエンパワメント」に関するものである（p. 55）。このアプローチは、間違いを正し、賠償をし、加害者に確実に責任を負わせ、犯罪の被害者となった人々を支援する。被害者・加害者間の調停プログラムにおける被害者の経験を調査した最近の研究では、加害者の真摯な謝罪とともに、被害を受けることの意味を加害者に伝えられることが、エンパワメント指向の成果における重要な要素であることが示唆されている（Choi et al., 2010）。裁判所職員は調停を、若い加害者のための、あるいは有罪申し立て後の「ダイバージョン」ストラテジーとして、また刑の一部として、あるいはプロベーションや仮釈放の条件として推奨することができる。

■ 犯罪被害者・証人支援プログラム

犯罪被害者・証人支援プログラムは、その多くが検察局を拠点に、加害者の訴追をサポートし、犯罪被害者と犯罪行為の証人を支援するものである。被害者・証人支援プログラムで働くソーシャルワーカーは、裁判手続きの全体を通じて証人をサポートし、裁判所職員に被害のダイナミクスについて指導する。子どもと青少年に対する被害者サービスプログラムの数は増加している。児童アドボケイトは、子どもに裁判手続きについて教え、裁判所へ同行し、裁判に関わる問題についてカウンセリングとサポートを提供し、子どもと家族に適切なソーシャルサービスを紹介する。

まとめ

　公共サービスの提供において、ソーシャルワーカーは不可欠な存在として関与するものと思われている。ところが、発展の途上にある専門職としての歴史の中で、ソーシャルワークは、公共福祉の提供に関わる現場でのワークから距離を置いていた時代がある。専門職としてのアイデンティティ確立とステータス向上を追求する中で、ソーシャルワーカーはしばしば尊敬されることを求め、その結果として、尊敬されるクライエントを求めた。一般の人々は通常、公共サービスや権利を奪われた人々を尊敬しない。そのため、専門的教育を受けたソーシャルワーカーは、公共サービスを自らの活動領域とは見なさなかったのである。興味深いことに、ソーシャルワーク専門職が公共サービス提供に背を向けようとする中で、この領域のヒューマンサービス・ワーカーは、その専門的学歴とは無関係に「ソーシャルワーカー」と呼ばれた。アルトマンとゴールドバーグ（Altman & Goldberg, 2008）は、貧困問題の複雑さに対処し、貧困状態にある人により効果的なサービスを提供するために、公的支援機関の職員の専門職化を求めた。これに対し、政策形成レベルにおいては、専門職ソーシャルワーカーは長きにわたり、不可欠な存在として関与してきた。貧困状態にある人、ホームレス、失業者、犯罪者、その他の権利を奪われた人々の生活に影響を及ぼす社会問題を根絶するという称賛すべき試みが、ソーシャルワーカーによる社会福祉政策の形成と実行を通じて行われてきたのだ。

　現代のソーシャルワーカーは、社会的機能を獲得し、専門職が負う社会正義に対する義務を果たすために、公共サービスにおける専門職として、サービス提供の「オーナーシップ」を行使しなければならない。専門職ソーシャルワーカー自身にとっての現代的課題は、政策レベルと直接実行レベルの両方において、橋渡し役を務めることである。ソーシャルワーカーが公共領域を無視し、ソーシャルワーク専門職の義務を放棄し、貧困状態にある人や権利を奪われた人々とのワークを非専門職に任せることができた時代は去った。ソーシャルワーカーが社会福祉に変化をもたらすためには、公共サービスの領域で働くことが不可欠なのだ。

第11章　練習問題

以下の問いは、本章で学んだ知識をテストするものである。

1. マッキニー・ヴェント法の主な目的は、_____である。
    a. ホームレスの支援
    b. 失業者への補償
    c. 公共福祉支援
    d. 犯罪被害者への賠償

2. 少年裁判所を成人の司法手続きから分離した最初の少年裁判法が成立したのは_____州においてである。
    a. ニューヨーク
    b. イリノイ
    c. マサチューセッツ
    d. アイダホ

3. _____は、従業員へのソーシャルサービス給付金を提供する。
    a. 従業員援助プログラム
    b. 労働者補償プログラム
    c. 家族サービス協会
    d. 環境保護プログラム

4. ジェロームはたった今、自身に対する実刑判決が保留されたことを知った。一方で、彼は所定の期間、裁判所の監視下に置かれることになる。彼は_____と考えられる。
    a. コミュニティサービスを命じられた
    b. プロベーションに付された
    c. すべての嫌疑が晴れた
    d. 仮釈放が許可された

5. ケンドラ（Kendra）は、貧困を構造的観点から分析した結果、貧困の基底にある原因は_____であると結論付けた。
    a. 貧困という文化
    b. 制度化された社会構造における不備
    c. 労働倫理の欠落
    d. 社会的劣等性

6. エコシステム的観点からは、_____。
    a. 失業率の数値は明確で、解釈が容易である
    b. 失業がもたらす影響は主に経済的なものである
    c. 失業は個人的・対人的・構造的影響をもたらす
    d. 失業の影響が及ぶのは、ミクロ、個人、家族レベルに限られる

7. 公共領域における人権の専門職としてのソーシャルワークについて説明せよ。貧困、ホームレス、失業、刑事司法などに関わる、公共領域におけるソーシャルワーク・プラクティスに固有の人権問題の例を挙げること。

Cultura Creative/Alamy

12

保健、リハビリテーション、メンタルヘルスにおけるソーシャルワーク

本章の概要

本章のプラクティス行動の例に適用されるコンピテンシー				
✓ 専門職のアイデンティティ	✓ 倫理的プラクティス	批判的思考	プラクティスにおけるダイバーシティ	✓ 人権と社会正義
リサーチ・ベースのプラクティス	人間行動	ポリシー・プラクティス	プラクティスのコンテクスト	✓ エンゲージメント、アセスメント、インターベンション、エバリュエーション

健康は人間のウェルビーイングの要であり、QOL を支える基盤である。健康問題とは広義では、病気、障害、死、衰弱をもたらす状況または環境である。健康の維持、病気からの回復、障害の克服のためには、物理的・社会的環境における資源をどれだけ活用できるかがきわめて重要である。ヘルスケアにアクセスできない、あるいはヘルスケアが不十分な状況では健康は危険にさらされる。また貧困、失業、ストレス、地理的孤立、ソーシャルサポート・ネットワークの欠如といった社会問題は、健康問題の悪化につながる。人が健康問題を抱えると、結果として、彼らの社会的機能に問題が生じるのである。

　効果的な社会的機能にとっての健康の重要性を考えれば、すべてのソーシャルワーカーが健康の物理的・社会的側面を考慮しなければならない。さらに、多くのソーシャルワーカーが、ヘルスケア・サービスにおいてダイレクトワークを行っている。本章では、ソーシャルワークとヘルスケアの全体的関係と、以下のような具体的応用について検証する。

- 保健システムにおけるソーシャルワーク
- ソーシャルワークと遺伝学
- ソーシャルワークとエイズ
- ソーシャルワークと身体障害
- ソーシャルワークと発達障害
- ソーシャルワークとメンタルヘルス
- ソーシャルワークと薬物依存

　保健、リハビリテーション、メンタルヘルスというソーシャルワークの領域における社会正義と人権に関わる課題は、個人とその家族のウェルビーイングのための生活水準の確保と、病気や障害に直面した際の適切なヘルスケアと経済的保障の提供を中心としたものとなる。たとえば、適切かつ安価なプライマリ・ヘルスケアの利用を可能にすることや、予防可能な病気からの保護と、治癒可能な病気に対するトリートメントを提供することがこれにあたる。権利に基づく、正義に関わる取り組みとしては、この他に、妊婦や胎児に対する適切なケアによる乳幼児および母親の死亡率低減や、すべてのエイズ患者に対する無料の抗レトロウィルス治療の提供がある。人権の定義における、人間とそのパーソナリティの十分な発達の重要性に鑑みれば、身体的・発達的障害のある人、およびメンタルヘルスや薬物乱用の問題を抱える人は、ソーシャルサポートとソーシャルサービスを利用し、十分な補助を受けられるようになるべきである。

保健システムにおけるソーシャルワーク

　ソーシャルワーカーは、保健システムのおよそすべての領域（救急治療室サービス、腫瘍科、小児科、総合内科および外科、集中治療、リハビリテーション、薬物乱用プログラム、公衆衛生、メンタルヘルス）で働いている。コスト抑制を強調する傾向が高まる中、保健システムのプランナーは、コミュニティや家庭を基盤としたプライマリ・ヘルスケアをより重視するようになっている（Keigher, 2000）。労働統計局の試算によれば、2010 年において、米国のソーシャルワーカーの 43％が、メンタルヘルス、薬物乱用、医療および公衆衛生サービスで働いていた（BLS, 2012f）。さらに、2020 年には、保健および公衆衛生における雇用は 24％増、メンタルヘルスおよび薬物乱用では 31％増になると予測されている。本章では、ヘルスケア・システムに対する考察と、ソーシャルワーク・サービスを活用するヘルスケア・システムのさまざまな側面の検討を通じて、ヘルスケアにおけるソーシャルワークの役割について探究する。

　ヘルスケア・システムは、年齢や状況を問わずあらゆる人々に、診断、治療、リハビリテーション、健康維持、予防活動を提供する、複雑かつ包括的で学際的なサービスネットワークである。ソーシャルワークにとって特別な関心の対象となるのは、健康問題、病気、障害に直面して、新たなソーシャルサポートを求める人々、すなわち、虚弱な高齢者、妊婦、身体的・精神的障害または依存症のある人、慢性疾患を抱える人、貧困状態にある人、ホームレス、医療保険非加入者などである。ソーシャルワーカーは、公衆衛生、病院、内科診療所、健康維持機構（health maintenance organizations, HMO)、在宅保健組織、ナーシングホーム、メンタルヘルス・クリニック、リハビリテーションサービスなど、さまざまな保健システムに雇用されている。NASW（2009c）は、「ライフサイクルの全ステージを通じて、一連のヘルスケアおよびメンタルヘルス・ケアに普遍的にアクセスする権利を保障する、国のヘルスケア政策」をサポートする（p. 169）。現行のヘルスケア改革の取り組みは、すべての人にとって利用しやすいヘルスケアの実現を期待させるものである。

専門職のアイデンティティ

［プラクティス行動の例］ キャリアの全体を通じて学び続けること。

［批判的思考の訓練］ 高齢者、移民、およびマイノリティ人口の変化により生じた人口動態的変化は、事実上、ヘルスケア・ソーシャルワーカーによるソーシャルサービス提供を含む、ヘルスケア・システムのあらゆる側面に影響を及ぼす。人口動態的変化は、ヘルスケア分野のソーシャルワーク専門職の就労機会、サービス提供、継続的教育の必要性にどのような影響を及ぼすか。

ソーシャルワークのヘルスケアに対する貢献

　ソーシャルワーカーはヘルスケア・チームにおいて、健康、病気、障害の心理社会的側面に対する独自の視点を提供することにより、重要な役割を果たす。ヘルスケアの現場におけるソーシャルワーク・サービスには、

退院に至るまでのケアのコーディネート、患者と家族のサポート、公平な
ヘルスケア政策のアドボケイトなどがある。ヘルスケア・ソーシャルワー
カーのクライエントは、胎児期から終末期ケアまで、人生のあらゆる時期
にある人々である。

　コミュニティ指向のサービスに関して、ヘルスケア・ソーシャルワー
カーは、ヘルスケアに関する課題についてコミュニティと協議したり、プ
ログラム計画を支援したり、健康問題が生じるリスクを抱えるコミュニ
ティの人々のためのアウトリーチサービスを確保したり、保健教育と健康
研修プログラムを実施したりする。さらに、ソーシャルワーカーは、機関、
コミュニティ、州、連邦政府の保健政策の形成に参加し、ヘルスケア・
サービスの計画と運営を行い、リサーチを実施する。

　ソーシャルワークの実践者は、ヘルスケア政策においては重要な情報
提供者であり、社会正義については、健康の公平性を推進する立場にあ
る（Moniz, 2010）。ソーシャルワーカーは、健康の格差がもたらすネガティ
ブな影響と、健康増進活動がもたらすポジティブな影響を理解したうえで、
保健と健康に対するホリスティックなアプローチが持つ心理社会文化的基
盤を強調することにより、政策協議に貢献する。ヘルスケアにおける格差
は、一部の人口動態的集団（特に、障害のある人種的・民族的マイノリティ）が、
ヘルスケア資源にアクセスできない場合、あるいは利用を制限されている
場合に生じる（Keefe, 2010; Wisdom et al., 2010）。このように、プライマリ・
ヘルスケアへのアクセスが十分にできない場合、病気の長期化リスクや、
予防可能かつ治療が可能な病気による死亡者数が増加する。ヘルスケア・
ソーシャルワーカーは、健康増進活動と予防的ケアの拡充のために、患者
教育のような健康リテラシー推進計画への資金供与に関する協議に貢献す
べき立場にある（Liechty, 2011; Yoo et al., 2010）。

公衆衛生におけるソーシャルワーク

　公衆衛生はソーシャルワークの対象領域として拡大しつつある。公衆
衛生の関心は、健康的なライフスタイルの促進と、身体的・精神的疾患
やその他の社会的な健康問題の予防に向けられる（Ruth et al, 2008; Schild &
Sable, 2006）。ソーシャルワーカーは、医師、看護師、エンジニア、教育者、
経営者、弁護士などを含む学際的チームの一員として、保健の心理社会的
側面に焦点を置き、保健や健康に関わる社会的状況に対処する。公衆衛生
に関わる現場としては、母子保健クリニック、保健計画機関、国立衛生研
究所（National Institutes of Health）、さらに、国際レベルにおいては、世界
保健機関（WHO）が挙げられる。

　ソーシャルワーカーは、さまざまな専門領域から集まった同僚と協働
し、健康問題の原因となっている、あるいは保健サービスの活用に影響を

> ソーシャルワーカーは、さまざまな専門領域から集まった同僚と協働し、健康問題の原因となっている社会的・心理学的・環境的要因を見極め、これを是正する。

及ぼす社会的・心理学的・環境的要因を見極め、これを是正する。「**公衆衛生ソーシャルワーク・プラクティスは、リサーチを基礎とした疫学的アプローチを用いて、人口集団の健康状態と社会的機能に影響を及ぼす社会問題を見出し、これに対処する**」(SWP, 2007, 第1段落)。現在、社会に影響を及ぼす健康問題としては、10代の少女の妊娠、乳児死亡率、精神疾患、暴力、飢餓、栄養不良がある。さらに、高齢化、健康格差、セクシャルヘルス（性の健康）、HIV/エイズの予防と治療などに関わる問題、および災害への対応と準備が挙げられる。公衆衛生におけるソーシャルワークの性質の詳細は、機関のミッションとコミュニティにおける保健ニーズの性質により決まるが、一次予防が最優先とされる場合が多い。公衆衛生ソーシャルワーカーが関与し得る活動としては、以下のようなものが挙げられる。

- 個人、家族、小グループとのダイレクトワーク
- 公衆衛生の問題に対処するために、近隣とコミュニティを基盤とした取り組みを組織化すること
- 公式および非公式のソーシャルサポート・インフラを強化すること
- コミュニティ教育プログラムなどの一次予防ストラテジーをプランニングし実行すること
- 健康問題の社会的影響（特に、ヘルスケアへのアクセスにおける格差や、健康状態を危険にさらす経済状況）に対処する社会政策を推進すること
- 公衆衛生分野において、疫学的リサーチを実施すること
- 健康格差の縮小

20以上のスクール・オブ・ソーシャルワークにおいて、ソーシャルワークと公衆衛生を統合した修士課程が設置されている。

▶ **ソーシャルワーク・ハイライト**　公衆衛生の現場で働くソーシャルワークの実践者は、多種多様なサービスを提供する。例として、郡衛生局に勤務するパム・カリアーとジェレミー・パワーズの職務記述書を検討してみよう。パムは主に個人と家族に対するダイレクトサービスに携わっている。これに対し、ジェレミーはヘルス・プランナーとして、間接的なサービスを提供している。パムは母子の健康、家族計画、発達障害の早期スクリーニングに関するアウトリーチサービスを行っている。彼女は機関が個人と家族に提供する在宅ヘルスケアのコーディネートも行い、さらに、健康教育のプログラムと活動を定期的に開催している。彼女は、クライエントとそのヘルスケア・サービス活用に影響を及ぼす心理社会的要素やコミュニティに関わる要素についてのコンサルタントとして高い評価を得ている。

公衆衛生プランニングによるコミュニティのエンパワメント

すべての人々の健康および健康的なライフスタイルが、公衆衛生分野の管轄領域である。公衆衛生プラクティスには、感染症対策、薬物乱用や性行為に関するリスクをはらむ行動、乳児死亡率、環境汚染、10代の妊娠などの各種問題に関わる、コミュニティを基盤とするストラテジーも含まれる。公衆衛生分野における、正義にかなったポリシー・プラクティスのイニシアティブは、コミュニティのすべてのメンバーが予防プログラムとインターベンション・サービスから利益を得ることを保証するものである。

ヘルスケアにおける格差は多くの人口集団において存在する。人種的・民族的マイノリティや、社会経済的地位の低い人々は、ヘルスケアの格差と保健サービスへのアクセスの不均衡を経験する。サービスの品質とアクセスに関する課題は、時宜にかなったサービスの追求から、サービス提供者の探索、保険による補償の欠如、総合的医療サービスの利用まで多岐にわたる。プライマリ・ケアと病院でのケアの両方において、このような格差は明白である。健康の格差によって生じる個人的・社会的影響は、生涯にわたって累積的な不利益をもたらす（AHRQ, 2009; Hernandez et al., 2010; Shuey & Wilson, 2008）。ヘルシーピープル 2010 構想は、すべての市民の健康の全体的な質を向上させるための重要なステップとして、ヘルスケアへのアクセスにおける格差の削減を目標としている。

今も進行中のヘルシーピープル 2010 イニシアティブは、健康の増進、病気の予防、健康格差の廃絶を焦点とする連邦政府、州、および地域コミュニティによる協働プロジェクトである（HHS, 2000a）。連邦政府の公衆衛生サービスは、過去 10 年間の成果を踏まえ、28 の領域における米国のヘルスケアに関わる問題に対処するための数百におよぶ国家目標を作成した。国民保健サービス（National Health Services）は、国家

規模で目標達成への進捗を追跡するために、疾病対策センター（Centers for Disease Control）との協働により対話式データベースを構築した。ヘルシーピープル 2010 は、ストラテジックな管理手段として、州、地域コミュニティ、公共部門と民間部門が、地域のヘルスケアに関する課題に即した独自の取り組みを行うことを求めている。

ヘルシーピープル 2010 の優先目標は次の 2 つである。

- ヘルシーピープル 2010 の第 1 の目標は、年齢を問わずあらゆる人の平均余命を伸ばし、同時に、QOL を改善することである。
- ヘルシーピープル 2010 の第 2 の目標は、人口区分間の健康格差を廃絶することである。ここで言う区分には、性別、人種または民族、教育または収入、障害の有無、居住地域、性的指向などがある。　(p. 11)

ヘルシーピープル 2010 構想は、「住民の健康は健康なコミュニティから」というビジョンを通じて、個人の健康と、彼らを取り巻くコミュニティの健康の関係を強調する。地域コミュニティは、全国基準と州の目標に従い、コミュニティ独自の具体的目標設定に参画する。多くの場合、コミュニティの公衆衛生機関あるいは郡衛生局が、地域の計画立案に向けた取り組みを後援している。コミュニティは、地理的・文化的・社会的要素を考慮しつつ、有権者の代表を集め、コミュニティの全体像を把握する。さらに、保健ニーズのアセスメントを実施し、健康目標に優先順位を付け、保健アクションプランの実行と評価を行う。

コミュニティはその構成員の利益のために変革を行う。コミュニティの人々の健康とウェルビーイング強化に向けた努力の成果として、コミュニティ全体がエンパワーされることになる。健康に関わる新たな課題に取り組み、困難な状

　ジェレミーは、コミュニティの保健プロジェクトに関わるアドボカシーおよびプランニングに従事している。郡衛生局におけるジェレミーの責務には、コミュニティにおける社会的ニーズおよび保健ニーズのアセスメント、新しいプログラムのポリシーと手続きの作成、コミュニティのヘルスケア提供システムに対するリサーチと評価への参加などがある。ジェレミーはリーダーとして、郡衛生局とその他のヘルスケア提供者のための研修、スタッフ養成活動の企画を行っている。

プライマリ・ヘルスケアにおけるソーシャルワーク

　ソーシャルワークの実践者は、さまざまなプライマリ・ケア保健機関で働いている。たとえば、前払い制の家族向け医療プラン、コミュニティおよび近隣保健センター、クリニック、医療プラクティス、HMO などである。これらの現場は、メンタルヘルス・センターや、さらには家族サービス機関を利用するよりもスティグマを受けるリスクが少ないと考える人が多い。

　ソーシャルワーカーのプライマリ・ヘルスケア・サービスへの関与はやや限定的ではあるが、この現場で働く専門職は、個人や社会の問題の最初の発見者となる場合が多い（Cowles, 2000）。通常、ソーシャルワーク・サービスには、親子の対立、肥満、死別、親の高齢化などの問題に悩む人のための、個人・家族向けカウンセリングやグループワークがある。プライマリ・ケアの現場において、ソーシャルワーカーは、クライエントが直面する多様な困難に対峙する。たとえば、虐待、精神疾患、薬物乱用、家庭の問題、育児の問題、人生の移行、孤独、ストレスなどである（Lesser, 2000）。予防活動としては、自助グループに対するコンサルティング、健康問題のリスクを抱える人々のスクリーニング、コミュニティ教育などが挙げられる。プライマリ・ヘルスケアの現場におけるソーシャルワークが、再入院率の低減および医療コストの削減に有効であり、クライエントの QOL 改善に寄与していることが、リサーチにおいて証明されている（Boult et al., 2000; Hughes et al., 2000; Sommers et al., 2000）。

　▶ ソーシャルワーク・ハイライト　プライマリ・ヘルスケア・ソーシャルワーカーとしてコミュニティのクリニックで働くリア・ネルソンは、個人の患者に対するコンサルテーションと、患者教育計画の監督を行ってい

る。彼女は個人の患者に対するケアマネジメント・サービスを行うことで、医師の指示通りに薬を服用する方法を理解できるよう支援する。彼女はさらに、患者に対し病状に関する情報を書面で伝えたり、コミュニティを基盤としたソーシャルサービスと支援グループへの紹介を促進したり、医療提供者に対して抱いている悩みと疑問について相談する方法に関してコーチングを行う。また、公的資金による保健サービスの資格要件について話し合い、ヘルスセンターの予防プログラムについて教育を行う。リアは、クリニックの健康増進と知識向上プログラムの指導者として、各種テーマ（栄養、疼痛管理、健康の記録法、基本的医療用語の理解、リラクゼーションとバイオフィードバックの技法、禁煙、性別や各年齢層に固有の問題、食習慣、運動）に関する専門家によるセミナーの企画を担当している。

病院を基盤としたサービス

　病院を基盤としたソーシャルワークの起源は、20世紀初頭に、マサチューセッツ総合病院（Massachusetts General Hospital）で実施された、イーダ・キャノン（Ida Cannon）によるワークである。彼女は、ソーシャルサービス課の主任としての経験を活かし、病状の社会的側面と身体的側面との相互関係に対処する、医療ソーシャルワークの原則を確立した。キャノンにとって医療ソーシャルワークとは、患者の医学的診断、患者の社会的状況、および社会学的原則に関する情報を利用することにより、疾病の社会的複雑さに対処するものだった（Lieberman, 1986）。

　マネージドケアの圧力による、コスト抑制と、入院治療が認められる患者数の大幅削減および入院期間の著しい短縮に直面し、救急病院におけるソーシャルワークの性質は大きく変化した（Beder, 2006）。病院を基盤としたソーシャルワーカーは、これらの政策的・組織的変化を考慮しつつ、患者とその家族の心理社会的ニーズを満たしながら、急速に変化する自らの役割を再定義している。それでもなお、サービスには、入院、診断、治療、退院という一連の活動が含まれる。たとえば、病院ソーシャルワーカーは、患者とその家族の心理社会的ニーズに焦点を置いたアセスメントとケアプランを準備し、他のヘルスケア提供者と協働して、患者とその家族のソーシャルサービスに対するニーズを満たす。さらに、入退院計画に関与し、在宅サービスとナーシングホームでのケアを手配し、事前指示書や医療に関する委任状という選択肢について患者を教育し、他のコミュニティの資源やサポートを紹介する。また、病院を基盤とした学際的チームと倫理委員会の一員として働き、プログラムの成果に対する評価などのリサーチの取り組みを実施し、危機介入と支援的カウンセリングを行う。そして、保険会社に対するアドボケイトを行い、クライエントが補助金付き医療および投薬を受ける資格があることを保険会社に証明できるよう支援する。

小規模の病院では、勤務するソーシャルワーカーが１人である場合が多く、ソーシャルワークのあらゆる側面を１人で担当することになる。大規模な病院には通常、複数のソーシャルワーカーが雇用されており、小児科、トラウマ・ケアセンター、整形外科リハビリテーション、腎臓透析、新生児集中治療、オンコロジー（がん科）、女性の健康、救急治療室サービスといった専門領域を担当している。病院を基盤としたソーシャルワークの例として、以下では、オンコロジーと救急治療室という専門的ワークについて検討する。

■ ソーシャルワークとオンコロジー

　がんは多くの人の人生に影響を及ぼす。どのステージにあるかを問わず、がんは発達プロセスを阻害し、正常な日々の機能を困難にする。ソーシャルワークの実践者は、がんと診断された人にケアを提供する学際的ヘルスケア・チームにおいて不可欠な役割を果たす。このようなソーシャルワーカーは、オンコロジーの専門家として、がんについて、病気そのものから治療過程、診断を受けた人自身とその家族や恋人に対する心理社会的影響、そして生還の難しさに至るまで、深い知識を持つ。オンコロジー・ソーシャルワーク協会（Association of Oncology Social Work, 2001）は、オンコロジー・ソーシャルワーク・プラクティスの対象範囲として４つの領域を特定した。

1. 遺族、家族、看護者に対する臨床的プラクティスサービス（心理社会的アセスメント、学際的ケア・プランニング、ケースマネジメント、その他の支援サービス）を提供すること
2. 相談サービスを他の機関やサービス提供者に拡張することで、より効果的に職業的ストレスに対処し、学際的取り組みをコーディネートし、サービスに対する評価を実施すること
3. コミュニティにおいて教育やプログラムの資源を提供すること（たとえば、社会の意識啓発キャンペーンにおいてコミュニティの保健アドボケイトと協働すること、スクリーニングと早期発見プログラム、コミュニティ教育）
4. 専門職向けの研修とリサーチサービスに従事することで、オリエンテーション、監督、継続的専門職教育、コンサルテーション、リサーチを通じたオンコロジー・ソーシャルワーカーの知識とスキルの強化を行うこと

　男性も女性もがんになる可能性があるが、特に女性は乳がんにかかりやすく、現在、女性の８人に１人が乳がん発症の生涯リスクを有する（NCI, 2011）。乳腺切除、すなわち、がんに冒された部位の外科的切除が持つ心理社会的影響は甚大で、そこには、女性らしさと自尊心の喪失という認識、

恋人への影響、性的関係におよぼす悪影響などが含まれる。ソーシャルワーカーは、乳腺切除をする患者と家族に対し、治療から回復までの期間、支援とカウンセリングを行う。

■ 救急治療室におけるソーシャルワーク

多くの病院の救急治療室チームで、ソーシャルワークの実践者が重要な役割を果たしている。救急治療室の患者は一般に危機的状態にある。ソーシャルワーカーは危機介入の技法を用い、その人自身の個人的資源と周囲の社会的環境の資源を利用できるよう支援する。

救急治療室サービスを必要とするのは、緊急の病気や怪我、許容限度を超えて悪化した慢性疾患、レイプや虐待、その他犯罪的暴力や災害によるトラウマを抱える人々である。他にも、自殺を図った人、急性あるいは慢性の精神疾患を抱える人、貧困、ホームレス、薬物依存、あるいは孤独などの影響に苦しむ人が、救急治療室を利用することになる可能性がある。かかりつけ医を利用する金銭的余裕のない人や、メディカル・カード*を受け付ける医師を見つけられない人は、緊急の場合もそうでない場合も、医療的問題解決のために、しばしば救急治療室サービスに頼らざるを得ない。

救急治療室でのソーシャルワーク・サービスには、患者とその家族への支援とカウンセリングの提供、学際的チームの一員としての機能、医療スタッフに対し患者の問題を、あるいは逆に、患者に対し医療プランを明確に伝えることによるコミュニケーションの促進などがある。救急治療室のソーシャルワーカーは、クライエントが交通機関の乗車券、食料、衣類、処方薬などを入手できるよう、具体的な手助けをすることも多い。さらに、コミュニティ機関への紹介を促進し、手続きや治療方針が効果的なものになるよう推進活動を行い、正確な記録をつける。

▶ **ソーシャルワーク・ハイライト** 救急治療室で働くソーシャルワーカーのジョー・ラモスが語る、自身の仕事についての話からは、彼の情熱が伝わってくる。ジョーは次のように述べた。

「この仕事をしていると、同じ日は二日とありません。速いペースについていくために常に忙しいのですが、これこそ私の望むところなのです。たとえば昨日、私は、交通事故で重傷を負ったある10代の少年の親族に対する危機介入ワークを行い、さらに、身体の衰弱が進む中でなお自立した生活を求める高齢者、怪我をした子どものいるホームレスの家族、そして配偶者から虐待を受けている女性のために、コミュニティ資源を探しました。しかもこれらはすべて午前中だけの仕事なのです。午後には、児童虐待とネグレクトの報告手順に関するスタッフ養成ワークショップを指導し、ER（救急治療室）でさらに複数の家族とワー

* **訳注** 提示することで、カード発行会社と契約している特定の医療施設、医師等から医療サービス費の減額を受けることができるカード。保険料が支払えない人が、その代替として購入するケースが多い。

クを行い、書類作成を済ませ、暴力に対し公衆衛生の問題としてコミュニティが行うべき対応をまとめるための連携会議に、病院を代表して参加しました。私がこの仕事を好きな理由は、その多様性以上に、自分のジェネラリスト・ソーシャルワーカーとしてのスキルを活かすことができ、危機状態にある人々やコミュニティのウェルビーイングに重要な貢献をする機会が得られることにあります」

長期ケアにおけるソーシャルワーク

　広義では、長期ケア（long-term care, LTC）とは、ヘルスケア、身のまわりのケア、ソーシャルサービスを長期的に提供することである。長期ケアの利用者は、身体的あるいは認知的な制限があり、日常生活における活動にある程度の援助が必要な人々である。このような制限は年齢を問わず誰もが経験し得るが、実際に制限を抱えている人の大部分は高齢者である。人口推計によれば、85歳以上の人口、すなわち、最も障害や活動制限を抱える可能性が高い年齢層の人口は、2030年の879万人（全人口の2.3%）から、2050年には1900万人（全人口の4.3%）に増加すると予測されている（Vincent & Velkoff, 2010）。

　長期ケアには、在宅ヘルスケア、高齢者向けデイケア施設、ナーシングホーム、ホスピスプログラムなどの一連のサービスが含まれる。LTCサービスを必要とする人のほとんどが、サービスを自宅で受けている。ソーシャルワークの実践者は、長期ケアのあらゆる側面で働いている。彼らの任務としては、ダイレクト・ケースサービスとケースマネジメント、ならびにプログラムのプランニング、開発、評価、調整が挙げられる（Kane, 2008）。

　連邦政府の高齢者対策局（federal Agency on Aging, AoA）と、メディケアおよびメディケア・サービスセンター（Centers for Medicare and Medicaid Services, CMS）、新設された高齢者および障害者資源センター（Aging and Disability Resource Center, ADRC）のプログラムは、高齢者、障害のある人、家族をケアしている人、サービス事業者のために、長期ケアサービスおよびサポートへのアクセス簡素化に向けた取り組みを共同で行っている（AoA, n.d.）。ADRCプログラムは、サービス提供ネットワークに、コーディネートされた単一の入り口を提供することにより、クライエントが「正しい時および場所で正しいサービス」を受けられることを保証するための国家規模の活動を行っている（p. 2）。

■ 在宅ヘルスケアにおけるソーシャルワーク

　在宅ヘルスケアの目的は、慢性的な身体的・社会的・情緒的障害のある人々に、自宅での生活を可能にすることである。このような人々が直面す

る問題としては、セルフケア、家族関係、病気への適応、個人的適応、障害、栄養などに関する問題が挙げられる。在宅ヘルスケアは、ヘルスケア・サービスの中で、最も急速に成長している領域であり、1988 年と比較して 2 倍を超えている (Goode, 2000)。現在、在宅ヘルスケア提供者は年間に、3 万 3000 を超える家庭で 1200 万人のクライエントにサービスを提供している (NACH, 2010)。このうち独立の民間機関が 62% を超えている。在宅ヘルスケア利用率は年齢が上がるにつれて高くなる。85 歳以上の会員の利用率は、65 歳以上 74 歳以下の会員の利用率よりもはるかに高い。全国でメディケアの認証を得た約 5000 人のソーシャルワーカーが、在宅ヘルスケア・サービスで働いている。在宅ヘルスケアにおけるソーシャルワーク・サービスには、以下のようなものが含まれる場合が多い。

- 自宅で患者を支えるための資源を見出すためのプラン構築
- クライエントと資源の橋渡し
- コミュニティ資源活用を可能かつ容易にするためのアドボケイト
- 保健に関する問題についての短期カウンセリングの実施
- 他の機関との協働
- 健康と保健に関する教育を促進すること
- ケア提供者の問題に関して、家族と協働すること
- 在宅医療政策の改善のためにロビー活動を行うこと　　　　(Cowles, 2000)

　慢性疾患への対処は、保健サービスおよび費用において、かなりの割合を占める。在宅ヘルスケアは、安価な解決策として推進されている。しかしながら、在宅ヘルスケアにおいては、社会的に脆弱な集団に低賃金の職員によるサービスが提供されているため、真のコストが隠されている可能性がある (Kane, 1989)。コミュニティを基盤とするケアの品質を維持するためには、レスパイトサービスやデイケアなどの多様なプログラムが必要である。ケースマネジャーは、必要とされるサービスとの橋渡しやケアプランのコーディネートにおいて重要な役割を果たす。最適なサービス実現のためには、日常生活のための基本的ストラテジーに焦点を置き、医療、ソーシャルサービス、サポートネットワーク、そして保健の推進の間の綿密な調整が必要になる。最近のリサーチでは、ソーシャルワーク・ケースマネジメント・サービスが、費用削減、入院率低減、ケア提供者の負担軽減に有効であることが示されている (Enguidanos & Jamison, 2006; Shannon et al., 2006)。

■ ホスピスプログラムにおけるソーシャルワーク
　ホスピスとは、中世において「静養所」を意味した言葉である。今日、ホスピスは、入院患者と外来患者向けの包括的プログラム、および不治

の病を抱える終末期の患者に、死別に関わるサービスを提供する。米国国立ホスピス・緩和ケア組織（National Hospice and Palliative Care Organization, 2012）は、ホスピスプログラムが 2010 年にサービスを提供したクライエント数は 158 万人にのぼると推計している。ホスピスサービスは、メディケアによる償還が開始されたことに伴い、その大部分が病院、高度看護施設、在宅保健機関と連携するようになった。ホスピスプログラムの大部分が非営利事業であり、ほぼすべてがメディケアの認証を得ている。2010 年においては、ホスピスの全クライエントの 67％が 75 歳を超えていた。ホスピスプログラムのスタッフは、通常、学際的チーム（医師、看護師、在宅看護助手、ソーシャルワーカー、聖職者、ボランティアなど）の一員として働いている。2009 年時点で、8000 人弱の修士レベルのソーシャルワーカーが、メディケアの認証を受けたホスピスプログラムで働いていた（HAA, 2010）。

　ソーシャルワーク・サービスは、ホスピスチームにより提供されるケアに、付加価値を与える。たとえば、ソーシャルワーカーは、環境に対する独自のアセスメントスキルを持つため、コンテクストを前提としたケアプラン構築、家族からの支援の動員、リスク評価、家族の危機回避をすることができる。ソーシャルワーカーはしばしば、患者とその家族が医学的状況を理解できるよう教育を行い、ホスピスチームの他のメンバーにとってのケア提供の社会的コンテクストを解釈しながら、公式・非公式のケア・ネットワーク間の橋渡し役を果たす（Cagle & Kovacs, 2009; Waldrop, 2006）。終末期ケアも家族とのワークというミクロの領域を超えて、緩和ケアと終末期ケアサービス提供の改善を目指した、組織的・法的な政策アドボカシーの領域に及んでいる（Stein & Sherman, 2005）。

　ホスピスプログラムの理念に反映された価値は、自己決定の促進、コミュニケーションの尊重、個人の尊厳と価値というソーシャルワークの価値とよく似ている。最終目標は治療よりも、痛みのコントロールと癒しである。ホスピスプログラムは社会的・心理学的・精神的支援を通じ、尊厳ある死の迎え方を強調し、死という経験を、死にゆく人とその家族にとって豊かな経験にすることを追求する（Reith & Payne, 2009）。ホスピスケアの重要な特徴としては他に、以下のようなものが挙げられる。

- 患者を中心に置いたケア
- 身体的・心理社会的・精神的側面に対しホリスティックに焦点を当てる、幅広いプログラムとサービス
- 専門職、ボランティア、家族や地域を基盤とした資源の創造的活用
- 専門職が統制する医学的決定よりも協働的意思決定を重視すること
- 患者とその家族、ヘルスケア・スタッフ間のオープンなコミュニケーション
（NASW, 2009f）

ホスピスワークにおけるソーシャルワークの役割としては、患者とその家族にダイレクトサービスを提供すること、ならびにコミュニティを基盤とした適切な資源を紹介することが挙げられる。間接サービスとしては、プログラムの構築、職員に対するサポート、コミュニティ資源のコーディネートが挙げられる。ケア提供者のニーズのアセスメントと、大切な人の死の前後における支援も、ソーシャルワークの任務の一部である。

　▶ ソーシャルワーク・ハイライト　ソーシャルワーカーは、ホスピスワークにおいてさまざまな困難に直面する。感情的デタッチメントや知性化は避けなければならないし、同時に同情や哀れみを大げさに表現することも避けねばならない。何よりも、専門職は自身の死に対する不安に向き合わねばならない。次に紹介する 3 人のホスピス・ソーシャルワーカーによる省察は、このテーマに取り組んだものである。入院型ホスピス施設のソーシャルワーカーであるジュディ・ローソンは、次のように述べている。「私は、自分には毎日の仕事の後に、家族や友人と過ごす充実した時間や、自宅の庭での「土いじりセラピー」や運動をする時間が必要なのだということを学びました。人生にバランス感覚を持つことで、リフレッシュした状態で仕事ができ、傾聴する準備ができるのです」。マーセラ・ペレスは、在宅でのホスピスケアで家族のケアをする人たちと協働した際の経験について次のように語った。「どんな家庭でも、家族の一人ひとりが、それぞれ異なる方法で、大切な人のケアを行っています。私は自分の役割を、患者と終末期を共に生きる家族がエネルギーを維持し、ストレングスを見出せるように、必要な資源とサポートを提供することと考えています。家族の人たちが今の一日一日を生きるために、正常であるという感覚やストレングス、勇気を維持しようと行っている努力や、死に直面しながらも希望を持ち続けるための創意工夫に富んだ取り組みに、私はいつも驚くばかりです」。最後に、アダム・ブラウンは、ホスピスにおけるクライエントの死に対する、彼自身の感情的反応について詳しく述べている。「最初は、自分がクライエントの死に対処できるか不安でした。今では、自分の不安には根拠がなかったことに気付きました。私たちのホスピスチームは素晴らしいもので、ミーティングや報告会を通じて相互にサポートし合っています。さらに、私たちのホスピスプログラムは、亡くなったホスピス参加者の友人や家族のために、半年に一度、追悼ウォークを開催しています。私自身が内省しながらこのような支援を受けたことが、自分の中に残った悲しみと後悔の念を克服する助けとなりました。事実、私はホスピスでのワークを通じて、私自身の視座について、また、死に直面しながら生きるということについて多くを学んだのです」。

ヘルスケア・ソーシャルワーク

　私が現在従事しているソーシャルワークの仕事は、間違いなく、これまでのキャリアで最高のものです。私は、コミュニティを基盤とし、大学と提携している家族プラクティス研修プログラムで働いています。私の現在の立場は、私の保健と健康に対する関心、初期のキャリアである障害のある子どもや成人とのワーク、そして病院を基盤としたソーシャルワーカーとしての過去の経験の、すべてを集約したものです。家族プラクティスの研修プログラムにおいて、私は家族プラクティスの専門知識を学ぶ医師の研修に、行動科学的視点を提供しています。私はおよそ3分の2の時間を、3年目の研修医のための、患者との関係構築および面談と傾聴のスキル向上を目的とする教育、行動科学をテーマとしたグループ会議の開催、研修に参加している「医師」のための支援グループの手助け、そして研修参加者の評価および病院やコミュニティの輪番制会議への出席などの管理業務に充てています。そして、残り3分の1を、家族プラクティスの医師から紹介を受けた患者とのダイレクト・ソーシャルワーク・プラクティスに充てています。この役割において、私は個人と家族に対するカウンセリング、コミュニティサービスへの紹介、不安や心的外傷後ストレス症候群といった多様なメンタルヘルスの問題への対処を行います。私は子どもから高齢者まで、あらゆる年齢の患者たちとワークを行い、彼らが身体的病気に関わる精神的トラウマを克服するための手助けをします。私は、自分が患者や同僚との相互作用の中に、傾聴というストレングスを持ち込んでいると思っています。傾聴は自分にとっては自然なことですが、これを当たり前のスキルだとは考えていません。私は、沈黙する方法については学ぶ必要がありませんでしたが、沈黙しながら会話の中で存在感を示す方法については学ばなければなりませんでした。

　ソーシャルワーカーは医療という領域において、尊敬を集めている専門職だと私は考えています。この尊敬は、医師・看護師・ソーシャルワーカーのチームの中で、効果的にコミュニケーション・スキルを活用できることから得られるものです。ソーシャルワーカーの視点は、医療チームの他のメンバーの視点を補完します。ソーシャルワーカーは、健康と病気の社会的・行動的・心理的要素に関する専門知識を有し、患者のケアにポジティブな貢献をする独自のスキルを持っています。家族プラクティスで共に働いた医師が、ソーシャルワーカーがヘルスケア・チームの一員として患者の健康支援に果たした貢献を認め、その結果、彼らのプラクティスにおいて、コミュニティや病院のソーシャルワーカーが活用される機会が増えるのを見ると、私は嬉しくなります。

　私にとってのポリシー・プラクティスは、ヘルスケア提供システムというコンテクストにおける、患者とのダイレクトプラクティスであると考えています。たとえば、DSM-IV を用いることは、ミクロレベルのプラクティスにおける政策的意思決定です。私は、DSM-IV の内容が、個人および家族とのワークにおいて持つ重要性を理解しています。ただ、その一方で、これを処方として適用することよりも、ガイドとして利用する方法について知ることの方が重要だと考えます。実践者にとって、財政と資金調達の複雑さを理解することは最重要事項ではないかもしれませんが、メディケイド、メディケア、民間企業の保険、マネージドケアといった支払金償還システムに関する知識は必要です。私は、システムのよりマクロなレベルにおいて、すべての人、特に十分な保険に入ってない人がヘルスケアをより利用しやすくなるユニバーサル・ヘルスケア政策に、強い関心を抱いています。

　ヘルスケア・ソーシャルワーカーは、公衆衛生上の潜在的な問題を示す事象のパターンを見つけ出すという独特な立場にいます。医療ソー

シャルワーカーは、他のヘルスケア・アドボケイトと緊密に協働し、感染症や環境的安全、災害対応、母子保健、予防接種、水質および大気質、鉛中毒、ヘルスケアおよびメンタルヘルス・サービスへのアクセスにおける文化的格差といった公衆衛生上の課題に対処しています。

私自身はキャリアの道のりの中で、公衆衛生分野におけるソーシャルワークには携わった経験がありませんが、これは現在および将来のヘルスケア・ソーシャルワーカーにとって重要な分野だと考えています。

ソーシャルワークと遺伝学

　ヒトゲノム解析プロジェクトによる人間の染色体中の全遺伝子の識別完了と、遺伝子疾患治療に必要なテクノロジーの進歩により、遺伝子関連サービスの領域は急速に拡大しつつある。ヒトゲノム教育モデル（Human Genome Education Model）プロジェクトは、ソーシャルワーカーに対する無作為抽出調査を実施した。この調査結果によれば、対象となったソーシャルワーカーのうち遺伝学講座の受講経験があるのは13％に過ぎないが、78％がクライエントと遺伝について議論した経験を持ち、27％が遺伝カウンセラーにクライエントを紹介した経験を持つ。さらに、20％が遺伝子検査にクライエントを紹介し、52％が自ら何らかの遺伝カウンセリングを実施している（Lapham et al., 2000）。

　ソーシャルワーカーがこの分野で効果的に機能するためには、遺伝と遺伝子疾患の基礎を理解しておかなければならない（Kingsberry et al., 2011; Miller & Martin, 2008; NASW, 2009b; Schild et al., 2006）。特に重要なプラクティス活動としては、症例探索とアセスメント、危機介入と支援的カウンセリング、アドボカシー、教育、自助グループとの連携などの支援的サービスが挙げられる。求められる基本的コンピテンシーとしては以下のようなものが挙げられる。

- 遺伝学とこれに関連する倫理的・法的・社会的問題について基礎知識を持つこと
- 遺伝情報（自分自身の記録を含む）に関するプライバシーと守秘義務の重要性を理解すること
- 民族、文化、健康に関する信念、および経済力が、クライエントの遺伝情報とサービスを活用する能力に影響を及ぼすことを理解すること
- 遺伝学の専門家と遺伝子に関する支援グループを適切に紹介すること
- クライエントが遺伝子診断の心理社会的影響に対処できるよう支援すること
- クライエントの遺伝子検査、リサーチ、トリートメントに関する意思決定を補助すること

- 新しい情報に対する意識を保持し、自らの限界と定期的な情報更新の必要性を認識すること
- クライエントに焦点を置いた政策を支持すること

(Lapham et al., 2000, p. 4)

　遺伝子の問題はソーシャルワーク・プラクティスの多くの領域に拡大している。養子縁組サービスで働くソーシャルワーカーは、遺伝子情報を社会歴や評価に含めることや、養父母に対し遺伝子に関するカウンセリングを実施することが可能である。児童保護ワーカーは、胎児虐待のような、法や裁判所による定義付けが始められている問題への対処が必要になる可能性がある。コミュニティ・オーガナイザーや職業ソーシャルワーカーは、環境内や職場内の有毒物質に関わる健康や生殖の問題から、胎児を保護するためのアドボカシーの役割を担う場合もある。

　さらに、遺伝子に関わる倫理的問題に対する一般の人々の知識が増せば、遺伝カウンセリングの必要性が高まることになるだろう。クライエントは遺伝子疾患や、依存症、精神障害の遺伝的素因に関して、自身の家族歴に疑問を抱くかもしれない。専門性の高いサービスである遺伝カウンセリングは、大規模な医療施設でしか利用できない場合が多い。家族は自宅に近い実践者と、フォローアップサービス、サポート、カウンセリング、ケース・コーディネーションなどのワークを行う場合もある。

倫理と社会正義に関わる課題

　倫理的ジレンマは、生殖や遺伝子検査のあらゆる側面に関わるソーシャルワーク・サービスにはつきものであり、その例としては、守秘義務、自己決定、社会正義に関わるジレンマなどが挙げられる（Hall et al., 2008）。たとえば、これから親になろうとしている人との出産前のワークでは、体外受精による出産、人工妊娠中絶、養子縁組前の遺伝子検査、胎児の性別選択について、倫理的疑問が提起される可能性がある（Ajandi, 2008-09; Hollingsworth, 2005; Taylor P. G., 2008）。これらいずれの状況においても、唯一の倫理的立場というものは存在しない。この問題の性質に鑑みれば、「ソーシャルワーカーは、絶えず自分自身の背景を分析し、人の生殖、医療的インターベンション、重い障害と共に生きることの価値に関する自らの思い込み、価値、信念について確認しなければならない」（NASW, 2003, p. 14）。

　ヒトゲノム・プロジェクトが見出した論点は以下のようなものである。

- 個人の遺伝子情報へのアクセスが認められるのは誰か。それはどのように利用されるべきか

- 遺伝子情報の所有権を有し、これを管理するのは誰か
- 個人の遺伝子情報は、その人に対する個人と社会の見方にいかなる影響を与えるか
- ヘルスケア・スタッフは両親に対し、遺伝子テクノロジーのリスクと限界について適切なカウンセリングを行うことが可能か
- 遺伝子検査の正確性、信頼性、利用性をどのように評価し、規制するのか
- 治療が不可能であるのに、検査を実施すべきなのか

  (Human Genome Programs, 2008,「新たな遺伝学から生じる社会的懸念」の章)

　遺伝子サービスの分野には倫理的課題が山積している。クライエントにとっての課題は、本人および家族にとっての検査の意味を中心に展開する。遺伝子検査は守秘義務の限界とプライバシーの重要性についての疑問を提起し、インフォームド・コンセントと自己決定の複雑さを強調する（Hall et al., 2008）。その他の課題が関わるのはおよそ、遺伝子検査の結果に基づく人権侵害、守秘義務の限界、そして既存の法律では雇用主や保険会社による差別から十分に保護されないといったことである（NASW, 2003）。アドボカシーに関する懸念としては、ラベリングが行われる可能性、それにより遺伝子疾患のある人に向けられるスティグマ、さらに保険会社が特定の遺伝子疾患の存在を根拠に、医療サービスを制限したり保留したりする可能性が挙げられる。ソーシャルワーカーは機関においてこれらの問題に取り組み、将来の社会政策立法をクライエントの状況に鋭敏に対応できるものにするべく、重要な役割を果たすことが求められる。

ソーシャルワークとエイズ

　ヒト免疫不全ウィルス（human immunodeficiency virus, HIV）は身体の免疫システムを破壊するレトロウィルスである。HIV は後天性免疫不全症候群（acquired immune deficiency syndrome, AIDS：エイズ）を引き起こす。医療専門家はエイズを HIV 疾患の最終ステージと見なしている。HIV 疾患を抱える人は、悪性腫瘍、その他のウィルス性、寄生性、細菌性の感染を起こしやすくなり、これらは、免疫システムが衰えている状態においては、しばしば生命を脅かすものである。これまで、HIV/エイズに伴う日和見疾患の予防と治療法、およびウィルスの自己複製を抑制する抗ウィルス薬に関する特筆すべき発見がなされてきたが、それでもなお、米国における HIV 感染は重大な公衆衛生上の課題であり、特に同性と性交渉を持つ男性と黒人層にとって、危機的な問題であり続けている。

有病率

HIV/エイズは深刻な地球規模の健康問題である。2010年において、国連の推計ではHIV感染者数は世界に3400万人存在したが、年間の新たな感染者数は270万人にまで減少した（UNAIDS, 2011a, 2011c）。世界中で最も深刻な打撃を受けているのはアフリカのサハラ以南地域だが、HIV/エイズの脅威と無縁の地域は世界中どこにも存在しない。2010年において、全HIV感染者の68%、HIV/エイズによる死者の約63%にあたる120万人が、サハラ以南のアフリカ人だった。悲しむべきは、この地域に住む約1700万人の子どもが、親をHIV/エイズで亡くした孤児だという事実である（UNAIDS, 2011b）。最近のデータによれば、HIV/エイズは東欧と中央アジアで急速に拡大している。サハラ以南のアフリカを除けば、罹患率が最も高いのは、注射による薬物使用者、同性と性行為をする男性、セックスワーカーである。

HIV/エイズの蔓延により、米国でも多くの犠牲者が出ている。HIV感染者は120万人存在し、1981年の感染拡大以来、60万人弱が死亡したと報告されている（CDC, 2011b）。エイズとHIVの新たな感染者数は共に減少しており、1990年代初頭以来、新たなHIV感染者は年間5万人程度に落ち着いている。予防と治療に寄与する要素としては以下のようなものがある。

- ウィルスへの暴露と感染に関わるリスクを低減するための一般への啓蒙活動を支援すること
- 感染防止のためのHIV検査を受けられるようにすること
- 現在実施されているHIV感染者に対する治療とケアの利用可能性を保証すること

(CDC, 2010a)

アフリカ系米国人層には、HIV/エイズ感染者数が不均衡に多い（CDC, 2011a）。「新たな感染から死に至るまでのあらゆるステージにおいて、アフリカ系米国人のHIV感染者数は、他の人種や民族を上回っている（p. 1）。さらに現在、HIV/エイズは、35～44歳のアフリカ系米国人男女の死亡原因の第3位である。2010年において、アフリカ系米国人は、新たに報告されたHIV/エイズの症例の半数近く、そしてHIV/エイズ感染者の44%を占めている（CDC, 2011b）。とはいえ、人種それ自体がHIV/エイズ感染のリスク要因なのではない。それよりも、ヘルスケアへのアクセスが不十分であること、スティグマ、既存の性感染症、性的リスク要因、注射による薬物使用、その他の薬物乱用問題が関与している可能性が高い（CDC, 2011a）。

現在、HIV/エイズの感染率はフロリダ州のマイアミおよびジャクソン

ビル、ルイジアナ州バトン・ルージュ、メリーランド州ボルチモア、ワシントン D.C. のような都市部が最も高い（CDC, 2011c）。感染率は比較的低いが、サンフランシスコおよびニューヨーク市には、著しく多数の HIV/エイズ感染者がいる。さらに、潜在的リスクにさらされた人口層は変化しつつある。感染拡大の開始以降、同性と性行為をする男性および注射による薬物使用者のリスクが最も高かった。ところが現在では、人種的・民族的マイノリティ、女性、青少年のリスクも高くなっている。最後に、現在ではかつてないほど多数の HIV 感染者がいるため、その分、感染の危険性は増している。新たな感染者数は減少し、HIV 感染の医学的制御は成功を収めつつあるが、HIV/エイズはヘルスケア専門職とこの病気の感染者にとって、重大な問題であり続けている。

HIV/エイズを抱える人の問題

　HIV/エイズのような慢性疾患を抱える人は多くの問題に直面する。彼らの発達段階や社会文化的環境は、病気それ自体の特徴と相まって、問題の性質に影響を及ぼす。最初に対処しなければならないのは、病気の宣告という危機である。次に、慢性疾患をコンテクストとして生きることに適応しなければならない。そして最後に、患者は自身の差し迫った死に対処しなければならない。特に、彼らが直面することになる問題には、スティグマへの対処、日常生活の継続、喪失への対処、遺される人々のためのプラン作りなどがある。これらは HIV/エイズに直面したすべての人にとって難しい問題だが、女性は特有の困難に直面する場合が多い。

■ スティグマへの対処

　HIV/エイズ感染者は、周囲の恐怖心、孤立、虐待、排斥に対処しなければならない。感染者はしばしば、無力感、深刻な閉塞感、コントロール喪失感に圧倒される（Block, 2009; Dlamini et al., 2009; Dowshen et al., 2009; Holzemer et al., 2009）。一般の人々が、HIV/エイズを周縁化された人々の病気と見なすことが、HIV/エイズ感染者の人生を複雑なものにする。HIV/エイズに感染したアフリカ系米国人の女性は、三重の抑圧、すなわち、人種、性別、慢性疾患によるスティグマに直面する。

■ 日常生活の継続

　HIV/エイズ感染者が日常生活で直面する問題は、この病気の予測不能な性質により複雑なものになる。HIV/エイズ感染後の継続雇用には、慢性的でかつ最終的に死に至るという病気の性質に、感染者と同僚が向き合いながら、人間関係と職務を維持しなければならないという困難が伴う。HIV/エイズ感染者は、障害を持つアメリカ人法（Americans with Disabilities

Act, ADA）で保護されるが、就労の継続が可能か否かはその人の体力と職務上の要求次第である。人間関係については、家族や友人が過保護的な反応を示す場合もあれば、非現実的な要求をする場合もある。しかしながら、不安に対処し、オープンにコミュニケーションを取ることは、尊厳や自尊心を確保するために必要不可欠である。最後に、HIV/エイズ感染者は、他の不治の病を抱える人と同様に、人生の意味の探究と、自らの苦悩と死の中に価値と意味を見出す努力という、実存的およびスピリチュアルな課題に直面する。彼らは、死というコンテクストの中で、充実して生きるための方法を見つけなければならないのである。

■ 喪失への対処

HIV 感染者はしばしば、各発達段階で通常経験するものとは異なる、耐えがたい累積的な喪失感に対処しなければならない。職、友人、自尊心などの喪失がこれにあたる。他には、容貌が損なわれることや身体的制限に関わる喪失がある。身体的変化はしばしば、魅力や社会的な好ましさの喪失に向き合うための悲嘆のプロセスを引き起こす。HIV 感染者は、パートナーや友人、家族の死や、大切な人のソーシャルサポート・ネットワークからの離脱による人間関係の喪失の結果、孤独と孤立にも対処しなければならない。

■ 遺族のためのプラン作成

HIV/エイズ感染者はしばしば、遺族となる人々のためのプランニングを行う中で、継続感と覚悟を見出す。将来のためのプランニングのプロセスに関与することにより、彼らは自身の差し迫った死の偶発性を受け入れる機会を得る。これらのタスクの中には、遺言の作成、葬儀の計画、親族や友人と連絡を取ることなど、また、委任状、事前指示書、リビングウィルの準備や、金銭的手配といった、具体性の高いものや個人的・対人的課題を含むものもある。準備には、壊れた人間関係の修復や、扶養家族の世話といった課題も含まれる。

■ 女性特有の課題

米国および世界において、女性の HIV/エイズ患者数は激増しているが、今なお、女性への影響は目に見えていない部分が多い（Tangenberg, 2000）。この不可視性の要因としては、レイシズム、性的不平等、貧困、無力感とあわせて、実際には女性 HIV/エイズ患者の多くを HIV 疾患の診断カテゴリから、ひいては治療体制から排除する、HIV/エイズの医学的定義における差別性が挙げられる。HIV に罹患した女性の多くが、末期のエイズ患者であるパートナーのケアや、育児（子どもが感染している場合もある）の責任を負いながら、自らの病気に対峙しなければならない。このことが

女性患者の状況を複雑にしている（Van Loon, 2000）。子どもが関わる場合、女性はしばしば、後見人や養育権者を手配する責任を負う。

HIV/エイズに対するソーシャルワークの対応

HIV/エイズに関する NASW（2009d）のポリシー・ステートメントは、総合的ヘルスケア・サービス、社会的・心理学的サービス、人権と市民権保障のためのアドボカシー、ならびに教育と予防プログラムを含む支援サービスの提供をサポートするものである。さらに、専門職には、HIV/エイズに関する情報を広め、文化的にコンピテントで、かつ配慮に富んだプラクティスを、教育カリキュラムと継続的教育機会を通じて促進する責任が課せられる。加えて、このポリシー・ステートメントは、ソーシャルワーカーの政治的アクションとロビー活動への参加を促す。

■ 一連のプログラムとサービス

HIV/エイズの影響により、広範囲にわたり一体となった保健関連サービスが求められるようになった。教育と予防のための公衆衛生イニシアティブ、プライマリ・ケア、病院でのケア、在宅ヘルスケア、ケースマネジメント、HIV/エイズを抱える子どものための里親制度、従業員援助組織を通じた職に関するサービス、リハビリテーション、ホスピスプログラム、矯正保護施設、高齢者サービス、教育と予防活動などである。ソーシャルワーカーは、学際的保健チームの一員として、また、サービス提供者の中核的存在として、これらの現場の全部あるいは一部で働いている（Dang et al., 2012; Davidson, 2011; Jacobson, 2011; Linsk, 2012; Martin, 2011; Rogers et al., 2012; Wheeler, 2011）。

入院あるいは長期ケアの現場において、ソーシャルワーカーは、HIV/エイズを抱える人々や彼らの愛する人々、あるいは家族とのワークにおいて中心的役割を担う。無理なく効果的なワークを行うためには、ソーシャルワーカーは、感染への不安、拒絶、セックスやセクシュアリティおよび性行動の変化について語る際の気まずさ、無力感、絶望感、怒り、被害者非難などの感情、および自身の能力不足への懸念に対処するために、研修とサポートを受ける必要がある。

実践者は、HIV/エイズに関する情報および教育を提供し、孤独感を緩和するための支援グループを形成し、社会的・情緒的サポートネットワークを拡大することにより、グループ構成員の自らの人生に対するコントロール感を強化する。実践者はさらに、適切なコミュニティ資源と経済的援助プログラムに対する紹介を手配し、HIV/エイズ関連政策に対するアドボカシーの取り組みを支援する。エンパワメント・ストラテジーは、サポートとケアの提供によりスティグマに対抗し、希望を与え、クライエン

トに未来とのつながりを取り戻させ、彼らの自制心を強化する。

コミュニティを基盤としたケースマネジメントは、HIV感染者とその家族に支援を提供する。ケースマネジャーは、医療のコーディネートによる継続性の確保、カウンセリングサービスとアドボカシーの提供、身の回りの世話と家事サービスの手配、子どもと家族向けイベントのためのグループ活動の組織、子どものためのプランニングの推進などを行う。

■ アドボカシー

HIV/エイズに関わる課題に対処するためには、多様なアドボカシー・ストラテジーの活用が必要となる。たとえば、ソーシャルワーカーは、HIV/エイズ患者のQOLを確保するためのプログラムやサービスのための資金調達、ならびに彼らの市民的自由を保護するための立法をアドボケイトすることができる（NASW, 2009d）。HIV/エイズ感染者にとって、誤解、スティグマ、HIV疾患の複雑さが、官僚主義的なヘルスケア、医療保険、所得維持、社会保障、およびその他コミュニティを基盤とする資源との関わり合いを困難にする。ソーシャルワーカーは、場合によっては、これらのシステムに直接働きかけて、クライエントの主張を代弁したり、クライエントが自分自身のために、うまく意思を伝える方法を教えたりする。マクロレベルの変化を起こすために、コーズ・アドボカシーは、「予防、臨床的インターベンション、ワクチン開発など、HIV/エイズのあらゆる側面のリサーチを行うための十分な資金調達」を強く要求する（p. 182）。

▶ ソーシャルワーク・ハイライト　ニューヨーク市のエイズ患者のための住宅支援活動家が、ホームレス状態にあるエイズ患者のための住宅やシェルターの選択肢確保を目指し、アドボカシープロジェクトを開始した。市の行政機構内にエイズサービス課を設置し、アドボケイトは、市が地域の住宅法を順守するよう求め、これを監視した。

■ 倫理的・法的課題

多くの価値的・倫理的・法的課題が生じている。倫理的ジレンマの中心としては、専門職の個人的価値とクライエントの価値との間の葛藤、他の専門職の抱える個人的バイアスと未解決の私的問題がサービス提供の障壁となっている場合に生じる彼らとの衝突、クライエントがHIV感染者であるという事実を「知る権利」とクライエントのプライバシー権との衝突に関する懸念、クライエント自身が情報公開を拒否している場合に、その性的パートナーに対しHIV感染の事実を伝えるべきかというジレンマ、さらに検査義務、治療義務、守秘義務、個人的権利といった、さまざまな法的問題が挙げられる（Patania, 1998; Reamer, 1993）。守秘義務とHIV/エイズに関する法律が州によって異なることが、問題をさらに複雑にしている。

ソーシャルワークと身体障害

　事故や病気、先天性欠損症などにより障害を持つことになった人は、生活課題の達成において、固有の困難や障壁を経験する。ソーシャルワーカーは、社会正義実現の義務に基づき、障害のある人には、コミュニティ生活に参加する機会や一般向けのサービスに加えて、各々の障害ゆえに必要な特別なサービスにアクセスする機会を等しく享受する権利があると主張する（NASW, 2009i）。国際レベルでは、国連の障害者権利条約（Convention on the Rights of Persons with Disabilities）の中で、固有の尊厳の尊重、法による平等な保護、および障害のある人の人権について詳述されている。

　▶ **ソーシャルワーク・ハイライト**　カナダを本拠地とする、障害者インターナショナル（DPI）世界会議は、障害のある人の人権問題に対処するために 1981 年に創設された（DPI, 2011）。組織の目的は、世界中の障害のある人の機会の平等と完全な参加の推進である。DPI は、障害に関する問題の権威として高い評価を得ており、国連経済社会理事会の諮問資格を有する。DPI は 4 年に一度、障害のある人に関わる問題の発見と対処、ならびにプログラムとサービスの刷新のための世界会議を開催している。

　ソーシャルワークの実践者は、さまざまな現場において、身体障害や発達障害のある人々とワークを行う。**スクールソーシャルワーカー**は、1975 年すべての障害のある子どもの教育法（Education for All Handicapped Children Act of 1975）に対応したものである。同法は、すべての子どもの教育を受ける権利を確立し、特別なニーズを抱える子どものための統合された（integrated）、通常学級における（mainstreamed）教育プログラムを義務付け、個別教育計画の構築を指示している。スクールソーシャルワーカーは、特別なニーズを持つ子どもとその家族とのワークを行う学際的教育チームのメンバーとして役割を果たす場合が多い。**医療ソーシャルワーカー**は、本人と家族に対するカウンセリングとリハビリテーションによる支援を行う。彼らは、クライエントの医療施設からの退院プランニングと適切なコミュニティ資源のコーディネートにおいて重要な役割を果たす。カウンセリング・プログラムの一環としてリハビリテーション・ワークを行うソーシャルワーカーもいるが、この役割は十分に果たされているとは言えない。

人口統計的データ

　統計によれば、15 歳未満の子どもの 6% 弱が障害を抱えている（Erickson et al., 2011）。障害や慢性疾患、その他特別なヘルスケア・ニーズを持つ子

> ソーシャルワーカーは、社会正義実現の義務に基づき、障害のある人には、コミュニティ生活に参加する機会を享受する権利があると主張する。

どものいる家庭は、長期的ヘルスケア費用の負担の末に、経済的困難や医療債務を抱えることになる（Bachman & Comeau, 2010）。さらに、全年齢層の女性の12.3%と男性の11.6%が、程度の差こそあれ、障害を原因とした何らかの制約を経験している（Erickson et al., 2011）。寿命の伸びと65歳以上人口の増加のため、障害のある人の割合は増えることが予測されている。障害がない人と比較して、制約を課された人には一般に、学業成績の不振、失業、低賃金労働、貧困レベル未満の収入での生活などが見られる場合が多い。データは、高齢者や、収入・教育レベルの低い人たちの中に、障害のある人が多いことを示している。これらはすなわち、ソーシャルワーカーのサービスを受ける可能性が高い人口層である。それゆえ、障害に専門職的関心を持つことは、ソーシャルワーク・プラクティスの準備のために必要不可欠なはずである。

固有の困難

身体障害のある人は固有の困難に直面する。脳卒中による麻痺や脊髄損傷を抱える人は、その症状によって、日常生活における食事や入浴、排便などの活動に補助や全面看護を必要とする場合に、依存感を覚える場合が多い。建築や交通に関するバリアは、運動障害のある人にさらなる制約を加える。脳卒中による失語症のようなコミュニケーション障害は、口頭あるいはそれ以外での情報伝達や応答の困難を招く。聴力や視力の喪失は、コミュニケーションと運動のそれぞれに、独特の困難をもたらす。障害者権利保護運動が支持する障害の社会モデルの視点によれば、「多くの障害のある人にとって、就労、移動、その他の生活活動の中で直面する物理的障壁や世の中の態度に関する障壁が、障害それ自体よりも根強い問題となり得る」（Beaulaurier & Taylor, 1999, p. 169）のであり、ソーシャルワーカーはこのことを認識しておかなければならない。

> **エンゲージメント、アセスメント、インターベンション、エバリュエーション**
>
> **[プラクティス行動の例]** クライエントの潜在的可能性を強化する予防インターベンションを実行すること。
>
> **[批判的思考の訓練]** 障害のある人への合理的配慮とは、建築や移動におけるアクセシビリティに限られるものではない。障害のある人向けの広範なサービスにおけるエンパワメント・インターベンション・ストラテジーとして、「環境改良」はどのように活用されているか。

■ 自己イメージと社会的人間関係

障害のある人は、障害のない仲間から無視や拒絶を受けたり、あるいはより微妙だが、避けられたりすることで、社会的人間関係の崩壊を経験する。恩着せがましい同情や、目をそらしながらの凝視、障害を不自然に軽く扱うこと、気まずい沈黙などは、社会的相互作用をぎくしゃくしたものにする。事実、障害のある人と障害のない人の人間関係は、社会的相互作用の優劣モデルに従いがちになる。障害のある人は明らかに「スティグマを付与された社会的地位」に追いやられており、偏見に満ちた態度や差別

的慣行、否定的ステレオタイプ化にさらされている（Scotch, 2000）。

　ソーシャルワーカーは、家族やコミュニティとの相互作用の中で直面する問題に対し、障害のある人を問題に向き合わせるためには、彼らが感じる周縁化やスティグマを理解しなければならない。障害のある人向けに設計されたプログラムにおいては、そこでスティグマの影響について話し合い、クライエントが自らの感情に対処し、スティグマの影響に対峙し抵抗するための効果的な方法を見出せるものにする必要がある。たとえば、ある学校システムでは、障害のある子どもとない子どものポジティブな相互作用を促進する、障害に関する意識向上プログラムが設計された（Tavares, 2011）。このプログラムに対する評価は、特別なニーズを持つ子どもの社会環境へのインテグレーション（統合）が、結果的に、障害のある子どもたちの授業や遊びにおけるソーシャル・インクルージョンのレベルを高めることを示している。

エンパワリングな関係

　実践者がクライエントを見下すような態度を取ると、エンパワメントを損なう状況が生まれる。障害のある人に対する期待を限定することは、彼らの自己像をよりネガティブなものとし、自己コントロール感を失わせる。このことを実証するために、ソーシャルワーカーとの関係に対するコンシューマー（サービス利用者）の視点に焦点をおいた探索的リサーチが行われ、ソーシャルワーカーと障害のあるコンシューマーとの関係における、以下のような重要な問題が特定された。

- 障害を理由としたコンシューマーに対する先入観
- 個々のコンシューマーの独自性を無視すること
- コンシューマーの状況について、本人が明らかにした事実よりも記録に基づいて、よく理解していると思い込むこと
- コンシューマーの能力という概念を認めないこと
- コンシューマーの知見を活用できないこと　　　　　　（Gilson et al.,1998）

　障害のある人と専門職的人間関係を構築するにあたっては、クライエントが人との出会いに対して持つ印象が特に重要である。エンパワリングな関係は障害のある人のコンピテンスと社会的機能を強化する。協力的かつストレングスを重んじるアプローチでは、まず人を認め、本人の見解を重視しながら、コンシューマーの状況（ニーズ、優先順位、将来への希望など）を明確にする（Russo, 1999）。「ソーシャルワーカーは、自らの活動の焦点を見直すことにより、エンパワメントという目標への移行を始めなければならない。すなわち、障害のあるクライエントの人生の選択の幅を最大限

goodluz/Fotolia

1990年障害を持つアメリカ人法は、障害のある人が社会のあらゆる側面に参加する権利を保障する。

に拡大し、人生の選択に関するクライエントの意思決定を支援および促進し、人生の選択の達成に向けて彼らを鼓舞し、後押ししなければならない」（Beaulaurier & Taylor, 1999, p. 173）。

　根本的に、私たちの言葉は自らの態度を明らかにし、人とその状況に対する理解に影響を及ぼす。「人を大切にする言葉」を用いることで尊敬の念が伝わるのだ（Blaska, 1993）。具体的には、ハンディキャップト（handi-capped, ハンディを負った人）、ホイールチェア・バウンド（wheel chair bound, 車椅子の人）、デフ・アンド・ダム（deaf and dumb, ろうあ者）、クリプル（crippled, 不具者）といった言葉には酷くネガティブな含意がある。尊厳ある言葉、たとえば、障害のある人（person with a disability）、耳の不自由な人（person who is hearing impaired）、車椅子利用者（person in a wheel chair）はすべて、よりポジティブな、人を大切にする態度を反映したものである。

職業リハビリテーション

　職業リハビリテーションの主な目標は、クライエントの雇用可能性を高めることにある。これは、就労がクライエントの自活と独立にとって重要であることを強調するものである。効果的なリハビリテーション・プランニングは、意思決定のあらゆる側面へのクライエントの参加を促し、クライエントに自律と独立を主張する機会を与える。

　リハビリテーション志願者は自らの就労のためのニーズについて「職探しのために助けが必要だ」という言葉で表現するかもしれない。あるいは、たとえば、「自分には障害があるので、職が見つからない」という言葉で、ニーズを問題として内面化するかもしれない。このような場合、実践者とクライエントは、クライエントが失業状態にある理由を見出さなければならない。すなわち、原因は、クライエントの機能的制約なのか、あるいは差別のような社会的制限なのか、ということである。

　就職斡旋における選択肢は、障害により生じる制約により必然的に狭められる。リハビリテーション・プランナーは、クライエントが持つ応用の利くジョブスキルと、うまく就職活動をする能力を考慮しなければならない。リハビリテーション・プランナーは、障害のある人の雇用に対するコ

ミュニティの雰囲気や、交通機関における障害のある人への配慮といった要素に関するアセスメントも行う。

■ 効果的なプランの条件

効果的なリハビリテーション・プランにおいては、雇用可能性を阻害する具体的障壁の除去を目的として、複数のサービスが組み合わされる。たとえば、クライエントが、現実的な就労目標を設定し自分に合った仕事に就くためには、カウンセリングとガイダンスが必要なことに合意する場合もある。障害に関わる制約を緩和するサービスが必要な場合もある。応用の利く職業スキルを持たないクライエントは、初心者レベルの職に就くために、施設のワークショップでのトレーニングや支援的な職場でのジョブコーチングを必要とする場合もある。

個人別のリハビリテーション・プランは、クライエントの長期的目標の概要を示し、彼らの目標達成の助けとなり得るサービスを特定する。サービスの利用に関しては、資格要件による制限を受ける可能性があり、また実践者が、政策的制約により、費用対効果あるいは時間効率の観点から最良の選択肢を検討するよう強いられる場合もある。プランにおいては、後に修正される場合もあるが、サービスの実行と完了の期間が設定され、支払源が特定され、モニタリングやフォローアップ、そして評価におけるクライエントと実践者の役割が詳述される。

▶ **ソーシャルワーク・ハイライト** 人生を変えるような外傷から回復することは多面的な性質を持つため、ソーシャルワーカーは、リハビリテーション・サービスを提供する学際的チームに参加することも多い。疾病対策センター（Centers for Disease Control and Prevention, 2008）によれば、25歳から44歳の成人の死亡と障害の原因として最も多いのは事故である。推計によれば、外傷性脳損傷障害のある人は320万〜530万人存在する（Coronado et al., 2011）。大きな事故からの回復に際して、人はさまざまな困難に直面する。たとえば、孤立、経済的危機、抑うつ、絶望、怒り、十分な社会的支援を探す必要性などである。効果的な取り組みの一例として、REBUILD という、病院を基盤とする外傷を負った人の支援グループがある（Bradford, 1999）。REBUILD は、ピアサポートの場を提供する。その機能は、グループメンバーのニーズを満たすことを超えて拡大し、今では、REBUILD のメンバーは、救急医療隊員、救助隊員、救急治療室職員、ソーシャルワーク科の学生、その他の専門職に対し、実地教育を提供している。REBUILD によるソーシャルアクションとコミュニティ教育活動は、回復のために重要な役割を果たしてきた。メンバーの一人は、これらの活動の個人的影響について以下のように述べている。

コラム 12.3　ダイバーシティと人権に関する考察

ろう者・難聴者とのワーク

　米国にはろう者および難聴者が 2800 万人存在する。一般に、65 歳以上の人においては、聴力を一定レベル失っている人の割合が高い（Desselle & Proctor, 2000）。ろう者あるいは難聴者も、他の人と同様、健康、メンタルヘルス、依存症、DV、失業、貧困などの問題に直面する。これらの問題は、ろう文化に対する無理解、偏見に満ちた態度、プログラムとサービスの利用を困難にするコミュニケーションの障壁により、複雑なものになる。ろう者や難聴者は、学校や職場において、特に差別や人権侵害を受けやすい。

　ろう文化は、ろう者や難聴者以外の人には知られていない場合が多いが、広範にわたるものである。ろう者の文化として際立ったものには、独自の言語、演劇、文学、詩、ユーモア、組織、寄宿学校などがある。寄宿学校の例としては、米国で唯一のろう者のための大学であるギャローデット大学がある。 歴史的に、アメリカ手話（American Sign Language, ASL）は、マーサズ・ヴィニヤード島において、この地域に住む生まれつき聴覚に障害のある人々のコミュニケーション強化のために発達したものである（Pray & Jordan, 2010）。ASL は、米国で 3 番目に多く使用されている言語であり、表情と身体の動きという視覚的手掛かりに基づく特徴的な文法により成り立っている。協会、社交クラブ、非公式のソーシャルネットワークが、ろう者コミュニティという意識を強化している。全米聴覚障害者協会（National Association of the Deaf, NAD）のような国および州の公式組織は、さまざまなコンシューマー・アドボカシーの取り組み、中でもとりわけ、教育および雇用に関わる取り組みを支援している。

　ろう者および難聴者とのワークに知見を持つ専門職が、効果的なコミュニケーションのためのいくつかの基本的考慮事項を示している。

・雑音のない、静かな場所を確保すること
・肩をとんとんと叩いたり、手を振ったりして、相手の注意を向けさせること
・喋るときは相手に顔を向けること
・通常のトーンではっきりと話すこと
・ろう者が全員、唇を読むわけではないことを忘れないこと
・補聴器を付けている人でも、話を理解できない場合があることを認識しておくこと

（Williams et al., 2000）

　適切なアクセスを促進する資源の中には、ろう者用通信機器（telecommunication devices for the deaf, TDD）、補聴器、通訳サービスなどがある。通訳を使いたい人がいた場合、すべての人が ASL を使うとは限らないので、ソーシャルワーカーはその人がコミュニケーションに用いる言葉を特定する必要がある。障害を持つアメリカ人法（ADA）は機関に対し、資格を有する通訳者を確保し、有償で手配することを要求している。家族あるいは友人にクライエントの通訳を任せることは、いかなる状況においても適切ではない。特定されたこれらのニーズと、ADA における合理的配慮に対する法的権利を考慮しつつ、ソーシャルワーカーは、ろう文化を理解し、適切なコミュニケーションのための基本ストラテジーを構築し、合理的配慮を実現するための資源を見出す必要がある。ひいては、文化的に適切なサービスへのアクセスを促進しなければならないのだ。ハルパーン（Halpern, 1996）によれば、専門職の役割は、「ろう者に声を与えることではない。すでに発せられている声が確実に聴かれるようにすることである。我々にはそれが可能だ。我々は聴覚障害のない人々に聴き方を教えることができるのだ」（「ろう者の権利」の節、第 4 段落）。

患者を訪問すること、他のメンバーに自身の経験を伝えること、そして「公の場に出ること」を通じて、私は、人生最悪の出来事を受け入れ、これをポジティブな方向に活かすことができています。私は、自分が事故から生還し回復できたことには、理由があったのだと信じています。それは似た状況にある他の誰かに勇気を与えることかもしれないし、今後の患者がよりよいケアを受けられるようにケア提供者の見識を深めることかもしれません。私の事故と回復には目的があり、それを果たしているように感じるのです。　　　　　　　　　　　　　　　　　　　　(p. 310)

環境の改善

　専門職がミクロレベルの問題にのみ焦点を当てると、彼らは社会構造が障害に及ぼす影響を過小評価し、リハビリテーションにおける環境の影響を見過ごすことになる。ソーシャルワーカーが個人の行動変革と適応を強調する場合、彼らは社会的・心理学的・法的・経済的側面の重要性を見逃す可能性がある。障害にうまく適応するためには、社会や職業の現実に効果的に対処する必要がある。ゆえに、クライエントのコンピテンスを向上させるソーシャルワーカーは、クライエントとその社会的・物理的環境との相互作用を考慮する。

　障害について検討する際には、その社会的コンテクストを考慮しなければならない。障害のある人は、能力発揮を阻害する環境が強いる物理的制約に耐えているのみならず、侮辱的なステレオタイプや、そうした環境が強いる社会的疎外にも耐えているのだ。最適な社会的機能を得るためには、障害の社会的・心理学的影響が、障害そのものの性質と同じくらい重要である。リハビリテーション・サービスは主に個人の適応に焦点を置くが、障害の影響が深刻化する要因である社会的軽視、スティグマ、社会的周縁化、周囲からの抑圧などに対抗するために、リハビリテーションは社会的要因にも対処しなければならない。要するに、障害は社会の問題でもあり、社会的に構築された解決策を必要とするのである。このような解決策の例としては、教育、仕事、日常生活のすべての側面にすべての人がアクセスできるようにする、ユニバーサルデザインの重視が挙げられる。ユニバーサルデザインの例としては、自動ドアやエレベーターによる建物へのアクセスや、点字表記、音声作動式の電気機器やコンピュータ、通信機器によるサポート、十分な計画に基づく造園や歩道縁石のデザインが挙げられる。

　学校や職場でのリハビリテーション・プログラムは、偏見に満ちた態度と差別的慣行の克服を目標とすべきである。学生と労働者のインテグレーションとメインストリーミングには、障害に関する情報と障害のある人との交流があわせて取り入れられている。リサーチによれば、障害のある人に対する態度に十分かつ重要な、持続する変化を起こし、雇用機会を創出

するためには、障害のある人の雇用を基礎とした配慮を支援するための教育に向けた取り組みが必要となる（Bricout & Bentley, 2000）。

ソーシャルワークと発達障害

　法律で定義されているように、**発達障害**は診断用語ではなく、連邦政府が資金拠出する関連プログラムに対する資格有無の判定条件について述べた言葉である。発達障害には、知的障害、脳性麻痺、てんかん、自閉症、その他の器質的障害が含まれる。2000年発達障害者支援および権利章典法（Developmental Disabilities Assistance and Bill of Rights Act of 2000, P.L. 106-402）によれば、**発達障害**という言葉は、5歳以上の人における深刻かつ慢性の障害を意味し、以下のような特徴を持つ。

- 精神的障害と身体障害のいずれか、あるいは両方を合わせたものである
- 22歳未満の人に兆候が現れる
- 生涯にわたる可能性が高い
- 主要な生活活動（セルフケア、言語の理解と表現、学習、運動、自己主導性、自立生活能力、経済的自立）の3つ以上に大幅な機能制限が生じる
- 特別な、学際的な、あるいは包括的なサービス、個別化された支援、あるいはその他の生涯または長期間にわたる、個別に計画・組織された援助を組み合わせた、一連のサービスの提供を受けるニーズを示す

発達障害の種類

　発達障害の主要なタイプの一つが、知的障害である。アメリカ知的・発達障害協会（American Association on Intellectual and Developmental Disabilities, AAIDD, 2012）によれば、知的障害は、概念的・社会的・実践的適応スキルと表現される知的機能と適応行動の両方における著しい制限により特徴付けられる。この障害は18際未満で生じる。**発達障害**は、説明の手段としての包括的カテゴリであり、知的障害およびその他の障害が含まれる。

　脳性麻痺、自閉症、整形外科的問題、難聴、てんかん、学習障害は、発達障害のその他のサブカテゴリである。**脳性麻痺**は、出生前あるいは出生後に脳の筋肉制御中枢に受けた損傷により生じる症状である。脳性麻痺を持つ人は、バランス、歩行、表情の制御、発話における問題など、運動機能にさまざまな程度の困難を示す。知的障害が脳性麻痺の影響を複雑にすることもあるが、脳性麻痺に常に知的障害が伴うというわけではない。

　自閉症は、映画『レインマン』で一般の注目を集めた障害である。自閉症は、認知機能や運動発達、および知覚における異常、さらには言葉の遅れ、不適切な感情表現を伴う。**整形外科的問題**、すなわち、骨、筋

肉、関節に関する問題の典型例は、脊椎披裂や先天性股関節脱臼のような障害であり、問題が出生時から存在し、かつ症状が発達障害者支援法（Developmental Disabilities Act）に詳述された生活活動の少なくとも3つの領域において、子どもの機能を阻害している場合に限り発達障害と見なされる。**難聴**は生まれつき、あるいは幼少期に発生する場合には、特にこれが発話と言語に影響を及ぼし、混乱を起こす可能性があることから、発達障害とされている。最後に、大小の発作を伴う**てんかん**や**限局性学習障害**のような発達障害が生じる場合もある。定義上、学習障害には、知的障害や情緒障害、あるいは視覚・聴覚・運動障害は含まれない。**学習障害**は、作文、つづり、読解、計算などの活動を阻害するものである（DeWeaver, 1995）。

法的命令

　法的命令により、発達障害は定義付けられ、発達障害を持つ人に対する包括的サービスの枠組みが提供される。連邦政府が拠出する資金は、入所施設やその他の居住施設プログラム、そして自宅やアダルト・フォスターケア*、グループホームで暮らす人の生活支援のための所得維持（SSI, OASDHI, メディケイド、フードスタンプ、第20章ソーシャルサービス条項）、コミュニティを基盤とした支援サービス（日中活動プログラム、ケースマネジメント、レスパイトケア、家族支援、プランニング、アドボカシー）、さらには、障害の潜在的リスク要因（たとえば鉛中毒やフェニルケトン尿症、遺伝性疾患など、乳児期初期に発見できればその影響を予防することができるもの）に対するスクリーニングのような予防プログラム、そして、身体障害のある子どものためのサービスなどの費用負担に用いられる。法律には、ケースマネジメント、児童発達教育、代替的な地域生活環境の整備、非職業的社会開発サービスなどの領域における、ソーシャルワーク活動が規定されている。

施設への入所か、コミュニティを基盤としたサービスか

　1960年代になっても、知的障害を抱えた子どもへのヒューマンサービス専門職の対応は、施設への入所措置が一般的だった。1950年代に創立された全国精神遅滞児童協会（National Association of Retarded Children）は、現在では米国アーク（Arc of the United States）となり、家族支援とコミュニティを基盤としたケアを推進している。アークは、シェルター・ワークショップ、活動センター、親の教育・支援サービス、居住施設の選択肢提供、およびアドボカシーといった、一連のコミュニティを基盤としたプログラムの支援を続けている（ARC of the United States, 2012）。

　1960年代および70年代の立法行為は発達障害を抱える人の権利保護を

強化した。たとえば、一般への啓発、個人の教育プログラム、職業リハビリテーションなどである。施設維持に必要な巨額の費用と障害のある人の市民権の保障が、脱施設化を促し、コミュニティを基盤とするサービスの発達という結果をもたらした。

■ 最も制限の少ない選択肢

コミュニティ居住サービス、教育機会、支援的雇用プログラムにより、知的障害を抱える人はコミュニティで、可能な限り通常のライフスタイルを維持できるようになる。このような新しいサービス提供の要請に従い、プログラム構築においては、メインストリーミング、ノーマライゼーション、脱施設化が強調されるようになった。これらの取り組みはすべて、最も制限の少ない選択肢を、教育、雇用、住宅において提供することに焦点を置いている。

教育現場において、**メインストリーミング**は、発達遅滞を抱える子どもの通常学級への参加を促す。学校は、インテグレーションと教育的達成のために特別な支援と資源を提供する。

ノーマライゼーションの原則は、発達障害のある人たちが、日常生活において、他の人たちと同様の、年齢相応の活動に参加することを意味する。ノーマライゼーションの支持者は、教育、雇用、レクリエーションにおける活動を、「分離された特殊な」ものではなく、「通常かつ同様の」ものとすることを求めている。

脱施設化の目標は、施設入所よりも、コミュニティを基盤とした、より制限の少ない方法でケアを提供することである。かつて発達障害のある人を分離した大規模施設は、より小規模な、近隣ベースの、独立の居住環境に置き換えられている。社会的リハビリテーション理論、コミュニティでのケアという選択肢、および市民権運動が、発達障害の領域での脱施設化運動に影響を及ぼした。

ソーシャルサービス提供における課題

ソーシャルワークは、発達障害のある人へのサービス提供に貢献する。ソーシャルワークの活動としては、個人や家族へのカウンセリングサービスの提供、機能のアセスメントとエバリュエーション、住宅の手配、就職活動の支援、コミュニティ資源へのアクセス、政策環境におけるクライエントの権利のアドボケイトが挙げられる。発達障害のある人の発達を促進するためのサービスは、幼児期から後期成人期にいたるまでの一生を通じて利用することが可能である。目標としては、個人のコンピテンスの強化、自尊心の確立、ライフスキルの獲得、自立の促進などが挙げられる。ソーシャルワーカーとクライエントは、各個人に固有のニーズに対処するため

に、個別化された柔軟なアクションプランを構築する。このようなプランは、クライエントの成長可能性を考慮したうえで、彼らのコンピテンス・レベルに適した補助を提供する。

生涯を通じて、自立した生活のための総合的支援から断続的支援まで、さまざまなサービスをアレンジすることで、個別化された支援が提供される。これらのサービスは、住宅、雇用、教育、保健、家庭、コミュニティなど、さまざまな生活領域におよぶ。ソーシャルワーカーはクライエントの成長力を検証し、達成と進歩を確認する。効果的なサービス提供により、クライエントの成長の可能性、コミュニティ生活への完全な参加、社会への最大の貢献が促進される。

■ 倫理的課題

「障害のある人々」（2009i）と題された NASW の声明は、「障害のある人々が完全かつ公平に社会に参加する権利」（p. 249）を保障する国の政策を支持する。「ここで言う参加には、独立した生活を営み、自己決定をし、生活環境とトリートメントプランを決定し、教育を受け、就労し、市民として参画することに対する、可能な限り最大限の自由が含まれる」（p. 249）。

自己決定という倫理原則は、障害のある人の完全なソーシャル・インクルージョンを促進するための前提である。

> したがって、この原則はソーシャルワーカーがクライエントにサービスを提供するモデルというよりも、クライエントと共にワークを行うモデルである。このアプローチには、トリートメントプランの作成における意思決定にクライエントを関与させること、障害のある人にこのようなプランの目標を定義させることまでが含まれる。障害のある人は、自身が意思決定者として働く組織において、専門職を専門知識や資源へのアクセスのために利用しながら、自らプログラムの目標を定義する場合もある。障害のある人自身が専門家となり、他者に力を貸す場合もある。
>
> （NASW, 2009i, p. 249）

この目標を達成するために、ソーシャルワーカーは、自立した生活、住宅、交通、利用しやすいコミュニティ資源や公共サービス、教育、就労機会、十分な収入、安価で利用しやすいヘルスケアといった一連のサービスを支援する。

障害のある人、アドボケイトおよびソーシャルワークの実践者が、サービスの効果を問い、QOL と人権に関する問題を提起し、ノーマライゼーションと自己決定の原則を推進し、ソーシャルアクションに従事することで、結果として、進歩と変革の機運が醸成される。人権問題に長期にわたり関心を抱いてきたソーシャルワーカーは、発達障害のある人々に正当な

尊厳を認める社会へ向けた変革を支援する。障害のある人のエンパワメントを確実なものにするために、ソーシャルワーカーは、自立的生活、ソーシャルアクション、法改正を促進し、発達障害のある人をアドボカシーの取り組みに参加させる。

■ 家族のためのサービス

　歴史的に、サービスは、公共部門および民間部門が協力して、公的資金をコミュニティのサービス事業者のプログラムとサービスに割り当てることにより提供されてきた。この協調関係に欠けていたのが、「本当の」専門家である障害のある人自身とその家族である（Bradley, 2000）。かつて専門職は、自分たちが障害のある人に代わって人生を変える決定を下すのにふさわしい存在であるかのように振る舞っていた。しかしながら、障害のある人を直接、包括的サービスプランの構築やサービス事業者の選定に参加させることは、障害のある人の権利における中核的テーマである。そのためには、障害のある人は自身の意思決定に対して、本物のパワーとコントロールを持つことが求められる。さらに専門職は、サービスの仲介や非公式の支援を手配する際に、機関の既得権益のためでなく、利用者の利益を最大化するために働くことが義務付けられる。ソーシャルワーカーは、次のような難しい課題に取り組んでいる。

- クライエントは誰か。障害のある人自身なのか、あるいはその家族なのか
- 自己決定と個人の安全に対する懸念のバランスをどのように取るか
- サービスの不足と資金の不足、さらにコスト削減の要請の中、専門職は個人の選択をどのように保証するか

　フリードマンとボイヤー（Freedman & Boyer, 2000）は、その定性的研究の中で、発達障害のある人のケアをしている家族に喜ばれるサービスの例として、柔軟な資金拠出、積極的かつ予防的な支援、資源に関する情報提供、的を絞ったアウトリーチ、機関同士の協働、健康保険の補償範囲の拡大を挙げた。この研究の成果は、サービス提供における、選択、柔軟さ、個別化の重要性を強調するものである。

　自己決定の強調は、「発達障害のある人自身の選択、選好、および才能をシステムの中心に置き、伝統の有無を問わず幅広いサービス業者が、必要とされる支援を提供する機会を求めて競争することを促す」（Bradley, 2000, p. 192）ことによってパワーの不均衡を変革する。ソーシャルワーカーは、支援の仲介者として、障害のある人が、公式あるいは非公式のサポートネットワークの中で、個別化されたプラン、予算および必要なサービスをアレンジできるように支援する。課題としては、サービスの待機者

の発生、コスト削減圧力、成果の評価へのクライエントの参加の確保、機関の運営体制などが挙げられる。

▶ ソーシャルワーク・ハイライト　障害のある子どもの家族は、自らの経験をサポートグループで共有することを通じて得られるものがある。そこで家族が学べるのは、障害よりもまずは我が子の人間性が大事だということである。たとえば、家族が自閉症スペクトラム障害という診断を受け入れる手助けをするために作られた、家族向け自閉症診断後サポートグループは、ストレスと複雑な感情に対処するための支援の提供、およびソーシャルサービス提供システムの案内において効果を発揮している（Banach et al., 2010）。このような心理教育的グループは、支援と教育的要素の両方から構成される。ファシリテーターとグループメンバーは、子どもの行動を管理する新たな技法を共有し、セルフケアのストラテジーを探索し、教育および医療サービスを確保するセルフアドボカシーのスキルを教える。

ソーシャルワークとメンタルヘルス

　メンタルヘルスという概念は、その広範さゆえに、具体的な言葉で説明するのが難しい。そこには、社会が効果的な個人的機能および社会的機能を示すものとして評価する多数の要素が含まれる。西洋社会において、メンタルヘルスに寄与する要素の例としては、身体的ウェルビーイング、他者との建設的相互作用、個人的コンピテンス（自己価値観、自己信頼感、意欲など）が挙げられる。より具体的に言えば、

> メンタルヘルスとは、他者との関係を充実させる生産的活動をもたらす精神的機能がうまく働いている状態であり、また変化に適応し逆境に対処する能力である。メンタルヘルスは、個人のウェルビーイングや、家族内およびその他の人間関係、コミュニティや社会への貢献……のために欠かすことができない。すなわちメンタルヘルスは、思考とコミュニケーション・スキル、学習、情緒的成長、レジリエンス、および自尊心の出発点である。これは各個人がコミュニティや社会に貢献するための必須の要素となる。　　　　　　　　　　　　　　　　　　（HHS, 1999, pp. 4-5）

　メンタルヘルスは、失われることにより初めて認識される場合が多い。メンタルヘルスの喪失は、人々の日常生活の中で2つの形で現れる。すなわち、個人の適応の阻害要因、および社会的関係の阻害要因として現れるのである。

人権と社会正義

［プラクティス行動の例］　社会的・経済的正義を推進するプラクティスに従事すること。

［批判的思考の訓練］　精神疾患を抱える人は、社会的関係の問題である社会的周縁化とスティグマに加え、雇用や経済的困難に関わる課題に直面する。ソーシャルワーカーは、メンタルヘルスの権利運動においてどのような役割を果たすことができるか。

メンタルヘルス不調の影響を受けた個人や他者は、社会的ネットワークの中で、何かがおかしいことを示す行動的兆候や言語的シグナルを示す。

DSM-IV-TR と DSM-5

『精神疾患の分類と診断の手引き 第4版 (テキスト改訂版)』、通称 DSM-IV-TR は、行動的特徴と環境との相互作用に対するアセスメント、ならびに精神障害の診断のための重要なツールである (American Psychiatric Association, 2000)。この手引書は世界保健機関 (WHO) の分類体系に厳密に対応している。

DSM-IV-TR には、心理学的症候群、パーソナリティ障害、知的障害あるいは発達障害、アルコール依存および薬物依存などの精神障害の広範なカテゴリが含まれている。問題の種類と深刻さは、社会的機能の短期的阻害から長期的崩壊まで、緊急の危機から慢性的制約まで、軽いストレス要因から深刻な重圧までの広範囲に及ぶ。このマニュアルでは、5つの異なる軸との関係において行動を整理する。これらの軸の中に、特定の精神障害に伴う行動、状況、および思考のパターンが詳述されている。DSM-IV-TR により、多様な学問分野から集まった、さまざまな理論的指向を持つ専門職が、共通の診断用語を用い、より効果的にコミュニケーションを取ることが可能になる。

データをより重視した最新の改訂版である DSM-5[*] が 2013 年に発行予定である。この版の特徴は、精神障害および行動障害の診断の決定に、脳撮像のような科学技術が用いられている点である。精神疾患の病因をより明確に定義するために、DSM-5 では、脳化学や遺伝学に関するデータが考慮される。DSM-5 では障害を、より大きく臨床的に有用な分類項目にまとめ、複数の障害に関する既存の定義を見直し、1994 年に DSM-IV の初版刊行以降に生まれた新たな分類を追加する予定である。

精神障害の状況

近年の疫学的研究によれば、いずれの年においても、米国の 18 歳以上人口の約 26.2%、すなわち約 5770 万人に精神障害がある (NIMH, n.d.)。成人の 6% 弱が、統合失調症、双極性障害、重篤なうつ病などの**深刻な精神疾患**を経験している。うつ病は米国および世界中において、障害の原因として最大のものである。推計によれば、米国だけでも、未治療の精神疾患による年間の間接コストは 790 億ドルを超えている (NAMI, 2009)。

*訳注 2013 年発行。邦訳書『DSM-5 精神疾患の分類と診断の手引』高橋三郎・大野裕監訳／染矢俊幸ほか訳、医学書院、2014 年。

精神疾患とインターベンションの理論

　メンタルヘルス分野におけるソーシャルワーク・プラクティスの理論的基礎は、心理学的・器質的・社会文化的理論を応用したものである。これらの理論は実践者が精神疾患を理解し、インターベンションの方法を提案するために役立つ。実践者は、人間行動に対する広範な見識に、多様な理論を組み合わせる場合が多い。

■ 心理学的理論

　心理学の主要な理論的見解としては、精神分析理論、行動主義、認知主義、人間主義などの学派がある。**精神分析理論**は、ジグムント・フロイトの著作に端を発するもので、幼児期の影響、家族関係、パーソナリティ構造における無意識的葛藤を強調するものである。精神分析セラピーは、洞察指向の分析を提供する。これはクライエントが自身の内にある無意識のダイナミクスに気付き、クライエントがこの葛藤を乗り越えるための手助けをするものである。**行動理論**は、すべての行動は学習されたものだという前提を広く支持するものである。インターベンションは、クライエントの不適応行動をなくし、より適応的なパターンの学習を促進するものとなる。**認知論的視点**は、情報処理の行動への影響、あるいは思考の行動への影響について分析するものである。インターベンションでは、思考の変化が行動の変化をもたらす。認知的発達理論は、インターベンションをクライエントの発達レベルに適応させるための枠組みを提供する。最後に**人間主義的観点**は、個人の能力と成長の可能性に焦点を置く。人間主義的な、人を中心に置いた臨床家は、クライエントの状況についてはクライエント自身が専門家であり、自ら解決策を見出す力を持つと考える。

■ 器質的理論

　近年のリサーチでは、器質的要因は多くの精神障害の基礎となっていることが示されている。リサーチャーは、精神的機能に影響を及ぼす要因として、ホルモン、生化学的バランス、神経伝達物質、遺伝的特性、さらには日光までも調査対象としている。特定の種類の気分障害（すなわち、うつ病と双極性障害）および統合失調症には、明確な生理学的原因が示されている。クライエントが生理学的原因による精神障害を持つ場合、精神科医や内科医が治療を指揮する。不安を和らげ、抑うつを解消し、幻覚や妄想といった精神病的症状を抑制する向精神薬の発見は、精神疾患の治療を大きく変容させ、施設への入所を劇的に減少させた。トリートメントプランは通常、医学的インターベンションと、個人やグループでのセラピー、あるいはその他のクライエントやその家族向けの支援サービスを組み合わせたものとなる。

■ 社会文化的理論

メンタルヘルスに対する社会文化的観点は、人間行動に対する社会的・文化的コンテクストの影響を重視する。言い換えれば、不適応行動は個人とその環境との相互作用から生じると考えるのである。トーマス・サース（Thomas Szasz, 1960）は、精神疾患は実際には存在せず、むしろ、私たちが「精神疾患」というラベル付けの対象とする社会的・心理学的兆候が、**生活上の困難をもたらす**のだと主張する。サースによれば、精神疾患とは誤った通念なのである。彼の主張は、**精神疾患**という用語を適用することに伴う固有の問題を指摘するものである。人はしばしば、社会的規範を逸脱した行動をとる他者に、精神疾患というラベル付けをする。

社会学者は、精神疾患というラベル付けをされることで、人はその役割に縛られ、他の役割を得る能力を制限されるという。ひとたび「精神疾患」というラベル付けがなされると、これを外すことは困難である（Rosenhan, 1975）。ラベル付け理論はさらに、私たちが人を「精神疾患者である」とカテゴリ分けすると、このラベルが彼らの自己認識を形成し、彼らの能力に対する他者の理解を制限することを指摘する。ラベルは行動に対する期待を形成し、ラベル付けされた人からステレオタイプ的反応を引き出す。こうして、診断によるラベルは、行動を理解するための道具というよりも、それを通して行動を見るレンズとなり得るのだ。病変を示すラベルはスティグマをもたらす。それはコンピテンスやストレングスよりも、欠点と逸脱に焦点を置くものである。

サービス提供

歴史的に、ソーシャルワークのメンタルヘルスへの関与は、1906 年のマサチューセッツ総合病院におけるイーダ・キャノンの仕事や、1913 年のボストン精神病院におけるメアリー・ジャレットのプログラムにおいて精神科ソーシャルワークが専門分野として創始されたことを端緒としている。さらに、退役軍人庁（Veterans Administration）が、精神科ソーシャルワーク・サービスの提供を通じて、メンタルヘルスの分野で長年にわたりリーダーシップを発揮してきた。現在、ソーシャルワーカーは、急性あるいは慢性の精神障害が見られる入院患者および外来患者向けメンタルヘルス・サービスの主要な提供者の一つである。最近実施された、米国の資格を有するソーシャルワーカーの層化抽出サンプルに対する労働人口調査によれば、調査対象となったソーシャルワーカーの3分の1（37%）が、メンタルヘルス分野を自身の主なプラクティス領域と答えている（Whitaker et al., 2006）。

■ 公的および民間プログラム

　多種多様な公的・民間プログラムが、入院患者および外来患者向けのメンタルヘルス・サービスを提供している。これらのプログラムはコミュニティのメンタルヘルス・センター、退役軍人庁の病院および診療所、私立の精神科病院、総合病院の精神科およびメディカルセンター、そして外来施設において提供されている。また、ソーシャルワーカーは矯正保護施設、学校、在宅トリートメントセンター、家族サービス・児童福祉機関といった、メディカルセンターや精神科センター以外の現場で、メンタルヘルス・サービスを提供している。公的メンタルヘルス施設とプログラムの費用は、連邦政府、州、地域の資金団体が負担する。民間機関や診療所の収入は、一般に料金と保険の償還に依拠している。メンタルヘルスに関わるアドボケイトは、サービスシステムの二層化が生じているとして、これに懸念を表明している。すなわち、医療保険加入者に対する包括的サービスと、非加入者に対する限定的サービスの二層化である。

　州立および郡立の精神科病院への入院患者に関していえば、最も多い診断は統合失調症であり、これに対し、私立の精神科病院では気分障害である。政府出資の施設は、延長入院が必要な慢性的精神疾患を抱える人や、依存症を抱え、民間の保険が適用されない退役軍人のために、費用負担を肩代わりする場合が多い。

■ 外来患者向けサービス

　心理クリニックや、コミュニティのメンタルヘルス施設、デイ・トリートメント・センター、ソーシャルサービス機関では、外来患者向けサービスを提供している。外来患者向けサービスの最終目的は、コミュニティにおける生活が可能な選択肢である場合に、施設に入所する人の数を減らすことである。アフターケアとリハビリテーションは、精神疾患を抱える人がコミュニティでの生活を続けるために、外来患者向けサービスとして必要不可欠である。特殊なメンタルヘルス・プログラムの要素が見られる領域としては、たとえば、ホスピス、従業員援助プログラム、自助グループ、リサーチ機関が挙げられる。慢性的精神疾患を抱える人々に対する、コミュニティの支援サービスが提供する外来患者向けプログラムは、自立した生活、支援的雇用、および社会化、レクリエーション、トリートメントのための活動センターなどに関わるものである。

■ 学際的チーム

　精神疾患の問題は多面的であり、人の生活のあらゆる側面に影響を及ぼすため、学際的チームがサービス提供を行う場合が多い。チームは、精神科医、臨床心理学者、ソーシャルワーカー、精神科看護師、リハビリテーションの専門家、職業セラピスト、さらに、場合によっては薬剤師や栄養

> 精神疾患の問題は多面的であり、人の生活のあらゆる側面に影響を及ぼすため、学際的チームがサービス提供を行う場合が多い。

士などにより構成される。個々のメンバーが専門知識、専門技能、専門職的指向を持ち、これによりチームの問題理解、行動評価、トリートメントプランの提案は幅広いものになる。通常、ケースマネジャーが、チームのプランを組み合わせる。ケースマネジャーは、クライエント、チーム、その他のサービス提供者の間の橋渡し役となる。

脱施設化

過去30年のメンタルヘルス・サービスにおいて、最も注目すべき変化は、長期入院の減少とコミュニティを基盤とするメンタルヘルス・サービスの増加である。脱施設化により、州立・郡立精神科病院の施設入所者数は劇的に減少し、これらの施設の多くが閉鎖された。施設入所者数は1955年の56万人から1981年には12.5万人にまで減少している。この間、コミュニティを基盤としたメンタルヘルス・センターが、コミュニティ内のクライエントにサービス提供を開始し、この傾向が現在まで続いている。現在では、州立・郡立の精神科院は慢性的精神疾患を抱える人に対する主要なサービス提供者ではなくなっている。入院ケアを必要とするクライエントには、民間のナーシングホームや食事付ケア施設がサービスを提供し、その多くがメディケイドの償還を受けている。脱施設化に対しては、次のような2つの疑問が呈されている。まず、コミュニティを基盤としたメンタルヘルス・システムは、持続的あるいは長期的精神疾患を抱える人に対し、十分なサービスを提供できるのか。次に、脱施設化により精神疾患を抱える相当数のホームレスが生じたのではないかという疑問である。

■ 脱施設化の推進力

脱施設化の推進力の源としては、経済効率を求める圧力、施設化がもたらす影響への人道的懸念、向精神薬の改良など、さまざまなものがある。短期・長期を問わず、入院治療には多額の費用がかかる。各州が機関のプログラムの財政を負担しているため、各州はより経済的な、連邦政府の補助を受けた、コミュニティを基盤としたアプローチを用いるよう圧力をかけた。興味深いことに、脱施設化の指令が出るまではコミュニティに留まるという選択肢を考慮されたことがなかった多数の人が、コミュニティ基盤のサービスを利用するように変化した。

改革志向を持つ人やメンタルヘルスに関わるアドボケイトは、施設化がもたらす非人道的効果、たとえば個人のアイデンティティ喪失、動機をもたらすエネルギーの枯渇について懸念していた。施設に入った人は無気力になり、自発性を失い、絶望を感じていた。コミュニティを基盤とするトリートメントは、より日常に近い環境を提供する。向精神薬セラピーは、幻覚や妄想、その他の特異行動をコントロールする方法を提示した。この

ような薬物療法は、家族やコミュニティのケア提供者に、深刻な精神疾患を抱える人をケアすることができるという自信を与えた。

▶ ソーシャルワーク・ハイライト　J・ドウは、深刻な自殺未遂の後に、地域病院の精神科に入院することになった。セラピーの中で、彼女は両親から、身体的・情緒的・性的虐待を受けてきたことを明かした。彼女は 10 歳のときに父親から性的暴行を受けた。青年期のすべてを長期児童養護施設で暮らしながら、J は、情緒的愛着の意味を見出した。彼女は 20 代半ばに結婚し、幼少期に経験したことのなかった愛を見つけた。少なくとも結婚生活の初期においては、J の夫は愛情深く優しく誠実であり、妻が切望していた情緒的な支えとなってくれた。

　J と夫には複数の子どもがいる。彼女は親として、思いやり、愛情、安全、自信、家族との強い一体感といった、自分が幼い頃に得ることのできなかった要素を子どもたちに与えた。子どもたちが大きくなるにつれ、J と夫の結婚生活には深刻な問題が生じた。その際、J は家族サービス機関に個人カウンセリングを求めた。彼女はためらいながらも、夫が結婚してからほとんどの期間、アルコールを乱用していたことを明かし、さらに、悲痛な様子で、この数年間、夫から身体的暴力を受けてきたことを認めた。J は夫の虐待の原因が、自分が夫を性的に満足させられていないことと、自分が何らかの理由で罰を受けるに値することにあると考えていた。J は、自分をかねてより悩ませてきた出来事についてしばしばほのめかしたが、それを語ることはできないでいた。J は、感情的苦痛を経験する苦しみと幼少期のトラウマを告白することの不安の間で板挟みになっていた。自らの過去に対峙して結婚生活の機能不全に取り組むことができず、J は自殺を図ったのだ。

　精神科に入院した直後に、彼女は重度のうつ病と診断された。数週間の入院とセラピーの後、J は幼少期の虐待の経験を明かし、その後、心的外傷後ストレス症候群の診断を受けた。J は、家庭で深刻な虐待を受けてきた子どもと同様に、幼少期の深刻なトラウマと苦しみを情緒的に抑圧してきた。抑圧してきた情動が表面化したときにソーシャルワーカーが共感的応答をしたことで、J はこの情動を味わい、根深い怒りや憤りの感情に向き合い、より統合的な意味でのセルフ・アイデンティティを養うことができたのだ。

メンタルヘルスにおけるソーシャルワーク

　J・ドウとのコンサルティングを行ったソーシャルワーカーのようなメンタルヘルスの専門家は、個人およびグループとのセラピー、ケースマネジメント、アドボカシー、資源、コミュニティ・オーガニゼーション、プ

ランニング、予防教育を提供する。彼らには以下のような、多様な専門知識が求められる。

- DSM-IV-TR を用いた診断アセスメント
- 本人の意思に基づく入院、および意思に反する入院に関する法律と適正手続き
- 守秘義務や警告義務のような倫理的・法的課題
- 自殺、異常行動、暴力行為などの危機への対処方法

メンタルヘルスの領域におけるソーシャルワークは、すべての人のメンタルヘルスを推進し、健康を増進する環境をつくり出すような政策やプログラムの構築を支持するものでなければならない。サービスは、安価で思いやりがあり、ネットワーク全体を通じてアクセスしやすいものであるべきである。

ソーシャルワークと薬物依存

薬物やアルコールの使用は、それ自体は障害ではない。しかしながら、これらを使用することで、精神的あるいは身体的依存という問題がもたらされる。薬物とアルコール乱用は、人の判断力を失わせ、社会的役割と義務を果たす能力を阻害する。薬物に依存している人は、薬物依存の影響を否定し、自らの行動がもたらす否定的結果を無視し、薬物に対する耐性を持つようになる。薬物依存の問題に対処している人の支援に特化したトリートメント・サービスもあるが、薬物乱用と薬物依存に伴う問題は、プラクティスのあらゆる領域をまたぐものである。

倫理的プラクティス

[プラクティス行動の例] 倫理的に行動し、倫理的に意思決定をすること。

[批判的思考の訓練] 児童福祉プログラムや刑事司法プログラムにおけるクライエントは、薬物トリートメント・プログラムに参加し、定期的な薬物検査を受けることが義務付けられることが多い。裁判所の命令により薬物あるいはアルコールのトリートメント・プログラムに参加したクライエントとワークを行う際、ソーシャルワークの実践者にはどのような倫理的ジレンマが生じるか。

アルコールと薬物の乱用

向精神薬は脳の機能を通常とは異なるものに変化させる。アルコール、バルビツール酸系催眠薬、ヘロインといった抑制薬は反応を低下させる。アルコールは最も一般的に使用される抑制薬である。さらに、アルコールは依存を起こす可能性がとりわけ高い。リサーチの結果、遺伝子構造によってアルコール依存になりやすい人が存在することが示されている。抑制薬とは対照的に、精神刺激薬は反応を増強する。アンフェタミンやコカインのような精神刺激薬は依存性が高い。合成麻薬であるメタンフェタミンや、煙草のように吸入できるタイプのクラック・コカインが広く蔓延している。精神刺激薬の使用は、幻覚、妄想など、深

刻な精神障害である妄想型統合失調症の症状を引き起こすことがある。第三のタイプの向精神薬である幻覚剤は、マリファナ、リセルグ酸ジエチルアミド（LSD）などであり、意識を変容させ、情報処理のメカニズムを阻害する。最後に、薬物依存は、処方箋なしで買える市販薬の乱用によっても生じ得る。習慣化した睡眠補助薬の使用、ダイエット薬、スプレー式点鼻薬、風邪薬も、隠れた薬物乱用である「ドラッグストア・アディクション」をもたらす。

■ 薬物依存と薬物乱用

　DSM-IV-TR は、薬物依存と薬物乱用を区別する基準を設けている。薬物依存のカテゴリは、耐性、離脱症状、および薬物使用への根強い渇望に関わる問題に適用される。DSM-IV-TR の定義によれば、薬物乱用のカテゴリからは、薬物依存の特徴が除外されている。薬物乱用は、反復的な薬物使用に関連する言葉であり、常習的欠勤や欠席、児童ネグレクトなどの職場や学校、家庭における役割遂行の困難、無秩序な行為、口論をふっかけるなどの対人関係上の問題行動などの原因となるものである（American Psychiatric Association, 2000）。

■ 薬物依存と乱用がもたらす結果

　薬物やアルコールに精神的に依存している人は、日々のストレスに耐えるために薬物を用いる。薬物あるいはアルコールに身体的に依存している場合、彼らの身体には薬物に対する耐性ができている。そのため、同じ効果を得るためには、摂取量をどんどん増やさなければならない。薬物使用を止めると、彼らは離脱症状に苦しめられることになる。

　（WHO, 2004）は、身体的問題、病気、その他の生化学的影響、不安や知的障害などの精神に及ぼす影響、さらに人間関係の行き詰まりや職場での問題といった社会的・経済的問題などの、アルコールに関わる障害を特定した。世界でアルコールを原因とする年間の死者数は、全死者数の 4% を超えている（WHO, 2011）。

薬物乱用の状況

　薬物乱用・メンタルヘルス管理庁（Substance Abuse and Mental Health Services Administration, SAMHSA）によるプロジェクトである「薬物乱用に関する全国家庭調査（National Household Survey on Drug Abuse, NHSDA）」は、12 歳以上の米国人に違法薬物とアルコールの使用が蔓延していると報告している。2010 年の調査結果によれば、国民の 8.9% にあたる 2260 万人が、調査期間中に違法薬物を使用したと回答している。違法薬物使用率は、黒人で 10.7%、白人で 9.1%、ヒスパニック系は 8.1%、アジア系は 3.5% で

あった。調査時点で最も使用率が高かったのはアメリカン・インディアンとアラスカ先住民だった（それぞれ12.5％と12.1％）。2008年と2010年における白人とヒスパニック系米国人の違法ドラッグ使用率の推移は、大きな増加を示している。

12歳以上人口の約50.8％が、調査期間中にアルコールを飲んだと回答している（SAMHSA, 2011b）。標本となった下位集団のうち、5分の1以上（23.1％）が暴飲（一度に5杯以上の飲酒）をしていた。21歳から25歳の年齢層では、調査時点の飲酒率が70％、暴飲率が45.5％で、この年齢層が調査時点の飲酒、暴飲、過剰飲酒（暴飲の繰り返し）の割合が最も高かった。暴飲率および過剰飲酒率は、同じ年齢層では、就労者の方が失業者よりわずかに高かった。専門家たちの見解は、米国の精神疾患を持たない成人のうちアルコール依存者の割合は約2.2％であるのに対し、精神疾患を持つ成人においては9.6％に及ぶということで、概ね一致している（SAMSHA, 2011a）。18歳未満の子どもの12％弱が、少なくとも1人のアルコール依存者あるいは乱用者の親と生活している（Office of Applied Studies, 2009）。

アルコールと薬物依存は、個人と社会にとって深い影響力を持つ。薬物乱用は個人と社会の重大な問題に結び付く。リサーチ報告では、アルコール乱用が、DV、メンタルヘルスの問題、家族の問題、児童虐待とネグレクト、犯罪、非行との関わりを持つことが示されている（Chambers & Potter, 2009; Freisthier et al., 2006; Gruber & Taylor, 2006; Redman, 2008a, 2008b）。

特定人口集団とアルコール乱用

アルコールと薬物の使用は、あらゆる階層の人々の生活に影響を及ぼす。特に社会的に脆弱な人口集団としては、10代の若者、高齢者、女性、レズビアンの女性とゲイの男性、民族的マイノリティが挙げられる。青少年はしばしば飲酒を試みるため、インターベンションの取り組みは、彼らの飲酒を減らすことに向けられなければならない。アルコール依存症になる者は、学校でも問題を抱えている場合が多く、薬物を使用している友人と付き合っている場合や、家族に薬物乱用歴がある場合が多い。

高齢者は依存症になりにくいが、調査結果は、米国の高齢者で暴飲のエピソードを報告したのは約7.6％であり、過剰飲酒を報告したのは1.4％のみであったことを示している（SAMHSA, 2011b）。彼らのアルコールに関わる問題は生涯にわたって生じているか、加齢に伴うストレスや喪失への反応である場合が多い。いずれの場合でも、アルコール依存は身体的・心理社会的機能に悪影響を及ぼす。

女性の場合、アルコール依存症は、生活上のストレスや抑うつ状態と関わりがあり、発現は比較的遅いが治療を求めるのは比較的早い。特に懸念されるのは、出産可能年齢の女性の飲酒者数と、胎児性アルコール症候群

や胎児性アルコール・スペクトラム障害の可能性である（CDC, 2010b）。

　レズビアンの女性とゲイの男性が経験する生活上のストレスは、アルコール依存症に対する脆弱性を高める。さらに、レズビアンとゲイのアルコール依存者のために設計されたプログラムが不足しているため、回復が困難になる可能性がある。薬物依存に対するトリートメントの過程で、彼らが自らの性的指向に関わる個人的問題について話すことをためらうことで、さらに回復が困難になる可能性がある。

　民族的マイノリティの地位に関わる相違も生じている。アメリカ先住民は、おそらく最も深刻にアルコール依存症の影響を受けている。アメリカ先住民におけるアルコール依存症の割合は、一般人口における割合を大きく上回るという推計がある（SAMSHA, 2011b）。民族的・人種的マイノリティのために、民族的配慮のあるソーシャルワーカーが文化的に適切なインターベンション・プログラムを構築している。

サービス提供

　歴史を遡ると、メアリー・リッチモンドのワーク以降、ソーシャルワーカーは、依存症のトリートメントに関与してきた。より最近では、ソーシャルワーカーは、プラクティス・リサーチと政策形成の分野において、より際立った存在感を示している（Straussner, 2001）。依存症に関するワークにソーシャルワーカーが配置される要因としては、この専門職が持つ生物心理社会的視座と、メンタルヘルスや児童福祉などの複数分野のプラクティスを包含する広範な基盤が挙げられる。

依存症に関するワークにソーシャルワーカーが配置される要因としては、この専門職が持つ生物心理社会的視座などが挙げられる。

　薬物とアルコールのトリートメントは、薬物依存に関わることをミッションあるいは唯一の目的とする機関または組織により提供される場合もある。このような専門機関は、予防やトリートメントから政策形成まで、幅広いサービスを提供する場合が多い。薬物依存のトリートメントは拡大し、メタドン維持プログラム、セラピー的コミュニティあるいは施設入所型自助プログラム、アフターケア・プログラム、解毒、入退院カウンセリング、薬物教育などが含まれるようになっている。一方、これ以外の組織、すなわち児童福祉、メンタルヘルス、従業員援助、刑事司法、医療、家族サービス機関は、クライエントが示す複数の問題の中にアルコールや薬物への依存が含まれていた場合に、これに対するインターベンションを行う場合がある。残念ながら、薬物依存は複数の問題をはらむ性質があるため、専門職は依存症を見落としてしまうことが多い。サービスは、施設入所あるいは入院による解毒およびフォローアップ・トリートメントから、コミュニティを基盤とするものまで多岐にわたる。個人、家族、小集団に対するインターベンションの手法は、クライエントのアルコホーリクス・アノニマス（Alcoholics Anonymous）のような自助グループへの参加と組み

合わせられる場合が多い。国立薬物乱用研究所（National Institute on Drug Abuse, NIDA, 2008）は、エビデンス・ベースのプラクティスの情報源の一つとして、アルコールと薬物乱用に関するリサーチ、および薬物乱用トリートメントと予防に関するリサーチへの資金拠出や、最新のリサーチ結果に関する情報の普及活動を行っている。

■ 義務的トリートメント

アルコールおよび薬物に関するトリートメントの義務付けは、従業員、刑法犯、児童福祉プログラムに参加している家族のような、特定の集団を対象に行われる。従業員援助プログラム（EAP）は、アルコール依存と薬物依存を扱う場合が多いが、これは、仕事に関連する薬物依存の問題の発生頻度が高く、職場からの薬物追放の強い要請があるからである。興味深いことに、EAPによる回復率は87％（NIAAA, 1999）と高く、仕事への定着が強力なインセンティブになる可能性を示唆している。教育プログラムにおいては、従業員に薬物乱用に関する情報を提供し、監督者や管理者が依存症の問題を見つけ出し、適切な紹介をするための研修が行われる。

刑事司法制度では、個人にトリートメントを受けるよう命令する場合が多々ある。たとえば、法執行に関する規則には、アルコールや薬物の影響下で逮捕された人の教育的トリートメント・プログラムへの参加義務が規定されていることが多い。法令違反を続けると運転免許証が剥奪されることもある。さらに、裁判所の命令により、プロベーションや仮釈放の条件として、犯罪者の薬物トリートメントや定期的薬物検査への参加が要求される場合もある。

最後に、児童福祉の分野においては、現在、児童虐待やネグレクト、および子どもが家庭外に措置されている事例のうちの相当数が、薬物乱用を原因とする（Carter & Myers, 2007; Chambers & Potter, 2009; Jones, 2004; Wekerle et al., 2007）。さらに、彼らのリサーチによれば、薬物を乱用する親の子どもは、薬物乱用のない家庭の子どもと比べて、マルトリートメントを受ける可能性が高い（Child Welfare Information Gateway, 2009a）。家庭の再統合あるいは維持プランの一環として、家族が薬物乱用治療のためのプログラムへの参加を求められる場合もある。

薬物乱用予防プログラム

予防プログラム構築の焦点は、個人と家族のストレングス強化と、薬物使用に反対するコミュニティ規範の強化に置かれる。予防プログラムでは「保護因子」も強調され、既知のリスク要因を無効化あるいは減少させる（Robertson et al., 2003）。青少年の薬物乱用防止のためのレジリエンス・パラダイムにおいては、伝統的なリスク要因に対するインターベンション

とは対照的に、ストレングス指向のアプローチが強調される。カプランと
ターナー（Kaplan & Turner, 1996）は、レジリエンス・モデルに関する文
献のレビューにおいて、個人のレジリエンスに関わるものとして、個人、
家族、学校、コミュニティにおける要素を次のように特定した。

個人の属性としての保護因子
- おおらかな気質
- 知的能力
- 自己効力感
- 社会環境に対する現実的評価
- 社会的関係に関する問題解決スキル
- 方向性の意識
- 他者の感情に対する理解と反応
- ユーモア
- 問題のあるケア提供者から適応的に距離を置くこと

家族における保護因子
- 思いやりのある大人とのポジティブな関係
- ポジティブな家庭環境
- 親からの現実的な期待
- 家庭内における責任
- 親によるレジリエンスの効果的なモデル化
- 拡張的サポートネットワーク

学校における保護因子
- 学校での意思決定への関与
- 生徒の成績に対する現実的な期待
- 支援的雰囲気

コミュニティにおける保護因子
- ポジティブなコミュニティ規範
- 子どもと家族のための適切なコミュニティ資源

▶ ソーシャルワーク・ハイライト　予防プログラムの3つのカテゴリは、
プログラムがターゲットとする対象を表す。普遍的プログラムは、一般
の人々を対象とするものであり、選択的プログラムは「危機に瀕した」
一部の人々をターゲットにするものである。そして、指示的プログラム
は、すでに薬物使用を試みた人々に焦点を置く。ロバートソンのチーム
（Robertson et al., 2003）は、予防を目指すこれらすべてのアプローチを統合

する２つのモデルを紹介している。

　STAR プロジェクトは、包括的な薬物乱用予防のコミュニティプログラムであり、学校、親、コミュニティ組織、保健に関わる政策立案者向けの各要素により構成されている。追加的要素として、マスメディアを対象に、薬物乱用防止に向けたポジティブな取り組みの広報に努めている。中学校向けの要素は、社会的影響に関するカリキュラムであり、２年間以上の時間割が組まれ、研修を受けた教師により教室での指導が行われる。親向けのプログラムでは、親が子どもと一緒に家庭学習をし、家庭内のコミュニケーション・スキルを学び、コミュニティ活動に参加する。ストラテジーは、個人に対する薬物に抵抗するスキルの指導といった個人レベルの変革から、青少年のアルコールや薬物の入手制限などの学校やコミュニティの変革まで含まれる。長期的フォローアップ調査の結果、参加者の薬物使用は、同じコミュニティ内の予防インターベンションを受けなかった青少年と比較すると、顕著に減少していることが示されている（p. 30）。

　コーピング・パワー（Coping Power）は、攻撃性のリスクと将来の薬物乱用や非行のリスクが高い思春期前の子どもに向けた、子どもと親に対する複数のプログラムにより構成される予防的インターベンションである。子どもを対象とするプログラムは、怒りへの対処プログラムから派生したもので、主に攻撃性の高い少年に行ったところ、薬物使用を減少させる効果が示された。コーピング・パワーの子どもを対象としたプログラムは、５年生から６年生向けの 16 ヵ月間プログラムである。通常、始業前か放課後、その他教科外活動の時間にグループセッションが実施される。トレーニングの焦点は、不安と怒りを見出しこれに対処する方法、衝動を抑える方法、および学校や家庭での問題解決の方法について、子どもたちに指導することに置かれている。親はプログラムの全体を通じたトレーニングも受ける。結果は、インターベンション後に、薬物使用率が対照群と比べて低くなったことを示している。さらに、親と教師の評価によると、コーピング・パワーの親と子向けプログラムを受けている家庭の子どもは、顕著に攻撃的行動が減少している（p. 32）。

ソーシャルワークの役割

　ソーシャルワーカーは、薬物乱用に関わる多様な現場で働きながら、個人や家族へのカウンセリングや、職業、教育、法律、保健サービスへの紹介を行っている。薬物トリートメント機関によるソーシャルワーカーの雇用は現在、免許交付と規制の厳格化、ヘルスケアへの保険資金拠出に関する規定、資格を有する専門職スタッフへの入れ替えの要請に伴い、増加傾

向にある。

■ 薬物依存者とのワークにおける必要条件

　薬物依存者とのワークにはいくつかの必要条件がある。まず、自己決定に対するコミットメントと、クライエントの選択権を強化するトリートメント手法が不可欠である。根本原因を探ることは変化を阻害するだけであり、止めなければならない。依存者に対するプラクティスのガイドラインには以下のようなものがある。

- 依存に関わる生物学的・心理学的・社会的要因を理解すること
- トリートメントの2つの目標（薬物やアルコールの使用をやめることと、家庭、職場、コミュニティにおける生産的機能を取り戻すこと）を認識すること
- アセスメントとトリートメント・プランニングに対しては、社会文化的影響、人種と民族、年齢、性別、社会的支援の利用可能性などを考慮した、エコロジカルなアプローチを用いること
- クライエントがトリートメント・プログラムを完遂できるように、個人的モチベーションと社会的支援を強化するストラテジーを推進すること
- 初回のトリートメントに続いて、継続的な、あるいはアフターケアのプログラムへの効果的な移行を確保すること
- 依存者は、回復のプロセスにおいて、しばしば複数回にわたる一時的なトリートメント経験を必要とするという事実を受け入れること

　▶ **ソーシャルワーク・ハイライト**　あるデイ・トリートメント・センターでは、依存症の回復プログラムの一環として、育児グループを設置した（Plasse, 1995）。参加者の多くが、家庭から引き離された我が子との結び付きを取り戻すためのステップとして、育児グループに参加するようになった。育児グループの活動には、日誌の記録、ロールプレイ、その他のスキル開発が含まれていた。このプログラムのクライエントの一人であるLは、3人の子ども（7歳の娘と3歳の双子の息子）を持つ23歳の母親である。Lの依存症とLの母親の訴えにより、Lは子どもたちの親権を剥奪された。トリートメント・プログラムの開始当初、Lは女性向けシェルターに住み、子どもたちと引き離されたことにひどく動揺していた。Lは、自分が母親から受けた言葉や暴力による虐待行為を自らも繰り返すのではないかという不安を抱えていることを、グループのメンバーに打ち明けた。Lは自分の行動が怒りの爆発と抑うつの間を行き来している点が、母親に似ていることに気付いていた。Lは自身の依存症の直接の原因が、幼少期の経験に根ざす自尊心の低さだと信じていた。母親に対する怒りから、Lは母親と

の面会を拒否していた。その結果、Lが子どもたちと会う機会は減り、彼女の悲しみは深まった。他のグループメンバーとの話し合い、ロールプレイ、日誌を付ける課題、コミュニケーション・スキル強化のための活動のすべてが、Lが母親に対する怒りと対峙し、母親や子どもたちとのコミュニケーションの再構築を始める助けとなった。「30日間の育児グループの参加期間中に、Lはアパートに入居し、娘の親権を得た。彼女は、グループで配布された資料にあった規則と怒りに関する部分を、新しいアパートの壁に貼ったと、グループに報告した」(p. 71)。Lと娘の関係の再構築から、数多くのポジティブな変化が生じた。Lは、祖母と弟たちと定期的に会いたいという娘のニーズを理解することができた。Lは息子たちが週末と休日にアパートで過ごせるように手配した。Lはセンターで友人となった女性たちの支援を受け、Lが子どもたちと出かける際には友人たちが同行してくれた。Lはセンターで過ごした時間の中で大きな進歩を遂げた。彼女は薬物に再び手を出すことなく、家族との関係の再構築に際し著しい前進を遂げた。現実的に自らの状況を評価する彼女の能力が、ワーカーの結びの言葉に示されている。「Lは育児グループの修了を待たずに、双子との面会時間を増やすことができたが、フルタイムで彼らを育てられるようになるには、まだ時間が必要であることを自覚していた」(p. 71)。

まとめ

　ソーシャルワークはヘルスケアに積極的に取り組む。なぜなら、あらゆる人がその潜在能力を最大限発揮するためには、支援的な社会環境が必要だからである。人は誰でも健康でいる権利があり、より質の高いヘルスケア・サービスにアクセスできるべきである。ソーシャルワークは次のようなプラクティス基準を設定することにより、ヘルスケア分野に貢献できる。すなわち、人が自らの社会的役割において十分に機能できるように、ヘルスケア・システムでソーシャルサービスを提供すること、そして、健康的環境を作る政策と、すべての人の健康を促進するサービスを支持すること、さらに、適切なヘルスケア・プログラムとサービスを推進することである。NASW（2009c）は、安価で人間的、かつアクセスしやすく、うまく調整された包括的なヘルスケアを推進する政策を支持している。この政策に対する方向付けは、社会的に脆弱な人々をはじめとするすべての人に対して質の高いヘルスケアとサービスを提供できるよう促進する法制化とプラクティスを推進することを、ソーシャルワーカーに義務付ける。

　ソーシャルワーカーは、保健とメンタルヘルスに根本的に関与し、保健サービスシステムの二層化を防がなければならない。医療保険に加入している裕福な人がヘルスケアにアクセスできるのに対し、貧しく保険に加入していない人々は、患者ダンピングをしているとして非難の渦中にある公

的ヘルスケア機関しか選択肢がないか、あるいはこれらへ移送されている。政府が資金提供する医療保険プログラムであるメディケイドとメディケアの厳しい費用削減、および企業のヘルスケア制度が推進する費用抑制策により、特定の種類のサービスへのアクセスが拒否され、サービスの利用が制限され、早期退院が推奨されている。ソーシャルワーカーは、不公平で不適切なヘルスケア提供に異議を唱え、アドボカシー活動を行わなければならない。

第12章　練習問題

以下の問いは、本章で学んだ知識をテストするものである。

1. 病院を基盤としたソーシャルワークの創始者とされるのは誰か？
   a. メアリー・ジャレット
   b. メアリー・リッチモンド
   c. ドロシア・ディックス
   d. イーダ・キャノン

2. 救急治療室でのソーシャルワークにおいては、医学的緊急事態に直面した人が差し迫った問題に対処できるようにするために、_____の技法を用いることが多い。
   a. 長期セラピー
   b. コーズ・アドボカシー
   c. 危機介入
   d. 共感

3. メンタルヘルス・センターでのプラクティスにおいて、ソーシャルワーカーであるメアリー・フランは、_____と呼ばれる精神障害に関する手引書を参照することが多い。
   a. MMPI
   b. メンタル・ステータス検査
   c. メイヤーズ・ブリッグス・アセスメント
   d. DSM

4. ジムは、障害のある人の就労、移動、その他の生活活動にとってより大きな問題となるのは、障害そのものよりも世の中の態度にお

ける障壁だと考えている。彼の視点は_____を反映したものである。
   a. 障害のセルフイメージ・モデル
   b. 障害のADAモデル
   c. 障害の社会モデル
   d. 障害の医学モデル

5. 脳性麻痺、てんかん、自閉症はすべて、_____である。
   a. 知的障害を示すもの
   b. 発達障害の例
   c. 1990年発達障害者支援および権利章典法の定義において、発達障害から除外されているもの
   d. 学習障害の類型

6. スクールソーシャルワーカーのエヴァン・ブルームバーグは、発達障害のある子どものための教育サービスが「分離された特殊な」サービスではなく「通常かつ同様の」サービスとなっているかを確認するために、精査を行っている。彼はサービスの_____をモニタリングしている。
   a. メインストリーミング
   b. 効果性
   c. ノーマライゼーション
   d. 脱施設化

7. ヘルスケア・サービスにおけるソーシャルワークの基盤としての人権について説明せよ。遺伝学、HIV/エイズ、身体障害、発達障害、メンタルヘルス、薬物依存など、保健システムにおけるソーシャルワークに固有の人権問題の例を挙げて説明すること。

Alina Isakovich/Fotolia

13

家族と青少年とのソーシャルワーク

本章の概要

本章のプラクティス行動の例に適用されるコンピテンシー

■ 専門職のアイデンティティ	✓ 倫理的プラクティス	■ 批判的思考	✓ プラクティスにおけるダイバーシティ	■ 人権と社会正義
■ リサーチ・ベースのプラクティス	✓ 人間行動	✓ ポリシー・プラクティス	■ プラクティスのコンテクスト	■ エンゲージメント、アセスメント、インターベンション、エバリュエーション

現代の家族のアルバムに収められた写真と1900年代の家族の写真の間には確実な違いがある。現代の家族のアルバムを開けば、私たちは、写真技術そのものの進歩だけでなく、家族の構成やサイズの変化にも気付かされる。20世紀の歴史を通じて、産業化が経済と労働力における抜本的変化をもたらし、都市化が家族の構造を変えた。たとえば、今日では多くの女性が家庭の外で働いており、一人親の家庭が劇的に増え、家族構成はもはや伝統的な核家族とは別物である。しかし、変わらぬ特徴が一つある。それは、家族における主要な人間関係が、人のウェルビーイングの基礎であり続けているということである。家族は子どもを育て社会化する。まさに、すべての人が成長し、その他の社会機関が機能するために、そして社会全体にとって、家族は重要なのである。家族に関するソーシャルワークの役割について説明するために、本書では以下のような事項に関する情報を提示する。

- 現代の家族（その形態、役割、家族を中心としたサービス）
- 子どもに対するマルトリートメント
- 各種児童福祉サービス
- スクールソーシャルワーク
- 青少年向けサービス

　家族の重要性維持、マルトリートメントからの子どもの保護、家族向けサービスの提供は、家族と青少年とのソーシャルワークに、社会正義と人権というテーマが結び付いた例である。社会の基本単位である家族は、社会的保護を受ける権利を有する。家族の形態を問わず、保護される人権には結婚し家庭を築く権利が含まれる。一般に、母親と子どもには、地位の向上と特別なケアと援助を提供するサポートが必要である。子どもの権利としては、マルトリートメントからの保護、家庭崩壊を予防し家族の再統合を支援する児童福祉サービスの拡充が挙げられる。人権は、普通教育を受ける権利へと拡張され、そこには、すべての子どもが無償で義務教育としての初等教育を受けることができ、中等以上の教育を受ける機会を容易に得られることが含まれる。子どもの特別支援教育に対するニーズに関し、ソーシャルワーカーは、人の完全な発達を支えるという人権保障の義務を果たすために、親と協力して補助的教育サービスをプランニングすることが求められる。同様に、人の持つ完全な発達をする権利は、発達的移行において困難に直面している青少年にも及ぶ。

現代の家族

　家族という概念はかつての、夫婦と子どもという基本的親族関係で構成される家族、あるいは血縁、婚姻、養子縁組により結び付いた人々の集まりという概念から、より多様な要素を含む概念へと変わった。現在、**家族**という言葉には、自分たちの関係を家族と見なし、家族の構成員という地位に伴う責任と義務を負う、2 人以上の人による集まりという意味が含まれる（NASW, 2009a）。このように、家族は、精神的結び付きにより自分たちを家族と定義する、血縁関係のない集団であり得るのだ。家族の形態、機能、役割、ライフサイクルの変化について探究することは、現代の家族が提起する問題を理解するための助けになる。

家族形態のバリエーション

　父と母と子どもという伝統的な核家族の構造を「普通の」家族構成と見なす人が大部分である。しかしながら、伝統的構造には変化が生じつつある。たとえば、米国国勢調査局（U.S. Census Bureau, 2012b）の数字によれば、2011年における結婚経験のない人の割合は、20 〜 24 歳の男性で 89.1％、女性で 80.7％、30 〜 34 歳の男性で 38.7％、女性で 28.2％だった。最新のデータでは、結婚率が 1000 人あたり 6.8 件であるのに対し、離婚率が 1000 人あたり 3.4 件であることも示している（Tejada & Sutton, 2010）。妊娠可能年齢の女性の約 5 人に 1 人が子どもを持っていない（Livingston & Cohn, 2010）。推計によれば、すべての子ども

の約 5 分の 2 が 16 歳までに同棲を経験するという（Goodwin et al., 2010）。離婚、再婚、同棲、子どもを持たないことは、家族構造を大きく変化させる。現代には、混合家族、一人親の家族、ゲイとレズビアンの家族、多世代家族など、多様な形態の家族が存在する。

■ 一人親家族

　一人親家族に暮らす 18 歳未満の子どもの数は、1970 年以降増加し、1980 年の 13％から 2010 年では 26％に至っている（Federal Interagency Forum, 2011）。一人親家族の子どもは、その大部分が母親と生活している。2010 年においては、全出生数の 40.8％が未婚の母親の子どもだった（Hamilton et al., 2011）。独身の未成年女子の出産数は減少しているが、同時に、非婚女性の出産数は増加している。一人親家族の中で、「結婚経験なし」というカテゴリに属する人の数は急速に増えている。フィールズ（Fields, 2004）によれば、「このような傾向は、子どものウェルビーイング

と、福祉、家族休暇、保育、その他の仕事と家庭生活に関連するプログラムや政策に重要な影響を及ぼす」(p. 8)。たとえば、2010年において、結婚している夫婦の家庭で暮らす子どもの貧困率が6.2%だったのに対し、母子家庭で生活する子どもの貧困率は31.6%だった (DeNavas-Walt et al., 2011)。事実、「貧困の女性化」という言葉は、母子家庭と貧困のつながりを捉えたものである。

ソーシャルワークと一人親家族　一人親家族とのソーシャルワーク・サービスは、このような家族に影響を及ぼす幅広い社会問題と、家族そのものが提示する人間関係に関わる問題の両方に焦点を置く。ソーシャルワーク専門職は、所得支援により一人親家族の貧困状況の改善を目指す社会政策の形成に特別な注意を払う。家族に関わる社会福祉政策の中で注目すべきものには、雇用、住宅、ヘルスケア、育児、児童支援、SNAP（フードスタンプ）、TANF、家族介護休暇、DVに関する立法などがある。

マクロレベルのインターベンションがこれらの政策的課題に取り組むのに対し、ミクロレベルのインターベンションは、一人親であることで生じる精神的影響を緩和することを目指す。基本的に、一人親は、家族を効果的に機能させるために、家庭内における大人の役割をすべて一人で果たさなければならないのだ。子どもたちが、食事の支度や妹や弟の世話をし、親の友人あるいは相談相手としての役割を果たしている場合もあり、その多くは自発的にそうしている。児童福祉サービスに対する要求の大部分は、一人親家族のニーズから生まれる。

エンパワメント・ベースのソーシャルワーク・プラクティスの基礎には、成功している一人親のストレングスがある。次の7つのテーマが一人親のコンピテンシーを強調する。

- 困難を受け入れること
- 育児を優先すること
- 一貫して懲罰的行動によることなく子どものしつけをすること
- 家庭内にオープンなコミュニケーション・パターンを構築すること
- 個性を育てること
- 自分自身の時間を見出すこと
- 家族に特有の儀式と伝統を作ること　　　　　　　　(Olson & Haynes, 1993)

■ 混合家族

米国における結婚、離婚、再婚というパターンの変化は、家族生活に大きな影響を及ぼしている。最初の結婚では、2つの家族を結び付けるだけだが、2回目の結婚では、3つかそれ以上の家族ユニットが混ざり合う場合が多い。混合家族（再構築家族、再婚家族、ステップファミリーと呼ばれる

場合もある）は、生物学的親、その子孫および配偶者（彼らが子どもを連れている場合もある）により構成された家族集団である。結婚した2人に子どもができると、混合はさらに拡大する。混合家族には義理の親、義理の兄弟姉妹、義理の祖父母、多数のおじ・おば、そして過去のすべての結婚における家族の構成員が含まれる。再婚を繰り返すことで、関係性は幾何級数的に複雑さを増す。

混合家族とのソーシャルワーク　混合家族は独自のニーズを提起する。死、離婚、再婚は、家族の機能を阻害する。これらの危機と変化の時期に、家族がソーシャルワーク・サービスを求める場合がある。新たに生じた状況と過去の歴史の複雑さに関わる再適応の難しさが、結婚関係と親子関係に影響を及ぼす。再婚に際して、家族は元の家庭、最初の結婚、別離や離婚のプロセスから、感情的な重荷を持ち込む。再婚家庭が期待された役割を果たし、家族の安定を実現するためには、家族の一人ひとりが過去に対処しなければならない。

> 　再婚家庭の形成と安定化のプロセスには、発達段階の移行を可能にする主要な情緒的態度が少なくとも3つ存在する。すなわち、前の配偶者への感情的執着を解決すること、最初の家族構成の理想に対する執着を捨て、新たな家族の概念モデルを受け入れること、そして、ステップファミリーへの移行にあたって、時間、空間、アンビバレンス、すべての家族構成員の困難を受け入れることの3つである。
>
> 　　　　　　　　　　　　　　　　　（McGoldrick & Carter, 1988, p. 414）

　子どももまた、再婚の影響を感じ取る（Visher & Visher, 1996）。子どもにとっての主要な問題としては、最初の家族が崩壊したことによる喪失感への対処、引き裂かれた忠誠心、自身の帰属に対する疑問、2つの家族の構成員という地位、義理の家族関係に求められる不合理な期待、実の親と再び暮らすという幻想、離婚の原因に関わる罪悪感、アイデンティティやセクシュアリティの問題などが挙げられる。当初の混乱に対処し、家族の再構成に適応することで、子どもは生活に平静を取り戻す。

■ ゲイとレズビアンの家族

　同性のパートナーによる家族の割合が増えている。国勢調査のデータはないが、他の推計によれば、100万〜900万人の子どもがゲイとレズビアンの家庭で養育されている（Our Family Coalition, 2009）。家族構成は多様であり、養子や生物学的な子、混合家族、共同親権などが含まれる。ゲイとレズビアンの家族は伝統的な家族関係と違うところなく機能している。両親は子どもを愛し、気にかけ、養育し、これに対し、子どもも両親を愛する。

異性愛主義で同性愛嫌悪的な社会というコンテクストが存在するにもかかわらず、ゲイとレズビアンの家族は、とても効果的に機能している。米国児童青年精神医学会（American Academy of Child & Adolescent Psychiatry, 2011）によれば、「最新のリサーチでは、ゲイやレズビアンの両親に育てられた子どもと異性愛者の両親の子どもとの間には、情緒的発達あるいは同世代の子どもや大人との関係という点で、違いがないことが示されている。すなわち、子どもの発達に影響を及ぼすのは、親子関係の質であって親の性的指向ではないということだ」（第1パラグラフ）。米国心理学会（American Psychological Association）の報告書では、「いかなる点においても、ゲイやレズビアンの両親の子どもが、異性愛者の両親の子どもと比較して不利であることを示す調査結果は一つとしてない」（Our Family Coalition, 2009, p. 2）とされている。

　ソーシャルワークとゲイとレズビアンの家族　同性愛に向けられる態度、スティグマ、ホモフォビアは、ゲイとレズビアンの家族が経験する発達的移行、家族のライフサイクルに関する課題、環境的ストレスに伴う問題を複雑化する（National Gay and Lesbian Task Force, 2006）。ゲイとレズビアンの家族はしばしば、さらなる外部のストレス源とも対峙する。すなわち、熱心すぎる児童福祉システム、もう一人の生物学的親や親族との間における親権の問題、過去の異性愛者との関係を理由とするゲイとレズビアン・コミュニティの構成員からの排斥などである。ゲイの男性とレズビアンの女性は、差別的慣行や偏見に満ちた態度と対決するために団結してきた。ゲイの権利運動は、ゲイとレズビアンの親の市民権の問題への取り組みに尽力している。親権を支持する判決もある。社会政治的組織は差別的慣行を除去するために活動している。ソーシャルワーカーは、NASWを通じて、ゲイとレズビアンの家族のために、差別をなくし、文化的に適切なサービスを推進する取り組みをサポートしている（NASW, 2009h）。

■ 多世代家族

　生物学的系統が複数世代にわたることが、他の家族にない多世代家族の特徴である。この家族形態においては、三世代以上の家族が同一世帯で暮らしている場合が多い。ジェネレーションズ・ユナイテッド（Generations United, 2011）によれば、5100万人、すなわち6人の1人の米国人が、多世代家庭で暮らしている。要介護高齢者である親や祖父母のニーズに応えている家族が増えている。さらに、成人した子がその子や孫を連れて生まれ育った家庭に戻ってくる例も増えている（Berk, 2010）。

　「サンドイッチ・ジェネレーション」の大人、すなわち、自分の子と高齢者の親を同時にケアする大人は、特別な困難に直面する。まず、高齢者の親と成人した子どもの間の役割関係に適応しなければならない。これは

特に、高齢の親が成人した子どもに扶養される場合に必要である、さらに両親は、戻ってきた子どもや孫により彼らの巣が「再び羽毛に覆われた」なら、子どもの成人としての地位をコンテクストとして、自らの役割を定義し直さなければならない。家族システムに対するインターベンションでは、世代間のダイナミクスを考慮に入れるため、多世代を同時に参加させる場合もある。

　あらゆる家族が多世代の拡大親族ネットワークを持つが、民族的マイノリティの家族にとっては、特に重要な意味を持つ。ヒスパニック系の米国人にとって、多世代の拡大家族ネットワークは、家族生活に不可欠である。家族の結束の維持、尊重、忠誠心がヒスパニック系家族の特徴である。アジア系米国人の家族には、高齢者に対する尊敬、強い家族志向、家族への忠誠心といった文化的伝統が反映されている。拡大親族構造はアメリカ先住民の伝統的家族の社会関係において、特に支配的である。アメリカ先住民の家族においても、伝統的な家族以外の、たとえば二文化併存家族やネオトラディショナル家族といったタイプの家族においては、修正された親族システムが影響力を持つ。すなわち、祖父母が育児や助言、家族の規範作りにおいて重要な役割を果たすのだ。民族的配慮のあるソーシャルワーカーは、多種多様な家族とのワークにあたって、文化的ダイバーシティに対する理解をプラクティスに反映させる。

■ 祖父母を長とする家族

　祖父母を長とする家族は、米国で急速に増えている家族形態である。現在、18歳未満の子どもの7%にあたる490万人が、祖父母と暮らしている (Generations United, 2011)。祖父母だけが責任を負っている子どもは100万人にのぼる。祖父母を長とする家族は、さまざまな民族や人種で、米国のあらゆる地域に存在する。孫を養育している祖父母は、60歳未満で働いている場合が大半である。それでもなお、祖父母を長とする家族で暮らす子どもは、親を長とする家族で暮らす子どもよりも貧しく、健康保険に加入していない場合が多い。

　祖父母は時に、子どもの両親が大きな人生の問題に直面することにより、孫の育児をせざるを得なくなる場合がある。たとえば、アルコールや薬物依存、HIV/エイズ、収監、子どもへのマルトリートメントによる親との強制分離のような場合である。いずれの場合も、祖父母は人生を左右するような状況を統合して、自分たちの将来のプランを軌道修正しなければならない。このような祖父母が経験するストレスとしては、養育する孫の親である成人した我が子との役割関係の変化、自由の喪失、同年代の仲間からの孤立、経済的負担、健康保険、保育、将来への不安、孫が直面する困難、親権に関わる法的問題などが挙げられる (Baker & Mutchler, 2010; Kelch-Oliver, 2011; Musil et al., 2011; Shakya et al., 2012; Williams, 2011)。ソーシャ

ルワーカーは、保健、法律、ソーシャルサービスに関する情報提供、カウンセリングを通じた役割への適応の促進と世代間の対立の仲裁、祖父母と必要な資源との橋渡し、祖父母支援グループの指導といったサービスに焦点を置く（Byers, 2010; Cox, 2008; Collins, 2011; Edwards & Benson, 2010; Strom & Strom, 2011）。アフリカ系米国人の多世代家族とのワークに関しては、アフリカ中心主義的パラダイムに基づくプラクティスを行うソーシャルワーカーが、多世代にわたる親族間の結び付きを促進している（Waites, 2009）。

家族の機能

　一人親の家族、混合家族、ゲイやレズビアンの家族、多世代家族は、伝統的な核家族とは異なるが、それでもなお、家族の役割に対する要求と機能に対する期待を満たすための選択肢となり得る。家族の形態は変化し続けているが、その機能と役割は比較的不変である。

　家族は社会の基本単位として経済的生産、出産、育児、教育、社会化といった機能的責任を果たす。2世紀以上前に、農業を基礎とする社会が市場経済へと移行したことで、家族は賃金所得を得る消費者へと変化した。旧来の自給自足経済は、職場での雇用に依存し市場の景気変動の影響を受ける経済に取って代わられたのだ。教育、保健、物資の供給に対する社会機関の責任が増す中で、家族システムは社会的組織の中心にあり続けた。

　現在では公教育制度が教育的機能を果たしているが、幼少期の子どもの社会化は家族の役割であり続けている。家族は、人格の発達、向社会的行動の学習、対人関係スキルの洗練、コミュニケーション・パターンの構築のための、主要な社会的コンテクストである。現在、家族は全構成員の身体的・精神的ウェルビーイングを確保するための支援的かつ安全な環境を提供し続けている。家族が構成員と社会の間の緩衝材となり、構成員が自分を取り戻し、活力を得ることができる安全な避難所としての役割を果たすのが理想である。

家族の役割

　家族の構成員は、家族が効果的に機能できるようになるために、全員が何らかの役割を果たさなければならない。家族の構成員の役割は、コンピテントな家族の相互作用に必要な行動パターンを明確にする。家族の構成員間の役割分担は、文化的条件、家族集団のタイプ、ライフサイクルにおける家族の位置付けにより決まる。家族は、理由が何であれ、それぞれの役割要求を満たせない場合に、ソーシャルサービスによる支援を利用することができる（Kadushin & Martin, 1988）。

　家族ネットワークにおいては、親、子ども、コミュニティのそれぞれが、

明確な役割と義務を負う。一般に、親という役割は、食事、住居、ヘルスケア、安全、情緒的ニーズといった子どもの基本的ニーズを満たすことを親に求める。親は子どもの知的・社会的・精神的発達を促進するべきである。親は家族の適切な相互作用としつけを提供することにより、子どもの社会化も行う。

子どもは自身の社会化において一定の役割を果たす。子どもは態度と価値を学び、許容される行動を身につけ、親や家族の他の構成員と協働する義務を負う。

> 子どもにその能力があるなら、愛情、喜び、安らぎを与えてくれるような反応を返せるようになってほしいと親が期待することは不合理ではない。親の愛情表現に対し、感情を伴う反応をかたくなに避けたり、そのような反応ができなかったりする場合、親がその関係に不満を抱く危険が生じる。
> (Kadushin & Martin, 1988, p. 14)

コミュニティの役割は、国親（くにおや）としての役割、すなわち子どもの利益を代表することである。コミュニティの義務は、たとえば保育に対する規制や免許制度の施行、児童虐待および児童労働の禁止のようなアクションを通じた児童保護という形を取る。コミュニティは、社会保険、多様な公的扶助、ヘルスケア、学校、レクリエーションといったプログラムを通じて、子どもたちに資源を提供する。コミュニティがこのような義務を果たさない場合、ソーシャルアクションが必要となる（Kadushin & Martin, 1988）。

■ 家族の役割の不備

家族の構成員が役割要求を果たせない場合、家族機能の崩壊が生じる可能性がある。社会学的役割理論を基礎として、カドゥシンとマーティン（Kadushin & Martin, 1988）は、児童福祉サービスへのニーズを生じさせる8種類の問題を見出した。

- **遂行者なき親の役割** —— 一時的あるいは永続的に片方の親がいない場合に、親としての役割の一部が誰にも果たされていないという状態になる。片方の親が不在である場合、家族が機能するためには、親子システムを変容させざるを得なくなる。役割遂行者の不在は、片方の親の死、入院、投獄、出稼ぎ、兵役、離婚、未婚での出産などにより生じ得る。
- **親の能力不足** —— 親は、身体的・精神的・情緒的不適格性により、親としての役割を果たすことができない場合がある。この例としては、情緒的な未熟、病気、身体障害、知的障害、薬物依存、育児に関する知識不足が挙げられる。十分に子どもの世話ができない親は、治療

的・教育的・補助的資源を活用することが可能である。

- **役割拒否** —— 親としての役割の完全な拒否は、計画的なものであれ、消極的な放棄であれ、親が育児という仕事に圧倒された場合や、あるいはこれに重圧を感じた場合に生じやすい。これは、無関心、ネグレクト、虐待、育児放棄、遺棄などをもたらす。
- **役割内葛藤** —— 役割内葛藤は、育児責任についての母親と父親の間の見解の不一致や、親としてのあり方に対する相容れない期待が原因で生じる。このような葛藤の例としては、稼ぎ手対育児者論争、愛情としつけの間のジレンマ、子どものニーズと親のエネルギーのバランスなどが挙げられる。
- **役割間葛藤** —— 親としての役割と他の職業的あるいは社会的役割との間の葛藤を経験する場合がある。職場での要求、社会的義務、他世代の人からの育児に関する期待が、育児の義務と衝突する。
- **役割移行の問題** —— 親が移行に直面すると、親としての役割遂行力に影響が及ぶ。婚姻関係、雇用状態、家族構成、生活形態などにおける変化はどれも、役割の崩壊につながる適応の問題を生じさせる。
- **子どもの知的能力の不足あるいは障害** —— 特別なニーズを持つ子ども、たとえば、身体的疾患、知的障害、情緒障害、その他の集中的治療が必要な状況は、家族の構成員に特殊な役割を要求する。「このような子どもの親は、ケアや専門知識、忍耐や自制心に関して、社会から親が通常求められるレベルを超えた重責を負うことになる」(p. 22)。子どもが自身の役割を拒否するか、あるいは役割葛藤（たとえば、親からの要求と仲間からの要求の対立）を経験した場合に、家族の問題が生じる場合もある。
- **コミュニティ資源の不足** —— コミュニティの状況や環境的ストレス（住宅不足、失業、貧困、差別、保健サービスやヒューマンサービスへのアクセス不能状態など）が、家族が機能するための能力に悪影響を与える場合がある。

家族を中心としたサービス

　家族サービス機関は、家族中心のミッションを反映した、広範なプログラムとサービスを提供する。家族に対するサービスとしては、家族、個人、グループに対するカウンセリング、家庭生活教育、経済的援助、就労支援プログラム、家族と社会の変革のためのアドボカシーなどがある。家族向けサービスが対処する問題としては、DV、貧困の女性化、依存症、オルタナティブな家族構造（一人親家族、混合家族など）、家族に対するストレスの影響、コミュニケーション・パターンの不適応などがある。家族向けサービスでの仕事に関心を持つ人には、家族システム、コミュニケーショ

ン・プロセス、オルタナティブな構造が家族の機能に及ぼす影響、家族生活の移行の影響などに関する専門知識が必要となる。

■ 歴史的視座

ソーシャルワーカーによる家族向けサービスへの関与の起源は、慈善組織協会（COS）による家族福祉の強調にまで遡る。メアリー・リッチモンド（Richmond, 1917）は、その著書『社会診断』において、家族の重要性を強調している。リッチモンドにとって、「ケース」は「家族」の同義語である。彼女は、家族をケースワークの基礎に据えなければ、個人のトリートメントが崩壊するであろうことを示唆している。リッチモンドとフランシス・マクリーン（Francis McLean）は、ともに慈善組織協会運動の指導者であり、かつて家族サービス・アメリカ（Family Service America）として知られ、現在の子どもと家族のための同盟（Alliance for Children and Families）の前身である全米慈善組織協会連合の創設に貢献した。子どもと家族のための同盟のミッションには、子ども、家族、コミュニティ全体に対する構成員のサービスとアドボカシー能力の向上が含まれる（Alliance for Children and Families, 2010）。

家族を中心としたサービスは、効果的な育児を支援する。

SUDIO 1ONE/Fotolia

子どもと家族のための同盟とその前身である家族サービス・アメリカは、長い年月をかけて、国全体にわたる家族向けサービス機関のネットワークを構築した。今日では、社会的状況や家族のニーズの変化が、専門職の家族アドボカシーにおける新たな関心事となっている。雑誌『ソーシャル・ケースワーク（Social Casework）』が『社会における家族（Families in Society）』と改題され新装されたのは、この家族指向プラクティスの強調を反映したものである。さらに、児童保護サービスは、家族の維持と家族のストレングスを強調する。

■ 家族向けサービスの種類

家族向けサービスは、人生の移行や役割遂行能力の不足、社会的状況の影響の結果としてストレスを受けている家族のニーズに対処する。公的・民間、宗教的・非宗教的、営利目的・非営利目的の多種多様な機関が、家族向けサービスを提供している。これらの中には、家族向けサービス機関や公的児童福祉機関のように、家族向けインターベンションをその主要目的とする機関もある。それ以外にも、就労支援プログラム、コミュニティのメンタルヘルスセンター、高齢者向けサービス機関のように、複数ある

> 家族向けサービスは、人生の移行や役割遂行能力の不足、社会的状況の影響要因によりストレスを受けている家族のニーズに対処する。

機能の一つとして、家族に対するインターベンションを行う機関もある。家族は自発的にサービスを求める場合もあれば、児童虐待や子どもの非行の証拠に基づき、裁判所からトリートメントを要求される場合もある。

　家族にソーシャルサービスのニーズを生じさせる問題は、相当に多岐にわたっている。家族の問題が、容易に解決される一時的なものに過ぎない場合もある。このような場合、家族は育児教室や紛争管理講座、あるいは問題解決のための短期的カウンセリングに参加することが多い。それ以外の場合には、家族はより集中的なインターベンションにより、慢性的問題と進行中のストレスに対処する必要がある。

　▶ **ソーシャルワーク・ハイライト**　フリーモント警察署の青少年課は、万引きをしたとして、14歳のCJ・ワトソンを青少年サービス機関に送致した。彼が警察に関わるのはこれが3度目である。CJは9歳のとき、近所の家から自転車を盗み、12歳のときには、ハロウィンの日に数人の仲間と幼い子どもたちを殴り、お菓子を取り上げた。これら2つの事件の際に裁判所は、CJの母親である30歳のサリー・ワトソンに対し、息子の監督およびしつけの責任を全うするよう指示した。CJによれば、外出禁止にされても痛くも痒くもなく、母親が午後は働きに出るので、何でも好きなようにやっているのだという。

　現在、CJは母親と12歳の妹のヘザーと共に、フリーモント・アパートに暮らしている。CJは母親が16歳のときに生まれた。母親が高校に通っていた間、母と子は祖母と一緒に暮らしていた。CJは自身の実の父親が誰なのかを知らない。母親は卒業前に再び妊娠し、ヘンリー・ワトソンと結婚した。ヘザーが生まれたとき、夫はCJを養子とした。ところが、5年後に2人は離婚した。家族を支えるため、サリーは、ディスカウントショップの営業事務職の仕事を得た。彼女はそこに勤めて6年目になり、現在の年間収入は9638ドルである。現在、ワトソン氏からの養育費は滞納されている。

　ソーシャルワーカーはCJを見て、身なりのだらしなさに気付いた。肩まで伸びた髪は洗っていない様子だった。派手な色のサングラスをかけ、ぼろぼろのジーンズをはき、色あせた黒いTシャツを着て、ポケットにタバコの箱を入れていた。CJによれば、「毎週日曜日に母親に教会に連れて行かれるとき以外は」いつもこの服を着ているのだと言う。CJが入浴するのは日曜日の朝だけである。ソーシャルワーカーはCJと話をするのは難しいと感じた。彼が「知らない」「どうでもいい」以外、ほとんど喋らないからである。

　母親のサリーは、面倒ばかり起こす14歳の男の子の悪ふざけに煩わされている暇もなければ金もないと言う。母親は、CJの行動により外部機関の本格的なインターベンションが行われたのは、今回の盗みの件が初め

てだと言う。彼女は CJ に、法に触れるような問題を起こしても自分は責任を取らないと、何度も言い聞かせていると話した。母親は「何日か少年拘置所に入れてもらえば、思い知るんだろうけど」と言った。面談に同席していたサリーの母親であるガンブル夫人もこれに同意した。サリーによれば、かつては、CJ の悪さに関して近所からしょっちゅう苦情を受けていたという。CJ は近所のバラの木を切り倒したり、近所の子どもから昼食代を巻き上げたり、家や洗濯物に泥を投げ付けたりしていたらしい。サリーは毎回、損害を弁償し、そのために母親に金を借りることも多かったという。サリーは、息子の責任を取るのはもううんざりだと何度も繰り返し、溜息をつきながら、「あの子がどこで道を誤ったのか本当に分からない」と言う。

サリーは、CJ は普通の子ども時代を過ごしたのだと言う。教会にも学校にも数人の友だちがいて、中学までは勉強もよくできた。現在、彼はフリーモント高校の 10 年生であり、ほとんどの科目で単位を落としている。学校の出席記録を見ると、病気による欠席数が多い。サリーは、CJ が頭痛や胃の不調を訴えたときは学校に行けとは言わないのだと言う。ソーシャルワーカーが、CJ は医者に診てもらっているのかと問うと、サリーはお金を使うほど深刻なものではなく、鎮痛剤で大丈夫なのだと言う。

サリーは CJ の友人たちを嫌っている。彼らが CJ に悪影響を及ぼしていて、今の苦境の責任は彼らにあるのだと言う。彼女は、友人たちが CJ に万引きをするようそそのかしたのだと主張している。サリーの説明によると、CJ は追随しているだけで、友人に受け入れられたくて、彼らにやれと言われたことをやっているだけだと言う。サリーは「息子は自分の意志で万引きなどしません！」と断言している。

この事例は、多くの疑問を提起する。クライアントシステムは誰なのか。家族を中心とした視座からは、何が問題で、ニーズは何か。家族はどの資源やストレングスを活用できるのか。変革が必要なのは何か。家族の構成員は相互にどのようなことに取り組むことが必要か。この家族のウェルビーイングのために、環境構造にどのような修正が必要か。

ソーシャルワーカーは、唯一の原因を探し、唯一の解決方法を求めて、問題を精査する場合がある。この傾向は、家族とのワークにおいては、家族の一構成員の行動を**問題**として特定することにつながりやすい。CJ のケースでは、CJ や母親を問題として特定することは容易だろうが、このような見方では、家族システムとその環境の影響が見過ごされてしまう。家族を中心としたプラクティスは、社会システムの間にある関係が持つ、コンテクストや交互作用を基にした性質を考慮する。実践者と家族は問題を、家族の一構成員による機能不全行動としてではなく、家族を基礎として解決することが必要な、家族の問題として組み立てる。

家族システムという視点

　家族システムに対するインターベンションは、家族という単位に焦点を当てる。システム的アプローチは、家族の構成員同士の関係および家族の構成員と環境との関係のダイナミクスを考慮する。ストレスが生じるのは、家族を構成する個人が困難に直面したとき、家族の構成員の相互関係に問題が生じたとき、家族全体あるいはその構成員に、環境を原因とする問題が生じたときである。家族が、ストレスと構成員のストレス適応能力との間のバランスを取っていることが理想である。

　家族を基盤とするソーシャルワーカーは、家族とその環境との間の相互作用を考慮する（Pecora et al., 2000）。ソーシャルワーカーとクライエントは、家族に影響を与える環境システムを見出し、人間関係、ニーズ、資源といった観点から、家族とその環境との間の交互作用に関するアセスメントを行う。インターベンションの最終目標は、家族とその環境の適合性を高めるために、相互に合意された目標を構築することである。家族の資源を開発し、資源活用のコンピテンスを高めることにより、これは可能になる。

　多世代にわたる家族システムについて考察するにあたり、ソーシャルワーカーは、世代をまたいで及ぼされる力が、家族の相互作用をどのように形成しているかを探究する。このような探究には、人間関係と行動への影響に関する調査が含まれ、また、世代間の違いをより明確に区別するプランを含む場合もある。

　このアプローチの目的は、単位としての家族の構造的関係と家族の構成員のコミュニケーション・パターンを理解することである。家族の構造的ダイナミクスには、家族の個々の構成員が演じる役割、家族の全体的機能を統括するルール、家族のコミュニケーション・ネットワークが含まれる。

　家族システムには、一連の複雑な対人関係がつきものである。**役割の境界**により、家族の個々の構成員に期待される具体的な行動が明確になる。これらの境界が不明瞭な場合や厳密すぎる場合には、家族に問題が生じる。家族の役割分担は性別、年齢、世代により定義される場合が多い。たとえば、育児という機能を母親のみに担わせると、母親が外での就労や教育を求めた場合に、家庭内の衝突が生じる。同様に、共働きの家族は、親として家計を支える役割とそれに伴う期待とを定義し直す必要がある。役割分担が不十分な家族もある。たとえば、家庭において育児の役割を担うことができない場合や、明確に理解できていない場合に、子どもたちは監督者不在の状態になるか、ネグレクトを受ける場合さえある。

　家族のルールは、家族の中およびコミュニティ内における行動を決める要因となる。このようなルールが存在しない場合、無規範状態や混乱が生じる。他方、家族の構成員が厳格にルールを強制する場合、怒りや敵意が

生じ得る。家族のルールは、行動に関する期待を明確化するものであり、構成員を強制的にコントロールするために用いられるべきではない。

　家族における**効果的な**コミュニケーションが可能になるのは、家族の全構成員の間にオープンで柔軟なコミュニケーションの経路が開かれている場合である。無視、一方的な指示、まわりくどいメッセージなどの閉じたコミュニケーションは非効果的である。家族と実践者は、コミュニケーション強化に取り組む中で、結託や連帯、三角関係、隠された思惑などを養う、隠されたコミュニケーション・パターンの変革を目指す場合もある。家族トリートメントのアプローチにおいて、インターベンションは、家族の構造を再編成し、より効果的なコミュニケーション・パターンを作り出し、現実的な構造的境界を構築する。家族トリートメントの最終目的は、家族の統合を果たすことである。

■ エコロジカルな原則

　家族を中心としたプラクティスにおいては、多くのエコロジカルな原則がソーシャルワーカーとクライエントの協働に方向性を与える。ソーシャルワーカーは、家族が経験する問題を、社会システム間の交流における問題、あるいは発達に対する阻害と見なす。

- インターベンションは、過度に単純化された、単一原因に対する単一の解決策モデルから、これを超えたフィードバックによる変革モデルへと移行しつつある
- 人生経験と家族に固有の援助ネットワークは、変革のプロセスにとって必要不可欠である。インターベンションのストラテジーにおいては、家族がより高いレベルでコンピテントな機能を発揮できるように、家族を資源として認識し、家族の構成員の積極的な参加を活用すべきである
- エコシステム的視座からは、家庭環境の変化や、家族の構成員の行動は、家族システム全体に重大な変化をもたらす可能性があると考えられる
- インターベンションのストラテジーあるいは方法論の選択において、等結果性の原則を認識することが重要である。すなわち、同一の結果へと導く複数の道筋が存在するという原則である

（Hartman & Laird, 1983）

　これらのエコロジカルな原則に即して、家族を中心としたソーシャルワーク・プラクティスは、家族やその構成員の機能の変革、さらに、家族の資源や成長の機会を決定付ける社会構造の変革、そして、多様な社会システムとの相互作用的関係の変革を構想する。

▶ ソーシャルワーク・ハイライト　ベンズィーズとミケジウク（Benzies & Mychasiuk, 2009）は、その文献のレビューにおいて、エコシステム内で家族のレジリエンシーを支える多数の保護因子を特定している。彼らは自らのリサーチの成果を、3つの構成要素から成るエコロジカル・モデルを用いて整理することで、個人、家族、コミュニティのレベルにおける24の保護因子を見出した。実践者が家族のレジリエンスを支えるための一次予防プログラムを設計する際には、各レベルで見出された、複数の要素からなる保護因子を統合する必要がある。個人の保護因子としては、自己効力感、効果的対処スキル、教育と研修などが挙げられる。家族システムレベルの保護因子としては、親子関係の安定性、家族の結束力のある相互作用、親子間の支援的な相互作用、適切な住居などが挙げられる。コミュニティにおける保護因子として考慮すべきものには、コミュニティのソーシャルネットワーク、コミュニティを基盤としたメンター、近隣の安全性、質の高い保育、利用可能なヘルスケアとメンタルヘルス・ケアの選択肢などがある。

ソーシャルワークが家族に行う支援

NASW（2009a）は、家族に支援を提供する以下の政策を提唱している。

- 完全かつ公平な雇用
- 幼児期と家庭生活に関する教育
- 子どもおよび高齢の家族に対する良質なケアの提供
- 生活しやすく手頃な価格の住宅
- 有給の家族介護休暇
- 包括的ヘルスケア・サービス
- 性差別のない所得補助金と税額控除
- 同性婚、およびゲイとレズビアンの家庭による養子縁組
- 虐待とネグレクトに関わる問題に対処するための、家族を中心とした予防とトリートメント指向のサービス

　家族は、社会的・経済的セーフティネットを必要とする。ゆえに、ソーシャルワーカーは、家族の要望に応えられる公共政策アドボカシーの最前線に立たねばならない。ソーシャルワークの家族サポートに関するポリシーは、家族と社会機関との関係に関わるさまざまな原則に基づき構築される。家族に対する基本的支援としては、所得補助金、雇用、教育、ヘルスケアなどに関する経済的・社会的サービスの受給権付与が挙げられる。サービスへのアクセスの提供は、バイアスや人権侵害がなく、文化的多元性が認められるものでなければならない。家族と家族のニーズの複雑な

性質に対処するために、システムには、公共部門および民間部門のコンピテントな専門職による、家族との協力に基づくサービス提供が必要である。何よりも家族福祉は、学校、職場、医療施設、教会、メディアなど、すべての社会機関が中心的焦点とすべきものである。

　▶ **ソーシャルワーク・ハイライト**　カルチュラル・コンピテンスに基づくサービス提供は、国外出身者を含むダイバースな人々とのワークを効果的なものにするために不可欠である。たとえば、ミネソタ大学のスクール・オブ・ソーシャルワーク児童福祉高度研究センターでは、ソマリ族移民の子どもと家族の文化と環境理解のための案内を提供している (Children's Bureau, 2012b)。『ソマリ文化案内──移民家族とその子どもたちのウェルビーイング強化のための能力開発と予防ストラテジーの構築（*The Somali Cultural Guide: Building Capacity to Strengthen the Well-Being of Immigrant Families and their Children, A Prevention Strategy*)』では、他国からの移民全般に適用できるテーマ、すなわち育児の慣行、親子のアタッチメント、子どもの発達に関する期待、保健とメンタルヘルスへの態度、親族の役割と世代を超えた様式、サポートネットワーク、性別の社会化、移民の経験などに取り組んでいる。

子どもへのマルトリートメント

　子どもに対する虐待やネグレクトは長きにわたり存在していたが、子どもに対するマルトリートメントが社会問題として認識されるようになったのは最近のことである。子どもへのマルトリートメントは人種、民族、宗教を問わずあらゆる人口集団に存在し、あらゆる社会階層に見られる。統計は子どもへのマルトリートメントの膨大な発生件数を示しているが、私たちの社会における暴力の蔓延を考えれば、これは驚くべき数字ではない。かつては、家族が構成員を社会的暴力から保護していたかもしれないが、現在では、暴力は家族内の人間関係にまで浸透し、家庭は子どもにとって安息の場ではなくなっているのだ。

歴史的視座

　暴力やネグレクトから子どもを保護するための法規は、米国の歴史の初期に遡る。当時は、虐待された子どもはその保護のために、救貧院に入れられたり、年季奉公に出されたりしていた。一方、子どもは虐待やネグレクトから法的に保護されてはいたが、アウトリーチや法執行は不十分だった。

児童保護サービスとエンパワメント

子どもの権利は社会正義における課題である。子どもの権利に対するアドボケイトは、家族と児童福祉システム、特に児童保護サービスにおける子どもの権利保護を強調する。子どもの権利に関わる活動家には、2つの主要な義務がある。すなわち、1）子どもの最大の利益のために活動すること、2）子どもの安全を保護することである。

子どもを危害から守ること、家族をエンパワーして子どもを適切にケアさせることは、州の出資による児童保護サービス機関の2つの目標である。集団訴訟の結果、子どもの権利に関わる活動家は、子どもを危害から守るための以下のステップを確認した。

- ・子どもがフォスターケアのもとで過ごす時間を減らすこと
- ・子どもをより早期に、永続的家族のもとで暮らせるようにすること
- ・保健およびメンタルヘルス・サービスなどのサービス支援を提供すること
- ・養子を希望する家庭や里親を求める家族の登録者リストを作り、利用できるようにすること
- ・ケースワーカーの研修を行うこと
- ・効果的なデータ管理システムを作ること

（Children's Rights, 2009）

児童保護サービスのワーカーは、子どもへのマルトリートメントの通告を受けてこれを調査する。児童虐待やネグレクトの通告が確認あるいは示唆された場合、家族をつなぎとめ、子どもをそれ以上の危害から保護するために、家庭内において家族を中心に置いたサービスが実行される。子どもが家族から引き離される場合、家族を再統合するためのあらゆる合理的な努力がなされなければならない。毎年、数万の家族が、家族保護と家族再統合サービスを活用している。ところが、児童虐待やネグレクトの結果として子どもが重傷や死に至ったケースが大々的に報道されると、児童アドボカシーグループは、家族保護と家族再統一プログラムの責務について再考を余儀なくされる。

このように、児童福祉の中心課題は、児童保護と家族維持の矛盾に関わるものである。あるいは、この課題は、児童福祉というプラクティス領域における、社会的コントロールと支援的機能の間の葛藤から生じると言うこともできる。子どもへのマルトリートメントに関わるソーシャルワーク・プラクティスには、課題と倫理的ジレンマが山積しており、次のような疑問が提起されている。

- ・家族生活に対する侵入的手法は、どの時点から使用されるべきか
- ・ソーシャルワーカーは、家族の統合を支えるサービスの提供や、危機に瀕した子どもへのセーフティネットの供与をどのように行うべきか
- ・実践者は、家庭からの子どもの分離や親権の破棄などの、人生を左右するような決定をどのように扱うべきか
- ・実践者は、虐待を受けている子どもの存在を前にして、非審判主義、個人の尊厳と価値、自己決定といった原則をどうすれば維持することができるか

児童保護サービス機関は、児童保護における説明責任に対するコミュニティの期待に応えなければならない。その一方で、コンピテンスを備えたコミュニティは、虐待の潜在的リスクを減らすために、親たちに資源を提供しなければならない。

■ メアリー・エレンのケース

　1874 年に広く報じられたマルトリートメント事例において、その被害者だったメアリー・エレン・ウィルソンは、警察からも慈善機関からも背を向けられた（Watkins, 1990）。この小柄な少女は馬用毛布にくるまれて法廷に連れてこられた。彼女にはあざがあり、顔にははさみによる長く深い切り傷が横切っていた。メアリー・エレンは両親を亡くしており、物心ついてからずっとコノリー夫人と共に生活していた。メアリー・エレンは法廷で証言し、およそ毎日、身に覚えのない理由で殴られ、鞭打たれていたことを明かした。彼女は隔離され、他者との交流を禁じられ、庭の向こうへ出ることを禁止されていた。コノリー夫人は自分が出かける際には、メアリー・エレンをベッドルームに閉じ込めさえした。メアリー・エレンは、床に敷かれた小さなラグの上で眠り、着替えは持っていなかった。近隣住民、福祉ワーカー、動物虐待防止協会の（公的資格ではなく人道的市民である）調査員が、メアリー・エレンの証言を裏付けた。メアリー・エレンは、コノリー夫人の親権から離れ、コノリー夫人は暴行罪で起訴された。

　このマルトリートメント事例に対する世間の反響は大きく、民間の児童保護組織である児童虐待防止協会の設立につながった。同協会は、法執行機関による児童救済のアプローチを確立した。これは、子どもの家庭からの分離と、ネグレクトや虐待をする親の訴追を強調するものだった。

■ 関心の高まり

　20 世紀初頭の米国において、児童福祉の課題に対する公的関心は明白で、特に 1909 年の被扶養児童ケアに関するホワイトハウス会議と、児童福祉関連問題への連邦政府の対応を指揮するための 1912 年の児童局設置が顕著な例である。児童保護は、1935 年における社会保障法の可決により、公的機関の管理権限下に入った。児童局は、第 5 章の規定を通じ、「ホームレス、被扶養児童、ネグレクトされた子ども、非行化の恐れのある子どもに対する保護とケア」のために州に対する補助金を拡大した（Cohen, 1992, p. 23）。

　過去 25 年間で、子どもに対するマルトリートメントへの公衆および専門職の関心は急速な高まりを見せている。子どもへのマルトリートメントは、1960 年代初頭に、医療専門職により再発見された。1962 年に、C・ヘンリー・ケンプ（C. Henry Kempe）とその共同研究者たちが、幼児に対する深刻な身体的虐待の結果生じた医学的状態を表現するために、**被虐待児症候群**という言葉を考案したのだ。その後まもなく、自助組織であるペアレンツ・アノニマスが創設された。1960 年代半ばまでには、すべての州において、児童虐待の通告義務が法制化された。

児童虐待とネグレクトの法的定義

　連邦児童虐待防止法（Federal Child Abuse Prevention and Treatment Act, CAPTA）および、2010年CAPTA再承認法として規定された連邦法は、児童虐待とネグレクトの最低条件を、18歳未満の子どもに対する「親または保護者による、死、深刻な身体的・精神的危害、性的虐待あるいは搾取をもたらした、直近のあらゆる作為または不作為、あるいは、深刻な危害のリスクを内在する作為または不作為」と定義している。その一方で、州法は、その管轄区域における児童虐待とネグレクトの法的定義を行う。**民法**は児童虐待とネグレクトを定義し、特定の専門職に対し法的通告義務を課し、通告手続きの詳細を規定する。**刑法**は、子どもへのマルトリートメントが刑事司法手続きの対象となる条件について規定している。

■ 通告に関する法

　全50州およびコロンビア特別区において通告に関する法が施行されており、児童虐待の定義、通告しなければならない内容、および通告手続きの詳細が規定されている。児童虐待とネグレクトに関する法は州によって異なるが、そのすべてにおいて、ソーシャルワーカーなどの専門職に対し、児童虐待やネグレクトの疑いがある場合に、これを適切な当局に通告することが義務付けられている。ソーシャルワーカーは児童虐待の通告に関して、法的義務と倫理的ジレンマの可能性の両方に自覚的でなければならない。たとえば、「信じるに足る合理的理由」あるいは「合理的疑い」の通告を義務付けている法もあれば、「知っている、あるいは疑っているということ」の通告のみを要求している法もある。さらに、通告を怠った場合には法的処分が定められており、大部分の州では、「児童が虐待あるいはネグレクトを受けていることを疑いながら、認識しつつ故意に通告しなかった」通告義務者は処罰される（Child Welfare Information Gateway, 2009b, p. 2）。39の州で、通告義務違反は軽罪に分類されているが、状況次第で、これを重罪とする州もある。

　ソーシャルワーカーがプラクティスのための準備としてとることができる実践的ステップには、以下のようなものがある。

- その州に特有の法的義務を把握しておくこと
- 児童虐待とネグレクトの兆候を知っておくこと
- 通告のプロセスと手続きを理解しておくこと
- 詳細かつ正確な記録を残しておくこと
- 機関の手続き、監督的コンサルタント、法律相談のできる資源を特定

倫理的プラクティス

［プラクティス行動の例］　原則に基づく意思決定に至るために、倫理的推論のストラテジーを用いること。

［批判的思考の訓練］　児童福祉分野における政策的要請である、保護的サービス、家族維持、家族再統合、パーマネンシー・プランニングは、すべてが倫理的ジレンマに満ちたものである。児童保護と家族維持との間の倫理的ジレンマ解決のために考慮しなければならない要素は何か。

しておくこと

児童虐待とネグレクトの種類

児童虐待とネグレクトは、子どもに最も近い存在である親または親に代わる保護者によるマルトリートメントである。子どもへのマルトリートメントは、通常、身体的虐待、精神的虐待、身体的ネグレクト、精神的ネグレクトというカテゴリに分類される。[*]

* 訳注　ここで挙げられているカテゴリと下記の4項目が一致していないが、米国では性的虐待を身体的虐待に含むことがあるため、このようになっていると思われる。

- **身体的虐待**とは、親または保護者による、殴打、打撃、揺さぶり、蹴り、火を使った攻撃、噛みつきなどの有害な行為による、故意のあるいは非偶発的な負傷である。親による身体的虐待を示す兆候としては、怪我についての事実にそぐわない説明、受診の遅れ、さまざまな回復段階にある複数の怪我の痕跡などが挙げられる。
- **精神的虐待**は、親または保護者による、故意に子どもの心を傷つけようとする行為である。例としては、子どもに対する拒絶、脅し、無視、スケープゴート化、隔離、堕落させることなどが挙げられる。
- **児童ネグレクト**とは、子どもに基本的生活必需品を与えないことや、子どもの健康や安全を脅かすほどの監督の欠如を言う。ネグレクトのカテゴリには、身体的ネグレクト（たとえば、ヘルスケア提供の放棄や不履行）、教育的ネグレクト（たとえば、常習的不登校の放置や、子どもを入学させないこと）、そして精神的ネグレクト（たとえば、適切な配慮や愛情を示さないことや、配偶者に対する暴力を子どもに見せること）がある。ネグレクトは、発育不全、学習障害、発達遅滞、発育障害、その他さまざまな医学的問題をもたらす。
- **性的虐待**は、成人の加害者による、子どもに対するさまざまな性的行為を伴う力の行使であり、その際、威嚇や脅迫による口封じが行われる場合が多い。例としては、愛撫、性交、近親相姦、強姦、肛門性交、児童ポルノなどが挙げられる。

子どもに対するマルトリートメントの発生率

児童局が発表した最近の統計によると、マルトリートメントの被害者とされた約590万人の子どもに関して、児童保護機関に対し330万件の紹介が行われたと推定されている（HHS／ACYF, 2011）。これらの紹介事例のうち60％が、児童保護専門職による調査の対象となった。調査対象となった事例のうち約4分の1において、虐待またはネグレクトが立証された。発生率は州によって異なるが、これは全体としてみれば、1000人中9.2人の子どもがマルトリートメントを受けていることを示す数字である。

連邦政府が出資している全米児童虐待・ネグレクトデータシステム（NCANDS）が収集した2010年のデータでは、立証された子どもへのマルトリートメントのうち、最も多いのがネグレクト（78.3%）で、次いで身体的虐待（17.6%）、性的虐待（9.2%）、精神的マルトリートメント（8.1%）、医療に関わるネグレクト（2.4%）の順であった（HHS/ACYF, 2011）。年長の少年よりも、幼い子どもの方がマルトリートメントを受けやすい。子ども1000人あたりの虐待発生率は、0〜1歳で20.6人、4〜7歳で9.7人、8〜11歳で8.0人、12〜15歳で7.3人、16〜17歳で5.0人であった。1000人あたりの虐待率が最も高いのは、アフリカ系米国人（14.6人）、アメリカン・インディアンおよびアラスカ先住民（11.0人）、複数の人種的背景を持つ子ども（12.7人）、最も低いのは、ヒスパニック系（8.8人）、白人（7.8人）、アジア系（1.9人）であった。

子どもへのマルトリートメントにつながる要因

エコロジカル・モデルは、多様なシステムレベルにおける複雑な相互作用を考慮する（Bethea, 1999; Freisthier et al., 2006）。自尊心の低さ、フラストレーションに対する耐性の低さ、孤独や孤立、子どもの行動に対する不適切でしばしば厳格すぎる期待、罰を与えることに関する信念、子どもへの共感の欠如、そして、子どもの発達段階に関する知識不足といった親の特徴も、児童虐待発生の一因となる。アルコールや薬物も子どもへのマルトリートメントにおいて重要な役割を果たしている。推計によれば、「アルコールおよび薬物乱用者を親に持つ子どもは、親がアルコールおよび薬物乱用者でない子どもと比べて、3倍近くネグレクトを受けやすい」（CWLA, 2001, p. 1）。親のアルコールの飲用は、行動規範の無視や親としての責任の放棄につながる場合があるのだ。

人間関係や親族ネットワークは、家族にとって重要な資源である。強固な対人関係と社会的支援は、虐待の軽減につながる。社会的支援の欠如はストレスと孤立を高め、これらは子どもへのマルトリートメントを増加させる要因となる。役割期待の変化に関する葛藤や、特に子どもに関する葛藤は暴力を引き起こすと考えられる。ストレス、失業、結婚生活に関する問題、社会的孤立、家族の暴力の歴史もその一因となる場合がある。

マクロレベルの影響に関し、コミュニティや近隣関係の性質、警察、刑事司法システム、ソーシャルサービス提供システム、職場といった社会的要素のすべてが家族に影響を及ぼす。リサーチ結果からは、失業によるストレスが、あらゆる種類の虐待のきっかけになることが示されている。コミュニティは、問題に効果的に対処しなかった場合、意図せず虐待に加担することになる。児童福祉当局によれば、DVを含む社会における暴力発生率の高さといった要素も、親のアルコールや薬物乱用と同様、子どもへ

のマルトリートメントの原因となりやすい（HHS/ACYF, 2011）。

子どもへのマルトリートメントの心理学的影響

　虐待やネグレクトは、被害者となった子どもに、その全員にというわけではないにしても、広範な心理学的影響を及ぼすことが多い（Barth et al., 2007; Chambers & Potter, 2009; Child Welfare Information Gateway, 2008b; Fang et al., 2012; Pears et al., 2008）。たとえば、虐待を受けた子どもは、自らの感情の制御や表現に困難を覚える場合がある。さらには、アイコンタクトを避け、自分の殻に閉じこもることで親密な関係を回避したり、多動や不適切な行動、あるいは挑発的で攻撃的な行動を示したりする場合がある。愛情に関する混乱や、学習の困難を経験する場合もある。マルトリートメントを経験したことがある子どもは、自らの学習能力に自信がなく、自尊心が低く、学業成績に対して低いモチベーションを示す場合が多い。

子どもへの性的虐待

　性的虐待（sexual abuse）には、家族または見知らぬ人からの広範囲の性的マルトリートメントやミスユース（sexual maltreatment and misuse）が含まれる。性的虐待の例としては、性的いたずら、強姦、児童ポルノ、近親相姦、児童買春がある。さまざまな国際人権法を通じて、国際社会は現在、すべての子どもが性的虐待から保護される基本的権利を有することを承認している。

　2010年の米国において、子どもへのマルトリートメントとして立証されたケースで被害者となった子どものうち、9.2%、すなわち6万4000人弱が性的虐待を受けていた（HHS/ACYF, 2011）。児童福祉インフォメーション・ゲートウェイ（Child Welfare Information Gateway, n.d.）による虐待発生率の報告書では、4〜3人に1人の女性と、10〜6人に1人の男性が、幼少期に何らかの形の性的虐待を受けていたことを示唆している。この推計を実際に通告されたケースと比較すると、子どもへの性的虐待が当局に通告される割合が非常に低いことが分かる。

　子どもへの性的虐待には、子どもに対する強制的な性的行為、ならびに、子どもと「年の離れた年長者」（例：5歳以上）との、年長者の性的満足のために行われる性的行動が含まれる（Browne & Finkelhor, 1986）。性的行動には、性的接触、口腔と生殖器の接触、および性交が含まれ得る。**近親相姦**、すなわち家族内虐待は、親族関係にある者が関わる性的接触を言う。**性的暴力**および**家庭外虐待**は、加害者が子どもと親族関係にない場合を指す言葉である。近親相姦の事例において子どもが従順に従うのは、通常、関わった大人の「権威」による。

子どもの性的虐待については、多数のリスク要因が見出されている。しかしながら、これらのリスク要因の有無にかかわらず、それにより性的虐待の実際の発生についての確証や反証を得ることはできない（Finkelhor, 1993）。フィンケラーが見出したリスク要因は次のようなものである。

- 思春期前という年齢
- 女子
- 継父の存在
- 実の（両）親の不在
- 母親の障害、病気、就労
- 親と子（被害者）の良好でない関係
- 両親の対立あるいは暴力

　この領域のリサーチを検討すると、子どもへの性的虐待の初期の心理学的影響には、恐怖感、怒り、敵意、ならびに罪悪感と羞恥心があることが分かる（Badmaeva, 2011; Dorahy & Clearwater, 2012; Oshri et al., 2012; Sousa et al., 2011; Zinzow et al., 2010）。行動的兆候として、外在化、不安、悲嘆を示し、不適切な性的行動も含まれる。学校での問題、不登校、家出、非行も、性的虐待に対する反応として生じる場合が多い。反応として多いのは、裏切られたという思い、スティグマ感、無力感である。長期的影響としては、うつ病、自己破壊的な行動、自殺、不安、自尊心の低さが挙げられる。さらに、幼少期に性的虐待を受けた大人は、相手の性別を問わず、対人関係、他者に対する信頼、親密な性的関係、育児困難を経験する。彼らは、他の人間関係においても、さらなる虐待を受けやすくなる可能性がある。幼少期の性的虐待経験は、売春や薬物乱用への関与の可能性を高める。ブラウンとフィンケラー（Browne & Finkelhor, 1986）のレビューは、性的虐待に対する児童の反応に影響を及ぼす要因について述べている。リサーチによれば、加害者が被害者の父親または継父である場合、性器の接触を含む場合、加害者が強制的に行為に及んだ場合、児童保護システムが子どもを家庭から引き離した場合に、影響はより有害なものになる。

児童福祉サービス

　大まかに言えば、児童福祉には児童のウェルビーイングのあらゆる側面を扱うサービスが包含される。たとえば、子どもの健康と社会的・心理学的発達を保護し促進すること、家族の強化、子どもの健全な発達を阻害する不利な社会的条件への対処などのサービスである。ソーシャルワーク専門職は、この領域のソーシャルサービス提供システムにおいて重要な地位を占める。児童福祉分野で働きたいソーシャルワークの実践者には、子ど

もの定型および非定型の発達や、発達に影響を及ぼす背景的要因、トラウマやストレスに対する子どもの反応、そして児童福祉法制に関する専門知識を持つことが求められる。

　子どもへのマルトリートメントが発生すると、いかなる状況でも、社会は親の権利と権威を剥奪する。この社会的制裁による干渉の例としては、家族を基盤とするサービス・インターベンションのための資源配置や、親として子どもを自律的に養育する権利の縮小ひいては剥奪がある。通常、サービスのためには、少年裁判所と公的ソーシャルサービス部門の保護的サービスユニットを組み合わせることが必要である。

児童福祉法制

　児童福祉システムは、連邦政府および州の児童福祉法の影響下にある、公的および民間サービスのネットワークである。ダイレクトサービスの例としては、カウンセリング、保護的・非保護的保育、養子縁組サービス、児童虐待調査と保護サービス、居住型ケアあるいはグループホームにおけるケア、家事代行および在宅保健支援サービス、里親家族によるケア、セラピューティック・フォスターケア、居住型トリートメント、10代の親向けプログラム、そして家庭生活教育が挙げられる。さらに、児童福祉機関は、プランニングとプログラム構築に取り組み、子どもの健全な発達の強化につながる社会変革を推進する。20年以上にわたる変化を辿ることで、理念および法制における優先順位が顕著に変化していることが分かる。表13.1を参照のこと。

■ 児童虐待防止法

　児童虐待防止法（Child Abuse Prevention and Treatment Act, P.L. 93-247）は、連邦政府による画期的な児童虐待対策法であり、CAPTAと呼ばれることが多い。同法はまず1974年に施行され、再承認と改正が数回行われた。CAPTAにより、州の通告義務の採用に付随して、児童虐待の通告内容の調査と児童虐待防止プログラムの構築のために、連邦政府の資金が州に割り当てられるようになった。また同法により、情報交換の場および児童福祉専門職のための資源として、全米児童虐待・ネグレクトセンター（National Center on Child Abuse and Neglect, NCCAN）が創設された。

■ インディアン児童福祉法

　インディアン児童福祉法（Indian Child Welfare Act, ICWA, P.L. 96-608）は、未婚で18歳未満の、連邦政府に承認されたインディアン部族の一員であるアメリカ先住民の子どもの、家庭外措置や養子縁組に対する部族の権限を再構築するために制定された。ICWAの規定は、部族の裁判において

表13.1　児童福祉、児童保護、養子縁組に関する主な連邦法

1974	児童虐待防止法（Child Abuse Prevention and Treatment Act, CAPTA, P.L. 93-247）、1978年改正法（P.L.95-266）、1984年改正法（P.L. 98-457）、1988年改正法（P.L. 100-294）、1992年改正法（P.L. 102-295）、1996年改正法（P.L. 104-235）
1978	インディアン児童福祉法（Indian Child Welfare Act, ICWA, P.L. 95-608）
1980	養子縁組支援および児童福祉法（Adoption Assistance and Child Welfare Act, P.L. 96-272）
1993	包括的予算調整法（Omnibus Reconciliation Act, P.L. 103-66）の一部として設置された、家族維持および家族支援サービスプログラム
1994	多民族間措置法（Multiethnic Placement Act, MEPA, P.L. 103-382；同改正法）
1996	多民族間措置法の異民族間措置条項（Multiethnic Placement Act, Interethnic Placement Provision, P.L. 104-188）
1997	養子縁組および安全な家族法（Adoption and Safe Families Act, P.L. 105-89）
1999	フォスターケア自立支援法（Foster Care Independence Act, P.L. 106-169）
2000	異国間養子縁組法（Intercountry Adoption Act, P.L. 106-279）
2000	児童虐待防止執行法（Child Abuse Prevention and Enforcement Act, P.L. 106-177）
2001	安全で安定した家族促進法（Promoting Safe and Stable Families Act, P.L. 107-133）
2003	児童と家族の安全維持法（Keeping Children and Families Safe Act, P.L. 108-36）
2008	成功に向けた関係養成および養子縁組増加法（Fostering Connections to Success and Increasing Adoptions Act, P. L. 110-351）

措置に関する公聴会の実施を義務付け、子どもを家庭から分離させるためには、事前に部族の慣習と文化に精通した鑑定人による証言を要求している。同法はさらに、アメリカ先住民の子どもの養子縁組あるいは里親養育への措置においては、拡大家族の構成員、部族の構成員、その他のアメリカ先住民の家族との間で行うことを要求している。

■ 1980年養子縁組支援および児童福祉法

　1980年養子縁組支援および児童福祉法（Adoption Assistance and Child Welfare Act, P.L. 96-272）は、パーマネンシー・プランニングを強調する。同法は、国の努力目標を、家族が自ら子どもを養育できるように強化し、それが不可能な場合には適切な永続的措置を実現することへと転換した。この児童福祉改革により、専門職は、すべての子どもに養子縁組を行うのは不可能なことでなく、特別なニーズを持つ子どものために永続的家庭を探す努力が、サービス提供において新たな意味を持つようになったと考えるに至った。同法の理念は、サービス提供のためのプログラム作成に以下のような指針を提供した。

- 子どもは家庭に留まり、適切な家族サービスの支援を受けるのが理想である
- 子どもの安全のために一時的な家庭外措置が必要な場合、サービスの取り組みにおいて、子どもと家族のできるだけ早期の「再統合」が強調されるべきである
- ワーカーは、家族再統合の取り組みが失敗に終わった場合、親権を停止し、パーマネンシー・プランニングを検討すべきである

同法は、パーマネンシー・プランニングの取り組みの成功を確保するためのサービスについて規定する。たとえば、家庭を基盤とするサービス、養子縁組サービス、里親制度や養護施設におけるサービスなどである。

■ 児童虐待防止法 1996 年改正法

1996 年改正法は、次のような包括的アプローチを規定している。

- ソーシャルサービス、法務、保健、メンタルヘルス、教育、薬物乱用を扱う機関および組織のワークを統合すること
- 政府のあらゆるレベルの間、ならびに私的機関、すなわち市民的・宗教的・専門職組織、そして個人のボランティアとの関係の調整を強化すること
- 近隣レベルにおける虐待とネグレクト防止、アセスメント、調査、トリートメントを強調すること
- 適切な研修を受けた、専門知識を有するサポートスタッフによる児童保護義務の履行を確保すること
- 民族的および文化的ダイバーシティに配慮すること（ACF, n.d., 第 2 節）

■ 包括的予算調整法と家族支援サービス

家族維持と家族支援サービス・プログラムは、1993 年包括的予算調整法の一部として開始された。具体的には、同法は、子どものために安全かつ成育に適した環境を提供できるように家族を強化・維持し、可能な限り家庭外措置を防止し、子どもを自宅あるいはその他の永続的生活環境に戻すことを目的として成立した。州には、調整のとれた一連のプログラムを構築し、家族維持サービスを通じて危機に瀕した家族のニーズに対処すること、および、コミュニティを基盤とする家族支援ストラテジーを通じてすべての家族の安定性強化に向けた一次予防アウトカムの達成を目標とすることが促された。

■ 1997 年養子縁組および安全な家族法

1997 年養子縁組および安全な家族法（Adoption and Safe Families Act of

1997, ASFA）には、州を基盤とした児童福祉サービスの改革に指針を提供する複数の基本原則が包含されている。ASFA の本質は、児童福祉の目標として、子どもの安全、永続性、ウェルビーイングに再び焦点を当てるところにある（Tracy & Pine, 2000）。長期にわたる家庭外措置を減らし、養子縁組を促進するために、子どもがフォスターケアに入ってから 12 ヵ月以内にパーマネンシー公聴会を開くことや、過去 22 ヵ月中 15 ヵ月間、フォスターケアのもとにあった場合には親権停止申請を行うことなど、各ステップの新たなタイムラインを設定し、例外も明記している。その結果、努力の焦点は、家族の統合とパーマネンシー・プランニングの両方に、同時に置くことが要求されるようになった。ワーカーは、慢性的虐待や親に親権停止の経歴があるような状況においては、子どもを家庭に戻す合理的努力をする義務が免除されている。家族に戻すことが子どもの安全を脅かすなら、児童福祉ワーカーは、自らが作ったパーマネンシー・プランに従って、適時に子どもの措置のための合理的努力をしなければならない。同法は、最も現実的なパーマネンシー・プランとして、養子縁組を重視している。

■ フォスターケア自立支援法

フォスターケア自立支援法（Foster Care Independence Act, P.L. 106-169）は、里親養育を受けている青少年が、年齢を理由として児童福祉サービスの資格対象から外れる際に、自立した生活への移行に伴って直面する諸問題に対処するために制定された。立法趣旨には、自立した生活のためのプログラムの改善、メディケイドの適用範囲拡大による医療へのアクセス権の拡大、これらのサービスを 21 歳まで延長することなどが含まれる。

■ 安全で安定した家族促進法

安全で安定した家族促進法（Promoting Safe and Stable Families Act, P.L. 107-133）は、1993 年に施行された家族維持および家族支援サービス・イニシアティブの対象範囲を拡大する立法であり、1997 年養子縁組および安全な家族法（ASFA）が再承認され改名されてできた法である。この法は、州に対し、家族維持、家族支援、幼児の安全な避難所、時限的家族再統合サービスの拡大を促し、また、収監された親を持つ子どものためのメンタリング・プログラムの開発や、フォスターケアのもとにいる年長の青少年への教育機会の提供、さらに、その他の親子関係強化と健全な結婚生活促進のためのサービス構築を促すものである。

■ 2003 年児童と家族の安全維持法

2003 年児童と家族の安全維持法（Keeping Children and Families Safe Act, P.L. 108-36）は、児童虐待防止法（CAPTA, P.L. 93-247）が再承認された法で

ある。同法には、児童保護サービス改善のための規定が含まれる。たとえば、児童保護機関と、保健、メンタルヘルス、発達障害に焦点を置く機関との橋渡しをするためのデモ・プロジェクトへの資金供与、予防活動の強化、営利目的のサービス提供部門への技術支援のための資格の拡大に関する条項などである。

■ 2008 年成功に向けた関係養成および養子縁組増加法

2008 年成功に向けた関係養成および養子縁組増加法（Fostering Connections to Success and Increasing Adoptions Act of 2008, P. L. 110-351）は、後見人となる親族に対する助成金拠出と、養子縁組のインセンティブ増額により、フォスターケアのもとにある子どもと青少年が永続的家族に入ることの推進を目指すものである。同法は、フォスターケアのもとにある 21 歳以下の若者支援のための連邦政府資金の拠出を増額し、アメリカン・インディアンとアラスカ先住民の子どもに対する連邦政府による保護と支援を強化するという点において、重要な意味を持つ。同法の規定は、児童福祉および裁判システムに関わる職員の研修についても、連邦政府の支援を拡大している。

■ 2010 年 CAPTA 再承認法

2010 年 CAPTA 再授権法（CAPTA Reauthorization Act of 2010, P.L. 111-320）は、州を基盤とするプログラムとサービスを組み合わせることを通じて児童保護を強調し、児童虐待からの保護を 2015 年まで再承認するものである。CAPTA 再承認法の 3 つの主要目標は、データ収集の強化、児童保護および調査ワーカーの研修の改善、および児童虐待、DV、薬物乱用に関するサービス提供者との連携強化である。同法の条項には、揺さぶられっ子症候群に関する調査と連邦議会への通告の拡大、児童保護と DV プログラムの協働的な取り組みを構築することによる子どもの安全確保、および虐待していない親への育児支援が含まれる。

児童福祉提供システム

児童福祉提供システムは、児童保護と家族の強化・維持のために設計された、包括的な公的・私的サービスである。児童福祉システムの機能は次のようなものである。

- 児童虐待やネグレクトとなり得る事例に関する通告の受理と調査
- 子どもの保護と育児に支援が必要な家族へのサービス提供
- 家庭で安全を得られない子どものために、親族や里親家族との生活を手配すること

> 児童福祉提供システムは、児童保護と家族の強化・維持のために設計された、包括的な公的・私的サービスである。

- フォスターケアを離れる子どものために、再統合、養子縁組、その他の永続的家族関係を整えること

（Child Welfare Information Gateway, 2011c, p. 3）

公的児童福祉機関は通常、州法による法的義務を負う指定児童福祉機関である。公的機関は、民間機関と支援やトリートメント・サービスの契約を締結する場合も多いが、その場合でも、ケースをモニタリングする責任と監督権限は保持し続ける。契約サービスには、通常、家族維持のための家庭内トリートメント、里親養育と養子縁組、シェルターにおけるケアと、居住型施設でのトリートメント、対薬物乱用インターベンション、育児教育などが含まれる。図13.1 は、児童福祉システムにおける経路を図示したものである。

一次予防

児童福祉サービスにおける予防サービスは、1974 年児童虐待防止法（Child Abuse Prevention and Treatment Act, P.L. 93-247）の成立により脚光を浴びた。同法は、子どもへのマルトリートメントの特定、措置、予防のための取り組みを、国全体にわたって整備することを明確に要請した。同法ではさらに、子どもへのマルトリートメントの発生率に関するデータ収集のための政策を規定し、児童虐待とネグレクトの予防とトリートメントに関する情報の普及のための情報センターを創設し、児童福祉担当職員に対する研修を行うことが求められている。全米児童虐待・ネグレクトセンターは、立法趣旨の実現、この分野の連邦政府および州によるイニシアティブのモニタリング、ならびに、リサーチと革新的な一次予防プログラムの支援のために設立された。

家庭崩壊と子どもへのマルトリートメントの予防と家族の健全な機能発揮を目指すサービスは、すべての家族のために役立つ。プロモーション・モデルは、専門的技能を重視し、能力開発を行う。一次予防は、家族のコンピテンシーを強化し、ポジティブな育児慣行を推進し、健全な家族の機能のためにコミュニティ資源を開発する。児童虐待の予防は、子どもへのマル

Pearson

子どもは一次予防プログラムを通じて、ポジティブな自己概念を構築する。

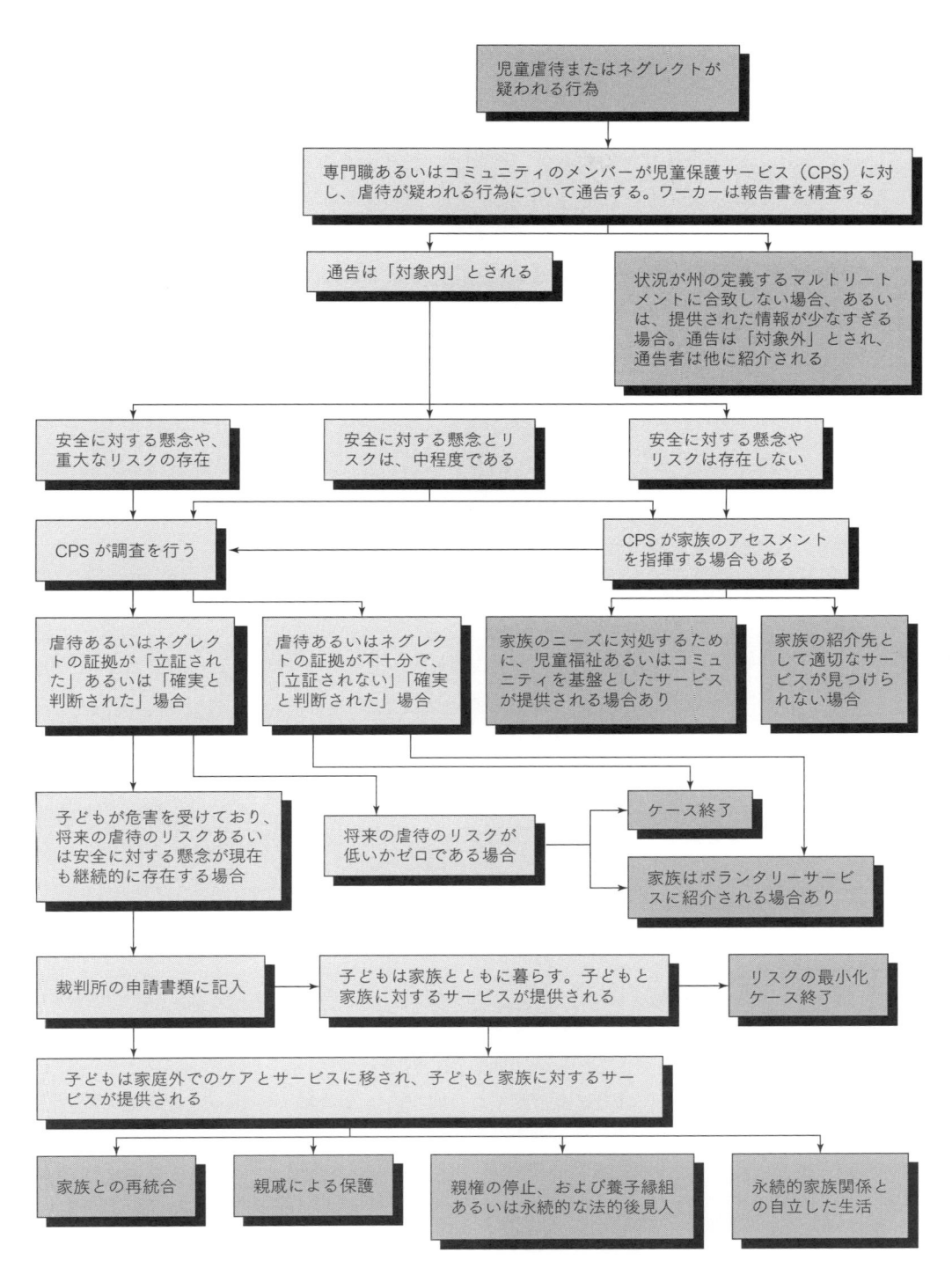

図13.1　児童福祉システム

出所：Child Welfare Information Gateway. 以下の URL より参照可能。www.childwelfare.gov/pubs/factsheets/cpswork.pdf

トリートメントの蔓延を抑制することを目標とする。効果的な予防活動には、以下のようなものが含まれる。

- 家族支援サービス。たとえば、新しく親になった人のための家庭訪問サービス、レスパイトケア、緊急児童ケアのための各種対応、危機介入ホットライン、家族支援と早期インターベンション・プログラム
- 幼児期の発達と健康スクリーニングにより、身体的・認知的発達、発話および言語、運動技能、心理社会的・行動的発達のベンチマークの達成に向けた進捗を確認する
- 子どもの発達、年齢相応の期待とケア、コミュニティを基盤とする資源、ベビーシッターの研修と資格に関する、親に対する教育プログラムの構築
- 児童虐待・ネグレクト予防とサービスに関するコミュニティ全体に対する教育、およびその他の社会の意識啓発に向けたキャンペーン

▶ **ソーシャルワーク・ハイライト** 一次予防プログラムは、家族と里子のウェルビーイングを強化する。フォスタリング・ホープ・イニシアティブ（Fostering Hope Initiative, FHI）は、子どもへのマルトリートメントの発生率削減と幼稚園入園のための準備を請け負うという明確な目的を持ち、オレゴン州における貧困率の高い3つの地域でサービスを提供している（Children's Bureau, 2012a）。FHI プロジェクトは、サービスの方向性を4つのエコロジカルなレベル（家族、近隣、協働、政策）で示している。家族に対するサービスの例としては、親に対する教育、家庭訪問サービス、危機の際のレスパイト、ケア・コーディネーションなどが挙げられる。近隣の結束力を高め、社会的関係を強化するために、非常勤の近隣住民動員コーディネーターが、コミュニティカフェ、週次の近隣夕食会や、育児教室などの近隣レベルの取り組みを監督する。さらに、非常勤の異業種間協働コーディネーターが、ソーシャルサービス機関、医療提供者、教育システムといったパートナー同士の協働を実現するために働いている。政策レベルでは、FHI の地域評議会が、政策立案者に近隣の懸案事項に対処させるために、優先課題を特定した。

ポリシー・プラクティス

[プラクティス行動の例] 効果的な政策措置を求めて、同僚およびクライエントと協働すること。

[批判的思考の訓練] 米国の児童福祉システムには、個別の子どもと家族向けサービス部門が多数存在し、それらは包括的家族ポリシーのもとに調整されていない。ソーシャルワーカーは、ポリシー・プラクティスの役割の中で、どのようなアドボカシー・アクションを用いて、調整された包括的な家族ポリシーを推進すべきか。

家族支援と家族維持サービス

家族支援と家族維持サービスの目的は2つある。家族機能の強化と、児童虐待の予防である。家族支援サービスは、コミュニティを基盤とした積極的なサービスであり、危機が現実化する前に、親のストレスを減じ、育

児を支援するために設計されるものである（Dagenais et al., 2004; Green et al., 2004; Kemp et al., 2005）。これらの予防サービスは、レスパイトケアから保健教育、発達スクリーニング、その他の親の育児活動を助けるプログラムに至るまで多種多様である。家族維持サービスは時限的な、家族中心の、家庭を基盤とするサービスであり、子どもに効果的に対応するための親の能力を阻害する危機あるいは問題に、家族が対処できるよう支援するものである。サービスの目的は、家庭内における子どもの安全を確保することにより、子どもの家庭外措置を防ぐことにある（Berry, 2005; Maluccio & Fein, 2002; Whittaker, 2002）。児童局は、ストレングス指向および家族を中心に置く視座を基礎として、家族サポートと家族維持イニシアティブの原則について、以下のように詳述している。

- 家族を強化および維持する中で、子どもとすべての家族構成員の福祉と安全が維持されるべきである
- 家族ユニットは、個人と家族のニーズを満たす中で、自らのストレングスを見出し、これを強化するサービスを受けるべきである
- サービスは、容易に利用可能で、家庭やコミュニティを基盤とした場で頻繁に提供され、文化とコミュニティにおける差異を尊重するものであるべきである
- サービスは、柔軟かつ家族の真のニーズに対応しており、児童福祉システム外の他のサポートおよびサービスと連携しているべきである
- サービスの設計と提供には、コミュニティ組織および親を含む住民が関与すべきである
- サービスは、予防から危機対応サービスまでの広範囲をカバーしつつ、子どもの安全を保ち家族のニーズを満たせるだけの十分に集中的なものであるべきである　　　　　　　　　　　　　　　　　　　　　　　（ACF, 2006）

家族維持プログラムはバラエティに富んでいるが、その大部分に、家族との短期の集中的ワークと実施頻度の少ないサービスの両方、24時間利用可能なサービス、さらには、教育、カウンセリング、アドボカシー、スキル研修、他のコミュニティ資源への紹介などの広範なサービスの提供が含まれる。チームでのアプローチを用いるプログラムもあり、そこではソーシャルワーク専門職、パラプロフェッショナル、および家族が持つ専門知識が統合される。

■ 家事代行－在宅保健支援サービス
家族維持プランでは、家族内のケア提供者が家族の世話を十分にできない場合に、家事代行および在宅保健支援の資源を活用する場合がある。家事代行－在宅保健支援プログラムは主に、社会保障法（第18章）のメディ

児童福祉

　私は、危機に瀕した子どもと家族に、公的児童福祉サービスが安全を提供していると信じています。私たちが州の機関を通じてサービスを提供するクライエントは、その多くが、裁判所の命令によりサービスへの参加を義務付けられた人たちです。私たちの州では、児童保護サービスワーカーは、通告を受けた児童虐待およびネグレクトの事例を調査し、ケースプランをモニタリングし、専門的なトリートメント・サービスを提供します。私たちは、サービス契約を締結することにより、民間部門の、児童福祉、薬物乱用、メンタルヘルスのサービス提供者と協働しています。

　正直に言って、児童福祉ケースマネジメントの仕事は、これまでに経験した中で最もつらい仕事です。子どもへのマルトリートメントに関わる問題は精神的な負担が大きく、扱う件数も多いのです。私は児童福祉専門職として、常に、誰がクライエントかを定義するよう努力しています。児童福祉は、子どもの保護と家族の支援の両方に関わるものだからです。子どもの安全は至上命題ですが、家族関係を改善するという真のニーズもあるのです。

　私は、児童福祉分野における 20 数年にわたる経験を通じて、子どもを家庭に留まらせること、あるいは離散した家族の再統合を成功させるためには、家族による参加が必要不可欠であることを知っています。子どもへのマルトリートメントの性質から、実践者は、家族が正しい決定をする能力について信頼できない場合があったり、家族の意図に疑念を抱く傾向があったりします。ワーカーはしばしば、家族が正しく機能する可能性を見出すことや、インターベンションのプロセスにおける家族の関与に価値を見出すことに困難を覚えます。

　私が児童福祉管理者および監督者として懸念することは、家族中心サービスの理念の実行と、資金提供における子ども中心の傾向に基づく請求の要件を満たすこととの間で、ダイレクトサービスのケースマネジャーが直面する倫理的な板挟みです。サービス監督者は、現場のワーカーに対し、家族関係強化に焦点を置くように指示する一方で、メディケイドの支払い償還のためには、子どもに焦点を置いたリハビリテーション・トリートメント・サービスの書類が求められるのです。多数の案件を抱える児童福祉ケースマネジャーにとっては、この拘束がより複雑なものになります。このため、彼らが、家族のニーズとコミュニティの資源をマッチングし、家族維持のために必要な非公式の社会的支援を配置するために使える時間は、限られたものになってしまいます。

　私は、地域の児童福祉サービス・コミュニティが対峙しなければならない、2 つの傾向があると考えています。1 つ目は、多くの州で、児童福祉と少年裁判サービスの効率化のために組織構造の再設計が行われていること。これは立法者が、効率性を高め、成果を文書で明示するように圧力を掛けているためです。2 つ目の傾向は、成果をベースとした支払いモデルです。私は、近年のエビデンス・ベース・プラクティスや測定可能な結果、結果指向のプラクティスの強調が、成果ベースのサービス購入契約を検討させることになりやすいのだと考えています。伝統的に、公共の児童保護機関は、民間部門の家族サービス機関から、トリートメント・サービスの大部分を購入してきました。成果ベースの契約は、各サービス単位の集計よりも、クライエントのアウトカムの達成に基礎を置くという点でより複雑になりがちです。

　児童福祉の実践者は、子どもと家族の人生を大きく変えるような倫理的意思決定や選択をすることも多く、その際に基礎になるのが、ソーシャルワークにおけるエンパワメントの理念と価値基盤なのです。

ケア修正条項を通じて高齢者向けに設計されたものだが、子どもを持つ家族が利用できるサービスが増えている。

児童福祉パラプロフェッショナルである家事代行者と在宅保健支援者は、ソーシャルワーク・サービス専門職を補完する存在として、家庭内でサービスを提供する。彼らは、親が身体的・精神的疾患を抱える場合や、子どもに追加的援助を必要とする障害がある場合に、家事や身のまわりの世話を行う。児童虐待とネグレクトの場合には、裁判所の命令により、育児スキルの開発、家族のダイナミクスの観察、あるいは子どもの家庭外措置の促進のために、家族の補助者が置かれる。

家事代行者と在宅保健支援者は、家庭運営の専門家として、家族が崩壊することなく自らを維持できるように、家族との相互作用を行う。これは、毎日に及ぶ場合も多い。家事代行者は、掃除や食事の支度を手伝うのみでなく、家族の構成員に、家庭管理のスキルを教え、効果的な親子の相互作用のロールモデルとしての役割を果たす。家族との協働を通じてストレングスを引き出すことは、家事代行者のワークにおける重要な側面である。

保育

保育は、子どもの日常生活に及ぼす影響が少なく、家族支援と家族維持の両方にとって重要な役割を果たす。子どもの保育サービスには、保護的なもの（虐待やネグレクトを受けていた子どもに対するケア）、および非保護的なもの（働く親のための子どものケアまたは育児の責任からのレスパイトとしてのケア）がある。保育には、幅広いプログラムが含まれる。例としては、働く親のための子どもの世話、通常の人生移行に際しての支援、育児プログラムやレスパイトケアのような追加的資源および支援、専門的援助（家族に焦点を置いたサービス、10 代の親のためのプログラム、危機的状況のための託児所など）、家族維持および家族保護的な活動というコンテクストにおける補完的サービスなどが挙げられる。サービス提供の場となるのは、保育所、有資格者あるいは認可を受けた個人の家庭、グループホームなどである。デイ・トリートメントは、行動上の問題や精神障害のある子どものような、特定のターゲット層に集中的セラピーを提供する、特別な保育である。

レスパイトケアは、子どもへのマルトリートメントを防ぐために、24 時間体制で、家族のレスパイトのニーズに対応する。全米でおよそ 100 万の家族に、約 2 万のレスパイト・プログラムが提供されているという推計がある（Green, 2002）。これらのサービスにより、親は短期的な危機の間、子どもを安全な場所に預けることができる。このような託児所は、耐えがたいストレスに見舞われたときに、児童虐待やネグレクトの発生を防ぐ、懲罰的でないコミュニティ資源としての役割を果たす。

ファミリーグループ・カンファレンス

　ファミリーグループ・カンファレンス（family group conference, FGC）は、家族チーム意思決定（family team decision making）とも呼ばれ、家族間のパートナーシップの構築を重視する、児童福祉における比較的新しいイニシアティブである。FGC の最初のモデルは、1989 年にニュージーランドで、児童、若者およびその家族法という児童福祉法への対応として構築された。同法は具体的には、「虐待、ネグレクト、非行が発生した際に、家族による意思決定およびその実行を可能にし、これをエンパワーする」（Sieppert et al., 2000, p. 382）ものである。FGC は米国、英国、オーストリア、カナダのブリティッシュ・コロンビア州、イスラエル、ノルウェー、スウェーデン、南アフリカのさまざまな地域で、児童福祉プラクティスに組み込まれている。

　FGC は、マオリ族（ニュージーランドの先住民）の文化における伝統的意思決定プロセスに基礎を置くものであり、家族に児童保護の中心的役割を担わせる（Lupton, 1998; Mitchell & Kitson, 1997）。FGC は、家族リーダーシップの重要な要素、文化的安全、コミュニティにおけるパートナーシップなど、子どもの安全を確保するために有効な場を提供する（Pennell, 2006; Pennell & Anderson, 2005）。プロセスは、家族の構成員と専門職の協調的パートナーシップという枠組みを通じて、状況のアセスメント、アクションプランについての協議、さらに、相互に合意されたストラテジーの実行とその有効性に対する評価に、FGC チームのすべての構成員を参加させる（O'Connor et al., 2005）。ソーシャルワーカーは、子どもの安全確保を続けるが、彼らの役割もまた、家族の参加促進へと移行する。FGC は、専門知識を持った専門職が家族のためのプランを調査するプロセスから、家族の構成員を子どもの安全、面会、教育のためのプラン、およびパーマネンシー・プランの構築に積極的に関与させるプロセスをソーシャルワーカーが推進するというモデルへと推移している（Schmid & Pollack, 2009）。

　FGC はエンパワメントの価値と原則を基礎として、家族チームの意思決定を強調する（Connolly, 2010; Olson, 2009; Rauktis, 2011）。その目的は、子どものケアと安全についての意思決定に家族の関与を確保することである。チームワーク・モデルを用いることで、意思決定プロセスは、調査から家族のストレングスに対するアセスメントへと変化し、子どもの安全に対する責任とサービス・ニーズの決定の責任は、機関職員が単独で担っていたものから、家族チームが協働で担う形へと変化する。家族チーム意思決定モデルにより、多数の参加者からの情報に基づく包括的アセスメントを基礎とする、家族を中心とした一貫性のある理念およびプラクティスのアプローチが提供される。

フォスターケア

　子どもを里親家庭やその他グループホーム、小規模居住型施設などの家庭外ケアに措置することは、一時的な代替的ケアの選択肢である。里親家庭は、子どもが実の家族と安全に暮らせない場合に、家庭的な場における短期的生活環境を提供する。

■ 歴史的視座

　植民地時代より、コミュニティは、被扶養児童や貧困児童のためにケアを提供してきた。遺棄された子どもや孤児は、救貧院に措置されたり、徒弟になったり、年季奉公に出たりしていた。英国の法と伝統に根ざした年季奉公は、男子には手に職を付けて自活するための機会を与え、女子には家事スキルを身につけることを可能にした。

　チャールズ・ローリング・ブレイス（Charles Loring Brace）は、現代のフォスターケアの一部を成している代替的家族プラクティスを創始した。1853 年、ブレイスは、ニューヨーク児童援助協会（New York Children's Aid Society）の長として、貧困児童のために家族と小さな町のコミュニティにおける理想的な環境を実現することを思い描いた。このパーマネンシーのビジョンは、キリスト教的慈愛に基づく善意に導かれたものである。しかしながら、後から考えると、児童救済運動においては、孤児列車事業[*]、農場での低賃金労働、慣れた環境からの引き離しなどの行為自体が虐待の要素を持つという認識はなかった。

　世紀の変わり目において、ボストン児童援助協会（Boston Children's Aid

> [*] **訳注**　19 世紀半ばから 20 世紀初頭に行われた、米国東海岸の孤児たちを中西部の家庭に養子に出すために列車で移送した事業。

里祖父母プログラムのボランティアは、幼い子どもたちと遊ぶことで、良質な時間を過ごしている。

Society）のチャールズ・バートウェル（Charles Birtwell）は、子どものニーズの優位性を認識した。バートウェルは、子どもにとっての最大の利益を考慮して、子どもが実の母親のもとに留まること、あるいは早期に家庭に戻すことを主張した。この目的達成のために、バートウェルは、里親制度の利用を一時的な措置と見なし、子どもの実の家族のためにサービスを提供することを提案した。

1909年、セオドア・ルーズベルト政権のもとで、被扶養児童ケアに関するホワイトハウス会議が開催された。同会議において連邦政府の部局による児童問題への対処が支持されたことの直接の結果として、1912年に米国児童局が設置された（Parker, 1994）。同会議はさらに、被扶養児童の問題に対処し、母親に経済的支援を行う国家的システムの構築を提唱した。その結果、「貧困という理由だけで、子どもを家庭から引き離してはならない」とする画期的な社会福祉決議が採択された（Cohen, 1992, p. 23）。この決議の趣旨は、経済的理由のみによる家族の別離と子どもの措置をなくすことである。

1959年のマーズとエングラー（Maas & Engler）による『親を必要とする子どもたち（*Children in Need of Parents*）』は、フォスターケア制度に関するさらなる調査報告として注目に値するものだった。このリサーチは、フォスターケアによる子どもの措置は、実際に一時的なものだという前提に異を唱え、フォスターケア制度で措置された子どもは、実の家族のもとに帰る可能性が低いことを見出した。これに続く10年間、児童福祉専門職は、フォスターケア制度に関する彼らの理念とプラクティスの現実との矛盾を精査した。

パーマネンシー・プランニングは、児童福祉ワーカーが1970年代に国全体でモデルとして実行したオレゴン・プロジェクトに由来する。パーマネンシー・プランニングの目的は、一時的な代替的ケア環境で過ごす期間を減らし、家族再統合のサービスを提供し、裁判所や機関による児童措置に伴う障害や障壁を除去することである。パーマネンシー・プランニングの最終目標は、子どもの生活環境の安定性を確保することである。これは、子どもたちを実の家族から合法的に引き離す、強引な試みを意味することも多々ある。1997年養子縁組および安全な家族法の改正法である、安全で安定した家族促進法は、合理的な取り組みに関する必要条件について、従来の子どもの実の親との再統合から、パーマネンシー・プランニングの完成への方向転換が認められている。

■ フォスターケアによる措置

現在の児童福祉の理念においては、子どもの家族との生活の維持が強調されているが、措置サービスは、児童福祉提供システムにおいて現在も主要な役割を果たしている。フォスターケアの種類としては、短期ケアを必

要としている子どもに一時的シェルターを提供するシェルターホーム、実の家庭に戻る可能性や養子縁組の可能性が低く、パーマネントプランを必要とする子どものための長期里親養育、発達障害などの特別なニーズを持つ子どもたちのための特別里親養育、特別な研修を受けた里親が集中的トリートメント・サービスを提供する、セラピューティック・フォスターケアが挙げられる（Downs et al., 2009）。

　養子縁組とフォスターケアの分析とレポートシステム（Adoption and Foster Care Analysis and Reporting System, AFCARS）の推計によれば、2010年9月において、40万8425人の子どもが、フォスターケアのもとに措置されている（ACF, 2011）。フォスターケアにおける子どもたちの平均滞在期間は25ヵ月である。措置はさまざまな場において行われる。たとえば、里親家族によるケア、親族による公式のケア、グループホーム、監督下における自立生活状態、養子縁組準備家庭などである。フォスターケアに措置される子どもの半数以上が、12ヵ月以上、里親家族のもとに留まっている。さらに、AFCARSの報告書によれば、2010年において、25万4114人の子どもがフォスターケア・システムを離れている。これらの子どものうち、51％（12万8913人）が実の家庭に再統合され、11％が親権から解放された。

　子どもを家庭外の居住環境に措置する理由としては、以下のようなさまざまなものがある。

- 親が育児の責任を担い続ける能力あるいは意思を欠いていること
- 虐待やネグレクトの結果として子どもが危険にさらされていること
- 親の死、遺棄、収監による親の不在
- 親が深刻な身体的・精神的疾患を抱えていること
- 親がアルコールや薬物の問題を抱えていること
- 子どもが行動、パーソナリティ、身体に問題を抱えていること

　フォスターケアへの措置の原因となった問題が何であれ、子どもは実の家庭から引き離されることで混乱とトラウマを経験する。フォスターケア・サービスは、虐待やネグレクトを受けた子どもに、家族が再統合へ向けて努力する間、一時的なセーフティネットを提供する。

　家庭での生活により近い環境での代替的ケアが、グループホームや施設への入所よりも望ましい。事実、障害のない子どものトリートメントとしては、通常、里親家庭におけるケアが行われ、集団生活や施設プログラムは、特別なニーズを持つ子ども（特に、問題を抱えた子どもや、深刻な情緒不安定を示す子ども）のために用いられてきた。特別なニーズを持つ子どものための里親家庭の決定においては、レスパイトケア、家族カウンセリング、医療支援、集中的個人セラピーなどの里親家庭支援サービスが、あわせて検討されている。

▶ソーシャルワーク・ハイライト　フォスターケアにおける優先的検討事項には、子どもにセーフティネットを提供することに加えて、家族の維持と再統合がある。家族の再統合の阻害要因となる薬物乱用と家族の収監という要素を含む状況で、家族の再統合に焦点を置き、素晴らしい成果を示したユニークなプログラムが2つある。1つ目は、カリフォルニア州ロサンゼルス郡タマー村における取り組みである。同プログラムは、薬物乱用により収監を言い渡された母親のために、住宅と支援サービスを提供するものである（Child Welfare Information Gateway, 2012）。収監の代わりに、女性は、監視下および無監視での子どもの訪問を受けながら再統合への努力をすることを条件に、アパートへの移送を申し立てることができる。母親は薬物乱用トリートメント・カウンセリングと、教育や職業訓練を受け、子どもは年齢相応の児童発達サービスとセラピーに参加する。2010年初頭におけるプログラムの成果として、この再統合プログラムのサービスを受けた85人の子どものうち、すでに31人が母親との再統合を達成し、38人が再統合の途上にあり、16人が監視下での訪問による母親との接触を続けていた。

　2つ目は、ネバダ州ワショー郡にある、現在稼働中の最古の家族トリートメント薬物裁判所で実施されているプログラムである。これは、裁判所と児童福祉、薬物乱用トリートメント提供者、その他コミュニティのソーシャルサービス機関による協働的取り組みである（Child Welfare Information Gateway, 2012）。家族薬物裁判所モデルは、刑務所のダイバージョンおよび家族維持・再統合プログラムとして、ケースマネジメント、家族の継続的監督、親の薬物乱用トリートメント、および児童保護を提供する。常時およそ40人の参加者がいて、里祖父母や対等な立場のメンターのようなコミュニティグループによる支援サービスを受けている。2007年におけるプログラムの成果評価によれば、子どもは家庭外のケアと比較して、親によるケアを受ける時間が長く、母親はより粘り強くトリートメントに取り組み、親権が停止される事例はより少なかった。

■ 親族による公式のケア

　公式の親族によるケアには、子どもの親戚や、子どもと何らかの親族関係にある大人のもとへの措置が含まれ、家庭外への措置が必要な状況にある子どもの増加への対応として利用される。2009年の米国では、フォスターケアを利用している子どもの約4分の1が、親戚のもとでケアされている（Child Welfare Information Gateway, 2011a）。カリフォルニア州、イリノイ州、ニューヨーク州では、親族のもとへの措置率がさらに劇的に高い。ニューヨークでは、措置先となっている里親の3分の1が親戚である。イリノイとカリフォルニアでは、すべての措置の半数以上が、何らかの形の

親族によるケアである（CWLA, 2007）。

　公式な親族によるケアの増加に影響を与えている要因としては、親族以外の里親が見つかりにくくなっていることや、1996 年個人責任・就労機会調整法のような立法的取り組みによる、成人の親戚のもとへの措置を通じた家族維持と家族の絆の強調などが挙げられる。さらに、アメリカ児童福祉同盟（Child Welfare League of America, 2007）は、子どもへのマルトリートメント、貧困、HIV/エイズ、DV、親の収監、利用可能な里親家庭の減少なども、親族のもとでのケアの増加に寄与していることを示唆している。

　リサーチでは、公式な親族によるケアのもとに置かれた子どもが、家族との関係を継続することの潜在的利益が強調されている（Cross et al., 2010; Downie et al., 2010; Hong et al., 2011; Kelch-Oliver, 2011; Langosch, 2012）。一方で、公式な親族への措置は、パーマネンシー・プランニングの取り組みの成功を確保しつつも、子どもの保護と安全を提供する親族に対する経済的支援の問題を引き起こす。一般に、公式な親族のケアのもとにある子どものためのパーマネンシー・プランは、家族との再統合より、親戚のもとへの継続的措置となりやすい（HHS, 2000b）。2008 年成功に向けた関係養成および養子縁組増加法の成立により、拡大家族の構成員は、親族ケアと養子縁組に対する経済的援助をより利用しやすくなった。

　▶ **ソーシャルワーク・ハイライト**　以下の例は、親族ケアに対する支援システムを説明したものである。フォスターケアの受け入れを待っている子どものために、親族のケア提供者を増やす試みとして、ユタ州児童および家族サービス部は、親権のない親、親戚、認可された家族の友人にまで、フォスターケアの給付金を拡大する法律の成立を推進した（Child Welfare Information Gateway, 2012）。「特定近親者向け補助金」を通じてニーズを認識し、現在、親族のケア提供者は、経済や医療に関する給付金など、すべての里親が利用可能なあらゆる範囲の支援を受けることができる。認可を受けた「児童専門の」里親に指定され、親族ケアを行う家庭は、2005 年の 25％から 2010 年には 43％にまで増加した。親戚への措置は、フォスターケアに戻ってくる子どもの割合を相当に減らすこととなった。

■ 自立生活のためのサービス

　2008 年成功に向けた関係養成および養子縁組増加法は、1999 年フォスターケア自立支援法を発展させたものであり、18 歳を超えてもフォスターケアのもとにある若者を対象とした、フォスターケア・イニシアティブへの連邦政府による支援のオプションを州にまで拡大している。推計によれば、2010 年には、年間 2 万 9000 人弱の青年がフォスターケアの年齢制限を超える（ACF, 2011）。

　フォスターケアのもとにある若者の 30 〜 40％が、特別な教育的ニー

ズ（多くが発達障害あるいは発達遅滞）を持ち、心的外傷後ストレス障害（PTSD）など、さまざまな精神疾患のリスクを抱えていることを示す研究もあり（Leathers & Testa, 2006）、こうしたことが成人期への移行を困難にしている。正規雇用への転換の道がないことや、中等教育後の教育機会を得る機会がないことにより、彼らの貧困、経済的不安定、ホームレス化のリスクは高まる。

労働力と障害に関する全国青年協力会議（National Collaborative on Workforce and Disability for Youth, 2006）は、成人期への移行および自立した生活という課題への対応のベストプラクティスとして、以下の原則を推奨している。

- 若者本人を移行や自立計画に参加させること
- 教育機会を就労経験と結び付けること
- 特別な教育的ニーズやその他の障害のある若者の教育のための、革新的アプローチを開発すること
- 経済的リテラシーと貯蓄へのインセンティブを向上させるストラテジーを活用すること
- 若者をコミュニティ内の雇用主や、その他のケアを提供する大人に引き合わせること

▶ **ソーシャルワーク・ハイライト**　ある若い女性が、フォスターケアが解除となる年齢に達した際にソーシャルワーカーから受けた支援サービスについて述懐している（Casey Family Programs, 2006）。ワーカーは、複数の大学への入学願書の提出と奨学金申請に関して、彼女を援助した。クライエントは、大学への入学を考えることができた理由の一つは、それを可能にする適切な資源と引き合わせてくれたソーシャルワーカーのおかげだと述べている。

居住型サービス

ソーシャルワーカーは、子どものニーズが家庭外サービスによる特別なケアを必要とする場合、里親家庭による養育の代替となる手段を手配する。公共機関、民間非営利団体、および民間機関が提供する居住型グループケア・サービスは、児童福祉、メンタルヘルス、少年裁判、薬物乱用の居住型トリートメント・プログラムに付属している場合が多い。アメリカ児童福祉同盟（Child Welfare League of America, 2004）によれば、組織的環境における居住型サービスの主要目的は以下のようなものである。

- 各々の子どもに固有のあらゆるニーズを満たす安全なセラピー的環境を確保すること

- 家庭外措置が必要となった原因である家族生活の崩壊に、若者とその家族が効果的に対処できるよう支援すること
- 若者とその家族の再統合を支援するために、家族内の人間関係とコミュニケーション・パターンを改善すること
- 家族の構成員による薬物乱用とメンタルヘルスの問題を理解し、効果的に対処すること
- 家族の再統合が不可能な場合、代替的なパーマネンシー・プランニングの手段を考慮すること
- 若者がコミュニティへの再統合を果たし、成人期への移行に成功するために必要なスキルを習得できるよう支援すること
- 若者とその家族の利益となる社会政策とサービスを推進すること

　居住型グループケア利用の減少には2つの要因がある。1つは理念的な要因であり、もう1つは財政的な要因である。理念的には、より制限的でない環境を求める圧力の中で、児童福祉の優先順位は、家庭内における選択肢である、子どもと家族を中心とするサービス提供へとシフトしてきた。これに対し、ウィテカー（Whittaker, 2008）は、居住型トリートメントを一連の児童福祉サービスの中から即座に排除すべきではないと警告する。財政的には、家庭外における選択肢である居住型グループケアには多額の費用がかかり、ウィテカーは、若者にとって最高の利益を引き出せるよう慎重に利用されるべきだと言う。居住型環境においてどのケアを選ぶ場合でも、決定因子となるのは子どもの身体的・精神的ニーズである。

養子縁組

　養子縁組は、実の親から養親へと親権を移動させる法的プロセスであり、子どもに安全と、成長に適した安定した家族を与える。子どもが養子縁組の資格を得るのは、理由の如何を問わず、実の親が自発的に親権を放棄するか、裁判所が親権を停止した場合である。選択肢としては、合意に基づく国内養子縁組、あるいは里親制度（フォスターケア・システム）を通じた養子縁組がある（Child Welfare Information Gateway, 2010a）。特別なニーズを持つと認められた子どもと養子縁組をした里親が、助成金を利用できる場合もある。もう一つの養子縁組の形態は、国際養子縁組であり、これは通常、国内の養子縁組よりも費用がかかる。国際養子縁組は移民の必須条件を満たさなければならず、実の親との接触を保つことが難しく、子どもと養親家族との間に文化的相違がある可能性が高くなる。認可を得た機関などの仲介者が、子どもの措置と養子縁組を手配する。合法的な仲介人は皆、非営利的立場にある。事実、米国のすべての地域で、営利目的の養子縁組は違法である。養子縁組は、連邦政府、州、部族法による規制を受ける。

推計によれば、2007 年と 2008 年において、年間 13 万 6000 人の子ども
の養子縁組が成立し、これは 2000 年より 6% の増加である（Child Welfare
Information Gateway, 2011b）。養子縁組の数は増えているが、公的機関、国際
間、その他の養子縁組の割合にはおよそ変化が見られない。現在では、養
子縁組手続きの 40% が公的機関により行われており、約 14% の養子縁組
に他国からの子どもが関わっている。それ以外の米国の養子縁組は、民間
機関、親族（継親による養子縁組を含む）および部族内での養子縁組である。

　養子縁組の様相は、養子縁組に応じる子ども、とりわけ幼児の数の減少
に伴い変化しつつある。非嫡出子に対するスティグマはもはや感じられな
いため、多くの女性が、子どもを養子に出すよりも自ら育てることを選択
する。現在、機関で働くソーシャルワーク専門職が関わる養子縁組の主な
形態は、フォスターケアに措置された特別なニーズを持つ子どもの養子縁
組である。特別なニーズの分類としては、年長の子ども、兄弟姉妹、情緒
あるいは行動に問題を抱える子ども、障害のある子ども、人種的・民族的
マイノリティが挙げられる。フォスターケア・システムにおける子どもの
養子縁組に関しては、2006 年において 10 万 7000 人の子どもが養子縁組
を待っている（ACF, 2011）。フォスターケアから養子縁組された 5 万 3000
人の子どものうち、89% が、親権停止から 2 年以内に養子縁組された。

　養子縁組の目的が家族のための子ども探しではなく、子どものための家
族探しであることに異論を挟む者はいない。特別なニーズを持つ子どもは、
特別な性質を持つ家族を必要とするのである。養子縁組の成功は、このよ
うな子どもたちと、愛情深く思いやりのある家族との正しいマッチングに
かかっている。機関は養親になろうとする人に、特別なニーズを持つ子ど
もを迎え入れて家族を拡大することに対してどれほどの動機、能力、責任
感があるかをスクリーニングする。中心となる問いは「子どもにとって最

Spencer Grant/PhotoEdit

大勢の特別なニーズを持つ子ども、年長の子ども、兄弟姉妹たちが、里親家族のケア
を受けながら、養子縁組を待っている。

高の家族とは何か」である。

　精神的にも住居に関しても、家族に特別なニーズを持つ子どもを養子にする余裕があったとしても、どの子どもを養子にできるかは彼らの資源により限定される場合がある。機関は養子を迎える家族に対し、身体障害や発達障害のある子どものケアを補完する支援を申し出る場合が多い。特殊な医療的・心理学的ニーズを持つ養子は、医療扶助を受ける資格を有している場合が多い。家族も財政的支援やカウンセリングサービス、あるいはレスパイトケアを受けられる場合がある。児童福祉の実践者は、兄弟姉妹を離散させないように支援する。ここでも、とりわけ、虐待に敏感な子どもに対しては、財政的支援やカウンセリングサービスが提供され、急に拡大した家族が、増大した要求を満たすための支えとなる。

　伝統的養子縁組、すなわち、アメリカ先住民コミュニティにおける養子縁組は、インディアン児童福祉法のような連邦法や部族法の規制を受ける。伝統的養子縁組においては、実親の親権停止が常に条件とされるわけではなく、拘束力のある部族的儀式により、新たに法的に承認された親を子どもに与え、同時に子どもの親族ネットワークにおいて重要な役割を果たす第三者を置く場合がある（Child Welfare Information Gateway, 2008a）。

　養子縁組の手続きは、機関によって異なる。しかしながら、手続きとして含まれることが多いのは、養子縁組準備ワークショップや、養子縁組を専門とするソーシャルワーカーとの一連の面談への参加、家庭の健全性および安全性基準の充足、医療提供者からの意見書の提出、経済状態を示す資料の提出、経歴確認の承諾、自伝的陳述の準備、人物証明書の提出、家庭調査への参加などである（Child Welfare Information Gateway, 2010b）。

　専門職はかつて、自らの役割は、養子縁組の法的手続きの完結により終了するものと考えていた。しかし現在では、法的手続き完了後も、養親家族が抱え続けているニーズを満たす手段として、養子縁組サービスを求められる場合が多い。法的手続き完了後の養子縁組サービスとしては、初期の移行期間またはその後の問題発生時における家族とのワーク、養子となった子どもの人生の要所における発達的ニーズの発生を未然に防ぐサービスの提供、養子となった人が実親を探したいと願う場合の支援の提供などが挙げられる。子どもにとっての養子縁組の問題としては、喪失と悲嘆、信頼と愛着という課題、学校での問題、医療の問題などが挙げられる（Child Welfare Information Gateway, 2006）。誕生日、養子縁組記念日、休日、思春期、養母の妊娠などはどれも、適応における問題の引き金となり得る。これらの養子縁組の課題に対しては、さまざまな公式・非公式の支援、ワークショップや会議、カウンセリング、レスパイトケアによる対処が可能である。

一連の児童福祉サービス

　一連の家族サービスの選択肢は、コミュニティ教育の取り組みから、例外的なニーズを持つ子どもの特別な措置サービスまで広範に及ぶ（Lind, 2004）。一連のサービスには、すべての家族が利用できる一次予防プログラム、危機に瀕した家族のための初期インターベンション・サービス、虐待やネグレクトを受けている子どものための保護サービス、代替的ケアが必要な子どものための一時的あるいは永続的家庭外措置などが含まれる。家族を維持し再統合するために、ソーシャルワーカーは、より侵入的でないインターベンションを採用し、最も制限的でない措置環境を活用することが必要である。表13.2 を参照のこと。

　マイノリティは児童福祉システムに関わる人数が非常に多いため、異なる扱いを受けていることが調査結果が示されている（Children's Research Center, 2009; Hill, 2007）。子どもへのマルトリートメントの発生率は、有色人種と白人の子どもの間にわずかな差しかないことが示されている。しかし、全国レベルで、調査プラン、立証、フォスターケアへの措置が行われた割合は、アフリカ系米国人とアメリカ先住民の子どもにおいて不均衡に高い。データはさらに、メンタルヘルス・サービスと家族再統合の機会の提供について、大きな差があることを示している（Dunbar & Barth, 2008）。児童福祉においてマイノリティの数が不均衡に多いことに寄与する要因は多数あり、例として「構造的／制度的レイシズム、貧困、一人親家庭、薬物乱用、偏見によるラベル付け、文化的にコンピテントな児童保護サービスワーカーの不足」（CWLA, 2006, 第4パラグラフ）が挙げられる。レイシズムと差別は明らかに、マイノリティが家族と子どものニーズ充足力を強化する社会的機会にアクセスすることを否定する。こうした家族も、コンピテンス、ストレングス、コミュニティ資源へのアクセスに焦点を置いた、より文化的応答性の高い児童福祉サービスシステムからであれば、多くを得ることができる。

表13.2　家族に対するサービス

サービス	目的	前提	例
家族を維持または強化するサービス	親が親としての役割を全うできるよう支援すること	家族には自らの子どもを育てる権利がある	家庭を基盤としたサービス：家族カウンセリング、育児教育、レスパイトケア
家族の機能を強化する支援	親の役割遂行が不十分な場合にこれを補完すること	子どもには健全な家庭環境で成育する権利がある	親の支援：家事代行サービス、保育、保護サービス、所得維持

児童福祉に対する家族中心的アプローチ

　現在、児童福祉サービスのプラクティスには、家族を中心としたアプローチが反映されている。家族のストレングスに対する信念を基礎として構築された家族中心的アプローチは、家族維持と児童保護の両方に焦点を置く。子どもにとっての家族生活の重要性に鑑み、児童福祉の取り組みは、実の家族と引き離す代替的生活環境を勧めることよりも、子どもを実の家族に留めることを重視する。児童保護と児童福祉に関わる家族中心的サービスには、家族維持と家族支援サービスの2種類がある。家族支援サービスは、予防と効果的育児を含み、家族を再統合に向けて支援する。家族維持サービスは、子どもの不要な家庭外措置を防ぎ、子どもが家庭に戻るまでの期間を短縮するために利用される。

　家族中心的アプローチの原則には以下のようなものが含まれる。

- 家族という単位に注意を集中すること
- 家族が効果的に機能するための能力を強化すること
- 家族中心的ポリシー、サービス、評価プログラムの構築に家族を関与させること
- 家族と、さまざまなコミュニティを基盤としたサポートやサービスのネットワークとの橋渡しをすること

　　(National Child Welfare Resource Center for Family-Centered Practice, 2000)

　このコンテクストにおいて、家族に対するサービスは、育児プラクティスが不十分あるいは危険をはらむ場合に、セーフティネットを提供する。状況から判断して、一時的あるいは永続的な家庭外措置が正当化される場合、家族サービスワーカーは、生活環境におけるパーマネンシーの感覚と、里親および他のケア提供者との関係における連続性の感覚を提供する必要がある。すべての子どもが成育に適した家庭環境を与えられてしかるべきだ、というのが児童福祉の前提である。

学校におけるソーシャルワーク

　スクールソーシャルワーカーは、学校の教職員と協働しながら、学校現場というコンテクストの中で、子どもとその家族のための支援サービスを提供する。彼らは学校、家庭、コミュニティの間に活気ある連携をもたらす。スクールソーシャルワーカーは、多数の学区から構成される教育協働組合に雇用され、1つかそれ以上の学区でワークを行う場合もあれば、単一の学区に直接雇用され、学区内の1つかそれ以上の場所でワークを行う場合もある。

スクールソーシャルワーカーの採用に関する規定は州によって異なる。BSW レベルを要求する州もあれば、MSW を要求する州もある。さらに、スクールソーシャルワークに特化した課程を修了し、資格試験に合格していることが求められる州もある。NASW は、スクールソーシャルワーカーに特化した資格を用意しており、スクールソーシャルワーク・サービスの標準を作成している（NASW, 2002）。スクールソーシャルワーカーには、以下に関する専門知識が必要である。

- 発達心理学
- 学習の社会心理学
- 行動修正の応用と技法
- 家族システム
- 組織文化、コミュニケーション、変革
- 地域の学校政策と関連する州法および連邦法。たとえば、1974 年家族教育の権利とプライバシー法（Family Education Rights and Privacy Act of 1974, P.L. 93-385）、1975 年すべての障害のある子どもの教育法（Education for All Handicapped Children Act of 1975, P.L. 94-142）、1986 年すべての障害のある子どもの教育法（Education for All Handicapped Children Act of 1986, P.L. 99-457）、1990 年障害者教育法（Individuals with Disabilities Education Act of 1990 , P.L. 101-475）、落ちこぼれ防止法（No Child Left Behind Act of 2001, P.L. 107-110）

スクールソーシャルワークは、臨床ケースワークのアプローチから、家庭−学校−コミュニティのつながりを反映したアプローチへと変化してきた（Anderson-Butcher et al., 2006; Weist & Lewis, 2006）。よりエコロジカルな基盤を持つこのアプローチは、学校、家族、コミュニティ間のパートナーシップの重要性を強調し、協力的パートナーとしてのソーシャルワーカーの役割を重視する。

▶ ソーシャルワーク・ハイライト　次に示すモデルプログラムは、発達障害のある幼児のいる家族を対象に家庭でのサービスを拡大する、コミュニティによる取り組みについて説明したものである。

サウスカロライナ州の「ファミリーネットワーク・プロジェクト」は、発達遅滞の高いリスクを有するか、あるいはすでにその兆候を示している、3 歳未満の幼児のアウトカム向上に焦点を置いている。

(Children's Bureau, 2012c)

このプロジェクトへの参加資格を有するすべての子どもは、障害者教育

法（IDEA）のパートCに規定された、サウスカロライナ州ベビーネットの早期インターベンション・システムに登録される。このモデルプログラムは、通常のIDEAパートCのサービスを、10の家庭内セッションにより補完するものである。セッションでは、育児教育者が親子の家でワークを行い、年齢相応の相互作用、日中活動、コミュニケーション・ストラテジーの模範を示す。

プログラムとサービスの種類

　スクールソーシャルワーカーは、多種多様なプログラムとサービスを提供する（Alameda-Lawson & Lawson, 2002; Altshuler, 2003; SSWAA, 2009）。彼らがワークを共にする子どもたちは、人生の移行に問題を抱えていたり、非行状態にあったり、虐待、ネグレクト、性的虐待を受けていたりする場合が多い。スクールソーシャルワーカーが取り組む教育的問題には、生徒の達成意欲の低さ、成績不振、不登校、学習性無力感、燃え尽き症候群などがある。彼らは、特別な教育的ニーズや薬物依存の問題を抱える子ども、学業成績に影響を及ぼす複数のストレッサーに直面している子どもとのワークを行う。さらに、彼らは子どもの学業成績に影響を及ぼす社会的コンテクストにおける要因にも対処する。そうした要因の例としては、貧困、ホームレス状態、差別、セクシャルハラスメント、移動、10代の妊娠、児童虐待とDV、非行少年の暴力、HIV/エイズを含む健康問題などがある。

　▶ **ソーシャルワーク・ハイライト**　次の例は、ある学区で、新たなスクールソーシャルワークの取り組みの立ち上げに用いられたストラテジーについて描写したものである。また同時に、スクールソーシャルワーク・サービスの適用範囲についても説明している。

　　小学校ソーシャルワーク・プログラム（Elementary School Social Work Program）は、この地区の18の小学校に、半日勤務のスクールソーシャルワーカーを配置した。18校のうち15校は、この補助金を得る以前に、ソーシャルワーカーと協働したことはなかった。このプログラムの独自性は、特別支援教育の必要性が認められた子どものみならず、あらゆる子どもに対しソーシャルワーカーの支援が行われ、彼らの教育に対する障壁を減らそうとする点にある。各学校のワーカーは、毎学年の初めに校長と面談をし、向こう1年間のワークの目標設定と優先順位の決定を行う。補助金申請の際、8つの目標が選択肢としてプログラムに組み込まれていた。事実上、すべての学校が、社会的－情緒的問題の削減と学習に対する障壁の克服を目標として選択した。これらに加え、いじめの

削減、不登校の削減、生徒の個人的責任感の向上を目標に選ぶ学校も
あった。

　ワーカーは、一対一あるいは小グループで生徒との面談や親とのワー
クを行い、教師と協働した。さらに、郡の協調的・統合的サービスチー
ムとの会合を行い、資源と家族サポートサービスを提供できる機関に生
徒を紹介した。障壁として対処された問題の中には、悲嘆と喪失の問題、
家族の変化（離婚、別居、混合家族）、出席率、親のイラクやボスニアへの
出征、児童虐待およびネグレクト、親の逮捕あるいは収監、兄弟姉妹や
親の依存症、家族の危機、救急の歯科的ケア、眼鏡がないこと、住居の
立ち退き、劣悪な衛生状態、親の病気、衣料・食料・交通・電気・ガス
水道などの資源の不足などがあった。社会的－情緒的問題として対処さ
れた問題の中には、怒りの噴出、攻撃的行動、社会的スキルの低さ、感
情の特定と表現ができないこと、完全主義的傾向、ストレス、自尊心の
低さ、不安、抑うつ状態などがあった。　　　　　（Garrett, 2006, p. 117）

特別な教育ニーズを持つ子ども

　スクールソーシャルワーカーは、特別な教育ニーズを持つ子どもとワー
クをする機会が多い。たとえば、学習障害、注意欠陥障害、問題行動や未
熟な社会的スキル、発話セラピーのニーズ、知的障害などである。1975
年障害のある子どもの教育法の規定に関わるスクールソーシャルワーク・
サービスの例は、以下のようなものである。

- 教育サービスを受ける資格を持つ子どものための、コミュニティを基
  盤とした紹介手続きを構築すること
- 家族の構成員に対する、観察と面接を基礎とするアセスメントを準備
  すること
- 特別支援教育プログラムに参加する子ども一人ひとりのための個別教
  育プログラム（Individual Educational Program, IEP）を準備する、学際
  的スタッフによる会議に参加すること
- IEP がその時々の子どもの状態に合っていること、および可能な限
  り最も制限的でない環境をもたらすプランニングを反映していること
  を確認するために、進捗をモニタリングすること
- 親が自らの権利について理解していることを確認し、親と学校職員と
  の間に対立が発生した場合に仲裁すること
- 措置やプログラム構築における意思決定に、親の参加を促すこと
- 学際的チームのメンバーと協働して、プログラムとサービスの評価と
  修正を行うこと

子どもの権利 —— 国際的視座

　国連児童基金は、子どもの権利保護をアドボケイトする国際組織であり、UNICEF という略称でよく知られている。1990 年子どもの権利条約（CRC）の規定と原則が、UNICEF のミッション達成へ向けた活動に指針を与えている。これらはあらゆる人権の中で最も広く受け入れられているものであり、2008 年までに、193 の国が同条約を批准している。この国連文書は、経済的搾取、あらゆる種類の性的搾取および虐待、身体的・精神的暴力から保護される権利を含む、子どもの基本的権利を概説している。子どもの権利条約の中核的指針となる原則は、非差別、子どもの最大の利益への配慮、子どもの生活と完全な発達に対する権利の支持、子どもの視点に対する配慮である。

　同条約では、子どもは人権を保護されるべきということが承認されている。UNICEF（2006）によれば、児童保護とは、あらゆる形の暴力、虐待および搾取から子どもを守ることである。UNICEF が出資する児童保護プログラムは、「暴力、搾取、虐待や暴力を受けた子どもは、その後の人生において、死、身体的・精神的不健康、HIV/エイズ感染、教育に関する問題、強制退去、ホームレス状態、路上生活、後年の育児スキルの未熟さなどのリスクにさらされる」（p.1）ことを認識する。

　UNICEF（2006）とそのパートナーは、児童保護的環境の強化のために、包括的なマクロレベルのストラテジーを多数、構築してきた。そこに含まれる全国的および国際的アドボカシーの取り組みが促進・保護するのは、子どもの権利、公共政策形成と法的基準強化に際しての児童保護のニーズへの配慮、コミュニティを基盤としたストラテジーの採用による、子どもの権利保護に対する家族とコミュニティのコンピテンスの養成などである。児童保護の課題のすべてが、程度の差こそあれ、国連ミレニアム開発目標との接点を持つ。貧困、普遍的初等教育、乳幼児と子どもの死亡率、性別による不公平、妊産婦の健康、HIV/エイズなどの疾患などに対処するために開発されたアクションプランは、本質的に児童保護に焦点を置くものである。

早期発達スクリーニング

　身体的・認知的・心理社会的な発達の度合いを示す指標にはさまざまなものがある。小児科医は、子どもの身体的健康、神経学的発達、および栄養について定期的にモニタリングする。特別支援教育学区あるいは育児クリニックや母子保健センターは、聴力、視力、運動スキル、および発話と言語の発達についてのスクリーニングを提供する。就学前スクリーニングにより、小児期疾患、知的障害、行動障害、発達障害、発達遅滞に対する精密検査による診断の必要性が明らかになる場合もある。

　ソーシャルワーカーは、医療現場、育児クリニック、学校など、発達的問題の事前スクリーニングを提供するさまざまな場でプラクティスを行う。ソーシャルワーカーの役割として、すべての現場に共通するのは、スクリーニングの結果に対処しようとする親と共にワークを行う役割と、特別支援教育、発話セラピー、親のための支援グループなどの資源と親とを

橋渡しする役割である。ソーシャルワーカーは、親が育児スキルを強化し、子どもの早期学習環境を豊かなものにできるように、情報と教育を提供する。

▶ **ソーシャルワーク・ハイライト**　ハーパー学区のソーシャルワーカーであるジョアニー・ピーターズは、ハーパー＝コリンズ近隣センターに集まった数人の親とその子どもたちに向かって挨拶をした。この3〜5歳の子どもたちは、幼児期スクリーニング・プロジェクトの参加者である。心理士、看護師、言語療法士、そしてソーシャルワーカーで構成されたチームは、学区内のコミュニティを基盤とした、幼児スクリーニングの年次プロジェクトを行っていた。彼らの共同アセスメントは、就学前児童の特別な発達的・学習的ニーズを見出し、ニュースタート・プログラムへの紹介を行う。

　ニュースタートは、子どもたちの発達上の問題の性質に対応した、数種類の子ども向けプログラムである。就学前特別支援教育教室に登録する子どももいれば、幼稚園への移行を支援する「準備教室」に入る子どももいる。

　ジョアニーは、幼稚園準備教室に通う親のための教育的ディスカッショングループである「モーニングアウト」プログラムの共同リーダーである。親はグループ活動を通じて、子どもの発達、家族で楽しめるゲーム、年齢相応の子ども向け活動について学ぶ。ジョアニーは、3年間のプロジェクトにおける前半のリサーチ結果を覚えている。それは、「モーニングアウト」に参加した親は、子どもの学校活動に参加する割合が高く、疑問や悩みについてチームのメンバーと話をし、自らを教育チームの重要なメンバーと見なしていることを示すものだった。

発達的移行

　スクールソーシャルワーカーは、発達的移行が学齢期の青少年のウェルビーイングと学業成績に及ぼす影響を痛感している。長期的リサーチ結果では、中学生女子の思春期の移行が特に困難であることが示されている。少女の移行に影響を与える要因としては、教育的移行と思春期との関係、同年代の男子と比較したときの教育的期待と機会における差異、低い自尊心、特に理数系の成績不振などが挙げられる（Muno & Keenan, 2000）。

▶ **ソーシャルワーク・ハイライト**　米国の北西地域のある学区において、異なる専門分野を持つ専門家たちが集まり、放課後女子学生リーダーシップ（ASGL）プログラムという、女子中学生の自尊心の低さをターゲットにした取り組みを設計した（Muno & Keenan, 2000）。学区内における支援の

基礎を築くために注意深く作られたそのプログラム設計書には、プログラムの成果を評価するための拡張プランも含まれていた。プログラム参加者は、12週にわたり、週2日のペースで午後に会合を開いた。初期の焦点はグループのポジティブな規範作りに置かれ、そのためにボディ・マップ作りやコミュニティ・マップ作りといった活動が行われた。これらのマップにより参加者たちは、自分自身や所属するコミュニティについての熟考を進めた。つづいて参加者たちは調査プロセスに入り、まずは質問の作成と検討、次にテーマとプロジェクトの特定へと進み、最後はイベントの開催によりそのプロセスを完結させた。

青少年向けの特別なサービス

米国の青少年はリスクにさらされている。このリスクは、貧困、ヘルスケアが利用できないこと、健康を危険にさらす行為、抑うつ、児童虐待およびネグレクト、性的搾取、10代の妊娠、アルコールと薬物乱用、犯罪、暴力、ギャングへの関与、不登校、成績不振などの問題によりもたらされる。さらに、青少年は、自殺、交通事故、殺人、予期せぬ負傷のリスクが高い（CDC, 2008）。さまざまなプラクティス領域のソーシャルワーカーは、リスクにさらされた青少年の最初の連絡先となり、彼らに最初のソーシャルサービスを提供する場合が多い。ソーシャルワーカーは、公衆衛生、学校、児童福祉、メンタルヘルス、少年司法制度などを通じ、青少年のウェルビーイングや行動上の問題に影響を及ぼす重要な機会を得る。特別なサービスとしては、10代の妊娠、青少年の自殺、家出、摂食障害などに関わるものがある。さらに、ソーシャルワーカーは、レジリエンシーを養い、コンピテンスを構築する要素に注意を払う。

10代の妊娠

米国における10代の出産率は減少傾向にあるが、他の先進国と比べると高い水準にある（Ventura & Hamilton, 2011）。過去最高だった1957年における15～17歳の女性1000人あたり96.3人という数字と比較して、2009年における最新の数字では、1000人中20.1人と過去最少にまで減少している。10代の出産率は全体的に減少しているが、州および民族集団によって大きな差異がある。たとえば、オハイオ州とインディアナ州では、5%の減少に留まっているのに対し、アリゾナ州では20%の減少を示し、ウェストバージニア州では17%増加している。ヒスパニック系の15～19歳のティーンエイジャーの出産率は1000人中41.0人であり、全国平均の2倍近い数字となっている。

10代の妊娠は、重要な社会問題である（Ventura & Hamilton, 2011）。統計

は、10代の母親のもとに生まれてくる子どもがリスクにさらされることを示している。高校を中退する確率が高く、就職率は低く、自身も20歳になる前に子どもを持つ確率が高い。さらに、ティーンエイジャーの出産は、特に年少の場合に、母親の健康と心理社会的ウェルビーイングがリスクにさらされる。

　計画外の望まれない妊娠は、青少年の教育とキャリアプランを崩壊させ、健康リスクも高め、経済的ストレスを引き起こす（Berk, 2010）。教育機会の喪失に加え、妊娠した少女はしばしば社会的関係やアイデンティティの喪失（特に身体的外見が損なわれること）に対処しなければならない。健康リスクには、妊娠合併症、低体重児の出産、乳幼児の死亡などがある。

　親になったティーンエイジャーは、複数のニーズを示し、多様な機関からのサービスを求める場合が多い。青少年の妊婦をターゲットとした公的ソーシャルサービスには、保健福祉省（Department of Health and Human Services）、母子保健クリニック、公的扶助、メディケイド、コミュニティ保険センター、フードスタンプ、女性・乳幼児・子どもへの食料供給プログラム、職業訓練サービスなどがある。ボランティア部門のサービスには、父親を含む若い親向け支援カウンセリング、新たに親になる人のための教育プログラム、そして養子縁組サービスがある。青少年の親のための模範的プログラムは、学際的協働、さらなる妊娠の予防、乳幼児まで対象とする広範囲のサービスを行うことを強調する。

　予防の取り組みは包括的なものでなければならない（Franklin & Corcoran, 2000）。効果的な予防プログラムは、動機付けの問題に対処し、希望、機会、情報、そしてスキルを提供する。このような取り組みにおいては、青少年が自尊心を確立できるよう、学問およびそれ以外の領域で成功体験を得る機会が与えられるべきである。加えて、予防プログラムには、就労に関わるスキルの開発、家庭生活教育、家族計画支援と性教育を含む、包括的青少年保健サービスの提供が含まれる場合もある。

青少年の自殺

　自殺は青少年と若年成人の死亡原因の第3位を占め、この年齢層の年間自殺者数は4400人にのぼる（CDC, n.d.）。一部の集団は他と比較して自殺のリスクが高い。たとえば、青少年男子は、同年代の女子と比べて自殺率が高い。ところが、自殺を図る確率は、青少年女子の方が同年代の男子よりも高い。最も自殺率が高いのは、アメリカン・インディアン／アラスカ先住民、およびヒスパニック系の若者である。ゲイ、レズビアン、バイセクシュアル、トランスジェンダー（LGBT）の自殺率も高い。LGBTの若者の33％に自殺を図った経験があるのに対し、同年代の異性愛者の若者では8％であることを示す調査もある（Earls, 2005）。

関連要因としては、うつ病、ストレス、特に学業不振に関わるストレス、社会的孤立あるいは虐待、あるいは、人生の大きな変化、家庭の混乱、不和、崩壊などが挙げられる（Hardt et al., 2008; King & Merchant, 2008; Silenzio et al., 2007）。その他の要因としては、性的アイデンティティに関する悩み、過去の自殺行為あるいは他者の自殺行為に触れること、絶望、薬物とアルコールの乱用などがある（Freedenthal, 2008; Schilling et al., 2009）。社会文化的コンテクスト、家族の影響、発達レベルといった変数もまた、重要な考慮事項である（Zayas et al., 2000）。

　リサーチによれば、10代の若者たちは自殺の兆候について知りたいと考えている。そのため、予防ニーズは教育プログラムに統合されるべきである。その他の考慮すべき要因としては、ティーンエイジャーの無力感と絶望感への対処がある（Roswarski & Dunn, 2009）。さらに、効果的な予防とトリートメントのプログラムは、自殺行為と援助要請が持つ文化的コンテクストに対応する（Goldston et al., 2008; Zayas & Pilat, 2008）。

　NASW（2009m）は、近年、エビデンス・ベースの予防プロジェクトを立ち上げ、機関運営者、コミュニティの利害関係者、実践者向けにウェブベースのツールキットを提供している。このプロジェクトは、特に少年女子の自殺の低減を目指し、予防および既遂後に残された人への対応のための、普遍的、選択的、および指示的な、エビデンス・ベースのプログラムを詳細化するものである。たとえば、訓練を受けた学校職員が、対処と支援トレーニング（Coping and Support Training, CAST）の基礎を成す12のグループセッション、およびライフスキルとソーシャルサポート・プログラムを推進する。CASTは、スクリーニングにおいて自殺のリスクがあると特定された生徒を対象に、怒りと抑うつをコントロールする能力の強化、学業成績の向上、薬物やアルコール使用の低減を目指すものである。ランダム化対照臨床試験の結果は、同プログラムが自殺念慮、絶望感、不安、怒り、薬物使用を低減し、参加者の自己コントロール感と対処スキルを向上させる効果を示した。

若者の家出

　家出をする若者の人数の正確な把握は困難だが、全米家出人スイッチボード（National Runaway Switchboard）の報告書によれば、米国だけで、1年間に家出をする若者の数は160万人にのぼるという（Benoit-Bryan, 2011）。家出の理由の多くは、離婚、再婚、身体的・性的虐待、薬物依存などの、問題のある家庭環境から逃げることである。家出をする若者の多くが、1週間以内に家に戻る。何度も家出を繰り返す青少年が少数である一方で、「遺棄された」子どもが家出少年の中で大きな割合を占めている。

　家出をする青少年は、自らにとって耐えがたい家族の状況において、家

出を唯一の選択肢と見なしている。多くの安定した、あるいは「正常な」若者は、家出をした後、両親への新たな感謝を抱いて家に戻る。それ以外の、拒絶を反映した背景を持って家出した若者は、シェルターあるいは友人や親戚の家に駆け込むか、ストリートカルチャーに関わるようになる。ストリートカルチャーに関わるようになると、家族からの疎外感は増し、家庭に戻る可能性は低下する。家出中の子どもは、身体の暴力や性的搾取、あるいはレイプの被害者となる危険性があり、さらに、薬物使用、犯罪行為や売春に関わるリスクにさらされる。

摂食障害

　痩身に対する社会的脅迫観念や、身体イメージに関する青少年の自意識過剰を考えると、摂食障害が他のどの年齢層よりも青少年に蔓延していることは驚くに値しない。かつては、女性のみの問題と考えられていたが、最新の調査では、摂食障害は男性の間でも、かつて考えられていたより多く発生している。拒食症（神経性無食欲症）を抱える人は、食事を厳しく制限し、理想体重を 15 〜 25％以上、下回るまで体重を減らす。拒食症より多いのが過食症であり、症状として大量の食事をし、その後に下剤を用いる場合もある。過食症は深刻な心理学的・情緒的結果をもたらす。摂食障害のある人に対するインターベンションは、この問題の危機的で時に生命を脅かす性質に鑑み、メンタルヘルスの現場で行われることが多い。インターベンションには、個人あるいはグループに対するトリートメント、家族セラピー、注意深く組み合わされた学際的プランニングが含まれる（Van Bulow, 2001）。

レジリエンシーを強化しコンピテンスを向上させる要因

　若者はリスク要因にさらされるが、それにより必ずしも結果発生が予見されるわけではない。レジリエンシーを強化し、コンピテンスを向上させる要因が、重要な保護因子と、ポジティブな人生選択の機会を確保するための資源を提供すると考えられる。レジリエンシーを構成する属性には、若者自身の特徴と、彼が属する家族、学校、コミュニティなどの社会的環境が含まれる（Bernard, 1992; McWhirter et al., 1998）。

　レジリエンスを有する若者の個人的特徴としては、社会的コンピテンス、問題解決スキル、自律性、目的意識と未来に対する意識に関する特徴が挙げられる（Bernard, 1992）。若者の**社会的**コンピテンスには、他者と効果的に関わり合い、コミュニケーションを取る能力が含まれる。そこには、「応答性、柔軟性、共感と思いやり、コミュニケーション・スキル、ユーモアのセンス、その他のあらゆる向社会的行動」（p. 3）が含まれる場合が

多い。加えて、柔軟性や適応力が高い若者や、ユーモアの
センスを持つ若者は、仲間や他者とよりポジティブな関係
を築く。**問題解決スキル**には、社会的・認知的問題を、批
判的思考と代替的解決策を探究する意志と能力を用いて
解決する若者の能力が含まれる。**自律性**とは、若者のアイ
デンティティ感覚、自己効力感、自立的行動のことである。
最後に、**目的意識と未来に対する意識**には、「健全な期待、
目標指向、成功指向、達成への動機付け、教育に対する志、
粘り強さ、希望に満ちていること、忍耐力、明るい未来
への信念、期待感、魅力的な将来に対する感覚、連帯感」

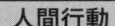

人間行動

[プラクティス行動の例] 人と環境を
理解するために、知識を批判しつつ応
用すること。

[批判的思考の訓練] 青少年はレジリ
エンシーに寄与する多くの資源にアク
セスすることができるが、他の若者よ
り大きなリスクにさらされた、社会的
に脆弱な若者も存在する。レジリエン
シーと脆弱性に寄与する要因にはどの
ようなものがあるか。

(p. 4) が含まれる。目的意識と未来への意識を持つことは、レジリエンス
を持つ若者がポジティブな成果を得ることを示す強力な指標といえる。

　家族の特徴、学校の文化、コミュニティ資源もまた、レジリエンスを
促進する要因である（Bernard, 1992）。レジリエンスを持つ若者の家族には、
明確な特徴がある。第一に、家族が思いやりと支援的な雰囲気を提供して
いる。レジリエンスを持つ若者は、家族の１人以上と緊密な絆を築いてい
る。第二に、このような家族の構成員は、若者の行動と成果への高い期待
を伝え、彼らの潜在能力と実際の成功を強化している。レジリエンスを
持つ若者の家族は、単純に自信を付けさせるだけではない。彼らは若者に、
問題は解決できるという考え方を伝え、若者の価値を実証し、明確な期待
および予測可能なルールと規則により、家族の若い構成員に枠組みを与え、
人生に意味と目的を持つという意識に若者をつなぎとめるのだ。最後に、
レジリエンスを持つ若者の家族は、家庭生活への若者の参加と貢献を促す。
若者にレジリエンシーを養う学校も、同様の特徴を示す。第一に、このよ
うな学校は、生徒に対し思いやりと支持を示す。こうした雰囲気が生徒の
達成意欲を高めることを知っているからである。第二に、このような学校
は、生徒の学力水準、高い期待、生徒の参加、そして同時に、生徒の学習
と参加を支援する多様な資源の利用可能性を強調する。コンピテンスを備
えたコミュニティの特徴は、レジリエンシーを促進するコンピテンスを備
えた家庭や学校の特徴と似ている。第一に、コンピテンスを備えたコミュ
ニティは、コミュニティの構成員に対し思いやりと支持を表明し、社会的
つながりと結束、およびコミュニティの構成員にとって利用可能かつ容易
な資源を通じて、若者を包含する。第二に、コンピテンスを備えたコミュ
ニティは、若者に高い期待を表明し、彼らの貢献を高く評価し、コミュニ
ティ活動に若者が活発に参加するための道を提供する。

■ コンピテントなコミュニティの構築のための資源としての若者

　若者を、コンピテンスを備えたコミュニティを構築するためのストレン
グスと資源を持つ個人と見なす考え方は、彼らを問題に支配されている者、

あるいはリスクに満ちた環境の犠牲者とする考え方の対極にある（Finn & Checkoway, 1998）。コンピテントを備えたコミュニティの構築プロセスを進めていくために、専門職は若者と協働し、コミュニティ変革に向けた考察と行動を含む活動を推進する。若者が計画し実行する活動としては、ソーシャルアクション・ストラテジー、コミュニティ・プランニング、アドボカシー、公的教育に向けた取り組み、コミュニティを基盤としたサービスの拡大が挙げられる。ワーカーの役割は、ストレングスを持つ存在として若者を扱うこと、完全なパートナーとして若者と協働すること、そして、彼らの能力開発を重視することである。

モデルプログラム

さまざまなプラクティス領域のソーシャルワーカーは、リスクにさらされた青少年の最初の連絡先となり、彼らに最初のソーシャルサービスを提供する場合が多い。

　若者とその社会的環境のレジリエンシーを強化し、コンピテンスを向上させる要因を知ることは、コミュニティに住む若者向けのプログラムとサービスに方向性を与える。レジリエンシーとコンピテンスに焦点を置く、若者向けのプログラムとサービスの例は多数存在する。ステファンズ（Stephens, 1997）は、リスクにさらされた若者のための広範なサービスを提唱した。たとえば、正の強化、効果的な育児技術を学ぶ機会を親にもたらす教育、母と幼児の関係に対処するヘルシースタート・プログラム、肯定的な大人のロールモデルを提供するメンタリング・プログラム、暴力によらない紛争解決スキルを教えるプログラム、コミュニティと学校のパートナーシップ、誠実さ、公平さ、寛容、責任感などの普遍的価値を促進する人格教育、若者指向のコミュニティサービス・プログラム、コミュニティの治安維持と修復的司法プログラムなどである。

　学校在籍率の向上のために設計された、学校ベースのプログラムに参加中の生徒に関する調査結果からは、社会的支援、特に親に対する支援が、青少年の発達と適応に特に重要な役割を果たすことが示されている（Bowen & Chapman, 1996）。教師や近隣からの支援も、個人の適応を予見させる要素の一つであり、仲間からの支援よりも重要な役割を果たしていた。調査対象者は、学校在籍率を高めるために設計された、リスクへの対処のためのプログラムに参加していた。もう一つの、学校を基盤としたメンタリング・プログラムである「学校の成功のためのパートナーシップ」に対する調査は、中途退学の予防に焦点を置くものだった（Splittgerber & Allen, 1996）。プログラムの各構成要素には、少なくとも週１回のペースで若者と会い、彼らと有効な関係を築いて学校の問題について話し合うメンターがいる。メンターは、伝統的なメンタリングに加えて、生徒の行動をモニタリングし、彼らとコミュニティ資源の橋渡しをして、より健全な個人と社会の発展を促すという、積極的な役割を果たしている。

まとめ

　家族には多様な形態やバリエーションがあるが、それが社会の基本単位であることには変わりがない。家族は子どもを育て、社会化し、生涯を通じた支援とアイデンティティの基盤を提供し、未来の世代を形成する。これらの理由から、社会は家族に深く関与し、家族の統合性とウェルビーイング維持に必要な資源を供給しなければならない。社会は、児童福祉システムを通じて、家庭崩壊の減少と家族の安定性強化を目指す予防とインターベンション・サービスを支援することにより、このコミットメントを示さなければならない。

　ソーシャルワーク専門職は、家族という単位の重要性を認識し、家族の保護と強化を目指してワークを行う。ソーシャルワーカーはエンパワメントの理念を採用し、家族に変化のためのコンピテンシーと能力があることを認識しなければならない。しかし、家族は資源にアクセスできなければ、構成員を養うことはできない。

　エンパワメントを基盤とするソーシャルワークは、貧困、差別、ホームレス化、失業、ヘルスケアへのアクセスなど、家族に影響を及ぼす社会問題を是正する。

　21世紀の家族のアルバムは、20世紀の家族のアルバムとは確かに異なる。新しいアルバムの中に、私たちは、写真技術そのものだけでなく、家族の構成やサイズの違いも見ることができる。前世紀に生じた経済と労働における抜本的変化は、家族生活に深い影響を及ぼしたのだ。

第13章　練習問題

以下の問いは、本章で学んだ知識をテストするものである。

1. 家族サービス機関は、_____。
   a. 公的組織である
   b. 民間の非営利の組織である
   c. 民間かつ営利目的の組織である
   d. 公的組織である場合も民間組織である場合もあり、営利目的である場合も営利を目的としない場合もある

2. 実践者は、_____という児童福祉の二重の視点のバランスを取らなければならない。
   a. 児童保護と家族維持
   b. 児童虐待と配偶者虐待
   c. 身体的虐待と精神的ネグレクト
   d. 家族の機能と家族の役割

3. フォスターケアは、_____を提供する。
   a. 家庭に留まる子どものための支援的・補完的サービス
   b. 子どものための、実の家庭外の永続的生活環境
   c. 子どものための、一時的で正常化された、実の家庭外の生活環境
   d. 子どものための、正常でない、実の家庭外の生活環境

4. ソーシャルワーカーのユーニス・ヨークは、チーバー家が家族の各構成員（チーバー夫妻、3人の子ども、一時的に同居している夫人の母親）に期待される行動をどう定義しているかを調査している。ユーニスが行っているのは_____に対するアセスメントである。
   a. 複数世代をまたぐ家族システム
   b. 役割境界
   c. 家族の機能
   d. コミュニケーション・パターン

5. フレンズ・オブ・ニュー・ファミリーズは、乳幼児の発達に関する情報、育児に関する教育、コミュニティ資源への紹介を提供するプログラムである。このプログラムは_____の例である。
   a. 家族維持プログラム
   b. 里親家族プログラム
   c. 一次予防プログラム
   d. 家事代行サービスプログラム

6. 虐待やネグレクトの発生に関わるミクロレベルの要因は次のうちどれか。
   a. 社会に蔓延する暴力
   b. 保護者の自尊心の低さ
   c. コミュニティ構成員による家族の孤立化
   d. 利用可能なコミュニティ資源の不足

7. 家族と青少年に対するソーシャルワーク・プラクティスにおける人権問題について述べよ。子どもと家族サービスの一側面における人権侵害の例を用いて説明すること。

Linwood J. Albarado Jr.

成人と高齢者のためのサービス

本章の概要

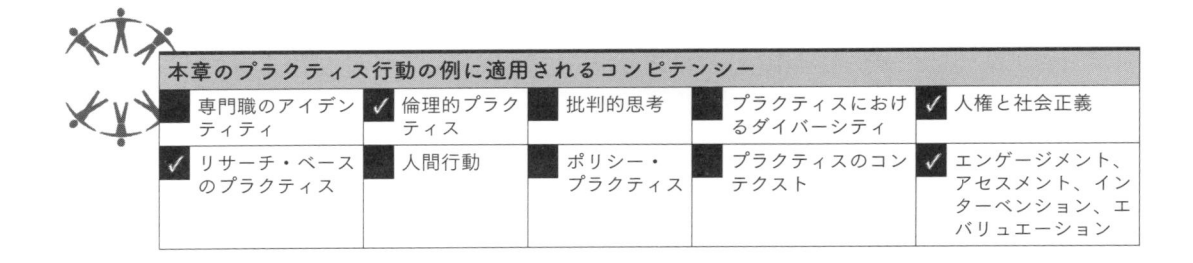

本章のプラクティス行動の例に適用されるコンピテンシー				
専門職のアイデンティティ	✓ 倫理的プラクティス	批判的思考	プラクティスにおけるダイバーシティ	✓ 人権と社会正義
✓ リサーチ・ベースのプラクティス	人間行動	ポリシー・プラクティス	プラクティスのコンテクスト	✓ エンゲージメント、アセスメント、インターベンション、エバリュエーション

成人期は半世紀以上の長期間におよぶ。この数十年間におけるサービスのニーズは、家族のニーズと人生の移行に関わるものである。成人は、さまざまな現場、および事実上すべてのプラクティス領域（家族サービス、医療ソーシャルワーク、職業ソーシャルワーク、依存症、メンタルヘルス）で、ソーシャルサービスにアクセスする。本章では成人向けサービスに焦点を置き、以下の事項について詳述する。

- 職業ソーシャルワークや退役軍人向けサービスなどの、成人に特化したサービス
- 高齢の親やライフパートナーのケア
- 親密なパートナーに対する暴力
- 高齢者虐待
- 高齢者とのソーシャルワークを含む、高齢者向けのプログラムとサービス

人権は年齢を問わずすべての人に適用される。サクセスフル・エイジング（よき老後を迎えること）の可否は、高齢者のニーズに合わせて設計された、広範な保健サービスおよびヒューマンサービスの有無にかかっている。この領域に特化したソーシャルワーク・サービスは、人が成人期以降、齢を重ね成熟する過程における、QOL の権利を促進する。高齢者とのソーシャルワークにおいて、ヘルスケアと所得支援サービスへのアクセスは、健康や記憶の衰えの有無を問わず、いかなる状況においても、基本的人権に関わる課題である。高齢者虐待や、女性、性的マイノリティ、高齢者に対する親密なパートナーの暴力への対抗措置としての立法は、暴力や搾取の犠牲になっている社会的に脆弱な成人の保護を支えるものである。

成人のためのサービス

貧困、差別、ホームレス状態、DV、健康とリハビリテーションに関わる問題、精神疾患、依存症、家族に関わる問題、育児といった、成人が直面する問題の多くを前章までに紹介してきた。本節ではこれに加えて、不妊、死別、退役軍人向けサービスに関する問題について検討する。成人の世界における職場の重要性に鑑み、本章では、成人向けサービス分野における重要なプラクティス領域として、職業ソーシャルワークを取り上げる。

不妊カウンセリング

全国保健統計センター（National Center for Health Statistics）の報告によると、米国の生殖年齢の女性の 12% にあたる約 730 万人が、妊娠が困難と

考えられている（CDC, 2011d）。人は、自分には生殖能力があって当然と考えているため、不妊症だと知ることは、個人的にも医学的にも非常事態である。反応はさまざまであり、その例としては抑うつ状態、不妊症に対する苦悩、人間関係に対する関心の喪失、結婚の困難などが挙げられる。

　現在の生殖技術は、多くの人に血のつながった子どもをつくる希望を与えている。体外受精は、精子と卵子を実験室内で結合させた後、胚を生物学的母親の子宮に移すというものである。これは、子どもを望む不妊症のカップルのために用意された、多数の実現可能な選択肢の中の一つである。

　不妊症の問題に取り組むソーシャルワークの実践者は、体外受精プログラムがある医療センターに雇用される場合が多い。ソーシャルワーカーは、患者のオリエンテーション・プログラムのファリシテーター役を務め、心理社会的評価を準備し、支援的カウンセリングを提供し、治療がうまくいかなかった場合の選択肢についての話し合いを行う。カウンセリングでは、不妊と生殖技術に伴う苦痛やスティグマに対処する場合が多い。親になろうとする人は、養子縁組は次善の策、あるいは最後の手段として、価値を認めない場合もある。

死別カウンセリング

　ライフサイクル上の位置付けから、成人は、喪失と悲しみに対処する機会が多い。たとえば、中年層は、親の死や配偶者、パートナー、仲間の不慮の死を経験する。彼らは、既存のソーシャルサポート・ネットワークの資源を利用し、コンパッショネイト・フレンズ〔Compassionate Friends, 子どもを亡くした家族を支援する米国の民間機関〕、寡婦相互支援プログラム、新生児を亡くした親の支援グループといった相互扶助グループの支援を得て、これらの資源を補完する場合が多い。

　愛する者の死を嘆く人も、現実を受け入れなければならない。通常、人は喪失により、心身ともに長期間におよぶ影響を受ける。スピリチュアルな側面、経済的・社会的状況、文化的影響、抑圧による周縁化、差別などといった社会文化的コンテクストは、悲嘆のプロセスにも影響を及ぼす（Berzoff, 2003）。さらに、家族の構成員の離別や不和は、報われない和解への期待とともに、喪失と悲しみに対する反応に影響を与える。

　キューブラー・ロス（Kübler-Ross, 1969）は悲嘆のプロセスにおいて経験されることが多い5つの情緒的反応を特定している。すなわち、否認、怒り、取引、抑うつ、そして最後に、受容である。死別を経験した人の悲しみの克服の過程は、彼らの発達段階、喪失の状況、喪失の個人的な意味などの要因により影響を受ける。悲しみの克服をさらに困難にする要因は次のようなものである。

- 突然の不慮の死、自殺、殺人、悲惨な状況、不名誉な死など
- 耐えがたい悲嘆をもたらす多重の喪失
- 社会的支援が不十分だという認識 (Berk, 2010)

■ 文化的差異と悲嘆

　調査結果は、異なる文化に属していても、人々の悲しみへの対処の仕方は驚くほど似通っていることを示している。その一方で、際立った差異も存在する。たとえば、悲しみの表現における率直さは文化によって異なる。文化的差異を理解しておくことで、自身の悲しみの経験が、他者の経験を理解するための基準として有効だという、自民族中心主義的な思い込みを避けることができる。ある文化においては普通と見なされることが、他の文化では逸脱と見なされることもあるのだ。

　▶ ソーシャルワーク・ハイライト　ソーシャルワーカーは多数の異なる現場（家族サービス機関、従業員援助プログラム、メンタルヘルスセンター、医療施設など）で、死別カウンセリングを行い、死および死を迎えることに関わる問題への対処において重要な役割を果たす。以下の例は、配偶者のケアをする介護者にとっての、死別の心理社会的コンテクストを明らかにするものである（Holtslander & Duggleby, 2010）。個人面談や、末期がんの配偶者を介護した人の日記の考察などによる小規模な定性的研究を行うことで、リサーチャーは、配偶者との死別に関わる3つのコンテクストを特定した。すなわち、内面的コンテクスト（感情的苦悩）、対人的コンテクスト（独身者としての新たなアイデンティティ）、そしてコミュニティ／社会的コンテクスト（支援システム）である。リサーチャーは、これらのコンテクストが、死別を経験した介護者にとって、苦難の源であると同時に、支えとなる可能性もあると結論付けた。

従業員援助プログラムにおけるソーシャルワーク

　成人が直面する困難の多くは職場で発生し、さらに、仕事に関わる問題は、彼らの人生に新たな問題や葛藤を作り出す可能性がある。たとえば、依存症、家族の危機、家庭内虐待、被扶養者のケアといった問題は、すべて生産性や仕事に関わるストレスに影響を及ぼす場合が多く、家族に優しい就業ポリシーの有無は、家族生活に影響を及ぼす可能性が高い。成人の生活における仕事の重要性から、企業や産業界では、従業員援助プログラム（EAP）を通じて、従業員のニーズに対応している場合が多い。雇用主は、従業員援助プログラムに対するサポートを通じて、従業員のウェルビーイングに対し、より大きな責任を果たしている。

　EAPにおいては、ソーシャルワークが重要な役割を果たしている。雇

ADA —— 社会正義に対する要請

障害のある人々は、多様性を持つ人口集団である。彼らの共通点は、障害を理由とする差別を受けていることである。ジョージ・H・W・ブッシュ（George H. W. Bush）大統領の署名により成立した、障害を持つアメリカ人法（ADA）は、職場や公共施設における差別の軽減を目指すものである。

同法は、障害のある人の雇用機会または職業的地位に悪影響を及ぼすあらゆる種類の雇用差別を禁止する。同法はさらに、建物の設計上あるいはコミュニケーション上の障壁を理由として、障害のある人の公共サービスへのアクセスを拒否することも禁止している。同法は、雇用主、政府、機関、公共交通機関、公共施設に対し一律に、1992 年 1 月までに ADA の必須要件を満たすことを求めた。

ADA は、過去 25 年以上の間に行われた公民権法の拡張の中で、最も重要なものであり、1964 年公民権法が人種的マイノリティを保護したのと同じ方法で、障害のある人を差別から保護する。両法の反差別条項は、雇用機会均等委員会（EEOC）により執行される。

障害のある人は、完全かつ平等な雇用および公共施設へのアクセスの権利を有する。ADA は、職場と公共施設に対し、障害のある人が利用できる合理的な配慮を行うことを要求する。この配慮には、既存の施設へのアクセスを容易にすること、仕事を再編成すること、仕事のスケジュールを変更すること、試験や研修の教材を修正すること、読み上げ担当者や通訳者を用意することが含まれる。

障害を持つアメリカ人法の制定と施行は明らかな前進だった。しかし、今もなお社会正義に関わる数多くの課題が根強く残っている。たとえば、

- 「障害のある子どもが、保育所、教育バウチャー制度、チャータースクールの利用を拒否される事案が、当たり前のように発生している」（ADA Watch, 2006, 第 3 段落）
- 「ヘルスケアに関する古い規則により、さまざまな年齢の障害のある人が、コミュニティを離れ、隔絶されたナーシングホームや施設に入ることを余儀なくされている」（第 3 段落）
- 18 歳から 64 歳の就業率は、障害のない人が 85.5％ であるのに対し、障害のある人では 45.6％ に過ぎない（Brault, 2008）
- 障害のある人の貧困率は障害のない人と比べて、約 2 倍である（Stapleton et al., 2005）
- 障害のある人の権利と保護を確保するための漸進的アプローチには、疑問の余地がある（Karger & Rose, 2010）

障害のある人の権利のアドボケイトたちは、公共交通機関、教育、有意義な仕事、コミュニティを基盤とした住宅、ヘルスケアに、障害のある人たちがよりアクセスしやすくすることを通じて、彼らの完全な参加を確保するための努力を継続している。

用主は従業員と組織の利益のために、EAP サービスを尊重する。法律、経済、労働、生活に関するサービスが、労働損失の減少と労働生産性の向上をもたらしたことが、プログラムの成果として示された。課題は、個人の行動の問題を超え、組織や環境に対する懸念にまで及ぶ。職業ソーシャルワーカーが効果的に機能するためには、以下の領域に関する専門知識が必要となる。

- 仕事の心理学的意味
- 仕事に関わるストレスと燃え尽き症候群
- 職場でのいじめと管理者によるハラスメント
- 組織構造とプログラムが社会的機能に及ぼす影響
- 職場における依存症の問題と薬物乱用カウンセリング
- 定年退職と、定年退職プランニング
- エイジズムと職場での年齢差別
- 人員削減と失業の心理社会的影響
- 労働関連法（1964 年公民権法、1967 年雇用における年齢差別禁止法、1990 年障害を持つアメリカ人法、1993 年育児・介護休暇法、2005 年に再承認された女性に対する暴力禁止法など）

■ 職業ソーシャルワークの起源

　歴史上、ソーシャルワークと労働の結び付きは、中世のギルドにまでさかのぼる。そこでは、ニーズを抱えたギルドの構成員に、シェルターと支援が提供された。セツルメントハウス・ワーカーは、労働者の権利と職場の安全に対するアドボカシーを行ったことで知られている。20 世紀初頭のソーシャルワーカーであるメアリー・パーカー・フォレット（Mary Parker Follet）、フランシス・パーキンス、バーサ・ケイピン・レイノルズは、ビジネスの慣行、労働政策、労働組合活動に影響を与えた。産業ソーシャルワークが再び脚光を浴びたのは、労働組合がアドボケイトとしてソーシャルワーカーを雇用した、第二次世界大戦中であった。戦時中は、軍隊もソーシャルワーカーの主要な雇用主の一つとなった。

■ プログラムとサービス

　現在、多数の企業、政府機関、労働組合、非営利団体が、職業ソーシャルワーカーを雇用している。職場でのプログラムは一般に、先述の通り、従業員援助プログラム（EAP）と呼ばれるが、これに対し、労働組合のプログラムは、組合員援助プログラム（MAP）と呼ばれている。これらのプログラムとサービスは、全従業員、組合員およびその家族が利用できる。これらは、組織内で運営される場合もあれば、組織が家族サービス機関や病院を基盤とするプログラムと契約を結ぶ場合もある。

職業ソーシャルワーカーは、従業員および職場組織の変革を推進し、あらゆる年齢の人々を利する広範な個人的・社会的ニーズに対処する（Akabas, 2008; Bates & Thompson, 2007; Pollack et al., 2010; Powell, 2010）。サービスの中には、資源およびコミュニティを基盤とするサービスへの紹介、薬物依存のない職場を実現するための取り組み、個人や家族に対するカウンセリング、対人コミュニケーション研修、育児教育、DV に対処するための教育と資源の紹介、定年退職前後のプランニング・サービスなどがある。職業ソーシャルワークのその他の関心領域としては、アファーマティブ・アクション、セクシャルハラスメント、エイジイズム、障害、燃え尽き症候群、ストレスマネジメント、紛争の仲裁、子どもおよび被扶養高齢者のケアの手配、失業、保健と健康の推進プログラムなどが挙げられる。職業ソーシャルワーカーは、「福祉から就労へ」構想を通じた職場復帰に際し、多くの困難に直面しながら自立を求める人々へのサポート提供において、きわめて重要なポジションにある（DeBord et al., 2000）。

ソーシャルワーカーは、比較的広範な知識を持つため、他の形で貢献する場合もある。企業がソーシャルワーカーを雇用して、慈善的寄付やコミュニティサービス計画といった企業の市民的義務遂行における運営を任せる場合もある。ソーシャルワーカーが関与するその他の活動としては、組織のプランニングと開発、さらに、障害を持つアメリカ人法（ADA）、差別撤廃およびアファーマティブ・アクションに関する法、育児・介護休暇法（Family and Medical Leave Act）といった、職に関わる人事政策の実行などが挙げられる。これらに加えて、職業ソーシャルワーカーは経営層に対し、人事異動、セクシャルハラスメント、アファーマティブ・アクション、HIV/エイズへの対応、定年退職プランニング、従業員スケジュール、家庭内パートナーのための福利厚生の平等、保育施設の提供などに関するコンサルティングを行う場合もある。

▶ **ソーシャルワーク・ハイライト**　ジョセフ・コールは、ミルウォーク・インダストリーズ社の人事部で働く EAP ソーシャルワーカーである。ジョセフは、就業中に負傷した従業員とのワークにおいて、システム理論的アプローチを活用している。バルゴパル（Balgopal, 1989）は、ミクロ、ミッド、マクロの各レベルのインターベンションを提案した。**ミクロレベル**のインターベンションには、仕事における混乱、家庭でのストレス、給付金の提供に関わる問題、再研修のアレンジ、さらには失業への対応まで含まれる。**メゾレベル**のインターベンションとして、保険会社に対する適時かつ妥当な支払いの確保や、その他の官僚組織に対するアドボカシーによる障害給付金支払いやリハビリテーション・サービスの保証が必要になる場合もある。**マクロレベル**のインターベンションは、有害な職場環境の改善、職場の安全のための立法を求めるロビー活動、労働者のウェルビー

イングを脅かす行為を是正するよう経営陣に働きかけることを通じて、安全に関わる課題に対処する。

■ 職場の課題と性的マイノリティ

　職業ソーシャルワーカーは、従業員援助組織における役割を通じて、性的マイノリティのために、職場が受容的な文化を支持したり、偏見に満ちた態度や差別的行動に対し管理者が直接に対処したりすることが確実に行われるように支援する（Poverny, 1999）。法や企業のポリシーは、このようなアクションへの道を開く。たとえば、1998 年に署名され制定された大統領命令 11478 は、性的指向を理由とした差別から連邦政府職員を保護する法律である。最近の調査によれば、21 の州とコロンビア特別区、ならびに多数の市および地方自治体において、性的指向による雇用差別を禁止する法律が制定されている（Human Rights Campaign, 2011-2012）。さらに、フォーチュン誌の全米上位 500 社にランクされた企業の 90％弱が、差別を禁止するポリシーと実務慣行を採用している。セクシャルハラスメントが同性間の相互作用の場合もあるという事実から、ソーシャルワークの積極的なインターベンションが求められている。ソーシャルワークによるアドボカシーの新たな課題は、法や職場のポリシーにおける、トランスジェンダーに対するサポートの不足である。ポバニー（Poverny）が提案する職業ソーシャルワーカーのリーダーシップ推進活動には、管理者と従業員に対する教育と研修プログラムの推進、支援グループの組織化と参加の促進、「カミングアウト」することを選択した従業員の支援などがある。

■ 定年退職前プランニング

　さまざまな要因が、定年退職後の人生への移行の成否を左右する。これらの要因としては、退職へ向けた精神的・経済的準備の有無、退職の決定が自発的なものか意志に反するものかという違い、個人の対処能力の違いなどがある（Berk, 2010）。退職後の生活を計画し、困難を予期していた人は、退職後の生活への理想的な移行を実現しやすい。ところが、退職プランニングが恩恵をもたらすにもかかわらず、実際に退職プランを作る従業員は少ない。

　ソーシャルワーカーは、企業や産業界でのワークを通じて、従業員に定年退職と退職プランニングについて教育を行い、サポートネットワークを構築し、退職カウンセリングサービスを提供する。多くの退職前プログラムには、グループでの参加者が、自身の退職前プランの策定、予期される問題の記述、自身のコンピテンシーの発見、優先順位と目的の設定を可能にする活動が含まれる（Monk, 1990）。

　退職者の支援には、経済的ウェルビーイングを強化する社会政策と、新たな機会を創出するダイレクトサービスがある。退職に関わる課題として

は、公平な退職規則、十分な住宅、適切なレクリエーションと教育プログラム、ボランティアで働く十分な機会、キャリア転換を望む人のための職業案内と再研修などが挙げられる。

退役軍人のためのソーシャルワークとサービス

退役軍人局（Veteran's Bureau）において、精神科および結核の患者を支援するためのプログラムが1926年に構築された。それ以来、ソーシャルワークは、退役軍人庁（VA, 2012）の後援のもと、あらゆる心理社会的側面およびヘルスケアに関わる側面へ進出した。「VA ソーシャルワークのミッションは、心理社会的インターベンションを用いて、退役軍人、その家族と介護者の健康とウェルビーイングを最大化することである」（第7パラグラフ）。VA は、5.6億人を超える退役軍人に対するさまざまなヘルスケア・サービスを提供しながら、臨床的資格を持つソーシャルワーカーを4500人雇用し、毎年700人の MSW 実習生を受け入れている（Manske, 2008）。ソーシャルワーカーは、ケア・コーディネーション、プライマリ・ケア、病院を拠点としたサービス、リハビリテーション・プログラム、メンタルヘルスおよび問題行動に関するサービス、長期ケアなどのプログラムで働いている。ソーシャルワーカーは、学際的チームの一員として、たとえば、スクリーニング、危機介入、アセスメント、アドボカシー、カウンセリングサービスなどを行っている。

提供されるソーシャルワーク・サービスの幅広さと深さは変化したが、それだけではなく、軍および VA のソーシャルワーカーのサービスを受ける軍関係者と退役軍人のニーズも劇的に変化した（Manske, 2008）。女性の数が増え、その多くが子どもを持ちながら軍で精力的に働き、家族の別居状態や、未解決の家族の問題、専門的医療ニーズなどを抱えている。イラク、アフガニスタン、中東で、3万を超える兵員が負傷し、消耗性の一生完治しない怪我、頭部外傷、身体の複数部位の切断などに苦しんでいる。メンタルヘルスの問題、うつ病や不安神経症、心的外傷後ストレス障害（PTSD）、自殺も多くみられる。

■ 軍ソーシャルワーカー

退役軍人庁のヘルスケア・ネットワークを通じたソーシャルワーク・サービスに加えて、軍の各局もソーシャルワーカーを雇用し、軍関係者とその家族へのサービスを提供している。軍で働くソーシャルワーカーは、以下のようなさまざまな任務を果たしている。

- 軍関係者の家族とヘルスケアに関するニーズのアセスメント
- カウンセリングサービスと危機介入の実施

- 軍関係者およびその家族と、コミュニティを基盤としたサービスとの橋渡しをすること
- 高いリスクを抱える人のスクリーニングを行うこと
- 病院からの退院とリハビリテーション・プログラムに関するケア・プランニングを提供すること
- 巨大な官僚的機関を相手に、軍関係者の家族のためのアドボケイトを行うこと
- グループと軍のコミュニティを基盤とした活動を通じて、教育と支援を提供すること　　　　　　　　　(U.S. Department of Veteran Affairs, 2011)

　軍務に服している人々およびその家族とのプラクティスを効果的なものにするために、ソーシャルワーカーは、軍の文化を理解する必要がある。その例としては、軍に特有の用語、軍の組織構造、親が戦地に配備された場合の子どもの苦悩、戦時の負傷がもたらす医学的・精神的影響、戦闘後のリハビリテーションとコミュニティへの再統合などが含まれる（Amdur et al., 2011; French et al., 2011; Hall, 2011; Lincoln & Sweeten, 2011）。

高齢の親やライフパートナーの介護

　平均余命の伸びと、加齢に伴う慢性疾患の可能性の上昇により、中年の成人が、高齢の親やライフパートナーの変化し続けるニーズに対処しなければならなくなる可能性がますます高まっている。全国規模の無作為抽出による電話調査に基づく推計によれば、18歳以上人口の31％（6570万人）が、成人の家族あるいは友人の介護を無償で行っている（NAC & AARP, 2009）。この調査結果から分かるその他の重要な事項には、以下のようなものがある。

- 特定された介護者のうち3分の2が、50歳以上の相手の介護を行っている。介護を受けている人の44％が、75歳以上である
- 介護者の大部分（66％）が女性だが、男性の介護者も相当数存在する（34％）
- 介護ケアを受けている人の半数が自宅で生活しており、75％が介護者の家から20分以内の距離に住んでいる
- 介護者の約3分の1が、介護の負担が重いと感じている

　この全国規模の調査からは、介護により就労に関して生じる損失も明らかになっている。調査対象となった介護者全体の46％が、フルタイムで働いていた。その半数以上（66％）が、介護のために遅刻をしたり休暇を取ったりしていた。これ以外にも、休職した人（20％）、勤務時間を減

らしてパートタイマーになった人（12%）、昇進を断った人（6%）、早期退職制度を利用した人（3%）がいた。フルタイムで就労しているすべての介護提供者の給与、年金、社会保障給付金における損失を合計すると、3兆ドルを超えると推計されている（Metlife Mature Market Institute, 2011）。他方、彼らは別の形で、経済に寄与している。たとえば、2009年において、無償での家族介護の価値を金銭に換算すると、4500億ドルに相当すると試算されている。

「親の介護」は、成人した子にとって重要な課題である。

介護者と高齢の親

　少子化、家族構成員の流動性の増大、一人親家族の増加、介護を受ける人の寿命の伸長が、家族の構成員が高齢の親を介護できる可能性に影響を及ぼしている。介護の責任を担うことができる家族や友人の数は減少しつつある。米国退職者協会（American Association of Retired Persons）と全米介護者連合（National Alliance for Caregiving）による報告書（2004）によれば、2050年には、介護を要する人1人に対する潜在的な介護者の数は4人になると試算されており、1990年の11人とは著しい差がある。

　中年の成人が、両親から遠く離れて暮らしている場合もあるが、少なくとも1人の成人の子どもが、高齢の親の近くで暮らしている場合の方が多い。配偶者が介護者となる場合に次いで、娘か義理の娘が「家族の守り手」役を務める場合が多いが、ストレスや緊張を感じる可能性は、家族の他の構成員や介護を受ける高齢の親自身を含む全員にある。問題は、人間関係における緊張、多すぎる役割要求を満たそうとすることによる疲労、不十分なコミュニティのサポート、加齢プロセスに関する情報の不足など、広範囲にわたる。定性的研究により、介護者自身の状況に対するコントロール感（自らの内的ストレングスの活用、援助が必要な場合に他者の資源を利用すること、将来の要求への予期など）が、重要な保護因子になることが分かっている（Szabo & Strang, 1999）。

倫理的プラクティス
[プラクティス行動の例]　倫理的な衝突の解決にあたっては、曖昧さに寛容であること。
[批判的思考の訓練]　家族の構成員が、高齢の親、ライフパートナー、その他の被扶養成人の介護者の役を果たす場合に、ソーシャルワーカーはこれをサポートする場合が多い。優先すべきクライエントを特定する際、および介護者と「介護を受ける人」の権利のバランスを取る際、これに伴う倫理的課題にはどのようなものがあるか。

介護者とライフパートナー

　配偶者やライフパートナーが介護者の役割を強いられる状況には、さまざまなものがある。大切な人の健康状態の悪化、運動能力に関する問題、機能障害、認知の衰えなどがこれにあたる。平均余命が伸びるにつれ、配偶者やライフパートナーが介護者の役割を担う可能性は高まっている。配偶者やライフパートナーが介護をすることで、彼らの大切な人は、自宅での生活を続けることができる。家族の他の構成員が高齢者の介護をする場合と同様、配偶者による介護においても、精神的・身体的健康の問題、経済的ストレス、社会的孤立などのネガティブな事態を招くリスクがある。このリスクは、介護者の健康状態や年齢により異なる。

　介護の提供は、多くの LGBT の高齢者にとって重要な役割である。国立衛生研究所（National Institutes on Health）と国立加齢研究所（National Institute on Aging）が行った最近の研究によると、LGBT の高齢者の 27% が、健康問題などのニーズを抱える人のケア支援を行っていた（Fredriksen-Goldsen et al., 2011）。介護者の 3 分の 1 以上が、パートナーあるいは配偶者を介護し、さらに 3 分の 1 が友人、16% が親の介護をしていると回答した。50 〜 95 歳の回答者の 5 分の 1 弱が、自身が介護を受けていると回答し、その半数以上がパートナーあるいは配偶者から、25% が友人から介護を受けていると回答した。

介護と認知症

　アルツハイマー型などの認知症は、介護の大きな負担となる。アルツハイマー病に伴う認知症を患っている高齢者は約 540 万人で、全体の約 8 分の 1 である（Alzheimer's Association, 2012）。ところが、アルツハイマー病の発症リスクは加齢とともに高まる。65 〜 74 歳におけるアルツハイマー病患者が 6% に過ぎないのに対し、85 歳以上では、半数近くがこの病気になる可能性がある。現在、60 〜 70% のアルツハイマー病患者が、自宅で暮らしており、在宅ケアの約 80% が、家族によるものである。

　無作為抽出の介護者を対象とする全国規模の層化分析結果は、アルツハイマー病を含む認知症患者の介護者は、特に重い負担を背負っていることを示している（Alzheimer's Association, 2004）。介護の責任が身体的にも精神的にもより厳しく、より長い時間を要し、介護者はしばしばヘルスケアに関わる複数の課題と、ヘルスケア・システムにおける官僚機構が持つ複雑さへの対処を強いられる。

　アルツハイマー病は、進行性の疾患であり、人格が変わり、健忘症が進み、身体的機能や社会的機能が損なわれていく。アルツハイマー病の人は、徘徊、コミュニケーション障害、興奮や敵意などの症状が悪化するにつれ、

日常生活の活動において、他者の援助を必要とするようになる。病気が進行するにつれて、家族、友人、公式のソーシャルサービス提供システムの支援に対する彼らのニーズは、劇的に増大する（Boylstein & Hayes, 2012; Chien et al., 2011; Gelman, 2010; Mausbach et al., 2012; Miller et al., 2012; Toseland et al., 2003）。

介護者に対するソーシャルワークの支援

　介護者が経験する精神的ストレスの予測因子としては、提供するケアのレベル（介護の負担が大きいほど、ストレスレベルも高くなる）、および自らの選択により介護の責任を引き受けたという認識の有無（選択の余地がなかったという認識は、より高いストレスレベルを予見させる）がある。日々の社会的支援は介護者にとって特に有益だが、リサーチによれば、介護者が具体的かつ安価なサポートを十分に得られていると認識しているか否かが、介護者の満足度を決定付け、この満足度が介護者の負担の予測因子となる（Lai & Thompson, 2011）。家族を介護している人のうち、公式のサービスを利用していると回答した人は少数だが、介護のニーズが自身のケア提供能力を上回った場合には、サービスを利用する可能性が高まる（Ory et al., 2000）。

　NASW（2010）は、介護を受ける人のQOLを高める、家族介護に関するさまざまなサポートとサービスを具体的に特定している。

- 情緒的、社会的、およびスピリチュアルなサポート
- ヘルスケアや経済に関する事柄、および人生プランニングに関する意思決定の支援
- 入浴、身支度、歩行といった身体的作業の支援
- 保健およびソーシャルサービス・システムに関する案内と交渉に関するサポート。たとえば、健康保険および長期介護保険への対応、有料ホームヘルパーの手配と監督、ヘルスケア専門職とのコミュニケーション、良質なケアとサービスの推進など
- 実務的な事柄に関する支援。家事、事務処理、医療機関その他の予約先へ出かけること
- 直接の金銭的援助や請求書の支払い援助などの経済的支援
- 共同住居　　　　　　　　　　　　　　　　　　　　　（pp. 11-12）

　ソーシャルワーカーは家族の介護者に複数のサービスを提供することで、高齢の親、ライフパートナー、配偶者、友人に対する自宅での介護を継続する努力を支援する。ソーシャルワーカーは介護者に対して、在宅ヘルスケアと家事代行サービスのためのコミュニティ資源を紹介し、レスパイトサービスをコーディネートし、カウンセリングや情緒的支援を提

> ソーシャルワーカーは家族のケア提供者に複数のサービスを提供することで、高齢の親、ライフパートナー、配偶者、友人に対する自宅でのケアを継続する努力を支援する。

供し、さらには高齢者と家族の間の仲裁を行う場合もある。さらに、ソーシャルワークの実践者は、家族の構成員およびその他の介護者と協働し、虚弱な高齢者へのサービス提供を強化するためのケースマネジメントの活動に従事する。介護者の支援グループは、支援の提供、孤独の軽減、加齢の過程に関する介護者の教育、個人の成長の促進、および介護者が取り組まねばならない多様な問題への創造的な解決策の発見のために有効である（Brodie & Gadling-Cole, 2004; Chien et al., 2011; Golden & Lund, 2009; Wang & Chien, 2011）。

▶ **ソーシャルワーク・ハイライト**　4つの地域高齢者福祉機関（Area Agencies on Aging, AAA）が、認知症患者の介護者を支援する一連の新しいインターベンションの有効性を判断するために、リサーチ調査を行った（Burgio et al., 2009）。「リーチアウト」インターベンションは、準実験的トリートメント前後計画を用い、4ヵ月にわたり、272人の介護者に対して4回の自宅訪問と3回の電話を行った。このインターベンションの結果、介護者の健康と精神的ウェルビーイングにポジティブな影響があり、介護者の主観的負担、フラストレーション、抑うつが軽減された。

親密なパートナーによる暴力

　子どもへのマルトリートメントは、暴力という遺産を子どもに与える。しかしながら、家庭内で表面化する暴力は児童虐待だけではない。すなわち、親密なパートナーによる暴力もまた、家族に対する暴力の一部をなしている。以下の事例は、親密なパートナーによる暴力に関わる、多くの重要な課題に光を当てる。

▶ **ソーシャルワーク・ハイライト**　私は机に身をかがめ、疲労に目をかすませながらも、1週間放置して溜め込んだ大量の書類仕事を片付けようと決めていた。午前3時半だった。突然、夜の静寂を破る甲高いドアベルの音が響いた。私ははっとして我に返り、記憶を呼び起こされながら、「またアレではありませんように」と願った。ドアを開けると制服姿の警官が立っていた。私は驚きもしなかった。警官が話している間、私は、母親のすぐ背後に隠れて泣いている幼い少女に注意を引かれた。そしてポーチに映った影だけからも、この母親が混乱し、怯えているのが分かった。
　私は脇へ寄り、スーザンと幼い娘を、虐待を受けた女性のためのシェルターの入口へと通した。すると、すぐに彼女の状況の重大さが明らかになった。スーザンの顔にはあざができていた。両方の目の周囲が腫れあがり変色していた。彼女の状況は、もはや早急な説明を受ける必要はないものだった。スーザンが応急処置を受けたことだけ確認すると、私たちは初

回面接の手続きを開始した。必須事項のみを記録し、多くの質問は後日行うことにした。私は、スーザンがしばらく休息した後に、自身の状況についてより詳細に話し合えるようになるのではないかと期待した。

スーザンの幼少期の回想には、自身への性的虐待と、母親への配偶者による虐待が含まれていた。スーザンは、暴力から逃れることを期待して16歳で結婚した。ところが、結婚後1年も経たないうちに、妊娠中だったスーザンは再び、彼女を守ると約束したまさにその人から、身体的・心理的・性的暴力を浴びせられるようになった。彼女はこの暴力に4年間耐え続けたが、今回の件は、事態がもはや手に負えない状況にあると思わせるものだった。

その後数日間、シェルターの職員はスーザンと共に、安価で適切な住宅を探し、公的扶助受給資格を確認し、彼女が娘のクリスティとの生活を再建するために役立つさまざまなコミュニティ資源をつなぐネットワーク作りを行った。スーザンは、意思決定のプロセスに積極的に関与するようになり、自ら人生の舵を握る兆しを見せた。

私はあまりにも多くの女性が、シェルターを出て、虐待する夫の待つ家庭へ戻って行くのを見てきた。そのため、スーザンから夫と連絡を取ったこと、その夜にすぐ自宅に戻ると決めたことを告げられても、特に驚きを表情に出すことはなかった。スーザンは夫が本気で暴力行為を悔いているのは間違いないと感じており、夫が変わることを約束してくれたと言った。私は、穏やかな口調で、スーザンに、その約束は夫がこの4年間に何度も繰り返してきたものであることを告げた。そして、それでも彼女は殴られ続け、状況は悪くなる一方だったことを思い出させた。スーザンは、夫が今回こそ本気だと信じていると答えた。彼女は同じくらい、自分一人ではうまくいかないことを確信していた。「彼は私とクリスティを愛しているの」と彼女は言った。

親密なパートナーによる暴力の発生率

スーザンの例は珍しい話ではなく、その結末も同様である。全米犯罪被害者調査を基礎とした米国司法統計局の試算によれば、2001年の米国において、約60万件の暴力犯罪の被害者が、加害者の親密なパートナーだった（Catalano, 2007）。ある大規模な全国的調査の結果では、女性の調査対象者の約25％、および男性の7％が、現在あるいは過去の配偶者やパートナーから強姦あるいは身体的暴力を受けたことがあると回答したことが示された（Tjaden & Thoennes, 2000）。女性は男性よりも、常習的虐待や負傷に至る身体的暴行を受けやすい。調査結果は、精神的虐待や言葉による虐待、および支配しようとする行動が、身体的虐待を伴う場合が多いことを示している。DVは女性にとって大きな健康問題であり、さらに

は、ホームレス化、薬物乱用、メンタルヘルスの問題、雇用問題、妊産婦および幼児の健康アウトカムの問題にもつながる（Hien & Ruglass, 2009; Kimerling et al., 2009; Lindhorst et al., 2007; Taft et al., 2009）。

国際的な特徴

女性への暴力に関する世界からの報告は多岐に渡っている。48ヵ国の国民を対象とした調査の検討からは、調査対象となった女性の10～69%が、少なくとも1回はパートナーから身体的暴力を受けたことがあると回答したことが示されている（Heise & Garcia-Moreno, 2002）。すなわち、「親密なパートナーによる暴力は、社会的・経済的・宗教的・文化的集団とは無関係に、あらゆる国で発生している」（p. 89）。女性に対する暴力が差別的行為であり女性の人権に対する侵害であるという国際的認識の証として、国連は**女性に対する暴力撤廃宣言**（Declaration on the Elimination of Violence against Women）を採択した。1999年に採択された同条約の選択議定書は女性に「女性であることを理由とした暴力を含む、人権侵害の是正を求める権利」（United Nations, 2000「国際コミュニティによる対応」の章、第2パラグラフ）を与えるものである。前国連事務総長のコフィー・アナンによれば、「女性に対する暴力は、最も恥ずべき人権侵害だろう。これは地理、文化、貧富の境界を超えたものである。女性への暴力が続く限り、私たちは、平等、発展、平和へ向けた進歩を遂げていると言うことはできない」（第1パラグラフ）。国連事務総長のパン・ギムンは、親密なパートナーによる暴力が重大な人権問題であることに合意している。「すべての国に適用される、一つの普遍的真理がある。女性に対する暴力は断じて受け入れられず、断じて許されず、断じて耐えられぬものだということだ」（UN, 2011a,「UNiTEについて」第1パラグラフ）。

人権と社会正義

［プラクティス行動の例］ 抑圧と差別の形態とメカニズムを理解すること。

［批判的思考の訓練］ 国際的領域で、女性に対する暴力は深刻な人権問題と認識されている。親密なパートナーによる暴力は、どのような点において、人権を抑圧・侵害する力といえるのか。

親密なパートナーによる暴力の種類

親密なパートナーによる暴力は主に4つのタイプに分けられる。

- **身体的暴力**は、親密なパートナーを傷つける可能性のある物理的力を用いた、一人の人間による暴力である。首絞め、揺さぶり、平手打ち、噛みつきなどもこれにあたる
- **性的暴力**は、さまざまなシナリオで行われる。たとえば、1）本人の意思に反して、親密なパートナーにセックスを強要すること、2）支配的関係、病気、アルコールや薬物の影響で、パートナーが行為の意

味を把握できない、あるいは拒否できない状況において、性的行為を試みる、あるいは完遂すること、3）親密なパートナーに対し、虐待的な性的行為をさせること

- **暴力的脅迫**は、言葉や身振り、武器などを用いて、親密なパートナーを傷つける意図を伝えることで、身体的・性的暴力に関する脅迫をすることである
- **精神的暴力**には、屈辱、恥辱、孤立感を感じさせる行為や、パワーとコントロールの行使といった行動により、親密なパートナーが経験する精神的トラウマが含まれる （Saltzman et al., 2002）

親密なパートナーによる暴力のダイナミクス

リサーチによれば、2人が結婚しているか否かにかかわらず、暴力行為は発生するが、その動機は異なる。女性が暴力を用いる理由として最も多いのは、自己防衛、暴力的状況に対する対応、自身への虐待に対する報復である（Flynn, 1990）。他方、男性は、パートナーを威嚇あるいは支配するために暴力を用いる場合が多い。世界保健機関（WHO, 2002）の報告によれば、親密なパートナー関係における暴力のきっかけは世界中で共通している。きっかけとなる出来事としては「服従しなかった、口ごたえをした、金銭や恋人のことで男性を問い詰めた、食事の支度が遅れた、家事や子どものケアが不十分だった、セックスを拒んだ、男性が女性の不貞を疑った」（p. 15）などが挙げられる。

暴力はパワーとコントロールを獲得する手段である。加害者は、脅迫、侮辱、孤立感、罪責感、経済的依存、強制、威嚇などのストラテジーを用い、自身のパワーとコントロールを拡大し、パートナーのパワーとコントロールを失わせる。

■ DVのサイクル

配偶者に対する虐待には、予測可能なサイクルが見られる場合が多い（Walker, 1984）。「親密なパートナー間の暴力は、司法あるいはそれ以外の心理学的インターベンションが行われている間、停滞や一時的な逆転さえ見られつつも、悪化へと向かうのが常である」（Walker, 1989, p. 697）。初期においては、緊張が高まる期間があっても、女性は虐待に対しある程度のコントロールができると考えている。彼女たちは、パートナーの要求を拒否すれば虐待行為を引き起こすが、要求に応じることで、虐待の発生を緩和できると信じている。次に、爆発的暴力や、激しい殴打という形で虐待が不可避的に起こる。この段階は短いが、身体的暴力は激しいものになりやすい。

暴力の爆発に続く緊張状態の緩和は、身体的虐待行為を強化する。愛

情に満ちた改悛や、単に緊張が緩和された状態が、第3段階の特徴である。どちらの要素も、女性が暴力的関係に留まることを強化する。学習性無力感、絶望感、自尊心の低さによって、女性が配偶者から離れる可能性は低下する。

　一般に、女性は自らの苦痛を最小化するスキルを構築する。否認、解離、分裂により、彼女たちは現状に留まり、生き続けることが可能になる。システムが提供するサービスについて、多くの女性が、対応力は低いが重要だと見なしており、これらは彼女たちの状況を変革する実現可能な選択肢を提供できていない。

■ コモンカップル・バイオレンス

　コモンカップル・バイオレンス（common couple violence）は、親密なパートナーによる暴力のうち比較的激しくない形態であり、フラストレーションと怒りが、時に身体的暴力として表現されるものである。リサーチャーは、親密なパートナーによる暴力に関して、広範なコミュニティを基盤とする調査を行うことで、コモンカップル・バイオレンスが、殴打などを含むより深刻な虐待よりも多く見出されると予測している（Heise & Garcia-Moreno, 2002）。このような調査を行えば、親密なパートナーに対する暴力を女性が実行する場合が、裁判所の記録が示す以上に多いことが示される可能性が高い。

女性に対する暴力禁止法

　2000年と2005年に再承認された、女性に対する暴力禁止法（Violence Against Women Act）は画期的な法律であり、DVと性的暴力を取り巻く法的課題に対する包括的アプローチを規定する。再承認法には、緊急シェルターと一時居住用住宅に対する資金提供の増額、DVと性的暴力を受けた女性に対する行政・司法サービスのための基金、虐待を受けている移民の女性の保護、DVを受けている障害のある女性、児童保護サービスワーカーと裁判官に対する研修、子どもの証言、文化に配慮したプログラムなどの要素が含まれている（DOJ, n.d.）。成立当初の法律では、全国規模での虐待からの保護命令の強化、全米DV無料電話相談の開始、司法省における女性に対する暴力局の設置などが定められた。

TANF の例外規定と DV

　親密なパートナーによる暴力は、あらゆる社会経済的階層において発生するが、公的扶助受給者における発生率が高い。公的扶助受給者の女性では、親密なパートナーによる暴力の生涯発生率が約50%で、一般の生涯

発生率である22%の約2倍である（Lawrence, 2002）。TANF法の規定である、ウェルストーン／マーレイ修正条項（Wellstone/Murray amendment）には、家庭内暴力オプション（Family Violence Option, FVO）が新設され、就労要件の免除、資格有効期間の決定、支援サービスの決定に、州の裁量を認めている。要件の一時的免除は、就労と職業訓練の要件に柔軟性を持たせ、父親特定の要件に関して、それが女性や子どもを危険にさらす場合には、例外を認めるものである。大部分の州がFVO条項を採択したが、DVのスクリーニングおよび免除の実施に関する規則と手続きは州によってさまざまである。「FVOが予防およびインターベンション・サービスの提供手段となり得るなら、それは、時期尚早な就労を防ぎ、就労中の安全性に対する支援を強化し、虐待が続く場合には現実的なセーフティネットを維持することにより、女性の安全と長期的ウェルビーイング強化のためのツールともなり得る」（Tolman & Raphael, 2000, p. 24）。これらの規定は、差し迫った短期的ニーズに明確に対処するものであるが、一方で、DVのサイクルを打破するためには、十分な収入が得られる職に就くこと、および経済的自立が不可欠である（Pyles, 2011）。

親密なパートナーによる暴力へのサービスの対応

　メディアが注目したことで、DVに対する一般の認知は高まり、専門職の対応も強化された。コミュニティがサービスを提供する場合が多く、その例としては、学際的機関および法執行機関による危機対応チーム、緊急時用シェルター、虐待を受けた女性とその子どものためのプログラム、虐待をするパートナーに対するカウンセリングなどがある。親密なパートナーによる暴力の問題は多元的性質を有するため、学際的アプローチによるインターベンションが必要とされる。DVに関するサービスを提供するソーシャルワーカーは、医療、司法、経済、教育とソーシャルサービス間の協働を調整する場合が多い。

> DVに関するサービスを提供するソーシャルワーカーは、医療、司法、経済、教育とソーシャルサービス間の協働を調整する場合が多い。

■ 一時的サービス

　緊急の一時的サービスは、虐待を受けた女性がサービス提供システムと関わる最初の入り口となる場合が多い。たとえば、以下のような連絡先がある。

- 情報と紹介サービス
- 病院の救急治療室の職員
- 聖職者、家庭医、歯科医、弁護士
- 電話相談や危機介入サービス
- 被害者支援プログラム

- 職場での上司や EAP 担当者

■ シェルター

通常、虐待を受けた女性のための危機回避シェルターへの紹介元は、警察職員か DV 電話相談の係員である。シェルターは虐待された女性とその子どもに、安全で支援的な環境を提供する。シェルターの職員は、カウンセリングやグループ・トリートメントなどの支援サービスの提供や、コミュニティによるサービスへの参加者の紹介を行う。シェルターの重要性は明らかで、これに異議を唱える者はほぼ皆無だろう。シェルターは、保護の手段として、緊急の住居、経済的援助へのアクセス、教育と職業訓練を提供し、医療および司法サービスへの紹介を行う。

■ DV に関するアドボカシー

DV に対する取り組みにおいて提供される一連のサービスには、アドボカシーが含まれる場合が多い。アドボカシーの役割の細部はプログラムによって異なるが、通常、アドボケイトはアウトリーチサービスやコミュニティ教育、警察職員によるインターベンション後の女性に対するフォローアップ・サービスなどに関与する。支援的サービスのコンテクストでは、司法システムに関する情報を提供し、付加的カウンセリングやアドボカシーサービスを提供し、女性が保護命令を得られるように援助し、さまざまな裁判手続きに同行する (Weisz, 1999)。「被害者が提供された情報を受け入れ、これに従って行動するためには、誰かが物理的あるいは精神的に寄り添うことが助けとなり得る。このサポートにより、保護命令の獲得や暴行の訴追に関する証言などの法的行為を完遂できる女性もいる」(p. 140)。あるアドボカシープログラムに関するアセスメントでは、「アドボケイトは、支援と共感を示す存在であり、価値ある情報を持っていた。被害者とアドボケイトの関係が、加害者に対するさらなる法的行為を行うことを可能にした」(p. 138) と述べられている。このアドボカシーサービスを利用する女性は、有益な関係を通じたエンパワメントを経験している。

■ カウンセリングサービス

親密なパートナーによる暴力の被害者とのワークにおける、エンパワメント指向の目標としては、自己価値感およびコントロール感を取り戻すこと、そして、よりマクロなレベルにおいては、コミュニティと社会変革に影響を及ぼす機会を創出することが挙げられる。エンパワメント指向のソーシャルワーカーは、欠点や責任を探すようなインターベンション・アプローチを避ける。これは虐待を受けた人をさらに傷つけることになるからである。クライエントのストレングス、コンピテンスに焦点を置き、プロセスのすべての側面に関与することは、親密なパートナーによる、暴力

を伴う強力な虐待の影響を和らげる。

　支援グループは、親密なパートナーによる暴力の被害者に、個人的感情をさらけ出し、代替的選択肢を考慮し、意思決定を評価するための機会を提供する。グループセッションにより参加者が、自らの視座および他者との関係の構築方法に関わる課題の探究に参加できるようになることも多い。支援グループは、ストレスと怒りに対処し、対人関係の問題を解決するための公開討論の場を提供する。

　ノスコーとブレトン（Nosko & Breton, 1997-1998）は、DV を経験した女性とのワークにエンパワメント・モデルを応用した際に、敬意、自己決定、個別化を示すことが、グループワーク・プラクティスの重要な要素に関わっていることを見出した。たとえば、プランニングに関して、エンパワメント的視座を採用するソーシャルワーカーは、クライエントによる主導に従うことで、グループプロセスを推し進めることができる。エンパワメント指向により、クライエントへのパワーシフトが生じる。たとえば、ノスコーとブレトンは、「虐待に関する理論を知っているからといって、専門家として振る舞うのではなく、女性たちから虐待について学ぶことを期待する」（p. 62）と述べている。彼らはさらに、「被害者意識が中核構造を成すパラダイムは、家父長主義的で、女性の根本的な弱さを前提とするものであるため、彼女たちのストレングス、コンピテンス、パワーを認めることができない」（p. 63）と断言する。

性的マイノリティにおける暴力

　ゲイ、レズビアン、バイセクシャル、トランスジェンダー（LGBT）の人々における虐待の発生率に焦点を置いた調査は、非常に少ない。存在するのは、無作為でないサンプルに依拠した小規模な探索的調査の結果のみである。しかしながら、これらの調査をまとめると、25 〜 30％の発生率が示されており、これは異性愛者における親密なパートナーによる暴力と非常に似た割合である（NCAVP, 2003）。多様な民族を含む 500 人のLGBT の人々をサンプルとした調査の一つにおいて、9％が現在の人間関係において暴力があると回答し、32％が過去の人間関係において暴力があったと回答した。さらに、回答者の 83％が精神的虐待の経験があることを示した（Turell, 2000）。全国反暴力プログラム連合（National Coalition of Anti-Violence Programs, NCAVP, 2008）による発生率の調査は、14 地域に住む約 3300 人の回答者から得たデータを記録したものである。この報告書は、LGBT の人々における DV は、通報されることが非常に少ないと結論付けている。

　同性愛者間の関係においても異性愛者間の関係においても、発生する暴力行為の範囲（身体的・精神的・性的虐待）は同じである（Elliott, 1996）。しか

しながら、同性愛者間の関係における精神的虐待は、「家族や大家、雇用主に対して同性愛者であることを「暴露」するという」脅迫が加わった、より威嚇的なものになる。「この同性愛者の虐待者による「脅迫」の可能性により、ゲイとレズビアンの被害者は、虐待を受けている異性愛者の女性以上に孤立化する場合が多い」(p. 4)。同性愛者間の暴力は、「虐待的行為と言葉を通じた恒常的で意図的な脅迫が、性別の問題ではなく、パワーの問題であること」(p. 3) を明らかにする。

虐待状況を通報する危険を冒したLGBTの人々に適切なサービスを提供することは、彼らが住むコミュニティの大部分にとって困難なことである。なぜなら、LGBTの人々に対するサービスの機会は、都市部のコミュニティにおいてさえ稀だからである (NCAVP, 2008)。LGBTの人々が、警察、女性向けシェルター、医療従事者、聖職者、家族の構成員や友人を通じた伝統的なサービスを求めるなら、彼らはしばしば、ホモフォビア／バイフォビア／トランスフォビア的な、および異性愛主義的なプログラムやサービスによって培われた誤解や差別、偏見に満ちた態度に直面するだろう。彼らが、最も広く用いられる司法的オプションである保護命令を求めるなら、2010年の時点で41の州でDVに関する保護命令が利用できることを知るだろう (LaMance, 2010)。暴行、ハラスメント、ストーカー行為については、付加的な市民保護命令が利用できる州もある。

コミュニティを基礎としたサービスの構築と拡張、アウトリーチおよびコミュニティ教育、法改正のためのロビー活動、司法関係者や刑事司法職員に対する研修の実施のための取り組みは、これらの課題を是正し、虐待的関係に苦しむLGBTの人々に対するサービスの対象範囲を拡大する端緒となる。現在のサービス不足を解消するためには、複数のレベルにおける取り組みが求められる。これには、コミュニティにおける同性愛者間の暴力発生率の解明、適切なサービスネットワークの構築、州法や連邦法の改正および刑事司法システムのポリシー改正の推進、同性愛者間の暴力に関するソーシャルサービス専門職に対する教育などが含まれる。

DVに対する子どもの反応

近年の推計によれば、米国だけで年間1550万人の子どもが、DVを目の当たりにしている (McDonald et al., 2006)。確かに、DVを経験した子どもがみな、行動や情緒における混乱を示すわけではなく、彼らが常に他者を虐待する大人になるわけでもない。しかしながら、DVは、広範囲に及ぶ影響をもたらす。

子どもにDVを見せることを、精神的マルトリートメントの一形態と見なす者もいる。たとえば、虐待を受けた女性の子どもは、自身が虐待を受ける可能性がより高くなる。虐待の目撃者と被害者の両方になった

子どもは、最も大きな心理学的問題を抱えることになる。リサーチ結果は、幼児や子どもが、泣いたりイライラしたり、睡眠障害や、愛情や自己コントロールの混乱、社会的コンピテンスにおける問題などに苦しむことを示している（Center for Child and Family Policy, 2008; Gewirtz & Edleson, 2007; Hamby et al., 2011; Holt et al., 2008; Humphreys et al., 2009）。年長の子どもがこのような暴力にさらされると、彼らにさまざまなパターンの問題行動が生じる可能性がある。たとえば、不安、抑うつ、自尊心や共感レベルの低下、攻撃的行動などである。仲間との関係や学校での成績にネガティブな影響がおよぶ可能性も高い。

　暴力を目撃することによる影響を和らげ、レジリエンスを促進する要因は複数あるため、すべての子どもがネガティブな反応を示すわけではない（Gewirtz & Edleson, 2007; Haight et al., 2007）。このような要因としては、ケアしてくれる大人の存在、コミュニティにおける「安全な避難所」の存在、彼らのために介入してくれる他者の存在、そして各自が持つ精神的レジリエンス、個人的な統制感やコンピテンス意識といった特性などが挙げられる。

■ 子どものためのサービス

　DVに関する包括的なサービスには、子どものためのプログラムが含まれる。子どもはシェルター入居者の半数を占めている（Carter et al., 1999）。プログラムには、個人やグループに対するカウンセリングのようなイニシアティブが含まれる。付随的な活動として、子どもの適応反応の発達、有効で安全な問題解決技法の習得、人間関係に対する態度の分析、自らの行動に対する責任感の育成、怒りに関わる問題への対処、紛争解決のための暴力の使用がもたらす負の結果の精査、よりポジティブな自尊心の構築に関する支援が行われる。児童アドボカシーは、最近になってシェルター・プログラムに追加された。児童アドボケイトたちは、「子どもの入居者たちが必要な給付金やサービスにアクセスできるよう支援し、子どもが法的に保護される環境を確保し、シェルター職員に対し、子どもの発達とDVがもたらす影響に関する研修を行う」（p. 7）。

高齢者虐待

　人生のすべての時期において、虐待は発生する。しかしながら、高齢者虐待の問題が認識されるようになったのは最近のことである。連邦政府が高齢者虐待を最初に定義したのは、米国高齢者法（Older Americans Act）の1987年改正法においてである。現在では全50州が、社会的に脆弱な、あるいは障害のある成人の虐待に対処するための、成人保護サービス（adult protective services, APS）を承認する法律を制定している。各州法

間には、高齢者の定義や保護サービスの資格要件の定義、通告義務の規定にかなりの差異がみられる（Stiegel & Klem, 2008）。高齢者虐待の通告を義務化している州が大多数だが、そのうち通告義務違反に対する具体的な罰則を規定している州は少数である。州法が指定する、高齢者虐待に関する通告の受付および調査の担当機関としては、州レベルのヒューマンサービス機関の成人保護サービス部門、保護サービス部門を持つ地域のソーシャルサービス機関、法執行機関がある。

全国調査のデータによれば、2004年における高齢者虐待に関する通告は、56万5747件で、2000年の47万2813件から19.7%増加している（Teaster et al., 2006）。2004年に行われた通告のうち、46万1135件が調査され、19万1908件が立証された。通告に関する州ごとの差異のため、実際の立証率を求めることはできない。専門家たちは、高齢者虐待に関して実際に行われた通告は「氷山の一角」に過ぎないと考えている。

高齢者虐待の種類

高齢者虐待の定義は、米国高齢者法1987年修正法のような連邦法、各州法、全米高齢者虐待センター（National Center on Elder Abuse, NCEA）などにおいて、それぞれ異なっている。高齢者虐待には高齢者に対する人権侵害も含まれる。高齢者虐待の種類としては、以下のようなものがある。

- **ネグレクト**は、被扶養成人あるいは高齢者に対する責任や義務の拒否または不履行のことである
- **情緒的あるいは精神的虐待**とは、言葉や言葉以外の行為を用いて精神的危害、苦悩や苦痛を与えることである
- **身体的虐待**とは、身体的危害、痛み、損傷を与える暴力や物理的力の行使のことである
- **性的虐待**とは、高齢者や被扶養成人が、何らかの性的接触を強いられることである。
- **経済的あるいは物質的搾取**とは、違法に、あるいは不適切に高齢者の資産、投資、財産を占有することである
- **遺棄**とは、高齢者のケアの責任を負う者が、その高齢者を放置することである
- **セルフネグレクト**とは、高齢者自身が自らの安全やウェルビーイングを脅かす行為である

（NCEA, 2011）

2004年に実施された国家成人保護サービスの調査結果によれば、最も通告数が多かった高齢者虐待の種類がセルフネグレクト（26.7%）で、つづいて多いのが、介護者によるネグレクト（23.7%）、経済的搾取（20.8%）

であった（Teaster et al., 2006）。立証された通告の中では、セルフネグレクト（37.2%）、介護者によるネグレクト（20.4%）、情緒的／精神的虐待（14.8%）の順で多かった。高齢者虐待の被害者の大部分を占めるのが女性（65.7%）、白人（77.1%）、80歳以上の人々（42.8%、ただしセルフネグレクトを除く）であった。

高齢者虐待のダイナミクス

　高齢者虐待は家族である介護者や雇用された介護者、家族の構成員やそのライフパートナーにより行われる。成人保護サービスの調査によれば、加害者の大部分が家族の構成員であり、配偶者（11.3%）、成人した子ども（32.6%）、その他の家族構成員（21.5%）であった（Teaster et al., 2006）。家族の構成員が一次介護者である場合、ストレスやフラストレーションの結果として、介護している高齢者に危害を加える場合がある。介護の責任について、望まず予期もしていなかった重すぎる負担と感じている場合もある。介護者のストレスが高齢者虐待に何らかの役割を果たしている可能性はあるが、他の形態のDVと同様に、高齢者虐待のダイナミクスも、高齢者や被扶養成人に対するコントロールを獲得・維持したいという欲求に根ざしている場合が多い（Brandl, 2000）。虚弱な被扶養高齢者は家族内外の、行動的問題や精神障害、アルコール依存や薬物依存を抱える人からの虐待を受けやすい。高齢者虐待は、ナーシングホーム、食事・ケア付高齢者ホーム、その他の長期ケア施設でも発生する。これらの場での高齢者虐待発生に寄与する要因としては、職員の未熟さ、職員数の不足、あるいは単純に、高齢者のニーズと行動に対する理解不足が挙げられる。

高齢者虐待の特定

　高齢者虐待の特定を困難にする要因は複数存在する。まず、虚弱な高齢者は自宅から出られない場合が多く、コミュニティの中で公衆の監視のもとに置かれることが少ない。さらに、被扶養高齢者は、虐待をした介護者を告発することに消極的である。彼らは、ナーシングホームへの措置などの、維持が困難と考えられる選択肢を避けるために虐待に耐える。あるいは、虐待行為の責任が自分自身にあると考える場合さえある。

　高齢者虐待とネグレクトの兆候に敏感な実践者であれば、介護者によるマルトリートメントを見つけることができる。リスク要因には以下の問題領域が含まれる。

> **エンゲージメント、アセスメント、インターベンション、エバリュエーション**
>
> ［プラクティス行動の例］　インターベンションを批判的に分析し、モニタリングし、評価すること。
>
> ［批判的思考の訓練］　高齢者虐待の特定は困難な場合が多い。高齢者の孤立や、彼らが虐待者の名前を挙げたがらないことが原因である。ソーシャルワーカーは高齢者虐待のアセスメントにおいて、どのような兆候を評価すべきか。

- 介護者の対人的問題または課題（例：メンタルヘルス、行動的問題、アルコールその他の薬物乱用に関する問題）
- 介護者の内面的問題（例：夫婦あるいは家族の対立や、ケアを受ける人との全般的に良好でない関係）
- ケアを受ける人への社会的支援の不足と過去の虐待（Wolf, 2000, 第7段落）

倫理的課題

　成人保護サービスのソーシャルワーカーは、虐待の通告に関する調査とフォローアップを行う中で、価値の競合と倫理的問題に直面する。高齢者は虐待を認めることや、虐待者と対決すること、介護者を告訴することに消極的な場合がある。ソーシャルワーカーは、クライエントが自律的意思決定を行う権利と、クライエントのウェルビーイングを保護するという自らの専門職としての義務とのバランスを取らなければならない。ソーシャルワーカーが先手を打つか否かは、クライエントのコンピテンスに対する法的判断により決まる。複雑な状況を検討するために、公式の倫理委員会を設置している機関もある。このような委員会は通常、弁護士、メンタルヘルスの実践者、警察職員、倫理学者、機関職員などにより構成される。

ソーシャルサービスの対応

　米国高齢者法の1987年再承認法は、高齢者虐待の問題への対処のために、予防プログラム、公衆教育、アウトリーチ、情報と紹介サービスを行うことを求めた。連邦政府の活動により、高齢者虐待プログラムへの追加的資金が提供され、高齢者虐待に関する全米資源センターが設立された。高齢者虐待の多元的性質のために、多元的解決策が必要になる。アドボカシーの努力と保護的サービスと共に、以下のようなプログラムとサービスの継続が必要とされる。

- 公衆への教育と、聖職者を含むコミュニティの専門職に対する専門職研修、および世代間の理解の促進
- コミュニティを基盤とした在宅ケア、介護者のための支援グループ、成人向けデイケアなどの構成要素がうまく調整された一連のサービスの提供
- 学際的サービスチームの設立
- サービスの焦点を家族に置くこと

　エンパワメント・モデルは、希望を与え、被害者にパワーとコントロールを取り戻させ、彼らのストレングスと豊富な資源に焦点を置く。さらに、

エンパワリング・アプローチを確実なものにするためには、高齢者がポリシーの構築や、高齢者虐待問題の予防と対応に焦点を置いたプログラムのプランニングと評価に関与する必要がある（Slater, 2000）。

▶ **ソーシャルワーク・ハイライト**　ある 89 歳の女性が甥の息子から経済的・身体的虐待を受けていた。甥の息子は 14 年間、彼女と同居していた。甥の息子は失業中で、生活費を大おばの貯金だけに頼っていた。裁判所は固定資産税滞納をきっかけに、甥の息子によるさらなる財産の不正支出を防止するために後見人を任命した。

　本事例に関与した専門職の実践者は、女性の深刻な目の怪我に関する甥の息子の説明が本当とは思えないものだったため、身体的虐待を疑った。甥の息子は大おばを「黙らせる」ために段ることがあると認めたが、目の怪我に関しては、転んだのだと答えた。女性は、目の怪我の原因を「窓から何かが飛び込んできた」からだと言った。入院中、甥の息子が大おばを見舞うことはなく、大おばが自宅に戻ることを望むこともなかった。

　結局、女性には在宅サービスのプランが作られたうえで、退院することになった。ところが、在宅保健提供者は、彼女と連絡を取ることができなかった。1 週間後、彼女が電話に出ず、ドアベルを鳴らしても出てこないのを懸念した実践者たちが自宅に入った。彼らは、女性が排泄物にまみれて横たわっているのを発見した。甥の息子はケアをせず、在宅ケア提供者が家に入ることを拒否していた。短期の再入院を経て、女性は食事付ケアホームへと移送された（Quinn & Tomita, 1986）。

　本事例の女性は、身体的虐待、積極的ネグレクト、経済的搾取という複数の異なる種類の虐待を受けている。本事例はさらに、この具体的状況においてソーシャルワークが取り得た対応に関し、多くの倫理的課題を提起する。

高齢者向けのサービス

　高齢者はその人数の多さにより、ますます注目を浴びるようになっている。ベビーブーム世代が年齢を重ねると、私たちは確かに「アメリカの高齢化」を迎えることになるだろう。2010 年において、米国の全人口の12.9％が 65 歳以上だった。2030 年までに、65 歳以上人口は 19.3％となる見込みである（AoA, 2010）。より劇的な増加を見せるのは、85 歳以上人口であり、現在、65 歳以上人口の中で最も急速に人口が増えている年齢層である。2020 年までに約 1300 万人が 85 歳以上となり、65 歳以上人口の約 4 分の 1 を占めるようになると予測されている。さらに、100 歳以上人口は 1990 年の 2 倍を超えている。

　65 歳以上の人口集団は、より多様になりつつある。マイノリティ集団

に属する高齢者の割合は、2000年の16.3%から2020年には23.6%にまで増加すると予測されている。白人の高齢者が59%増であるのに対して、マイノリティ集団の高齢者は160%増である（AoA, 2010）。人口統計学者は、ヒスパニック系米国人が最も急激に増加すると予測しており、2020年までに65歳以上のヒスパニック系米国人の数は202%増加すると予測している。

60歳超人口が最も急速に増えているという、米国と同様の高齢化傾向は、世界中で起こっている（UNFPA, 2011）。2011年には、世界で8億9300万人が60歳を超えると推計されている。この数字は2050年には24億人にまで増加すると予測されている。専門家は、2050年に発展途上国における60歳超人口が、子どもの数の2倍を超えると予測している。世界における高齢化の持つ意味は、さらなる人口予測を検討することでより明確になる。世界の80歳超人口は、2050年までに4億200万人に達すると予測されている。これらの人口統計的変化は、世界中に広範な社会的・経済的影響をもたらすだろう。

加齢に関する事実の明確化

かつて、高齢者にふさわしいイメージとして一般的だったのは、ロッキングチェアに腰掛ける高齢者の姿だった。加齢により、人は社会から離脱すると信じられていたのだ。ところが、現代においては、大多数の高齢者の活動が、この加齢のイメージに合致していない。このような高齢者にとって、人生のこの時期は、旅行やレクリエーション活動などの機会を得る時期であり、趣味、個人的関心事、教育、ボランティア、さらには新しいキャリアさえも追求する時期なのである。着実な衰えという一般的な加齢の視覚的イメージを、健康とウェルビーイングの持続を特徴とする加齢プロセスと対比させてみてほしい。老年学者は「健康寿命」が人生の寿命と一致するように、健康寿命を伸ばす必要性を指摘する。後期成人期は多くの人にとって、新たな可能性を受け入れる時期である。

現実には、加齢とともに知覚の衰えと運動機能の変化が生じる場合が多い。ところが、これらの変化により、高齢者が個人的コンピテンス感覚を失うとは限らない。事実、人生のうちの生産的な時期は90歳台にまで伸びているのだ。最適な加齢を支える要素としては、健康と体調の維持、知覚的機能の刺激、ポジティブなものの見方と効力感の維持、社会的人間関係への参加などが挙げられる（Fernández-Ballesteros, 2005）。対照的に、エイジイズムは、すべての高齢者を「年寄り」というステレオタイプのカテゴリに押し込め、高齢者の自尊心と自己コントロール感を低下させる。もし私たちの社会がこのようなエイジスト的偏見を持ち続けるなら、高齢者の価値のある貢献と資源は見過ごされることになるだろう（Woolf, n.d.）。

サクセスフル・エイジング

　ロウとカーン（Rowe & Kahn, 1998）によれば、「新たな千年紀における老年学は、サクセスフル・エイジングを促進する方法、すなわち、高齢者が年齢を重ねつつ自身を取り巻く環境の中で機能するための能力を維持する方法に、ますます焦点が置かれることになるだろう」（p. xiii）。マッカーサー基金（MacArthur Foundation）は加齢に関する調査結果をもとに、サクセスフル・エイジングの特徴として以下の3点を挙げている。

- 病気や障害を避けること
- 社会的人間関係と生産活動を含む人生への関わりを続けること
- 精神的・身体的機能を維持すること　　　　　　　　　　　　　　　　（p.49）

　うまく年齢を重ねている高齢者は、衰えを予防し、発生し得る変化に創造的に適応するための積極的な対策を講じることで、これらが人生に及ぼす影響を最小化している。

　サクセスフル・エイジングのイメージは、私たちの高齢者に対する見方を楽観的なものにする。この目的に寄与する重要な要因を示す調査結果がある（Fisher & Specht, 1999）。回答者たちはこのような要因として、他者とのポジティブな相互作用、成長の機会、目的意識、自立といった要素を見出した。この調査ではさらに、創造性とサクセスフル・エイジングとの関係が見出された。69歳の女性は次のように述べている。「うまく年齢を重ねているなら、それはうまく対処しているということです。創造性はあなたがやることすべて、すなわち情緒的・精神的な取り組みに含まれています。特に年齢を重ねると、人生それ自体において創造性がより重要になります。問題について考え、結論を導くための時間が得られるからです」。また、78歳の女性は次のように述べている。「それがあれば、あなたは何かに興味を持ち、何かを楽しみに待つようになり、何かに心と日常を満たされます。あなたは関心を持たなければならないと思います。新しいプロジェクトを持つことは何よりもわくわくするものです」。ソーシャルワーカーは間違いなく、サクセスフル・エイジングを促進する予防的な活動において、役割を果たすことができる。

　ソーシャルワークにおいてエンパワメント指向であろうとするなら、加齢のプロセスが「サクセスフル」でなかったことが身体的機能に表れている高齢者と相互作用をする際に、表層的でないものの見方が必要となる。私たちがより深く考えることではじめて、「サクセス」にはさまざまなバリエーションがあることを見出すことができる。レジリエンスは、多くの人が持つ、非常に困難な状況で何とかやっていくための勇気を出す力を明らかにする。逆境に直面してあきらめたように見える高齢者にとっても、

若々しい高齢者と老いた高齢者を分けるのは、年齢そのものでなく活発さと健康状態である。

彼らのストレングスと能力を見出し、レジリエンシーを養うことは、人生に変化をもたらす触媒となり得る。

▶ **ソーシャルワーク・ハイライト** ある革新的なグループワーク・ストラテジーが、アフリカ系米国人の高齢の女性たちを支援し、ホームレス状態からの脱出成功を支えた（Washington et al., 2009）。「私が語るストーリー（Telling My Story）」プロジェクトでは、女性たちが、ホームレス状態がもたらした結果からの回復を表現するキルト片を作る作業に従事した。キルト片に描かれたイメージは、希望、可能性、社会的脆弱性、学んだ教訓、レジリエンスを伝えるものだった。このキルト作成グループ・ワークショップに参加した成果として、女性たちは、身の上話を通じて精神的つながりを得、支援的ソーシャルネットワークを構築した。

高齢者とのソーシャルワーク

　高齢者とのソーシャルワークは、急速に拡大しつつあるプラクティス分野である。高齢者とのワークを行う実践者には、高齢者の前に立ちはだかる社会状況（ヘルスケアに関わる課題、貧困、雇用、住宅、メンタルヘルス、通常の加齢プロセスとアルツハイマー病のような通常でない変化など）に関する専門知識が必要とされる。実践者はさらに、社会保障（老齢者・遺族保険 OASI）、補足的所得保障（SSI）、メディケア、メディケイド、地域高齢者福祉機関（Area Agencies on Aging）を通じて利用できるプログラムやサービスの詳

細に、精通していることが求められる。老年学の専門知識を備えたソーシャルワーカー人材の必要性は増しており、長期ケアの現場で働くソーシャルワーク職は 50％増が見込まれている。近年のリサーチは、高齢者に対応するソーシャルワーカーのキャリア・インセンティブ、採用活動、研修、雇用維持の必要性を裏付けている（Simons et al., 2011）。

NASW の「高齢者の家族である介護者とのソーシャルワーク・プラクティスの基準（*the NASW Standards for Social Work Practice with Family Caregivers of Older Adults*, NASW, 2010）」は、家族の介護者に特化した記述になっているが、高齢者とのソーシャルワークに必要な知識とスキルを特定している。この知識基盤には、加齢、生理学的・認知的プロセス、メンタルヘルスと行動における健康、介護者が直面する課題、コミュニティ資源に関する概念と理論が含まれる。カルチュラル・コンピテンス、生物心理社会的および家族アセスメント、リスクアセスメント、ケア・プランニング、アドボカシー、学際的および組織間の協働、プラクティスの評価、文書化に関するスキルも必要である。

基本的に、高齢者のための公式のサービスは 3 つのカテゴリに分類される。健康な高齢者のための社会的支援、病弱な高齢者のためのコミュニティサービス、家族の支援があっても自立的生活ができなくなった人のための、施設における長期ケアという 3 カテゴリである（Tobin & Toseland, 1990）（表 14.1 参照）。病弱な高齢者、障害のある高齢者、日常生活に補助が必要な高齢者のための長期ケアのニーズには、広範なヘルスケア上の個人的・社会的ニーズに対処できる、コミュニティを基盤とした、あるいは施設でのサービスが必要である。

公的・民間機関の両方による多様なサービス（経済的援助、移動、住宅、家庭のエネルギー補助、情報と紹介、リハビリテーション、電話リアシュアランス*・ネットワーク、カウンセリングなど）をまとめるためには、プログラムと社会政策のきめ細かい調整が必要である。高齢者向けのサービスが多様な法規、資金源、運営機関の指揮下にあることにより、サービス提供はさらに複雑なものになっている。

■ 高齢者とのソーシャルワーク・プラクティス

高齢者とワークを行う実践者は、自らの加齢、病気、死に対する態度を精査しなければならない。大部分の専門職ソーシャルワーカーは、高齢者として生きたことがないため、これは非常に困難な課題である。エイジイズムの影響を受けた人は、高齢者は変わることができないと思い込みやすい。しかし、この観念は、誰もが生涯を通じて変化する能力を持ち続けることを示すコンピテンス的視座により一掃される（Berk, 2010）。高齢者とのワークにおけるプラ

*訳注　ボランティアなどの担当者が高齢者の自宅に定期的に電話して安否の確認をし、相談に乗るサービス。

リサーチ・ベースのプラクティス

［プラクティス行動の例］　知識構築のために、定量的および定性的リサーチについて把握し、科学的および倫理的アプローチを理解すること。

［批判的思考の訓練］　他の多くのプラクティス領域と同様に、高齢者の分野においても、ソーシャルワーカーは高齢者が直面する課題に関するリサーチ・ベースの知識と、効果的サービス提供モデルに依拠する。このプラクティス領域に関連するリサーチ課題をいくつか挙げよ。

表 14.1	高齢者のための資源
所得支援	所得維持（補足的所得保障 SSI） 社会保障（老齢者・遺族・障害者年金および健康保険 OASDHI）
医療	メディケア メディケイド 在宅医療／家事代行支援
栄養	補助的栄養支援プログラム（SNAP） フード・コモディティ・プログラム（米国農務省 USDA）
住宅	公的補助金付住宅 住宅保有者のための納税猶予オプション 住宅建て替えプラン
交通	バス運賃の割引 同乗者情報電話サービス 介護用専門設備付きバン
社交	多目的シニアセンター 成人向けデイケア 電話リアシュアランス・プログラム ボランティア・プログラム 成人教育プログラム
司法サービス	法的支援 法的課題：後見人制度、管財人制度、リビングウィル

クティス・コンピテンスを伸ばし、感受性を高めるために、ソーシャルワーカーは以下のようなことをすべきである。

- 自身の加齢に対する態度について熟考すること
- 高齢者と加齢プロセスに関する誤解がないかを疑うこと
- 加齢に関わるステレオタイプやスティグマに抵抗すること
- 文化的差異、地理的位置、文化的遺産、社会経済的地位が高齢者に及ぼす影響を認識すること
- 高齢者コホートの歴史を尊重すること
- 異世代間の人間関係のダイナミクスを理解すること
- クライエントの加齢経験の独自性を認識すること
- コンピテンスを向上させストレングスを強調する、ポジティブな言葉で語りかけること
- コミュニティの支援および資源の利用可能性と利用しやすさに対するアセスメントを行うこと
- サービス提供ネットワークに生じる隙間と障壁を特定すること
- 一連の高齢者サービスが十分な資金を得られるように、ポリシー・プラクティスの活動に取り組むこと

高齢者向けケースマネジメント・サービス

　ケースマネジャーは、クライエントと協働し、彼らのニーズのアセスメント、適切なプログラムとサービスの探索と紹介、および成果に対する評価を行う。ケースマネジメント・サービスは、クライエントの状況が複数のサービスを必要とする場合に、特に有効である。ケースマネジャーはアドボケイトとして、クライエントが資格を有するプログラムやサービスに確実にアクセスできるようにし、断片化されたサービス提供ネットワークに関する問題を是正する役割を担う。財政における保守主義の風潮と、官僚主義的に運営されたサービスにアクセスすることを考えると、ケースマネジメントは、多くのプラクティス分野において将来の潮流になるだろう。高齢者にとって、ケースマネジメント・サービスは、高齢者のクライエントおよびその家族と、コミュニティを基盤とする支援との橋渡し役となり、これによりエイジング・イン・プレイス（aging-in-place）〔後述〕を支援し、時期尚早なナーシングホームへの措置を回避するために、特に重要な役割を果たす。

　高齢者のためのサービス領域において、ケースマネジャーは、公的・民間機関、非営利団体や民間の営利機関で働いている。クライエントのニーズ充足と、サービス提供の改善の両方を実現するために、ケースマネジャーは、クライエントと、適切なプログラムおよびサービスとの橋渡しをし、これらのサービス提供をコーディネートし、ニーズに敏感に対応する政策の構築を推進する。ケースマネジャーのワークは、クライエントとのミクロレベルのインターベンション、サービス提供に関わるメゾレベルのインターベンション、政策形成に関わるマクロレベルのインターベンションを反映したものになる。

> ケースマネジャーは、クライエントと協働し、彼らのニーズのアセスメント、適切なプログラムとサービスの探索と紹介、および成果に対する評価を行う。

クライエントに焦点を置いたミクロレベルのタスク

- サービスへのアクセスと契約
- 必要とされるサービスの特定
- サービスの有効性のモニタリングと評価
- クライエントと介護者に対する、資源とサービスに関する教育
- 紹介
- ケース発見活動の立ち上げ
- リスク・アセスメントの実行
- 介護者に対する支援

サービス提供に関するメゾレベルのタスク

- サービスのコーディネート
- ケアの連続性を確保するための、サービス提供の隙間と障壁の特定

高齢者に関わるサービス

　私は学部生時代には、自分をソーシャルワークの仕事に結び付けるような本当の「ひらめき」を感じたことがありませんでした。ただソーシャルワークの入門クラスが面白そうだったから、登録してみたのです。授業は楽しくて、その後の私はご存知の通りです。私は、実習科目を通じて、自分が高齢者とのワークが好きなことに気付きました。

　高齢者の自立した生活を支える方法を探すことが、ずっと私のキャリアの原動力となってきました。一方で、高齢者向けサービスの分野は、常に進化を続けています。最新の傾向、新しい課題、人口統計的な変化に対応できるように常に変化しているのです。たとえば、今後、「ベビーブーム世代」の高齢化に対応する必要があり、家族のケア提供者のニーズが拡大する中、高齢者向けサービスは増えていくでしょう。これらの傾向により、高齢者向けサービスにはある具体的な政策転換が必要になります。それは、メディケイドが、介護付き住宅プログラム、すなわち、自宅での生活とナーシングホームの間のステップとなるプログラムに対する資金提供を開始することです。

　私は現在、複数の出張所であらゆる高齢者向けサービスを提供する機関で働いています。私が働き始めた頃は、機関は包括的ニーズのアセスメントと、クライエントとサービスの橋渡しを行っていました。長い時間をかけて、機関のサービスは、提供するプログラムの種類、カバー領域、より集中的な関与を必要とする複雑なケースの紹介の受け入れにおいて、拡大してきました。私たちが行っている社会的に脆弱な人々とのワークは、その性質上、倫理的ジレンマを提起します。私たちの機関は、メンタルヘルスの実践者、警察職員、弁護士、倫理学者など、さまざまな専門分野から人を集めた倫理委員会を組織しています。倫理委員会は、コンサルテーションとケースレビューを通じて、ケースマネジャーに対し、ワーカーが信じるクライエントにとっての最大の利益と、クライエントの自己決定の権利とのバランスを取るために有益な支援を提供します。社会的に脆弱な高齢者のクライエントに対し特定の行動をとるように説得する傾向や、彼らにサービスを押し付けることが、ワーカーの善意があだになる分岐点です。今や、私たちのケースマネジャーは、クライエントの自律性をより明確に理解しており、家父長主義や母性主義により行動することは少ないため、倫理委員会の役割は、後見人の申し立てなどの、より複雑なケースに注目する方向へと変わっています。

　自立の促進、尊厳の維持、選択肢の提供という理念に基づき、機関のミッションは、3つのサービス領域へと私たちを方向付けます。すなわち、保護、アドボケイト、支援の3領域です。プログラムには、ケースマネジメント、ボランティアによる電話リアシュアランス・イニシアティブ、高齢者虐待防止および保護サービス、地域のナーシングホームのオンブズマンサービス、金銭管理、ケア提供者に対する支援などがあります。ケア提供者に対する支援グループへの参加者の多くは、最初は情報を得るためにグループに加わります。その後、彼らは自らの体験談を語ることが、自身の精神的負担を軽くすることに気付くのです。私たちはフォローアップ評価において、「自分が一人じゃないと知ることだけで、ものすごく有益だった」「同じような状況にある人と会うことができました。彼らは私がこれから何を経験するかを知っているのです」といったコメントを受け取っています。情報とサポートサービスのもう一つの現場は、私たちの管轄地域の農村部のコミュニティにある新しい高齢者センターです。高齢者センターが提供するのは、食事と午後のビンゴゲームだけではありません。センターでは、参加者の関心に応じたさまざまな活動、教室、コン

サートなどを行っています。高齢者センターは、集会所としての役割を果たし、ソーシャルサポート・ネットワークを構築し、保健とウェルネス・アクティビティを強調する各種プログラムを備えることで、健康な高齢化を実現しつつある高齢者たちのサクセスフル・エイジングに、重要な貢献を果たすのです。

- サービス提携の構築
- プログラムの評価
- 品質保証活動への参加
- 必要とされるサービスの構築の推進

ポリシー・プラクティスに関するマクロレベルのタスク
- 資金調達の支援
- ニーズに敏感に対応する政策の支援
- 議会における証言
- 予防プログラムの支援
- 公衆の意識啓発と教育キャンペーンの実施　　　　　　　　（p. 363）

　ソーシャルワーカーは、ケースマネジャーが利用するサービスを提供する現場に就労している場合が多い。サービスの例としては、第12章で取り上げた在宅保健サービスや、本章で取り上げる成人保護サービスや家族の介護者のためのプログラム、および、家族サービス機関、支援グループ、集合居住施設などの高齢者住宅プログラム、成人向けデイケアとレスパイトサービス、ナーシングホーム、多目的サービス高齢者センターなどが挙げられる。

　さまざまな現場において、ケースマネジャーは、クライエントと資源の橋渡しをし、サービスを組み合わせることで、最も制限的でない可能な選択肢を実行するプランを構築する。この最前線のサービスにおいて、ソーシャルワーカーは、高齢者とその家族に対し、支援的または補完的援助として利用できる一連のサービスに関する情報を提供する。ケースマネジメント・ソーシャルワーカーは、個人の状況と、彼らに必要な一連の資源やサービスとのマッチングを行う。サービスには、食事サービス、移動支援、住宅、電話リアシュアランス・プログラム、支援グループ、成人向けデイケア、レスパイトケア、高齢者センターにおける日中活動などがある。

■ 食事サービス
　栄養バランスのとれた毎日の食事は、高齢者が健康であり続けるために重要である。栄養不良や摂取不足は、糖尿病、冠動脈疾患、骨粗しょう症、一部の癌、精神錯乱や記憶喪失など、さまざまな健康問題の原因となる。

適切な栄養を摂取するために、高齢者は食事に関するコンサルテーションや食費の支払い猶予による援助、食事の支度支援を必要とする場合がある。その他の食費削減あるいは食事提供サービスも利用できる。

■ 栄養支援

　補助的栄養支援プログラム（SNAP）、すなわち旧フードスタンプは、1960年代より米国農務省（USDA）の後援を受けてきたもので、食料品と交換できるフードスタンプを低所得者層に安価で提供することで、食費の削減を可能にする。残念ながら、高齢者は十分にこのプログラムを活用しているとはいえない。政府の援助を受けることに伴うスティグマに、彼らのプライドが反応してしまうのだ。USDAの余剰商品プログラムは、政府が資格を有する成人に食料を配布するもう一つの手段である。通常、自治体職員またはサービス組織が、主にチーズなどの乳製品からなる食料の配布をコーディネートする。

■ 会食プログラムと宅配食

　第3章に規定された栄養プログラムは、会食に補助金を拠出するものである。これらのプログラムでは、安価で栄養バランスのよい食事が、地域の中心部の便利でアクセスしやすい拠点（教会や高齢者センター、サービスクラブ、セツルメントセンターや近隣センターなど）において提供される。会食プログラムは、レクリエーションのイベントや活動のプログラムを通じて高齢者の社会化を促進する。外出できない人には宅配食が利用できる地域もある。近隣のボランティアが食事を配達するとき、彼らは友愛訪問員の役割を果たす。ボランティアと接することで、外出できない成人の社会的孤立感が緩和され、他のソーシャルサービスへのアクセスが後押しされる場合もある。

■ 移動支援

　高齢者にとって交通機関の利用は、自立を維持するために不可欠である。しかしながら、健康な成人にとってさえ、公共交通システムの利用には障壁がある。公共交通機関では、経路と運行時刻が決まっており、乗客は長距離の歩行、群衆流動設計のまずさ、不十分な座席数、階段、不便な乗り換えや乗り継ぎなどに対処しなければならない場合が多い。都市大量輸送法（Urban Mass Transportation Act）と、特にビアッジ修正法は、障害のある人の公共交通機関に関するニーズに対処する専門的取り組みを義務付けるものである。これらの取り組みの結果、高齢者向け割引運賃や、同乗者情報電話サービス、事前電話予約サービス、特別な車両デザインなどが導入された。ソーシャルワーカーは、高齢者のクライエントが地域の輸送サービスを見つけ、利用できるよう支援することが多い。

■ 住宅

　どこに住むかは、人の全体的ウェルビーイングと自尊心にとって重要な意味を持つ。コミュニティの中で自立して生活する能力は、高齢者においても、自己効力感との強い相関がある（Berk, 2010）。さらに、人は自分自身のためにどこに住むべきかを決める必要がある。それゆえに、高齢者は、住居に関する選択肢と意思決定のための十分な情報を持つ必要がある。

　住宅ニーズに関して、個人の要求と利用可能な環境的支援との間のバランスが構築されなければならない。高齢者の住宅に対するニーズは、居住地に関することだけではない。交通機関、買い物、レクリエーション、医療サービス、社会的機会などの生活環境全般に注意を払う必要がある。適応支援手段を用いて個人の能力を向上させることで、環境側のハードルが下がるのと相まって、生活環境や住居の選択肢が最大化する。

　家や土地といった資産や、その他の私的な住居を維持し続けることは、高齢者の満足感と達成感を高める。住み慣れた環境や愛用品、長期間暮らした住居に結び付いた思い出は、安心と個人的な安定感、近隣の私的ネットワークに参加する機会を与えてくれる。しかしながら、私的住居の維持は、年金収入で生活する高齢者にとって、経済的負担となり得る。特に、維持費、および運動機能と感覚の変化への適応に必要な構造的な改修に関わる負担が大きい。さらに、経済的状況のために、都心の衰退した地域や隔絶した農村地帯で、標準以下の住居単位（所有者から間借りしている住居や、賃貸住宅など）に住むことを強いられる高齢者もいる。

　多数のプログラムが、家の建て替えや耐気候構造化、エネルギー助成金、税控除などの経済的支援を提供している。高齢者アドボカシーサービスや、コミュニティアクション・プログラム、高齢者センターで働くソーシャルワーカーは、高齢の市民が適切な住宅サービスと便益を利用できるように、教育とアウトリーチを通じて支援する。都市部や農村部のコミュニティ・プランニング活動に従事するソーシャルワーカーは、コミュニティアクション、法制改革、広範な住宅の選択肢を提供するプログラムの構築を通じて、このクライアント層の住宅ニーズの増加に対処し続けなければならない。

　多くの高齢者は、集合的住環境に住むことを選択している。たとえば、年齢層別に分けられた集合住宅、高齢者居住地区、トレーラーハウスの駐車場、コンドミニアム、シェアハウス的環境がこれにあたる。もう一つの選択肢は、友愛団体、民間企業、宗教団体の後援による「バイイン（buy-in)」である。終身ケア施設は、退職年齢の人向けに段階的な住居プランを有料で提供する。そこで手配される住居プランでは、独立の住居や監督付アパートから、ナーシングホームまで、さまざまな住居が利用可能である。クライアントの独自の状況にとって最適な住環境の選択を促すことは、ケースマネジメントの重要な任務である。

成人向けデイセンターとレスパイトサービス

　成人向けデイセンターとレスパイトサービスは、高齢者にとって比較的新しい選択肢である。これらのサービスを配置することで、長くコミュニティに住む高齢者に保健とソーシャルサービスが提供される（Abramowitz, 2008; Sanders et al., 2009）。成人向けデイケアセンターを利用する高齢者は、身体的・精神的制約のために、「安全な環境」と、一日のすべてあるいは一部の時間における介助や監督を必要としている場合がある。成人向けデイケアセンターの中には、アルツハイマー病、エイズ、その他いくつかの精神疾患に対する専門プログラムを提供しているものもある。成人向けデイケアは、個人的ケアや施設入所に代わるより安価な選択肢に加え、社会化、リハビリテーション、日中活動のより広範な可能性を提供する。

　成人向けデイセンターは、病弱な成人のために施設入所以外の選択肢として機能するだけでなく、家族をケアする人のために、レスパイトあるいは支援的サービスを提供する。これらのサービスは、家族をケアする人にとって、日常のケアに伴うストレスからの束の間の解放となる。家族をケアする人が義務から離れて休息できる、個人ベースのレスパイトサービスを提供するコミュニティもある。レスパイトには他に、フォスターケアやグループホーム、ナーシングホームへの一時的な入所という選択肢もある。

　成人向けデイセンターには通常、その構成要素として、ソーシャルサービスが用意されている。ソーシャルワーカーは、成人向けデイケアの現場にさまざまな形で関与している。例としては、プログラム運営、在宅サービスの調整、カウンセリング、介護者支援グループのファシリテーション、現職研修、コミュニティ教育などが挙げられる。ソーシャルワーカーは、デイセンター・チームの重要メンバーとして成人向けデイケア参加者と関わる機会が多く、個別あるいは小グループで、サービス申込みの手引き、ケアプランのモニタリング、参加者と家族への支援などを行う。

ナーシングホームにおけるソーシャルワーク

　ナーシングホームという言葉を聞くと、高齢者を思い浮かべる向きが多いが、機能障害のある高齢者以外の成人がナーシングホームで生活している場合もある。米国にはメディケアおよびメディケイドの認証を得た約1万7000のナーシングホームが存在する（HHS, 2008）。認証を受けたナーシングホームは、病院を退院してから自宅に戻るまでの間の生活のギャップを補うための「スキルド・ケア」サービスを提供する部屋を設置することができる。現在、約130万人がナーシングホームで暮らしており、これは65歳以上人口の4.1%未満である（AoA, 2011）。しかし、この数字はやや誤解を招きやすいものである。というのも、85歳以上人口では14.3%がナー

シングホームに入居しており、さらに高齢者の 2.4% が、日常生活の活動に対する多様な支援を提供する高齢者向け住宅で生活している。施設化の可能性を高めるリスク要因としては、慢性疾患、認知障害、高齢化、入院などが挙げられる。これらの中でも、ナーシングホームへの入所の主な要因となるのが、日常生活の活動介助へのニーズの高まりと、認知機能の低下である。

　ナーシングホームの大部分が営利目的の施設だが、宗教団体や友愛組織、政府による非営利の施設もある。ナーシングホームは州と連邦政府のガイドラインにより厳しく規制されている。連邦政府の規定は、ナーシングホームが入居者にソーシャルサービスを提供することを義務付けている。スタッフの配置に関する規定は、ナーシングホームの規模により異なる。120 床以上の規模のナーシングホームは、ソーシャルワーク学士以上または同等の専門資格を有するフルタイムのソーシャルワーカーを雇用しなければならないが、これらの基準の導入状況は各州により異なる（Bern-Klug, 2008）。120 床未満のナーシングホームについては、ソーシャルサービス提供スタッフの資格に関する具体的規定がない（Vourlekis et al., 2005）。専門職ソーシャルワーカーは、ナーシングホーム入居者の QOL の確保や、ナーシングホームの文化を改革し、入居者中心のケアを反映したものにするために、重要な役割を果たす（Vourlekis & Simons, 2006）。ナーシングホームのソーシャルワーカーの役割と機能は、次のようなものである。

- 心理社会的アセスメントの実施
- 特定された心理社会的問題について、入居者とその家族とのワークを行うこと
- コミュニティを基盤としたサービスの調整や退所プランニングなどのケースマネジメント・サービスを提供すること
- ケア・プランニングの活動に参加すること
- ナーシングホームの学際的チームに参加すること
- 入居者一人ひとりの意思決定に対応すること
- 日々の活動、個人的選好、人生の終わりに関する判断などについての入居者の意思決定への参加をアドボケイトすること　　　（Vourlekis, 2005）

　民族的にダイバースな高齢者は、自身の家族や文化、コミュニティとのつながりが失われたために支配的集団の長期ケア施設に入るとき、特別な問題に直面する。ソーシャルワーカーは、文化的差異を調整するためのアドボカシー・ストラテジーを用いる。言語、文化、および世代による違いがあることから、職員と入居者のコミュニケーションを推進するためには、この差異に適応することが必要である（Spira & Wall, 2009）。

　介護付き居住施設におけるソーシャルワークの役割に関する最近の調査

結果は、高齢者とのソーシャルワークの他の領域においても広く当てはまる。これらの役割としては、1）入居者がコミュニティから介護付き居住施設での生活に移行できるように手助けをすること、2）入居者アドボカシー、および入居者と職員との間の緊張関係を管理すること、3）精神疾患に関するアセスメントとカウンセリングを行うこと、4）入居者とその家族とのワークを行い、紛争を解決すること、5）多職種連携チームの一員として、心理社会的ケア・プランニングを行うこと（Koenig et al., 2011）が挙げられる。

▶ ソーシャルワーク・ハイライト

ルース・ステインはゴールデン・エイカーズ・ナーシングホームのソーシャルワーカーである。ルースはゴールデン・エイカーズのプランニング・チームの一員として職員育成研修を行っているが、彼女は大部分の時間を、入居者とその家族とのダイレクトサービスに費やしている。彼女は、入居予定者およびその家族と、入居申請時、待機期間、転居時、そして新しい住居に慣れるまでの期間に、頻繁に面談を行っている。

ルースは、入居者とその家族が、ナーシングホームへの入居に伴う移行を含む、数多くの問題に対処できるよう支援する。オルセン氏は、ルースに会うと涙を流した。彼の妻である60歳のヘレンは現在、ナーシングホームに入って3週間になる。オルセン氏は疲れ果てており、実現可能な選択肢はないと考えている。彼は、ヘレンの健忘症、見当識障害、徘徊への対処は彼にとって大きなストレスであることは分かっているが、ヘレンをナーシングホームで生活させていることを、自分が「あきらめた」せいであるかのように感じている。

オルセン氏は、毎日の訪問の後、ヘレンを置いて帰るのがつらいのだと言う。彼は妻の不在に孤独を感じ、妻も彼を恋しがっていると信じている。オルセン氏は、自分が帰った後にヘレンが、彼の名前を呼びながら、彼を探して廊下をあてどなく歩き回っていることを知らされた。しかし、100年続いている農場を彼が離れる決断をするのは、彼の健康が衰えつつある今でも、容易なことではない。ルースがオルセン氏に、彼と妻がひと続きの部屋で一緒に住み、2人の宝物であるアンティークの樫材のベッドなどの使い慣れた家具を運び入れることもできることを伝えると、彼は喜んだ。

ルースは、多くの社会的・心理的要因が、ナーシングホーム入居者の適応に影響を及ぼすことを知っている。人々は入居の際、個人的選好と独自性に満ちた、自らの歴史とアイデンティティを持ち込むのだ。入居者の独自のアイデンティティを保護する方法を見出すことは、集合住宅設備における彼らのウェルビーイングにとって不可欠である。ルースは、入居者が入居とケアのプランに完全に参加し、ナーシングホームの入居期間を通じて自ら意思決定を行うことが、入居者に利益をもたらすと信じている。

多目的高齢者センター

　1万1000弱の多目的高齢者センターが、コミュニティのサービス・ネットワークの拠点として、毎日約100万人の高齢者に利用されている（NCOA, n.d.）。高齢者センターは主に、健康な高齢者向けのプログラムを提供している。

　高齢者センターは、ダイレクトサービスと非ダイレクトサービスを組み合わせて提供している。そこには、レクリエーション・プログラム、成人向けデイケア、カウンセリングとサポートグループ、ボランティア・プログラム、学習フォーラム、情報と紹介サービス、アウトリーチ、アドボカシーなどのサービスが含まれる。会食プログラムの主催や、高齢者の同好会や団体の後援を行っているセンターもある。多くの高齢者向けの公的・民間ソーシャルサービスが、高齢者センターに出張所を置いてプログラムを提供している。こうした配備は、サービス提供を一元化してコーディネートするものである。

　多目的高齢者センターで働くソーシャルワーカーは、プログラムの設計と運営、カウンセリングサービスの提供、予防と教育などに携わっている。ソーシャルワーカーの責務として、各種グループ（社交、レクリエーション、教育）のリーダー役を務めることが含まれている場合もある。これらのグループに参加することにより、高齢者たちは仲間との活動を楽しむことができる。興味深いことに、グループ活動への参加は、身体や認知の衰えの予防、あるいは少なくとも衰えのペースダウンにつながる。グループ活動は、新しい友人を作り、帰属意識を味わうための優れた資源となる。社交、レクリエーション、教育グループにおけるプログラム活動としては、討論、思い出話の共有、教育的プログラム、身体を使った活動、特別なイベント、芸術・音楽・演劇・ダンスなどの表現プログラムが挙げられる（Toseland, 1995）。

市民参加による生産的な老後

　高齢者にとって、ボランティア精神を通じた市民参加は、「人生を豊かにし、コミュニティに社会的利益をもたらす、私的・公的課題に関わる活動への参加」（Cullinane, 2008, p. 57）を中心に展開する。高齢者向けサービスプログラムは、能力を活用および尊重し、これを維持するための支援を行う（MorrowHowell, 2006-2007）。

　米国でボランティア活動をしている6380万人のうち、920万人が高齢者であり、これは65歳以上人口の4分の1弱にあたる。高齢者はある基本的な理由により、ボランティアとしての仕事を得る資格を満たす。すなわち、彼らは定年退職することで、ボランティア活動に取り組む時間が得

コラム 14.3　ダイバーシティと人権に関する考察

ゲイとレズビアンの高齢化

学術文献の中に、ゲイとレズビアンの高齢化に関する言及はおよそ見当たらないが、米国には200万～700万人のゲイとレズビアンの高齢者がいると推計されている（Grant, 2010）。2010年において65歳以上のゲイとレズビアンの高齢者は、1945年以前に生まれている。生まれたタイミングによって、彼らの成人期の経験が、同性愛を犯罪や精神疾患として扱う社会文化的背景のもとに置かれていたか、20世紀後期におけるゲイの権利運動などの議論の真っただ中に置かれていたかが決まる。同性愛者としてのアイデンティティに関して彼らが抱える課題は、彼らのコホート集団の歴史的経験の影響を受けている場合が多い（Butler, 2006; Langley, 2001）。これらの要素により、加齢のプロセスには、さらなる困難が加わる。

スティグマと差別を受けながら生きることが、ゲイの男性とレズビアンの女性に、高齢化への準備をさせるということもあり得る。ゲイおよびレズビアンの高齢者は、人生を通じて、差別、偏見に満ちた態度、ネガティブなステレオタイプにさらされてきている。リサーチからは、人生の早期に、これらの市民権や人権の問題にうまく対処することにより、高齢化に伴うスティグマに対処する資源の基礎が築かれることが示唆されている（Butler, 2006）。さらに、彼らの高齢化の問題を複雑にするのは、ゲイの男性とレズビアンの女性の多くが、自身がゲイあるいはレズビアンであることを公表しないで生きているという事実である（Quam, 2002）。

これに加えて、多くのレズビアンの女性とゲイの男性は、多様な友人ネットワークの中で社会化を遂げる（Woolf, 1998）。彼らは友人に社会的・情緒的支援を求めるのである。ウールフ（Woolf）は、定年退職が、ゲイの男性とレズビアンの女性に、目に見えないボーナスをもたらす場合もあると言う。職場で「カミングアウト」していなかった場合、ゲイの男性とレズビアンの女性は、定年退職によって、自身の性的指向が職場の同僚に知られることをもう心配する必要がなくなるのだ。そのため、多くの高齢のゲイの男性とレズビアンの女性は、気軽にソーシャルグループに関与し、政治的活動に参加することができるようになる。

高齢のゲイの男性とレズビアンの女性については一般に知られている情報が少なく、彼らのコホート体験が、彼らのものの見方に影響を与えているため、ソーシャルワーカーは彼らとのワークにおいて困難に直面する。課題は、機関が高齢者の性的指向を考慮しない場合から、社会保障、従業員保健給付、相続法、病院訪問規則、住宅ガイドラインなどの政策関連事項にしばしば家庭内パートナーが考慮されていないことまで、広範にわたる（Butler, 2006）。たとえば、クアム（Quam, 2002）は、慎重に老後のプランを立ててきた2人の70代のゲイの男性の悩みについて述べている。この2人の悩みは、彼らがヘルスケア提供者によりどのように扱われるか、ということである。2人の30年来の関係を、病院や長期ケア施設の職員はどのように扱うだろうか。2人のどちらかに重要なヘルスケアに関する意思決定が必要になったとき、それができるだろうか。定年退職プランニング、経済やヘルスケアに関する永続的委任状、高度ケアに関する指示、後見人および保佐人、信託その他の種類の遺産計画などに関する法的問題には、慎重なプランニングと、これらの問題に含まれるゲイの男性とレズビアンの女性にとっての市民権的・人権的意味を理解している弁護士とのコンサルテーションが必要となる（Grant, 2010）。連邦政府と州の法規も、ゲイとレズビアンの高齢者に困難をもたらしている。最も注目すべきは、社会保障給付の拒否と、住宅、クレジット、保険における保護の欠如である（Bousnakist et al., 2010）。

エンパワーメント指向のソーシャルワーカーは、

ゲイの男性とレズビアンの女性が直面している、マクロレベルおよびミクロレベルの課題に注意を払う。高齢化と性的ダイバーシティに関する問題への認識を深めることが、重要な出発点となる。この認識があってこそ、高齢者向けのプログラムとサービスの包括性を確保することが可能になるのだ。さらに、ソーシャルワーカーは、多様性を尊重する機関のポリシーを作り、正義にかなった社会政策を推進する。

られるのだ。コーディネーターは、ボランティアの能力と、組織とコミュニティのサービスニーズをうまくマッチングさせる。エンパワメント指向のボランティアサービスは、ボランティアの資源、ストレングス、スキルにより可能になる。

　ボランティア活動に関心のある高齢者は、さまざまな手段（公的・民間プログラム、地域の後援による、あるいは国を基盤としたプログラムなど）を通じて、その機会を得ることができる。非公式なものとしては、多くの高齢者が、友人が会合や人に会いに出かけたり、買い物に行ったりするための交通手段の提供、子守り、家事やケアの手伝いなどをしている。さらに、高齢者は、公式に組織化された活動でボランティアの機会を見つけることもできる。信仰に基づく地域のグループは、プログラムに配置するスタッフや、機関紙の折り畳み、一括郵送の手配、外出できなかったり困難を抱えたりする構成員宅の訪問などを、ボランティアに任せている。それ以外の、定期的にボランティアを求めている地域組織の例としては、美術館、病院、ナーシングホーム、公共図書館、読み書き教育プロジェクト、コミュニティ組織、ソーシャルサービス活動、学校が挙げられる。

ボランティア活動に参加することは、サクセスフル・エイジングに寄与する。

　高齢者のボランティアは、高齢者対策局（AoA）、全国・地域サービス連邦公社（Corporation for National and Community Service）、そしてSCORE（高齢者による新興企業支援）などの、連邦政府が後援する取り組みにも関与する。高齢者対策局は、50万人以上のボランティアを、加齢に関する57の州と地区単位、655の地域高齢者対策局、そして、221の部族組織で活用している（AoA, 2006）。ボランティアは、活動的な高齢者のために設計されたプログラムや、身体と認知の衰えにより活動が制限された高齢者に対するアウトリーチプログラムで働いている。ボランティア活動には、以下のようなものがある。

- 会食および「ミールズ・オン・ホイールズ＊」プログラムを支援すること

＊**訳注**　高齢者など、身体の不自由な人々のための食事宅配サービス。

- 介助が必要な人がヘルスケア・サービスを利用する際に付き添うこと
- 外出できない人を訪問すること
- 自宅の改修や耐気候構造化プロジェクトを完了させること
- 健康増進、栄養、経済的事情などの話題に関するカウンセリングサービスを提供すること
- ナーシングホーム入居者のウェルビーイングを確保するために、彼らのオンブズマン役を引き受けること
- 高齢者センターや成人向けデイケア・プログラムのようなプログラムの支援をすること　　　　　　　　　　　　　　　　　　　　　　　　　　(AoA, 2006)

　シニア・コープス（Senior Corps）は、全国・地域サービス連邦公社の一環として、55歳以上の人々が、地域でボランティアの機会を得られるように支援する。シニア・コープスの支援により開発された革新的プログラムの中には、里祖父母プログラム（高齢者と里子との橋渡しをする）、高齢者コンパニオン・プログラム（一人暮らしをしている高齢者の支援を行う）、退職高齢者ボランティア・プログラム（裁判所関連のサービスやナーシングホームでのボランティアなど、多様な機会を提供する）などがある。最後に、定年退職した企業幹部や中小企業経営者は、その専門性を活かして、SCORE のボランティアとして新しい起業家を支援することが可能である。

　ボランティア活動は、高齢者によるコミュニティの活動への参加を促進する。高齢者ボランティアの視点と経験ベースは、コミュニティを豊かにする。一方で、ボランティア活動それ自体が、高齢者の健康増進、精神的ウェルビーイング、認知的機能に寄与するものである（Barron et al., 2009; Krueger et al., 2009; Morrow-Howell et al., 2008, 2009a, 2009b; Windsor et al., 2008）。ボランティア活動は、市民的・社会的参加へ導くパイプ役となり、有効で生産的な老後に大いに貢献する。

エイジング・イン・プレイス

エイジング・イン・プレイスは、費用削減だけでなく、QOL の維持により、高齢者に利益をもたらす。

　高齢者の大部分が、可能な限り長く自宅で生活したいと願う。しかしながら、高齢者とその家族、および専門職は、個人が衰弱すれば一連の居住型サービスが必要になり、それに伴い何度かの転居が必要になることを当然と思い込んできた（Lawler, 2001）。近年、この思い込みは、エイジング・イン・プレイス、すなわち「長年住み慣れた場所に住むか、ヘルスケア施設以外の環境に住むこと、そして、製品やサービス、便益の活用により、状況の変化に伴う転居の必要をなくすこと」（Senior Resource for Aging in Place, 2012, 第1パラグラフ）という積極的な姿勢へと変化しつつある。エイジング・イン・プレイスは費用削減だけでなく、QOL の維持、ナチュラル・ソーシャルサポート・ネットワークの維持、自己管理能力の保持、

転居による危機や不適切なケア、過剰なケアなどのネガティブな結果が回避できることなどにより、高齢者に利益をもたらす。

エイジング・イン・プレイスの有効なプランは、ビレッジ・モデルが例示するような、住宅、交通手段、ヘルスケア、ソーシャルサービス、文化的イベント、レクリエーション活動、生涯学習と市民参加の機会へのアクセスなどのプログラムやサービスに対する、包括的でホリスティックなアプローチに見出すことができる（McDonough & Davitt, 2011）。ケアマネジャー、政策実践者、コミュニティ開発の専門家、高齢者に対応するソーシャルワーカーは、エイジング・イン・プレイスを目指す運動を支える重要な立場にある。

ソーシャルワーカーにとっての課題

加齢の途上にある人々に対するサービス領域でプラクティスを行っているソーシャルワーカーは、興味深い課題に直面している。彼らは、ソーシャルワーク・サービスを必要とするであろう高齢者の増加に備えて、自分自身とサービス提供システムを準備しておかなければならないのだ。彼らの取り組みは、エイジング・イン・プレイスと、有意義な活動への積極的な関与を支援する、コミュニティ開発や近隣開発の取り組みへと拡大されるべきである（Austin et al., 2005; James et al., 2011; Silverstone, 2005）。ソーシャルワーカーは加齢について、よりポジティブな視点を持たなければならず、社会に住む他の人々にもそれを求めなければならない。

まとめ

ソーシャルワークのインターベンションの大部分が、生涯にわたる発達に伴う移行と危機に焦点を置いている。本章では、ソーシャルワーカーの関心対象となる、成人の人生における多くの発達的課題と出来事の例を提示した。取り組むべきは、環境が人々にもたらす影響を理解し、すべての発達的問題、課題、ニーズが持つ多面的特徴に対処できる解決策を考案することである。

第14章　練習問題

以下の問いは、本章で学んだ知識をテストするものである。

1. 職業ソーシャルワークは、中世のギルドの活動を起源とするが、＿＿＿＿は、20世紀のソーシャルワークにおいて、労働者の権利と職場の安全を推進したパイオニアとして知られている。
   a. メアリー・ジャレット
   b. メアリー・パーカー・フォレット
   c. メアリー・エリザベス・チャーチ・テレル
   D. ホイットニー・ヤング

2. DVと性的暴行にまつわる法的問題に対する包括的アプローチを採用した、連邦政府による画期的な立法は、＿＿＿＿である。
   a. 社会保障法
   b. 自立生活サービス法
   c. 家族再統合法
   d. 女性に対する暴力禁止法

3. 暴力のサイクルは、親密なパートナーによる暴力の根本に＿＿＿＿があることの証拠である。
   a. 文化
   b. パワーとコントロール
   c. 依存症
   d. 情緒的不安定

4. 地域の成人保護サービスセンターで働くソーシャルワーカーのルシンダ・ファレルは、＿＿＿＿を学んだ。
   a. クライエントの自律的意思決定の権利は、クライエントのウェルビーイングを守るという専門職としての義務に優先されるということ
   b. クライエントのウェルビーイングを守るという彼女の専門職としての義務は、常に、クライエントの自律的意思決定の権利より優先されるということ
   c. クライエントの自律への権利も、クライエントのウェルビーイングを守るという専門職としての義務も、どちらも適用されないということ
   d. クライエントの自律の権利と、クライエントの保護という自身に課せられた義務の間のバランスを自分が取らなければならないということ

5. マーサは、母親をケアする責任を負っている。母親には複数の健康問題があり、彼女が一人で生活する能力を阻害している。マーサは、ケア提供者として日々背負っている責任からのレスパイトを必要としており、母親は社交の機会を必要としている。彼らにとってベストな選択肢は、＿＿＿＿である。
   a. ナーシングホームへの入所
   b. 在宅ヘルスケア
   c. 成人向けデイケア
   d. ホテルのシングルルーム・オキュパンシー（SRO）を利用すること

6. ジェリー・スターンバーグは、エイジング・オルタナティブ社で働いている。ジェリーは、クライエントとのワークの中で、彼らのニーズに対するアセスメントを行い、彼らを適切なプログラムやサービスに導き、あるいは両者の橋渡しをし、結果を評価する。彼は＿＿＿＿であると考えられる。
   a. クライエントのアドボケイト
   b. ケースマネジャー
   c. コミュニティ・オーガナイザー
   d. 成人保護サービスワーカー

7. 人権という視座と、さまざまな年齢の成人とのソーシャルワークとが、どのように関わり合うのかを説明せよ。成人と高齢者のためのサービスにおける人権保護について例を用いて説明すること。

エピローグ

　このテキストの序盤で、私たちは、現代のソーシャルワークの目的を体現する信条を多数紹介しました。この信条は、ソーシャルワークに対する私たちのビジョンを反映し、ソーシャルワークのパイオニアたちの伝統に根ざし、コンピテンスとエンパワメントという現代的視点から得た知見に基づくものです。ソーシャルワークにおけるキャリアを検討するにあたって、次のようなテーマと、これらのテーマがあなたのプラクティス活動にとって持つ意味を熟考してください。

- 個人・集団を問わず、人をエンパワーし、彼ら自身の問題解決能力と対処能力をより効果的に活用すること
- 個人と社会の問題を予防するために、社会的・経済的政策の形成に関して積極的な姿勢を取ること
- ソーシャルワーク・プラクティスのあらゆる側面において、専門職の信頼性を維持すること
- 人と社会資源の橋渡しをし、社会的機能を促進し、QOL を強化すること
- 機関の資源システム内に協力的ネットワークを構築すること
- 保健およびヒューマンサービスに対するニーズを充足できるように、機関の資源システムの応答性を高めること
- 社会正義と、すべての人の社会参加に関する平等を推進すること
- リサーチと評価を通じて、ソーシャルワーク専門職の知識構築に貢献すること
- 問題と資源の機会の両方が生み出される機関システムの内部において、情報交換を促進すること
- ダイバーシティの尊重、民族に対する配慮、性差別の排除により、プラクティスにおけるコミュニケーションの有効性を高めること
- 問題の予防と解決のために、教育的ストラテジーを用いること
- 人類的課題と問題の解決を世界的視座で考えること

　ソーシャルワークは、多くの困難と機会に満ちた専門職です。実践者は、人生の移行や危機に直面した人、権利を奪われた人や抑圧された人が提起する問題に、創造的に対処することが求められます。家族サービス、児童福祉、保健、メンタルヘルス、リハビリテーション、公共福祉、住宅、刑

事司法、コミュニティ開発、学校、ビジネスと産業といった、多様な領域にソーシャルワーク・プラクティスの機会があります。ソーシャルワーカーは、エンパワメント・ストラテジーを用いることで、これらのプラクティス領域のプロセス改革に、独自の貢献をすることができるのです。

　ソーシャルワークは、エンパワーする専門職です。ソーシャルワークのプロセスは人をエンパワーするものであり、専門職としての活動がエンパワメントを生み出すのです。ソーシャルワーカーは、クライエントのストレングスとコンピテンシーを肯定し、パートナーとして協働します。実践者の専門職としての活動は、あらゆる社会システムにおける利用者が、自らの潜在能力を自覚し、応答性の高い社会構造をつくり上げることができるように、彼らをエンパワーすることを目指します。これはソーシャルワークの二重の目的にも織り込まれています。エンパワメントの獲得の度合いは、人がどれだけ自らの人生を支配できるか、そして、制度的構造がいかに人間的かつ公正に人のニーズに応えられるかによって決まります。

　ソーシャルワークとは、考え方であると同時に、実践方法でもあります。ソーシャルワークに対する理解を深めるためには、可能な限り幅広い視野で、この専門職を見ることが重要です。言い換えれば、ソーシャルワーカーは人間行動、プラクティス、そして政策の相互作用を概念的に理解しなければならないのです。ソーシャルワークに対するジェネラリスト的指向が提供する枠組みを用いることで、問題を広角レンズを通して見、「人－環境」の相互作用のダイナミクスを認識し、あらゆる人の置かれた状況のコンテクストを分析し、あらゆるシステムレベルの問題、課題、ニーズに対処するインターベンションを開発することができます。本書を通じて、ストレングス、エンパワメント、ダイバーシティ、そして社会正義というテーマについて、議論し統合してきましたが、これらは、知識と価値を理解するためのフィルターであり、インターベンション・スキルの基盤となります。これらは、あなたが専門職ソーシャルワークについて学ぶ中で、今後も最も重要なテーマであり続けるでしょう。

参考文献

Abbott, E. (1919). The social caseworker and the enforcement of industrial legislation. In *Proceedings of the National Conference of Social Work, 1918 Kansas City* (pp. 312–317). Chicago, IL: Rogers & Hall Co.

Abramowitz, J., Moore, E. L., Braddock, A. E., & Harrington, D. L. (2009). Self-help cognitive-behavioral therapy with minimal therapist contact for social phobia: A controlled trial. *Journal of Behavior Therapy & Experimental Psychiatry, 40*(1), 98–105.

Abramowitz, L. (2008). Working with advanced dementia patients in a day care setting. *Journal of Gerontological Social Work, 50*(3–4), 25–35.

Abrams, L., & Moio, J. (2009). Critical race theory and the cultural competence dilemma in social work education. *Journal of Social Work Education, 45*(2), 245–261.

Act4 Juvenile Justice. (2007). *The Juvenile Justice and Delinquency Prevention Act: A fact book*. Retrieved February 8, 2012, from act4jj.org/media/factsheets/factsheet_27.pdf

ADA Watch. (2006). *The road to freedom: Keeping the promise of the Americans with Disabilities act*. Retrieved September 25, 2006, from adawatch.org/AmericanDream.htm

Adams, A., & Addie, J. (2011). *Delinquency cased waived to criminal court, 2008*. Washington, DC: U.S. Department of Justice, Office of Juvenile Justice and Delinquency Prevention. Retrieved January 31, 2012, from ojjdp.gov/pubs/236481.pdf

Aday, R. H. (2006). Aging prisoners. In B. Berkman (Ed.), *Handbook of social work in health and aging* (pp. 231–241). New York: Oxford University Press.

Addams, J. (1910). Charity and social justice. In A. Johnson (Ed.), *Proceedings of the National Conference of Charity and Correction* (pp. 1–18). Fort Wayne, IN: Press of the Archer Printing Co.

Administration for Children and Families [ACF]. (n.d.). *Child Abuse Prevention and Treatment Act*. Washington, DC: U.S. Department of Health and Human Services. Retrieved May 29, 2012, from acf.hhs.gov/programs/cb/laws_policies/cblaws/capta/

Administration for Children and Families [ACF]. (2006). *Fact sheet: Children's Bureau*. Washington, DC: U.S. Department of Health and Human Services. Retrieved September 10, 2006, from acf.hhs.gov/opa/fact_sheets/childrensbureau_printable.html

Administration for Children and Families [ACF]. (2010). *Head Start fact sheet fiscal year 2010*. Washington, DC: U.S. Department of Health and Human Services. Retrieved January 29, 2012, from http://eclkc.ohs.acf.hhs.gov/hslc/mr/factsheets/fHeadStartProgr.htm

Administration for Children and Families [ACF]. (2011). *The AFCARS report*. Washington, DC: U.S. Department of Health and Human Services. Retrieved February 4, 2012, from acf.hhs.gov/programs/cb/stats_research/afcars/tar/report18.htm

Administration on Aging (AoA). (n.d.). *Facts: Aging and Disability Resource Center*. Retrieved April 18, 2012, from aoa.gov/aoaroot/Press_Room/Products_Materials/fact/pdf/ADRC_Factsheet.pdf

Administration on Aging [AoA]. (2006). *Volunteer opportunities*. Retrieved October 7, 2006, from aoa.gov/eldfam/Volunteer_Opps/Volunteer_Opps.asp

Administration on Aging [AoA]. (2008). *A profile of older Americans 2008*. Retrieved June 20, 2012, from aoa.gov/AoARoot/Aging_Statistics/Profile/2008/docs/2008profile.pdf

Administration on Aging [AoA]. (2010). *A profile of older Americans 2010*. Retrieved February 7, 2012, from aoa.gov/aoaroot/aging_statistics/Profile/2010/docs/2010profile.pdf

Administration on Aging [AoA]. (2011). *A profile of older Americans*: 2011. Washington, DC: Administration on Aging. Retrieved October 20, 2012, from www.aoa.gov/aoaroot/aging_statistics/Profile/2011/docs/2011profile.pdf

Agency for Healthcare Research and Quality [AHRQ]. (2009). *National healthcare disparities report: 2008* [AHRQ Publication No. 09-002]. Washington, DC: U.S. Department of Health and Human Services. Retrieved May 29, 2012, from ahrq.gov/qual/nhdr08/nhdr08.pdf

Agllias, K. (2011). No longer on speaking terms: The losses associated with family estrangement at the end of life. *Families in Society, 92*(1), 107–113.

Ahmed, S. R., Fowler, P. J., & Toro, P. A. (2011). Family, public and private religiousness and psychological well-being over time in at-risk adolescents. *Mental Health, Religion & Culture, 14*(4), 393–408.

Ajandi, J. (2008–09). Ethical considerations for prenatal screening and genetic testing. *Journal of Social Work Values and Ethics, 5*(3). Retrieved May 29, 2012, from socialworker. com/jswve/content/blogcategory/19/66/

Akabas, S. H. (2008). Employee assistance programs. In T. Mizrahi & L. E. Davis (Eds.), *Encyclopedia of social work: Vol. 2* (20th ed., pp. 115–118). Washington, DC: NASW Press and New York: Oxford University Press.

Alameda-Lawson, T., & Lawson, M. A. (2002). Building community collaboratives. In M. O'Melia & K. K. Miley (Eds.), *Pathways to power: Readings in contextual social work practice* (pp. 108–127). Boston, MA: Allyn & Bacon.

Alameda-Lawson, T., Lawson, M. A., & Lawson, H. A. (2010). Social workers' roles in facilitating the collective involvement of low-income, culturally diverse parents in an elementary school. *Children & Schools, 32*(1), 172–182.

Alawiyah, T., Bell, H., Pyles, L., & Runnels, R. C. (2011). Spirituality and faith-based interventions: Pathways to disaster resilience for African American Hurricane Katrina survivors. *Journal of Religion & Spirituality in Social Work: Social Thought, 30*(3), 294–319.

Algert, S., Reibel, M., & Renvall, M. J. (2006). Barriers to participation in the food stamp program among food pantry clients in Los Angeles. *American Journal of Public Health, 96*(5), 807–809.

Alliance for Children and Families. (2010). *Mission/vision*. Retrieved May 29, 2012, from alliance1.org/about

Altman, J. C., & Goldberg, G. S. (2008). Rethinking social work's role in public assistance. *Journal of Sociology & Social Welfare, 35*(4), 71–94.

Altshuler, S. J. (2003). From barriers to successful collaboration: Public schools and child welfare working together. *Social Work, 48*(1), 52–63.

Alzheimer's Association. (2004). *Families care: Alzheimer's caregiving in the United States 2004*. Retrieved May 29, 2012, from alz.org/national/documents/report_familiescare. pdf

Alzheimer's Association. (2012). *2012 Alzheimer's disease facts and figures*. Retrieved May 29, 2012, from alz.org/ downloads/facts_figures_2012.pdf

Amdur, D., Batres, A., Belisle, J., Brown, J. H., Cornis-Pop, M., Mathewson-Chapman, M., et al. (2011). VA integrated post-combat care: A systemic approach to caring for returning combat veterans. *Social Work in Health Care, 50*(7), 564–575.

American Academy of Child & Adolescent Psychiatry [AACAP]. (2011). *Facts for families: Children with lesbian, gay, bisexual and transgender parents*. Washington, DC: AACAP. Retrieved May 15, 2012, from aacap.org/galleries/ FactsForFamilies/92_children_with_lesbian_gay_bisexual_ transgender_parents.pdf

American Association of Social Workers. (1929). *Social casework, Generic and specific: A report of the Milford Conference* (reprinted 1974). Washington, DC: National Association of Social Workers.

American Association on Intellectual and Developmental Disabilities [AAIDD]. (2012). *FAQ: On intellectual disabilities*. Retrieved February 1, 2012, from aamr.org/content_104. cfm?avID=22

American Psychiatric Association. (2000). *Diagnostic and statistical manual of mental disorders* (4th ed., Text rev.). Washington, DC: Author.／American Psychiatric Association 編（2002）『DSM-4-TR　精神疾患の診断・統計マニュアル』高橋三郎・大野裕・染矢俊幸訳、医学書院

Anderson, J. D. (1992). *Between individual and community: Small group empowerment practice in a generalist perspective*. Paper presented at the annual program meeting of the Council on Social Work Education, Kansas City, MO.

Anderson, R. E., Carter, I., & Lowe, G. (1999). *Human behavior in the social environment: A social systems approach* (5th ed.). New York: Aldine.

Anderson-Butcher, D., Stetler, E. G., & Midle, T. (2006). A case for expanded school-community partnerships in support of positive youth development. *Children & Schools, 28*(3), 155–163.

Annie E. Casey Foundation [AECF]. (2009a). *Detention reform: An effective approach to reduce racial and ethnic disparities in juvenile justice*. Retrieved January 31, 2012, from aecf.org/~/media/Pubs/Initiatives/Juvenile%20 Detention%20Alternatives%20Initiative/DetentionReformAnEffectiveApproachtoReduceRac/JDAI_factsheet_3.pdf

Annie E. Casey Foundation [AECF]. (2009b). *Issue brief: Reform the nation's juvenile justice system*. Retrieved May 29, 2012, from aecf.org/~/media/PublicationFiles/Juvenile_ Justice_issuebrief3.pdf

Armour, M. P., & Umbreit, M. S. (2007). Victim offender mediation and forensic social work. In D. W. Springer & A. R. Roberts (Eds.), *Handbook of forensic mental health with victims and offenders: Assessment, treatment, and research* (pp. 519–539). New York: Springer.

Aron, L. Y., & Mears, D. P. (2003). *Disability law and juvenile justice*. Washington, DC: The Urban Institute. Retrieved January 31, 2012, from urban.org/url.cfm?ID=900623&renderforprint=1&CFID=123020113&CFTOKEN=27279004 &jsessionid=b230b65d43f1342a5f50

Arya, N., & Augarten, I. (2008). *Critical condition: African–American youths in the justice system.* Campaign for Youth Justice; National Council of La Raza. Retrieved January 31, 2012, from campaignforyouthjustice.org/documents/CFYJPB_CriticalCondition.pdf

Arya, N., Villarruel, F.,Villanueva, C., Augarten, I., Murguia, J., & Sanchez, J. (2009). *America's invisible children: Latino youth and the failure of justice.* Campaign for Youth Justice; National Council of La Raza. Retrieved January 31, 2012, from campaignforyouthjustice.org/documents/CFYJPB_InvisibleChildren.pdf

Asch, A., & Mudrick, N. R. (1995). Disability. In R. L. Edwards (Ed.), *Encyclopedia of social work: Vol. 1* (19th ed., pp. 752–761). Washington, DC: NASW Press.

Ashford, J. B., & LeCroy, C. W. (2010). *Human behavior in the social environment: A multidimensional perspective.* Belmont, CA: Brooks-Cole.

Association of Oncology Social Work. (2001). *Oncology social work toolbox: Scope of practice in oncology social work, 2001.* Retrieved June 11, 2009, from aosw.org/html/prof-scope.php

Austin, C. D., Camp, E. D., Flux, D., McClelland, R. W., & Sieppert, J. (2005). Community development with older adults in their neighborhoods: The elder friendly communities program. *Families in Society, 86*(3), 401–409.

Austin, D. M. (1983). The Flexner myth and the history of social work. *Social Service Review, 57,* 357–376.

Austin, D. M. (1985). Historical perspectives on contemporary social work. *Urban and Social Change Review, 18*(2), 16–18.

Axinn, J., & Stern, M. J. (2012). *Social welfare: A history of the American response to need* (8th ed.). Boston, MA: Pearson.

Bachman, S. S., & Comeau, M. (2010). A call to action for social work: Minimizing financial hardship for families of children with special health care needs. *Health & Social Work, 35*(3), 233–238.

Badmaeva, V. D. (2011). Consequences of sexual abuse in children and adolescents. *Neuroscience and Behavioral Physiology, 41*(3), 259–262.

Baines, D. (Ed.). (2007). *Doing anti-oppressive practice: Building transformative politicized social work.* Halifax, NS: Fernwood.

Baker, L. A., & Mutchler, J. E. (2010). Poverty and material hardship in grandparent-headed households. *Journal of Marriage & Family, 72*(4), 947–962.

Balgopal, P. R. (1989). Occupational social work: An expanded clinical perspective. *Social Work, 34,* 437-442.

Balgopal, P. R. (1995). Asian Americans overview. In R. L. Edwards (Ed.), *Encyclopedia of social work: Vol. 1* (19th ed., pp. 231–238). Washington, DC: NASW Press.

Balgopal, P. R. (2000a). Social work practice with immigrants and refugees: An overview. In P. R. Balgopal (Ed.), *Social work practice with immigrants and refugees* (pp. 1–29). New York: Columbia University Press.

Balgopal, P. R. (2000b). Conclusion. In P. R. Balgopal (Ed.), *Social work practice with immigrants and refugees* (pp. 229–240). New York: Columbia University Press.

Balgopal, P. R. (2008). Asian Americans: Overview. In T. Mizrahi & L. E. Davis (Eds.), *Encyclopedia of social work: Vol. 1* (20th ed., pp. 153–160). Washington, DC: NASW Press and New York: Oxford University Press.

Banach, M. M., Iudice, J. J., Conway, L. L., & Couse, L. J. (2010). Family support and empowerment: Post autism diagnosis support group for parents. *Social Work with Groups, 33*(1), 69–83.

Barker, R. L., & Branson, D. M. (2000). *Forensic social work: Legal aspects of professional practice* (2nd ed.). New York: Haworth Press.

Barron, J., Tan, E., Yu, Q., Song, M., McGill, S., & Fried, L. (2009). Potential for intensive volunteering to promote the health of older adults in fair health. *Journal of Urban Health, 86*(4), 641–653.

Barth, R. P., Scarborough, A. P., Lloyd, E. C., Losby, J., Casanueva, C., & Mann, T. (2007). *Developmental status and early intervention service needs of maltreated children.* Washington, DC: U.S. Department of Health and Human Services. Retrieved May 29, 2012, from http://aspe.hhs.gov/hsp/08/devneeds/report.pdf

Bartlett, H. M. (1958). Working definition of social work practice. *Social Work, 3*(2), 5–9.

Bartlett, H. M. (1961). *Analyzing social work practice by fields.* Silver Spring, MD: National Association of Social Workers.

Bartlett, H. M. (1970). *The common base of social work practice.* New York: National Association of Social Workers. ／ H. M. バートレット（2009）『社会福祉実践の共通基盤』（ミネルヴァ・アーカイブズ）小松源助訳、ミネルヴァ書房

Barton, C. (2000). *Empowerment and retribution in criminal and restorative justice.* St. Paul, MN: Victim Offender Mediation Association. Retrieved May 29, 2012, from voma.org/docs/barton_emp&re.pdf

Bates, J., & Thompson, N. (2007). Workplace wellbeing: An occupational social work approach. *Illness, Crisis, & Loss, 15*(3), 273–284.

Beaulaurier, R., & Taylor, S. H. (1999). Self-determination and consumer control: Guiding principles in the empowerment model as utilized by the disability rights movement. In W. Shera & L. Wells (Eds.), *Empowerment practice in social work: Developing richer conceptual foundations* (pp. 159–177). Toronto, Canada: Canadian Scholars Press.

Beder, J. (2006). *Hospital social work: The interface of medicine and caring*. New York: Routledge.

Beeghley, L. (1983). *Living poorly in America*. New York: Praeger Press.

Benoit-Bryan, J. (2011). *National Runaway Switchboard 2008 reporter's source book on runaway and homeless youth*. Chicago, IL: National Runaway Switchboard. Retrieved February 6, 2012, from 1800runaway.org/assets/1/7/2011_Reporters_Source_Book.pdf

Benzies, K., & Mychasiuk, R. (2009). Fostering family resiliency: A review of the key protective factors. *Child & Family Social Work, 14*(1), 103–114.

Berger, P., & Neuhaus, J. R. (1977). *To empower people: The role of mediating structures in public policy*. Washington, DC: American Enterprise Institute.

Berk, L. E. (2010). *Development through the lifespan* (5th ed.). Boston, MA: Allyn & Bacon.

Berkman, C. S., & Zinberg, G. (1997). Homophobia and heterosexism in social workers. *Social Work, 42*(4), 319–332.

Berman-Rossi, T., & Miller, I. (1994). African-Americans and the settlements during the late nineteenth and early twentieth centuries. *Social Work with Groups, 17*(3), 77–95.

Bernard, B. (1992). Fostering resiliency in kids: Protective factors in the family, school, and community. *Illinois Prevention Resource Center: Prevention Forum, 12*(3), 1–16.

Bernard, V. W., Ottenberg, P., & Redl, F. (1971). Dehumanization. In N. Sanford & C. Comstock (Eds.), *Sanctions for evil* (pp. 102–124). San Francisco, CA: Jossey-Bass.

Bern-Klug, M. (2008). State variations in nursing home social worker qualifications. *Journal of Gerontological Social Work, 51*(3/4), 379–409.

Berry, M. (2005). Overview of family preservation. In G. P. Mallon & P. M. Hess (Eds.), *Child welfare for the twenty-first century: A handbook of practices, policies, and programs* (pp. 319–334). New York: Columbia University Press.

Berzoff, J. (2003). Introduction: Special issue on end-of-life care. *Smith College Studies in Social Work, 73*(3), 259–271.

Bethea, L. (1999). Primary prevention of child abuse. *American Family Physician, 59*(6), 1577–1586.

Bialik, J. (2011). Surviving the early years of the Personal Responsibility and Work Opportunity Reconciliation Act. *Journal of Sociology & Social Welfare, 38*(1), 163–182.

Biestek, F. P. (1957). *The casework relationship*. Chicago, IL: Loyola University Press. ／ F. P. バイステック（2006）『ケースワークの原則――援助関係を形成する技法』（新訳改訂版）尾崎新・福田俊子・原田和幸訳、誠信書房

Blaska, J. (1993). The power of language: Speak and write using "person first". In M. Nagler (Ed.), *Perspectives on disability: Text and readings on disability* (pp. 25–32). Palo Alto, CA: Health Markets Research.

Block, R. G. (2009). Is it just me? Experiences of HIV related stigma. *Journal of HIV/AIDS & Social Services, 8*(1), 1–19.

Bloom, B., Owen, B., & Covington, S. (2003). *Gender-responsive strategies: Research, practice, and guiding principles for women offenders*. Washington, DC: National Institute of Corrections. Retrieved January 31, 2012, from http://static.nicic.gov/Library/018017.pdf

Boddie, S. (2008). Faith-based agencies and social work. In T. Mizrahi & L. E. Davis (Eds.), *Encyclopedia of social work: Vol. 2* (20th ed., pp. 169–175). Washington, DC: NASW Press and New York: Oxford University Press.

Bonnycastle, C. R. (2011). Social justice along a continuum: A relational illustrative model. *Social Service Review, 85*(2), 266–295.

Book, H. E. (1988). Empathy: Misconceptions and misuses in psychotherapy. *American Journal of Psychiatry, 145*(4), 420–424.

Booth, R. (1990). *Sexual orientation: Overview and implications for social work practice*. Unpublished manuscript. Black Hawk College, Moline, IL.

Boult, C., Rassen, J., Rassen, A., Moore, R. J., & Robison, S. (2000). The effect of case management on the costs of health care for enrollees in Medicare Plus Choice Plans: A randomized trial. *Journal of the American Geriatrics Society, 48*(8), 996–1001.

Bourassa, D. B. (2009). Compassion fatigue and the adult protective services social worker. *Journal of Gerontological Social Work, 52*(3), 215–229.

Bousnakist, T., Jacklin, B., & Mottet, L. (2010). *Our maturing movement: State-by-state LGBT aging policy and recommendations*. Washington, DC: National Gay and Lesbian Task Force. Retrieved April 24, 2012, from thetaskforce.org/downloads/reports/reports/our_maturing_movement.pdf

Bowen, G. L., & Chapman, M. V. (1996). Poverty, neighborhood danger, social support, and the individual adaptation among at-risk youth. *Journal of Family Issues, 17*(5), 641–666.

Boyd-Franklin, N. (2003). *Black families in therapy: A multisystems approach*. New York: Guilford Press.

Boylstein, C., & Hayes, J. (2012). Reconstructing marital closeness while caring for a spouse with Alzheimer's. *Journal of Family Issues, 33*(5), 584–612.

Bradford, A. (1999). REBUILD: An orthopedic trauma support group and community outreach program. *Health and Social Work, 24*(4), 307–311.

Bradley, V. J. (2000). Changes in services and supports for people with developmental disabilities: New challenges to established practice. *Health and Social Work, 25*(3), 191–200.

Brandl, B. (2000). Power and control: Understanding domestic abuse in later life. *Generations, 24*(11), 39–45.

Brandsen, C. K. (2005). Social work and end-of-life care: Reviewing the past and moving forward. *Journal of Social Work in End-of-Life & Palliative Care, 1*(2), 45–70.

Brault, M. W. (2008). Americans with Disabilities: 2005. *Current Population Reports, P70-117*. Washington, DC: U.S. Census Bureau. Retrieved February 1, 2012, from census. gov/prod/2008pubs/p70-117.pdf

Breckinridge, S. (1936). Tenement-house legislation in Chicago. In E. Abbott (Ed.), *The tenements of Chicago 1908–1935* (pp. 34–71). Chicago, IL: University of Chicago Press.

Bremer, W. W. (1986). Hopkins, Harry Lloyd. In W. I. Trattner (Ed.), *Biographical dictionary of social welfare in America* (pp. 399–402). New York: Greenwood Press.

Breton, M. (1994a). Relating competence - promotion and empowerment. *Journal of Progressive Human Services, 5*(1), 27–44.

Breton, M. (1994b). On the meaning of empowerment and empowerment-oriented social work practice. *Social Work with Groups, 17*(3), 23–37.

Breton, M. (2002). Empowerment practice in Canada and the United States: Restoring policy issues at the center of social work. *The Social Policy Journal, 1*(1), 19–34.

Breton, M. (2004). An empowerment perspective. In C. D. Garvin, L. M. Gutierrez, & M. J. Galinsky (Eds.), *Handbook of social work with groups* (pp. 58–75). New York: Guilford Press.

Bricker-Jenkins, M. (1990). Another approach to practice and training: Clients must be considered the primary experts. *Public Welfare, 48*(2), 11–16.

Bricout, J. C., & Bentley, K. J. (2000). Disability status and perceptions of employability by employers. *Social Work Research, 24*(3), 87–95.

Brieland, D. (1995). Social work practice: History and evolution. In R. L. Edwards (Ed.), *Encyclopedia of social work: Vol. 3* (19th ed., pp. 2247–2258). Washington, DC: NASW Press.

Briggs, H. E., Briggs, A. D., & Leary, J. D. (2005). Promoting culturally competent systems of care through statewide family advocacy networks. *Best Practices in Mental Health, 1*(2), 77–99.

Brill, N. I. (1998). *Working with people: The helping process* (6th ed.). New York: Longman.

Brill, N. I., & Levine, J. (2005). *Working with people: The helping process* (8th ed.). Boston, MA: Allyn & Bacon.

Brodie, K., & Gadling-Cole, C. (2004). The use of family decision meetings when addressing caregiver stress. *Journal of Gerontological Social Work, 42*(1), 89–100.

Brohl, K. (2004). *The new miracle workers: Overcoming contemporary challenges in child welfare work*. Washington, DC: Child Welfare League of America.

Brooklyn Association for Improving the Condition of the Poor. (1878). *The annual report of the Brooklyn Association for Improving the Condition of the Poor, 1878*. Brooklyn, NY: Eagle Job and Book Printing Department.

Brooklyn Association for Improving the Condition of the Poor. (1885). *The annual report of the Brooklyn Association for Improving the Condition of the Poor, 1885*. Brooklyn, NY: Eagle Job and Book Printing Department.

Brown, J. C. (1933). *The rural community and social casework*. New York: Family Welfare Association of America.

Brown, P. A. (1994). Participatory research: A new paradigm for social work. In L. Gutiérrez & P. Nurius (Eds.), *Education and research for empowerment practice* (pp. 293–303). Seattle, WA: University of Washington, Center for Policy and Practice Research, School of Social Work.

Browne, A., & Finkelhor, D. (1986). Impact of child sexual abuse: A review of the research. In S. Chess, A. Thomas, & M. Hertzig (Eds.), *Annual progress in child psychiatry and child development* (pp. 555–584). New York: Brunner/Mazel.

Browne, K., Bakshi, L., & Lim, J. (2011). 'It's something you just have to ignore': Understanding and addressing contemporary lesbian, gay, bisexual and trans safety beyond hate crime paradigms. *Journal of Social Policy, 40*(4), 739–756.

Bureau of Labor Statistics [BLS]. (2009). *Economic news release: Employment situation summary*. Retrieved June 8, 2009, from bls.gov/news.release/pdf/empsit.pdf

Bureau of Labor Statistics [BLS]. (2011). *Volunteering in the United States, 2010*. Retrieved February 7, 2012, from bls. gov/news.release/pdf/volun.pdf

Bureau of Labor Statistics [BLS]. (2012a). *Economic news release. Table A-2: Employment status of the civilian population by age, sex, and race*. Retrieved May 14, 2012, from bls.gov/news.release/empsit.t02.htm

Bureau of Labor Statistics [BLS]. (2012b). *Economic news release. Table A-3: Employment status of the civilian population of the Hispanic or Latino population by age and race*. Retrieved May 14, 2012, from bls.gov/news.release/empsit. t03.htm

Bureau of Labor Statistics [BLS]. (2012c). *Local area unemployment statistics: Unemployment rates for states*. Retrieved May 14, 2012, from bls.gov/web/laus/laumstrk.htm

Bureau of Labor Statistics [BLS]. (2012d). *Metropolitan area employment and unemployment—March 2012*. Retrieved May 14, 2012, from bls.gov/news.release/metro.nr0.htm

Bureau of Labor Statistics [BLS]. (2012e). Social and human service assistants. *Occupational outlook handbook, 2012–13 Edition*. U.S. Department of Labor. Retrieved May 29, 2012, from bls.gov/och/community-and-social-service/social-and-humanservice-assistants.htm

Bureau of Labor Statistics [BLS]. (2012f). Social workers. *Occupational outlook handbook, 2012–13 Edition*. U.S. Department of Labor. Retrieved May 29, 2012, from bls.gov/ooh/Community-and-Social-Service/Social-workers.htm

Bureau of Labor Statistics [BLS]. (2012g). *The employment situation—April 2012*. Retrieved May 14, 2012, from bls.gov/news.release/pdf/empsit.pdf

Burgio, L. D., Collins, I. B., Schmid, G., Wharton, T., McCallum, D., & DeCoster, J. (2009). Translating the REACH caregiver intervention for use by area agency on aging personnel: The REACH OUT program. *Gerontologist, 49*(1), 103–116.

Burns, E. M. (1956). *Social security and public policy*. McGraw-Hill.

Butler, R. N. (1969). Age-ism: Another form of bigotry. *The Gerontologist, 9*(Part I), 243–246.

Butler, S. S. (2006). Older gays, lesbians, and transgendered persons. In B. Berkman (Ed.), *Handbook of social work in health and aging* (pp. 273–281). New York: Oxford University Press.

Byers, L. (2010). Native American grandmothers: Cultural tradition and contemporary necessity. *Journal of Ethnic & Cultural Diversity in Social Work, 19*(4), 305–316.

Cabin, W. D. (2008). Revaluing social work in home care: Lessons from innovators, rebels, and hospice. *Home Health Care Management & Practice, 20*(3), 265–272.

Cagle, J. G., & Kovacs, P. J. (2009). Education: A complex and empowering social work intervention at the end of life. *Health & Social Work, 34*(1), 17–27.

Cahill, S. (2000). Preface. In P. Currah & S. Minter (Eds.), *Transgender equality: A handbook for activists and policymakers* (pp. iii–iv). San Francisco, CA: National Center for Lesbian Rights and Washington, DC: the Policy Institute of the National Gay and Lesbian Task Force. Retrieved February 20, 2012, from thetaskforce.org/downloads/reports/reports/TransgenderEquality.pdf

Canda, E. R. (1988). Spirituality, religious diversity, and social work practice. *Social Casework, 69,* 238–247.

Canda, E. R. (1989). Religious content in social work education: A comparative approach. *Journal of Social Work Education, 25,* 36–45.

Canda, E. R., & Furman, L. D. (2010). *Spiritual diversity in social work practice: The heart of helping* (2nd ed.). New York: Oxford University Press. ／ E. R. カンダ、L. D. ファーマン（2014）『ソーシャルワークにおけるスピリチュアリティとは何か――人間の根源性にもとづく援助の核心』木原活信・中川吉晴・藤井美和監訳、ミネルヴァ書房

Cantley, C., Woodhouse, J., & Smith, M. (2005). *Listen to us: Involving people with dementia in planning and developing services*. Newcastle upon Tyne: Dementia North. Retrieved May 29, 2012, from healthissuescentre.org.au/documents/items/2011/08/375358-upload-00001.pdf

Carlton-LaNey, I., & Alexander, S. C. (2001). Early African American social welfare pioneer women: Working to empower the race and the community. *Journal of Ethnic and Cultural Diversity in Social Work, 10*(2), 67–84.

Carter, L. S., Weithorn, L. A., & Behrman, R. E. (1999). Domestic violence and children: Analysis and recommendations. *The Future of Children, 9*(3), 4–20. Retrieved May 29, 2012, from http://futureofchildren.org/publications/journals/journal_details/index.xml?ournalid=47

Carter, V., & Myers, M. R. (2007). Exploring the risks of substantiated physical neglect related to poverty and parental characteristics: A national sample. *Children & Youth Services Review, 29*(1), 110–121.

Cartledge, G., Kea, C., & Simmons-Reed, E. (2002). Serving culturally diverse children with serious emotional disturbance and their families. *Journal of Child and Family Studies, 11*(1), 113–126.

Casey Family Programs. (2006). *It's my life: Postsecondary education and training: A guide for transition services from Casey Family Programs*. Retrieved May 29, 2012, from casey.org/resources/publications/pdf/ItsMyLife_PostsecondaryEducation.pdf

Castex, G. M. (1994). Providing services to Hispanic/Latino populations: Profiles in diversity. *Social Work, 39,* 288–295.

Catalano, S. (2007). *Intimate partner violence in the United States*. U.S. Department of Justice, Bureau of Justice Statistics. Retrieved February 12, 2012, from http://bjs.ojp.usdoj.gov/content/pub/pdf/ipvus.pdf

Cemlyn, S. (2008). Human rights practice: Possibilities and pitfalls for developing emancipatory social work. *Ethics and Social Welfare, 2*(3), 222–241.

Center for Child and Family Policy. (2008). *Identifying and responding to needs of children in domestic violence shelters: Final report June 1, 2008*. Durham, NC: Duke University. Retrieved May 29, 2012, from childandfamilypolicy.duke.edu/pdfs/pubpres/EvalServ_Final_Report_DVS_071608.pdf

Center on Budget and Policy Priorities. (2010). *Policy basics: Top ten facts about social security on the program's 75th anniversary*. Washington, DC: Author. Retrieved May 29, 2012, from cbpp.org/files/PolicyBasics_SocSec-TopTen.pdf

Centers for Disease Control and Prevention [CDC]. (n.d.). *Suicide prevention: Youth suicide*. Atlanta, GA: U.S. Department of Health and Human Services, Centers for Disease Control and Prevention. Retrieved February 6, 2012, from cdc.gov/ViolencePrevention/pub/youth_suicide.html

Centers for Disease Control and Prevention [CDC]. (2008).

Table10: *Number of deaths from 113 selected causes by age, United States 2005.* Atlanta, GA: U.S. Department of Health and Human Services, Centers for Disease Control and Prevention. Retrieved May 29, 2012, from disastercenter.com/cdc/Age%20of%20Deaths%20113%20Causes%202005.html

Centers for Disease Control and Prevention [CDC]. (2010a). *CDC's prevention progress in the United States.* Atlanta, GA: U.S. Department of Health and Human Services, Centers for Disease Control and Prevention. Retrieved February 1, 2012, from cdc.gov/hiv/resources/factsheets/PDF/cdcprev.pdf

Centers for Disease Control and Prevention [CDC]. (2010b). *Excessive alcohol use and risks to women's health.* Atlanta, GA: U.S. Department of Health and Human Services, Centers for Disease Control and Prevention. Retrieved February 1, 2012, from cdc.gov/alcohol/fact-sheets/womens-health.htm

Centers for Disease Control and Prevention [CDC]. (2011a). *HIV among African Americans.* Atlanta, GA: U.S. Department of Health and Human Services, Centers for Disease Control and Prevention. Retrieved February 1, 2012, from cdc.gov/hiv/topics/aa/PDF/aa.pdf

Centers for Disease Control and Prevention [CDC]. (2011b). *HIV in the United States.* Atlanta, GA: U.S. Department of Health and Human Services, Centers for Disease Control and Prevention. Retrieved February 1, 2012, from cdc.gov/hiv/resources/factsheets/PDF/us.pdf

Centers for Disease Control and Prevention [CDC]. (2011c). *HIV in the United States: An overview.* Atlanta, GA: U.S. Department of Health and Human Services, Centers for Disease Control and Prevention. Retrieved February 1, 2012, from cdc.gov/hiv/topics/surveillance/resources/factsheets/pdf/HIV-US-overview.pdf

Centers for Disease Control and Prevention [CDC]. (2011d). Infertility. *FASTSTATS.* Atlanta, GA: U.S. Department of Health and Human Services, Centers for Disease Control and Prevention. Retrieved February 7, 2012, from cdc.gov/nchs/fastats/fertile.htm

Chambers, R. M., & Potter, C. C. (2009). Family needs in child neglect cases: A cluster analysis. *Families in Society, 90*(1), 18–27.

Champion, D. J. (2005). *Corrections in the United States: A contemporary perspective* (4th ed.). Upper Saddle River, NJ: Prentice Hall.

Charlton, J. I. (1998). *Nothing about us without us: Disability, oppression and empowerment.* Berkeley, CA: University of California Press. ／ J. I. チャールトン（2003）『私たちぬきで私たちのことは何も決めるな――障害をもつ人に対する抑圧とエンパワメント』岡部史信監訳、笹本征男他訳、明石書店

Chatterjee, P., & D'Aprix, A. (2002). Two tails of justice. *Families in Society, 83*(4), 374–386.

Chau, K. L. (1989). Sociocultural dissonance among ethnic minority populations. *Social Casework, 70,* 224–239.

Chau, M., Thampi, K., & Wight, V. R. (2010). *Basic facts about low-income 2009. Children under age 18.* National Center for Children in Poverty. Retrieved February 8, 2012, from nccp.org/publications/pdf/text_975.pdf

Chestang, L. (1976). Environmental influences on social functioning: The Black experience. In P. J. Cafferty & L. Chestang (Eds.), *The diverse society: Implications for social policy* (pp. 59–74). Washington, DC: National Association of Social Workers.

Chien, L., Chu, H., Guo, J., Liao, Y., Chang, L., Chen, C., et al. (2011). Caregiver support groups in patients with dementia: A meta-analysis. *International Journal of Geriatric Psychiatry, 26*(10), 1089–1098.

Child Welfare Information Gateway. (n.d.). *Definitions, scope, and effects of child sexual abuse.* Washington, DC: U.S. Department of Health and Human Services, Children's Bureau. Retrieved February 4, 2012, from childwelfare.gov/pubs/usermanuals/sexabuse/index.cfm

Child Welfare Information Gateway. (2006). *Postadoption services.* Washington, DC: U.S. Department of Health and Human Services, Children's Bureau. Retrieved February 6, 2012, from childwelfare.gov/pubs/f_postadoption.cfm

Child Welfare Information Gateway. (2008a). *Customary (Native American) adoption.* Washington, DC: U.S. Department of Health and Human Services, Children's Bureau. Retrieved July 9, 2009, from childwelfare. gov/adoption/types/domestic/customary.cfm

Child Welfare Information Gateway. (2008b). *Long-term consequences of child abuse and neglect.* Washington, DC: U.S. Department of Health and Human Services, Children's Bureau. Retrieved June 15, 2012, from childwelfare.gov/pubs/factsheets/long_term_consequences.pdf

Child Welfare Information Gateway. (2009a). *Parental substance use and the child welfare system.* Washington, DC: U.S. Department of Health and Human Services, Children's Bureau. Retrieved June 15, 2012, from childwelfare.gov/pubs/factsheets/parentalsubabuse.pdf

Child Welfare Information Gateway. (2009b). *Penalties for failure to report and false reporting of child abuse and neglect: Summary of state laws.* Washington, DC: U.S. Department of Health and Human Services, Children's Bureau. Retrieved February 4, 2012, from childwelfare. gov/systemwide/laws_policies/statutes/reportall.pdf

Child Welfare Information Gateway. (2010a). *Adoption options.* Washington, DC: U.S. Department of Health and Human

Services, Children's Bureau. Retrieved May 29, 2012, from childwelfare.gov/pubs/f_adoptoption.cfm

Child Welfare Information Gateway. (2010b). *The adoption home study process*. Washington, DC: U.S. Department of Health and Human Services, Children's Bureau. Retrieved February 6, 2012, from childwelfare.gov/pubs/f_homstu.cfm

Child Welfare Information Gateway. (2011a). *Foster care statistics 2009*. Washington, DC: U.S. Department of Health and Human Services, Children's Bureau. Retrieved February 6, 2012, from childwelfare.gov/pubs/factsheets/foster.cfm

Child Welfare Information Gateway. (2011b). *How many children were adopted in 2007 and 2008?* Washington, DC: U.S. Department of Health and Human Services, Children's Bureau. Retrieved February 6, 2012, from childwelfare.gov/pubsPDFs/adopted0708.pdf

Child Welfare Information Gateway. (2011c). *How the child welfare system works*. Washington, DC: U.S. Department of Health and Human Services, Children's Bureau. Retrieved January 27, 2012, from childwelfare.gov/pubs/factsheets/cpswork.pdf

Child Welfare Information Gateway. (2012). *Supporting reunification and preventing reentry into outof-home care*. Washington, DC: U.S. Department of Health and Human Services, Children's Bureau. Retrieved June 20, 2012, from childwelfare.gov/pubs/issue_briefs/srpr.pdf

Child Welfare League of America [CWLA]. (2001). *Fact sheet: The Child Protection/Alcohol and Drug Partnership Act (S.484/H.R. 1901). Will help keep children safe and in permanent families*. Retrieved June 21, 2009, from cwla.org/printable/printpage.asp

Child Welfare League of America [CWLA]. (2003). *CWLA statement: Children of color in the child welfare system: Overview, vision, and proposed action steps*. Retrieved July 12, 2009, from cwla.org/programs/culture/disproportionate-statement.pdf

Child Welfare League of America [CWLA]. (2004). Introduction. *Standards of excellence for residential services*. Retrieved July 15, 2009, from cwla.org/programs/standards/residentialcareintro.pdf

Child Welfare League of America [CWLA]. (2006). States discuss disproportionate representation in the child welfare system. *Children's Monitor Online, 19*(34). Retrieved February 6, 2012, from cwla.org/advocacy/monitoronline-issueHL.asp?SSUEID=103

Child Welfare League of America [CWLA]. (2007). *Kinship care: Fact sheet*. Retrieved February 6, 2012, from cwla.org/programs/kinship/factsheet.htm

Children's Bureau. (2012a). Fostering hope in Oregon. *Children's Bureau Express, 13*(3). Retrieved May 29, 2012, from https://cbexpress.acf.hhs.gov/index.cfm?vent=&issue-ID=134

Children's Bureau. (2012b). Somali cultural guide. *Children's Bureau Express, 13*(3). Retrieved May 29, 2012, from https://cbexpress.acf.hhs.gov/index.cfm?vent=&issueID=134

Children's Bureau. (2012c). The family networks project. *Children's Bureau Express, 13*(3). Retrieved May 29, 2012, from https://cbexpress.acf.hhs.gov/index.cfm?vent=&issue-ID=134

Children's Research Center. (2009). *Disproportionate minority representation in the child welfare system*. National Council on Crime and Delinquency. Retrieved February 6, 2012, from http://tbusa.org/wp-content/uploads/2009/06/childwelfarefactsheet.pdf

Children's Rights. (2009). *Children's rights stands up for children in foster care who have nowhere left to turn*. Retrieved May 29, 2012, from childrensrights.org/issues-resources/foster-care/child-welfare-reform-and-advocacy/

Choi, J., Green, D. L., & Kapp, S. A. (2010). Victimization, victims' needs, and empowerment in victim offender mediation. *International Review of Victimology, 17*(3), 267–290.

Clare, L., Rowlands, J. M., & Quinn, R. (2008). Collective strength: The impact of developing a shared social identity in early-stage dementia. *Dementia the International Journal of Social Research and Practice, 7*(1), 9–30.

Cnaan, R., Wineburg, R. J., & Boddie, S. G. (1999). *The newer deal: Social work and religion in partnership*. New York: Columbia University Press.

Cohen, H. W., & Northridge, M. E. (2008). Getting political: Racism and urban health. *American Journal of Public Health, 98*(Suppl. 1), S17–S19.

Cohen, N. A. (1992). *Child welfare: A multicultural focus*. Boston, MA: Allyn & Bacon.

Cohen, N. E. (1958). *Social work in the American tradition*. New York: Holt, Rinehart & Winston.

Cohen, W. J. (1986). Perkins, Frances. In W. I. Trattner (Ed.), *Biographical dictionary of social welfare in America* (pp. 589–591). New York: Greenwood Press.

Coker, A. D., Meyer, D., Smith, R., & Price, A. (2010). Using social justice group work with young mothers who experience homelessness. *The Journal for Specialists in Group Work, 35*(3), 220–229.

Collins, W. (2011). A strengths-based support group to empower African American grandmothers raising grandchildren. *Social Work & Christianity, 38*(4), 453–466.

Collins, W. L., & Antle, B. (2010). African American women living beyond breast cancer in a Kentucky support group. *Social Work & Christianity, 37*(1), 65–77.

Collins, W. L., & Antle, B. (2011). Culturally competent practices:

Working with older African Americans in rural communities. *Social Work & Christianity, 38*(2), 201–217.

Collins-Camargo, C., Shackelford, K., Kelly, M., & Martin-Galijatovic, R. (2011). Collaborative research in child welfare: A rationale for rigorous participatory evaluation designs to promote sustained systems change. *Child Welfare, 90*(2), 69–85.

Compton, B., & Galaway, B. (1999). *Social work processes* (6th ed.). Pacific Grove, CA: Brooks/Cole.

Conceptual frameworks II: Second special issue on conceptual frameworks. (1981). *Social Work: 26*(1).

Congress, E. (1990, March). *Educating social work students in the utilization of a crisis intervention model with Hispanic clients.* Paper presented at the annual program meeting of the Council on Social Work Education, Reno, NV.

Congress, E. (1994). The use of culturagrams to assess and empower culturally diverse families. *Families in Society, 75,* 531–540.

Connaway, R., & Gentry, M. (1988). *Social work practice.* Englewood Cliffs, NJ: Prentice Hall.

Connolly, M. (2009). Family group conferences in child welfare: The fit with restorative justice. *Contemporary Justice Review, 12*(3), 309–319.

Connolly, M.(2010). Engaging family members in decision making in child welfare contexts. In F. Arney, & D. Scott (Eds.), *Working with vulnerable families: A partnership approach* (pp. 209–226), New York: Cambridge University Press.

Conrad, A. P. (1988). Ethical considerations in the psychosocial process. *Social Casework, 69,* 603–610.

Cooper, S. (2000). Consumer/survivor voice: Rural recovery. *Rural Mental Health, 25*(4). Retrieved September 14, 2003, from narmh.org/pages/c_sframe.html

Corcoran, J., Stephenson, M., Perryman, D., & Allen, S. (2001). Perceptions and utilization of a police-social work crisis intervention approach to domestic violence. *Families in Society, 82*(4), 393–398.

Coronado, V. G., Xu, L., Basavaraju, S. V., McGuire, L. C., Wald, M. M., Faul, M. D., et al. (2011, May 6). Surveillance for traumatic brain injury—Related deaths —United States, 1997–2007. *Morbidity and Mortality Weekly Reports, 60*(SS05), 1–32. Retrieved May 29, 2012, from cdc.gov/mmwr/preview/mmwrhtml/ss6005a1.htm?_cid=ss6005a1_w

Corporation for National and Community Service. (2010). *Volunteering in America 2010: National, state, and city information,* Washington, DC: Corporation for National and Community Service, Office of Research and Policy Development. Retrieved April 23, 2012, from nationalservice.gov/pdf/10_0614_via_final_issue_brief.pdf

Costin, L. B. (1983). Edith Abbott and the Chicago influence on social work education. *Social Service Review, 57,* 94–110.

Council on Social Work Education [CSWE]. (2008). *Educational policy and accreditation standards.* Retrieved May 29, 2012, from cswe.org/File.aspx?d=13780

Coulton, C. (2005). The place of community in social work practice research: Conceptual and methodological developments. *Social Work Research, 29*(2), 73–86.

Cowger, C. D. (1977). Alternative stances on the relationship of social work to society. *Journal of Education for Social Work, 13*(3), 25–29.

Cowger, C. D., & Snively, C. A. (2002). Assessing client strengths: Individual, family, and community empowerment. In D. Saleebey (Ed.), *The strengths perspective in social work practice* (3rd ed., pp. 106–123). Boston, MA: Allyn & Bacon.

Cowles, L. A. (2000). *Social work in the health field: A care perspective.* New York: Haworth Press.

Cox, C. (2008). Empowerment as an intervention with grandparent caregivers. *Journal of Intergenerational Relationships, 6*(4), 465–477.

Cox, E. O. (2002). Empowerment-oriented practice applied to long-term care. *Journal of Social Work in Long-Term Care, 1*(2), 27–46.

Cox, P. J., Lang, K. S., Townsend, S. M., & Campbell, R. (2010). The rape prevention and education (RPE) theory model of community change: Connecting individual and social change. *Journal of Family Social Work, 13*(4), 297–312.

Cox, P. J., Ortega, S., Cook-Craig, P. G., & Conway, P. (2010). Strengthening systems for the primary prevention of intimate partner violence and sexual violence: CDC's DELTA and EMPOWER programs. *Journal of Family Social Work, 13*(4), 287–296.

Cross, S. L., Day, A. G., & Byers, L. G. (2010). American Indian grand families: A qualitative study conducted with grandmothers and grandfathers who provide sole care for their grandchildren. *Journal of Cross-Cultural Gerontology, 25*(4), 371–383.

Cullinane, P. (2008). Purposeful lives, civic engagement, and Tikkum Olam. *Generations, 32*(2), 57–59.

Dagenais, C., Begin, J., Bouchard, C., & Fortin, D. (2004). Impact of intensive family support programs: A synthesis of evaluation studies. *Children and Youth Services Review, 26*(3), 249–263.

Dang, B., Giordano, T., & Kim, J. (2012). Sociocultural and structural barriers to care among undocumented Latino immigrants with HIV infection. *Journal of Immigrant & Minority Health, 14*(1), 124–131.

Daniel, C. D. (2008). From liberal pluralism to critical multiculturalism: The need for a paradigm shift in multicultural education for social work practice in the United States. *Journal of Progressive Human Services, 19*(1), 19–38.

Davenport, J., & Davenport, J. A. (1986). Lindeman, Eduard Christian. In W. I. Trattner (Ed.), *Biographical dictionary of social welfare in America* (pp. 498–500). New York: Greenwood Press.

Davidson, L. (2011). African Americans and HIV/AIDS-The epidemic continues: An intervention to address the HIV/AIDS pandemic in the Black community. *Journal of Black Studies, 42*(1), 83–105.

Day, P. J. (2009). *A new history of social welfare* (6th ed.). Boston, MA: Allyn & Bacon.

Dean, C. W., Lumb, R., Proctor, K., Klopovic, J., Hyatt, A., & Hamby, R. (2000). *Social work and law enforcement partnerships: A summons to the village—strategies and effective practices.* Department of Criminal Justice, University of North Carolina at Charlotte. Retrieved May 29, 2012, from hawaii.edu/hivandaids/USA/N_Carolina/Crime/NC_Social_Work_and_Law_Enforcement_Partnerships__A_Summons.pdf

Dear, R. B. (1989). What's right with welfare? The other face of AFDC. *Journal of Sociology and Social Welfare, 16*(2), 5–43.

DeBord, K., Canu, R. F., & Kerpelman, J. (2000). Understanding a work-family fit for single parents moving from welfare to work. *Social Work, 45*(4), 313–324.

DeCoster, V. A., & George, L. (2005). An empowerment approach for elders living with diabetes: A pilot study of a community-based self-help group–the diabetes club. *Educational Gerontology, 31*(9), 699–713.

Deglau, E. (1985). A critique of social welfare theories: The culture of poverty and learned helplessness. *Catalyst, 6*(19), 31–55.

Delgado, R., & Stefancic, J. (2007). Critical race theory and criminal justice. *Humanity & Society, 31,* 133–145.

DeLois, K. A. (1998). Empowerment practice with lesbians and gays. In L. M. Gutierrez, R. J. Parsons, & E. O. Cox (Eds.), *Empowerment in social work practice: A sourcebook* (pp. 65–71). Pacific Grove, CA: Brooks/Cole.／L. M. グティエーレス、R. J. パーソンズ、E. O. コックス編著（2000）『ソーシャルワーク実践におけるエンパワーメント──その理論と実際の論考集』小松源助監訳、相川書房

DeNavas-Walt, C., Proctor, B. D., & Smith, J. C. (2011). Income, poverty, and health insurance coverage in the United States: 2010. *Current Population Reports, P60-239.* Washington, DC: U.S. Census Bureau, Government Printing Office. Retrieved January 28, 2012, from census.gov/prod/2011pubs/p60-239.pdf

de Schweinitz, K. (1961). *England's road to social security.* New York: A. S. Barnes.

Desselle, D. D., & Proctor, T. K. (2000). Advocating for the elderly hard-of-hearing population: The deaf people we ignore.

Social Work, 45(3), 277–281.

Devore, W., & Schlesinger, E. G. (1999). *Ethnic-sensitive social work practice* (5th ed.). Boston, MA: Allyn & Bacon.

DeWeaver, K. L. (1995). Developmental disabilities: Definitions and policies. In R. L. Edwards (Ed.), *Encyclopedia of social work: Vol. 1* (19th ed., pp. 712–720). Washington, DC: NASW Press.

Disabled Peoples' International [DPI]. (2011). *Strategic plan, 2009–2011.* Retrieved April 18, 2012, from dpi.org/files/uploads/Strategic%20Plan%20English.pdf

Dlamini, R. S., Wantland, D., Makoae, L. N., et al. (2009). HIV stigma and missed medications in HIV-positive people in five African countries. *AIDS Patient Care and STDs, 23*(5), 377–387.

Dobelstein, A. (2008). Privatization. In T. Mizrahi & L. E. Davis (Eds.), *Encyclopedia of social work: Vol. 3* (20th ed., pp. 411–413). Washington, DC: NASW Press and New York: Oxford University Press.

Dolgoff, R., Loewenberg, F. M., & Harrington, D. (2005). *Ethical decisions for social work practice* (7th ed.). Belmont, CA: Wadsworth.

Dorahy, M. J., & Clearwater, K. (2012). Shame and guilt in men exposed to childhood sexual abuse: A qualitative investigation. *Journal of Child Sexual Abuse, 21*(2), 155–175.

Downey, K. (2009). *The woman behind the new deal: The life of Frances Perkins, FDR's secretary of labor and his moral conscience.* New York: Taleses/Doubleday.

Downie, J. M., Hay, D. A., Horner, B. J., Wichmann, H., & Hislop, A. L. (2010). Children living with their grandparents: Resilience and wellbeing. *International Journal of Social Welfare, 19*(1), 8–22.

Downs, S. W., Moore, E., McFadden, E. J., & Costin, L. B. (2009). *Child welfare and family services: Policies and practices* (8th ed.). Boston, MA: Allyn & Bacon.

Dowshen, N., Binns, H. J., & Garofalo, R. (2009). Experiences of HIV-related stigma among young men who have sex with men. *AIDS Patient Care & STDs, 23*(5), 371–376.

Dragowski, E. A., Halkitis, P. N., Grossman, A. H., & D'Augelli, A. R. (2011). Sexual orientation victimization and posttraumatic stress symptoms among lesbian, gay, and bisexual youth. *Journal of Gay & Lesbian Social Services, 23*(2), 226–249.

Draus, P. (2009). Substance abuse and slow-motion disasters: The case of Detroit. *Sociological Quarterly, 50*(2), 360–382.

DuBois, B., & Miley, K. K. (2004, February 27–March 1). *Ethical principles for empowerment social work.* Paper presented at the annual meeting of the Council on Social Work Education, Anaheim, CA.

Dunbar, K., & Barth, R. P. (2008). *Racial disproportionality, race disparity, and other race-related findings in published* works derived from the National Survey of Child and Adolescent Well-Being. Baltimore, MD: Anne E. Casey Foundation. Retrieved February 6, 2012, from aecf.org/~/media/Pubs/Topics/Child%20Welfare%20Permanence/Other/RacialDisproportionalityRaceDisparityandOther/Dunbar%20Barth%20Racial%20Disparity%20report%2012808.pdf

Dunham, A. (1970). The new community organization. New York: Thomas Y. Crowell.

Earls, M. (2005). GLBTQ youth. Advocates for Youth. Retrieved May 29, 2012, from advocatesforyouth.org/storage/advfy/documents/fsglbt.pdf

East, J. F. (1999a). An empowerment model for low-income women. In W. Shera & L. Wells (Eds.), Empowerment practice in social work: Developing richer conceptual foundations (pp. 142–158). Toronto, Canada: Canadian Scholars' Press.

East, J. F. (1999b). Hidden barriers to success for women in welfare reform. Families in Society, 80(3), 295–304.

Economic Policy Institute [EPI]. (2011). Share of family income by income fifth, 1947–2010. The state of working America. Retrieved February 8, 2012, from http://stateofworkingamerica.org/charts/share-offamily-income-by-income-fifth-1947-201/

Edwards, L. M. (2008). Jarrett, Mary Cromwell. In T. Mizrahi & L. E. Davis (Eds.), Encyclopedia of social work: Vol. 4 (20th ed., p. 348). Washington, DC: NASW Press and New York: Oxford University Press.

Edwards, O. W., & Benson, N. F. (2010). A four-factor social support model to mediate stressors experienced by children raised by grandparents. Journal of Applied School Psychology, 26(1), 54–69.

Elliott, P. (1996). Shattering illusions: Same-sex domestic violence. In C. M. Renzetti & C. H. Miley (Eds.), Violence in gay and lesbian domestic partnerships (pp. 1–8). New York: Harrington Park Press.

Ellison, C., Bradshaw, M., Kuyel, N., & Marcum, J. (2012). Attachment to god, stressful life events, and changes in psychological distress. Review of Religious Research, 53(4), 493–511.

Enguidanos, S. M., & Jamison, P. M. (2006). Moving from tacit knowledge to evidence-based practice: The Kaiser Permanente community partners study. Home Health Care Services Quarterly, 25(1/2), 13–31.

Ennis, S. R., Rios-Vargas, M., & Albert, N. G. (2011). Hispanic populations 2010: Census briefs. Washington, DC: U.S. Census Bureau. Retrieved February 20, 2012, from census.gov/prod/cen2010/briefs/c2010br-04.pdf

Erickson, W., Lee, C., & von Schrader, S. (2011). 2009 disability status report: United States. Ithaca, NY: Cornell University Employment and Disability Institute (EDI). Retrieved February 1, 2012, from disabilitystatistics.org/StatusReports/2009-PDF/2009-StatusReport_US.pdf?CFID=836643&CFTOKEN=39192906&jsessionid=8430c2fd884430b259e8611d536a78434179

Erikson, E. H. (1963). Childhood and society (2nd ed.). New York: Norton. ／ E. H. エリクソン（1977, 1980）『幼児期と社会』(1)(2) 仁科弥生訳、みすず書房

Fang, X., Brown, D. S., Florence, C. S., & Mercy, J. A. (2012). The economic burden of child maltreatment in the United States and implications for prevention. Child Abuse & Neglect, 36, 156–165.

Federal Bureau of Investigation [FBI]. (2011). About hate crime statistics, 2010. Retrieved May 29, 2012, from fbi.gov/about-us/cjis/ucr/hate-crime/2010

Federal Bureau of Investigation [FBI]. (2012). Preliminary annual uniform crime report, 2011. Retrieved January 31, 2012, from fbi.gov/about-us/cjis/ucr/crime-inthe-u.s/2011/preliminary-annual-ucr-jan-jun-2011

Federal Interagency Forum on Child and Family Statistics. (2011). America's children: Key national indicators of well-being, 2011. Washington, DC: U.S. Government Printing Office. Retrieved May 29, 2012, from childstats.gov/pdf/ac2011/ac_11.pdf

Feinberg, L., Reinhard, S. C., Houser, A., & Choula, R. (2011). Valuing the invaluable: 2011 update – The growing contributions and costs of family caregiving. Insight on the Issues, 51, Washington, DC: AARP Public Policy Institute. Retrieved September 25, 2012, from assets.aarp.org/rgcenter/ppi/ltc/i51-caregiving.pdf

Fernández-Ballesteros, R. (2005). Evaluation of "Vital-Aging-M": A psychosocial program for promoting optimal aging. European Psychologist, 10(2), 146–156.

Fields, J. (2004). America's families and living arrangements: 2003. Current Population Reports, P20-553. U.S. Census Bureau. Retrieved May 29, 2012, from census.gov/prod/2004pubs/p20-553.pdf

Fine, M., & Asch, A. (1988). Disability beyond stigma: Social interaction, discrimination, and activism. Journal of Social Issues, 44, 3–21.

Finkelhor, D. (1993). Epidemiological factors in the clinical identification of child sexual abuse. Child Abuse and Neglect, 17, 67–70.

Finn, J. (1999). An exploration of helping processes in an online self-help group focusing on issues of disability. Health and Social Work, 24(3), 220–232.

Finn, J., & Checkoway, B. (1998). Young people as competent community builders: A challenge to social work. Social Work, 43(4), 335–345.

Fisher, B. J., & Specht, D. K. (1999). Successful aging and creativity in later life. Journal of Aging Studies, 13(4),

457–472.

Fisher, M. (1994). Partnership practice and empowerment. In L. Gutierrez & P. Nurius (Eds.), *Education and research for empowerment practice* (pp. 275–291). Seattle, WA: University of Washington, Center for Policy and Practice Research, School of Social Work.

Fisher, M. (2002). The role of service users in problem formulation and technical aspects of social research. *Social Work Education, 21*(3), 305–312.

Fisher, M. (2005). *Why is U.S. poverty higher in nonmetropolitan than metropolitan areas? Evidence from the panel study of income dynamics*. Rural Poverty Research Center. Retrieved May 29, 2012, from http://ageconsearch.umn.edu/bitstream/18904/1/wp050004.pdf

Flexner, A. (1916). Is social work a profession? In *Proceedings of the National Conference of Charities and Correction, 1915* (pp. 576–590). Chicago, IL: The Hildmann Printing Co.

Flynn, C. P. (1990). Relationship violence by women: Issues and implications. *Family Relations, 39*(2), 194–198.

Food Research & Action Center. (2011). *SNAP/food stamp monthly participation data 2011*. Retrieved January 27, 2012, from frac.org/reports-andresources/snapfood-stamp-monthly-participationdata/

Fook, J. (2002). *Social work: Critical theory and practice*. Thousand Oaks, CA: Sage.

Foscarinis, M. (2011, Fall). The human right to housing. *Shelterforce*. Retrieved May 29, 2012, from shelterforce.org/article/print/2485/

Franklin, C., & Corcoran, J. (2000). Preventing adolescent pregnancy: A review of programs and practices. *Social Work, 45*(1), 40–52.

Franklin, D. L. (1986). Mary Richmond and Jane Addams: From moral certainty to rational inquiry in social work practice. *Social Service Review, 60*, 504–523.

Fredriksen-Goldsen, K. I., Kim, H-J., Emlet, C. A., Muraco, A., Erosheva, E. A., Hoy-Ellis, C. P., et al. (2011). Disparities and resilience among lesbian, gay, bisexual, and transgender older adults. *The Aging and Health Report*. Retrieved June 20, 2012 from, http://caringandaging.org/wordpress/wp-content/uploads/2011/05/Full-Report-FINAL.pdf

Freedberg, S. M., & Goldstein, J. L. (1986). Reynolds, Bertha Capen. In W. I. Trattner (Ed.), *Biographical dictionary of social welfare in America* (pp. 616–619). New York: Greenwood Press.

Freedenthal, S. (2008). Suicide. In T. Mizrahi & L. E. Davis (Eds.), *Encyclopedia of social work: Vol. 4* (20th ed., pp. 181–186). Washington, DC: NASW Press and New York: Oxford University Press.

Freedman, R. I., & Boyer, N. C. (2000). The power to choose: Supports for families caring for individuals with developmental disabilities. *Health and Social Work, 25*(1), 59–68.

Freiman, C. (2012). Why poverty matters most: Towards a humanitarian theory of social justice. *Utilitas, 24*(1), 26–40.

Freire, P. (1973). *Pedagogy of the oppressed*. New York: Seabury. ／P. フレイレ（2011）『被抑圧者の教育学』（新訳）三砂ちづる訳、亜紀書房

Freisthier, B., Merritt, D. H., & Lascala, E. A. (2006). Understanding the ecology of child maltreatment: A review of the literature and directions for future research. *Child Maltreatment, 11*(9), 263–280.

French, L. M., Parkinson, G. W., & Massetti, S. (2011). Care coordination in military traumatic brain injury. *Social Work in Health Care, 50*(7), 501–514.

Freud, S., & Krug, S. (2002). Beyond the code of ethics, Part 1: Complexities of ethical decision making in social work practice. *Families in Society, 83*(5/6), 474–482.

Frumkin, P., & Andre-Clark, A. (1999). The rise of the corporate social worker. *Society, 36*(6), 46–52.

Furness, S., & Gilligan, P. (2010). Social work, religion and belief: Developing a framework for practice. *British Journal of Social Work, 40*(7), 2185–2202.

Galper, J. (1975). *The politics of social services*. Englewood Cliffs, NJ: Prentice Hall. ／J. H. ガルパー（1980）『変革の社会福祉』右田紀久恵・井岡勉・宮田和明訳、ミネルヴァ書房

Gans, H. (1972). The positive functions of poverty. *American Journal of Sociology, 78*, 275–289.

Garbarino, J. (1983). An ecological approach to child maltreatment. In L. H. Peltond (Ed.), *The social context of child abuse and neglect* (pp. 228–267). New York: Human Sciences Press.

Garrett, K. J. (2006). Making the case for school social work. *Children & Schools, 28*(2), 115–121.

Gelman, C. (2010). "La Lucha": The experiences of Latino family caregivers of patients with Alzheimer's disease. *Clinical Gerontologist, 33*(3), 181–193.

Generations United [GU]. (2011). *Grandfamilies: Challenges of caring for the second family*. Washington, DC: GU. Retrieved May 15, from gu.org/LinkClick.aspx?fileticket=QVMe4AInpOg%3D&tabid=157&mid=606

Germain, C. (1979). *Social work practice: People and environments*. New York: Columbia University Press.

Germain, C. (1981). The physical environment and social work practice. In A. N. Maluccio (Ed.), *Promoting competence in clients: A new/old approach to social work practice* (pp. 103–124). New York: Free Press.

Germain, C. B. (1983). Using social and physical environments. In A. Rosenblatt & D. Waldfogel (Eds.), *Handbook of clinical social work* (pp. 110–133). San Francisco, CA: Jossey-Bass.

Germain, C. B., & Gitterman, A. (1980). *The life model of social work practice.* New York: Columbia University Press.

Germain, C. B., & Gitterman, A. (1996). *The life model of social work practice: Advances in theory and practice* (2nd ed.). New York: Columbia University Press. ／ C. B. Germain, A. Gitterman（2008）『ソーシャルワーク実践と生活モデル』（上・下）田中禮子・小寺全世・橋本由紀子監訳、ふくろう出版

Gerrig, R. J., & Zimbardo, P. G. (2010). *Psychology and life* (19th ed.). Boston, MA: Allyn & Bacon.

Gewirtz, A., & Edleson, J. L. (2007). Young children's exposure to intimate partner violence: Toward a developmental risk and resilience framework for research and intervention. *Journal of Family Violence, 22,* 151–163.

Giffords, E. D. (2009). The Internet and social work: The next generation. *Families in Society, 90*(4), 413–418.

Gibbs, L., & Gambrill, E. (2002). Evidence-based practice: Counterarguments to objections. *Research on Social Work Practice*, 12, 452–476.

Gil, D. G. (1994). Confronting social injustice and oppression. In F. G. Reamer (Ed.), *Foundation of social work knowledge* (pp. 231–263). New York: Columbia University Press.

Gil, D. G. (2002). Challenging injustice and oppression. In M. O'Melia & K. K. Miley (Eds.), *Pathways to power: Readings in contextual social work practice* (pp. 35–54). Boston, MA: Allyn & Bacon.

Gilbert, D. J., Harvey, A. R., & Belgrave, F. Z. (2009). Advancing the Africentric paradigm shift discourse: Building toward evidence-based Africentric interventions in social work practice with African Americans. *Social Work, 54*(3), 243–252.

Gilbert, N., & Terrell, P. (2010). *Dimensions of social welfare policy* (7th ed.). Boston, MA: Allyn & Bacon.

Gilligan, C. (1982). *In a different voice: Psychological theory and women's development.* Cambridge, MA: Harvard University Press. ／ C. ギリガン（1986）『もうひとつの声——男女の道徳観のちがいと女性のアイデンティティ』生田久美子・並木美智子共訳、川島書店

Gilson, S. F., Bricout, J. C., & Baskind, F. R. (1998). Listening to the voices of individuals with disabilities. *Families in Society, 79*(2), 188–196.

Ginsberg, L. (1976). *Social work in rural communities: A book of readings.* New York: Council on Social Work Education.

Ginsberg, L. (1993). *Social work in rural communities: A book of readings.* Alexandria, VA: Council on Social Work Education.

Gitterman, A., & Germain, C. B. (2008). Ecological framework. In T. Mizrahi & L. E. Davis (Eds.), *Encyclopedia of social work: Vol. 2* (20th ed., pp. 97–102). Washington, DC: NASW Press and New York: Oxford University Press.

Glaze, L. E., & Maruschak, L. M. (2008). *Parents in prison and their minor children.* U.S. Department of Justice. Retrieved January 31, 2012, from http://bjs.ojp.usdoj.gov/content/pub/pdf/pptmc.pdf

Golden, M. A., & Lund, D. A. (2009). Identifying themes regarding the benefits and limitations of caregiver support group conversations. *Journal of Gerontological Social Work, 52*(2), 154–169.

Goldston, D. B., Molock, S. D., Whitbeck, L. B., Murakami, J. L., Zayas, L. H., & Hall, G. C. (2008). Cultural considerations in adolescent suicide prevention and psychosocial treatment. *American Psychologist, 63*(1), 14–31.

Goldstein, H. (1973). *Social work practice: A unitary approach.* Columbia: University of South Carolina Press.

Goldstein, H. (1987). The neglected moral link in social work practice. *Social Work, 32,* 181–186.

Goldstein, H. (1990). The knowledge base of social work practice: Theory, wisdom, analogue, or art? *Families in Society, 71,* 32–43.

Goldstein, H. (1992). If social work hasn't made progress as a science, might it be an art? *Families in Society, 73,* 48–53.

Goode, R. A. (2000). *Social work practice in home health care.* New York: Haworth Press.

Goodwin, P. Y., Mosher, W. D., & Chandra, A. (2010). Marriage and cohabitation in the United States: A statistical portrait based on Cycle 6 (2002) of the National Survey of Family Growth. *Vital Health Statistics, 23*(28). Hyattsville, MD: National Center for Health Statistics. Retrieved February 2, 2012, from cdc.gov/nchs/data/series/sr_23/sr23_028.pdf

Gordon, W. E. (1969). Basic constructs for an integrative and generative conception of social work. In G. Hearn (Ed.), *The general systems approach: Contributions toward an holistic conception of social work* (pp. 5–11). New York: Council on Social Work Education.

Gorin, S. H. (2011). The Affordable Care Act: Background and analysis. *Health & Social Work, 36*(1), 83–86.

Grant, J. M. (2010). *Outing age 2010: Public policy issues affecting lesbian, gay, bisexual, and transgendered elders.* Washington, DC: National Gay and Lesbian Task Force. Retrieved April 24, 2012, from thetaskforce.org/downloads/reports/reports/outingage_final.pdf

Green, B. L., McAllister, C. L., & Tarte, J. M. (2004). The strengths-based practices inventory: A tool for measuring strengths-based service delivery in early childhood and family support programs. *Families in Society, 85*(3), 326–334.

Green, J. (2000). Introduction. In P. Currah & S. Minter (Eds.), *Transgender equality: A handbook for activists and policymakers* (pp. 2–12). The Policy Institute of the National Gay and Lesbian Task Force. Retrieved May 29,

2012, from thetaskforce.org/downloads/reports/reports/TransgenderEquality.pdf

Green, M. Y. (2002). *Care for the caregivers. Children's voice.* Child Welfare League of America. Retrieved February 4, 2012, from cwla.org/articles/cv-0205carecaregivers.htm

Greenwood, E. (1957). Attributes of a profession. *Social Work, 2*(3), 45–55.

Greif, G. L. (1986). The ecosystems perspective "Meets the press." *Social Work, 31,* 225–226.

Grier, W. H., & Cobbs, P. M. (1968). *Black rage.* New York: Basic Books.／W. H. グリアー、P. M. コッブズ（1973）『黒い怒り』太田憲男訳、未來社

Grinnell, R. M. (1973). Environmental modification: Casework's concern or casework's neglect. *Social Service Review, 47,* 208–220.

Gruber, K. J., & Taylor, M. F. (2006). A family perspective for substance abuse: Implications from the literature. *Journal of Social Work Practice in the Addictions, 6*(1), 1–29.

Guihan, M. (2006). Residential care settings for veterans. In B. Berkman (Ed.), *Handbook of social work in health and aging* (pp. 615–622). New York: Oxford University Press.

Gumpert, J., Saltman, J. E., & Sauer-Jones, D. (2000). Toward identifying the unique characteristics of social work practice in rural areas: From the voices of practitioners. *Journal of Baccalaureate Social Work, 6*(1), 19–35.

Gumz, E. J., & Grant, C. L. (2009). Restorative justice: A systematic review of the social work literature. *Families in Society, 90*(1), 119–126.

Gupta, A., & Blewett, J. (2008). Poverty: A case study of a collaborative project. *Social Work Education, 27*(5), 459–473.

Gurteen, S. H. (1882). *Handbook of charity organization.* Buffalo, NY: The Currior Company.

Gutiérrez, L. M. (1990). Working with women of color: An empowerment perspective. *Social Work, 35,* 149–153.

Gutiérrez, L. M. (1994). Beyond coping: An empowerment perspective on stressful life events. *Journal of Sociology and Social Welfare, 21,* 201–219.

Haight, W., Finet, D., Bamba, S., & Helton, J. (2009). The beliefs of resilient African-American adolescent mothers transitioning from foster care to independent living: A case-based analysis. *Children & Youth Services Review, 31*(1), 53–62.

Haight, W. L., Shim, W. S., Linn, L. M., & Swinford, L. (2007). Mothers' strategies for protecting their children from batterers: The perspectives of battered women involved in child protective services. *Child Welfare, 86*(4), 41–62.

Hall, L. K. (2011). The importance of understanding military culture. *Social Work in Health Care, 50*(1), 4–18.

Hall, M. T., Scheyett, A., & Strom-Gottfried, K. (2008). No gain, no pain: Ethics and the genomic revolution. *Families in Society, 89*(4), 562–570.

Halpern, C. (1996). Listening in on deaf culture: Standards. *International Journal of Multicultural Studies, 5*(2). Retrieved May 29, 2012, from colorado.edu/journals/standards/V5N2/AWARD/halpern2.html

Hamberger, L. K. (1996). Intervention in gay male intimate violence requires coordinated efforts on multiple levels. In C. M. Renzetti & C. H. Miley (Eds.), *Violence in gay and lesbian domestic partnerships* (pp. 83–92). New York: Harrington Park Press.

Hamby, S., Finkelhor, D., Turner, H., & Ormrod, R. (2011). *Children's exposure to intimate partner violence and other family violence.* Juvenile Justice Bulletin. Washington, DC: U.S. Department of Justice, Office of Justice Programs, Office of Juvenile Justice and Delinquency Prevention. Retrieved June 20, 2012, from https://www.ncjrs.gov/pdffiles1/ojjdp/232272.pdf

Hamilton, B. E., Martin, J. A., & Ventura, S. J. (2011). Births: Preliminary data for 2010. *National Vital Statistics Report, 60*(2). Centers for Disease Control and Prevention. Retrieved February 2, 2012, from cdc.gov/nchs/data/nvsr/nvsr60/nvsr60_02.pdf

Hardina, D. (2003). Linking citizen participation to empowerment practice: A historical overview. *Journal of Community Practice, 11*(4), 11–37.

Hardt, J., Sidor, A., Nickel, R., Kappis, B., Petrak, P., & Egle, U. T. (2008). Childhood adversities and suicide attempts: A retrospective study. *Journal of Family Violence,* 23(8), 713–718.

Harrington, M. (1962). *The other America: Poverty in the United States.* Baltimore, MD: Penguin Books.

Hartman, A. (1986a). Jarrett, Mary Cromwell. In W. I. Trattner (Ed.), *Biographical dictionary of social welfare in America* (pp. 421–424). New York: Greenwood Press.

Hartman, A. (1986b). The life and work of Bertha Reynolds: Implications for education and practice today. *Smith College Studies in Social Work, 56*(2), 79–94.

Hartman, A. (1990, October). *Family-based strategies for empowering families.* Paper presented at the Family Empowerment Conference of the University of Iowa, School of Social Work, Iowa City, IA.

Hartman, A. (1993). The professional is political. *Social Work, 38,* 365–366, 504.

Hartman, A., & Laird, J. (1983). *Family-centered social work practice.* New York: Free Press.

Hawkins, R. I. (2005). From self-sufficiency to personal and family sustainability: A new paradigm for social policy. *Journal of Sociology and Social Welfare, 32*(4), 77–92.

Healy, L. M. (2004). *International social work: Professional action in an interdependent world.* New York: Oxford University

Press.

Healy, L. M. (2008). Exploring the history of social work as a human rights profession. *International Social Work, 51*(6), 735–748.

Hearn, G. (1969a). Introduction. In G. Hearn (Ed.), *The general systems approach: Contributions toward an holistic conception of social work* (pp. 1–4). New York: Council on Social Work Education.

Hearn, G. (Ed.). (1969b). *The general systems approach: Contributions toward an holistic conception of social work.* New York: Council on Social Work Education.

Heise, L., & Garcia-Moreno, C. (2002). Violence by intimate partners. In E. Krug, L. L. Dahlberg, J. A. Mercy, A. B. Zwi, & R. Lozano (Eds.), *World report on violence and health* (pp. 87–121). Geneva, Switzerland: World Health Organization. Retrieved February 7, 2012, from http://whqlibdoc.who.int/publications/2002/9241545615_chap4_eng.pdf

Hernandez, V. R., Montana, S., & Clarke, K. (2010). Child health inequality: Framing a social work response. *Health & Social Work, 35*(4), 291–301.

Hicks, J., Mowry, G. E., & Burke, R. E. (1970). *A history of American democracy.* New York: Houghton Mifflin.

Hien, D., & Ruglass, L. (2009). Interpersonal partner violence and women in the United States: An overview of prevalence rates, psychiatric correlates and consequences and barriers to help seeking. *International Journal of Law and Psychiatry, 32*(1), 48–55.

Highlights and Trends: Social Security (OASDI). (2011). *Social security bulletin: Annual statistical supplement.* Retrieved January 27, 2012, from socialsecurity.gov/policy/docs/statcomps/supplement/2010/highlights.pdf

Hill, R. B. (2007). *An analysis of racial/ethnic disproportionality and disparity at the national, state, and county levels.* Annie E. Casey Foundation. Retrieved July 12, 2009, from aecf.org/Knowledge-Center/Publications.aspx?pubguid={8 6210406-E174-44F4-88A6-8E7A3DC338E6}

Hines, P. M., & Boyd-Franklin, N. (1996). African American families. In M. McGoldrick, J. Giordano, & J. K. Pearce (Eds.), *Ethnicity and family therapy* (2nd ed., pp. 66–84). New York: Guilford Press.

Ho, M. K. (1989). Social work practice with Asian Americans. In A. Morales & B. Sheafor (Eds.), *Social work: A profession of many faces* (5th ed., pp.521–541). Boston, MA: Allyn & Bacon.

Hodge, D. R. (2000). Spirituality: Towards a theoretical framework. *Social Thought, 19*(4), 1–20.

Hodge, D. R. (2004). Working with Hindu clients in a spiritually sensitive manner. *Social Work, 49*(1), 27–38.

Hodge, D. R. (2005). Social work and the house of Islam: Orienting practitioners to the beliefs and values of Muslims

in the United States. *Social Work, 50*(2), 162–174.

Hodge, D. R., Limb, G. E., & Cross, T. L. (2009). Moving from colonization toward balance and harmony: A Native American perspective on wellness. *Social Work, 54*(3), 211–219.

Hodge, D. R., & Wolfer, T. A. (2008). Promoting tolerance: The Imago Dei as an imperative for Christian social workers. *Journal of Religion and Spirituality in Social Work: Social Thought, 27*(3), 297–313.

Hodge, S. (2005). Participation, discourse and power: A case study in service user involvement. *Critical Social Policy, 25*(2), 164–179.

Hodson, W. (1925). Is social work professional? A reexamination of the question. In *Proceedings of the National Conference of Social Work, 1925, Denver* (pp.629–636). Chicago, IL: University of Chicago Press.

Hofstadter, R. (1955). *Social Darwinism in American thought.* Boston, MA: Beacon Press.

Holahan, C. J., Wilcox, B. L., Spearly, J. L., & Campbell, M. D. (1979). The ecological perspective in community mental health. *Community Mental Health Review, 4*(2), 1–9.

Hollingsworth, L. D. (2000). Adoption policy in the United States: A word of caution. *Social Work, 45*(2), 183–186.

Hollingsworth, L. D. (2005). Ethical considerations in prenatal sex selection. *Health & Social Work, 30*(2), 116–134.

Hollis, E. V., & Taylor, A. L. (1951). *Social work education in the United States.* New York: Columbia University Press.

Hollis, F. (1964). *Casework: A psychosocial therapy.* New York: Random House. ／ F. ホリス（1966）『ケースワーク——社会心理療法』（現代精神分析双書6）黒川昭登・本出祐之・森野郁子訳、岩崎学術出版社

Hollis, F. (1967). Principles and assumptions underlying casework principles. In E. Younghusband (Ed.), *Social work and social values* (pp. 22–38). London: Allen & Unwin.（E. ヤングハズバンド編（1973）『社会福祉と価値』小島蓉子・山崎道子訳、誠信書房、所収）

Holmes, G. E., & Saleebey, D. (1993). Empowerment, the medical model and the politics of clienthood. *Journal of Progressive Human Services, 4*(1), 61–78.

Holt, S., Buckley, H., & Whelan, S. (2008). The impact of exposure to domestic violence on children and young people: A review of the literature. *Child Abuse and Neglect, 32*(8), 797–810.

Holtslander, L., & Duggleby, W. (2010). The psychosocial context of bereavement for older women who were caregivers for a spouse with advanced cancer. *Journal of Women & Aging, 22*(2), 109–124.

Holzemer, W. L., Human, S., Arudo, J., Rosa, M. E., Hamilton, M. J., Corless, I., et al. (2009). Exploring HIV stigma and quality of life for persons living with HIV infection.

Journal of the Association of Nurses in AIDS Care, 20(3), 161–168.

Hong, J., Algood, C., Chiu, Y., & Lee, S. (2011). An ecological understanding of kinship foster care in the United States. *Journal of Child & Family Studies, 20*(6), 863–872.

Hoover, D. W. (1986). Addams, Jane. In W. I. Trattner (Ed.), *Biographical dictionary of social welfare in America* (pp. 13–15). New York: Greenwood Press.

Hopps, J. G., & Lowe, T. B. (2008). Social work profession: Overview. In T. Mizrahi & L. E. Davis (Eds.), *Encyclopedia of social work: Vol. 4* (20th ed., pp. 144–156). Washington, DC: NASW Press and New York: Oxford University Press.

Hospice Association of America [HAA]. (2010). *Hospice facts & statistics.* Retrieved February 12, 2012, from nahc.org/facts/HospiceStats10.pdf

Housing Assistance Council [HAC]. (2002). *Taking stock: Rural people, poverty, and housing at the turn of the 21st century.* Retrieved May 29, 2012, from ruralhome.org/techasstwestern/245-taking-stock

Houston, S. (2010). Building resilience in a children's home: Results from an action research project. *Child & Family Social Work, 15*(3), 357–368.

Howsepian, B. A., & Merluzzi, T. V. (2009). Religious beliefs, social support, self-efficacy and adjustment to cancer. *Psycho-Oncology, 18*(10), 1069–1079.

Huang, L. N. (2002). Reflecting on cultural competence: A need for renewed urgency. *Focal Point, 16*(2), 4–7.

Huffine, C. (2006). Bad conduct, defiance, and mental health. *Focal Point, 20*(2), 13–16.

Hughes, S. L., Weaver, F. M., Giobbie-Hurder, A., Manheim, L., Henderson, W., Kubal, J. D., et al. (2000). Effectiveness of team-managed home-based primary care: A randomized multicenter trial. *Journal of the American Medical Association, 284*(22), 2877–2885.

Human Genome Programs. (2008). *Ethical, legal, and social issues.* Human Genome Project Information. Retrieved February 22, 2012, from ornl.gov/sci/techresources/Human_Genome/elsi/elsi.shtml

Human Rights Campaign. (2011–2012). *Employment non-discrimination act.* Retrieved May 29, 2012, from hrc.org/laws-and-legislation/federal-legislation/employment-non-discrimination-act

Human Rights Watch. (2006). *Juvenile justice.* Retrieved October 15, 2006, from humanrightswatch.org/children/justice.htm

Human Rights Watch. (2008a). *Executive summary: The last holdouts: Ending the juvenile death penalty in Iran, Saudi Arabia, Sudan, Pakistan, and Yemen.* Retrieved May 29, 2012, from hrw.org/sites/default/files/reports/crd0908web_0.pdf

Human Rights Watch. (2008b). *Executive summary: The rest of their lives: Life without parole for youth offenders in the United States in 2008.* Retrieved May 29, 2012, from hrw.org/sites/default/files/reports/the_rest_of_their_lives_execsum_table.pdf

Human Rights Watch. (2012). *Old behind bars.* Retrieved May 15, 2012, from hrw.org/sites/default/files/reports/usprisons0112webwcover_0.pdf

Humes, K. R., Jones, N. A., & Ramirez, R. R. (2011). *Overview of race and Hispanic origin, 2010: Census briefs 2010.* Washington, DC: U.S. Census Bureau. Retrieved February 13, 2012, from census.gov/prod/cen2010/briefs/c2010br-02.pdf

Humphreys, C., Lowe, P., & Williams, S. (2009). Sleep disruption and domestic violence: Exploring the interconnection between mothers and children. *Child and Family Social Work, 14*(1), 6–14.

Humphreys, C., Thiara, R. K., & Skamballis, A. (2011). Readiness to change: Mother-child relationship and domestic violence intervention. *British Journal of Social Work, 41*(1), 166–184.

Humphreys, N. A. (2003). Hate crimes. In R. A. English (Ed.), *Encyclopedia of social work: 2003 supplement* (pp. 71–81). Washington, DC: NASW Press.

Humphreys, N. A., & Lane, S. R. (2008). Hate crimes. In T. Mizrahi & L. E. Davis (Eds.), *Encyclopedia of social work: Vol. 2* (20th ed., pp. 314–316). Washington, DC: NASW Press and New York: Oxford University Press.

Hunter, M. S., & Saleebey, D. (1977). Spirit and substance: Beginnings in the education of radical social workers. *Journal of Education for Social Workers, 13*(2), 60–67.

Hyslop, J. H. (1898). Causes of poverty. *The Charities Review, 7,* 383–389.

Ife, J. (2009). *Human rights from below: Achieving rights through community development.* London: Oxford University Press.

International Federation of Social Workers [IFSW]. (1996). *International policy on human rights.* Retrieved May 29, 2012, from http://ifsw.org/policies/human-rights-policy/

International Federation of Social Workers [IFSW]. (1998). *IFSW policy papers: International policy on refugees.* Retrieved May 29, 2012, from http://ifsw.org/policies/refugees/

International Federation of Social Workers [IFSW]. (2000). *Definition of social work.* Retrieved May 27, 2009, from ifsw.org/p38000208.html

International Federation of Social Workers [IFSW]. (2004). *Ethics in social work, statement of principles.* Retrieved May 29, 2012, from http://ifsw.org/policies/code-of-ethics/

International Federation of Social Workers [IFSW]. (2012). *What we do.* Retrieved May 29, 2012, from http://ifsw.org/what-we-do/

Jacobson, S. A. (2011). HIV/AIDS interventions in an aging U.S.

population. *Health & Social Work, 36*(2), 149–156.

James, J., Besen, J. B., Matz-Costa, C., & Pitt-Catsouphes, M. (2011). *Just do it ... maybe not! Insights on activity in later life from the Life & Times in Aging Society study*. Chesnut Hill, MA: Sloan Center on Aging & Work, Boston College. Retrieved April 22, 2012, from bc.edu/content/dam/files/centers/ioa/pdf/EAWA_JustDoIt.pdf

Janis, I., & Rodin, J. (1980). Attribution, control and decision making: Social psychology and health care. In G. Stone, F. Cohen, & N. Adler (Eds.), *Health psychology* (pp. 487–521). San Francisco, CA: Jossey-Bass.

Jenkins, S. (1983). Social service priorities and resource allocation. In A. Rosenblatt & D. Waldfogel (Eds.), *Handbook of clinical social work* (pp. 814–825). San Francisco, CA: Jossey-Bass.

Jensen, L. (2005). At the razor's edge: Building hope for America's rural poor. *Rural Realities, 1*(1). Retrieved May 29, 2012, from http://web1.ctaa.org/webmodules/webarticles/articlefiles/razor.pdf

Jewell, J. R., Collins, K. V., Gargotto, L., & Dishon, A. J. (2009). Building the unsettling force: Social workers and the struggle for human rights. *Journal of Community Practice, 17,* 309–322.

Johnson, L. C. (1998). *Social work practice: A generalist approach* (5th ed.). Boston, MA: Allyn & Bacon.

Johnson, Y. M., & Munch, S. (2009). Fundamental contradictions in cultural competence. *Social Work, 54*(3), 220–231.

Jones, L. (2004). The prevalence and characteristics of substance abusers in a child protective service sample. *Journal of Social Work Practice in the Addictions, 4*(2), 33–50.

Judd, R. G., & Johnston, L. B. (2012). Ethical consequences of using social network sites for students in professional social work programs. *Journal of Social Work Values & Ethics, 9*(1), 1–5.

Kadushin, A., & Martin, J. A. (1988). *Child welfare services* (4th ed.). New York: Macmillan.

Kane, N. M. (1989). The home care crisis of the nineties. *The Gerontologist, 29,* 24–31.

Kane, R. A., & Caplan, A. L. (1993). *Ethical conflicts in the management of home care: The case manager's dilemma*. New York: Springer.

Kane, R. A. (2008). Long-term care. In T. Mizrahi & L. E. Davis (Eds.), *Encyclopedia of social work: Vol. 3* (20th ed., pp. 133–138). Washington, DC: NASW Press and New York: Oxford University Press.

Kaplan, C. P., & Turner, S. (1996). Promoting resilience strategies: A modified consultation model. *Social Work in Education, 18*(3), 158–168.

Karger, H., & Rose, S. R. (2010). Revisiting the Americans with Disabilities Act after two decades. *Journal of Social Work in Disability & Rehabilitation, 9,* 73–86.

Karger, H. J., & Stoesz, D. (2010). *American social welfare policy: A pluralistic approach* (6th ed.). Boston, MA: Allyn & Bacon.

Keefe, R. H. (2010). Health disparities: A primer for public health social workers. *Social Work in Public Health, 25,* 237–257.

Keenan, E. K. (2004). From sociocultural categories to socially located relations: Using critical theory in social work practice. *Families in Society, 85*(4), 539–548.

Keigher, S. M. (2000). Knowledge development in health & social work. *Health and Social Work, 25*(1), 3–8.

Keith-Lucas, A. (1972). *The giving and taking of help*. Chapel Hill, NC: University of North Carolina Press.

Kelch-Oliver, K. (2011). African American grandchildren raised in grandparent-headed families: An exploratory study. *Family Journal, 19*(4), 396–406.

Kemp, S. P. (2001). Environment through a gendered lens: From person-in-environment to woman-inenvironment. *Affilia, 16*(1), 7–30.

Kemp, S. P. (2010). Place matters: Toward a rejuvenated theory of environment for social work practice. In W. Borden (Ed.), *Reshaping theory in contemporary social work: Toward a critical pluralism in contemporary practice* (pp. 114–145). New York: Columbia University Press.

Kemp, S. P., Allen-Eckard, K., Ackroyd, A., Becker, M. F., Burke, T. K. (2005). Community support meetings: Connecting families, public child welfare, and community resources. In G. P. Mallon & P. M. Hess (Eds.), *Child welfare for the 21st century: A handbook of practices, policies, and programs* (pp. 102–117). New York: Columbia University Press.

Kemp, S. P., Whittaker, J. K., & Tracy, E. M. (2002). Contextual social work practice. In M. O'Melia & K. K. Miley (Eds.), *Pathways to power: Readings in contextual social work practice* (pp. 15–34). Boston, MA: Allyn & Bacon.

Kervin, D., & Obinna, J. (2010). Youth action strategies in the primary prevention of teen dating violence. *Journal of Family Social Work, 13*(4), 362–374.

Kessler, R. C., Mickelson, K. D., & Zhao, S. (1997). Patterns and correlates of self-help group membership in the United States. *Social Policy, 27*(3), 27–46.

Khinduka, S. K. (1987). Social work and the human services. In A. Minahan (Ed.), *Encyclopedia of social work: Vol. 2* (18th ed., pp. 684–695). Silver Spring, MD: National Association of Social Workers.

Kim, H., & Lee, S. Y. (2009). Supervisory communication, burnout, and turnover intention among social workers in health care settings. *Social Work in Health Care, 48*(4), 364–385.

Kim, H., & Stoner, M. (2008). Burnout and turnover intention among social workers: Effects of role stress, job autonomy and social support. *Administration in Social Work, 32*(3), 5–25.

Kimerling, R., Alvarez, J., Pavao, J., Smith, M. W., Baumrind, N., & Mack, K. P. (2009). Unemployment among women: Examining the relationship of physical and psychological intimate violence and posttraumatic stress disorder. *Journal of Interpersonal Violence, 24*(3), 450–463.

King, C. A., & Merchant, C. R. (2008). Social and interpersonal factors relating to adolescent suicidality: A review of the literature. *Archives of Suicide Research, 12*(3), 181–196.

Kingsberry, S. Q., Mickel, E., Wartel, S. G., & Holmes, V. (2011). An education model for integrating genetics and genomics into social work practice. *Social Work in Public Health, 26*(4), 392–404.

Knoll, C., & Sickmund, M. (2011). *Delinquency cases in juvenile court, 2008. OJJDP Fact Sheet.* U. S. Department of Justice, Office of Juvenile Justice and Delinquency Prevention. Retrieved January 31, 2012, from ojjdp.gov/pubs/236479.pdf

Knox, L., & Aspy, C. (2011). Quality improvement as a tool for translating evidence based interventions into practice: What the youth violence prevention community can learn from healthcare. *American Journal of Community Psychology, 48*(1/2), 56–64.

Koenig, T. L., Lee, J. H., Fields, N. L., & Macmillan, K. R. (2011). The role of the gerontological social workers in assisted living. *Journal of Gerontological Social Work, 54,* 494–510.

Kohlberg, L. (1973). Continuities and discontinuities in childhood and adult moral development revisited. In *Collected papers on moral development and moral education.* Cambridge, MA: Harvard University Moral Education Research Foundation.

Kondrat, M. E. (2002). Actor-centered social work: Revisioning "person-in-environment" through a critical theory lens. *Social Work, 47*(4), 435–448.

Krogsrud, K. (1965). *Social Darwinism and social welfare policy.* Unpublished manuscript. Chicago, IL: University of Chicago.

Krueger, K. R., Wilson, R. S., Kamenetsky, J. M., Barnes, L. L., Bienias, J. L., & Bennett, D. A. (2009). Social engagement and cognitive function in old age. *Experimental Aging Research, 35*(1), 45–60.

Kübler-Ross, E. (1969). On death and dying. New York: Macmillan.／E. キューブラー・ロス（2001）『死ぬ瞬間——死とその過程について』鈴木晶訳、中公文庫

Kuhn, M. (1987). Politics of aging: The Gray Panthers. In L. L. Carstensen & B. A. Edelstein (Eds.), *Handbook of clinical gerontology* (pp. 376–386). New York: Pergamon Press.

Kyoung H.L. (2011). The role of spiritual experience, forgiveness, and religious support on the general wellbeing of older adults. *Journal of Religion, Spirituality & Aging, 23*(3), 206-223.

Laakso, J., & Nygaard, J. (2012). Children of incarcerated parents: How a mentoring program can make a difference. *Social Work in Public Health, 27*(1/2), 12–28.

Lai, D. W., & Thomson, C. (2011). The impact of perceived adequacy of social support on caregiving burden of family caregivers. *Families in Society, 92*(1), 99–106.

LaMance, K. (2010). *Domestic violence protection for gay people.* Legalmatch Law Library. Retrieved April 23, 2012, from legalmatch.com/law-library/article/domestic-violence-protection-for-gay-people.html

Laney, G. P. (2011). Violence Against Women Act: History and federal funding. *Journal of Current Issues in Crime, Law and Law Enforcement, 3*(3), 305–321.

Langley, J. (2001). Developing anti-oppressive empowering social work practice with older lesbian women and gay men. *British Journal of Social Work, 31,* 917–932.

Langosch, D. (2012). Grandparents parenting again: Challenges, strengths, and implications for practice. *Psychoanalytic Inquiry, 32*(2), 163–170.

Lapham, E. V., Weiss, J. O., & Allen, L. (2000, November). *Multicultural and social implications of the new genetics: Challenges for the 21st century.* Paper presented for NASW Social Work 2000 Conference, Baltimore, MD.

Latting, J. K. (2004). Promoting service quality and client adherence to the service plan: The role of top management's support for innovation and learning. *Administration in Social Work, 28*(2), 29–48.

Lawler, K. (2001). *Aging in place: Coordinating the housing and health care provision for America's growing elderly population.* Joint Center for Housing Studies of Harvard University. Retrieved May 29, 2012, from nw.org/network/pubs/studies/documents/agingInPlace2001.pdf

Lawrence, S. (2002). *Domestic violence and welfare policy: Research findings that can inform policies on marriage and child well-being.* National Center for Children in Poverty. Mailman School of Public Health, Columbia University. Retrieved February 7, 2012, from nccp.org/publications/pdf/text_604.pdf

Lawton, M. P. (1980). *Environment and aging.* Monterey, CA: Brooks/Cole.

Lawton, M. P., & Nahemow, L. (1973). Ecology and the aging process. In C. Eisdorfer & M. P. Lawton (Eds.), *The psychology of adult development and aging* (pp. 619–675). Washington, DC: American Psychological Association.

Leathers, S. J., & Testa, M. F. (2006). Foster youth emancipating from care: Caseworkers' reports on needs and services. *Child Welfare, 85*(3), 463–498.

Lee, J. A. B. (2001). *The empowerment approach to social work practice* (2nd ed.). New York: Columbia University Press.

Leiby, J. (1984). Charity organization reconsidered. *Social Service Review, 58,* 523–553.

Lenrow, P. B., & Burch, R. W. (1981). Mutual aid and professional services. In B. H. Gottlieb (Ed.), *Social networks and social supports: Vol. 4. Sage studies in community mental health* (pp. 233–257). Beverly Hills, CA: Sage.

Leonard, P. (1976). The function of social work in society. In N. Timms & D. Watson (Eds.), *Talking about welfare: Readings in philosophy and social policy* (pp. 252–266). Boston, MA: Routledge & Kegan Paul.

Lerner, M. J. (1965). Evaluation of performance as a function of performer's reward and attractiveness. *Journal of Personality and Social Psychology, 1,* 355–360.

Lerner, M. J., & Simmons, C. H. (1966). Observer's reaction to the "innocent victim": Compassion or rejection? *Journal of Personality and Social Psychology, 4,* 203–210.

Lesser, J. G. (2000). Clinical social work and family medicine: A partnership in community services. *Health and Social Work, 25*(2), 119–126.

Levin, J., & Nolan, J. (2010). *The violence of hate: Confronting racism, anti-Semitism, and other forms of bigotry* (3rd ed.). Boston, MA: Allyn & Bacon.

Levinson, D. J. (1978). *The seasons of a man's life.* New York: Knopf.

Levy, C. S. (1973). The value base of social work. *Journal of Education for Social Work, 9,* 34–42.

Levy, C. S. (1976). *Social work ethics.* New York: Human Sciences Press.

Lewandowski, C. A., & GlenMaye, L. F. (2002). Teams in child welfare settings: Interprofessional and collaborative processes. *Families in Society, 83*(3), 245–254.

Lewis, O. (1969). The culture of poverty. In D. Moynihan (Ed.), *On understanding poverty* (pp. 187–200). New York: Basic Books.

Lieberman, A. A. (1986). Cannon, Ida Maud. In W. I. Trattner (Ed.), *Biographical dictionary of social welfare in America* (pp. 161–164). New York: Greenwood Press.

Liechty, J. M. (2011). Health literacy: Critical opportunities for social work leadership in health care and research. *Health & Social Work, 36*(2), 99–107.

Lightfoot, E. (2004). International social welfare treaties and conventions: Implications for the United States. In M. C. Hokenstad & J. Midgley (Eds.), *Lessons from abroad: Adapting international social welfare innovations* (pp. 137–157). Washington, DC: NASW Press.

Lin, A. M. (1995). Mental health overview. In R. L. Edwards (Ed.), *Encyclopedia of social work: Vol. 2* (19th ed., pp. 1705–1711). Washington, DC: NASW Press.

Lincoln, A. J., & Sweeten, K. (2011). Considerations for the effects of military deployment on children and families. *Social Work in Health Care, 50*(1), 73–84.

Lind, C. (2004). Developing and supporting a continuum of child welfare services. *The Finance Project, 8*(6). Welfare Information Network. Retrieved May 29, 2012, from financeproject.org/publications/developingandsupportingIN.pdf

Lindhorst, T., Oxford, M., & Gillmore, M. R. (2007). Longitudinal effects of domestic violence and welfare outcomes. *Journal of Interpersonal Violence, 22*(7), 812–828.

Linhorst, D. M., Eckert, A., & Hamilton, G. (2006). Promoting participation in organizational decision making by clients with severe mental illness. *Social Work, 50*(1), 21–30.

Linsk, N. L. (2012). Living with HIV and care and support: Implications for social work services. *Journal of HIV/AIDS & Social Services, 11*(1), 1–5.

Lipsky, M. (1980). *Street-level bureaucracy: Dilemmas of the individual in public services.* New York: Russell Sage Foundation. ／ M. リプスキー（1986）『行政サービスのディレンマ──ストリート・レベルの官僚制』田尾雅夫・北大路信郷訳、木鐸社

Lipsky, M. (1984). Bureaucratic disentitlement in social welfare programs. *Social Service Review, 58,* 3–27.

Liu, S. Y., & Perlman, D. N. (2009). Hospital readmissions for childhood asthma: The role of individual and neighborhood factors. *Public Health Reports, 124*(1), 65–78.

Livingstone, G., & Cohn, D. (2010). *Childlessness up among all women; Down among women with graduate degrees.* Pew Research Center, Pew Social & Demographic Trends. Retrieved February 2, 2012, from pewsocialtrends.org/files/2010/11/758-childless.pdf

Locke, B., Lohmann, R., & Meehan, K. (1985). A model for human services planning, present and future. In A. Summers, J. M. Schriver, P. Sundet, & R. Meinert (Eds.), *Social work in rural areas: Proceedings of the Tenth National Institute on Social Work in Rural Areas at Columbia, MO* (p. 77). Fayetteville, Arkansas: Arkansas College.

Lopez, M., & Velasco, G. (2011). *The toll of the great recession: Child poverty among Hispanics sets record, leads nation.* Pew Hispanic Center, Pew Research Center. Retrieved February 20, 2012, from pewhispanic.org/files/2011/10/147.pdf

Lowe, G., Zimmerman, L., & Reid, P. N. (1989, March). *How we see ourselves: A critical review of text versions of social work's professional evolution.* Paper presented at the annual program meeting of the Council on Social Work Education, Chicago, IL.

Lowy, L., Bloksberg, L. M., & Walberg, H. J. (1971). *Integrative learning and teaching in schools of social work.* New York: Association Press.

Lubove, R. (1965/1975). *The professional altruist: The emergence of social work as a career, 1880–1930.* New York: Atheneum.

Lum, D. (2004). *Social work practice and people of color: A process-stage approach* (5th ed.). Pacific Grove, CA: Brooks/Cole.

Lundblad, K. S. (1995). Jane Addams and social reform: A role model for the 1990s. *Social Work, 40,* 661–669.

Lupton, C. (1998). User empowerment or family selfreliance? The family group conference model. *British Journal of Social Work, 28*(1), 107–128.

Maas, H., & Engler, R. (1959). *Children in need of parents.* New York: Columbia University Press.

Macartney, S. (2011). *Child poverty in the United States 2009 and 2010 - Selected race groups and Hispanic origin: American Community Survey Briefs ACSBR 10-05.* U.S. Census Bureau. Retrieved February 8, 2012, from census.gov/prod/2011pubs/acsbr10-05.pdf

MacIver, R. M. (1964). *Power transformed.* New York: Macmillan.

Mackelprang, R. W., & Clute, M. A. (2009). Access for all: Universal design and the employment of people with disabilities. *Journal of Social Work in Disability & Rehabilitation, 8,* 205–221.

MacKinnon, S. T. (2009). Social work intellectuals in the twenty-first century: Critical social theory, critical social work and public engagement. *Social Work Education, 28*(5), 512–527.

Macrae, C. N., & Bodenhausen, G. V. (2000). Social cognition: Thinking categorically about others. *Annual Review of Psychology, 31*(1), 93–120.

Maluccio, A. N. (1979). *Learning from clients: Interpersonal helping as viewed by clients and social workers.* New York: Free Press.

Maluccio, A. N. (1981). Competence-oriented social work practice: An ecological approach. In A. N. Maluccio (Ed.), *Promoting competence in clients: A new/old approach to social work practice* (pp. 1–24). New York: Free Press.

Maluccio, A. N. (1983). Planned use of life experiences. In A. Rosenblatt & D. Waldfogel (Eds.), *Handbook of clinical social work* (pp. 134–154). San Francisco, CA: Jossey-Bass.

Maluccio, A. N. (1999). Action as a vehicle for promoting competence. In B. R. Compton & B. Galaway (Eds.), *Social work processes* (6th ed., pp. 354–365). Pacific Grove, CA: Brooks/Cole.

Maluccio, A. N., & Fein, E. (2002). Family preservation in perspective. *Family Preservation Journal, 6,* 1–7.

Maluccio, A. N., & Whittaker, J. K. (1989). Therapeutic foster care: Implications for parental involvement. In R. P. Hawkins & J. Breiling (Eds.), *Therapeutic foster care: Critical issues* (pp. 161–181). Washington, DC: Child Welfare League of America.

Mancini, M. A., & Lawson, H. A. (2009). Facilitating positive emotional labor in peer-providers of mental health services. *Administration in Social Work, 33*(1), 3–22.

Manske, J. (2008). Veterans services. In T. Mizrahi & L. E. Davis (Eds.), *Encyclopedia of social work: Vol. 4* (20th ed., pp. 255–257). Washington, DC: NASW Press and New York: Oxford University Press.

Manthorpe, J., & Iliffe, S. (2011). Social work with older people—reducing suicide risk: A critical review of practice and prevention. *British Journal of Social Work, 41*(1), 131–147.

Markowitz, L. M. (1991). Homosexuality: Are we still in the dark? *The Family Therapy Networker, 15*(1), 27–35.

Martin, J. I. (2011). HIV/AIDS among gay men: The current and future role of social workers. *Journal of Gay & Lesbian Social Services, 23*(3), 317–321.

Martin, S. (2010). The Internet's ethical challenges. *Monitor on Psychology, 41*(7), 32. Retrieved April 23, 2012, from apa.org/monitor/2010/07-08/internet.aspx

Marty, M. (1986). *Modern American religion: Vol. 1. The irony of it all, 1893-1919.* Chicago, IL: University of Chicago Press.

Maslach, C., & Leiter, M. P. (2008). Early predictors of job burnout and engagement. *Journal of Applied Psychology, 93*(3), 498–512.

Maslow, A. H. (1970). *Motivation and personality.* New York: Harper & Row. ／ A. H. マズロー（1987）『人間性の心理学 —— モチベーションとパーソナリティ』（改訂新版）、小口忠彦訳、産業能率大学出版部

Mathews, T. J., & MacDorman, M. F. (2011). Infant mortality statistics from the 2007/period linked birth/infant death data set. *National Vital Statistics Reports*, 59(6). Retrieved February 20, 2012, from cdc.gov/nchs/data/nvsr59/nvsr59_06.pdf

Maton, K. I., & Rappaport, J. (1984). Empowerment in a religious setting: A multivariate investigation. In J. Rappaport, C. Swift, & R. Hess (Eds.), *Studies in empowerment: Steps toward understanding and action* (pp. 37–72). New York: Haworth Press.

Mausbach, B. T., Roepke, S. K., Chattillion, E. A., Harmell, A. L., Moore, R., Romero-Moreno, R., et al. (2012). Multiple mediators of the relations between caregiving stress and depressive symptoms. *Aging & Mental Health, 16*(1), 27–38.

McDonald, R., Jouriles, E. N., Ramisetty-Mikler, S., Caetano, R., & Green, C. E. (2006). Estimating the number of American children living in partner-violent families. *Journal of Family Psychology, 20*(1), 137–142.

McDonough, K. E., & Davitt, J. K. (2011). It takes a village: Community practice, social work, and aging-in-place. *Journal of Gerontological Social Work, 54,* 528–541.

McGoldrick, M. (1989). Women through the family life cycle. In M. McGoldrick, C. M. Anderson, & F. Walsh (Eds.), *Women in families: A framework for family therapy* (pp. 200–226). New York: Norton.

McGoldrick, M., & Carter, B. (1988). Forming a remarried family. In B. Carter & M. McGoldrick (Eds.), *The Changing family life cycle: A framework for family therapy* (pp. 402–429). New York: Gardner Press.

McLeod, P., & Polowy, C. I. (2000). *Social workers and child abuse reporting: A review of state mandatory reporting requirements.* Washington, DC: NASW Press.

McNutt, J. G. (2002). New horizons in social work advocacy. *Electronic Journal of Social Work, 1*(1). Retrieved August 22, 2003, from ejsw.net/IssueView2.asp

McPheeters, H. L. (1971). *A core of competence for baccalaureate social welfare.* Atlanta, GA: The Undergraduate Social Welfare Manpower Project.

McWhirter, J. J., McWhirter, B. T., McWhirter, A. M., & McWhirter, E. H. (1998). *At-risk youth: A comprehensive response.* Pacific Grove, CA: Brooks/Cole.

Mencher, S. (1967). *Poor law to poverty program.* Pittsburgh, PA: University of Pittsburgh Press.

Merrell, K. W. (2010). Linking prevention science and social and emotional learning: The Oregon Resiliency Project. *Psychology in the Schools, 47*(1), 55–70.

Metlife Mature Market Institute. (2011). *The Metlife study of costs to working caregivers: Double jeopardy for baby boomers caring for their parents.* Retrieved February 7, 2012, from metlife.com/assets/cao/mmi/publications/studies/2011/mmi-caregivingcosts-working-caregivers.pdf

Meyer, C. H. (1970). *Social work practice: A response to the urban crisis.* New York: The Free Press.

Meyer, C. H. (1983). *Clinical social work in an eco-systems perspective.* New York: Columbia University Press.

Meyer, C. H. (1987). Direct practice in social work: Overview. In A. Minahan (Ed.), *Encyclopedia of social work: Vol. 1* (18th ed., pp. 409–422). Silver Spring, MD: National Association of Social Workers.

Meyer, C. H. (1988). The eco-systems perspective. In R. A. Dorfman (Ed.), *Paradigms of clinical social work* (pp. 275–294). New York: Brunner/Mazel.

Middleman, R., & Goldberg, G. (1974). *Social service delivery: A structural approach to social work practice.* New York: Columbia University Press.

Midgley, J. (2007). Development: Social development and human rights. In E. Reichert (Ed.), *Challenges in human rights: A social work perspective* (pp.97–121). New York: Columbia University Press.

Midgley, J., & Livermore, M. (2004). Social development: Lessons from the global south. In M. C. Hokenstad & J. Midgley (Eds.), *Lessons from abroad: Adapting international social welfare innovations* (pp. 117–135). Washington, DC: NASW Press.

Mignon, S. I., & Ransford, P. (2012). Mothers in prison: Maintaining connections with children. *Social Work in Public Health, 27*(1/2), 69–88.

Miley, K., & DuBois, B. (1997). *Empowering processes for social work practice.* Paper presented at the International Conference on Empowerment, Faculty of Social Work, University of Toronto, Toronto, ON, Canada.

Miley, K. K., & DuBois, B. (2007a). Ethical preferences for the clinical practice of empowerment social work. *Social Work in Health Care, 44*(1/2), 29–44.

Miley, K. K., & DuBois, B. (2007b). Ethical preferences for the clinical practice of empowerment social work. In S. Dumont & M. St-Onge (Eds.), *Social work, health, and international development: Compassion in social policy and practice* (pp. 26–44). New York: Haworth Press.

Miley, K., O'Melia, M., & DuBois, B. (2013). *Generalist social work practice. An empowering approach* (7th ed.). Boston, MA: Allyn & Bacon.

Miller, C. T., & Kaiser, C. R. (2001). A theoretical perspective on coping with stigma. *Journal of Social Issues, 57*(1), 73–92.

Miller, E., Rosenheck, R. A., & Schneider, L. S. (2012). Caregiver burden, health utilities, and institutional service use in Alzheimer's disease. *International Journal of Geriatric Psychiatry, 27*(4), 382–393.

Miller, V. L., & Martin, A. T. (2008). The human genome project: Implications for families. *Health & Social Work, 33*(1), 73–76.

Mills, C. W. (1959). *The sociological imagination.* New York: Oxford University Press. ／ C. ライト・ミルズ（1995）『社会学的想像力』鈴木広訳、紀伊國屋書店；（2017）伊奈正人・中村好孝訳、ちくま学芸文庫

Mitchell, M. (1986). Utilizing volunteers to enhance informal social networks. *Social Casework, 67,* 290–298.

Mitchell, P., & Kitson, B. (1997). Family group conferences. *Representing Children, 10*(1), 20–28.

Mizrahi, T. (2001). The status of community organizing in 2001: Community practice context, complexities, contradictions, and contributions. *Research on Social Work Practice, 11*(2), 176–189.

Mokuau, N. (1987). Social workers' perceptions of counseling effectiveness for Asian American clients. *Social Work, 32,* 331–335.

Moniz, C. (2010). Social work and the social determinants of health perspectives: A good fit. *Health & Social Work, 35*(4), 310–313.

Monk, A. (1990). Pre-retirement planning programs. In A. Monk (Ed.), *Handbook of gerontological services* (2nd ed., pp.

400–419). New York: Columbia University Press.

Morales, S., & Reyes, M. (2000). Cultural and political realities for community social work practice with Puerto Ricans in the United States. In F. G. Rivera & J. L. Erlich (Eds.), *Community organizing in a diverse society* (pp. 75–96). Boston, MA: Allyn & Bacon.

Morris, K. (1990). *Domestic violence.* Unpublished manuscript. Black Hawk College, Moline, IL.

Morrow-Howell, N. (2006–2007). Civic service across the life course. *Generations, 30*(4), 37–42.

Morrow-Howell, N., Carden, M., & Sherraden, M. (2005). Productive engagement of older adults: Volunteerism and service. In L. W. Kaye (Ed.), *Perspectives on productive aging* (pp. 83–105). Washington, DC: NASW Press.

Morrow-Howell, N., Hong, S-L., McCary, S., & Blinne, W. (2009b). *Experience corps: Health outcomes of participation.* [CSD Research Report 09-09]. St. Louis, MO: Washington University, Center for Social Development. Retrieved May 29, 2012, from http//csd.wustl.edu/Publications/Documents/RB09-09.pdf

Morrow-Howell, N., Hong, S.-L., & Tang, F. (2009a). Who benefits from volunteering? Variations in perceived benefits. *Gerontologist, 49*(1), 91–102.

Morrow-Howell, N., McCary, S., Gonzales, E., McBride, A., Hong, S-I., & Blinne, W. (2008). *Experience corps: Benefits of volunteering* [CSD Research Report 08-23]. St. Louis, MO: Washington University, Center for Social Development. Retrieved May 29, 2012, from http://csd.wustl.edu/Publications/Documents/RB08-23.pdf

Muno, A., & Keenan, L. D. (2000). The after-school girls leadership program: Transforming the school environment for adolescent girls. *Social Work in Education, 22*(2), 116–128.

Munson, C. E. (2007). Forensic social work and expert witness testimony in child welfare. In D. W. Springer & A. R. Roberts (Eds.), *Handbook of forensic mental health with victims and offenders: Assessment, treatment, and research* (pp. 67–92). New York: Springer.

Musil, C. M., Gordon, N. L., Warner, C. B., Zauszniewski, J. A., Standing, T., & Wykle, M. (2011). Grandmothers and caregiving to grandchildren: Continuity, change, and outcomes over 24 months. *Gerontologist, 51*(1), 86–100.

National Alliance for Caregiving [NAC] & American Association of Retired Persons [AARP]. (2009). *Caregiving in the U.S.* Retrieved February 7, 2012, from caregiving.org/data/Caregiving_in_the_US_2009_full_report.pdf

National Alliance on Mental Health [NAMI]. (2009). *Mental illness: Facts and numbers.* Retrieved February 1, 2012, from nami.org/Template.cfm?Section=About_Mental_Illness&Template=/ContentManagement/ContentDisplay.cfm&ContentID=53155

National Alliance to End Homelessness. (2010). *Fact sheet: Rural homelessness.* Retrieved January 30, 2012, from endhomelessness.org/content/general/detail/1613

National Association for Home Care & Hospice [NACH]. (2010). *Basic statistics about home care.* Retrieved February 1, 2012, from nahc.org/facts/10HC_Stats.pdf

National Association of Social Workers [NASW]. (1981). *Standards for the classification of social work practice, policy statement 4.* Silver Spring, MD: NASW Press.

National Association of Social Workers [NASW]. (2001). *Standards for cultural competence.* Retrieved February 22, 2012, from naswdc.org/practice/standards/NAswcultur-alstandards.pdf

National Association of Social Workers [NASW]. (2002). *NASW standards for school social work services.* Retrieved May 29, 2012, from naswdc.org/practice/standards/NASWScho-olSocialWorkStandards.pdf

National Association of Social Workers [NASW].(2003). *NASW standards for integrating genetics into social work practice.* Retrieved May 29, 2012, from socialworkers.org/practice/standards/GeneticsStdFinal4112003.pdf

National Association of Social Workers [NASW]. (2008). *Code of ethics.* Retrieved May 30, 2012, from socialworkers.org/pubs/code/code.asp

National Association of Social Workers [NASW]. (2009a). Family policy-2008. In *NASW, Social work speaks: National association of social workers policy statements 2009-2012* (8th ed., pp. 134–139). Washington, DC: NASW Press.

National Association of Social Workers [NASW]. (2009b). Genetics-2008. In *NASW, Social work speaks: National association of social workers policy statements 2009-2012* (8th ed., pp. 161–166). Washington, DC: NASW Press.

National Association of Social Workers [NASW]. (2009c). Health care policy-2008. In *NASW, Social work speaks: National association of social workers policy statements 2009-2012* (8th ed., pp. 167–170). Washington, DC: NASW Press.

National Association of Social Workers [NASW]. (2009d). HIV and AIDS–2008. In *NASW, Social work speaks: National association of social workers policy statements 2009-2012* (8th ed., pp. 171–176). Washington, DC: NASW Press.

National Association of Social Workers [NASW]. (2009e). Homelessness-2005. In *NASW, Social work speaks: National association of social workers policy statements 2009–2012* (8th ed., pp. 177–185). Washington, DC: NASW Press.

National Association of Social Workers [NASW]. (2009f). Hospice care–2002. In *NASW, Social work speaks: National association of social workers policy statements 2009-2012* (8th ed., pp. 186–191). Washington, DC: NASW Press.

National Association of Social Workers [NASW]. (2009g). International policy on human rights NASW–2008. In *NASW,*

Social work speaks: National association of social workers policy statements 2009–2012 (8th ed., pp. 202–207). Washington, DC: NASW Press.

National Association of Social Workers [NASW]. (2009h). Lesbian, gay, and bisexual issues. In *NASW, Social work speaks: National association of social workers policy statements 2009-2012* (8th ed., pp. 218–222). Washington, DC: NASW Press.

National Association of Social Workers [NASW]. (2009i). People with disabilities-2008. In *NASW, Social work speaks: National association of social workers policy statements 2009–2012* (8th ed., pp. 247–251). Washington, DC: NASW Press.

National Association of Social Workers [NASW]. (2009j). Professional impairment-2008. In *NASW, Social work speaks: National association of social workers policy statements 2009–2012* (8th ed., pp. 263–267). Washington, DC: NASW Press.

National Association of Social Workers [NASW]. (2009k). Rural social work-2002. In *NASW, Social work speaks: National association of social workers policy statements 2009–2012* (8th ed., pp. 297–302). Washington, DC: NASW Press.

National Association of Social Workers [NASW]. (2009l). Social services-2002. In *NASW, Social work speaks: National association of social workers policy statements 2009–2012* (8th ed., pp. 322–326). Washington, DC: NASW Press.

National Association of Social Workers [NASW]. (2009m). *The NASW SHIFT project: Suicide prevention for adolescent girls*. Retrieved May 30, 2012, from naswdc.org/practice/adolescent_health/shift/default.asp

National Association of Social Workers [NASW]. (2010). *NASW standards of social work practice with family caregivers of older adults*. Washington, DC: NASW. Retrieved April 23, 2012, from socialworkers.org/practice/standards/NASWFamilyCaregiverStandards.pdf

National Association of Social Workers [NASW]. (2011). *Annual report 2010–2011*. Retrieved May 29, 2012, from socialworkers.org/nasw/annual_report/2011/2011AnnualReportWeb.pdf

National Association of Social Workers [NASW]. (2012). *Civil rights: Protecting equal rights—promoting social justice*. Retrieved May 30, 2012, from social workers.org/advocacy/issues/civil_rights.asp

National Cancer Institute [NCI]. (2011). *SEER stat factsheet: Breast*. Retrieved February 1, 2012, from seer.cancer.gov/statfacts/html/breast.html#risk

National Center for Education Statistics. (2008). *Status and trends in the education of American Indians and Alaskan Natives: 2008*. U.S. Department of Education, Institute for Education Statistics. Retrieved February 20, 2012, from nces.ed.gov/pubs2008/nativetrends/ind_1_6.asp

National Center on Elder Abuse [NCEA]. (2011). *Major types of elder abuse*. Retrieved February 7, 2012, from ncea.aoa.gov/ncearoot/Main_Site/FAQ/Basics/Types_Of_Abuse.aspx

National Child Welfare Resource Center for Family-Centered Practice. (2000). Can we put clothes on this emperor? *Best Practice Next Practice, 1*(1), 7–10.

National Coalition for the Homeless [NCH]. (2009a). *Domestic violence and homelessness*. Retrieved January 30, 2012, from nationalhomeless.org/factsheets/domestic.pdf

National Coalition for the Homeless [NCH]. (2009b). *Home, not handcuffs: The criminalization of homelessness in the U.S. cities*. Retrieved January 31, 2012, from nationalhomeless.org/factsheets/criminalization.html

National Coalition for the Homeless [NCH]. (2009c). *Homeless families with children*. Retrieved June 8, 2009, from nationalhomeless.org/factsheets/families.pdf

National Coalition for the Homeless [NCH]. (2009d). *Homeless veterans*. Retrieved May 30, 2012, from nationalhomeless.org/factsheets/veterans.pdf

National Coalition for the Homeless [NCH]. (2009e). *How many people experience homelessness?* Retrieved January 30, 2012, from nationalhomeless.org/factsheets/How_Many.pdf

National Coalition for the Homeless [NCH]. (2009f). *Mental illness and homelessness*. Retrieved January 30, 2012, from nationalhomeless.org/factsheets/Mental_Illness.pdf

National Coalition for the Homeless [NCH]. (2009g). *Rural homelessness*. Retrieved January 30, 2012, from national-homeless.org/factsheets/Rural.pdf

National Coalition for the Homeless [NCH]. (2009h). *Substance abuse and homelessness*. Retrieved January 30, 2012, from nationalhomeless.org/factsheets/addiction.pdf

National Coalition for the Homeless [NCH]. (2009i). *Who is homeless?* Retrieved January 30, 2012, from nationalhomeless.org/factsheets/Whois.pdf

National Coalition for the Homeless [NCH]. (2009j). *Why are people homeless?* Retrieved January 30, 2012, from nationalhomeless.org/factsheets/Why.pdf

National Coalition of Anti-Violence Programs [NCAVP]. (2003). *Lesbian, gay, bisexual, and transgender domestic violence, 2002*. Retrieved February 7, 2012, from http://ncavp.org/common/document_files/Reports/2002NCAVPdvrpt.pdf

National Coalition of Anti-Violence Programs [NCAVP]. (2008). *Lesbian, gay, bisexual, and transgender domestic violence, 2007*. Retrieved February 7, 2012, from http://ncavp.org/common/document_files/Reports/2007%20NCAVP%20DV%20REPORT.pdf

National Collaborative on Workforce and Disability for Youth. (2006). *Supporting foster youth to achieve employment and economic self-sufficiency*. Pennsylvania Council of Children, Youth & Family Services. Retrieved May 30, 2012, from pccyfs.org/practice_resources/NCWD-Youth_Foster%20Youth_Self-Sufficiency_10-18-05.pdf

National Council of Juvenile and Family Court Judges [NCJFCJ]. (2005). *Juvenile delinquency guidelines: Improving court practice in juvenile delinquency cases*. Retrieved January 31, 2012, from ncjfcj.org/images/stories/dept/ppcd/pdf/JDG/juveniledelinquencyguidelinescompressed.pdf

National Council on Aging [NCOA]. (n.d.). *Senior centers*. Retrieved February 7, 2012, from ncoa.org/assets/files/pdf/FactSheet_SeniorCenters.pdf

National Gay and Lesbian Task Force. (2006). *Parenting by LGBT people*. Retrieved September 7, 2006, from thetaskforce.org/theissues/issue.cfm?issueID=30

National Head Start Association. (2012). *Research bites*. Retrieved January 29, 2012, from nhsa.org/research/research_bites

National Hospice and Palliative Care Organization [NHPCO]. (2012). *NHPCO's facts and figures: Hospice care in America*. Retrieved February 1, 2012, from nhpco.org/files/public/Statistics_Research/2011_Facts_Figures.pdf

National Institute of Mental Health [NIMH]. (n.d.). *Statistics*. Retrieved February 1, 2012, from nimh.nih.gov/statistics/index.shtml

National Institute on Alcohol Abuse and Alcoholism [NIAAA]. (1999). Alcohol and the workplace. *Alcohol Alert 44*. Retrieved June 15, 2009, from pubs.niaaa.nih.gov/publications/aa44.htm

National Institute on Drug Abuse [NIDA]. (2008). *About NIDA: Mission*. Retrieved June 15, 2009, from nida.nih.gov/about/aboutnida.html

National Law Center on Homelessness and Poverty [NLCHP]. (2009). *Indicators of increasing homelessness due to the foreclosure and economic crises*. Retrieved June 7, 2009, from www.nlchp.org/content/pubs/Foreclosure_Effects_on_Homelessness2.pdf

National Law Center on Homelessness and Poverty [NLCHP]. (2011a). *Housing rights for all: Promoting and defending housing rights in America*. Retrieved January 31, 2012, from nlchp.org/content/pubs/2011ForumManual4.pdf

National Law Center on Homelessness and Poverty [NLCHP]. (2011b). *"Simply Unacceptable": Homelessness and the human right to housing in the United States 2011*. Washington, DC: National Law Center on Homelessness & Poverty. Retrieved March 26, 2012, from nlchp.org/content/pubs/SimplyUnacceptableReport.pdf

National Low Income Housing Coalition [NLIHC]. (2012). Out of reach 2012: *America's forgotten housing crisis*. Washington, DC: National Low Income Housing Coalition. Retrieved October 17, 2012, from nlihc.org/sites/default/files/oor/2012-OOR.pdf

Newberger, C. M., & De Vos, E. (1988). Abuse and victimization: A life-span developmental perspective. *American Journal of Orthopsychiatry, 58,* 505–511.

Norris, T., Vines, P. L., & Hoeffel, E. M. (2012). *The American Indian and Alaskan Native population, 2010: Census briefs 2010*. Washington, DC: U. S. Census Bureau. Retrieved February 20, 2012, from census.gov/prod/cen2010/briefs/c2010br-10.pdf

Nosko, A., & Breton, M. (1997–1998). Applying a strengths, competence and empowerment model. *Groupwork, 10*(1), 55–69.

O'Brien, M. (2011). Equality and fairness: Linking social justice and social work practice. *Journal of Social Work, 11*(2), 143–158.

O'Connor, L. A., Morgenstern, J., Gibson, F., & Nakashian, M. (2005). "Nothing about me": Leading the way to collaborative relationships with families. *Child Welfare, 84,* 153–170.

Office of Applied Studies. (2009). *Children living with substance-dependent or substance abusing parents: 2002-2007*. The NSDUH Report. Substance Abuse and Mental Health Services Administration. Retrieved February 1, 2012, from samhsa.gov/data/2k9/SAparents/SAparents.htm

Office of Justice Programs [OJP]. (2009). *Criminal offender statistics*. U.S. Department of Justice, Bureau of Justice Statistics. Retrieved June 8, 2009, from ojp.usdoj.gov/bjs/crimoff.htm#lifetime

Office of Justice Programs [OJP]. (2011). *Correctional population in the United States, 2010*. U.S. Department of Justice. Retrieved January 31, 2012, from http://bjs.ojp.usdoj.gov/content/pub/pdf/cpus10.pdf

Office of Minority Health [OMH]. (2012). *American Indian/Alaskan Native profile*. Washington, DC: U.S. Department of Health and Human Services. Retrieved February 20, 2012, from http://minorityhealth.hhs.gov/templates/browse.aspx?lvl=2&lvlID=52

Olson, K. B. (2009). Family group conferencing and child protection mediation: Essential tools for prioritizing family engagement in child welfare cases. *Family Court Review, 47*(1), 53–68.

Olson, M. R., & Haynes, J. A. (1993). Successful single parents. *Families in Society, 75,* 259–267.

Opton, E. M. (1971). It never happened and besides they deserved it. In N. Sanford & C. Comstock (Eds.), *Sanctions for evil* (pp. 49–70). San Francisco, CA: Jossey-Bass.

Ortiz, L., & Jani, J. (2010). Critical race theory: A transformational model of teaching diversity. *Journal of Social Work Education, 46*(2), 175–193.

Ory, M. G., Yee, J. L., Tennstedt, S. L., & Schulz, R. (2000). *The extent and impact of dementia care: Unique challenges experienced by family caregivers.* Retrieved October 2, 2003, from aoa.gov/prof/research/The%20Extent%20 and%20Impact%20of%20Dementia%20Care.pdf

Oshri, A., Tubman, J. G., & Burnette, M. L. (2012). Childhood maltreatment histories, alcohol and other drug use symptoms, and sexual risk behavior in a treatment sample of adolescents. *American Journal of Public Health, 102*(5), S250–S257.

Our Family Coalition. (2009). *Quick facts.* Retrieved July 15, 2009, from ourfamily.org/sites/default/files/sitefiles/Quick_ Facts.pdf

Oxfam International. (2009). *Development.* Retrieved May 28, 2009, from oxfam.org/en/development

Paranjape, A., & Kaslow, N. (2010). Family violence exposure and health outcomes among older African American women: Does spirituality and social support play a protective role? *Journal of Women's Health, 19*(10), 1899–1904.

Parker, J. K. (1994). Women at the helm: Succession politics at the Children's Bureau, 1912–1968. *Social Work, 39,* 551–559.

Parsons, R. (2008). Empowerment practice. In T. Mizrahi & L. E. Davis (Eds.), *Encyclopedia of social work: Vol. 2* (20th ed., pp. 123–126). Washington, DC: NASW Press and New York: Oxford University Press.

Parsons, R., Hernandez, S., & Jorgensen, J. D. (1988). Integrated practice: A framework for problem solving. *Social Work, 33,* 417–421.

Passel, J., Cohn, D'V., & Lopez, M. H. (2011). *Hispanics are more than half of the nation's growth in past decade.* Pew Hispanic Center, Pew Research Center. Retrieved February 20, 2012, from pewhispanic.org/files/reports/140.pdf

Patania, S. S. (1998). Ethical issues in clinical practice. In D. M. Aronstein & B. J. Thompson (Eds.), *HIV and social work* (pp. 247–267). New York: Haworth Press.

Patterson, G. T. (2008). Police social work. In T. Mizrahi & L. E. Davis (Eds.), *Encyclopedia of social work: Vol. 3* (20th ed., pp. 357–362). Washington, DC: NASW Press and New York: Oxford University Press.

Pears, K. C., Kim, H. K., & Fisher, P. A. (2008). Psychosocial and cognitive functioning of children with specific profiles of maltreatment. *Child Abuse and Neglect, 32*(10), 958–971.

Pecora, P. J., Whittaker, J. K., & Maluccio, A. N. (2000). *The child welfare challenge: Policy, practice, and research.* Hawthorne, NY: Aldine.

Peebles-Wilkins, W. (1989). Black women and American social welfare: The life of Fredericka Douglass Sprague Perry. *Affilia, 4*(1), 33–44.

Peebles-Wilkins, W. (2008a). Fernandis, Sarah A. Collins (1863–1951). In T. Mizrahi & L. E. Davis (Eds.), *Encyclopedia of social work: Vol. 4* (20th ed., p. 337). Washington,

DC: NASW Press and New York: Oxford University Press.

Peebles-Wilkins, W. (2008b). Young, Whitney Moore, Jr. (1921–1971). In T. Mizrahi & L. E. Davis (Eds.), *Encyclopedia of social work: Vol. 4* (20th ed., pp. 388–389). Washington, DC: NASW Press and New York: Oxford University Press.

Pellew, H. E. (1878). Report on outdoor relief administration in New York City. In *Proceedings of the conference of charities, 1878* (pp. 53–72). Boston, MA: A. Williams and Company.

Pennell, J. (2006). Restorative practices and child welfare: Toward an inclusive civil society. *Journal of Social Issues, 62,* 259–279.

Pennell, J., & Anderson, G. (Eds.). (2005). *Widening the circle: The practice and evaluation of family group conferencing with children, youths, and their families.* Washington, DC: NASW Press.

Perlman, H. H. (1957). *Social casework: A problem-solving process.* Chicago, IL: University of Chicago Press.

Perlman, H. H. (1976). Believing and doing: Values in social work education. *Social Casework, 57,* 381–390.

Perry, B. (2009). 'There's just places ya' don't wanna go': The segregating impact of hate crime against Native Americans. *Contemporary Justice Review, 12*(4), 401–418.

Perry, B., & Alvi, S. (2012). 'We are all vulnerable': The in terrorem effects of hate crimes. *International Review of Victimology, 18*(1), 57–71.

Peterson, J. L. (2011). The case for connection: Spirituality and social support for women living with HIV/AIDS. *Journal of Applied Communication Research, 39*(4), 352–369.

Pew Center on the States. (2008). *One in 100: Behind bars in America 2008.* Washington, DC: The Pew Charitable Trusts. Retrieved January 31, 2012, from pewcenteron-thestates.org/uploadedFiles/8015PCTS_Prison08_ FINAL_2-1-1_FORWEB.pdf

Pew Center on the States. (2009). *One in 31: The long reach of American corrections.* Washington, DC: The Pew Charitable Trusts. Retrieved January 31, 2012, from pewcenteronthestates.org/uploadedFiles/PSPP_1in31_ report_FINAL_WEB_3-26-09.pdf

Pew Forum on Religious & Public Life. (2008). *U.S. religious landscape survey—religious beliefs and practices: Diverse and politically relevant.* Retrieved February 21, 2012, from http://religions.pewforum.org/pdf/report2-religious-land-scape-studyfull.pdf

Pickard, J. G., Inoue, M., Chadiha, L. A., & Johnson, S. (2011). The relationship of social support to African American caregivers' help-seeking for emotional problems. *Social Service Review, 85*(2), 247–265.

Piedra, L. M., & Engstrom, D. W. (2009). Segmented assimilation theory and the life model: An integrated approach to understanding immigrants and their children. *Social Work, 54*(3), 270–277.

Pincus, A., & Minahan, A. (1973). *Social work practice model and method*. Itasca, IL: Peacock.

Pinderhughes, E. B. (1982). Afro-Americán families and the victim system. In M. McGoldrick, J. K. Pearce, & J. Giordano (Eds.), *Ethnicity and family therapy* (pp. 108–122). New York: Guilford Press.

Pinderhughes, E. B. (1983). Empowerment for our clients and for ourselves. *Social Casework, 64,* 331–338.

Pinderhughes, E. B. (1995). Direct practice overview. In R. L. Edwards (Ed.), *Encyclopedia of social work: Vol. 1* (19th ed., pp. 740–751). Washington, DC: NASW Press.

Piven, F. F., & Cloward, R. A. (1971). *Regulating the poor: The functions of public welfare*. New York: Vintage Books.

Plant, R. (1970). *Social and moral theory in casework*. London: Routledge Kegan Paul.／R. プラント（1980）『ケースワークの思想』丸木恵祐・加茂陽訳、世界思想社

Plasse, B. R. (1995). Parenting group for recovering addicts in a day treatment center. *Social Work, 40,* 6574.

Platt, N., & Drummond, M. J. (1967). *Our nation from its creation*. Englewood Cliffs, NJ: Prentice Hall.

Poe-Yamagata, E., & Jones, M. A. (2000). *And justice for some. Building blocks for youths*. Retrieved July 23, 2009, from buildingblocksforyouth.org/justiceforsome/jfs.pdf

Pollack, K. M., Austin, W., & Grisso, J. A. (2010). Employee assistance programs: A workplace resource to address intimate partner violence. *Journal of Women's Health, 18*(4), 729–731.

Pollard, W. P. (2008). Civil rights. In T. Mizrahi & L. E. Davis (Eds.), *Encyclopedia of social work: Vol. 1* (20th ed., pp. 300–309). Washington, DC: NASW Press and New York: Oxford University Press.

Polowy, C. I., Morgan, S., Bailey, W. D., & Gorenberg, C. (2008). In T. Mizrahi & L. E. Davis (Eds.), *Encyclopedia of social work: Vol. 1* (20th ed., pp. 408–415). Washington, DC: NASW Press and New York: Oxford University Press.

Popple, P. R. (1985). The social work profession: A reconceptualization. *Social Service Review, 59,* 560–577.

Poverny, L. M. (1999). Employee assistance practice with sexual minorities. *Administration in Social Work, 23*(3/4), 69–91.

Powell, M. (2010). Ageism and abuse in the workplace: A new frontier. *Journal of Gerontological Social Work, 53,* 654–658.

Pray, J. T., & Jordan, I. K. (2010). The deaf community and culture at a crossroads: Issues and challenges. *Journal of Social Work in Disability & Rehabilitation, 9,* 168–193.

Pumphrey, R. E., & Pumphrey, M. W. (1961). Education for the new profession. In R. Pumphrey & M. Pumphrey (Eds.), *The heritage of American social work: Readings in its*

philosophical and institutional development (pp. 284–287). New York: Columbia University Press.

Puzzanchera, C., & Adams, B. (2011). *Juvenile arrests 2009. National Report Series Bulletin*. U.S. Department of Justice, Office of Juvenile Justice and Delinquency Prevention. Retrieved January 31, 2012, from ojjdp.gov/pubs/236477.pdf

Pyles, L. (2011). Achieving economic justice for battered women. *Families in Society Practice & Policy Focus*, (3). Retrieved April 23, 2012, from familiesinsociety.org/new/Newsletter/issue03_11

Quam, J. K. (2002). *Gay and lesbian aging*. Children, Youth, and Family Forum. University of Minnesota. Retrieved July 4, 2009, from cyfc.umn.edu/seniors/resources/gayaging.html

Quam, J. K. (2008). Addams, Jane. In T. Mizrahi & L. E. Davis (Eds.), *Encyclopedia of social work: Vol. 4* (20th ed., p. 368). Washington, DC: NASW Press and New York: Oxford University Press.

Quinn, M. J., & Tomita, S. K. (1986). *Elder abuse and neglect: Causes, diagnosis, and intervention strategies*. New York: Springer.

Radey, M., & Figley, C. (2007). The social psychology of compassion. *Clinical Social Work Journal, 35*(3), 207–214.

Randall, A. D., & DeAngelis, D. (2008). Licensing. In T. Mizrahi & L. E. Davis (Eds.), *Encyclopedia of social work: Vol. 3* (20th ed., pp. 87–91). Washington, DC: NASW Press and New York: Oxford University Press.

Rappaport, J. (1981). In praise of paradox: A social policy of empowerment over prevention. *American Journal of Community Psychology, 9,* 1–25.

Rappaport, J. (1984). Studies in empowerment: Introduction to the issue. *Prevention in Human Services, 3,* 1–7.

Rappaport, J. (1985). The power of empowerment language. *Social Policy, 17,* 15–21.

Rappaport, J. (1987). Terms of empowerment/exemplars of prevention: Toward a theory for community psychology. *American Journal of Community Psychology, 15*(2), 121–144.

Rapp-Paglicii, L. (2007). Treatment of mentally ill juvenile offenders. In D. W. Springer & A. R. Roberts (Eds.), *Handbook of forensic mental health with victims and offenders: Assessment, treatment, and research* (pp. 347–362). New York: Springer.

Rauch, B. (1944). *The history of the new deal 1933-1938*. New York: Creative Age Press.

Rauktis, M. E., Huefner, J., & Cahalane, H. (2011). Perceptions of fidelity to family group decision making principles: Examining the impact of race, gender, and relationship. *Child Welfare, 90*(4), 41–59.

Reamer, F. G. (1990). *Ethical dilemmas in social services: A guide for social workers* (2nd ed.). New York: Columbia

University Press.

Reamer, F. G. (1993). AIDS and social work: The ethics and civil liberties agenda. *Social Work, 38,* 412–419.

Reamer, F. G. (1995). Ethics and values. In R. L. Edwards (Ed.), *Encyclopedia of social work: Vol. 1* (19th ed., pp. 893–902). Washington, DC: NASW Press.

Reamer, F. G. (2006). *Social work values and ethics.* New York: Columbia University Press.

Redd, Z., Karver, T. S., Murphey, D., Moore, K. A., & Knewstub, D. (2011). Two generations in poverty: Status and trends among parents and children in the United States 2000-2010. *Child Trends Research Brief, 2011-25.* Retrieved January 29, 2012, from childtrends.org/Files/Child_Trends-2011_11_28_RB_PovertyStatusTrends.pdf

Redding, R. E. (2010). *Juvenile transfer laws: An effective deterrent to delinquency?* Juvenile Justice Bulletin. Washington, DC: U.S. Department of Justice, Office of Juvenile Justice and Delinquency Prevention. Retrieved January 31, 2012, from ncjrs.gov/pdffiles1/ojjdp/220595.pdf

Redman, D. (2008a). Coping related substance use motives and stressful life experiences among people with a history of incarceration. *Journal of Social Work Practice in the Addictions, 8*(4), 490–510.

Redman, D. (2008b). Stressful life experiences and the roles of spirituality among people with a history of substance abuse and incarceration. *Journal of Religion & Spirituality in Social Work: Social Thought, 27*(1 & 2), 47–67.

Reeves, T., & Bennett, C. (2003). The Asian and Pacific Islander population in the United States: March 2002. *Current Population Reports, P20-540.* Washington, DC: U.S. Census Bureau. Retrieved July 23, 2009, from census.gov/prod/2003pubs/p20-540.pdf

Reichert, E. (2003). *Social work and human rights: A foundation for policy and practice.* New York: Columbia University Press.

Reichert, E. (2007). Introduction: Social work perspectives on human rights. In E. Reichert (Ed.), *Challenges in human rights: A social work perspective* (pp. 1–15). New York: Columbia University Press.

Reid, K. E. (1986). Coyle, Grace L. (1986). In W. I. Trattner (Ed.), *Biographical dictionary of social welfare in America* (pp. 201–204). New York: Greenwood Press.

Reith, M., & Payne, M. (2009). *Social work in end-of-life and palliative care.* Chicago, IL: Lyceum.

Reynolds, B. C. (1951). *Social work and social living.* New York: Citadel Press.

Richan, W. C. (2006). *Lobbying for social change* (3rd ed.). New York: Haworth Press.

Richmond, M. (1917). *Social diagnosis.* New York: Russell Sage Foundation. ／ M. E. リッチモンド（2012）『社会診断』佐藤哲三監訳、杉本一義監修、あいり出版

Richmond, M. (1922). *What is social case work?* New York: Russell Sage Foundation. ／ M. E. リッチモンド（1991）『ソーシャル・ケースワークとは何か』小松源助訳、中央法規出版；（2007）『人間の発見と形成 —— 人生福祉学の萌芽』杉本一義訳、出版館ブック・クラブ

Robertson, E. B., David, S. L., & Rao, S. A. (2003). *Preventing drug use among children and adolescents: A research-based guide for parents, educators, and community leaders* (2nd ed.). National Institute on Drug Abuse. Retrieved June 15, 2009, from drugabuse.gov/pdf/prevention/RedBook.pdf

Rocha, C., Hause-Crowell, J., & McCarter, A. K. (2006). The effects of prolonged job insecurity on the psychological well-being of workers. *Journal of Sociology & Social Welfare, 33*(3), 9–28.

Rogers, C. (1961). *On becoming a person.* Boston, MA: Houghton Mifflin. ／ C. R. ロジャーズ（2005）『ロジャーズが語る自己実現の道』〈ロジャーズ主要著作集3〉諸富祥彦・末武康弘・保坂亨共訳、岩崎学術出版社

Rogers, S. J., Corcoran, C. L., Hamdallah, M., & Little, S. (2012). What HIV/AIDS case management approaches bring about positive client outcomes? Results from ConnectHIV. *Journal of HIV/AIDS & Social Services, 11*(1), 77–97.

Romanyshyn, J. M., & Romanyshyn, A. L. (1971). *Social welfare: Charity to justice.* New York: Random House.

Roosevelt, E. (1958, March). *In your hands: A guide for community action for the tenth anniversary of the Universal Declaration of Human Rights.* United Nations, New York. Retrieved June 26, 2012, from udhr.org/history/inyour.htm

Rosenhan, D. L. (1975). On being sane in insane places. In T. J. Scheff (Ed.), *Labeling madness* (pp. 54–74). Englewood Cliffs, NJ: Prentice Hall.

Rosenthal, R., & Jacobson, L. (1968). *Pygmalion in the classroom.* New York: Holt, Rinehart & Winston.

Roswarski, T. E., & Dunn, J. P. (2009). The role of help and hope in prevention and early intervention with suicidal adolescents: Implications for mental health counselors. *Journal of Mental Health Counseling, 31*(1), 34–46.

Roush, D. W. (1996). *Desktop guide to good juvenile detention practice 1996.* U.S. Department of Justice. Retrieved July 23, 2009, from docstoc.com/docs/415749/Desktop-Guide-to-Good-Juvenile-Detention-Pratice—October-1996

Rowe, J. W., & Kahn, R. L. (1998). *Successful aging.* New York: Panthenon Books. ／ J. W. ローウェ、ロバート・L. カーン（2000）『年齢の嘘 —— 医学が覆した6つの常識』関根一彦訳、日経BP社

Rubin, D. B. (2009). From private demons to public problems: The work of Mary Cromwell Jarrett. *Affilia: Journal of Women*

& *Social Work, 24*(4), 417–423.

Rubin, Z., & Peplau, L. A. (1975). Who believes in a just world? *Journal of Social Issues, 31*(3), 65–89.

Ruch, G. (2002). From triangle to spiral: Reflective practice in social work education, practice and research. *Social Work Education, 21*(2), 199–216.

Russo, R. J. (1999). Applying a strengths-based practice approach in working with people with developmental disabilities and their families. *Families in Society, 80*(1), 25–33.

Ruth, B. J., Sisco, S., Jamie Wyatt, J., Bethke, C., Bachman, S. S., & Piper, T. M. (2008). Public health and social work: Training dual professionals for the contemporary workplace. *Public Health Reports, 123,* 71–77. Retrieved May 28, 2012, from ncbi.nlm.nih.gov/pmc/articles/PMC2431100/pdf/phr123s20071.pdf

Ryan, W. (1976). *Blaming the victim* (rev. ed.). New York: Vintage Books.

Saenz, R. (2004). *Latinos and the changing face of America.* Population Reference Bureau. Retrieved July 23, 2009, from prb.org/Articles/2004/LatinosandtheChangingFaceofAmerica.aspx

Salas, L. M., Sen, S., & Segal, E. A. (2010). Critical theory: Pathway from dichotomous to integrated social work practice. *Families in Society, 91*(1), 91–95.

Saleebey, D. (2009). *The strengths perspective in social work practice* (5th ed.). Boston, MA: Allyn & Bacon.

Saltzman, L. E., Fanslow, J. L., McMahon, P. M., & Shelly, G. A. (2002 rev.). *Intimate partner violence surveillance: Uniform definitions and recommended data elements.* Retrieved February 7, 2012, from cdc.gov/ncipc/pub-res/ipv_surveillance/Intimate%20Partner%20Violence.pdf

Sanders, S., Saunders, J. A., & Kintzle, S. (2009). Capacity building for gerontological services: An evaluation of adult day services in a rural state. *Journal of Community Practice, 17,* 291–308.

Schaefer, R. T. (1998). *Racial and ethnic groups* (7th ed.). New York: Longman.

Schild, D. R., & Sable, M. (2006). Public health and social work. In S. Gehlert & T. A. Browne (Eds.), *Handbook of health social work* (pp. 70–122). Hoboken, NJ: Wiley.

Schild, D. R., Taylor-Brown, S., & Djurdjinovic, L. (2006). Social work and genetics. In S. Gehlert & T. A. Browne (Eds.), *Handbook of health social work* (pp. 568–614). Hoboken, NJ: Wiley.

Schilling, E. A., Aseltine, R. H., Glanovsky, J. L., James, A., & Jacobs, D. (2009). Adolescent alcohol use, suicidal ideation, and suicide attempts. *Journal of Adolescent Health, 44*(4), 335–341.

Schlosser, L. Z. (2003). Christian privilege. Breaking a sacred taboo. *Journal of Multicultural Counseling and Develop-ment, 31,* 44–51.

Schmid, J., & Pollack, S. (2009). Developing shared knowledge: Family group conferencing as a means of negotiating power in the child welfare system. *Practice, 21*(3), 175–188.

Schmit, S. (2011). *Early Head Start participants, programs, families and staff in 2010.* Washington, DC: Center for Law and Social Policy (CLASP). Retrieved April 23, 2012, from clasp.org/admin/site/publications/files/EHS-PIR-2010-Fact-Sheet.pdf

Schneider, D. M., & Deutsch, A. (1941). *The history of public welfare in New York State, 1867–1940.* Chicago, IL: University of Chicago Press.

Schneider, R. (2002). Influencing "state" policy: Social work arena for the 21st century. *The Social Policy Journal, 1*(1), 113–116.

Schön, D. (1983). *The reflective practitioner.* New York: Basic Books. ／ D. A. ショーン（2007）『省察的実践とは何か ―― プロフェッショナルの行為と思考』柳沢昌一・三輪建二監訳、鳳書房

School Social Work Association of America [SSWAA]. (2009). *School social work as a career.* Retrieved September 30, 2006, from sswaa.org/index.asp?page=105

Schriver, J. M. (1987). Harry Lurie's critique: Person and environment and early casework practice. *Social Service Review, 61,* 514–532.

Scotch, R. K. (2000). Models of Disability and the Americans with Disabilities Act. *Berkeley Journal of Employment and Labor Law, 21*(1), 213–222.

Searing, H. (2003). *The crisis in social work: The radical solution.* Retrieved October 6, 2006, from radical.org.uk/barefoot/crisis.htm

Segal, S. P. (2008). Self-help groups. In T. Mizrahi & L. E. Davis (Eds.), *Encyclopedia of social work: Vol. 4* (20th ed., pp. 14–17). Washington, DC: NASW Press and New York: Oxford University Press.

Seligman, M. E. (1975). *Helplessness.* San Francisco, CA: Freeman. ／ M. E. P. セリグマン（1985）『うつ病の行動学 ―― 学習性絶望感とは何か』平井久・木村駿監訳、誠信書房

Senior Resource for Aging in Place. (2012). *What is "Aging in Place?"* Retrieved February 7, 2012, from seniorresource.com/ageinpl.htm#place

Sennett, R., & Cobb, J. (1972). *The hidden injuries of class.* New York: Knopf.

Sermons, M. W., & Witte, P. (2011). *State of homelessness in America: A research report on homelessness.* National Alliance to End Homelessness and the Homelessness Research Institute. Retrieved February 8, 2012, from endhomelessness.org/content/article/detail/3668

Shafer, C. M. (1969). Teaching social work practice in an

594

integrated course: A general systems approach. In G. Hearn (Ed.), *The general systems approach: Contributions toward an holistic conception of social work* (pp. 26–36). New York: Council on Social Work Education.

Shah, A. (2009). *Poverty: Facts and stats*. Retrieved June 6, 2009, from globalissues.org/article/26/poverty-facts-and-stats

Shakya, H., Usita, P. M., Eisenberg, C., Weston, J., & Liles, S. (2012). Family well-being concerns of grandparents in skipped generation families. *Journal of Gerontological Social Work, 55*(1), 39–54.

Shannon, G. R., Wilber, K. H., & Allen, D. (2006). Reductions in costly healthcare service utilization: Findings from the care advocate program. *Journal of the American Geriatrics Society, 54,* 1102–1107.

Shepard, B. (2009). Four narratives of anti-poverty community mobilization: Lower East Side Collective, Housing Works, The New York City AIDS Housing Network Human Rights Watch, and the More Gardens! Coalition. *Humanity & Society, 33,* 317–340.

Shera, W., & Page, J. (1995). Creating more effective human service organizations through strategies of empowerment. *Administration in Social Work, 19*(4), 1–15.

Shera, W., & Wells, L. (1999). *Empowerment practice in social work: Developing richer conceptual foundations Toronto,* Canada: Canadian Scholars' Press.

Shlakman, V. (1969). Eveline Burns: Social economist. In S. Jenkins (Ed.), *Social security in international perspective* (pp. 3–25). New York: Columbia University Press.

Shuey, K. M., & Wilson, A. E. (2008). Cumulative disadvantage and black-white disparities in life-course health trajectories. *Research on Aging, 30*(2), 200–225.

Sickmund, M. (2009). *Delinquency cases in juvenile court 2005*: *OJJDP fact sheet.* U.S. Department of Justice. Retrieved June 20, 2012, from ncjrs.gov/pdffiles1/ojjdp/224538.pdf

Sieppert, J. D., Hudson, J., & Unrau, Y. (2000). Family group conferencing in child welfare: Lessons from a demonstration project. *Families in Society, 81*(4), 382–391.

Silenzio, V. M. B., Pena, J. B., Duberstein, P. R., Cerel, J., & Knox, K. L. (2007). Sexual orientation and risk factors for suicidal ideation and suicide attempts among adolescents and young adults. *American Journal of Public Health, 97*(11), 2017–2019.

Silverstone, B. (2005). Social work with the older people of tomorrow: Restoring the person-in-situation. *Families in Society, 86*(3), 309–319.

Simon, B. L. (1990). Rethinking empowerment. *Journal of Progressive Human Services, 1,* 27–39.

Simon, B. L. (1994). *The empowerment tradition in American social work: A history.* New York: Columbia University Press.

Simons, K., Bonifas, R., & Gammonley, D. (2011). Commitment of licensed social workers to aging practice. *Health & Social Work, 36*(3), 183–195.

Siporin, M. (1975). *Introduction to social work practice.* New York: Macmillan.

Siporin, M. (1980). Ecological system theory in social work. *Journal of Sociology and Social Welfare, 7,* 507–532.

Siporin, M. (1985). Current social work perspectives on clinical practice. *Clinical Social Work Journal, 13,* 198–217.

Skowyra, K. (2006). A blueprint for change: Improving the system response to youth with mental health needs involved with the juvenile justice system. *Focal Point, 20*(2), 4–7.

Slater, P. (2000). Elder abuse and user involvement: Strategic components. *Journal of Adult Protection, 2*(2), 18–28.

Smith, S. K. (2008). *Mandatory reporting of child abuse and neglect.* Retrieved June 20, 2009, from smith-lawfirm.com/ mandatory_reporting.htm#

Snyder, H. N., & Sickmund, M. (2006). *Juvenile offenders and victims: 2006 national report.* Washington, DC: U.S. Department of Justice, Office of Justice Programs, Office of Juvenile Justice and Delinquency Prevention. Retrieved February 8, 2012, from ojjdp.gov/ojstatbb/nr2006/ downloads/NR2006.pdf

Social Security Administration [SSA]. (2011). *Purposes of title: Authorization of appropriations, Sec. 2001.* Retrieved January 27, 2012, from ssa.gov/OP_Home/ssact/title20/2001. htm

Social Work Policy Institute [SWP]. (2007). *Public health social work.* Retrieved June 22, 2012, from socialworkpolicy.org/ research/public-health-socialwork.html

Solomon, B. B. (1976). *Black empowerment: Social work in oppressed communities.* New York: Columbia University Press.

Solomon, B. B. (1983). Value issues in working with minority clients. In A. Rosenblatt & D. Waldfogel (Eds.), *Handbook of clinical social work* (pp. 866–887). San Francisco, CA: Jossey-Bass.

Solomon, B. B. (1989). Social work with Afro-Americans. In A. Morales & B. Sheafor (Eds.), *Social work: A profession of many faces* (pp. 567–586). Boston, MA: Allyn & Bacon.

Sommers, L. S., Marton, K. I., Barbaccia, J. C., & Randolph, J. (2000). Physician, nurse, and social worker collaboration in primary care for chronically ill seniors. *Archives of Internal Medicine, 160,* 1825–1833.

Sookraj, D., Hutchinson, P., Evans, M., & Murphy, M. A. (2012). Aboriginal organizational response to the need for culturally appropriate services in three small Canadian cities. *Journal of Social Work, 12*(2), 136–157.

Sousa, C., Herrenkohl, T. I., Moylan, C. A., Tajima, E. A., Klika, J., Herrenkohl, R. C., et al. (2011). Longitudinal study on the effects of child abuse and children's exposure to domestic violence, parent-child attachments, and antisocial behavior in adolescence. *Journal of Interpersonal Violence, 26*(1), 111–136.

Specht, H., & Courtney, M. E. (1994). *Unfaithful angels: How social work has abandoned its mission*. New York: Free Press.

Special issue on conceptual frameworks. (1977). *Social Work, 22*(5).

Spira, M., & Wall, J. (2009). Cultural and intergenerational narratives: Understanding responses to elderly family members in declining health. *Journal of Gerontological Social Work, 52*(2), 105–123.

Splittgerber, F. L., & Allen, H. A. (1996). Learning and caring communities: Meeting the challenge of atrisk youth. *Clearing House, 69*(4), 214–216.

Stang, I., & Mittelmark, M. B. (2008). Social support and interpersonal stress in professional-led breast cancer self-help groups. *International Journal of Mental Health Promotion, 10*(2), 15–25.

Staples, L. (2012). Community organizing for social justice: Grassroots groups for power. *Social Work with Groups, 35*(3), 287–296.

Stapleton, D. C., O'Day, B., Livermore, G. A., & Imparato, A. J. (2005). *Dismantling the poverty trap: Disability polivcy for the 21st century: Policy Brief*. Rehabilitation Research and Training Center for Economic Research on Employment Policy for Persons with Disabilities. Cornell University. Retrieved July 4, 2009, from papers.ssrn.com/sol3/papers.cfm?abstract_id=892329

Stein, G. L., & Sherman, P. A. (2005). Promoting effective social work policy in end-of-life and palliative care. *Journal of Palliative Medicine, 8*(6), 1271–1281.

Stephens, G. (1997). Youth at risk: Saving the world's most precious resource. *Futurist, 31*(2), 1–6.

Stiegel, L., & Klem, E. (2008). *Information about laws related to elder abuse*. National Center on Elder Abuse, Administration on Aging. Retrieved February 7, 2012, from ncea.aoa.gov/Main_Site/Library/Laws/InfoAboutLaws_08_08.aspx

Straussner, S. L. A. (2001). The role of social workers in the treatment of addictions: A brief history. *Journal of Social Work Practice in the Addictions, 1*(1), 3–9.

Strom, P. S., & Strom, R. D. (2011). Grandparent education: Raising grandchildren. *Educational Gerontology, 37*(10), 910–923.

Substance Abuse and Mental Health Services Administration [SAMHSA]. (2011a). *Data spotlight: Alcohol dependence is more likely among adults with mental illness than adults without mental illness*. Rockville, MD: Substance Abuse and Mental Health Services Administration. Retrieved February 1, 2012, from http://oas.samhsa.gov/spotlight/Spotlight027AlcoholDependence.pdf

Substance Abuse and Mental Health Services Administration [SAMHSA]. (2011b). *Results from the 2010 National Survey on Drug Use and Health: National Findings* [Office of Applied Studies, NSDUH Series H-41, HHS Publication No. (SMA) 11-4658]. Retrieved February 1, 2012, from samhsa.gov/data/DASIS/2k10nssats/NSSATS2010Web.pdf

Sue, D. W. (2010). *Microaggressions and marginality: Manifestations, dynamics, and impact*. New York: Wiley.

Sue, D. W., Bucceri, J. J., Lin, A. I., Nadal, K. L., & Torino, G. C. (2007a). Racial microaggressions and the Asian American experience. *Cultural Diversity & Ethnic Minority Psychology, 13*(1), 72–81.

Sue, D. W., Capodilupo, C. M., & Holder, A. M. B. (2008). Racial microaggressions in the life experiences of Black Americans. *Professional Psychology: Research and Practice, 39*(3), 329–336.

Sue, D. W., Capodilupo, C. M., Torino, G. C., Bucceri, J. M., Holder, A. B., Nadal, K. L., et al. (2007b). Racial microaggressions in everyday life. *American Psychologist, 62*(4), 271–286.

Sue, D. W., & Sue, D. (2007c). *Counseling the culturally diverse: Theory and practice* (5th ed.). New York: Wiley.

Sullaway, M. (2004). Psychological perspectives on hate crime laws. *Psychology, Public Policy, and Law, 10*(3), 250–292.

Sullivan, T. R. (1994). Obstacles to effective child welfare service with gay and lesbian youths. *Child Welfare, 73*, 291–304.

Sumner, W. G. (1934). The abolition of poverty. In A. G. Keller & M. Davie (Eds.). *Essays of William Graham Sumner: Vol. 1* (pp. 107–111). New Haven, CT: Yale University Press.

Sumner, W. G. (1903). *What social classes owe to each other*. New York: Harper and Brothers.

Sutton, C. T., & Broken Nose, M. A. (1996). American Indian families: An overview. In M. McGoldrick, J. Giordano, & J. K. Pearce (Eds.), *Ethnicity and family therapy* (2nd ed., pp. 31–44). New York: Guilford Press.

Swift, C. (1984). Empowerment: An antidote for folly. *Prevention in Human Services, 3*, xi–xv.

Swift, C., & Levin, G. (1987). Empowerment: An emerging mental health technology. *Journal of Primary Prevention, 8*, 71–94.

Szabo, V., & Strang, V. R. (1999). Experiencing control in caregiving. *Journal of Nursing Scholarship, 31*(1), 71–75.

Szasz, T. S. (1960). The myth of mental illness. *American Psychologist, 15*, 113–118.

Taft, C. T., Bryant-Davis, T., Woodward, H. E., Torres, S. E., & Tillman, S. (2009). Intimate partner violence against African American women: An examination of the socio-cultural context. *Aggression and Violent Behavior, 14*(1), 50–58.

Tangenberg, K. (2000). Marginalized epistemologies: A feminist approach to understanding the experiences of mothers with HIV. *Affilia, 15*(1), 31–48.

Tars, E. S., & Bhattarai, D. (2011, September–October). Opening the door to the human right to housing: The universal periodic review and strategic federal advocacy for a rights-based approach to housing. *Clearinghouse REVIEW Journal of Poverty Law and Policy,* 197–207.

Tavares, W. (2011). An evaluation of kids are kids disability awareness program: Increasing social inclusion among children with physical disabilities. *Journal of Social Work in Disability & Rehabilitation, 10,* 25–35.

Taylor, M. (2008). Timing, accumulation, and the black/white disability gap in later life. *Research on Aging, 30*(2), 226–250.

Taylor, P. G. (2008). Pre-adoptive genetic testing: Is the current policy too restrictive? *Families in Society, 89*(3), 360–365.

Taylor, S. (2006). A new approach to empowering older people's forums: Identifying barriers to encourage participation. *Practice, 18*(2), 117–128.

Teare, R. J., & McPheeters, H. L. (1970). *Manpower utilization in social welfare: A report based on a symposium on manpower utilization in social welfare services.* Atlanta, GA: Southern Regional Education Board.

Teare, R. J., & McPheeters, H. L. (1982). A framework for practice in social welfare: Objectives and roles. In D. S. Sanders, O. Kurren, & J. Fischer (Eds.), *Fundamentals of social work practice* (pp. 56–72). Belmont, CA: Wadsworth.

Teaster, P. B., Dugar, T. A., Mendiondo, M. S., Abner, E. L., Otto, J. M. & Cecil, K. A. (2006). *The 2004 survey of state adult protective services: Abuse of adults 60 years of age and older.* National Committee for the Prevention of Elder Abuse & National Adult Protective Services Association. Retrieved February 7, 2012, from ncea.aoa.gov/ncearoot/main_site/pdf/APS_2004NCEASurvey.pdf

Tejada-V. B., & Sutton P. D. (2010). Births, marriages, divorces, and deaths: Provisional data for 2009. *National Vital Statistics Reports, 58*(25). Hyattsville, MD: National Center for Health Statistics. Retrieved February 2, 2012, from cdc.gov/nchs/data/nvsr/nvsr58/nvsr58_25.pdf

Tew, J. (2008). Researching in partnership. *Qualitative Social Work, 7*(3), 271–287.

The Adoption History Project. (2007). *Adoption statistics.* University of Oregon. Retrieved February 6, 2012, from http://pages.uoregon.edu/adoption/topics/adoptionstatistics.htm

The ARC of the United States. (2012). *What we do.* Retrieved February 1, 2012, from thearc.org/page.aspx?pid=2399

The National Center on Family Homelessness [NCFH]. (2011). *The characteristics and needs of families experiencing homelessness.* Retrieved March 26, 2012, from family-homelessness.org/media/147.pdf

Thomas, P., Seebohm, P., Henderson, P., Munn-Gidding, C., & Yasmeen, S. (2006). Tackling race inequalities: Community development, mental health and diversity. *Journal of Public Mental Health, 5*(2), 13–19.

Tidwell, B. J. (1987). Racial discrimination and inequality. In A. Minahan (Ed.), *Encyclopedia of social work: Vol. 2* (18th ed., pp. 448–455). Silver Spring, MD: National Association of Social Workers.

Tillich, P. (1959). *Theology of culture.* New York: Oxford University Press.／P. ティリッヒ（1969）『文化の神学』茂洋訳、新教新書；(1999)『文化の神学』〈ティリッヒ著作集 7〉谷口美智雄ほか訳、白水社

Tillich, P. (1962). The philosophy of social work. *Social Service Review, 36*(1), 13–16.

Tjaden, P., & Thoennes, N. (2000). *Extent, nature, and consequences of intimate partner violence: Findings from the National Violence Against Women Survey.* National Institute of Justice and the Centers for Disease Control. Retrieved February 7, 2012, from ncjrs.gov/pdffiles1/nij/181867.pdf

Tobin, S. S., & Toseland, R. W. (1990). Models of services for the elderly. In A. Monk (Ed.), *Handbook of gerontological services* (pp. 27–51). New York: Columbia University Press.

Tolman, R. M., & Raphael, J. (2000). A review of research on welfare and domestic violence. *Journal of Social Issues, 15*(1), 75–91.

Toseland, R. W. (1995). *Group work with the elderly and family caregivers.* New York: Springer.

Toseland, R. W., McCallion, P., Gerber, T., & Banks, S. (2003). Predictors of health and human services use by persons with dementia and their family caregivers. *Social Science & Medicine, 55*(7), 1255–1266.

Tourse, R. W. (1995). Special-interest professional associations. In R. L. Edwards (Ed.), *Encyclopedia of social work: Vol. 3* (19th ed., pp. 2314–2319). Washington, DC: NASW Press.

Towle, C. (1957). *Common human needs* (Rev ed.). New York: National Association of Social Workers.／C. トール（1990)『コモン・ヒューマン・ニーズ──社会福祉援助の基礎』小松源助訳、中央法規出版

Tracy, B. (1990). *International social work.* Unpublished manuscript. Marycrest College, Davenport, IA.

Tracy, B., & DuBois, B. (1987, September). *Information model for generalist social work practice.* Paper presented at the Association of Baccalaureate Program Directors, Kansas City, KS.

Tracy, E. M., & Pine, B. A. (2000). Child welfare education and training: Future trends and influences. *Child Welfare, 79*(1), 93–113.

参考文献　　597

Trattner, W. I. (1999). *From poor law to welfare state: A history of social welfare in America* (6th ed.). New York: Free Press. ／ W. I. トラットナー（1978）『アメリカ社会福祉の歴史 —— 救貧法から福祉国家へ』古川孝順訳、川島書店

Travis, R., & Leech, T. J. (2011). The community action framework in practice: An illustration based on the Ready by 21 Coalition of Austin/Travis County. *Journal of Community Practice, 19*(3), 252–273.

Trupin, E. (2006). Investigations and litigation in juvenile justice. *Focal Point, 20*(2), 10–12.

Tully, C. T. (2000). *Lesbians, gays, & the empowerment perspective*. New York: Columbia University Press.

Turell, S. C. (2000). A descriptive analysis of same-sex relationship violence for a diverse sample. *Journal of Family Violence, 15*(3), 281–293.

Turner, K., & Lehning, A. I. (2007). Psychological theories of poverty. *Journal of Human Behavior and the Social Environment, 16*(1/2), 57–72.

Turner, L. M., & Shera, W. (2005). Empowerment of human service workers: Beyond intra-organizational strategies. *Administration in Social Work, 29*(3), 79–94.

Twill, S., & Fisher, S. (2011). Is poverty a human rights violation? Examining the intersection of poverty and gender. *Practice & Policy Focus: Families in Society, 3*. Retrieved March 26, 2012, from familiesinsociety.org/new/Newsletter/issue03_11.pdf

Umbreit, M. S., & Greenwood, J. (2000). *Guidelines for victim-sensitive victim-offender mediation: Restorative justice through dialogues*. U.S. Department of Justice, Office for Victims of Crime. Retrieved January 31, 2012, from ncjrs.gov/ovc_archives/reports/96517-gdlines_victims-sens/ncj176346.pdf

UNAIDS. (2011a). *AIDS at 30: Nations at the crossroads*. Retrieved February 1, 2012, from unaids.org/en/media/unaids/contentassets/documents/unaidspublication/2011/20110607_JC2069_30Outlook_en.pdf

UNAIDS. (2011b). *Global HIV/AIDS response: Progress report 2011*. Retrieved February 1, 2012, from unaids.org/en/media/unaids/contentassets/documents/unaidspublication/2011/20111130_UA_Report_en.pdf

UNAIDS. (2011c). *World AIDS day report, 2011*. Retrieved February 1, 2012, from unaids.org/en/media/unaids/contentassets/documents/unaidspublication/2011/JC2216_WorldAIDSday_report_2011_en.pdf

United Nations [UN]. (n.d.). *Fast facts: The faces of poverty*. Retrieved February 6, 2012, from unmillenniumproject.org/documents/3-MP-PovertyFacts-E.pdf

United Nations [UN]. (1945). *Charter of the United Nations*. Retrieved May 26, 2009, from un.org/aboutun/charter

United Nations [UN]. (1948). *Universal declaration of human rights*. Retrieved May 26, 2009, from un.org/en/documents/udhr

United Nations [UN]. (1966). *International covenant on economic, social, and cultural rights*. Retrieved May 26, 2009, from unhchr.ch/html/menu3/b/a_cescr.htm

United Nations [UN]. (1989). *Convention on rights of the child*. Office of the High Commissioner for Human Rights. Retrieved May 26, 2009, from unhchr.ch/html/menu3/b/k2crc.htm

United Nations [UN]. (2000). *Fact sheet: Violence against women*. Retrieved February 7, 2012, from eurowrc.org/13.institutions/5.un/un-en/04.un_en.htm

United Nations [UN]. (2011a). *United Nations Secretary General's campaign to end violence against women: UNiTE worldwide*. Retrieved February 7, 2012, from http://endviolence.un.org/world.shtml

United Nations [UN]. (2011b). *World population prospects – The 2010 revision: Highlights and tables*. United Nations, Department of Social and Economic Affairs, Population Division. Retrieved February 7, 2012, http://esa.un.org/unpd/wpp/Documentation/pdf/WPP2010_Highlights.pdf

United Nations Children's Fund [UNICEF]. (2006). *Child protection information sheets*. Retrieved July 13, 2009, from unicef.org/publications/files/Child_Protection_Information_Sheets.pdf

United Nations Children's Fund. [UNICEF]. (2012). *Measuring child poverty: New league tables of child poverty in the world's rich countries* [Innocenti Report Card No, 10]. UNICEF Innocenti Research Centre. Retrieved May 29, 2012, from .unicef.ca/sites/default/files/imce_uploads/DISCOVER/OUR%20WORK/ADVOCACY/DOMESTIC/POLICY%20ADVOCACY/DOCS/unicefreportcard10-eng.pdf

United Nations Development Programme [UNDP]. (2003a). *Chapter 1: The millennium development goals and why they matter*. New York: Oxford University Press. Retrieved September 21, 2003, from undp.org/hdr2003/pdf/hdr03_chapter_1.pdf

United Nations Development Programm [UNDP]. (2003b). *Overview: Millennium development goals*. New York: Oxford University Press. Retrieved September 21, 2003, from undp.org/hdr2003/pdf/hdr03_overview.pdf

United Nations High Commissioner for Refugees [UNHCR]. (2011). *UNHCR statistical yearbook 2010* (10th ed.). Retrieved May 16, 2012, from unhcr.org/4ef9cc9c9.html

United Nations Populations Fund [UNFPA]. (2011). *State of the world population 2011*. Retrieved February 7, 2012, from http://foweb.unfpa.org/SWP2011/reports/EN-SWOP2011-FINAL.pdf

United Way of America. (2009). *United Way of America: About us.* Retrieved May 24, 2009, from liveunited.org/about/

U.S. Census Bureau. (2008a). *An older and more diverse nation by midcentury.* Retrieved February 13, 2012, from census.gov/newsroom/releases/archives/population/cb08-123.html

U.S. Census Bureau. (2008b). *U. S. Hispanic population surpasses 4.5 million now 15 percent of total.* Retrieved May 25, 2009, from census.gov/PressRelease/www/releases/archives/population/011910.html

U.S. Census Bureau. (2012a). *Facts for features: Asian /Pacific Islanders American Heritage Month: 2012.* Retrieved May 29, 2012, from census.gov/newsroom/releases/archives/facts_for_features_special_editions/cb12-ff09.html

U. S. Census Bureau. (2012b). Table A1. Marital Status of People 15 Years and Over, by Age, Sex, Personal Earnings, Race, and Hispanic Origin/1, 2011. Retrieved September 14, 2012, from census.gov/hhes/families/data/cps2011.html

U.S. Committee for Refugees and Immigrants [USCR]. (2006). Refugee warehousing puts women at risk. *World Refugee Survey, 2006.* Retrieved October 3, 2006, from refugees.org/data/wrs/06/docs/refugee_warehousing_puts_women_at_risk.pdf

U.S. Conference of Mayors. (2011). *Hunger and homelessness survey: A status report on hunger and homelessness in America's cities, a 29-city survey.* Retrieved June 7, 2009, from usmayors.org/pressreleases/documents/hungerhomelessnessreport_121208.pdf

U.S. Department of Agriculture (USDA). (2012). *Supplemental nutrition assistance program participation and costs.* Retrieved January 27, 2012, from fns.usda.gov/pd/SNAPsummary.htm

U.S. Department of Commerce. (1990, April 12). *Bureau of census press release.* Washington, DC: author.

U.S. Department of Health and Human Services [HHS]. (1999). *Mental health: A report of the surgeon general.* Retrieved June 12, 2009, from mentalhealth. samhsa.gov/features/surgeongeneralreport/home.asp

U.S. Department of Health and Human Services [HHS]. (2000a). *Healthy people 2010: Understanding and improving health* (2nd ed.). Retrieved July 15, 2009, from healthypeople.gov/Document/pdf/uih/2010uih.pdf

U.S. Department of Health and Human Services [HHS]. (2000b). *Report to the Congress on kinship foster care.* Retrieved February 6, 2012, from http://aspe.hhs.gov/hsp/kinr2c00/full.pdf

U.S. Department of Health and Human Services [HHS]. (2008). *Nursing homes.* Centers for Medicare and Medicad Services. Retrieved February 7, 2012, from medicare.gov/Nursing/Overview.asp

U.S. Department of Health and Human Services [HHS]. (2009).

Fact sheet: Office of Family Assistance. Administration on Children and Families. Retrieved July 14, 2009, from acf.hhs.gov/opa/fact_sheets/tanf_printable.html

U.S. Department of Health and Human Services [HHS]. (2012). Annual update on the HHS poverty guidelines. *Federal Register, 77*(14), 4034–4035. Retrieved May 29, 2012, from gpo.gov/fdsys/pkg/FR-2012-01-26/html/2012-1603.htm

U.S. Department of Health and Human Services, Administration on Children, Youth and Families [HHS/ACYF]. (2011). *Child maltreatment 2010.* Washington, DC: U.S. Government Printing Office. Retrieved February 4, 2012, from acf.hhs.gov/programs/cb/pubs/cm10/cm10.pdf

U.S. Department of Justice [DOJ]. (n.d.). *Office on violence against women.* Retrieved July 4, 2009, from ovw.usdoj.gov/docs/vawa.pdf

U.S. Department of Justice [DOJ]. (2001). *Hate crime: The violence of intolerance.* Retrieved July 8, 2009, from usdoj.gov/crs/pubs/hatecrm.pdf

U.S. Department of Veterans Affairs [VA]. (2007). *Homeless veterans.* Retrieved June 8, 2009, from va.gov/homeless/

U.S. Department of Veterans Affairs [VA]. (2011). *VA social work: What VA social workers do.* Retrieved June 22, 2012, from socialwork.va.gov/socialworkers.asp

U.S. Department of Veterans Affairs [VA]. (2012). *History VA social work.* Retrieved February 7, 2012, from socialwork.va.gov/about.asp

Van Bulow, B. (2001). Eating problems. In A. Gitterman (Ed.), *Handbook of social work practice with vulnerable populations* (pp. 205–233). New York: Columbia University Press.

Van Loon, R. A. (2000). Redefining motherhood: Adaptation to role change for women with AIDS. *Families in Society, 81*(2), 152–161.

Van Waters, M. (1931). Philosophical trends in modern social work. In *Proceedings of the national conference of social work, 1930, Boston* (pp. 3–19). Chicago, IL: University of Chicago Press.

Ventura, S. J., & Hamilton, B. E. (2011). *U.S. teenage birth rate resumes decline* (NCHS Data Brief, no. 58). Hyattsville, MD: National Center for Health Statistics. Retrieved February 6, 2012, from cdc.gov/nchs/data/databriefs/db58.pdf

Vincent, G. K., & Velkoff, V. A. (2010). The next four decades - The older population in the United States: 2010 to 2050. *Current Population Reports, P25-P1138.* U.S. Census Bureau. Retrieved February 1, 2012, from aoa.gov/AoARoot/Aging_Statistics/future_growth/DOCS/p25-1138.pdf

Visher, E. B., & Visher, J. S. (1996). *Therapy with stepfamilies.* New York: Brunner/Mazel.

Vojak, C. (2009). Choosing language: Social service framing and social justice. *British Journal of Social Work, 39,* 936–949.

Vourlekis, B., & Simons, K. (2006). Nursing homes. In B. Berkman (Ed.), *Handbook of social work in health and aging* (pp. 601–614). New York: Oxford University Press.

Vourlekis, B., Zlotnik, J. L., & Simons, K. (2005). *Evaluating social work services in nursing homes: Toward quality psychosocial care and its measurement: A report to the profession and blueprint for action.* Institute for the Advancement of Social Work Research. Retrieved February 7, 2012, from socialworkpolicy.org/wp-content/uploads/2007/06/12-NH-Final-Rpt-ahrq-2005.pdf

Vu, C. (2010). The influence of social science theories on the conceptualization in social welfare. *Journal of Human Behavior and the Social Environment, 20,* 989–1010.

Wagenfeld-Heintz, E. (2009). Faith and its application to the practice of social work. *Journal of Religion, Spirituality & Aging, 21*(3), 182–199.

Wagner, D. (1990). *The quest for a radical profession: Social service careers and political ideology.* Lanham, MD: University Press of America.

Wagstaff, G. F. (1983). Correlates of a just world in Britain. *The Journal of Social Psychology, 121,* 145–146.

Waites, C. (2009). Building on strengths: Intergenerational practice with African American families. *Social Work, 54*(3), 278–287.

Waldrop, D. P. (2006). Caregiving systems at the end of life: How informal caregivers and formal providers collaborate. *Families in Society, 67*(3), 427–437.

Walker, J. S. (2006). New strategies for meeting the mental health needs of youth in juvenile justice. *Focal Point, 20*(2), 3.

Walker, L. E. A. (1984). Battered women, psychology and public policy. *American Psychologist, 39,* 1178–1182.

Walker, L. E. A. (1989). Psychology and violence against women. *American Psychologist, 44,* 695–702.

Walsh, R. (1989). Toward a psychology of human survival: Psychological approaches to contemporary global threats. *American Journal of Psychotherapy, 43,* 158–180.

Wang, L., & Chien, W. (2011). Randomised controlled trial of a family-led mutual support programme for people with dementia. *Journal of Clinical Nursing, 20*(15/16), 2362–2366.

Warren, L., & Boxall, K. (2009). Service users in and out of the academy: Collusion in exclusion? *Social Work Education, 28*(3), 281–297.

Washington, G., Sullivan, M., & Washington, E. T. (2006). TANF policy: Past, present, and future directions. *Journal of Health & Social Policy, 21*(3), 1–16.

Washington, O. G. M., Moxley, D. P., & Garriott, L. J. (2009). Telling my story quilting workshop: Innovative group work with older African American women transitioning out of

homelessness. *Journal of Psychosocial Nursing and Mental Health Service, 47*(11), 42–52.

Washington, R. O. (1982). Social development: A focus on practice and education. *Social Work, 27,* 104–109.

Watkins, S. A. (1990). The Mary Ellen myth: Correcting child welfare history. *Social Work, 35,* 500–503.

Watkins, T. R. (1983). Services to individuals. In J. W. Callicutt & P. J. Lecca (Eds.), *Social work and mental health* (pp. 45–58). New York: The Free Press.

Wayland, H. I. (1894). A scientific basis of charity. *The Charities Review, 3,* 263–274.

Weaver, H. N. (1998). Indigenous people in a multicultural society: Unique issues for human services. *Social Work, 43*(3), 203–211.

Weaver, H. N. (1999). Indigenous people and the social work profession: Defining culturally competent services. *Social Work, 44*(3), 217–225. Retrieved September 18, 2003, from EBSCOhost Academic Search Elite database.

Weaver, H. N. (2008). Native Americans: Overview. In T. Mizrahi & L. E. Davis (Eds.), *Encyclopedia of social work: Vol. 3* (20th ed., pp. 295–299). Washington, DC: NASW Press and New York: Oxford University Press.

Webb, M., Charbonneau, A. M., McCann, R. A., & Gayle, K. R. (2011). Struggling and enduring with God, religious support, and recovery from severe mental illness. *Journal of Clinical Psychology, 67*(12), 1161–1176.

Weick, A. (1992). Building a strengths for social work. In D. Saleebey (Ed.), *The strengths perspective in social work practice* (pp. 18–26). New York: Longman.

Weick, A., Rapp, C., Sullivan, W. P., & Kisthardt, W. (1989). A strengths perspective for social work practice. *Social Work, 34,* 350–354.

Weil, M. (Ed.). (2004). *Handbook of community practice.* Thousand Oaks, CA: Sage.

Weinberg, M. (2005). A case for an expanded framework of ethics in practice. *Ethics & Behavior, 15*(4), 327–338.

Weist, M. D., Ambrose, M. G. & Lewis, C. P. (2006). Expanded school mental health: A collaborative community-school example. *Children & Schools, 28*(1), 45–50.

Weisz, A. N. (1999). Legal advocacy for domestic violence survivors: The power of an informative relationship. *Families in Society, 80*(2), 138–147.

Wekerle, C., Wall, A.-M., Leung, E., & Trocme, N. (2007). Cumulative stress and substantiated maltreatments: The importance of caregiver vulnerability and adult partner violence. *Child Abuse & Neglect, 31*(4), 427–443.

Wheeler, D. P. (2011). Advancing HIV/AIDS domestic agenda: Social work and community health workers unite. *Health & Social Work, 36*(2), 157–158.

Wheeler-Brooks, J. (2009). Structuration theory and critical consciousness: Potential applications for social work practice. *Journal of Sociology & Social Welfare, 34*(1), 123–140.

Whitaker, T., Weismiller, T., Clark, E., & Wilson, M. (2006). *Assuring the sufficiency of a frontline workforce: A national study of licensed social workers. Special report: Social work services in behavioral health care settings*. Washington, DC: National Association of Social Workers. Retrieved July 23, 2009, from http://workforce.socialworkers.org/studies/behavioral/behavioral.pdf

White, N. J., & Madara, E. J. (2002). *The self-help source-book: Your guide to community and online support groups* (7th ed.). Denville, NJ: American Self-Help Clearinghouse. Retrieved January 25, 2012, from mentalhelp.net/selfhelp/

Whittaker, J. K. (2002). The elegant simplicity of family preservation practice: Legacies and lessons. *Family Preservation Journal, 6,* 9–29.

Whittaker, J. K. (2008). Children: Group care. In T. Mizrahi & L. E. Davis (Eds.), *Encyclopedia of social work: Vol. 1* (20th ed., pp. 255–260). Washington, DC: NASW Press and New York: Oxford University Press.

Wight, V. R., Chau, M. & Aratani, Y. (2011). *Who are America's poor children? The official story*. National Center for Children in Poverty. Retrieved January 28, 2012, from nccp.org/publications/pdf/text_1001.pdf

Wilensky, H. L., & Lebeaux, C. N. (1965). *Industrial society and social welfare*. New York: Free Press. ／ H. L. ウィレンスキー、C. N. ルボー（1971）『産業社会と社会福祉』（上下）岩崎学術出版社

Williams, C. C. (2002). A rationale for an anti-racist entry point to anti-oppressive social work in mental health. *Critical Social Work, 2*(2), 20–31. Retrieved March 4, 2003, from criticalsocialwork.com/CSW_2002_2.html

Williams, C. L., Clemmey, H., & Fuerst, S. (2000). *Do you read lips? Mental health deaf and hard of hearing populations*. Paper presented at the NASW Social Work 2000 Conference, Baltimore, MD.

Williams, M. N. (2011). The changing roles of grandparents raising grandchildren. *Journal of Human Behavior in the Social Environment, 21*(8), 948–962.

Williams, R. M. (1975). Relative deprivation. In L. A. Coser (Ed.), *The idea of social structure* (pp. 355–378). New York: Harcourt Brace Jovanovich.

Windsor, T. D., Anstey, K. J., & Rodgers, B. (2008). Volunteering and psychological well-being among young-old adults: How much is too much? *Gerontologist, 48*(1), 59–70.

Wisdom, J. F., McGee, M. G., Horner-Johnson, W., Michael, Y. L., Adams, E., & Berlin, M. (2010). Health disparities between women with and without disabilities: A review of the research. *Social Work in Public Health, 25,* 368–386.

Witte, P. (2012). *State of homelessness in America 2012: A research report on homelessness*. National Alliance to End Homelessness. Retrieved January 30, 2012 from endhomelessness.org/content/article/detail/4361

Wolf, R. S. (2000). Risk assessment instruments. *National Center on Elder Abuse Newsletter, September 2000*. Retrieved February 7, 2012, from ncea.aoa.gov/main_site/library/Statistics_Research/Research_Reviews/risk_assessment.aspx

Woolf, L. M. (n.d.). *Effects of age and gender on perceptions of younger and older adults*. Retrieved July 20, 2009, from webster.edu/~woolflm/ageismwoolf.html

Woolf, L. M. (1998). *Gay and lesbian aging*. Retrieved July 20, 2009, from faculty.webster.edu/~woolflm/oldergay.html

Working definition of social work practice. (1958). *Social Work, 3*(2), 5–9.

Working statement on the purpose of social work. (1981). *Social Work, 26,* 6.

World Bank, The International Bank for Reconstruction and Development. (2011). *Global monitoring report 2011: Improving the odds of achieving the MDGs*. Retrieved February 8, 2012, from http://siteresources.worldbank.org/INTGLO-MONREP2011/Resources/7856131-1302708588094/GMR2011-CompleteReport.pdf

World Health Organization. (2004). *WHO global status report on alcohol 2004*. Retrieved June 14, 2009, from who.int/substance_abuse/publications/global_status_report_2004_overview.pdf

World Health Organization. (2002). *World report on violence and health*. Retrieved February 1, 2012, from http://whqlibdoc.who.int/hq/2002/9241545615.pdf

World Health Organization. (2011). *Global status report on alcohol and health*. Retrieved February 1, 2012, from who.int/substance_abuse/publications/global_alcohol_report/msbgsruprofiles.pdf

Wronka, J. M. (2008). Human rights. In T. Mizrahi & L. E. Davis (Eds.), *Encyclopedia of social work: Vol. 2* (20th ed., pp. 425–429). Washington, DC: NASW Press and New York: Oxford University Press.

Yao, L., & Robert, S. A. (2008). The contribution of race, individual socioeconomic status, and neighborhood socioeconomic context on the self-rated health trajectories and mortality of older adults. *Research on Aging, 30*(2), 251–273.

Yoo, J., Slack, K. S., & Holl, J. L. (2010). The impact of health-promoting behaviors on low-income children's health: A risk and resilience perspective. *Health & Social Work, 35*(2), 133–143.

Zayas, L. H., Kaplan, C., Turner, S., Romano, K., & Gonzalez-Ramos, G. (2000). Understanding suicide attempts by adolescent Hispanic females. *Social Work, 45*(1), 53–63.

Zayas, L. H., & Pilat, A. M. (2008). Suicidal behavior in

参考文献　　601

Latinas: Explanatory cultural factors and implications for interventions. *Suicide and Life-Threatening Behavior, 38*(3), 334–342.

Zedlewski, S. R. (2003). *Work and barriers to work among welfare recipients in 2002*. The Urban Institute. Retrieved October 2, 2003, from urban.org/url.cfm?ID=310836

Zinzow, H., Seth, P., Jackson, J., Niehaus, A., & Fitzgerald, M. (2010). Abuse and parental characteristics, attributions of blame, and psychological adjustment in adult survivors of child sexual abuse. *Journal of Child Sexual Abuse, 19*(1), 79–98.

<h1>監訳者あとがき</h1>

　本書は、*Social Work: An Empowering Profession* の全訳である。本書は、アメリカの大学でソーシャルワークの教科書として使われ、版を重ねてきた。今回、私たちが訳したのは2014年に刊行された第8版である。

本書の特徴

　本書の特徴を示すキーワードは、「コア・コンピテンシー（Core Competency）」である。冒頭に掲げたように、本書を通して修得する目的が次のように書かれている。

　CSWE のコア・コンピテンシーとプラクティス行動を習得しよう（Master the skills in CSWE's core competencies and practice behaviors.）

　ここでいう「CSWE のコア・コンピテンシー」は、2008年に承認され、2010年3月に改訂された全米ソーシャルワーク教育協議会（Council of Social Work Educattion, CSWE）の「教育方針と

表1　10項目のコア・コンピテンシー（核となる専門的力量）

教育方針 2.1.1 －専門職ソーシャルワーカーとして自覚し、それに相応しい行動がとれる （Identify as a professional social worker and conduct oneself accordingly.）
教育方針 2.1.2 －ソーシャルワークの倫理原則を応用し、専門実践を行う （Apply social work ethical principles to guide professional practice.）
教育方針 2.1.3 －クリティカルな考え方を応用し、専門的判断が行える （Apply critical thinking to inform and communicate professional judgments.）
教育方針 2.1.4 －多様性と個々の違いを尊重する実践が行える （Engage diversity and difference in practice.）
教育方針 2.1.5 －人権と社会・経済正義を発展する実践が行える （Advance human rights and social justice and economic justice.）
教育方針 2.1.6 －リサーチに裏付けられた実践と実践に裏付けられたリサーチが行える （Engage in research-informed practice and practice-informed research.）
教育方針 2.1.7 －人間行動と社会環境についての知識の応用が行える （Apply knowledge human behavior and the social environment.）
教育方針 2.1.8 －社会・経済的ウェルビーイングを発展し、効果的ソーシャルワーク・サービスを行き渡らせる政策実践に参加が行える （Engage in policy practice to advance social and economic well-being and to deliver effective social work services.）
教育方針 2.1.9 －教育プログラム枠組みを考慮した実践が行える （Respond to contexts that shape practice.）
教育方針 2.1.10（a）（b）－個人、家族、集団、組織、地域と共に参画、評定、介入、評価する （Engage, assess, intervene and evaluate with individuals, families, groups, organizations, and communities.）

認可基準（*Educational Policy and Accreditation Standards,* EPAS）」の中の「教育方針 2.1 － コア・コンピテンシー（Educational Policy 2.1 - Core Competences）」に明記されている 10 項目（教育方針 2.1.1 ～ 2.1.10）の the core competencies（コア・コンピテンシー／核となる専門的力量）を意味している（表 1）。

　本書は、この「教育方針 2.1 － コア・コンピテンシー」に明記された 10 項目のコア・コンピテンシーに則って書かれている。先述したように、原書の表紙の裏面に、本書を通して修得する目的が書かれ、次の 4 ページにわたって 10 項目の「the core competencies（コア・コンピテンシー／核となる専門的力量）」の全リストと、その細目が記載されている。その各細目には、それに関する内容が原書の「何章、何節」に書かれているかが明記されている。そこで、読者は、「10 項目のコア・コンピテンシー」について、本書の「どこに」「何が」書かれているかがあらかじめわかるようになっている。これに加え、すべての章のはじめのページには、「10 項目のコア・コンピテンシー」の項目だけの小さな表が掲げられ、各章において、「10 項目のコア・コンピテンシー」について関連している細目に「×印」がしてあり、各章ごとにわかるようにもなっている。

ソーシャルワーク・プラクティス専門教育・訓練の発展の中での本書の位置づけ

　ソーシャルワークは、20 世紀の初頭、膨大な移民が主にヨーロッパ各地からアメリカ合衆国に押し寄せて、北米の各地で貧困問題、社会問題が多発した時代の慈善組織とその活動の中から、専門職として誕生してきた。その専門職は、ソーシャルワーク・プラクティスとして、専門サービスを担うようになり、しだいに専門知識や技術が体系化され、専門価値とは何かが確認されるようになった。それとともに、専門職になるための訓練や教育が進展し、教育機関も整備され、専門職団体も発展した。1955 年に発足した全米ソーシャルワーカー協会（National Association of Social Workers, NASW）は 1976 年に「ソーシャルワーク倫理綱領」を採択した。教育に関しては、全米ソーシャルワーク教育協議会（CSWE）による、ソーシャルワーク専門教育に関する「教育方針と認可基準」が設定され、教育体系の基準が認識されるようになってきた。

　一方、国際的な組織には、国際ソーシャルワーカー連盟（International Federation of Social Workers, IFSW）と国際ソーシャルワーク学校連盟（International Association of Schools of Social Work, IASSW）がある。国際ソーシャルワーク連盟の前身は 1928 年に発足した国際ソーシャルワーカー恒久事務局（IPSSW）で、1956 年に現在の名称に変更。IASSW の設立も 1928 年で、両者ともに 90 年の歴史がある。

　2001 年に、「ソーシャルワークの定義」が両団体により承認され、2014 年に「ソーシャルワークのグローバル定義」が採択された。また IFSW と IASSW によって、「ソーシャルワーク教育・養成に関するグローバル・スタンダード（Global Standards for the Education and Training of the Social Work Profession）」と、その中で「コア・カリキュラムに関する基準（core curricula）」が明記され、2004 年の総会で採択された。

　前述した全米ソーシャルワーカー協会（NASW）による「ソーシャルワーク倫理綱領（Code of Ethics）」の中の専門価値の 1 つに「コンピテンス（competence）」が掲げられている。この "competence" は「専門的力量」と邦訳される（本書ではカタカナのままとした）。我が国のソーシャルワーカーの「倫理綱領」の中でも専門価値（professional values）の 1 つに挙げられている。

　全米ソーシャルワーカー協会と我が国の「倫理綱領」の専門価値を表 2 に示しておこう。我が国のソーシャルワーカーの専門価値は、1）人間の尊厳（human dignity）、2）社会正義（social

表2　ソーシャルワーカーの倫理綱領の中の専門価値

全米ソーシャルワーカー協会（NASW）	日本
1．人間の尊厳と価値（dignity and worth of the person）	人間の尊厳（human dignity）
2．社会正義（social justice）	社会正義（social justice）
3．貢献（service）	貢献（service）
4．誠実（integrity）	誠実（integrity）
5．専門的力量（competence）	専門的力量（competence）
6．人間関係の重視（importance of human relationships）	―

justice）、3）貢献（サービス、service）、4）誠実（インテグリティ、integrity）、5）専門的力量（コンピテンス、competence）である。その「専門的力量（コンピテンス）」における倫理原則（ethical principle）として、「ソーシャルワーカーは、専門的力量（コンピテンス）を発揮し、その専門性を高める」と明記されている。全米ソーシャルワーカー協会の専門価値は、この5つの価値に、「人間関係の重視（importance of human relationships）」という価値を加えた6つから成る。

　表2に見るように、全米ソーシャルワーカー協会の6つの「専門価値（values）」の中の1つとして「専門的力量（コンピテンス、competence）」がある。その「価値」の説明として「倫理原則（ethical principle）」が、それぞれの6つの価値の下に書かれている。全米ソーシャルワーカー協会の倫理原則では、「専門的力量（コンピテンス、competence）」を、「ソーシャルワーカーは、ソーシャルワーク領域におけるプラクティスを行い、専門職として専門性（professional expertise）を発展させ強化していく」と説明している。

　ソーシャルワーク・プラクティスの教育・訓練は、上述のようにCSWEの「教育方針と認可基準（EPAS）」に則って整備されてきた。その目的は、「教育方針と認可基準（EPAS）」の教育方針2.0に記されている。

教育方針2.0
　中心的カリキュラムとは、学部レベルと修士の基礎レベルと上級レベルのカリキュラムを計画的に実施していくことで、コンピテンス（専門的力量）を修得するためのものである。学部（Bachelor of Social Work, BSW）カリキュラムの目的は、コア・コンピテンシー（核となる専門的力量）を修得することを通して、ジェネラリスト・ソーシャルワーク・プラクティス（教育方針B2.2）のための卒業生を送り出すことである。修士（Master of Social Work, MSW）カリキュラムは、専門分野を特化した行動と知識を加え、コア・コンピテンシーの修得を通して、上級ソーシャルワーク・プラクティス（advanced practice）（教育方針M2.2）のための卒業生を送り出すためのものである。

翻訳するにあたっての方針

　本書の翻訳は、翻訳家の上田洋介氏が行い、監修者である北島が全体に目を通した。正確に、かつわかりやすい日本語になるよう配慮したが、不十分なところがあるとしたら、その責任は監訳者の北島にある。翻訳にあたって、英語の専門用語（technical terms）については、その言葉に対応する日本語の専門用語が定着していない、あるいはその翻訳では不十分であると

判断した場合、カタカナ表記を用いることにした。我が国において、「ソーシャルワーク（social work)」を「社会福祉援助技術」や「相談援助」などの日本語に置き換え、ソーシャルワークが「社会福祉（social welfare)」の「援助／支援（help/support)」の「技術（skill/technique)」や「相談（interview)」と、狭義の意味に理解されたことがある。そこで、たとえば competence は、我が国の倫理綱領では、「専門的力量」と訳出されているが、先述したように、本書では「コンピテンス」とカタカナ表記とした。また、social work practice を「ソーシャルワーク実践」としないで、ある理論や方法の「実践」というだけでなく、専門家（professional）による専門性（profession）としての「ソーシャルワーク・プラクティス」として、カタカナ表記とした。

出版にあたっては、翻訳家の上田洋介さん、明石書店編集部の大野祐子さん、フリー編集者の吉澤あきさんにたいへんお世話になった。あらためてお礼を申し上げる。

2017 年 9 月

北島英治

著者紹介

ブレンダ・デュボワ（Brenda DuBois）

MSW、LCSW（認定臨床ソーシャルワーカー）、Ph.D.

セント・アンブローズ大学（アイオワ州ダベンポート）教授（2012年退職）。アイオワ州で30年間、学部ならびに大学院でのソーシャルワーク教育に携わる。1977年、アイオワ大学でソーシャルワーク修士号を取得。2002年、イリノイ州立大学より教育行政学博士号を授与。公共福祉、コミュニティ・プランニング、組織開発、およびプログラム評価の分野で、ソーシャルワーク・プラクティスおよびコンサルテーションの豊富な経験を持つ。多数の地域機関による取り組みのメンバーや倫理委員会の委員、クワッドシティーズ地区の複数の機関での理事を兼務し、倫理とエンパワメントに関する複数の論文を発表した。2016年逝去。

カーラ・K・マイリー（Karla K. Miley）

MSW、LSW（認定ソーシャルワーカー）

ブラックホーク大学（イリノイ州モリーン）名誉教授。イリノイ州とアイオワ州で30年間、学部と大学院での教育に従事。1966年、シカゴ大学大学院社会福祉学専攻課程（スクール・オブ・ソーシャル・サービス・アドミニストレーション）で修士号を取得。スクールソーシャルワーク、ヘルスケア、児童福祉、および高齢者サービスの分野で、ソーシャルワーク・プラクティスとコンサルテーションの豊富な経験を持つ。多数の地域機関イニシアティブの構成員や理事会の理事を歴任。倫理とエンパワメントに関する複数の論文を発表している。

二人の共著によるソーシャルワークとエンパワメントに関するテキストとして、本書の他に、ブレンダ・デュボワ、カーラ・マイリー、マイケル・オミリア（Michael O'Melia）『ジェネラリスト・ソーシャルワーク・プラクティス —— エンパワーの方法』（*Generalist Social Work Practice: An Empowering Approach*, Allyn & Bacon, 2013）がある。

監訳者紹介

北島英治（きたじま・えいじ）

1985年ブリティッシュ・コロンビア大学（カナダ・バンクーバー）スクール・オブ・ソーシャルワーク（MSW）修了、1990年ワシントン大学大学院（米国シアトル）スクール・オブ・ソーシャルワーク修了（Ph.D）。東海大学健康科学部社会福祉学科助教授、日本社会事業大学教授を経て、日本社会事業大学大学院特任教授。主な著書・訳書に『ソーシャルワーク・入門』（共著、有斐閣、2000年）、『ソーシャルワーク実践の基礎理論』（共著、有斐閣、2002年）、『ソーシャルワーク論』（ミネルヴァ書房、2008年）、『ダイレクト・ソーシャルワーク　ハンドブック——対人支援の理論と技術』（共監訳、明石書店、2015年）、『ソーシャルワーク・スーパービジョン論』（共著、中央法規出版、2015年）、『グローバルスタンダードにもとづくソーシャルワーク・プラクティス——価値と理論』（ミネルヴァ書房、2016年）。

訳者紹介

上田洋介（うえだ・ようすけ）

東京大学教育学部教育心理学科卒。主な訳書に『ダイレクト・ソーシャルワーク　ハンドブック——対人支援の理論と技術』（共訳、明石書店、2015年）。

ソーシャルワーク

人々をエンパワメントする専門職

2017 年 11 月 10 日	初版第 1 刷発行
2021 年 2 月 20 日	初版第 2 刷発行

著　者	ブレンダ・デュボワ
	カーラ・K・マイリー
監訳者	北島英治
訳　者	上田洋介
発行者	大江道雅
発行所	株式会社 明石書店

〒101-0021 東京都千代田区外神田 6-9-5
電　話　03 (5818) 1171
FAX　03 (5818) 1174
振　替　00100-7-24505
https://www.akashi.co.jp/

装丁	明石書店デザイン室
印刷・製本	モリモト印刷株式会社

定価はカバーに記してあります。　　　　　　ISBN978-4-7503-4576-5

ダイレクト・ソーシャルワーク ハンドブック

対人支援の理論と技術

ディーン・H・ヘプワース ほか 著　武田信子 監修

■B5判／上製／980頁　◎25000円

北米の大学院で長年使われているソーシャルワークの基本図書。ソーシャルワークとは何かから始まり、アセスメントや援助計画、効果的なコミュニケーション法、解決のための方略、資源開発、そして援助の終結まで最新の欧米の知見と豊富な事例をベースに論じる。

スクールソーシャルワーク ハンドブック

実践・政策・研究

キャロル・リッペイ・マサット ほか 編著

山野則子 監修

■B5判／上製／640頁　◎20000円

米国で長くスクールソーシャルワークのための不朽の教科書と評価されてきた基本図書。エビデンスに基づく実践だけでなく、学校組織や政策との関連、マクロ実践まで豊富な事例と内容から論じ、これからのソーシャルワークの実践と教育には欠かせない必読書である。

〈価格は本体価格です〉